适应新常态，推进绿色化

2015

中国绿色发展指数报告
——区域比较

China Green Development Index Report 2015:
Regional Comparison

北京师范大学经济与资源管理研究院
西南财经大学发展研究院　　著
国家统计局中国经济景气监测中心

北京师范大学出版集团
BEIJING NORMAL UNIVERSITY PUBLISHING GROUP
北京师范大学出版社

图书在版编目(CIP)数据

2015 中国绿色发展指数报告/北京师范大学经济与资源管理研究院，西南财经大学发展研究院，国家统计局中国经济景气监测中心著. —北京：北京师范大学出版社，2015.11（2016.3 重印）
ISBN978－7－303－19633－3

Ⅰ. ①2… Ⅱ. ①北… ②西… ③国… Ⅲ. ①区域经济发展－对比研究－研究报告－中国－2015 Ⅳ. ①F127

中国版本图书馆 CIP 数据核字(2015)第 254956 号

营 销 中 心 电 话 010-58805072 58807651
北师大出版社学术著作与大众读物分社 http://xueda.bnup.com

2015 ZHONG GUO LÜ SE FA ZHAN ZHI SHU BAO GAO
出版发行：北京师范大学出版社 www.bnup.com
　　　　　北京市海淀区新街口外大街 19 号
　　　　　邮政编码：100875
印　　刷：鸿博昊天科技有限公司
经　　销：全国新华书店
开　　本：889 mm×1194 mm　1/16
印　　张：29.5
字　　数：800 千字
版　　次：2015 年 11 月第 1 版
印　　次：2016 年 3 月第 2 次印刷
定　　价：180.00 元

策划编辑：马洪立　　　　　责任编辑：戴　轶
美术编辑：袁　麟　　　　　装帧设计：袁　麟
责任校对：陈　民　　　　　责任印制：马　洁

课题负责人

关成华（北京师范大学经济与资源管理研究院院长、校务委员会副主任）

李晓西（北京师范大学经济与资源管理研究院名誉院长、西南财经大学发展研究院名誉院长）

潘建成（国家统计局中国经济景气监测中心副主任）

协作与支持单位

国家统计局中国经济景气监测中心及相关研究处所

中国科学院预测科学研究中心

环境保护部环境与经济政策研究中心

北京师范大学城市绿色发展科技战略研究北京市重点实验室

北京师范大学经济与工商管理学院

北京师范大学政府管理学院

北京师范大学资源学院

北京师范大学地理学与遥感科学学院

北京师范大学环境学院

北京师范大学生命科学学院

北京师范大学水科学研究院

北京师范大学国民核算研究院

北京师范大学中国公益研究院

西南财经大学经济与管理研究院

西南财经大学经济学院

西南财经大学公共管理学院

西南财经大学能源经济研究所

首都科技发展战略研究院

课题协调人

赵军利　林永生　赵　峥

课题联系人

石翊龙　蔡　宁

评审专家

序　一

　　发展是人类社会的永恒主题和共同追求，而自然环境则是人类社会生存发展的基础条件。随着工业文明的发展，工业化对人类生存环境的影响越来越大。特别是进入 21 世纪后，在实现经济复苏和应对气候变化的双重压力下，人们越来越多地反思传统发展模式。作为资源节约、环境友好型的发展方式，发展绿色低碳经济已成为多数发达国家和发展中国家共同选择的发展战略，并成为全球趋势。

　　中国作为最大的发展中国家，十分注重发展的可持续性，积极推动绿色发展。中国不仅是第一个自主承诺减少碳排放的发展中国家，还通过产业结构调整、制定刚性节能减排约束性指标、加强重点污染物和重点区域污染治理等方式，大力推进资源节约、环境友好的经济增长。以 2010 年不变价计算，中国每万元国内生产总值能源消耗量由 2000 年的 0.98 吨标准煤下降到 2014 年的 0.76 吨标准煤。20 世纪 90 年代中国开始实施生态建设工程，森林覆盖率由 2000 年的 16.55％上升到 2013 年的 21.63％。但是，另一方面，中国人口众多、资源相对不足、生态环境脆弱，支撑发展的战略性资源，如淡水、耕地、铁矿石、煤炭、石油和天然气等人均占有量明显偏低。同时，由于长期粗放增长方式仍然具有较强惯性，高投入、高消耗、高排放状况未能得到根本扭转，水质恶化、水土流失、植被破坏、雾霾增加等在一些地方还十分严重。伴随经济的快速发展，发达国家工业化过程中逐步出现的各种资源环境问题在中国现阶段集中显现，大大增加了可持续发展的难度和复杂性，当前发展经济、保护环境、改善民生的任务十分艰巨。

　　党的十八大以来，以习近平同志为总书记的新一届中央领导集体将生态文明建设纳入社会主义现代化建设"五位一体"总布局，把实现可持续发展作为国家战略，调整经济结构，转变发展方式，破解能源资源瓶颈制约，大力发展绿色经济、绿色消费，积极倡导绿色生活方式，坚持走绿色发展、循环发展、低碳发展道路。近日，中共中央、国务院印发《生态文明体制改革总体方案》（以下简称《方案》），这是我国加快推进生态文明建设，实现绿色发展和可持续发展的行动纲领。《方案》对加强生态文明建设统计监测工作提出明确要求，强调要研究制定可操作、可视化的绿色发展指标体系，制定生态文明建设目标评价考核办法，把资源消耗、环境损害、生态效益纳入经济社会发展评价体系，进一步完善能源统计制度，建立健全资源产出率统计体系，建立绿色评级体系以及公益性的环境成本核算和影响价值体系，探索编制自然资源资产负债表等。统计部门认真贯彻落实党中央、国务院要求和部署，积极反映我国绿色发展进程和成就，建立反映提质增效转型升级统计指标体系，启动自然资源资产负债表试点，建立全国统一的能源核算制度，建立完善应对气候变化和温室气体排放的统计方法和统计制度，健全循环经济统计评价制度，努力服务经济可持续发展。下一步，统计部门将全力落实《方案》提出的各项统计任务，为推进绿色低碳发展和可持续发展提供更加扎实可靠的数据信息支撑与监测服务。

北京师范大学、西南财经大学和国家统计局中国经济景气监测中心三家单位自2010年起，在研究总结国内外低碳发展、绿色发展和可持续发展等相关理论和实践成果的基础上，结合中国发展现实，从经济增长绿化度、资源环境承载潜力和政府政策支持度三个方面入手，建立了绿色发展的监测指标体系和指数测算方法，并坚持每年发布中国绿色发展指数。《2015 中国绿色发展指数报告——区域比较》在以往研究的基础上，首次将"可吸入细颗粒物浓度（PM2.5）年均值"指标纳入 47 个城市绿色发展指数进行测算，新增了"一带一路"战略中经济增长与生态资源环境之间的协调发展问题研究和企业在践行绿色发展中的实践研究，力争更加系统全面地反映中国绿色发展现状和地区差异，为促进绿色低碳发展和可持续发展提供决策参考。希望课题组的同志们再接再厉，认真研究我国经济进入新常态后的特征和变化，不断完善绿色发展水平的测评方法，继续为建设山更绿、水更清、天更蓝的美丽中国贡献新的力量。

国家统计局局长

序 二

2015年是全面深化改革的关键之年，是全面依法治国的开局之年，是"十二五"规划的收官之年。这一年，党中央根据我国改革发展之新形势，创新提出"绿色化"，将绿色发展放到了更重要的位置，为我国贯彻落实"五位一体"融合发展、深化推进生态文明建设，做出了新的制度设计与安排。

长期以来，绿色发展已成为人类顺应全球变化的重大共识，是当前各界关注的热点之一，被世界各国广泛研究讨论。我国正处于增长速度换挡、产业结构调整的关键时期，改变传统粗放式发展模式，实现经济与资源、生态、环境之间的和谐与持续发展，成为迫在眉睫的重要任务。绿色发展为我们提供了一条新的途径，有助于我国经济的绿色转型升级，有助于我国获取新的增长点，有助于我国社会主义伟大事业的良性、健康与可持续发展。

自2010年以来，《中国绿色发展指数报告》已连续出版发布五年，今年是第六个报告。今年的报告除对我国30个省（区、市）和100个城市进行了测度以外，还有3个新的亮点：一是为服务我国"一带一路"发展战略，课题组先后邀请了国内外40多位权威专家，研究探讨环保在"一带一路"战略中的定位与作用；二是为深刻了解中国企业绿色发展的基本情况，课题组先后深入国内13家企业，开展了企业绿色发展的考察与调研；三是在数据可得的前提下，课题组测算了包含PM2.5指标的47个城市的绿色发展指数。随着研究报告的逐年推出、亮点频现，《中国绿色发展指数报告》已成为我校的品牌成果，对推动我国绿色发展理论与实践的进步，推进我国生态文明的建设，具有重大意义。

多年来，北京师范大学着力加强绿色发展的研究、教育、培训、国际合作等工作，并取得了显著进展。自2013年成功申请了"城市绿色发展科技战略研究北京市重点实验室"后，2014年同联合国工业发展组织、联合国环境规划署共同成立了"联合国工业发展组织—联合国环境规划署（UNIDO-UNEP）绿色工业平台中国办公室"，著名经济学家——我校李晓西教授任办公室主任。未来，学校将继续立足于发展定位，整合各方面的资源与力量，支持在绿色发展领域的教育与研究，希望能够将其打造成为我校的新特色、新优势，为我国乃至全球的绿色发展贡献北师大的力量。

北京师范大学党委书记　　刘川生

北京师范大学校长　　董奇

序 三

　　今年是习近平总书记提出"两山"科学论断的十周年。2005 年 8 月以来，习近平总书记在国内国际场合多次用"既要金山银山，又要绿水青山""绿水青山就是金山银山"和"宁要绿水青山，不要金山银山"的"两座山论"来通俗地阐明生态文明、绿色发展的重要性。今年 3 月 24 日中共中央审议通过了《关于加快推进生态文明建设的意见》，首次提出"绿色化"概念，明确提出"协同推进新型工业化、城镇化、信息化、农业现代化和绿色化"。由"新四化"扩容为"新五化"，就是要大力推进绿色经济，努力建设美丽中国，实现中华民族永续发展。

　　对于建设生态文明和推进绿色发展，我们政府、企业和民众从来没有像今天如此取得广泛的共识。学术界对绿色发展和生态文明的长期研究和大力呼吁对凝聚这一共识发挥了积极的作用。我们欣慰地看到，在众多研究成果中，《中国绿色发展指数报告》就是其中一部具有重要影响的研究成果。该指数报告获得社会广泛关注和广大媒体的深度报道，对我国各级政府、学界、公众和一些国际组织产生了积极的影响。这项成果由我校与北京师范大学、国家统计局中国经济景气监测中心三家单位的学者合作研究，自 2010 年以来坚持不懈，不断完善，连续每年发布中国绿色发展指数，从经济增长绿化度、资源环境承载潜力和政府政策支持度三个方面，全面评估中国各省区和城市的绿色经济发展情况，为各地政府推进生态文明建设、实现发展方式转变制定政策提供参考，为国内外企业投资者把握产业绿色发展趋势、发现投资机会提供指引，也为社会公众广泛关注生态环境改善、参与绿色生活和消费不断鼓与呼。相信三家单位将继续深化绿色发展指数合作研究，取得更多更有影响力的成果！我们还高兴地看到，在本报告的研究过程中，不仅注重学术成果的价值，也注重培养和引进绿色发展研究人才，逐步形成了一支稳定高效的研究团队。

　　2015 年是我国"十二五"收官之年，也是"十三五"重要谋划之年。在这个关键的历史时点上，我们既要总结"十二五"期间在绿色发展方面取得的成绩，更要对经济发展新常态下国内外资源瓶颈和环境约束的现状及其演变态势有清醒的把握和认识，为中国"十三五"期间和未来的经济绿色发展提出富有建设性的建议。为此，西南财经大学将继续推动绿色发展方面的理论与实践研究，为推进我国生态文明建设和经济绿色发展而贡献力量。

西南财经大学党委书记　　赵海武

西南财经大学校长　　张宗益

专家评议

厉以宁： 由北京师范大学科学发展观与经济可持续发展研究基地、西南财经大学绿色经济与可持续发展研究基地、国家统计局中国经济景气监测中心合作完成的《2015 中国绿色发展指数报告——区域比较》已阅。总的印象是，同以前出版的几本一样，数字资料充实，分析有根有据，结论有说服力。

与以前的报告相比，这次报告的两个新内容是值得一提的：

一个新内容是，为服务国家的"一带一路"发展战略，课题组深入探讨环境保护在"一带一路"战略中的作用。这些内容在报告第五篇中有较系统的论证。

另一个新内容是，为了更好地了解中国企业绿色发展的基本情况，课题组对国内 13 家企业做了有关的调研。这些内容在报告第四篇中有详细介绍。

因此，我认为这份《2015 中国绿色发展指数报告——区域比较》是成功的研究成果，应予以肯定，给以好评。

张卓元： 党中央于今年 3 月提出绿色化，与多年来提的新型工业化、城镇化、信息化、农业现代化并列，说明今后将更加重视绿色发展，也说明本报告研究和论述的问题具有更加重要的理论和现实意义。

今年报告新增三个方面的内容，很好，读后深受启发。建议今后不一定限于企业考察报告，可以扩展一些，比如怎样做到绿色扶贫，在生态保护功能区如何使绿水青山转化为金山银山？如果有较好的案例，也很值得考察和作专题报告。PM2.5 年均值已成为老百姓普遍关心的问题，很值得在报告中尽可能全面反映。今后还可考虑将这一指标与国际上一些地区或城市对比，以说明改善这一指标的重要性和紧迫性。

读完报告，总的感觉是，年年有进步，年年有新意，必将对各个方面产生越来越大的社会影响。

魏礼群：《2015 中国绿色发展指数报告——区域比较》是比较系统、内容丰富的研究成果，特别是新增加的"三个方面"，是个与时俱进的重要创新。这样做，一是更好地体现了研究成果服务中央、地方决策；二是更好地体现了研究成果重视社会和公众的关切；三是更好地体现了理论与实践相结合的学风、研风、教风。

建议：

（一）将中央改革领导小组审议生态文明体制改革的会议新闻稿作为本次"指数报告"的重要内容，突出中央对绿色发展的重视，这也是有利于我国生态文明建设和改革的重要举措。

（二）建议更加重视研究重点地区、重点城市、重点农村环境污染治理和生态建设问题，包括京津冀协同发展取得的新进展等。要跟踪研究、深入研究、创新研究。

陈锡文：2015 年 3 月 24 日，中共中央政治局审议通过了《关于加快推进生态文明建设的意见》，指出"生态文明建设事关实现'两个一百年'奋斗目标，事关中华民族永续发展，是建设美丽中国的必然要求"，明确提出了协同推进新型工业化、城镇化、信息化、农业现代化和绿色化的战略部署。绿色发展已经成为当今中国、省区、城市，乃至每个企业的历史责任和使命。课题组对绿色发展的概念进行系统化、指标化，并连续六年进行全面量化评估，对于我们准确认知当前经济社会发展质量，有效把握发展进程，制定相关政策措施，都具有重要的参考价值。

2015 年度的报告，不仅延续了历年对中国 30 个省（区、市）和 100 个城市绿色发展的测度和分析，还加强了对区域绿色发展的公众评价，增加了企业绿色发展的调研，围绕国家"一带一路"战略构想就"环保在'一带一路'中的定位与作用"进行了专题研讨，完善了中国绿色发展的指标体系，提供了很多第一手的基层案例，这使得报告的结构更加严谨、案例更加鲜活、说服力更强，增强了报告的覆盖面、完整性、有效性和可读性。绿色发展是发展与可持续的有机统一，重要的是提高企业的社会责任意识、公众的生活幸福指数，本报告对企业发展的调研和公众评价的调查让报告更接地气，更能体现公众参与，这是今年报告的亮点。

对于今后的研究，提以下三点建议：一是继续与时俱进地完善相关指标体系。随着经济社会发展阶段的不同和现实需求的变化，要建立对绿色发展指标的动态更新机制，让绿色发展指标更能够贴近实际，更好、更准确地反映现实情况。二是要增强对绿色发展数据的挖掘。绿色发展数据出来的是指标，但反映的是很多现实性问题，可以在数据的基础上加强对机理机制的深入分析，这有助于提高对绿色发展的深层认知。三是加强通俗化宣传。报告既要服务政策，也要服务群众，让普通读者能够更加直观、形象地了解我国绿色发展现状，增加报告的可读性和影响面。

刘世锦：习近平总书记指出，"既要绿水青山，又要金山银山""绿水青山就是金山银山"。要使"绿水青山"成为"金山银山"，首先就需要构建绿色指标评价体系。在此基础上才能够完善绿色监管，规范企业和其他社会主体的行为方式，激励绿色创新，发展绿色金融。

《2015 中国绿色发展指数报告——区域比较》对中国 30 个省（区、市）和 100 个主要城市进行了绿色发展测度和分析，对持续有效地推动绿色转型具有十分重要的意义。与去年的报告相比，今年的报告延续了定量和定性相结合、理论探讨和实地调研相结合、全局和区域层面相结合的分析特色，同时还增添了对具体企业的调研和对如何借助"一带一路"战略促进环保事业发展等方面的专业研讨，把研究视角从宏观和区域层面进一步拓展至微观层面，既丰富了读者对绿色发展理论和实践的感知，又为绿色发展探索提供了经验参考。

有以下三点建议：

（一）建议在绿色化测算体系当中把"突发环境事件发生次数"指标与事件发生之后主管部门反应以及对此的舆情评价结合起来考虑。这样可以与公众满意度问卷调查互为补充，构建一个更为动态和客观的测度体系。

（二）建议后续研究可以在绿色测度或者政府支持度部分增加对绿色支出成本—效益的分析，或者引入生态资本核算的概念，探索对绿色财富存量的核定方法。

（三）绿色发展的外溢性很强，很多方面需要统筹谋划。建议在后续研究中将省际和城市层面的绿色发展测度结合起来，对绿色发展的外溢效益、不同层级绿色发展政策的协调性等进行深入分析。

卢中原：这份报告除了保持连续性、可比性的数据统计和评估外，每年都有一些新的内容，反映若干前沿问题和国内绿色发展领域的新进展，并及时呼应国家重大方略。今年的报告增加了三方面内容，包括：实地调研13家企业的绿色发展实践，专题研讨环保在"一带一路"中的定位和作用，以及测度47个城市包含PM2.5指标的绿色发展指数。这些成果具有明显的实践价值，其学术价值也是值得肯定的。

提两个建议：

（一）今明两年分别是"十二五"规划收官和"十三五"规划开局之年，报告已有6年积累，能否在明年的报告中用一定篇幅对"十二五"期间的绿色发展做总体评估和若干专题评估，并提出建议？这对促进"十三五"期间的绿色发展乃至全面建成小康社会，是很有意义的。

（二）我国已经和美国签署了中美减排协议，能否研究一下这会对我国的绿色发展带来什么机遇和挑战？根据2014年11月12日习近平总书记和奥巴马总统在北京发布的联合声明，中国计划到2030年达到二氧化碳排放峰值，并争取提早实现这一目标。早前我国发布的《国家应对气候变化规划（2014—2020年）》明确提出，到2020年，我国单位GDP二氧化碳排放比2005年下降40%～45%。新的国际承诺表明我国由碳密度减排提升为绝对量减排，是否意味着要承担更大的减排压力？这对今后5～15年的发展和转型目标会带来什么影响？我们应当如何应对？如此等等，课题组是否可以做一些研究？

辜胜阻：今年是我第六年参与评阅绿色发展指数报告，每年的报告都体现出新的亮点。今年的报告延续了之前的研究方法，收集了大量省（区、市）的绿色发展数据，并在此基础上，对我国30个省（区、市）和100个城市进行了绿色发展测度与分析，形成了这些省（区、市）绿色发展的"体检"表。今年的报告指出，中国省际绿色发展水平呈现较明显的区域差异：东部地区政府政策支持度及经济增长绿化度优势明显，因此绿色发展指数排名靠前；西部地区经济增长绿化度及政府政策支持度相对较低，但资源环境表现较为突出；东北地区和中部地区绿色发展水平有待提高，整体缺乏突出优势。今年报告的一个重要特点就是将"可吸入细颗粒物浓度（PM2.5）年均值"这一重要指标纳入到绿色发展指数的测算中。之前，受制于数据可得性的问题，PM2.5值未能纳入到测算中，今年将这一指标纳入到绿色发展指数的计算中，使绿色发展指数的核算更为科学和有现实意义。

近年来持续恶化的大气污染问题制约我国经济社会的可持续发展，严重危害人民群众的身体健康，威胁老百姓的生存底线，加强大气污染治理已成为重大的民生期待。作为我国首都的北京大气污染状况十分严重，引起了社会各界和世界舆论的高度关注。因而在今年的报告中，我尤其关注北京的绿色发展情况。我欣喜地看到，北京在今年的省际绿色发展指数排名中位列第1位，城市绿色发展指数排名第6位。在经济增长绿化度、资源环境承载度和政府政策支持度3个一级指标中，北京在经济增长绿化度和政府政策支持度两个指标排名中都位列各省（区、市）第1位，且政府政策支持度指标远高于其他省（区、市）。但是也应看到，北京的环境资源承载度仅为0.069，对绿色发展指数的贡献十分有限。北京的大气污染问题严重影响了北京城市竞争力与国际形象，2014年北京PM2.5年均浓度值为85.9微克/立方米，超过国家标准1.45倍。国际卫生组织数据显示，北京PM10浓度在全球1 600个城市中仅排名第1 461位。PM2.5浓度持续偏高，会严重损害人民的身体健康。北京PM2.5中重金属砷浓度的日均浓度中位数为23.08纳克/立方米，是砷的国标限值的3.85倍。实现北京的绿色发展迫切需要解决水资源短缺与严重大气污染这两大难题。一方面，由于北京资源环境承载力已接近上限，政府已意识到解决资源环境问题的重要性和迫切性，所以加大了对经济结构调整和环保的投入力度，2014 年北京市政府财力有 430 多亿元用在环保上，使北京的绿色发展程度有了一定提升。另一方面，也应认识到实现资源环境形势的有效改善是一项长期性工作，国际经验表明，美国、欧盟等国家从政府集中开展大规模治污到环境质量明显改善都经历了 20 年甚至更长时期。鉴于北京目前严峻的资源环境形势，未来仍需要进一步加大环保投入力度，同时实现经济发展方式的绿色化转型。在大气污染治理方面，按照《北京市大气污染防治条例》和《2013—2017 年清洁空气行动计划》，北京在压减燃煤、控车减油、治污减排、清洁降尘四大关键领域集中发力，5 年全社会总投资近 1 300 亿美元。北京 PM2.5 来源中区域传输污染和城市机动车污染是两大最主要污染源，根源在于目前失衡的城镇化模式和粗放的工业化模式。北京周边的河北省过度依赖重工业发展，消耗了大量的煤炭资源，造成大量的污染排放，也加剧了京津冀区域的大气污染。而人口的迅速膨胀使北京陷入"人多—车多—尾气排放多"的污染路径。要治理北京严重的大气污染，必须严控这两大主要污染源。为了保证抗战胜利纪念活动的顺利开展，北京采取了机动车单双号限行、工业企业停限产、土石方施工工地停工等空气质量保障措施。北京 98% 以上的车辆遵守了单双号限行规定，停驶公车 80% 以上，降低了交通污染。启动京津冀及周边七地空气监测预警会商机制，七省市共停产、限产企业达 1 万余家、近 9 000 个建筑工地暂停施工。在多重措施的治理下，北京的大气污染情况有了明显改观，"阅兵蓝"既满足了人民群众对良好空气质量的诉求，也向外界展现了我国的良好形象。监测数据显示，从 8 月 20 日至 9 月 1 日，北京 PM2.5 浓度连续 13 天达到一级优水平，创北京监测 PM2.5 以来的最好水平。

北京面临严峻的绿色发展形势。当前北京面临水资源极度短缺、大气污染严重等"大城市病"，已经成为老百姓高度关切和管理者不能释怀的最大焦虑。北京大城市病的最主要病因在于人口迅速膨胀，与资源环境容量不匹配。一个地区所能承载的人口容量是有限的，人口容量必须与本地区的资源与环境条件相适应，否则就会带来严重的资源环境问题。水资源的短缺是限制北京人口容量的关键和制约北京发展的"天花板"，北京的人均水资源量不到全国平均水平的 1/20。一方面人口的快速增长，带来了大量用水刚性需求，使北京水资源短缺状况严重。北京成为国际上为数不多的以地下水为主要供水水源的特大型城市，在目前北京的多水源供水格局中，地下水约占全市供水量的 60%。水资源供需矛盾的不断加深，使得北京大量开采地下水，又忽视了涵养地下水资源，地下水储量出现锐减。统计显示，2014 年与 1998 年、1980 年年初、1960 年年初同期相比，北京地下水储存量分别减少 65 亿立方米、92 亿立方米、109 亿立方米。大量地超采地下水，使北京形成了大面积沉降区，造成了相当大的安全隐患。据统计，平原地区累计沉降量大于 100 毫米的面积，由 1999 年的 1 800 平方千米，扩大为 2013 年的 3 984 平方千米，接近全市面积的 1/4。另一方面，粗放型发展方式造成了严重水污染问题，河道黑臭、富营养化严重，犹如城市患上"败血病"。北京平原区浅层地下水水质超标面积约占监测面积的一半，地下水"三氮"污染普遍，硝酸盐氮超标面积约占平原区的 20%，有毒有害有机污染呈现"量少种类多"的特点，地下水中检出污染物种类多达 20 余种。

京津冀协同发展的第一要务是绿色发展。京津冀协同发展不仅有利于治理大气污染，保障居民的身体健康，提升生活品质，而且有利于促进京津冀地区产业布局优化、城市功能调整以及人口的合理均衡分布，对推动京津冀地区健康可持续发展具有重要意义。当前推动京津冀协同发展，应从以下六方面着手：第一，京津冀协同发展的核心是北京要把疏解人口、疏解产业和疏解非首都功能结合起来，有效缓解人口膨胀及其"大城市病"，实现北京绿色发展。北京人口膨胀的根源就在于城市规划中的功能定位"贪大求全"，既是行政中心又是经济中心、金融中心、教育中心、医疗中心、文化中心、科技中心，大量优质资源过度集中在北京，造成北京的人口膨胀。据测算，北京日均外来就医流动人口数达70万左右。第二，京津冀协同发展关键要充分发挥北京核心城市的作用，在疏解非首都功能的同时，强化北京的首都功能，使北京成为技术创新、引领和对全国辐射的中心。当前，北京中关村已经成为产、学、研、用、金、介、政齐整的协同创新体系，中关村科技园区对北京增长的贡献已经超过40%，成为带动北京经济增长的重要发动机。第三，京津冀协同发展的必要条件是将疏解非首都功能同构建"多核多圈层"的多中心城市结构相结合，重构北京城市空间和人口布局。第四，京津冀协同发展基础是使产业体系和城市体系协同构建，大力淘汰区域内的滞后污染产能，构建绿色化产业体系。第五，京津冀协同发展的突破口在于加速实现交通体系的五个"一体化"，尽快打通区域内的"断头路"，使交通和环保先行。第六，京津冀协同发展最大难点在于区域内发展差距过大，要高度重视区域内面临的"四个世界"的区域差异，推进环首都贫困带扶贫工作。

潘岳： 由关成华和李晓西等领衔主编的《2015 中国绿色发展指数报告——区域比较》已经拜读，深感由北京师范大学牵头的中国绿色发展指数研究，经过连续六年的完善与优化，评估框架逐步形成，指标体系不断改进，评估方法持续深化，影响力和知名度与日俱增。在此感谢李晓西教授及其团队在探索建立有利于国家及地方绿色转型发展评价体系，引导地方政府更加关注生态环境保护，宣传绿色发展与绿色生活方式等方面做出的突出贡献。

中共中央政治局审议通过的《关于加快推进生态文明建设的意见》明确提出，要以自然资源资产负债表、自然资源资产离任审计、生态环境损害赔偿和责任追究以及环境保护督察等重大制度为突破口，深化生态文明体制和制度改革。新修订的《环境保护法》也要求地方政府对辖区环境质量负责，建立资源环境承载能力监测预警机制，实行环保目标责任制和考核评价制度，制定经济政策应当充分考虑对环境的影响。由我负责牵头的国家环境经济核算项目，今年也重启了绿色 GDP 研究工作，主要核算经济社会发展的环境成本、核定主要污染物环境容量、探索生态系统生产总值（GEP），旨在建立体现生态文明要求的经济社会发展评价体系。中国绿色发展指数研究是绿色 GDP 研究的另外一种转化形式，能够为绿色 GDP 研究提供一定的本底资料与参考价值。

《2015 中国绿色发展指数报告——区域比较》是绿色发展指数报告系列丛书的第六本，与2014 年等研究成果相比又有了较大的改进。一是在省（区、市）绿色发展"体检"表中，根据指标的排名变化给予进退脸谱，更加形象、直观地表达了省（区、市）各指标的变化；二是采用已经公布的 47 个城市 PM2.5 年均值数据，指标选取能够体现政府及政府关注的热点，指标体系更加科学、合理；三是邀请国内知名学者针对"环保在'一带一路'战略中的定位与作用"展开研讨，紧跟热点，把握前沿，为国家绿色发展建言献策。这些研究成果能够为制定国家"十三五"规划、国家"一带一路"战略等提供重要支撑，能够对国家绿色发展转型产生深远影响。

中国绿色发展指数研究成果具有较好的参考价值，相信这些成果定将为政策制定与领导决策提供参考借鉴，也希望能与环境保护部绿色 GDP 研究密切合作、相得益彰。

徐庆华：《2015 中国绿色发展指数报告——区域比较》在继承历年报告的基础上，内容更加充实全面，数字更加准确。

特别是该报告贴近实际，紧跟形势，对我国"一带一路"的发展，通过组织专家进行专题调研，提出了在环保方面的意见和建议。在往年报告中已将公众极为关注的、对人体健康有严重影响的"可吸入细颗粒物"指标列入，但不参与测算的基础上，对有数据的47个城市进行了包含该指标的绿色发展指数测度。这一测算，必将对将在2016年在全国实施带有"可吸入细颗粒物"指标的空气质量新标准产生积极和重要的影响。

目前，与绿色发展关系最为紧密的"绿色消费"已在国际上成为一个新的热点和研究内容。建议在今后的报告中，尝试列入一些"绿色消费"的内容和概念，为将来"绿色消费"评价指标体系成熟后列入在报告中打下基础。

周宏仁：《2015 中国绿色发展指数报告——区域比较》是"绿色发展指数"系列年度报告的第六本，报告在省际和城市两套指标体系的基础上，对我国30个省（区、市）和100个城市的绿色发展水平进行了全面地分析和测算，这些细致深入的研究工作，推动了我国"绿色发展指数"研究不断走向深入。尤为可贵的是，随着测算指标、体系的完善，此项研究成果在绿色发展测算方面已经具有了较高的权威性，成为国际国内众多相关研究的重要基础和参照，对我国绿色发展的理论研究以及政府相关政策的制定具有重要参考价值。

今年的报告与往年相比，具有两个新变化：一是密切结合国家宏观"一带一路"发展战略，以"专家研讨"的形式前后邀请国内外40多位权威专家，深入探讨环保在"一带一路"战略中的定位与作用，为读者呈现了广阔丰富的宏观分析视角；二是深入分析微观企业实体，以案例调研的形式通过考察13家代表企业，为读者深入理解不同行业、不同规模企业的"绿色发展"提供了鲜活的微观实例。这些新变化对推动我国绿色发展实践工作的完善以及相关研究质量的提高有指导意义。

此外，很高兴在今年的报告中看到信息技术促进绿色发展的相关内容，虽然从整体上看，报告中关于信息化促进绿色发展的内容仍有待丰富，但这是非常有价值的开始。从当前绿色发展的国际前沿来看，发达国家越来越强调信息技术在绿色发展中的应用，通过信息化来实现绿色发展正在成为绿色发展的国际共识和发展趋势。美国能源节约经济协会研究发现，在不增加美国经济整体能源消费的基础上，信息技术的创新和推广可以促进绿色发展成本的降低，采用绿色发展的信息化解决方案，到2020年美国的碳排放量可减少13％～22％。欧盟也不断强调通过信息化来促进绿色发展，尤其强调利用信息技术来促进欧盟2020年节能减排目标的实现，并已出台大量运用信息技术促进节能减排的相关政策。因此，鉴于上述国际发展趋势，如果"绿色发展指数"报告中能够更多加入信息化促进绿色发展的内容，相信可使报告与国际社会日趋强调利用信息化促进绿色发展的趋势更加接轨，也可使报告的内容具有更高的国际视野和更大的权威性。

令人欣喜的是，2014年9月"联合国工业发展组织—联合国环境规划署（UNIDO-UNEP）绿色工业平台中国办公室"在北京师范大学经济与资源管理研究院正式挂牌，"中国办公室"是"UNIDO-UNEP 绿色工业平台"在全球范围内建立的首个国家级办公室，这使得课题组所在单位成为我国绿色发展研究领域的最高研究平台，将为课题组的绿色发展研究逐步走向国际化提供前所未有的机遇。可以预期，随着课题组在机构建设以及研究成果上不断取得新的突破，并逐步尝试对全球重要国家进行"绿色发展指数"的国际测评，将不仅有利于该项研究的国际化和国际认可，而且也有助于进行中国"绿色发展"的国际比较；不仅可以更好地推动中国的绿色发展以及促进世界了解中国绿色发展的进程，而且也可以推动全球形成绿色发展测度的国际共识。如此，课题组取得的研究成果和工作经验将对联合国在全球推进绿色发展提供重要的量化参考依据，并因此做出具有重要价值的贡献。

卢迈：《2015 中国绿色发展指数报告——区域比较》从不同维度对 2013 年中国的绿色发展进行了测度、分析和专题研究，对于践行绿色发展、推动生态文明建设具有重要的参考价值。本年度报告继续采用中国绿色发展指数指标体系对中国 30 个省（区、市）和 100 个城市进行了科学和客观的绿色发展测度和分析，其中新增了包含 PM2.5 指标的 47 个城市绿色发展指数，并且通过公众满意度问卷调查，加强了公众对区域绿色发展的评价。

本年度报告对企业的绿色发展实践进行了实地调研，形成了 13 份高质量的调研报告，分析总结了企业绿色发展中的问题及成功经验，并提出了相关的政策建议，对于促进企业践行绿色发展理念具有很好的借鉴意义。此外，本年度报告还以"体检"表的形式对相关省（区、市）进行了绿色"体检"，展示了绿色发展的进展与变化，简洁明了，值得肯定。

绿色发展水平科学和客观的评价有助于地方政府摸清绿色发展状况，识别绿色发展中存在的问题，从而推动绿色发展实践。要让绿色发展具有可操作性，真正落地，未来既要考察其流量的一面，还要考虑存量的一面，即对生态资本的核算。"既要绿水青山，又要金山银山""绿水青山就是金山银山"。建议课题组在构建中国绿色发展指数指标体系工作的基础上，未来可考虑将绿水青山分为空气、水、土壤、植被等子项，构建中国生态资本核算指标体系，计算出全国以及各省市的生态资本价值，以更好地践行绿色发展。

刘伟："绿色发展"不仅是一个愿景、一句口号，更需要切实可行的理论创新、实践创新和反复不断的修改纠正。《2015 中国绿色发展指数报告——区域比较》一书，正适应了当前发展的客观需求，弥补了当前绿色发展理论与实践方面的缺失，从区域比较的角度对绿色发展进行了可衡量、可比较、具有操作性的探索，对揭示区域绿色发展差距、探索各地绿色发展的潜力和道路，具有重要的参考与指导价值。

在绿色化程度的评价方面，该报告将"绿色化"与发展紧密结合，制定经济增长绿化度、资源环境承载潜力、政府政策支持度 3 个一级指标，涉及经济、环境和社会各个方面；制定绿色增长效率、三次产业等 9 个二级指标，涵盖了生产绿色化、生活绿色化和以改善环境为目标的投资等价值观的绿色化多个层面，指标体系的构建严谨、可行，具有重要的理论创新价值。对省际与城市之间具体指标的不同选取进行了调整和修正，增强了其指标体系的可操作性和适应性。

同时，该报告进一步对省际和城市的绿色发展水平进行了评价与测量，给出了不同省（区、市）和城市的绿色发展指数与排名，并对 3 个一级指标的评价进行了较为详细的区域差异比较和分析，对各区域对自身绿色发展水平的定位、差距分析，继而对指导区域的绿色发展具有重要的实践价值。

此外，绿色发展离不开人的主观感受，绿色评价也不能脱离具体的个人。该报告将"城市绿色发展公众满意度调查"放在重要位置，来反映当前城市绿色发展的实际水平，搜集和整合了大量的一手数据，着重强调了公众个人的关注点和切实利益点，将宏观分析与微观分析相结合，符合绿色发展的根本宗旨——提高人民的生活水平，使绿色发展的研究具有更明确的方向。

最后，该报告将企业作为一个主体放在绿色发展的重要位置，全面分析了作为市场经济主体的企业的绿色发展，对调研企业进行了全面的调研，提出了具体的问题和翔实的解决方案，对其他企业的绿色发展具有深度的借鉴意义。

综上，该报告立足绿色发展，以理论结合实践的方式来构建指标体系、应用指标体系，结合政府、居民、企业的需求，全面覆盖宏微观领域，并以实际案例来进行具体研究，论证和阐述充分、严谨。该报告不仅适合各领域学者研究借鉴，同时适合政府、企业、居民等不同群体使用，值得深入阅读和广泛推荐。

葛剑平：《2015 中国绿色发展指数报告——区域比较》即将发布，这是我连续第六次拜读。六年以来，我深切地感受到李晓西先生久久为功的研究韧劲和驰而不息的科学精神，他始终围绕着"经济发展与生态保护之间关系"这一核心问题不断追踪和深化，系统地挖掘出中国绿色发展的动态规律，总结和凝练出了地方政府探索"金山银山"与"绿水青山"辩证统一的理论和实践。今年的报告在对政府经济发展绿色"体检"基础之上，又增加了服务国家"一带一路"发展战略和中国企业绿色发展等内容，使得报告不仅具有重要的咨政价值，而且更加具有时效性和可操作性。

当前正在实施的生态文明国家战略，为该报告提供了更大的发展前景和咨政空间。2015 年中共中央国务院出台了《关于加快推进生态文明建设的意见》，核心是以健全生态文明制度体系为重点，实现将生态文明全覆盖融入政治、经济、文化与社会的全过程。该意见提出了在 2020 年基本确立生态文明重大制度，开辟了一条实现经济效益与生态效益双赢、人与自然和谐相处的科学发展道路。我认为"自然资源资产产权制度"的建立，标志着一个能够支撑生态文明建设的"新经济体系"即将诞生。产权明晰不仅仅是为了有效的生态保护，更重要的是要解决生态资源长期"被游离"于经济市场体系之外，自然资源的生态服务价值被长期破坏性、浪费性地低价甚至免费使用。这些问题也是该报告一直追踪研究的核心问题，许多成果已经具有重要学术影响力和社会关注度。我们期待着，随着生态文明制度体系的逐步建立和完善，李晓西教授创新团队一定会凝练出地方政府在"自然资源资产产权等关键制度"建设方面取得的决定性成果和成功范式。

边慧敏：第六本年度系列报告《2015 中国绿色发展指数报告——区域比较》如期出炉了。该报告连续六年邀请我参与评审，六年来该报告持续进步、不断完善。我很高兴看到今年的报告又具有鲜明的两大新特点。

一、绿色发展研究的宏观视角与微观基础相结合

今年的绿色发展指数报告紧扣时代主题，特别关注环境保护在"一带一路"建设中的地位和作用，彰显绿色发展研究的宏大视角。"一带一路"是以习近平同志为总书记的党中央主动应对全球形势深刻变化、统筹国内国际两个大局做出的重大决策，是我国全面深化改革、形成全方位开放新格局的大战略和长战略。如何处理好"一带一路"建设中的经济增长与生态、资源、环境之间的协调发展问题，亟待深入研究。为此，今年的报告邀请了国内外 40 多位权威专家，深入探讨了"一带一路"建设中基础设施互联互通、产业投资、资源开发、经贸合作、金融合作、

人文交流、海上合作等领域中绿色发展的定位和作用，紧扣世界发展的时代主题和中国发展的现实需要。我非常赞同绿色发展将在"一带一路"建设中起到"画龙点睛"的作用，"一带一路"必将是一条绿色发展之路。

绿色发展理念的实施终究要落实到微观主体的行动上，除了宏观研究视角之外，今年的报告还着重深入国内代表性企业开展了调研与考察，深刻了解中国企业绿色发展的基本情况，使绿色发展研究具有了厚重的微观基础，这是今年报告的一大亮点。企业作为经济实体的主体，其绿色发展是经济可持续增长的基础和前提，课题组成员先后深入北京、天津、山东、浙江、湖南等国内的13家绿色企业，这些企业既有国有企业，又有民营企业，既有传统的高耗、高污染企业，又有现代新型企业，企业样本的选择具有代表性。全面研究这些企业在污染治理、技术创新、转型升级等方面的成功经验，并得出了一些有价值的结论，对促进我国经济的转型升级，实现我国经济的"绿色化"具有重要意义。

二、绿色发展研究的政策影响与民众引导相结合

我一直认为，编制绿色发展指数的目的并不在于给各省（区、市）排座次，而是促进政府的绿色行动和引导社会民众的绿色参与。绿色发展不仅仅是一种经济发展手段、一种发展方式、一种发展理念，它还是一种人类生存方式和生活模式。它不只是要求我们简单地实现诸如节能减排等各种所谓的数据和指标，也不仅仅在于缓解经济增长与资源支撑和环境承载之间的短期矛盾，更为重要的是要在增进经济社会发展的同时保护好人类赖以生存的环境、资源和气候条件，使人类的可持续发展得以实现。六年来，我欣喜地看到，该绿色发展指数报告无论是从其内容内涵，还是从其获得广泛的外在影响来看，都与我个人的绿色理念不谋而合。

从社会影响来看，对于推进绿色发展与建设生态文明，无论是政府，还是广大民众，从来没有像今天如此取得广泛的共识。一方面，从党中央和政府层面看，今年3月24日中共中央政治局会议首次提出"绿色化"概念，明确提出"协同推进新型工业化、城镇化、信息化、农业现代化和绿色化"。将"绿色化"上升为国家战略，由"新四化"扩容为"新五化"，与中国特色社会主义"五位一体"新布局的精神一脉相承，就是要大力推进生态文明建设，努力建设美丽中国，实现中华民族永续发展。另一方面，从广大民众对生态和环保的呼吁来看，无论是对"APEC蓝"的惊叹和赞美，对《穹顶之下》引发的反省与思考，还是对一些重大污染事件的拷问与讨论，都可以感受到广大民众对于绿色发展和生态文明建设的高度认同。

无疑，关于绿色发展的持续研究和长期呼吁对政府和民众的绿色共识凝聚产生了广泛的积极影响。在众多研究中，《中国绿色发展指数报告》就是其中一项有特色、具有重要影响的研究成果。从其内容体系来看，可以充分发现该报告的这一精神本色。一方面，报告除了省区和各城市的绿色发展指数的测算外，还包括各省（区、市）的绿色"体检"表，针对绿色发展指数体系的每一个指标，对各个省份和测评城市进行"体检诊断"，使各省市政府通过各年度的数据进行清晰地对比，可以一目了然地发现其进步和退步表现，从而帮助各政府部门有针对性地制定绿色行动政策。另外，该课题组在出版报告和网络发布指数的同时，依托西南财经大学发展研究院每个季度末在北京举办的"金帝雅论坛"这个平台，邀请国内外有重要影响的有关专家，深入讨论与绿色发展有关的重大问题，并在会后形成会议综述提交中央有关部门决策参考，扩大了该报告对政府高层决策部门的影响。另一方面，除了客观数据测度，该报告还通过网络调查和实地调研等形式进行问卷调查，形成了"城市问卷调查设计及公众满意度排序"和"城市问卷调查结果分析"，反映了公众对区域绿色发展的评价，这样就将民众感受与理论研究紧密结合起来

了。此外，PM2.5 是广大民众对身边环境越来越关注一个指标，自 2013 年起，环境保护部首先要求直辖市、省会城市及国家环境保护模范城市开展对 PM2.5 的监测和信息公开，今年的报告测度了这其中有数据的 47 个城市包含 PM2.5 指标的绿色发展指数，这也是今年报告的另一个亮点，充分响应了广大民众的绿色关切。

许宪春：3 月 24 日，中共中央政治局召开会议，审议通过《关于加快推进生态文明建设的意见》，要求把生态文明建设融入经济、政治、文化、社会建设各方面和全过程，协同推进新型工业化、城镇化、信息化、农业现代化和绿色化，牢固树立"绿水青山就是金山银山"的理念。首次提出了"绿色化"，将"新四化"发展为"新五化"，把绿色发展放在更重要的位置，成为推进生态文明建设的重要途径。绿色发展就是要加快推动生产方式绿色化，加快推动生活方式绿色化，构建科技含量高、资源消耗低、环境污染少的产业结构和生产方式，大幅提高经济绿色化程度，加快发展绿色产业，形成经济社会发展新的增长点，实现生活方式和消费模式向勤俭节约、绿色低碳、文明健康的方向转变。

北京师范大学、国家统计局中国经济景气监测中心和西南财经大学等单位联合开展的中国绿色发展指数研究顺应时代需求，紧扣中国发展的时代主题，满足人民群众对良好生态环境新期待、适应人与自然和谐发展现代化建设新要求。该项研究在探索建立有利于绿色发展绩效评估指标体系、传播绿色发展理念、引导地方政府加强生态环境保护，更加自觉地推动绿色发展、循环发展、低碳发展建设等方面发挥了积极的作用。从 2010 年起，中国绿色发展指数研究已历时六年，期间每年连续向社会发布中国绿色发展指数报告。六年来，研究团队持之以恒，深化研究，不断充实研究资源，充分吸收专家意见，努力创新，中国绿色发展指数报告不断推出升级版，研究成果影响力不断上升。

2015 年报告有多处完善和新的亮点，主要体现在：一是研究了北京、天津、山东、浙江、湖南等 13 家企业，涉及能源资源、传统建材、民营环保、高新技术等行业，提出开发清洁能源、提高节能减排效率、持续创新发展、加大政府支持等助力企业绿色发展措施。企业是经济发展的重要主体，企业绿色生产是经济绿色化的基础，其绿色发展对促进我国经济的转型升级，实现经济的绿色化具有重要意义。二增加了专家论环保在"一带一路"战略中的定位与作用部分。"一带一路"战略要坚持政治效益、经济效益和环境效益相统一。所有项目都要坚守可持续发展理念，用所在国甚至更高的环境标准要求中国企业，推动合作国可持续发展、民生改善。这对于在国际上宣传中国发展道路、发展模式和发展理念具有重要意义，能够起到增信释疑、凝聚共识的作用。

绿色发展事关实现"两个一百年"奋斗目标，事关中华民族永续发展，是建设美丽中国的必然要求。衷心地希望，中国绿色发展指数研究更好地适应时代发展要求，进一步充实研究资源，不断提高研究质量，为建设美丽中国做出更大的贡献。

牛文元：1.《报告》对国家绿色发展战略和生态文明建设有积极的理论意义和实践价值。建议加上一个"理论篇"，从内涵上挖掘绿色发展的文明本质和在哲学上凝练现代发展的主流方向。

2. 建议《报告》能动态描述最近五年来，中国在绿色发展方面所取得的进步以及对未来挑战的归纳。

3. 建议研究如何将"绿色发展指数"上升到国家宏观管理层次，并在实际运行中起到监测预警的作用，作为一项宏观经济的管理工具，成为智库成果的最高表达。

王毅：《2015 中国绿色发展指数报告——区域比较》在前几年报告的基础上在两个方面进行了较好的尝试：一是增加了企业绿色发展考察报告，调查了我国 13 个案例企业的绿色发展路径、经验、面临的问题和政策需求，调查结果能够为我国进一步制定和完善企业绿色发展政策提供支撑，并为相关企业推动绿色发展提供示范；二是增加了"环保在'一带一路'战略中的定位与作用"专家论坛，征集了相关领域知名专家对推动"绿色一带一路"建设方面的战略建议，能够为我国更系统科学地推动"一带一路"战略实施，并使之成为"绿色一带一路"的典范提供决策参考。

关于报告的改进和完善，主要有四点建议供参考：一是进一步辨识制约我国区域和城市绿色发展的关键因素和核心指标，并对指标动态、区域差异、影响因素及政策含义进行深入分析，为各地区和城市采取针对性措施提高绿色发展水平提供支撑；二是当前我国生态文明建设正处在制度构建的关键阶段，但有关绿色发展的相关制度缺口较大，建议开展针对性研究；三是城市绿色发展公众满意度受调查样本的社会经济属性影响较大，建议进一步将调查样本按照其社会经济属性如受教育程度、人均收入等进行分类，比较不同城市同一类人群的满意度，减少不同城市调查样本的差异对调查结果的影响；四是在企业绿色发展考察的基础上，在下一年度报告中可以进一步尝试开展重点区域、行业或工业园区的绿色发展考察和调研，辨识制约其绿色发展的关键因素，为我国地方或行业绿色发展政策的制定和完善提供支撑。

魏杰：《2015 中国绿色发展指数报告——区域比较》评审稿已拜读。该报告自正式发布以来，每年都在原有框架与内容上进行补充和发展，以求能有一个完善的绿色报告而对中国的环境治理工作有所贡献。本年度报告加进了企业绿色报告，这很有意义，因为中国环境治理的关键是企业的绿色意识的提高及绿色举措的推进，如果企业不能提高绿色意识和采取相应的对策那么整个环境问题就不可能得到真的解决。例如，攀枝花市的大气环境向好，就是因为攀钢脱硫技术的突破与实施。因此，应将企业绿色发展对区域绿色化提升作为重要内容，能够保持在每年度的报告中都有反馈，尤其是将好的案例与恶性案例都选入其中，像这次天津滨海新区爆炸案之类的案例都应列入其中，总之，将企业绿色报告列入年度报告是一个创新。

潘家华：《2015 中国绿色发展指数报告——区域比较》利用自身开发的方法和公开可获取的资料，对中国各省区和城市的绿色发展指数进行了综合全面评估，具有独特性、权威性和导向性，值得肯定和赞赏：

1. 方法论上有延续性、可比性，持续改进；2. 覆盖全面，综合性强，可比，直观；3. 资料性强，信息量和史料价值较大，具有保存价值；4. 站位高，拓展新的领域，符合国家战略取向和国民生活诉求；5. 表现形式多样，可读性强。

为进一步改进，有几点技术性建议：1. 有些排名的结果与人们印象有较大出入，例如人们印象中西部环境脆弱，但其绿色排名较靠前；北京环境已超出极限，但排名全国第 1 位，而且遥遥领先，需要解释。2. 由于指数是相对值，从结果看只能了解各省区相对名次，如果能将相对名次与实际绿色发展绩效做些比较分析，可能有价值；3. 报告为年度评价，2016 年可考虑一个动态比较，看一下"十二五"的变化轨迹。

范恒山：《2015 中国绿色发展指数报告——区域比较》基于实践的进展和形势的要求，对 30 个省（区、市）和 100 个城市进行了绿色发展测度和分析，体现出一些新的特点：一是进一步体现绿色发展的理念，按照中央提出的"绿色化"战略，结合环保部门公布的数据，完善了城市测算中"可吸入细颗粒物（PM2.5）年均值"，使人民群众关心的大气环境质量状况有所体现；二是结合"一带一路"重大战略，专题研讨环保在"一带一路"战略中的定位和作用，提出一些建设性意见建议；三是增加了对企业绿色发展的实地调研，选取传统建材、高新技术、民营环保、能源资源等方面的一些企业，总结其在污染治理、技术创新、转型升级等方面的经验，为同类企业实践提供了有益借鉴；四是对政府、企业、公众在绿色发展中发挥的作用都有适当表述，较为完整地展示了各方面推动绿色化进程的状况。总的看，报告整体框架结构较为完整，指标体系设计合理，评价结果较为准确和直观地反映了区域的绿色发展水平，基本符合我国东中西各地区在不同资源禀赋条件下的发展特点，具有一定的代表性和参考价值。

建议报告在以下两方面进一步完善：一是针对不同地区的特点，适当设置一些差异性指标，并选择国内外典型地区做对比分析；二是对 2010 年以来的省际和城市绿色发展指数做时间序列分析，同时可基于过去几年来各地的绿色发展状况，对未来进行趋势性分析。

夏光：北师大等著写的《2015 中国绿色发展指数报告——区域比较》，作为该系列报告的第六本，再次摆在我们面前，首先向作者表示衷心祝贺和高度赞赏。本辑报告在内容上又有了新的发展，除了延续以前各辑中关于各地区绿色发展水平的评估外，又增加了企业绿色发展调研考察和"环保在'一带一路'战略中的定位与作用"的研究内容，这使报告更加具有时代特点和现实意义。

绿色发展指数是反映地区绿色发展进展和程度的总体指标。根据指标评估，各地区 2015 年的绿色发展状况总体上与 2014 年的评估结果相近，这说明近两年来我国各地绿色发展情况是稳定的，没有出现突如其来的变化。如果从单项指标来看，很多地区的绿色化程度有所上升，这是值得高兴的。结合我们近期对全国各地绿色转型的政策调研情况看，现在很多地区的党委政府已经把绿色发展作为在经济新常态下推动本地区经济发展和生态文明建设的主动行为，正像有的市领导说的"绿色转型和发展是中央有要求，地方有需要，群众有期待"，我们也把这种地方领导主动推动绿色发展的现象称为"绿色新常态"。现在，该报告用具体的数据说话，揭示了全国正在兴起的绿色化态势，这是用科学方法推动国家进步的具体贡献，值得肯定和赞扬。

报告对 38 个城市绿色发展进行的公众满意度调查值得重视。2015 年公众综合满意度比上两年连续有所提升，这为"绿色新常态"提供了一定的社会信息支撑。公众对城市环境变化、空气质量、环境污染突发事件处理、环境投诉方式的满意度有所上升，但对食品安全和交通畅通情况的满意度有所下降，说明群众仍然对身边的环境问题不够满意，需要在这些方面采取更强的措施。

在国家实施"一带一路"战略中，应该相应地采取三大环保政策：一是从严从紧的环境标准和法规，搞清楚这些地区的环保法规要求，按高标准执行；二是用绿色化引领"一带一路"的项目建设，防止把落后产能和污染项目向外转移；三是加强与沿线各国的环保合作，推动信息共享和相应的制度建设。

《中国绿色发展指数报告》已经连续出版了多年，在社会上具有良好的反响，也具体推动了一些地区的绿色转型。提两条建议供参考：一是各地的绿色发展情况具有相对的稳定性，每年都进行类似的绿色"体检"是否会产生较大的重复性？是否可考虑适当拉长评价周期，例如每两年评估一次？二是为了更好地使报告结论促进各地的绿色发展，可否每辑报告选取一两个省和一两个城市进行专门解剖，诊断当地绿色发展的具体缺陷，提出相应的改进意见，这样对当地决策就会有实际帮助。

苏伟：《2015 年中国绿色发展指数报告——区域比较》对中国 30 个省（区、市）和 100 个城市的绿色发展水平进行了全面分析和测度，反映了各省（区、市）绿色发展的进度和变化；同时结合国家"一带一路"发展战略，分析了环境保护在"一带一路"战略中的定位与作用。报告内容翔实，研究方法科学合理，对把脉全国绿色发展现状和推进城镇化低碳发展具有一定的参考价值和指导意义。建议以后研究进一步增强针对性，在比较区域绿色发展指数的同时，围绕推动地方绿色低碳转型提出更具操作性的政策建议。

贾康：《2015 中国绿色发展指数报告——区域比较》是这一中国绿色发展系列研究项目的第六份年度报告。读后，我想主要谈及三个方面的看法：

（一）经济社会的发展和国家治理的客观需要与主观指导理念的升华，正在进一步印证"绿色发展"的全局意义、战略意义，也在凸显绿色发展相关研究的价值。中国在成长为全球第二大经济体之后，虽仍有继续发展的可观空间与动能，但矛盾凸显（包括资源、环境制约方面的突出矛盾）和"新常态"的阶段转换，已是不争的现实；党的十八大及其后的三中、四中全会，形成了将"生态文明"列入"五位一体"总体布局和以全面改革、全面依法治国保障和落实五位一体可持续发展的国家治理现代化核心理念；2015 年 3 月中共中央政治局会议明确提出"绿色化"战略方针。全球经济可持续发展的客观需要与中国治国施政的主观指导，都在表明绿色发展的极端重要性，同时也就更充分地表明：力求在绿色发展研究中将总体方略与量化分析认识、区域比较相结合的《中国绿色发展指数报告》系列研究成果，具有其独特的价值。

（二）2015 年度报告，在延伸时间序列研究成果的同时，研究内容有新的扩展。一是在覆盖30 个省（区、市）和 100 个城市的基础上，进一步加强通过绿色发展公众满意度问卷调查而生成的区域绿色发展公众评价；二是以多家企业绿色发展实地调研考察方式，提供与提升区域绿色发展水平对接的有益认识；三是围绕国家新近确立的"一带一路"战略，组织和反映专家结合环保的专题研讨；四是基于有关部门的工作进展和数据可得性的提高，开始对 47 个城市测度包含公众所关心的 PM2.5 指标的绿色发展指数。这些都值得称道。

（三）对已有的综合排序结果，建议适当增加一些重点分析说明。如研究形成的"中国 100 个城市绿色发展指数及排名"和"中国 30 个省（区、市）绿色发展指数及排名"，依据 2013 年数据和三类一级指标综合考评，得出了清晰的"座次"，其中北京在前者总排名中高居第 6 位，在后者总排名中则独占鳌头高居第 1 位，可能不免使读者心有疑问：2013 年前后北京已深受雾霾为代表的环境污染"危机"因素的困扰，何以能得到如此之好的"绿色发展"位次？看三项一级指标的分项测评，北京在 100 个城市中于"经济增长绿色度"和"政府政策支持度"上分别为第 5、6 位，但在"资源环境承载潜力"上只列为第 62 位，应当说这是较真实地反映出北京的突出问题之所在的，但为何这一明显排位居后半区的指标并未影响北京总评第 6 位的好排位结果？有无"资源环境承载潜力"指标权重过低的问题？似还值得做进一步的分析与说明。

邱东： 发展中国家与发达国家的最大区别并不仅仅在于物质产品的贫乏，而更在于公共产品的丰裕程度。基于此基本判断，中国绿色发展指数的系统构建对中国社会的进步就具有战略意义。

六年的艰苦细致研究和资料整理工作，绿色发展指数系列已经颇为壮观，而每年的改进和充实，也为指数的社会效益发挥奠定了坚实的基础。

2015 年度新增的三项主要内容表现出研究者的眼界和匠心。企业是中国绿色发展的实际践行者，接地气的调研考察将为绿色指数的宏微观衔接开辟路径；"环保在'一带一路'中的定位与作用"这一专题研讨为国家战略的实施提供了方向性咨询建议；PM2.5 指标数值的首次引入，使得绿色指数的理论和方法论设计得以进一步实现，也将提升指数的社会声誉。

谨向李晓西、关成华领衔的北京师范大学经济与资源管理研究院表示衷心的敬意和祝贺！

王世春： 2015 年是联合国千年目标实施 15 周年，也是千年目标的全球总结年。为应对资源耗竭与生态失衡给人类可持续发展带来的威胁，联合国将 2015 年作为可持续发展目标元年，旨在携手世界各国共同应对气候变化与环境问题，促进可持续发展和共同繁荣。中国作为世界最大的发展中国家，必将在实现后 2015 发展目标中发挥关键性作用。

早在 2010 年，由李晓西教授、关成华教授和潘建成教授领衔，联合北京师范大学经济与资源管理研究院、西南财经大学发展研究院和国家统计局中国经济景气监测中心三家单位共同推出了《中国绿色发展指数报告》，至今已连续出版六年。报告中所设计的经济增长绿化度、资源环境承载潜力、政府政策支持三大一级指标，充分涉及了发展中国家关于社会发展、经济增长、环境可持续能力等多个方面，在一定层面上为联合国千年发展目标和后 2015 发展目标的实施与判定提供了有益的支撑。

联合国工业发展组织作为在全球范围内加速发展中国家工业化进程的联合国专门机构，近年来在李勇总干事的带领下，致力于实现包容与可持续的工业发展（ISID）。报告中所设列的 60 项三级指标，一半多都涉及绿色工业领域。报告对联合国工业发展组织 ISID 践行的方向与考量的角度具有宝贵的参考价值。

近年来，联合国工业发展组织同北京师范大学在绿色产业领域积极开展合作，并依托李晓西教授带领的团队建立 UNIDO-UNEP 绿色产业平台中国办公室，帮助平台及联合国工业发展组织在中国推行绿色产业概念。报告中所应用的经济理论与研究方法，也将有助于对平台绿色产业的分析与判评，特别是今年的报告中增加了对多家中国企业绿色发展的考察报告，这将更加有助于传播绿色发展实践经验与案例，对指导产业平台成员绿色转型与企业可持续发展具有重要意义。这些均与中国办公室所预期的目标高度一致。

我希望《中国绿色发展指数报告》在国内外绿色发展的大背景下，继续汇聚力量与智慧，不断完善，不断开拓。相信只要坚持不懈，奋发有为，系列报告将能成为引导国内绿色企业发展、创新绿色产业平台建设、促进联合国发展目标实现的积极推动力量。

张世钢： 《2015 中国绿色发展指数报告——区域比较》是一份内容翔实、理论体系完整、紧贴国家战略重点、具有独创性的报告。研究团队在以往工作的基础上不断完善，对中国 30 个省（区、市）和 100 个城市进行了绿色发展水平的全面分析与评估，为中国推动绿色发展实践和实现联合国可持续发展目标提供了有益参考和极具价值的启示。虽然国际上有许多关于绿色发展的展望和报告，但是该中国绿色发展指数报告独树一帜，创立了针对中国现阶段经济发展与环境保护的特殊国情，以城市和地区为空间背景，以公民、企业和政府为调查对象，以绿色发展"体检"表为手段的综合研究体系。与往年相比，"一带一路"战略中环境保护的定位与作用以及企业绿色发展路径调研是今年绿色发展报告的特色与亮点，它丰富了报告的内涵，拓展了报告的视野。

国际经验借鉴与分享可以为报告带来提升空间。

参考联合国可持续消费与生产十年框架方案，中国在实现绿色发展的进程中，也应重视可持续消费与生产对绿色经济的推动作用。在这方面可以加强研究，例如可持续消费的意识和意愿对消费行为的影响，包括个人消费取向、企业和政府采购、相关政策支持度等。除了有利于资源节约和环境保护，还可对可持续生产形成正反馈，提高企业生产绿色产品的动力和积极性。建议设立相关指标，纳入城市"体检"和企业绿色发展调研，并对消费与生产进行关联分析，提出政策建议。

参照国际通行做法，在总报告基础上，可以考虑提炼编写若干简写本。例如执行摘要和政策建议，针对决策者、企业、公民、青年等不同群体的专门报告等，以利传播。

环境和安全信息披露和可获取是人们越来越关注的话题，绿色发展的所有成绩可能会被一次环境安全事故全部抹杀。天津危险化学品仓库爆炸事故强化了信息公开透明以及事故预防和准备机制的重要性，这将成为公众满意度的一项重要考量，也是企业绿色发展的内生要求。建议逐步开展研究，纳入报告体系。

目　录

省际绿色发展"体检"表目录

城市绿色发展"体检"表目录

表　目

图 目

总　论

　　2015 年 3 月 24 日，中共中央政治局会议首次提出"绿色化"，这是继党的十八大提出"新型工业化、城镇化、信息化、农业现代化"战略任务后，中央再次提出了"五化协同"的新要求。"绿色化"是绿色发展的升级版，它强调"科技含量高、资源消耗低、环境污染少的生产方式"，强调"勤俭节约、绿色低碳、文明健康的消费生活方式"。"绿色化"将"新四化"发展为"新五化"，是中央对中国特色社会主义理论的又一次创新，是中央对中国可持续发展的又一次统筹安排与顶层布局。[①] 5 月 5 日，中共中央、国务院正式发布《关于加快推进生态文明建设的意见》，9 月 22 日，又印发了《生态文明改革总体方案》。这两个文件既有顶层设计，又有具体任务布置，必将极大地推动生态文明建设和绿色发展。"绿色化"将绿色发展放在了更高、更重要的位置，不仅要求经济发展"绿色化"，还要求政治文明、文化建设、社会进步等方面也都要"绿色化"，是中央贯彻落实"五位一体"融合发展的有效途径，是中央深化推进生态文明建设的有力抓手。

　　"绿色化"的提出可谓正当其时。环境保护部公布的环境质量状况显示，2015 年上半年，全国按照新《环境空气质量标准》监测的 74 个城市中，空气质量达标天数比例平均仅有 68.0%，最低的城市达标天数比例仅为 21.1%，空气污染形势依然严峻；全国按照旧《环境空气质量标准》监测的 338 个城市中，空气质量达标天数的比例平均也仅有 72.7%，平均超标天数比例高达 27.3%。[②] 环境保护部、国土资源部发布的最新《全国土壤污染状况调查公报》显示，目前我国土壤环境状况总体不容乐观，部分地区土壤污染较重，耕地土壤环境质量堪忧，工矿业废弃地土壤环境问题突出。我国土壤总的点位超标率为 16.1%，其中轻微、轻度、中度和重度污染点位比例分别为 11.2%、2.3%、1.5% 和 1.1%。我国耕地化肥用量为 321.5 千克/公顷，每年有约 40 万吨的农膜残留于土壤中，远高于世界平均水平。我国土壤侵蚀总面积高达 294.91 万平方千米，占国土面积的 30.72%。[③] 据工信部统计数据显示，2015 年我国节能减排压力仍然较大，工业结构重化导致工业能源消费占比长期保持高位，能源消费总量难以控制；钢铁、建材、有色等传统制造业产能普遍过剩，产能利用率仅为 70% 左右；市场机制在工业应对气候变化中的作用还没有得到充分发挥，工业企业碳资产管理水平有待提高。[④]

　　"绿色化"要求我们既要发展，又要绿色，既要实现经济增长，又要保护生态环境，其体现了发展绿色经济的战略性和紧迫性。中国绿色发展指数通过对国内省（区、市）和城市绿色发展水平的测度与评估，正是对"绿色化"的具体落实与深入实践。"绿色化"对绿色发展的新变化要求中国

---

　　① 李晓西：《"绿色化"突出了绿色发展的三个新特征》，载《光明日报》，2015-05-20。
　　② 环境保护部：《环境保护部公布 2015 年上半年全国环境质量状况》，http://www.mep.gov.cn/gkml/hbb/qt/201507/t20150727_307193.htm，2015-07-27。
　　③ 环境保护部、国土资源部：《全国土壤污染状况调查公报》，2014-04-17。
　　④ 中国电子信息产业发展研究院：《2015 年中国工业节能减排发展形势预测分析》，http://www.chinapower.com.cn/newsarticle/1232/new1232524.asp，2015-04-14。

绿色发展指数更加科学、客观地评价中国的绿色发展水平，以助力改变我国目前资源消耗大、环境污染重、生态破坏广的粗放式增长模式，有力实现我国经济的健康可持续发展。

>>一、中国绿色发展指数指标体系<<

中国绿色发展指数包括中国省际绿色发展指数和中国城市绿色发展指数两套体系。中国省际绿色发展指数指标体系于 2010 年建立，并在 2011 年根据专家和社会意见进行了一定的调整和完善，形成了相对稳定的指标体系。从 2012 年开始，中国省际绿色发展指数指标体系不再变动，今年仍采用此体系进行测算。中国城市绿色发展指数指标体系于 2011 年建立。今年，课题组建议暂不变动，以原有体系进行测算。两套指标体系待"十三五"时期，根据我国绿色发展的新形势、新进展及实际情况，再进行调整与完善。

1. 中国省际绿色发展指数指标体系

2015 年中国省际绿色发展指数仍由经济增长绿化度、资源环境承载潜力和政府政策支持度 3 个一级指标及 9 个二级指标、60 个三级指标构成，为方便读者的阅读与理解，现将指标体系继续列下如表 0-1 所示。

表 0-1 　　　　　　　　　　　　中国省际绿色发展指数指标体系

一级指标	二级指标	三级指标	
经济增长绿化度	绿色增长效率指标	1. 人均地区生产总值 2. 单位地区生产总值能耗 3. 非化石能源消费量占能源消费量的比重 4. 单位地区生产总值二氧化碳排放量	5. 单位地区生产总值二氧化硫排放量 6. 单位地区生产总值化学需氧量排放量 7. 单位地区生产总值氮氧化物排放量 8. 单位地区生产总值氨氮排放量 9. 人均城镇生活消费用电
	第一产业指标	10. 第一产业劳动生产率 11. 土地产出率	12. 节灌率 13. 有效灌溉面积占耕地面积比重
	第二产业指标	14. 第二产业劳动生产率 15. 单位工业增加值水耗 16. 规模以上工业增加值能耗	17. 工业固体废物综合利用率 18. 工业用水重复利用率 19. 六大高载能行业产值占工业总产值比重
	第三产业指标	20. 第三产业劳动生产率 21. 第三产业增加值比重	22. 第三产业从业人员比重
资源环境承载潜力	资源丰裕与生态保护指标	23. 人均水资源量 24. 人均森林面积 25. 森林覆盖率	26. 自然保护区面积占辖区面积比重 27. 湿地面积占国土面积比重 28. 人均活立木总蓄积量
	环境压力与气候变化指标	29. 单位土地面积二氧化碳排放量 30. 人均二氧化碳排放量 31. 单位土地面积二氧化硫排放量 32. 人均二氧化硫排放量 33. 单位土地面积化学需氧量排放量 34. 人均化学需氧量排放量 35. 单位土地面积氮氧化物排放量	36. 人均氮氧化物排放量 37. 单位土地面积氨氮排放量 38. 人均氨氮排放量 39. 单位耕地面积化肥施用量 40. 单位耕地面积农药使用量 41. 人均公路交通氮氧化物排放量

一级指标	二级指标	三级指标	
政府政策支持度	绿色投资指标	42. 环境保护支出占财政支出比重 43. 环境污染治理投资占地区生产总值比重	44. 农村人均改水、改厕的政府投资 45. 单位耕地面积退耕还林投资完成额 46. 科教文卫支出占财政支出比重
	基础设施指标	47. 城市人均绿地面积 48. 城市用水普及率 49. 城市污水处理率 50. 城市生活垃圾无害化处理率 51. 城市每万人拥有公交车辆	52. 人均城市公共交通运营线路网长度 53. 农村累计已改水受益人口占农村总人口比重 54. 建成区绿化覆盖率
	环境治理指标	55. 人均当年新增造林面积 56. 工业二氧化硫去除率 57. 工业废水化学需氧量去除率	58. 工业氮氧化物去除率 59. 工业废水氨氮去除率 60. 突发环境事件次数

注：本表内容由课题组在 2015 年及之前历次专家研讨会上讨论确定、确认。

2. 中国城市绿色发展指数指标体系

城市绿色发展已成为国家发展的重大战略，课题组依托的研究单位于 2013 年获准成立了"城市绿色发展科技战略研究北京市重点实验室"。该实验室是北京高校中唯一的文科类重点实验室，既表明了文理结合发展的重要性，也凸显了城市绿色发展的紧迫性。在此基础上，课题组进一步加强了对城市绿色发展指数的研究。

2015 年中国城市绿色发展指数指标体系仍由 3 个一级指标、9 个二级指标和 44 个三级指标组成，现将指标体系继续列下如表 0-2 所示。

表 0-2　　　　　　　　　　　中国城市绿色发展指数指标体系

一级指标	二级指标	三级指标	
经济增长绿化度	绿色增长效率指标	1. 人均地区生产总值 2. 单位地区生产总值能耗 3. 人均城镇生活消费用电 4. 单位地区生产总值二氧化碳排放量	5. 单位地区生产总值二氧化硫排放量 6. 单位地区生产总值化学需氧量排放量 7. 单位地区生产总值氮氧化物排放量 8. 单位地区生产总值氨氮排放量
	第一产业指标	9. 第一产业劳动生产率	
	第二产业指标	10. 第二产业劳动生产率 11. 单位工业增加值水耗 12. 单位工业增加值能耗	13. 工业固体废物综合利用率 14. 工业用水重复利用率
	第三产业指标	15. 第三产业劳动生产率 16. 第三产业增加值比重	17. 第三产业就业人员比重
资源环境承载潜力	资源丰裕与生态保护指标	18. 人均水资源量	
	环境压力与气候变化指标	19. 单位土地面积二氧化碳排放量 20. 人均二氧化碳排放量 21. 单位土地面积二氧化硫排放量 22. 人均二氧化硫排放量 23. 单位土地面积化学需氧量排放量 24. 人均化学需氧量排放量 25. 单位土地面积氮氧化物排放量	26. 人均氮氧化物排放量 27. 单位土地面积氨氮排放量 28. 人均氨氮排放量 29. 空气质量达到二级以上天数占全年比重 30. 首要污染物可吸入颗粒物天数占全年比重 31. 可吸入细颗粒物浓度（PM2.5）年均值

一级指标	二级指标	三级指标	
政府政策支持度	绿色投资指标	32. 环境保护支出占财政支出比重 33. 城市环境基础设施建设投资占全市固定资产投资比重	34. 科教文卫支出占财政支出比重
	基础设施指标	35. 人均绿地面积 36. 建成区绿化覆盖率 37. 用水普及率	38. 城市生活污水处理率 39. 生活垃圾无害化处理率 40. 每万人拥有公共汽车
	环境治理指标	41. 工业二氧化硫去除率 42. 工业废水化学需氧量去除率	43. 工业氮氧化物去除率 44. 工业废水氨氮去除率

注：本表内容由课题组在 2015 年及之前历次专家研讨会上讨论确定、确认。

今年的城市测算中有一个需要特别说明的变化：中国绿色发展指数一直包含"可吸入细颗粒物浓度(PM2.5)年均值"这一重要指标，但由于以前该指标缺乏权威数据，课题组在进行测算时均以"无数列表"处理，即该指标在指标体系中占有一定的权重，但不参与测算。随着党和政府对大气污染防治的高度重视及我国环保监测制度的进一步完善，环境保护部逐步、有序要求各城市对 PM2.5 进行监测和信息公开。自 2013 年起，环境保护部首先要求直辖市、省会城市及国家环境保护模范城市开展对 PM2.5 的监测和信息公开，这些城市在本年度参与测度的 100 个城市中，仅有 47 个，因此我们测度了这 47 个城市包含 PM2.5 指标的绿色发展指数，放于"附录一"中，供大家参考。

>>二、中国省际绿色发展指数测算结果及分析<<

在中国省际绿色发展指数指标体系的基础上，根据 2013 年的数据，我们测算得到了除西藏外 30 个省(区、市)的结果，并进行了相应的分析。

1. 省际绿色发展指数测算结果

中国 30 个省(区、市)绿色发展指数及排名如表 0-3 所示。[①]

表 0-3　　　　　　　　中国 30 个省(区、市)绿色发展指数及排名

地　区	绿色发展指数		一级指标					
			经济增长绿化度		资源环境承载潜力		政府政策支持度	
	指数值	排名	指数值	排　名	指数值	排名	指数值	排　名
北　京	0.788	1	0.496	1	0.069	6	0.223	1
上　海	0.300	2	0.306	2	−0.059	21	0.052	12
浙　江	0.209	3	0.160	4	−0.034	17	0.083	5
天　津	0.199	4	0.294	3	−0.148	27	0.053	11
青　海	0.195	5	−0.159	28	0.528	1	−0.174	30
福　建	0.150	6	0.081	7	0.009	14	0.060	8
江　苏	0.115	7	0.153	5	−0.110	23	0.072	6

---

① 由于数据等原因，西藏自治区、香港特别行政区、澳门特别行政区和台湾省未参与测算。

地　区	绿色发展指数		一级指标					
			经济增长绿化度		资源环境承载潜力		政府政策支持度	
	指数值	排　名	指数值	排　名	指数值	排　名	指数值	排　名
内蒙古	0.113	8	0.007	11	0.057	9	0.050	13
广　东	0.101	9	0.094	6	−0.053	19	0.060	9
海　南	0.069	10	−0.019	13	0.062	7	0.027	16
山　东	0.046	11	0.077	8	−0.152	29	0.120	2
陕　西	0.030	12	0.013	10	−0.015	15	0.032	15
四　川	0.014	13	−0.085	21	0.163	3	−0.063	22
重　庆	0.000	14	−0.062	17	0.016	12	0.047	14
云　南	−0.027	15	−0.160	29	0.158	4	−0.026	19
黑龙江	−0.032	16	−0.040	15	0.117	5	−0.109	26
新　疆	−0.045	17	−0.107	24	−0.042	18	0.104	3
安　徽	−0.060	18	−0.065	18	−0.062	22	0.066	7
贵　州	−0.082	19	−0.183	30	0.197	2	−0.096	25
广　西	−0.104	20	−0.082	20	0.058	11	−0.079	23
江　西	−0.119	21	−0.115	25	0.017	11	−0.022	18
河　北	−0.130	22	−0.033	14	−0.150	28	0.053	10
湖　北	−0.144	23	−0.050	16	−0.054	20	−0.041	20
辽　宁	−0.161	24	0.020	9	−0.123	24	−0.058	21
湖　南	−0.167	25	−0.092	23	0.014	13	−0.088	24
吉　林	−0.174	26	−0.006	12	−0.020	16	−0.148	28
山　西	−0.207	27	−0.087	22	−0.130	25	0.009	17
宁　夏	−0.258	28	−0.136	26	−0.206	30	0.083	4
甘　肃	−0.290	29	−0.140	27	0.023	10	−0.173	29
河　南	−0.328	30	−0.080	19	−0.131	26	−0.117	27

注：1. 本表根据省际绿色发展指数测算体系，依各指标 2013 年数据测算而得。2. 本表各省（区、市）按照绿色发展指数的指数值从大到小排序。3. 本表中绿色发展指数等于经济增长绿化度、资源环境承载潜力和政府政策支持度 3 个一级指标指数值之和。4. 以上数据及排名根据《中国统计年鉴 2014》《中国环境统计年鉴 2014》《中国环境统计年报 2013》《中国城市统计年鉴 2014》《中国水利统计年鉴 2014》《中国工业经济统计年鉴 2014》《中国沙漠及其治理》等测算。

"0"代表所有参评省（区、市）绿色发展的平均水平，得分高于"0"表示该省（区、市）的绿色发展水平高于全国平均水平，得分低于"0"表示该省（区、市）的绿色发展水平低于全国平均水平。

2. 省际绿色发展指数的区域分布与比较①

省际绿色发展指数排在前 10 位的省(区、市)依次是北京、上海、浙江、天津、青海、福建、江苏、内蒙古、广东和海南。位于第 11～20 位的 10 个省(区、市)分别是山东、陕西、四川、重庆、云南、黑龙江、新疆、安徽、贵州和广西。位于第 21～30 位的 10 个省(区、市)分别是江西、河北、湖北、辽宁、湖南、吉林、山西、宁夏、甘肃和河南。

为了直观比较绿色发展指数的区域分布,我们绘制了全国地理分布图。其中,指数排名前 10 位的为绿色发展水平好一些的地区,用深绿色表示;第 11～20 位为绿色发展水平较好的地区,用中度绿色表示;后 10 位为绿色发展水平一般的地区,用浅绿色表示。

图 0-1　中国绿色发展指数排名区域分布

注:本图根据表 0-3 制作。

从图 0-1 可以看出,东部地区的绿色发展水平相对较高,多数省(区、市)为深绿色;西部地区绿色发展水平整体处于中游,青海、内蒙古、陕西等相对较好;而中部和东北地区的绿色发展水平相对较弱,除黑龙江和安徽以外,多数省(区、市)为浅绿色。

接下来,我们对中国省际绿色发展指数以及经济增长绿化度、资源环境承载潜力和政府政策支持度 3 个分指数进行分区域对比分析,如图 0-2 所示,中国省际绿色发展水平呈现较明显的区域差异。

---

① 本书根据"十一五"规划区域发展战略提出的四大区划即东、中、西和东北地区为区域比较的基础。其中,东部地区包括北京、天津、河北、上海、江苏、浙江、福建、山东、广东和海南 10 省(区、市);中部地区包括山西、安徽、江西、河南、湖北和湖南 6 省份;西部地区包括内蒙古、广西、重庆、四川、贵州、云南、西藏、陕西、甘肃、青海、宁夏和新疆 12 省(区、市);东北地区包括辽宁、吉林和黑龙江 3 省份。

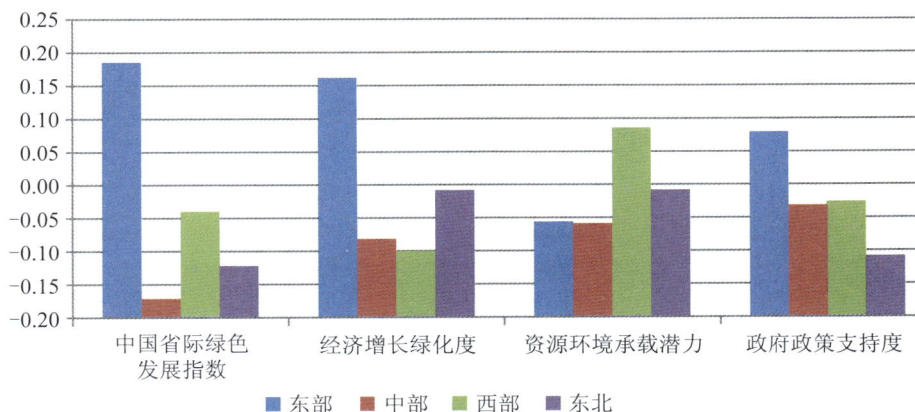

图 0-2　中国省际绿色发展指数区域比较
注：图中数据为四大区域各省（区、市）指标的算术平均值。

　　东部地区政府政策支持度及经济增长绿化度优势明显，因此绿色发展指数排名靠前。总指数方面，东部 10 省（区、市）中，除山东、河北以外，其余 8 个省（区、市）排名全国前 10 位，较上年增加一个省（区、市）；仅河北绿色发展水平低于全国平均水平，其余 9 个省（区、市）均高于全国平均水平。经济增长绿化度方面，东部 10 个省（区、市）仅海南和河北排名全国前 10 位以外，其余各省（区、市）位居第 1～8 位。政府政策支持度方面，东部 10 个省（区、市）有 7 个排名全国前 10 位，仅上海、天津、海南排名相对靠后。东部地区受资源环境的约束较为明显，资源环境承载潜力相对较弱。

　　西部地区经济增长绿化度及政府政策支持度相对较低，但资源环境表现较为突出。总指数方面，西部 11 个参评的省（区、市）仅青海和内蒙古排名全国前 10 位，其余各省（区、市）排名位居全国中下游。西部各省（区、市）资源环境承载潜力明显好于其他三个地区，有 7 个省（区、市）位居全国前 10 位，3 个位居第 11～20 位，仅 1 个省（区、市）位居全国 20 位以后。西部各省（区、市）经济增长绿化度及政府政策支持度与其他地区差距明显，未来仍有较大的提升空间。

　　东北三省和中部地区绿色发展水平有待提高，整体缺乏突出优势。总指数方面，仅黑龙江和安徽排名全国前 20 位，其余各省（区、市）均位居全国下游。所有省（区、市）绿色发展水平均低于全国平均水平，经济增长绿化度、资源环境承载潜力及政府政策支持度有待进一步改善。

　　测算结果显示，在参与测算的 30 个省（区、市）中，有 13 个省（区、市）绿色发展水平高于全国平均水平，按指数值高低排序依次是：北京、上海、浙江、天津、青海、福建、江苏、内蒙古、广东、海南、山东、陕西和四川；重庆绿色发展水平与全国平均水平持平；其他 16 个省（区、市）的绿色发展水平低于全国平均水平（见图 0-3）。同时我们发现，2015 年排名全国前 10 位的省（区、市），在去年排名中有 9 个省（区、市）排名仍在前 10 位，只有个别省（区、市）排名位次稍有变动；2015 年排名全国后 10 位的省（区、市），有 8 个在去年排名中仍在后 10 位，这说明中国省际绿色发展指数的测算方法日趋成熟，测算结果相对稳定。

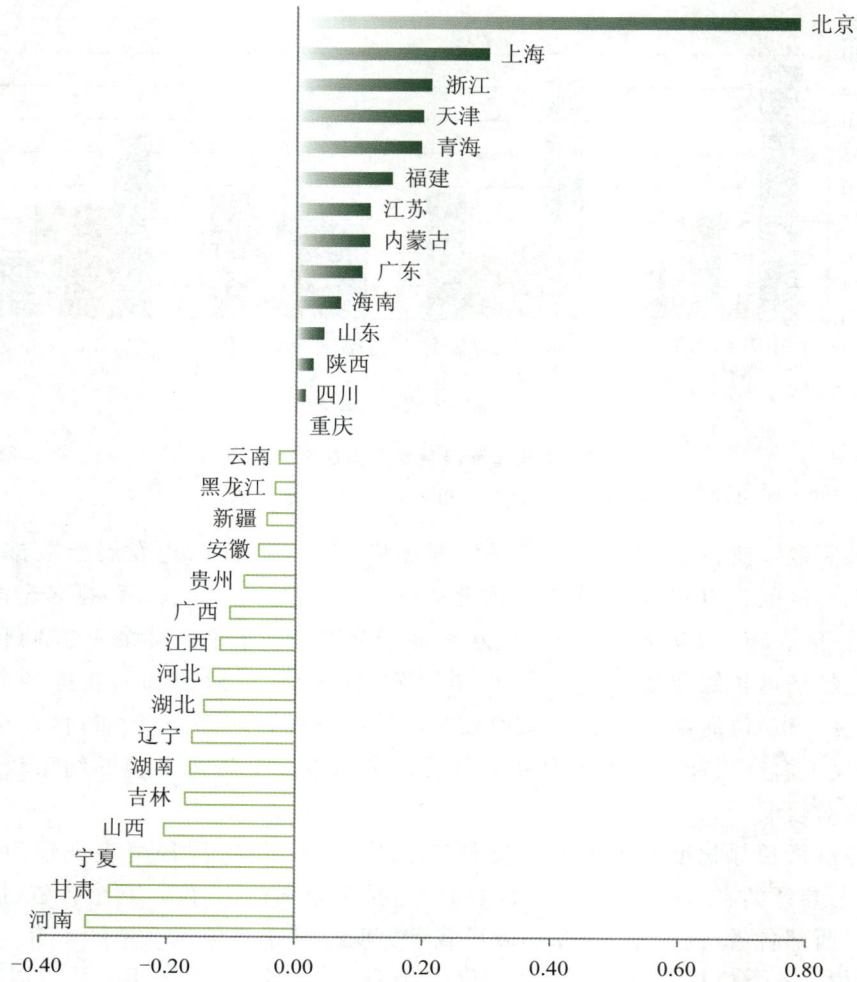

图 0-3　中国绿色发展指数排名比较

注：本图根据表 0-3 制作。

>>三、中国 100 个城市绿色发展指数测算结果及分析<<

在中国城市绿色发展指数指标体系的基础上，根据 2013 年的数据，我们测算得到了 2013 年 100 个城市的绿色发展指数，并进行了相应的分析。

1. 城市绿色发展指数测算结果

中国 100 个城市的绿色发展指数及其排名如表 0-4 所示。

表 0-4　　　　　　　　　　　　中国 100 个城市绿色发展指数及排名

地　区	绿色发展指数		一级指标					
			经济增长绿化度		资源环境承载潜力		政府政策支持度	
	指数值	排名	指数值	排　名	指数值	排　名	指数值	排　名
海　口	1.131	1	0.455	1	0.825	1	－0.150	88
深　圳	1.082	2	0.415	2	0.037	18	0.630	1
克拉玛依	0.847	3	0.226	4	0.371	2	0.250	2

地 区	绿色发展指数		一级指标					
			经济增长绿化度		资源环境承载潜力		政府政策支持度	
	指数值	排 名	指数值	排 名	指数值	排 名	指数值	排 名
青　岛	0.472	4	0.178	7	0.080	12	0.213	4
无　锡	0.448	5	0.262	3	0.029	22	0.157	10
北　京	0.346	6	0.186	5	−0.042	62	0.201	6
昆　明	0.322	7	−0.004	46	0.309	3	0.017	44
赤　峰	0.256	8	−0.052	67	0.286	4	0.022	41
湛　江	0.256	9	−0.002	44	0.210	5	0.048	36
烟　台	0.252	10	0.116	11	0.039	17	0.096	18
广　州	0.248	11	0.137	10	−0.032	57	0.142	11
常　州	0.236	12	0.146	9	−0.017	47	0.107	15
苏　州	0.213	13	0.177	8	−0.074	79	0.110	14
长　沙	0.192	14	0.182	6	0.025	25	−0.015	55
珠　海	0.181	15	−0.039	63	−0.006	41	0.225	3
石家庄	0.172	16	0.093	15	0.028	24	0.052	33
唐　山	0.159	17	0.083	16	0.034	20	0.042	39
济　南	0.155	18	0.095	13	−0.029	52	0.089	21
绵　阳	0.133	19	−0.030	59	0.076	14	0.086	24
乌鲁木齐	0.127	20	0.015	28	−0.080	81	0.193	7
厦　门	0.127	21	−0.011	52	−0.021	50	0.160	8
秦皇岛	0.125	22	−0.058	71	0.076	13	0.107	16
杭　州	0.119	23	0.046	24	−0.019	49	0.092	20
合　肥	0.117	24	−0.006	48	−0.001	38	0.124	13
北　海	0.115	25	0.013	31	0.134	9	−0.032	62
湘　潭	0.102	26	0.052	22	0.006	35	0.044	37
湖　州	0.096	27	0.009	37	−0.071	77	0.157	9
南　京	0.095	28	0.014	30	−0.122	97	0.203	5
福　州	0.085	29	−0.018	55	0.015	30	0.088	22
温　州	0.074	30	0.003	43	−0.014	44	0.085	25
呼和浩特	0.057	31	0.093	14	0.000	36	−0.037	65
太　原	0.050	32	−0.052	66	0.051	16	0.051	35
宁　波	0.044	33	0.017	27	−0.032	58	0.060	31
潍　坊	0.035	34	0.064	19	−0.116	96	0.087	23
宝　鸡	0.021	35	−0.083	82	0.000	37	0.104	17
南　通	0.012	36	−0.031	60	−0.029	53	0.072	27
遵　义	0.004	37	0.006	40	0.020	27	−0.022	58
株　洲	0.003	38	−0.034	62	0.016	29	0.022	42

地 区	绿色发展指数		一级指标					
			经济增长绿化度		资源环境承载潜力		政府政策支持度	
	指数值	排 名	指数值	排 名	指数值	排 名	指数值	排 名
日 照	0.003	39	0.012	33	−0.094	86	0.085	26
淄 博	−0.001	40	0.040	26	−0.170	100	0.128	12
沈 阳	−0.005	41	0.115	12	−0.013	43	−0.106	82
石嘴山	−0.005	42	−0.068	76	−0.029	54	0.093	19
九 江	−0.009	43	−0.093	85	0.016	28	0.068	28
徐 州	−0.012	44	−0.016	53	−0.060	73	0.064	30
上 海	−0.015	45	0.059	20	−0.068	76	−0.006	51
扬 州	−0.025	46	0.011	35	−0.052	68	0.016	46
济 宁	−0.027	47	0.014	29	−0.107	94	0.065	29
南 宁	−0.029	48	−0.092	84	0.069	15	−0.006	52
大 连	−0.029	49	0.041	25	−0.003	39	−0.067	73
延 安	−0.030	50	0.007	39	0.201	6	−0.238	97
吉 林	−0.036	51	0.007	38	0.012	31	−0.055	69
芜 湖	−0.044	52	−0.003	45	−0.083	82	0.043	38
柳 州	−0.045	53	−0.073	79	0.031	21	−0.003	50
洛 阳	−0.047	54	0.010	36	0.006	34	−0.063	72
绍 兴	−0.049	55	−0.006	47	−0.072	78	0.029	40
泰 安	−0.051	56	−0.010	51	−0.094	87	0.053	32
桂 林	−0.053	57	−0.009	50	0.171	8	−0.215	96
天 津	−0.059	58	0.068	18	−0.103	90	−0.024	61
成 都	−0.061	59	0.005	41	−0.057	72	−0.009	53
泉 州	−0.068	60	−0.067	74	−0.016	46	0.016	45
南 昌	−0.074	61	−0.056	69	−0.037	61	0.019	43
临 汾	−0.092	62	−0.057	70	−0.042	63	0.008	48
长 春	−0.100	63	0.053	21	0.036	19	−0.188	93
郑 州	−0.102	64	−0.022	58	−0.035	59	−0.045	67
本 溪	−0.109	65	−0.103	93	0.028	23	−0.034	63
马鞍山	−0.111	66	−0.022	57	−0.141	99	0.052	34
哈尔滨	−0.119	67	−0.007	49	−0.024	51	−0.088	78
咸 阳	−0.128	68	0.013	32	−0.006	40	−0.135	87
武 汉	−0.128	69	0.012	34	−0.092	85	−0.048	68
曲 靖	−0.132	70	−0.061	72	0.008	33	−0.079	75
岳 阳	−0.134	71	−0.017	54	−0.079	80	−0.037	64
西 安	−0.135	72	−0.019	56	−0.103	91	−0.014	54
焦 作	−0.138	73	−0.072	77	−0.048	67	−0.018	56

地 区	绿色发展指数		一级指标					
			经济增长绿化度		资源环境承载潜力		政府政策支持度	
	指数值	排 名	指数值	排 名	指数值	排 名	指数值	排 名
安 阳	−0.146	74	−0.076	81	−0.086	83	0.016	47
包 头	−0.151	75	0.072	17	−0.125	98	−0.099	80
常 德	−0.151	76	0.047	23	−0.045	66	−0.153	89
贵 阳	−0.152	77	−0.096	89	−0.012	42	−0.043	66
大 同	−0.154	78	−0.097	90	−0.037	60	−0.021	57
韶 关	−0.157	79	−0.095	87	0.117	11	−0.179	92
银 川	−0.159	80	−0.041	64	−0.095	88	−0.024	60
牡丹江	−0.164	81	0.003	42	0.131	10	−0.298	99
重 庆	−0.169	82	−0.127	95	−0.019	48	−0.023	59
抚 顺	−0.175	83	−0.075	80	−0.015	45	−0.085	77
锦 州	−0.178	84	−0.031	61	0.010	32	−0.157	90
阳 泉	−0.181	85	−0.159	97	−0.030	55	0.007	49
泸 州	−0.184	86	−0.084	83	−0.030	56	−0.070	74
汕 头	−0.193	87	−0.112	94	0.021	26	−0.102	81
宜 昌	−0.215	88	−0.098	91	−0.060	74	−0.057	70
兰 州	−0.233	89	−0.051	65	−0.053	69	−0.129	86
平顶山	−0.241	90	−0.055	68	−0.104	92	−0.082	76
铜 川	−0.263	91	−0.093	86	−0.061	75	−0.108	83
齐齐哈尔	−0.280	92	−0.140	96	0.176	7	−0.315	100
长 治	−0.300	93	−0.096	88	−0.107	95	−0.097	79
荆 州	−0.313	94	−0.159	98	−0.092	84	−0.063	71
宜 宾	−0.323	95	−0.100	92	−0.055	70	−0.167	91
攀枝花	−0.323	96	−0.171	99	−0.043	64	−0.108	84
开 封	−0.357	97	−0.061	73	−0.045	65	−0.252	98
鞍 山	−0.369	98	−0.068	75	−0.095	89	−0.206	95
西 宁	−0.374	99	−0.072	78	−0.106	93	−0.196	94
金 昌	−0.405	100	−0.222	100	−0.056	71	−0.127	85

注：1. 本表根据中国城市绿色发展指数体系，依据各指标2013年数据测算而得。2. 本表城市按绿色发展指数的指数值从高到低排序。3. 以上数据及排名根据《中国城市统计年鉴2014》《中国环境统计年报2013》《中国城市建设统计年鉴2013》《中国区域经济统计年鉴2014》等测算。4. 由于拉萨部分指标数据暂不全，因此本次测算不包含拉萨。

"0"代表所有参评城市绿色发展的平均水平，得分高于"0"表示该城市的绿色发展水平高于全国平均水平，得分低于"0"表示该城市的绿色发展水平低于全国平均水平。测算结果显示，在参与测算的100个城市中，有39个城市的绿色发展水平高于全国平均水平，有61个城市的绿色发展水平低于全国平均水平。

2. 城市绿色发展指数的特点与比较

城市绿色发展指数位于全国前20位的城市依次是：海口、深圳、克拉玛依、青岛、无锡、北京、昆明、赤峰、湛江、烟台、广州、常州、苏州、长沙、珠海、石家庄、唐山、济南、绵阳和乌鲁木齐。位于全国后 20 位的城市依次是：牡丹江、重庆、抚顺、锦州、阳泉、泸州、汕头、宜昌、兰州、平顶山、铜川、齐齐哈尔、长治、荆州、宜宾、攀枝花、开封、鞍山、西宁和金昌。图 0-4 绘出了排名前 20 位和排名后 20 位城市的比较图。

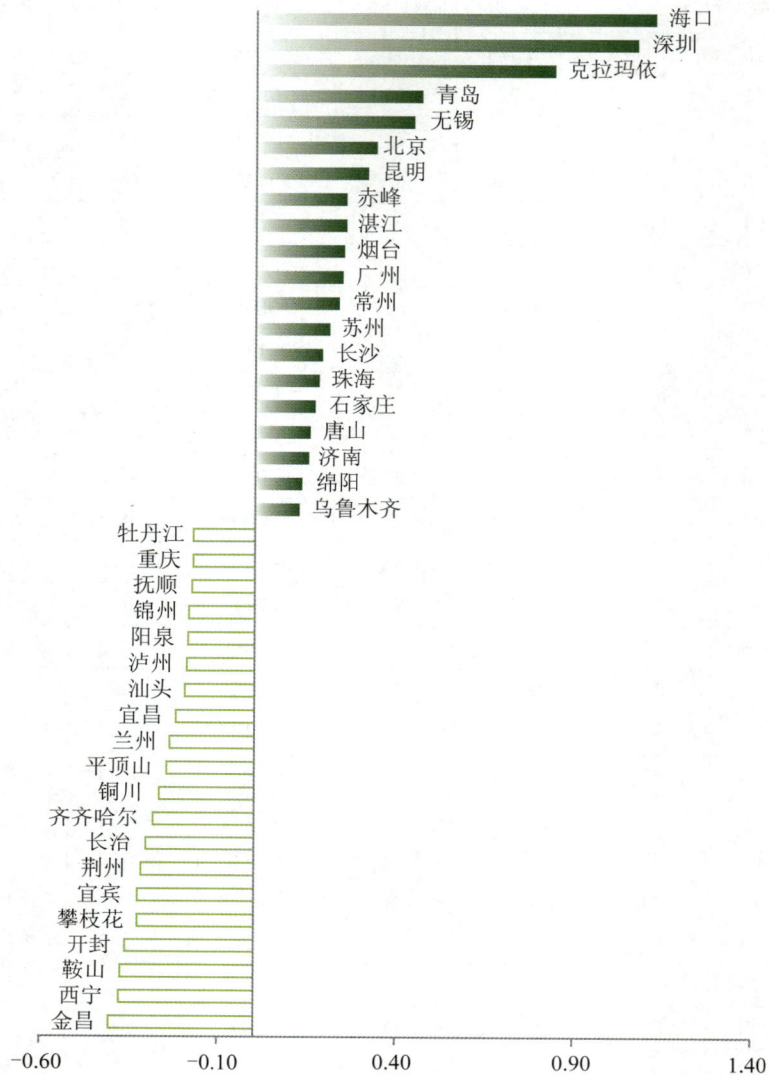

图 0-4 中国城市绿色发展指数排名前 20 位和排名后 20 位城市比较图

注：本图根据表 0-4 制作。

同时，我们绘制了 2015 中国城市绿色发展指数区域比较图①，具体如图 0-5 所示。

---

① 报告对城市区域的划分源自"十一五"规划区域发展战略。参与测算的东部城市包括北京、天津、上海、深圳、南京、海口、无锡、烟台、青岛、湛江、福州、潍坊、济宁、唐山、苏州、珠海、徐州、日照、杭州、南通、厦门、扬州、淄博、济南、广州、常州、石家庄、绍兴、湖州、泰安、泉州、秦皇岛、宁波、汕头、韶关、温州 36 个城市。中部城市包括武汉、长沙、合肥、太原、南昌、株洲、常德、安阳、洛阳、临汾、长治、阳泉、马鞍山、九江、湘潭、焦作、芜湖、开封、郑州、平顶山、岳阳、荆州、大同、宜昌 24 个城市。西部城市包括重庆、成都、昆明、呼和浩特、乌鲁木齐、贵阳、克拉玛依、延安、赤峰、绵阳、曲靖、桂林、遵义、宝鸡、北海、咸阳、南宁、柳州、银川、金昌、西安、石嘴山、攀枝花、西宁、铜川、兰州、宜宾、泸州、包头 29 个城市。东北城市包括长春、沈阳、哈尔滨、大连、吉林、牡丹江、锦州、本溪、抚顺、齐齐哈尔、鞍山 11 个城市。

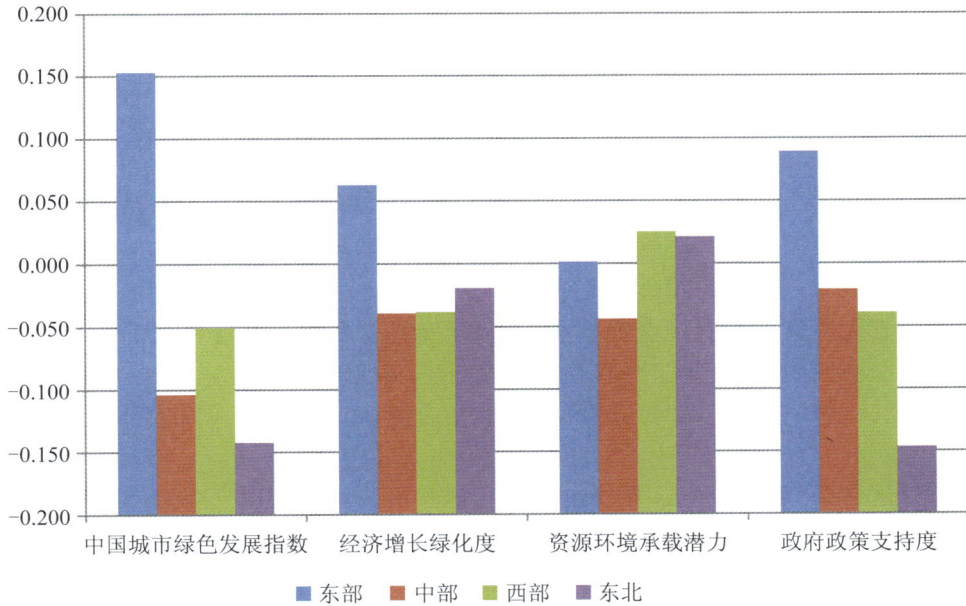

图 0-5　中国城市绿色发展指数区域比较

注：图中数据为四大区域中各城市指标的算术平均值。

由上可知，2015 中国城市绿色发展指数呈现以下几个特点：

东部城市绿色发展优势明显，三项分指数基本都处于领先位置。总指数方面，排名前 10 的城市中，东部城市高达 7 个，其中第 1 位和第 2 位分别为海口和深圳；排名前 20 位的城市中，东部城市也有 14 个，所有城市均值均远高于全国平均水平；绝大部分城市排名位于全国中上游，仅韶关、汕头等部分东部城市绿色发展水平相对较低。三项分指数方面，东部城市经济增长绿化度与政府政策支持度指数值均值分别为 0.062、0.089，远高于其他地区城市，优势明显；资源环境承载潜力指数值均值为 0.001，略低于西部和东北城市均值，高于中部城市均值。

西部地区城市绿色发展水平稳步提高，已较大幅度超出中部和东北地区城市绿色发展水平。根据 2013 和 2014 中国城市绿色发展指数测度结果，西部地区城市绿色发展水平略低于中部地区城市，或与中部地区城市持平。但 2015 年的测度结果显示，西部地区城市总指数均值已达到－0.051，远高于中部和东北地区城市，较前两年有较大幅度的提高。三项分指数方面，西部地区城市的资源环境承载潜力表现仍然突出，在四个区域中高居首位，均值达到 0.026；西部地区城市的经济增长绿化度与中部和东北地区城市差距不大，低于东部地区城市，但西部地区城市政府政策支持度则表现相对较弱，整体绿色发展水平有待进一步提高。

中部和东北地区城市绿色发展水平相对较低，未来仍有较大提升空间。总指数方面，绿色发展水平排名全国后 10 位的城市中，中部和东北地区城市共 5 个，其与全国平均水平差距明显；排名全国后 20 位的城市中，中部和东北地区城市高达 11 个，占后 20 位城市的 55%；绝大部分城市位居全国中下游，仅长沙、合肥、湘潭、太原、株洲、沈阳、九江、大连 8 个城市排名全国50 位以前。三项分指数方面，中部地区城市缺乏突出优势，经济增长绿化度与资源环境承载潜力均值都位居四个区域最后一位，得分分别为－0.039、－0.044，仅政府政策支持度表现相对较好，高于西部和东北地区城市，低于东部地区城市；东北地区城市的经济增长绿化度与资源环境承载潜力得分相对较高，均位居四个区域的第二位，但政府政策支持度得分则相对偏低，仅有－0.145，与其他三个区域的得分差距较为明显。

总的来看，2015 城市绿色发展指数测度结果与 2015 省际绿色发展指数测度结果基本保持一致，区域方面均是东部地区得分较高，西部地区次之，中部和东北地区相对较低。得分较高的城市，其所在的省份得分也普遍较高，如无锡、苏州之于江苏，广州、珠海之于广东；得分较低的城市，其所在的省份得分也普遍较低，如开封、平顶山之于河南，阳泉、长治之于山西。仅 40% 的省份和城市绿色发展水平高于全国平均水平，未来中国的绿色发展仍有较长的路要走。

>>四、环保在"一带一路"战略中的定位与作用<<

"一带一路"是以习近平同志为总书记的党中央主动应对全球形势深刻变化、统筹国内国际两个大局做出的重大决策，是我国全面深化改革、形成全方位开放新格局的"三大空间战略"之一。十八届三中全会明确提出"推进丝绸之路经济带、海上丝绸之路建设"，2015 年政府工作报告也明确强调"把'一带一路'建设与区域开发开放结合起来，加强新亚欧大陆桥、陆海口岸支点建设"。

"一带一路"是一条"和平合作、开放包容、互学互鉴、互利共赢"之路，但如何处理好"一带一路"建设中的经济增长与生态、资源、环境之间的协调发展问题，亟待进一步的研究与探讨。比如："一带一路"建设是否应该环保先行？"一带一路"建设是否应具有长效的环保机制？"一带一路"建设的环境评估如何实施？"一带一路"建设的生物多样性如何保护？"一带一路"建设中的核污染该怎么处理？"一带一路"建设如何与当地及国际的环保组织协同？"一带一路"建设如何对我国企业进行环保培训？等等。

针对这些问题，课题组先后邀请了来自国务院研究室、国务院参事室、国务院发展研究中心、国家发展与改革委员会、环境保护部、农业部、国家民委、国家海洋局、中国科学院、中国社会科学院、北京大学、清华大学、中国人民大学、北京师范大学、复旦大学、同济大学等多家单位的 40 多位权威专家学者，就环保在"一带一路"战略中的定位与作用进行座谈。专家们从各自研究领域做了精彩发言，课题组将这些发言梳理后置于今年的报告中，供大家借鉴参考。

>>五、公众满意度调查与企业绿色发展调研考察<<

1. 38 个城市绿色发展的公众满意度调查

城市绿色发展公众满意度调查与中国城市绿色发展指数的统计测度是相互配合的，是客观统计数据分析与主观民意问卷调查分析的结合。自 2012 年以来，我们连续在 38 个城市（主要包括直辖市、省会城市、计划单列市及人均 GDP 排名位居全国前 10 位的城市）开展"城市绿色发展公众满意度调查"，了解居民对其所居住城市绿色发展状况的主观感受和评价，并量化分析重点城市的绿色发展状况及其走势。公众满意度调查结果较好地反映了城市绿色发展的现实水平，获得了各位专家和社会各界的广泛认可，成为以客观统计数据为基础的"城市绿色发展指数测评指标体系"的重要补充和完善。2015 年，此项调查在 4—5 月仍由国家统计局中国经济景气监测中心组织实施，调查方法、调查范围和样本量、调查指标体系与测算方法均与上年保持一致。

调查结果显示，2015 年中国 38 个城市绿色发展公众综合满意度为 0.137①，连续两年有所提升。绝大多数城市的居民对其所居住城市的绿色发展水平持肯定态度，不过多数城市的公众综合满意度得分仍然较低。城市绿色发展水平明显分化，地区城市公众综合满意度呈现西部相对最高、东部和东北地区较高、中部地区较低的特征；与 2014 年相比，四大地区的公众综合满

---

① 满意度得分在 −1～1 之间，0 为"满意"和"不满意"的临界值。得分为正，处于"满意区间"，表示"满意"，越趋近于 1 满意程度越高；反之，处于"不满意区间"，表示"不满意"，越趋近于 −1 不满意程度越高。

意度都有所提升，东部城市提升较多，中部和东北城市次之，西部城市提升较少。从公众综合满意度三项构成指数看，居民对城市基础设施的满意度仍然最高，对城市环境的满意度较高，对政府绿色行动仍表示不满意；与2014年相比，三项构成指数的满意度都有所改善，城市环境和城市基础设施满意度升幅较大，政府绿色行动的不满意程度减轻。就具体指标来看，居民对9项指标表示满意，其中对公共交通便利程度、近三年城市环境变化、政府环保工作重视程度的满意度较高；对7项指标表示不满意，其中对环境投诉方式、日常食品放心程度和城市交通畅通情况满意度较低；与2014年相比，居民对15项指标的满意度改善，其中对近三年城市环境变化、城市空气质量、环境污染突发事件处理和环境投诉方式的满意度提升最多，仅对日常食品放心程度的满意度下降。

绿色发展公众满意度调查排名前10位（第1～10位）的城市分别为：克拉玛依、厦门、银川、珠海、西宁、青岛、宁波、南宁、南京和苏州；排名后10位（第29～38位）的城市分别为：成都、天津、北京、昆明、长沙、石家庄、广州、呼和浩特、兰州和郑州。

2. 企业绿色发展调研考察

今年报告的一大创新与突出亮点是对企业的绿色发展进行了实地调研。企业作为经济实体的主体，其绿色发展是经济可持续增长的基础和前提。做好企业的绿色发展，对促进我国经济的转型升级，实现我国经济的"绿色化"具有重要意义。

课题组成员先后深入北京、天津、山东、浙江、湖南等国内13家企业，全面研究了这些企业在污染治理、技术创新、转型升级等方面的成功经验，并得出了一些有价值的结论。比如：对于高新技术企业，持续追求创新驱动是其实现绿色发展的基础支撑和根本动力；对于传统建材企业，更好地提高节能减排效率是其推进绿色发展的当务之急；对于民营环保企业，技术革新快、研发成本高、政府支持少、利润收益低是阻碍其绿色发展的重要原因；对于能源资源企业，以新技术开发新能源是其实现绿色发展的有效路径，等等。

我们选择的这些企业并不是由课题组确定的，而是由各课题组成员根据自己掌握的企业情况，通过比较研究后自行决定。调研报告也由各课题组成员独立自主完成，课题组统一组织讨论会修改完善，最后呈现在本报告的第四篇中。

需要特别说明的是，2014年9月，课题组依托的研究单位同联合国工业发展组织、联合国环境规划署共同成立了"联合国工业发展组织—联合国环境规划署（UNIDO－UNEP）绿色工业平台中国办公室"。在下一步的研究中，课题组将依托这一平台深化企业绿色发展的研究，以期全面、深刻地了解、助力中国企业的绿色发展。

>>六、本报告的框架结构及分析重点<<

《2015中国绿色发展指数报告——区域比较》由序、专家评议、总论、省际篇、城市篇、公众评价篇、企业绿色发展调研考察、专家论坛、省市绿色"体检"表和附录组成。各部分围绕绿色发展这一主题，从不同角度对30个省（区、市）和100个城市的绿色发展进行了测度、分析和专题研究。本报告框架如下：

报告继续聘请国内26位资深专家进行专业评审。专家们的热情肯定与专业建议使我们受益颇多，推动了报告的不断进步与完善。时间所限，我们无法在本报告中按多位专家的建议增添更多体现分析和提炼的篇幅，但课题组会牢记在心，在今后的研究工作中，注意提前布置，重点呈现。与往年一样，我们将专家评审意见编辑为"专家评议摘要"，置于报告之前，与大家共勉。

"总论"重点介绍了2015中国绿色发展指数省际指标体系和城市指标体系的完善，展示了30

个省(区、市)和 100 个城市的测算结果及排序,并对报告的整体框架进行了分析。

报告的主体内容为六篇。

第一篇为省际篇,共 3 章。该篇与省际绿色发展指数的 3 个一级指标(经济增长绿化度、资源环境承载潜力和政府政策支持度)相对应,对省际 3 个一级指标的测度及结果进行分析。

第二篇为城市篇,共 3 章。该篇与城市绿色发展指数的 3 个一级指标(经济增长绿化度、资源环境承载潜力和政府政策支持度)相对应,对城市 3 个一级指标的测度及结果分析。

第三篇为公众评价篇,共 1 章,即"城市绿色发展公众满意度调查结果及分析"。该章介绍了自 2012 年以来我们连续在 38 个城市开展的"城市绿色发展公众满意度调查",并公布了今年的调查结果。去年报告中该篇还有一章为"城市绿色发展公众满意度调查方案及组织实施情况",但鉴于今年的调查方案及组织实施情况较去年没有任何变化,专家讨论将其放入附录中,置于文后。

第四篇为企业绿色发展调研考察,共 13 篇调研报告,这是今年全书的一大创新与亮点。为深刻了解中国企业绿色发展的基本情况,课题组先后深入北京、天津、山东、浙江、湖南等国内 13 家企业,开展企业的绿色发展调研考察。课题组全面研究了这些企业在污染治理、技术创新、转型升级等方面的成功经验,试图为中国企业的绿色发展建言献策。

第五篇为专家论坛:环保在"一带一路"战略中的定位与作用,这是今年报告的又一创新与亮点。2015 年 4 月至 6 月,课题组受国家环境保护部国际合作司委托,先后邀请了国内近 40 位权威专家就环保在"一带一路"战略中的定位与作用进行座谈。鉴于这项研究与绿色发展、绿色经济的高度相关性,我们特将专家们的讲演摘选编辑入本报告专家论坛中,与读者们分享。

第六篇是省市绿色发展"体检"表。本篇分别对 30 个省(区、市)及 38 个直辖市、省会、计划单列市进行绿色"体检",根据各指标的排名变化给予进退脸谱,笑脸表示今年排名相比去年有所提升,哭脸表示今年排名相比去年有所下降。这是本报告在内容上的一大创新。

本报告的最后部分为附录。分别呈现了"包含可吸入细颗粒物浓度(PM2.5)的 47 个城市绿色发展指数""城市绿色发展公众满意度调查方案及组织实施情况""省区绿色发展指数测算指标解释及数据来源""城市绿色发展指数测算指标解释及数据来源"4 个附录。

绿色发展将是未来相当长一段时间内,中国经济社会可持续发展的一个重要话题。随着国家创新提出"绿色化",将"新四化"发展为"新五化",绿色发展被放在了更高、更重要的位置,是国家深化推进生态文明建设、实现美丽中国的重要抓手与有效途径。中国仍然是一个缺林少绿、生态脆弱的国家,推进绿色发展,实现经济与资源、生态、环境的可持续增长,意义重大、任重道远,需要我们为之坚持不懈、长期奋斗。

第一篇

省际篇

本篇以公开出版的统计年鉴为基础，以 2015 中国省际绿色发展指数指标体系为依据，全面系统地反映了 2013 年中国 30 个省（区、市）的绿色发展情况，分析了这些地区的绿色发展排名。同时，本篇从绿色发展指数 3 个一级指标出发，分别编排了 3 章，即"第一章　省际经济增长绿化度测算及分析""第二章　省际资源环境承载潜力测算及分析"和"第三章　省际政府政策支持度测算及分析"，深入解析了 2013 年中国 30 个省（区、市）经济增长绿化度、资源环境承载潜力与政府政策支持度的具体情况。

第一章

省际经济增长绿化度测算及分析

作为绿色发展指数的重要内涵之一，经济增长绿化度是对一个地区经济发展过程中绿色程度的综合评价。本章根据"中国绿色发展指数评价体系（省区）"（以下简称"省区测算体系"）中经济增长绿化度的测度标准，利用 2013 年的年度数据，从绿色增长效率和三次产业四个角度分别对中国 30 个省（区、市）[①]的经济增长绿化度指数进行了测度及分析。

>>一、省际经济增长绿化度的测算结果<<

根据省区测算体系中经济增长绿化度的测度体系和权重标准，我国 30 个省（区、市）经济增长绿化度指数及排名如表 1-1 所示。

表 1-1　　　　　　　　　中国 30 个省（区、市）经济增长绿化度指数及排名

指　标	经济增长绿化度		二级指标							
			绿色增长效率指标		第一产业指标		第二产业指标		第三产业指标	
地　区	指数值	排名	指数值	排　名	指数值	排　名	指数值	排　名	指数值	排　名
北　京	0.496	1	0.229	1	0.092	1	0.029	7	0.146	1
上　海	0.306	2	0.134	2	0.036	6	0.031	5	0.105	2
天　津	0.294	3	0.108	3	0.038	5	0.093	1	0.056	3
浙　江	0.160	4	0.063	5	0.063	2	0.016	10	0.019	6
江　苏	0.153	5	0.071	4	0.035	7	0.022	9	0.025	4
广　东	0.094	6	0.052	6	−0.004	15	0.023	8	0.024	5
福　建	0.081	7	0.031	7	0.042	4	0.015	11	−0.007	14
山　东	0.077	8	0.022	8	0.010	11	0.049	2	−0.004	11
辽　宁	0.020	9	−0.011	12	0.013	10	0.013	12	0.005	8
陕　西	0.013	10	−0.018	20	0.001	13	0.043	3	−0.013	18
内蒙古	0.007	11	−0.032	23	0.004	12	0.031	6	0.003	9
吉　林	−0.006	12	−0.009	10	−0.019	18	0.034	4	−0.012	16

---

① 西藏、香港、澳门和台湾由于缺少主要测算数据，因此未参与测算。

指 标	经济增长绿化度		二级指标							
			绿色增长效率指标		第一产业指标		第二产业指标		第三产业指标	
地 区	指数值	排 名	指数值	排 名	指数值	排 名	指数值	排 名	指数值	排 名
海 南	−0.019	13	−0.015	18	0.018	9	−0.035	24	0.012	7
河 北	−0.033	14	−0.013	15	0.023	8	−0.017	21	−0.025	23
黑龙江	−0.040	15	−0.027	22	−0.004	14	−0.006	17	−0.002	10
湖 北	−0.050	16	−0.015	17	−0.026	22	0.008	13	−0.017	21
重 庆	−0.062	17	−0.013	14	−0.039	28	−0.007	19	−0.004	12
安 徽	−0.065	18	−0.012	13	−0.026	23	0.007	14	−0.034	28
河 南	−0.080	19	−0.011	11	−0.027	24	0.002	16	−0.044	30
广 西	−0.082	20	−0.019	21	−0.022	20	−0.007	18	−0.034	29
四 川	−0.085	21	−0.016	19	−0.017	17	−0.021	22	−0.031	27
山 西	−0.087	22	−0.058	26	−0.021	19	0.003	15	−0.011	15
湖 南	−0.092	23	−0.015	16	−0.028	25	−0.035	25	−0.015	19
新 疆	−0.107	24	−0.096	30	0.055	3	−0.053	29	−0.012	17
江 西	−0.115	25	−0.006	9	−0.031	27	−0.050	28	−0.028	25
宁 夏	−0.136	26	−0.093	29	−0.029	26	−0.009	20	−0.006	13
甘 肃	−0.140	27	−0.046	25	−0.025	21	−0.039	26	−0.030	26
青 海	−0.159	28	−0.071	27	−0.015	16	−0.047	27	−0.026	24
云 南	−0.160	29	−0.036	24	−0.041	29	−0.059	30	−0.024	22
贵 州	−0.183	30	−0.079	28	−0.056	30	−0.033	23	−0.016	20

注：1. 本表根据省区测算体系中经济增长绿化度的指标体系，依各指标 2013 年数据测算而得。2. 本表各省（区、市）按照经济增长绿化度的指数值从大到小排序。3. 本表一级指标经济增长绿化度指标值等于绿色增长效率指标、第一产业指标、第二产业指标、第三产业指标 4 个二级指标指数值之和。4. 以上数据及排名根据《中国统计年鉴 2014》《中国环境统计年鉴 2014》《中国环境统计年报 2013》《中国城市统计年鉴 2014》《中国水利统计年鉴 2014》《中国工业统计年鉴 2014》《中国沙漠及其治理》等测算。

从表 1-1 中可以看到，排在经济增长绿化度前 10 位的省（区、市）依次是：北京、上海、天津、浙江、江苏、广东、福建、山东、辽宁和陕西（排序见图 1-1）。其中，绿色增长效率指标排名前 10 位的省（区、市）依次是：北京、上海、天津、江苏、浙江、广东、福建、山东、江西和吉林；第一产业指标排名前 10 位的省（区、市）依次是：北京、浙江、新疆、福建、天津、上海、江苏、河北、海南和辽宁；第二产业指标排名前 10 位的省（区、市）依次是：天津、山东、陕西、吉林、上海、内蒙古、北京、广东、江苏和浙江；第三产业指标排名前 10 位的省（区、市）依次是：北京、上海、天津、江苏、广东、浙江、海南、辽宁、内蒙古和黑龙江。

各地区经济增长绿化度的地理分布如图 1-2 所示，其中排在前 10 位的省（区、市）用"深绿色"表示；排在第 11～20 的省（区、市）用"中度绿色"表示，排在后 10 位的省（区、市）用"浅绿色"表示。不同颜色代表经济增长绿化度的不同程度，颜色越深，表明经济增长绿化度越好。从地理区域来看，用"深绿色"代表的省（区、市）几乎都集中在中国的东部沿海地区，"中度绿色"省（区、市）集中在中国的中部偏东部的地区，"浅绿色"省（区、市）则集中在中国的中部偏西部的地区。

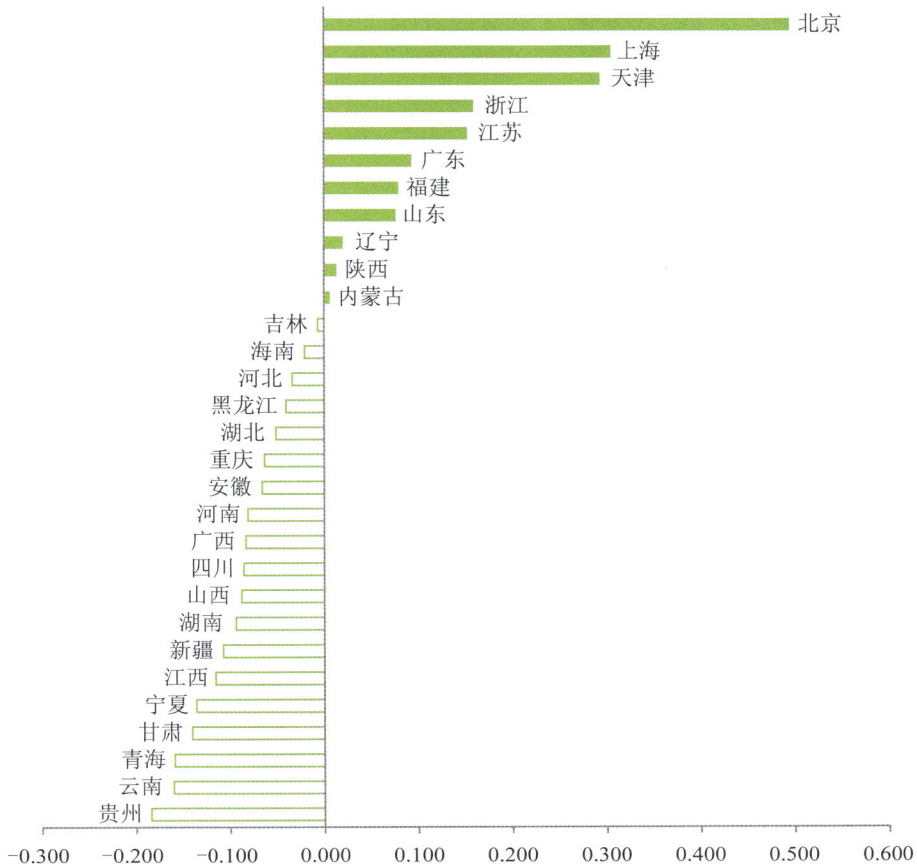

图 1-1　经济增长绿化度排名省际比较

注：本图根据表 1-1 中相关数据制作。

经济增长绿化度排名

- 第1～10位
- 第11～20位
- 第21～30位
- 空值

0　　360　　720 km

图 1-2　经济增长绿化度排名地区分布

注：本图根据表 1-1 制作。

结合图 1-1 和表 1-1，下面进一步从区域间经济增长绿化度的差异、区域内部经济增长绿化度的差异以及经济增长绿化度对绿色发展的影响三个方面进行分析。

1. 经济增长绿化度区域间差异分析

从经济增长绿化度的区域分布来看，经济增长绿化度总体呈现东部较好、东北和中部居中、西部偏低的局面（见图 1-3）。在东部地区[①]的 10 个省（区、市）中，排在前 10 位的有 8 个，海南、河北分别排在第 13、14 位。其中，北京以 0.496 的高分居全国第 1 位。从各项指标来看，除第二产业指标外，北京在绿色增长效率指标、第一、第三产业指标上的得分均排在全国首位，整体较好。东北 3 省的排名分别为第 9、12 和 15 位，处于中等偏上水平；中部 6 省中，湖北排名最为靠前，列第 16 位，其余排在第 18～25 位，位次居中偏后；西部地区的 11 个（除西藏外）参评省（区、市）中，除陕西排在第 10 位、内蒙古排在第 11 位、重庆排在第 17 位以外，其他均排在第 20～30 位，依次为广西、四川、新疆、宁夏、甘肃、青海、云南和贵州，整体排名靠后。

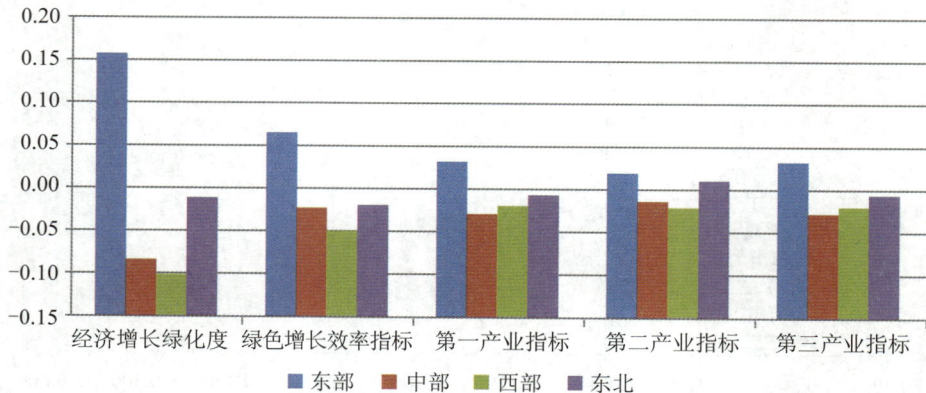

图 1-3 中国四大区域经济增长绿化度对照图

注：图中数据为四大区域中各省（区、市）指标值的算术平均值。

就经济增长绿化度的 4 个分指标而言，区域间的差异也非常显著。绿色增长效率指标区域间差异最大，西部地区远落后于东部地区，而中部地区和东北地区则较为接近，且均低于全国平均水平，位于东部地区与西部地区之间。第一产业指标特点有所不同，东部地区明显高于其他地区，但中部地区、西部地区和东北地区之间的差异较小，均低于全国平均水平。第二产业指标的区域差异相对较小，东部地区和东北地区情况较好，高于全国平均水平，而中部地区和西部地区略低于全国平均水平。第三产业指标的情况类似于第一产业指标：东部地区明显高于其他地区，但中部地区、西部地区和东北地区之间的差异较小，均低于全国平均水平。

2. 区域内部经济增长绿化度的差异分析

从四大区域内各省（区、市）的情况看，区域内部经济增长绿化度情况较为相似。东部 10 个地区除海南和河北外其余省（区、市）的经济增长绿化度均高于全国平均水平，分列全国第 1～8 位；海南指标得分为 −0.019，比北京低 0.515，列第 13 位；河北指标得分为 −0.033，比北京低 0.529，列第 14 位。中部 6 省的经济增长绿化度均低于全国平均水平，得分介于 −0.050～−0.115 之间，得分最高的湖北高于最低的江西 0.065，显示了中部 6 省经济增长绿化度的高度一致性。西部 11 省（区、市）的经济增长绿化度除陕西、内蒙古得分分别为 0.013、0.007 外，均

---

① 东部地区包括：北京、天津、河北、上海、江苏、浙江、福建、山东、广东和海南；中部地区包括山西、安徽、江西、河南、湖北和湖南；西部地区包括内蒙古、广西、重庆、四川、贵州、云南、西藏、陕西、甘肃、青海、宁夏和新疆；东北地区包括辽宁、吉林和黑龙江。

低于全国平均水平，其中贵州得分最低，为 -0.183，最高最低之间相差 0.197。东北 3 省中，辽宁的经济增长绿化度高于全国平均水平，得分为 0.020；吉林得分为 -0.006，黑龙江得分为 -0.040。具体如表 1-2 所示。

表 1-2　　　　　　　　　　　经济增长绿化度四大区域内部差异分析

区　域	地　区	指数值	排　名	区　域	地　区	指数值	排　名
东　部	北　京	0.496	1	西　部	内蒙古	0.007	11
	天　津	0.294	3		广　西	-0.082	20
	河　北	-0.033	14		重　庆	-0.062	17
	上　海	0.306	2		四　川	-0.085	21
	江　苏	0.153	5		贵　州	-0.183	30
	浙　江	0.160	4		云　南	-0.160	29
	福　建	0.081	7		陕　西	0.013	10
	山　东	0.077	8		甘　肃	-0.140	27
	广　东	0.094	6		青　海	-0.159	28
	海　南	-0.019	13		宁　夏	-0.136	26
中　部	山　西	-0.087	22		新　疆	-0.107	24
	安　徽	-0.065	18	东　北	辽　宁	0.020	9
	江　西	-0.115	25		吉　林	-0.006	12
	河　南	-0.080	19		黑龙江	-0.040	15
	湖　北	-0.050	16	由于缺少主要测算数据，因此，西藏、香港、澳门和台湾未参与测算			
	湖　南	-0.092	23				

注：本表根据表 1-1 整理。

3. 经济增长绿化度对绿色发展的影响分析

对比各地区经济增长绿化度指数排序与绿色发展指数排序后发现，30 个参评省（区、市）名次变动在 5 位及以内的省（区、市）达 20 个，占全部参评省（区、市）的 2/3。名次变动 10 个位次及以上的省（区、市）有 6 个，占全部参评省（区、市）的 1/5，分别是青海、云南、贵州、辽宁、吉林以及河南（见表 1-3）。

表 1-3　　　　　　　　省际绿色发展指数与经济增长绿化度排名差异比较

地　区	绿色发展指数排名	经济增长绿化度排名	位次变化	地　区	绿色发展指数排名	经济增长绿化度排名	位次变化
北　京	1	1	0	黑龙江	16	15	1
上　海	2	2	0	新　疆	17	24	-7
浙　江	3	4	-1	安　徽	18	18	0
天　津	4	3	1	贵　州	19	30	-11
青　海	5	28	-23	广　西	20	20	0
福　建	6	7	-1	江　西	21	25	-4
江　苏	7	5	2	河　北	22	14	8
内蒙古	8	11	-3	湖　北	23	16	7

续表

地 区	绿色发展指数排名	经济增长绿化度排名	位次变化	地 区	绿色发展指数排名	经济增长绿化度排名	位次变化
广 东	9	6	3	辽 宁	24	9	15
海 南	10	13	−3	湖 南	25	23	2
山 东	11	8	3	吉 林	26	12	14
陕 西	12	10	2	山 西	27	22	5
四 川	13	21	−8	宁 夏	28	26	2
重 庆	14	17	−3	甘 肃	29	27	2
云 南	15	29	−14	河 南	30	19	11

注：本表根据表 0-3 与表 1-1 整理。

经济增长绿化度是绿色发展指数的重要组成部分。从表 1-3 中可以发现，西部 11 个省（区、市）中除了陕西、广西、宁夏和甘肃外其余 7 个省（区、市）的经济增长绿化度排名都落后于其绿色发展指数排名，平均而言，在西部地区经济增长绿化度排名落后于其绿色发展指数排名约 6 位，其中青海、云南、贵州的经济增长绿化度排名落后于其绿色发展指数排名较大，分别为 23、14 和 11 位；东部 10 个省（区、市）中除了浙江、福建和海南外其余 7 个省（区、市）的经济增长绿化度排名领先于其绿色发展指数排名，平均而言，在东部地区经济增长绿化度排名领先于其绿色发展指数排名约 1 位；中部 6 省中除江西外其余 5 省的经济增长绿化度排名都领先于其绿色发展指数排名，平均而言，在中部地区经济增长绿化度排名领先于其绿色发展指数排名 4 位；东北 3 省中辽宁、吉林的经济增长绿化度排名大大领先于其绿色发展指数排名，分别领先 15、14 位。这在一定程度上显示了一个地区的经济增长绿化度发展好坏将会对该地区整体的绿色发展水平产生较大的影响。一般来说，经济越发达地区，其经济增长绿化度相对较高，它对绿色发展指数水平的贡献也相对较大；反之，经济越落后地区，其经济增长绿化度相对较低，它对绿色发展指数水平的贡献也相对较小，甚至拖了绿色发展指数的后腿。总而言之，提升经济增长绿化度将有助于区域的绿色发展。

>>二、省际经济增长绿化度比较分析<<

省际经济增长绿化度指数占绿色发展指数总权重的 30%，共由 22 个三级指标构成，正指标 12 个，逆指标 10 个。其中参与测算的指标有 19 个。

1. 绿色增长效率指标比较

在省际经济增长绿化度测度体系中，绿色增长效率指标占经济增长绿化度指数的权重为 45%，占绿色发展指数的 13.5%，相对于其他 3 个指标，这一指标对经济增长绿化度指数的贡献较大。从指标构成来看，绿色增长效率指标主要是由表 1-4 中的 9 个指标加权组合而成。

表 1-4 省际绿色增长效率三级指标、权重及指标属性

指标序号	指 标	权 重	指标属性
1	人均地区生产总值	1.70%	正
2	单位地区生产总值能耗	1.70%	逆
3	非化石能源消费量占能源消费量的比重	1.70%	正
4	单位地区生产总值二氧化碳排放量	1.40%	逆

指标序号	指　　标	权　　重	指标属性
5	单位地区生产总值二氧化硫排放量	1.40％	逆
6	单位地区生产总值化学需氧量排放量	1.40％	逆
7	单位地区生产总值氮氧化物排放量	1.40％	逆
8	单位地区生产总值氨氮排放量	1.40％	逆
9	人均城镇生活消费用电	1.40％	逆

注：本表内容是由本报告课题组召开的多次专家座谈会研讨确定的。

　　绿色增长效率指标的9个三级指标中，指标1"人均地区生产总值"、指标2"单位地区生产总值能耗"、指标3"非化石能源消费量占能源消费量的比重"的权重均为1.70％，高于其他6个指标的权重（1.40％）。在衡量一个地区经济发展水平的指标中，测算体系只选择了"人均地区生产总值"这一指标，因此，在权重上做了适当的倾斜。实现单位地区生产总值能耗降低是各地区经济发展中的重要目标，因此，绿色增长效率指标中"单位地区生产总值能耗"的权重略过于其他6个一般指标的权重。与之相对应，作为衡量一个地区能源结构转型的重要标准之一，"非化石能源消费量占能源消费量的比重"这一指标权重的提高有利于明确绿色发展的导向意义。鉴于此，将以上3个指标的权重略作提高。但由于缺少部分省（区、市）的数据，故指标3未参与测算。除上述3个指标外，其他6个指标的权重均占总权重的1.40％，其中指标4"单位地区生产总值二氧化碳排放量"由于缺少部分省（区、市）的数据，未参与测算。在绿色增长效率指标中，9个三级指标相互补充但又有所侧重，以期达到对各地区绿色增长效率进行综合测度和评价的目的。

　　从表1-5和图1-4中可以发现，绿色增长效率指标的前10位分别是北京、上海、天津、江苏、浙江、广东、福建、山东、江西和吉林，其中除了江西是中部地区、吉林是东北地区外，其余8个均来自东部地区。绿色增长效率指标第11～20位的省（区、市）依次是河南、辽宁、安徽、重庆、河北、湖南、湖北、海南、四川和陕西。其中东部地区2个、中部地区4个，西部地区3个，东北地区1个。绿色增长效率指标第21～30位的省（区、市）依次是广西、黑龙江、内蒙古、云南、甘肃、山西、青海、贵州、宁夏和新疆。在绿色增长效率指标的后10位省（区、市）中，山西是唯一的中部地区，黑龙江是唯一的东北地区，其余8个省（区、市）都来自西部地区。

表1-5　　　　　　　　　　　中国省际绿色增长效率指标指数及其排名

地　区	指数值	排　名	地　区	指数值	排　名
北　京	0.229	1	湖　南	−0.015	16
上　海	0.134	2	湖　北	−0.015	17
天　津	0.108	3	海　南	−0.015	18
江　苏	0.071	4	四　川	−0.016	19
浙　江	0.063	5	陕　西	−0.018	20
广　东	0.052	6	广　西	−0.019	21
福　建	0.031	7	黑龙江	−0.027	22
山　东	0.022	8	内蒙古	−0.032	23
江　西	−0.006	9	云　南	−0.036	24
吉　林	−0.009	10	甘　肃	−0.046	25
河　南	−0.011	11	山　西	−0.058	26

续表

地 区	指数值	排 名	地 区	指数值	排 名
辽 宁	−0.011	12	青 海	−0.071	27
安 徽	−0.012	13	贵 州	−0.079	28
重 庆	−0.013	14	宁 夏	−0.093	29
河 北	−0.013	15	新 疆	−0.096	30

注：以上数据及排名根据《中国统计年鉴 2014》《中国环境统计年鉴 2014》《中国环境统计年报 2013》《中国城市统计年鉴 2014》《中国水利统计年鉴 2014》《中国工业统计年鉴 2014》《中国沙漠及其治理》等测算。

如图 1-4 所示，在绿色增长效率指标中，东部省（区、市）整体较好，除河北、海南外其余省（区、市）均高于全国平均水平，但内部差距较大，北京以 0.229 的绝对优势遥遥领先于其他省（区、市）；中部 6 省和东北 3 省内部整体差异不大，略低于平均水平；西部地区整体偏低，且内部具有一定的差异。

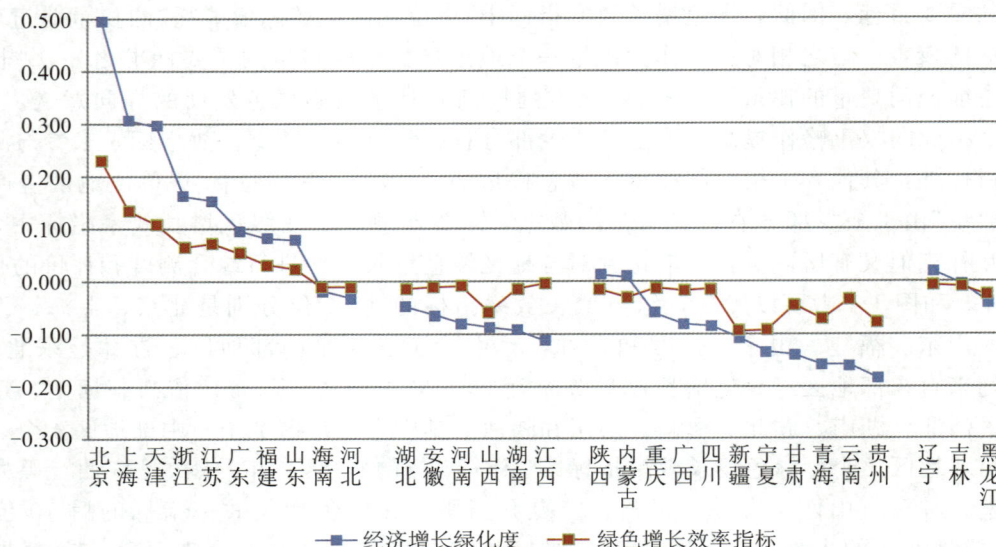

图 1-4 省际绿色增长效率指标与经济增长绿化度指数对比

注：本图从东部、中部、西部和东北地区划分的角度，根据经济增长绿化度指数大小自左到右排列。

2. 第一产业指标比较

在经济增长绿化度测算体系中，第一产业指标占经济增长绿化度指数的权重为 15%，共由 4 个三级指标构成（见表 1-6），单个指标权重均为 1.13%，是所有三级指标中权重最低的。

表 1-6 省际第一产业三级指标、权重及指标属性

指标序号	指标	权重	指标属性
10	第一产业劳动生产率	1.13%	正
11	土地产出率	1.13%	正
12	节灌率	1.13%	正
13	有效灌溉面积占耕地面积比重	1.13%	正

注：本表内容是由本报告课题组召开的多次专家座谈会研讨确定的。

从表 1-7 和图 1-5 中可以看到，第一产业指标的前 10 位分别是北京、浙江、新疆、福建、

天津、上海、江苏、河北、海南和辽宁，在前 10 位的省（区、市）中，除新疆、辽宁分别为西部、东北地区以外，其他 8 个均为东部省（区、市）。第一产业指标第 11～20 位的省（区、市）依次是山东、内蒙古、陕西、黑龙江、广东、青海、四川、吉林、山西和广西。除山东、广东为东部省（区、市）外，包括 1 个中部地区、5 个西部地区和 2 个东北地区。第一产业指标排名后 10 位依次为甘肃、湖北、安徽、河南、湖南、宁夏、江西、重庆、云南和贵州。

表 1-7　　　　　　　　　　　　中国省际第一产业指标指数及其排名

地　区	指数值	排　名	地　区	指数值	排　名
北　京	0.092	1	青　海	−0.015	16
浙　江	0.063	2	四　川	−0.017	17
新　疆	0.055	3	吉　林	−0.019	18
福　建	0.042	4	山　西	−0.021	19
天　津	0.038	5	广　西	−0.022	20
上　海	0.036	6	甘　肃	−0.025	21
江　苏	0.035	7	湖　北	−0.026	22
河　北	0.023	8	安　徽	−0.026	23
海　南	0.018	9	河　南	−0.027	24
辽　宁	0.013	10	湖　南	−0.028	25
山　东	0.010	11	宁　夏	−0.029	26
内蒙古	0.004	12	江　西	−0.031	27
陕　西	0.001	13	重　庆	−0.039	28
黑龙江	−0.004	14	云　南	−0.041	29
广　东	−0.004	15	贵　州	−0.056	30

注：以上数据及排名根据《中国统计年鉴 2014》《中国环境统计年鉴 2014》《中国环境统计年报 2013》《中国城市统计年鉴 2014》《中国水利统计年鉴 2014》《中国工业统计年鉴 2014》《中国沙漠及其治理》等测算。

如图 1-5 所示，在第一产业指标中，东部省（区、市）整体较好，除广东略低于全国平均水平外，其余各省（区、市）均高于全国平均水平，内部差距较小，北京得分为 0.092 位列第 1 位；中部 6 省和东北 3 省内部差异不大，在全国平均水平附近；西部地区整体偏低，且内部差异显著，新疆得分为 0.055，位列全国第 3 位，而贵州得分仅为 −0.056，位列倒数第 1 位，两地得分相差超过 0.1。

3. 第二产业指标比较

在经济增长绿化度测算体系中，第二产业指标占经济增长绿化度指数的权重为 25%，由指标 14～19 共 6 个指标构成，单个指标权重均为 1.25%（见表 1-8）。

表 1-8　　　　　　　　　　　省际第二产业三级指标、权重及指标属性

指标序号	指　标	权　重	指标属性
14	第二产业劳动生产率	1.25%	正
15	单位工业增加值水耗	1.25%	逆
16	规模以上单位工业增加值能耗	1.25%	逆
17	工业固体废物综合利用率	1.25%	正
18	工业用水重复利用率	1.25%	正
19	六大高载能行业产值占工业总产值比重	1.25%	逆

注：本表内容是由本报告课题组召开的多次专家座谈会研讨确定的。

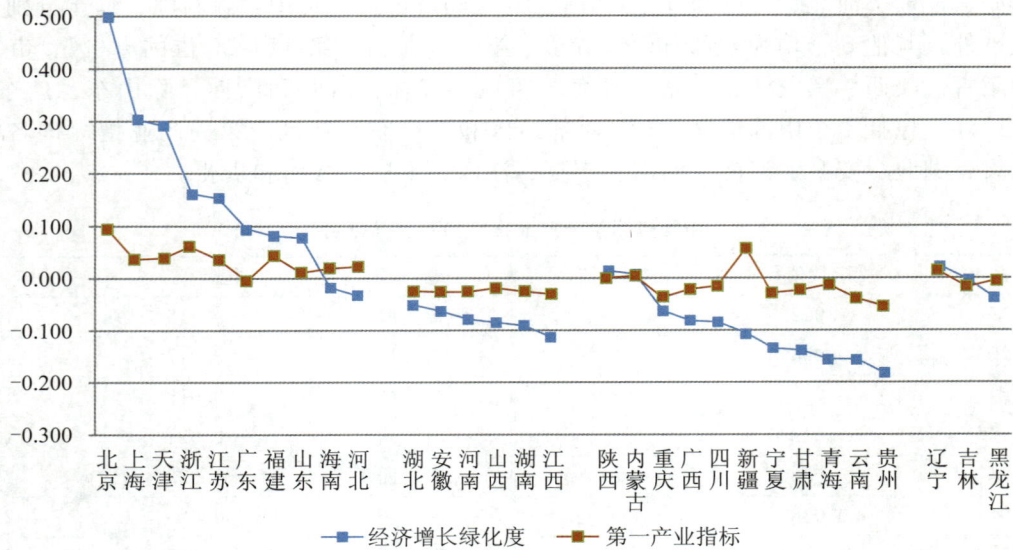

图 1-5   省际第一产业指标与经济增长绿化度指数对比
注：本图从东部、中部、西部和东北地区划分的角度，根据经济增长绿化度指数大小自左到右排列。

从表 1-9 以及图 1-6 中可以看到，第二产业指标的前 10 位省（区、市）分别是天津、山东、陕西、吉林、上海、内蒙古、北京、广东、江苏和浙江，在前 10 位的省（区、市）中，内蒙古、陕西为西部地区，吉林为东北地区，其他 7 个均为东部地区。第二产业指标第 11～20 位的省（区、市）依次是福建、辽宁、湖北、安徽、山西、河南、黑龙江、广西、重庆和宁夏。第二产业指标排名后 10 位依次为河北、四川、贵州、海南、湖南、甘肃、青海、江西、新疆和云南。

表 1-9   中国省际第二产业指标指数及其排名

地　区	指数值	排　名	地　区	指数值	排　名
天　津	0.093	1	河　南	0.002	16
山　东	0.049	2	黑龙江	−0.006	17
陕　西	0.043	3	广　西	−0.007	18
吉　林	0.034	4	重　庆	−0.007	19
上　海	0.031	5	宁　夏	−0.009	20
内蒙古	0.031	6	河　北	−0.017	21
北　京	0.029	7	四　川	−0.021	22
广　东	0.023	8	贵　州	−0.033	23
江　苏	0.022	9	海　南	−0.035	24
浙　江	0.016	10	湖　南	−0.035	25
福　建	0.015	11	甘　肃	−0.039	26
辽　宁	0.013	12	青　海	−0.047	27
湖　北	0.008	13	江　西	−0.050	28
安　徽	0.007	14	新　疆	−0.053	29
山　西	0.003	15	云　南	−0.059	30

注：以上数据及排名根据《中国统计年鉴 2014》《中国环境统计年鉴 2014》《中国环境统计年报 2013》《中国城市统计年鉴 2014》《中国水利统计年鉴 2014》《中国工业统计年鉴 2014》《中国沙漠及其治理》等测算。

如图1-6所示，在第二产业指标中，东部省（区、市）整体较好，除河北、海南外，其余省（区、市）均高于全国平均水平，但内部差距较大，天津得分为0.093遥遥领先，而海南则以—0.035的得分位列第24位；中部6省和东北3省内部差异不大，在全国平均水平附近；西部地区整体偏低，且内部差异显著，陕西得分为0.043，位列全国第3位，而云南得分仅为—0.059，位列倒数第1位。

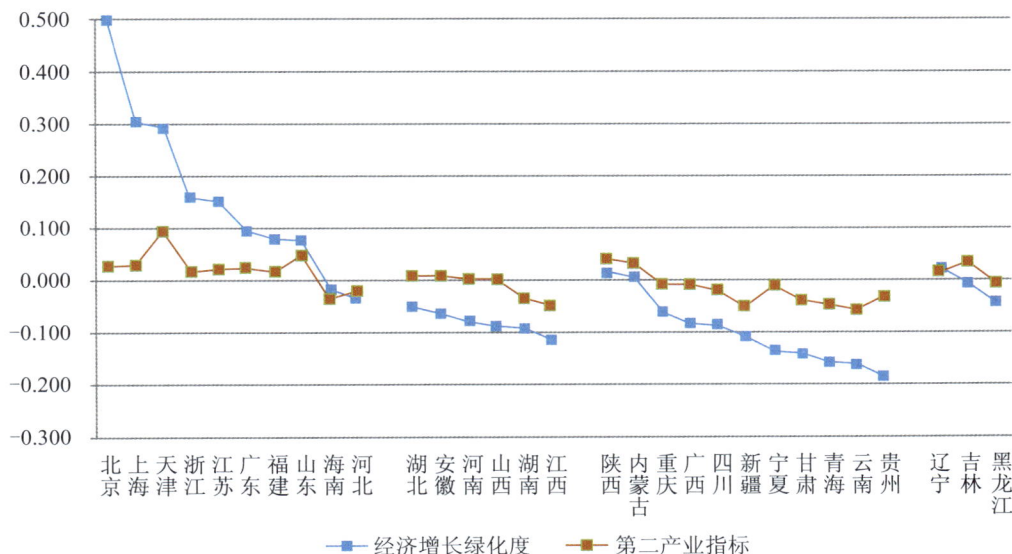

图1-6　省际第二产业指标与经济增长绿化度指数对比

注：本图从东部、中部、西部和东北地区划分的角度，根据经济增长绿化度指数大小自左到右排列。

4. 第三产业指标比较

在省际经济增长绿化度的测度体系中，第三产业指标占经济增长绿化度的权重为15％，由指标20～22共3个三级指标构成。在指标权重设计上，采取均权的方法，即每个指标权重占总权重的1.50％，各项三级指标权重及其属性如表1-10所示。

表1-10　　　　　　　　　　　省际第三产业三级指标、权重及指标属性

指标序号	指　　标	权　　重	指标属性
20	第三产业劳动生产率	1.50％	正
21	第三产业增加值比重	1.50％	正
22	第三产业就业人员比重	1.50％	正

注：本表内容是由本报告课题组召开的多次专家座谈会研讨确定的。

从表1-11以及图1-7中可以看到，第三产业指标的前10位省（区、市）分别是北京、上海、天津、江苏、广东、浙江、海南、辽宁、内蒙古和黑龙江，在前10位的省（区、市）中，内蒙古为西部地区，辽宁、黑龙江为东北地区，其他7个均为东部地区。第三产业指标第11～20位的省（区、市）依次是山东、重庆、宁夏、福建、山西、吉林、新疆、陕西、湖南和贵州。第三产业指标排名后10位依次为湖北、云南、河北、青海、江西、甘肃、四川、安徽、广西和河南。

表 1-11   中国省际第三产业指标指数及其排名

地 区	指数值	排 名	地 区	指数值	排 名
北 京	0.146	1	吉 林	−0.012	16
上 海	0.105	2	新 疆	−0.012	17
天 津	0.056	3	陕 西	−0.013	18
江 苏	0.025	4	湖 南	−0.015	19
广 东	0.024	5	贵 州	−0.016	20
浙 江	0.019	6	湖 北	−0.017	21
海 南	0.012	7	云 南	−0.024	22
辽 宁	0.005	8	河 北	−0.025	23
内蒙古	0.003	9	青 海	−0.026	24
黑龙江	−0.002	10	江 西	−0.028	25
山 东	−0.004	11	甘 肃	−0.030	26
重 庆	−0.004	12	四 川	−0.031	27
宁 夏	−0.006	13	安 徽	−0.034	28
福 建	−0.007	14	广 西	−0.034	29
山 西	−0.011	15	河 南	−0.044	30

注：以上数据及排名根据《中国统计年鉴 2014》《中国环境统计年鉴 2014》《中国环境统计年报 2013》《中国城市统计年鉴 2014》《中国水利统计年鉴 2014》《中国工业统计年鉴 2014》《中国沙漠及其治理》等测算。

如图 1-7 所示，在第三产业指标中，东部省（区、市）整体较好，但内部差距较大，北京、上海、天津分列前 3 名，而河北省得分则相对较低，列第 23 位。中部 6 省差距也较大，其中山西得分为 −0.011，位列第 15 位，而河南得分为 −0.044 位列全国倒数第 1 位。西部地区整体水平较低，但依然存在明显的内部差异，其中内蒙古得分为 0.003，位列第 9 位，而广西得分为 −0.034，位列全国第 29 位。相对而言，东北 3 省内部差异不大，在全国平均水平附近。以上显示了第三产业指标区域内发展的不均衡。

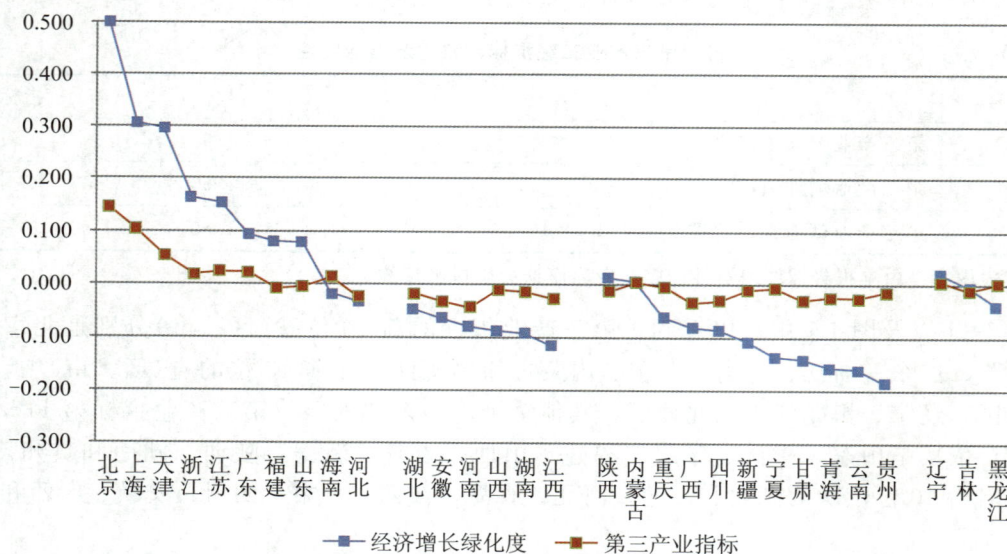

图 1-7 省际第三产业指标与经济增长绿化度指数对比

注：本图从东部、中部、西部和东北地区划分的角度，根据经济增长绿化度指数大小自左到右排列。

第二章

省际资源环境承载潜力测算及分析

资源环境承载潜力衡量的是一个地区资源丰裕、生态保护、环境压力与气候变化对今后经济发展和人类活动的承载能力。它是各地区自然资源和生态的禀赋条件拥有水平、人类活动对资源环境生态气候等影响程度的综合反映，是绿色发展指数的重要内涵之一。

本章从地区比较的视角，采用"中国绿色发展指数评价体系（省区）"，测算了中国 30 个省（区、市）的资源环境承载潜力，描述并分析这些地区在资源丰裕和生态保护、环境压力与气候变化两个方面承载潜力的特点及基本格局，比较各地区资源环境承载潜力的差异。

>>一、省际资源环境承载潜力指数测算结果<<

根据"中国绿色发展指数评价体系（省区）"中资源环境承载潜力的评价体系和权重标准，中国 30 个省（区、市）的资源环境承载潜力的测算结果如表 2-1 所示。

表 2-1　　　　　　　　　中国 30 个省（区、市）资源环境承载潜力指数及排名

指　　标	资源环境承载潜力		二级指标			
			资源丰裕与生态保护指标		环境压力与气候变化指标	
地　　区	指数值	排　　名	指数值	排　　名	指数值	排　　名
青　　海	0.528	1	0.166	1	0.361	1
贵　　州	0.197	2	−0.026	20	0.222	2
四　　川	0.163	3	0.050	6	0.113	4
云　　南	0.159	4	0.073	4	0.086	5
黑龙江	0.117	5	0.124	3	−0.008	13
北　　京	0.069	6	−0.058	23	0.127	3
海　　南	0.062	7	0.048	7	0.014	10
广　　西	0.058	8	0.034	8	0.023	9
内蒙古	0.057	9	0.143	2	−0.086	27
甘　　肃	0.023	10	−0.020	17	0.042	6
江　　西	0.017	11	0.028	10	−0.011	14
重　　庆	0.016	12	−0.021	18	0.037	7

续表

指　标	资源环境承载潜力		二级指标			
			资源丰裕与生态保护指标		环境压力与气候变化指标	
地　区	指数值	排　名	指数值	排　名	指数值	排　名
湖　南	0.014	13	−0.011	15	0.025	8
福　建	0.009	14	0.031	9	−0.021	16
陕　西	−0.015	15	−0.022	19	0.007	11
吉　林	−0.020	16	0.056	5	−0.076	25
浙　江	−0.034	17	−0.016	16	−0.018	15
新　疆	−0.042	18	0.003	12	−0.046	18
广　东	−0.053	19	−0.007	14	−0.047	19
湖　北	−0.054	20	−0.031	21	−0.023	17
上　海	−0.059	21	0.006	11	−0.065	23
安　徽	−0.062	22	−0.060	25	−0.001	12
江　苏	−0.110	23	−0.060	22	−0.054	21
辽　宁	−0.123	24	−0.003	13	−0.120	29
山　西	−0.130	25	−0.074	27	−0.056	22
河　南	−0.131	26	−0.081	30	−0.050	20
天　津	−0.148	27	−0.058	24	−0.090	28
河　北	−0.150	28	−0.078	29	−0.072	24
山　东	−0.152	29	−0.076	28	−0.076	26
宁　夏	−0.206	30	−0.068	26	−0.138	30

注：1. 本表根据"中国绿色发展指数评价体系（省区）"中的"资源环境承载潜力"指标体系，依据各指标 2012 年和 2013 年数据测算而得。2. 本表各省（区、市）按照资源环境承载潜力的指数值从大到小排序。

从表 2-1 可以看到，排在资源环境承载潜力前 10 位的省（区、市）依次是青海、贵州、四川、云南、黑龙江、北京、海南、广西、内蒙古和甘肃。资源丰裕与生态保护指标排名前 10 位的省（区、市）依次是青海、内蒙古、黑龙江、云南、吉林、四川、海南、广西、福建和江西。环境压力与气候变化指标排名前 10 位的省（区、市）依次是青海、贵州、北京、四川、云南、甘肃、重庆、湖南、广西和海南。

根据表 2-1 中各地区的资源环境承载潜力的指数值可绘制出图 2-1。其中，横轴为资源环境承载潜力指数值，其中 0 点为 30 个省（区、市）资源环境承载潜力的平均水平。资源环境承载潜力指数值高于全国平均水平的省（区、市）用绿色条框表示，资源环境承载潜力指数值越高，其绿色条框就越长；相反，资源环境承载潜力指数值低于全国平均水平的省（区、市）则用白色条框表示，资源环境承载潜力指数值越低，其白色条框就越长。

各地区资源环境承载潜力的地理分布状况如图 2-2 所示，其中，资源环境承载潜力指数值排在前 10 位的省（区、市）用"深绿色"表示；排在第 11～20 位的省（区、市）用"中度绿色"表示，排在后 10 位的省（区、市）用"浅绿色"表示。不同颜色代表资源环境承载潜力的不同程度，颜色越深，表明资源环境承载潜力越好。从地理区域来看，用"深绿色"代表的省（区、市）集中在中国的西部和东北的黑龙江，"中度绿色"省（区、市）集中在东南部地区，"浅绿色"省（区、市）则集中在中国东部和中部地区。

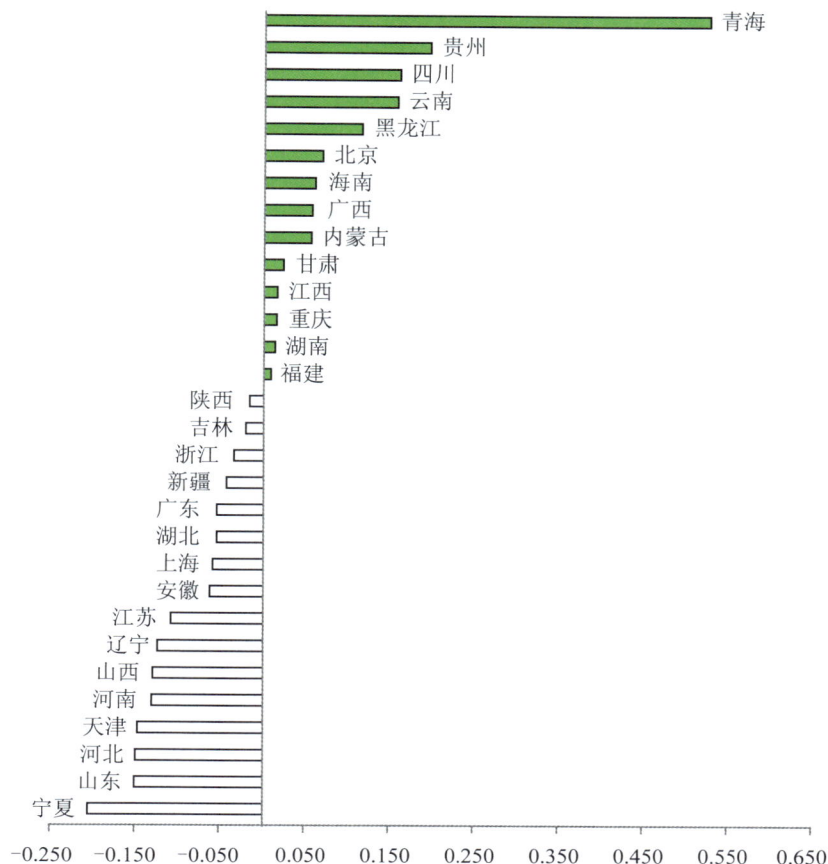

图 2-1 资源环境承载潜力排名省际比较

注：本图根据表 2-1 制作。

根据中国 30 个省（区、市）的资源环境承载潜力的测算结果，对各省（区、市）资源环境承载潜力总体特点分析如下。

1. 资源环境承载潜力区域间差异分析

总体上看，资源环境承载潜力的省际差异比较显著。30 个省（区、市）得分值的极差为 0.734，标准差为 0.142，两项数据与去年基本持平。青海资源环境承载潜力排名第 1 位，是第 2 位贵州的 2.68 倍，是第 3 位四川的 3.25 倍。另外，30 个省（区、市）中有 16 个省（区、市）得分低于全国平均水平。①

从东部、中部、西部、东北四大区域看，资源环境承载潜力的区域差异也比较明显。如图 2-3 所示，西部资源环境承载潜力明显好于其他三个地区，其次是东北地区，而中、东部的资源环境承载潜力则相对较弱。分析两个二级指标可以发现，资源环境承载潜力的区域间差异主要是由于西部和东北部地区在资源丰裕与生态保护方面明显优于东部和中部地区，而东部和中部地区在资源丰裕与生态保护方面的差异不大；在环境压力和气候变化方面，西部地区相对其他三个地区具有明显优势，中部和东部地区基本持平，而东北地区相对较差（见图 2-3 和表 2-2）。

---

① 全国平均水平分值为 0。

图 2-2　资源环境承载潜力排名地区分布

注：本图根据表 2-1 制作。

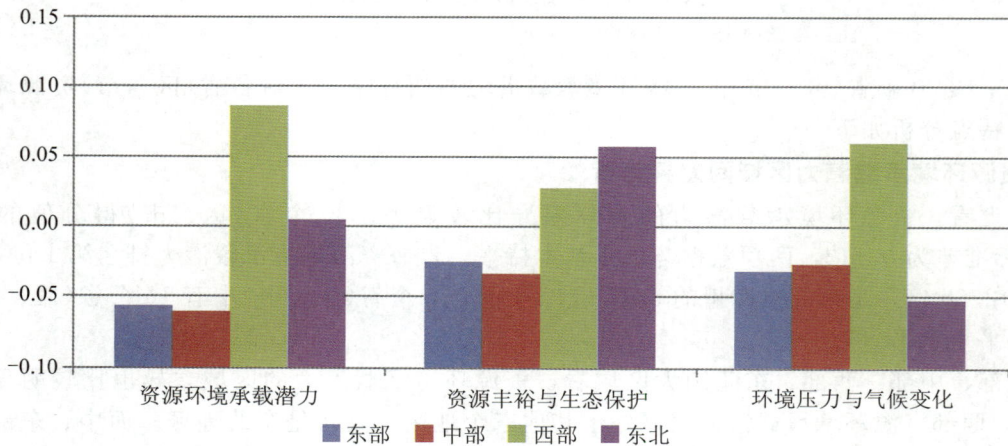

图 2-3　中国四大区域资源环境承载潜力对照图

注：图中数据为四大区域中各省（区、市）指标值的算术平均值。

　　从四大区域内各省（区、市）的资源环境承载潜力排名来看，东部地区 10 个省（区、市）中，北京和海南排名相对较高，分别位列第 6 位和第 7 位；福建、浙江和广东位于全国中游，分别排在第 14、17 和 19 位；上海、江苏、山东、天津和河北 5 个省（区、市）排名则相对靠后，位列全国第 20～30 位之间。中部地区 6 省中，江西排名最靠前，列第 11 位；湖南处于中上游水平，列第 13 位；湖北、安徽、山西和河南排名全国后 10 位，分别列第 20、22、25 和 26 位。西部地区整体的资源环境承载潜力指标明显优于其他地区，11 个省（区、市）中（西藏未参评），青海、贵州、四川、云南、广西、内蒙古和甘肃 7 个省（区、市）位列全国前 10 位，并且青海、贵州、四川和云南排名全国前 4 位；重庆和陕西位于全国中上游，分别排第 12 和 15 位；但宁夏排名为全国倒数第 1 位。东北 3 省中，黑龙江的资源环境承载潜力较好，位列全国第 5 位，吉林位于全国中游，排名第 16 位；辽宁则相对较差，列第 24 位。

通过以上对资源环境承载潜力的分析，可以得出，中国的资源环境承载潜力存在明显的地域性差异，西部地区明显偏好，东部地区则相对较弱。

从自然环境因素角度考量，区域间的资源环境存在差异是一种客观事实。东部地区经济实力在全国占绝对优势，经济总量和人均水平均处于领先水平，其迅速的发展进程难免给环境带来巨大的压力。人口众多而耕地较少，资源消耗量巨大成为东部的典型特征。相比之下，西部地区经济发展水平相对滞后，而整体资源环境相对优越，地广人稀、人均资源占有量高成为西部地区的主要优势。因此，在绿色发展理念的指导下，采用优势互补、区域合作等手段，以缓解东部资源环境压力、提升西部经济社会发展水平为抓手，统筹处理区域间及其内部经济发展与生态文明建设之间的关系，仍将是我国需要长期坚持的发展战略。

2. 资源环境承载潜力区域内情况分析

从四大区域内各省（区、市）的情况看，各区域内部资源环境承载潜力情况也存在很大差异。东部 10 个省（区、市）的得分极差为 0.221 分，从排名上看，2 个地区排名全国上游，3 个地区排名全国中游，5 个地区排名全国下游，且排名最高的北京（第 6 位）和排名最低的山东（第 29 位）名次差距为 23 位。中部地区的资源环境承载潜力水平较为集中，得分极差为 0.148。其中，江西和湖南两省得分高于全国平均水平，分列第 11 和 13 位，而其他省得分均低于全国平均水平。西部 11 个省（区、市）的得分极差为 0.734，排名上普遍靠前，7 个省（区、市）排名全国前 10 位，且青海、贵州、四川和云南位列全国前 4 位，但是宁夏却排名全国倒数第 1 位。东北 3 省在资源环境承载潜力上的排名差异也很明显，3 个省分属 3 个等级，排名最高的是黑龙江，位列第 5 位；吉林则位于全国中游，排名第 16 位；辽宁位于全国下游，排名第 24 位。具体情况如表 2-2 所示。

表 2-2　　　　　　　　　　　资源环境承载潜力四大区域内部差异分析

区　域	地　区	指数值	排　名	区　域	地　区	指数值	排　名
东　部	北　京	0.069	6	西　部	内蒙古	0.057	9
	天　津	−0.148	27		广　西	0.058	8
	河　北	−0.150	28		重　庆	0.019	12
	上　海	−0.059	21		四　川	0.163	3
	江　苏	−0.110	23		贵　州	0.197	2
	浙　江	−0.034	17		云　南	0.159	4
	福　建	−0.009	14		陕　西	−0.042	15
	山　东	−0.152	29		甘　肃	−0.015	10
	广　东	−0.053	19		青　海	0.023	1
	海　南	0.062	7		宁　夏	0.528	30
中　部	山　西	−0.130	25		新　疆	−0.206	18
	安　徽	−0.062	22	东　北	辽　宁	−0.123	24
	江　西	0.017	11		吉　林	0.020	16
	河　南	−0.131	26		黑龙江	0.117	5
	湖　北	−0.054	20	由于缺少主要测算数据，因此，西藏、香港、澳门和台湾未参与测算			
	湖　南	0.014	13				

注：本表根据表 2-1 整理而得。

3. 资源环境承载潜力对区域绿色发展的影响分析

表 2-3 中，差距列的值等于资源环境承载潜力排名减去对应的绿色发展指数排名，数值为负表示该省资源环境承载潜力对其绿色发展水平的贡献为正，数值为正表示该省资源环境承载潜力对其绿色发展水平的贡献为负。

从相对序列位次差异情况看，海南、山西、江西、河南、湖北、湖南、广西、重庆、四川、贵州、云南、甘肃、青海、吉林、黑龙江 15 个地区资源环境承载力对区域绿色发展水平的贡献为正。这 15 个地区中，西部地区较多，占 7 个；中部地区占 5 个；东北地区占 2 个；东部地区也有 1 个。具体而言，甘肃和贵州差距最大，表明这两个地区资源环境承载潜力对其绿色发展指数的贡献作用最明显。

北京、天津、河北、上海、江苏、浙江、福建、山东、广东、安徽、内蒙古、陕西、宁夏、新疆 14 个地区资源环境承载潜力对区域绿色发展水平的贡献为负，辽宁的资源环境承载潜力对绿色发展发展水平的贡献为零。在以上这 15 个地区中，东部地区省（区、市）最多，占 19 个；西部地区占 4 个；中部地区和东北地区各有 1 个。具体而言，天津、上海、山东差距最大，表明这 3 个地区资源环境承载潜力水平对其绿色发展指数的负拉动作用最明显。

表 2-3　　　　　　　　　分区域省际绿色发展指数与资源环境承载潜力排名差异比较

区 域	地 区	绿色发展指数排名	资源环境承载潜力排名	差 异	区 域	地 区	绿色发展指数排名	资源环境承载潜力排名	差 异
东 部	北 京	1	6	5	西 部	内蒙古	8	9	1
	天 津	4	27	23		广 西	20	8	－12
	河 北	22	28	6		重 庆	14	12	－2
	上 海	2	21	19		四 川	13	3	－10
	江 苏	7	23	16		贵 州	19	2	－17
	浙 江	3	17	14		云 南	15	4	－11
	福 建	6	14	8		陕 西	12	15	3
	山 东	11	29	18		甘 肃	29	10	－19
	广 东	9	19	10		青 海	5	1	－4
	海 南	10	7	－3		宁 夏	28	30	2
中 部	山 西	27	25	－2		新 疆	17	18	1
	安 徽	18	22	4	东 北	辽 宁	24	24	0
	江 西	21	11	－10		吉 林	26	16	－10
	河 南	30	26	－4		黑龙江	16	5	－11
	湖 北	23	20	－3					
	湖 南	25	13	－12					

注：本表根据表 0-3 和表 2-1 整理而得。

各地区的具体情况分析如下：在东部地区，除海南外，其他 9 个省（区、市）的资源环境承载潜力排名均落后于绿色发展指数排名，且有 6 个省（区、市）甚至落后 10 位以上，说明东部地区整体的资源环境承载潜力水平较弱，拖了绿色发展总指数的后腿。在中部地区，除安徽外，其他 5 个省（区、市）的资源环境承载潜力排名均略高于绿色发展指数排名，说明中部地区大多数省份的资源环境承载潜力对绿色发展指数有推动作用。西部地区 11 个省（区、市）有 7 个的资源环境承载潜力排名高于其绿色发展指数排名，且有 5 个省(区、市)高于(或等于)10 位以上，说明西部地区的资源环境承载潜力十分优越，对绿色发展指数排名的拉动作用十分明显。东北地区除辽宁外，其他两个省份的资源环境承载潜力排名均高于其绿色发展指数排名，且位次均高于或等于 10 位，说明东北地区的资源环境承载潜力也相对较好。

>> 二、省际资源环境承载潜力比较分析 <<

省际资源环境承载潜力占绿色发展指数总权重的 40%，由资源丰裕与生态保护指标和环境压力与气候变化指标两个二级指标构成，总共有 19 个三级指标，其中正指标 6 个，逆指标 13 个；参与测算的指标有 17 个。

1. 省际资源丰裕与生态保护指标测算结果及分析

在省际资源环境承载潜力测度体系中，资源丰裕与生态保护指标占资源环境承载潜力的权重为 30%，占绿色发展指数的 12%。

资源丰裕与生态保护的三级指标选择主要考虑两点。一是资源角度，资源是指自然资源，即一切可被人类开发和利用的，可以产生价值的自然物。因此，它是客观存在的。二是生态保护角度，生态保护是指对人类赖以生存的生态系统进行保护，使之免遭破坏，使生态功能得以正常发挥的各种措施。因此，它是人类的主观行动。

从指标构成来看，资源丰裕与生态保护指标由人均水资源量、人均森林面积、森林覆盖率、自然保护区面积占辖区面积比重、湿地面积占国土面积的比重、人均活立木总蓄积量 6 个三级指标构成。

同时，资源丰裕与生态保护的这 6 个三级指标包含了自然资源中最重要的几个方面：水、森林和湿地，且重要性不分上下，因此这 6 个三级指标平分权重。各项三级指标的权重及其指标属性如表 2-4 所示。

表 2-4　　　　　　省际资源丰裕与生态保护三级指标、权重及指标属性

指标序号	指标	权重	指标属性
1	人均水资源量	2.00%	正
2	人均森林面积	2.00%	正
3	森林覆盖率	2.00%	正
4	自然保护区面积占辖区面积比重	2.00%	正
5	湿地面积占国土面积的比重	2.00%	正
6	人均活立木总蓄积量	2.00%	正

注：本表内容是由本报告课题组召开的多次专家座谈会研讨确定的。

在对三级指标的原始数据进行标准化处理基础上，根据上表中的权重，计算得出了各省(区、市)资源丰裕与生态保护指标测算结果如下(见表 2-5)。

表 2-5　　　　　　省际资源丰裕与生态保护指标指数值及排名

指标	资源丰裕与生态保护指标		指标	资源丰裕与生态保护指标	
地区	指数值	排名	地区	指数值	排名
青海	0.167	1	浙江	-0.016	16
内蒙古	0.143	2	甘肃	-0.020	17
黑龙江	0.124	3	重庆	-0.021	18
云南	0.073	4	陕西	-0.022	19

续表

指　　标	资源丰裕与生态保护指标		指　　标	资源丰裕与生态保护指标	
地　　区	指数值	排名	地　　区	指数值	排名
吉　林	0.056	5	贵　州	−0.024	20
四　川	0.050	6	湖　北	−0.031	21
海　南	0.048	7	江　苏	−0.056	22
广　西	0.034	8	北　京	−0.058	23
福　建	0.030	9	天　津	−0.058	24
江　西	0.028	10	安　徽	−0.060	25
上　海	0.006	11	宁　夏	−0.067	26
新　疆	0.003	12	山　西	−0.074	27
辽　宁	−0.003	13	山　东	−0.076	28
广　东	−0.007	14	河　北	−0.078	29
湖　南	−0.011	15	河　南	−0.081	30

注：以上数据及排名根据《中国统计年鉴 2013—2014》《中国沙漠及其治理》《中国环境统计年报 2013》《中国环境统计年鉴 2014》等测算。

从表 2-5 和图 2-4 发现，在资源丰裕与生态保护指标中，西部地区和东北地区的整体情况较好，但西部地区的内部差距较大；东部地区和中部地区的整体较差，但各省（区、市）得分相对平稳。

从得分上看，资源丰裕与生态保护指数得分介于 −0.081～0.167 之间，超过 0.1 分仅 3 个地区，即青海、内蒙古、黑龙江。30 个省（区、市）得分值的极差为 0.248，相比去年增加了 0.005，标准差为 0.066，比去年增加 0.004。

从四大区域看，东部地区资源丰裕与生态保护指标分值的极差为 0.126，排名最靠前的是海南（第 7 位），最靠后的是河北（第 29 位）；中部地区极差为 0.109，最靠前的是江西（第 10 位），最靠后的是河南（第 30 位）；西部地区极差为 0.234，最靠前的是青海（第 1 位），最靠后的是宁夏（第 26 位）；东北地区极差为 0.127，最靠前的是黑龙江（第 3 位），最靠后的是辽宁（第 13 位）。

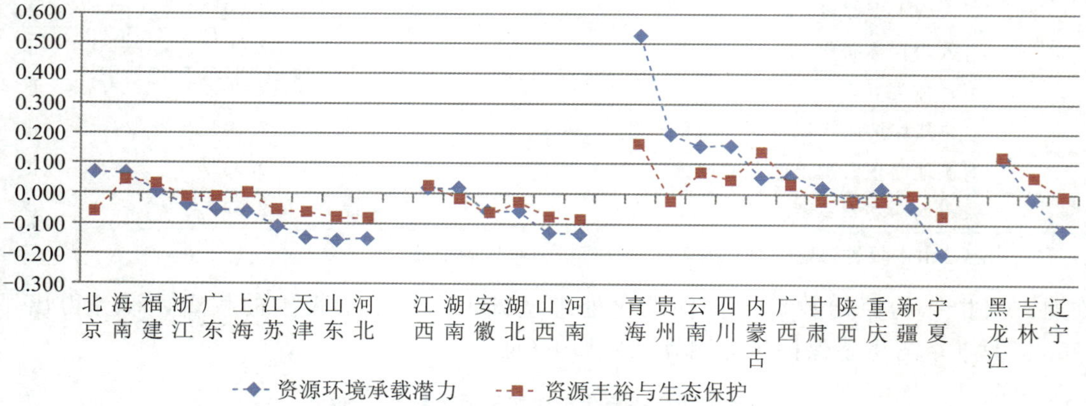

图 2-4　省际资源丰裕与生态保护和资源环境承载潜力指数对比

注：本图从东部、中部、西部和东北地区划分的角度，根据资源环境承载潜力指数大小自左到右排列。

从分省排名情况上看，排在资源丰裕与生态保护指标前 10 位的是：青海、内蒙古、黑龙江、云南、吉林、四川、海南、广西、福建和江西。其中，西部地区有 5 个，并且青海省排名第 1 位；东北地区有 2 个；中部地区有 1 个；东部地区有 2 个。排在资源丰裕与生态保护指标第 11～20 位的地区，在地域分布上，西部地区占一半，分别为新疆（第 12 位）、甘肃（第 17 位）、重庆(第 18 位)、陕西(第 19 位)、贵州(第 20 位);东部地区有 3 个省,中部地区有 1 个省,东北地区 1 个省。排在资源丰裕与生态保护指标后 10 位的地区有 5 个省(区、市)在东部地区,分别是江苏(第 22 位)、北京(第 23 位)、天津(第 24 位)、山东(第 28 位)、河北(第 29 位);有 4 个省(区、市)位于中部地区;1 个省(区、市)位于西部地区。

从各省(区、市)看,资源丰裕与生态保护指标排名最高的是青海和内蒙古。从三级指标看,青海有两个三级指标排名第 1 位,即人均水资源量、自然保护区面积占辖区面积比重,并且人均森林面积位列第 2 位;内蒙古也有两个三级指标排名第 1 位,即人均森林面积和人均活立木总蓄积量。资源丰裕与生态保护指标排名中排名倒数第 1 位的省(区、市)是河南,6 个三级指标中有 4 个都排名全国倒数 10 位。

2. 省际环境压力与气候变化指标测算结果及分析

在省际资源环境承载潜力测度体系中,环境压力和气候变化指标占资源环境承载潜力的权重为 70%,占绿色发展指数的 28%。

环境压力与气候变化是指由于人类的生活和发展,消耗自然环境资源,并造成环境污染,进而对环境产生压力;同时,污染物的大量排放,尤其是二氧化碳的排放,也会对气候变化造成影响。

由此,选择以下 13 个指标构成环境压力与气候变化指标的三级指标,分别是:单位土地面积二氧化碳排放量、人均二氧化碳排放量、单位土地面积二氧化硫排放量、人均二氧化硫排放量、单位土地面积化学需氧量排放量、人均化学需氧量排放量、单位土地面积氮氧化物排放量、人均氮氧化物排放量、单位土地面积氨氮排放量、人均氨氮排放量、单位耕地面积化肥施用量、单位耕地面积农药使用量、人均公路交通氮氧化物排放量。

另外,由于环境压力与气候变化下的 8 个地均和人均污染物排放量指标存在一定相关性,因此权重应适当降低。由此,"单位耕地面积化肥施用量""单位耕地面积农药使用量""人均公路交通氮氧化物排放量""单位土地面积二氧化碳排放量"和"人均二氧化碳排放量"的权重定为2.45%,然后 8 个地均和人均污染物排放量指标平分剩余权重。具体指标及其权重和指标属性如表 2-6 所示。

表 2-6　　　　　　　省际环境压力与气候变化三级指标、权重及指标属性

指标序号	指　　标	权　　重	指标属性
1	单位土地面积二氧化碳排放量	2.45%	逆
2	人均二氧化碳排放量	2.45%	逆
3	单位土地面积二氧化硫排放量	1.97%	逆
4	人均二氧化硫排放量	1.97%	逆
5	单位土地面积化学需氧量排放量	1.97%	逆
6	人均化学需氧量排放量	1.97%	逆
7	单位土地面积氮氧化物排放量	1.97%	逆
8	人均氮氧化物排放量	1.97%	逆
9	单位土地面积氨氮排放量	1.97%	逆
10	人均氨氮排放量	1.97%	逆
11	单位耕地面积化肥施用量	2.45%	逆
12	单位耕地面积农药使用量	2.45%	逆
13	人均公路交通氮氧化物排放量	2.45%	逆

注:本表内容是由本报告课题组召开的多次专家座谈会研讨确定的。

在对三级指标的原始数据进行标准化处理基础上，根据表 2-6 中的权重，计算得出了各省（区、市）环境压力与气候变化指标的指数值，排名情况如表 2-7 所示。

表 2-7　　　　　　　　　　　　　省际环境压力与气候变化指标指数值及排名

指　标	环境压力与气候变化指标		指　标	环境压力与气候变化指标	
地　区	指数值	排　名	地　区	指数值	排　名
青　海	0.361	1	福　建	−0.021	16
贵　州	0.222	2	湖　北	−0.023	17
北　京	0.127	3	新　疆	−0.046	18
四　川	0.113	4	广　东	−0.047	19
云　南	0.086	5	河　南	−0.050	20
甘　肃	0.043	6	江　苏	−0.054	21
重　庆	0.037	7	山　西	−0.056	22
湖　南	0.025	8	上　海	−0.065	23
广　西	0.023	9	河　北	−0.072	24
海　南	0.014	10	吉　林	−0.076	25
陕　西	0.007	11	山　东	−0.076	26
安　徽	−0.001	12	内蒙古	−0.086	27
黑龙江	−0.008	13	天　津	−0.090	28
江　西	−0.011	14	辽　宁	−0.120	29
浙　江	−0.018	15	宁　夏	−0.138	30

注：以上数据及排名根据《中国统计年鉴 2013—2014》《中国沙漠及其治理》《中国环境统计年报 2013》《中国环境统计年鉴 2014》等测算。

从得分上看，环境压力与气候变化指数得分基本介于−0.138～0.361 之间。青海得分明显偏高，宁夏得分最低。30 个省（区、市）得分值的极差为 0.499 分，相比去年下降 0.027，标准差为 0.103（见表 2-7），相比去年增加 0.001。

从四大区域看，在环境压力与气候变化指标中，西部地区整体情况明显好于其他 3 个地区，但西部地区的内部差距较大；东部、中部和东北地区各省（区、市）得分差距较小（见表 2-7 和图 2-5）。通过区域内的比较分析，我们发现，环境压力与气候变化指标分值东部地区极差为 0.217，排名最靠前的是北京（第 3 位），最靠后的是天津（第 28 位）；中部地区极差为 0.081，最靠前的是湖南（第 8 位），最靠后的是山西（第 22 位）；西部地区极差为 0.499，最靠前的是青海（第 1 位），最靠后的是宁夏（第 30 位）；东北地区极差为 0.112，最靠前的是黑龙江（第 13 位），最靠后的是辽宁（第 29 位）。

从分省排名情况看，环境压力与气候变化指标排名前 10 位的省（区、市）分别是：青海、贵州、北京、四川、云南、甘肃、重庆、湖南、广西和海南。从地域上看，西部地区有 7 个地区位列前 10 位之中，分别为青海（第 1 位）、贵州（第 2 位）、四川（第 4 位）、云南（第 5 位）、甘肃（第 6 位）、重庆（第 7 位）和广西（第 9 位）；东部地区有 2 个，分别为北京（第 3 位）和海南（第 10 位）；中部地区有 1 个即湖南（第 8 位）。环境压力与气候变化指标排名位于第 11～20 位的地区分别为陕西、安徽、黑龙江、江西、浙江、福建、湖北、新疆、广东和河南。从地域分布看，第 11～20 位中，中部地区有 4 个，分别为安徽（第 12 位）、江西（第 14 位）、湖北（第 17 位）、河南（第 20 位）；东部地区有 3 个，分别为浙江（第 15 位）、福建（第 16 位）和广东（第 19 位）；西部地区有

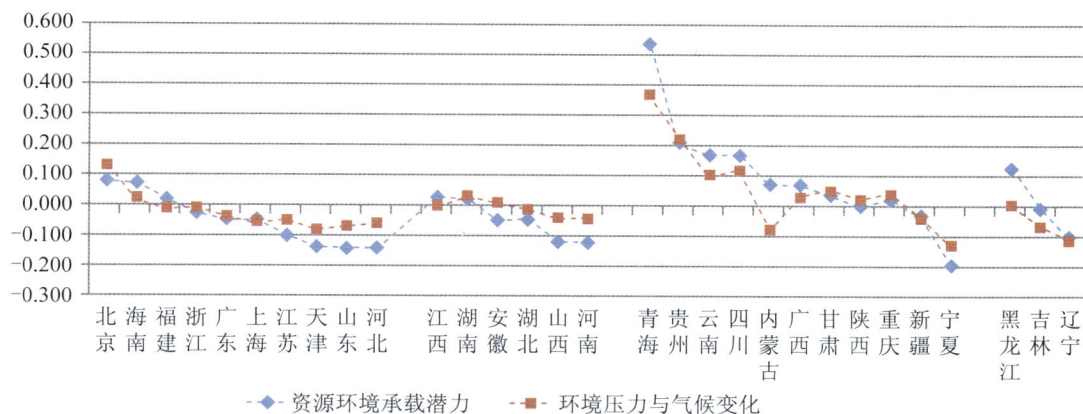

图 2-5 省际环境压力与气候变化和资源环境承载潜力指数对比

注：本图从东部、中部、西部和东北地区划分的角度，根据资源环境承载潜力指数大小自到右排列。

2 个，分别为陕西（第 11 位）和新疆（第 18 位）；东北地区的黑龙江列第 13 位。环境压力与气候变化指标排名位于后 10 位的地区分别为江苏、山西、上海、河北、吉林、山东、内蒙古、天津、辽宁和宁夏。从地域分布看，有 5 个来自东部地区，分别是江苏（第 21 位）、上海（第 23 位）、河北（第 24 位）、山东（第 26 位）、天津（第 28 位）；中部地区有 1 个，山西（第 22 位）；西部地区有 2 个，即排名第 27 位的内蒙古和排名倒数第 1 位的宁夏；东北地区有 2 个，分别为吉林（第 25 位）和辽宁（第 29 位）。

从各省（区、市）看，环境压力与气候变化指标排名第 1 位的地区仍然是青海，其次是贵州，且这两个地区的得分明显高于其他省（区、市）。从三级指标看，13 个参与计算的指标中，青海有 7 个指标排名全国第 1 位，并且这 7 个指标中有 5 个都是地均污染物排放指标，分别是单位土地面积二氧化碳排放量、单位土地面积二氧化硫排放量、单位土地面积化学需氧量排放量、单位土地面积氮氧化物排放量、单位土地面积氨氮排放量。对于排名第 2 位的贵州，13 个参与计算的指标中，有 9 个指标排名全国前 10 位，甚至有 7 个排名前 5 位。环境压力与气候变化指标排名倒数第 1 位的地区是宁夏。从三级指标看，13 个参与计算的指标中，有 3 个指标排名全国倒数第 1 位，分别是人均二氧化硫排放量、人均氮氧化物排放量和人均氨氮排放量。并且，有 6 个指标排名全国倒数 5 位。

第三章

省际政府政策支持度测算及分析

政府政策支持度是绿色发展指数的三大一级指标之一，对其进行科学的测算与分析，旨在客观反映各地区政府对绿色发展的重视程度和支持力度。本章以政府政策支持度的测算结果为基础，从地区比较的视角，分别从绿色投资、基础设施和环境治理三个方面分析我国 30 个省（区、市）的政府政策支持度，探讨政府政策支持与地区绿色发展的关系。

>>一、省际政府政策支持度的测算结果<<

根据"中国绿色发展指数评价体系（省区）"中政府政策支持度的测度指标体系和权重标准，我国 30 个省（区、市）政府政策支持度及三项分指数的测算结果及排名如下（见表 3-1）。

表 3-1　　　　　　　　中国 30 个省（区、市）政府政策支持度指数及排名

指标	政府政策支持度		二级指标					
			绿色投资指标		基础设施指标		环境治理指标	
地区	指数值	排名	指数值	排名	指数值	排名	指数值	排名
北 京	0.223	1	0.022	6	0.178	1	0.024	8
山 东	0.120	2	0.006	12	0.079	5	0.035	5
新 疆	0.104	3	0.022	5	0.103	2	−0.022	25
宁 夏	0.083	4	0.010	11	0.024	13	0.049	2
浙 江	0.083	5	−0.014	22	0.071	7	0.025	7
江 苏	0.072	6	−0.001	15	0.077	6	−0.003	19
安 徽	0.066	7	0.004	14	0.020	14	0.042	3
福 建	0.060	8	−0.023	25	0.045	10	0.038	4
广 东	0.060	9	−0.004	16	0.055	8	0.009	13
河 北	0.053	10	0.006	13	0.030	12	0.017	10
天 津	0.053	11	−0.037	29	0.085	4	0.005	14
上 海	0.052	12	0.020	8	0.091	3	−0.059	29
内蒙古	0.050	13	0.036	2	−0.043	21	0.057	1
重 庆	0.047	14	−0.005	17	0.030	11	0.022	9

指　标	政府政策支持度		二级指标					
			绿色投资指标		基础设施指标		环境治理指标	
地　区	指数值	排　名	指数值	排　名	指数值	排　名	指数值	排　名
陕　西	0.032	15	0.034	3	−0.006	18	0.004	15
海　南	0.027	16	−0.016	23	0.055	9	−0.012	22
山　西	0.009	17	0.021	7	−0.040	20	0.028	6
江　西	−0.022	18	−0.022	24	0.002	16	−0.002	18
云　南	−0.026	19	−0.006	18	−0.016	19	−0.004	20
湖　北	−0.041	20	−0.029	27	0.001	17	−0.013	24
辽　宁	−0.058	21	−0.062	30	0.016	15	−0.012	23
四　川	−0.063	22	−0.008	20	−0.058	23	0.002	16
广　西	−0.079	23	−0.007	19	−0.088	25	0.016	11
湖　南	−0.088	24	−0.036	28	−0.051	22	−0.001	17
贵　州	−0.096	25	−0.010	21	−0.098	27	0.013	12
黑龙江	−0.109	26	0.014	9	−0.091	26	−0.033	26
河　南	−0.117	27	−0.027	26	−0.085	24	−0.005	21
吉　林	−0.148	28	0.013	10	−0.104	28	−0.057	28
甘　肃	−0.173	29	0.029	4	−0.155	30	−0.048	27
青　海	−0.174	30	0.069	1	−0.128	29	−0.116	30

注：1. 本表根据省区测算体系中政府政策支持度的指标体系，依各指标 2013 年数据测算而得。2. 本表各省（区、市）按照政府政策支持度的指数值从大到小排序。3. 本表一级指标"政府政策支持度"指标值等于"绿色投资指标""基础设施指标""环境治理指标"3 个二级指标指数值之和。4. 以上数据及排名根据《中国统计年鉴 2014》《中国环境统计年鉴 2014》《中国环境统计年报 2013》《中国城市统计年鉴 2014》《中国水利统计年鉴 2014》《中国工业统计年鉴 2014》《中国沙漠及其治理》测算。

　　从表 3-1 中看到，2013 年指数值最高的是北京，为 0.223，显著高于全国平均水平；最低的青海仅为 −0.174；极差为 0.397；有 17 个地区得分高于全国平均水平，较去年增加了两个地区。排在政府政策支持度前 10 位的省（区、市）依次是北京、山东、新疆、宁夏、浙江、江苏、安徽、福建、广东和河北（排序见图 3-1）。其中，绿色投资指标排名前 10 位的省（区、市）依次是青海、内蒙古、陕西、甘肃、新疆、北京、山西、上海、黑龙江和吉林；基础设施指标排名前 10 位的省（区、市）依次是北京、新疆、上海、天津、山东、江苏、浙江、广东、海南和福建；环境治理指标排名前 10 位的省（区、市）依次是内蒙古、宁夏、安徽、福建、山东、山西、浙江、北京、重庆和河北。

　　根据表 3-1 中各地区政府政策支持度的指数值可绘制出图 3-1。其中，横轴为政策支持度指数值，0 点为 30 个省（区、市）政府政策支持度的平均水平。政府政策支持度指数值高于全国平均水平的省（区、市）用绿色条框表示，政府政策支持度指数值越高，其绿色条框就越长；相反，政府政策支持度指数值低于全国平均水平的省（区、市）则用白色条框表示，政府政策支持度指数值越低，其白色条框就越长。

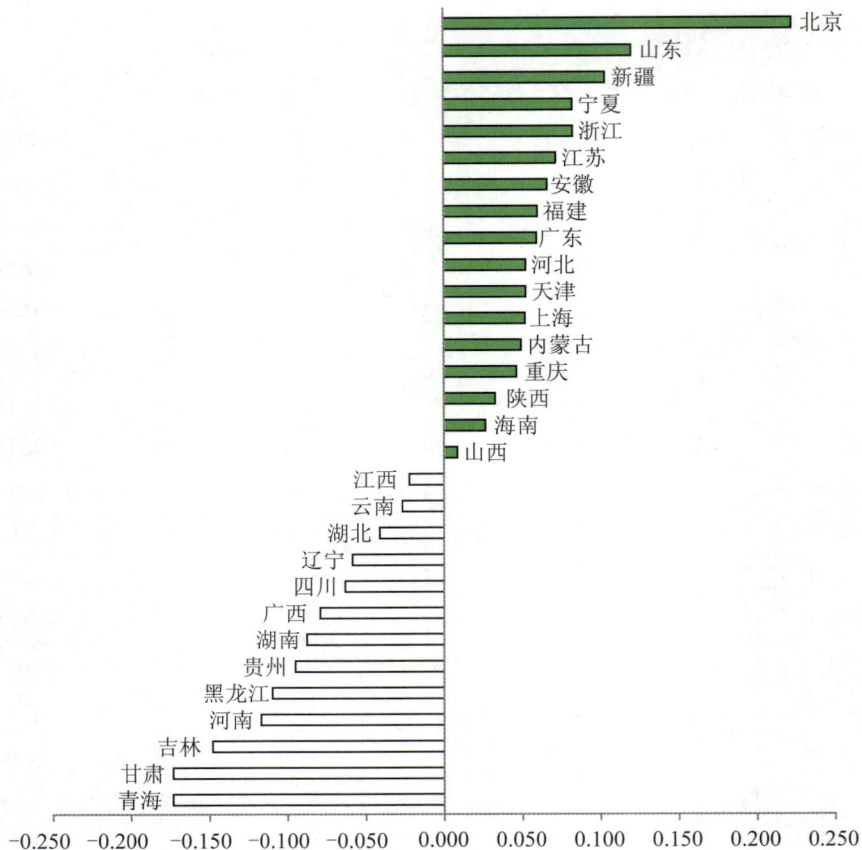

图 3-1　政府政策支持度排名省际比较

注：本图根据表 3-1 制作。

各地区政府政策支持度的地理分布如图 3-2 所示，地图颜色的深浅代表了政府政策支持度的不同程度，颜色越深，表明政府政策支持度越高，反之则越低。其中，排在前 10 位的省（区、市）用"深绿色"表示，排在第 11～20 位的省（区、市）用"中度绿色"表示，排在后 10 位的省（区、市）用"浅绿色"表示。如图 3-2 所示，政策支持度的地区差异依旧明显。从东、中、西和东北四大经济区的角度看，深绿色相对集中在东部沿海地区；东北地区是浅绿色；中部和西部依旧相对复杂，不同深浅的绿色交织，表明这两个区域内部各省（区、市）的差异较大。具体来看，各地区政府政策支持度的总体特点如下。

1. 政府政策支持度区域间差异分析

从政府政策支持度的区域分布来看，政府政策支持度总体依旧呈现东部最好、中西部较好、东北地区偏低的局面。从图 3-3 中可以看出，东部地区政府政策支持度平均分最高且高于全国平均水平，为 0.080；西部和中部次之，略低于平均水平，分别为 −0.027 和 −0.032；东北地区最低，为 −0.105。从排名看，政府政策支持度全国排名前 10 位的省（区、市）中有 7 个来自东部地区，2 个来自西部地区，1 个来自中部地区；进入排名前 15 位的省（区、市）中，有 9 个来自东部地区，5 个来自西部地区，1 个来自中部地区。

具体来看，东部总体水平明显高于其他地区。东部 10 省（区、市）中，有 7 个排在前 10 位；其他 3 省（区、市）中，天津、上海分别排在第 11、12 位，相比去年前进幅度较大，海南排在第 16 位，居于中等水平。西部总体水平较高，但处于前 10 位的省（区、市）比去年减少 2 个。西部 11（区、市）中，新疆、宁夏分别以第 3、4 位的水平位居前 10 位，排名比去年有所提前；内蒙古、

图 3-2　政府政策支持度排名地区分布

注：本图根据表 3-1 制作。

重庆、陕西、云南排在第 11～20 位之间；其他 5 个省区排在第 21～30 位，依次是四川、广西、贵州、甘肃和青海。中部总体水平略低于西部地区。中部 6 省中，安徽前进到前 10 位，位居第 7 位；山西和江西分别位于第 17、18 位，排名比去年均有所退后，湖北排名第 20 位，比去年有所提前；湖南和河南排名相对靠后，分别位于第 24、27 位。东北地区总体水平相对最低。其中，辽宁排在第 21 位，排名比去年有所退后；黑龙江比去年前进了 3 位，排在第 26 位；吉林排在第 28 位，位次没变。

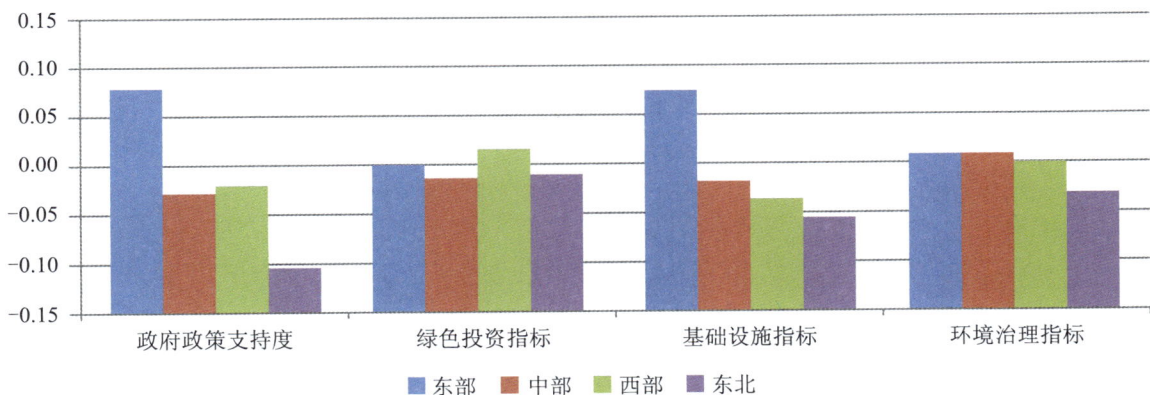

图 3-3　中国四大区域政府政策支持度对照图

注：图中数据为四大区域中各省（区、市）指标值的算术平均值。

　　就政府政策支持度的 3 个分指标而言，区域间的差异也非常显著。其中，基础设施指数的区域间差异最大，东部地区明显高于全国平均水平及其他三个地区；其次是中部、西部地区，均低于全国平均水平；东北地区得分最低。绿色投资指数的区域间差异较小，西部地区绿色投资指数依旧相对高于其他地区，也是唯一高于全国平均水平的地区；其次是东部；东北和中部地区得分相近且最低。东部、中部和西部这三个地区的环境治理指数差异不大，东部和中部地区持平，略高于全国平均水平；西部地区略低于全国平均水平；东北地区相对较低。总体来看，东部地区的各项指数得分都较高，而东北地区得分则相对较低。

2. 政府政策支持度区域内情况分析

从四大区域内各省（区、市）的情况看（见表3-2），西部地区政府政策支持度省间差异性明显，既存在排名全国前列的新疆（第3位）和宁夏（第4位），又存在排名靠后的甘肃（第29位）和青海（第30位），排名最靠前的新疆和排名最靠后的青海相差0.278；西部11个省（区、市）中，政府政策支持度高于全国平均水平的有5个，位于全国排名前10位的有2个，排在第11～20位的有4个，排在第21～30位的有5个。

东部地区10省（区、市）的政府政策支持度排名总体靠前，得分全部高于全国平均水平；其中，有7个省（区、市）全国排名在前10位，天津和上海分别位于第11、12位，海南位于第16位；排名第1位的北京和排名最靠后的海南相差0.196。

除安徽（第7位）外，中部地区各省份政府政策支持度总体排名相对偏后，得分高于全国平均水平的省份只有安徽和山西，排名最靠前的安徽和排名最靠后的河南相差0.183。

东北地区的辽宁、黑龙江和吉林政府政策支持度排名都较低，分别位于第21、26、28位，得分均明显低于全国平均水平，排名最靠前的辽宁和排名最靠后的吉林相差0.090，3个省的政府政策支持度都有待提升。

表 3-2　　　　　　　　　　　政府政策支持度四大区域内部差异分析

区 域	地 区	指数值	排 名	区 域	地 区	指数值	排 名
东 部	北 京	0.223	1	西 部	新 疆	0.104	3
	山 东	0.120	2		宁 夏	0.083	4
	浙 江	0.083	5		内蒙古	0.050	13
	江 苏	0.072	6		重 庆	0.047	14
	福 建	0.060	8		陕 西	0.032	15
	广 东	0.060	9		云 南	−0.026	19
	河 北	0.053	10		四 川	−0.063	22
	天 津	0.053	11		广 西	−0.079	23
	上 海	0.052	12		贵 州	−0.096	25
	海 南	0.027	16		甘 肃	−0.173	29
中 部	安 徽	0.066	7		青 海	−0.174	30
	山 西	0.009	17	东 北	辽 宁	−0.058	21
	江 西	−0.022	18		黑龙江	−0.109	26
	湖 北	−0.041	20		吉 林	−0.148	28
	湖 南	−0.088	24	由于缺少主要测算数据，因此，西藏、香港、澳门和台湾未参与测算			
	河 南	−0.117	27				

　　注：本表根据表3-1整理。

3. 政府政策支持度对区域绿色发展的影响分析

政府政策支持影响着地区绿色发展，测算结果表明，多数地区政府政策支持度指数排序与绿色发展指数排序存在一定差异（见表3-3），名次变动在5名（不含变动5位）以上的省（区、市）有13个，接近一半；排名变动10个位次及以上的省（区、市）有8个，分别是青海、宁夏、新疆、河北、安徽、上海、黑龙江和山西。其中，宁夏、新疆、河北、安徽和山西5个地区因政策支持度指数得分较高而明显拉升了绿色发展指数。此外，绿色发展指数排名前10位的省（区、市）中，江苏因政府政策支持度得分较高，而拉动了其绿色发展指数的提升。同时，各省（区、市）中也不乏政策支持力度较弱而影响绿色发展指数上升的例子，绿色指数排名后10位的地区中，有5个地区政策支持度的排名在后10位。研究表明，政府重视绿色发展，加大政策支持和实施力度，有利于提升当地绿色经济发展水平。

表 3-3　　　　　　　　　省际绿色发展指数与政府政策支持度排名差异比较

地　区	绿色发展指数排名	政府政策支持度排名	位次变化	地　区	绿色发展指数排名	政府政策支持度排名	位次变化
北　京	1	1	0	黑龙江	16	26	−10
上　海	2	12	−10	新　疆	17	3	14
浙　江	3	5	−2	安　徽	18	7	11
天　津	4	11	−7	贵　州	19	25	−6
青　海	5	30	−25	广　西	20	23	−3
福　建	6	8	−2	江　西	21	18	3
江　苏	7	6	1	河　北	22	10	12
内蒙古	8	13	−5	湖　北	23	20	3
广　东	9	9	0	辽　宁	24	21	3
海　南	10	16	−6	湖　南	25	24	1
山　东	11	2	9	吉　林	26	28	−2
陕　西	12	15	−3	山　西	27	17	10
四　川	13	22	−9	宁　夏	28	4	24
重　庆	14	14	0	甘　肃	29	29	0
云　南	15	19	−4	河　南	30	27	3

注：本表根据表0-3和表3-1整理而得。

>>二、省际政府政策支持度比较分析<<

本节分别从绿色投资指标、基础设施和城市管理指标以及环境治理指标三个方面进行比较分析，以进一步剖析各地区政府政策支持度特征。省际政府政策支持度指数占绿色发展指数总权重的30%，三项构成指数绿色投资、基础设施和城市管理、环境治理的权重分别为25%、45%和30%。

1. 省际绿色投资指标测算结果及分析

绿色投资指标由环境保护支出占财政支出比重、环境污染治理投资占地区生产总值比重、农村人均改水、改厕的政府投资、单位耕地面积退耕还林投资完成额、科教文卫支出占财政支出比重5个三级指标构成，占政府政策支持度指数的权重为25%，占绿色发展指数的7.5%，各项指标的权重采用均权法，各占 1.5%（见表 3-4）。

表 3-4　　　　　　　　　　　　　省际绿色投资三级指标、权重及指标属性

指标序号	指　　标	权　　重	指标属性
1	环境保护支出占财政支出比重	1.50%	正
2	环境污染治理投资总额占地区生产总值比重	1.50%	正
3	农村人均改水、改厕的政府投资	1.50%	正
4	单位耕地面积退耕还林投资完成额	1.50%	正
5	科教文卫支出占财政支出比重	1.50%	正

注：本表内容是由本报告课题组召开的多次专家座谈会研讨确定的。

测算结果表明（见表 3-5 和图 3-4），各地区绿色投资指数得分相差最小，极差为 0.131，小于基础设施指数和环境治理指数的地区差异。其中，绿色投资指数得分最高的青海为 0.069，得分最低的辽宁为 −0.062。共有 14 个省（区、市）得分高于全国平均水平。

按得分高低，排在前 10 位的依次是青海、内蒙古、陕西、甘肃、新疆、北京、山西、上海、黑龙江和吉林，其中，西部地区 5 个、东部地区 2 个、东北地区 2 个，中部地区 1 个。

排在第 11~20 位的依次是宁夏、山东、河北、安徽、江苏、广东、重庆、云南、广西和四川，其中，西部地区 5 个、东部地区 4 个、中部地区 1 个。

排在后 10 位的依次是贵州、浙江、海南、江西、福建、河南、湖北、湖南、天津和辽宁，其中，东部地区 4 个、中部地区 4 个、西部地区 1 个，东北地区 1 个。

表 3-5　　　　　　　　　　　　　中国省际绿色投资指标指数及其排名

地　区	指数值	排　名	地　区	指数值	排　名
青　海	0.069	1	广　东	−0.004	16
内蒙古	0.036	2	重　庆	−0.005	17
陕　西	0.034	3	云　南	−0.006	18
甘　肃	0.029	4	广　西	−0.007	19
新　疆	0.022	5	四　川	−0.008	20
北　京	0.022	6	贵　州	−0.010	21
山　西	0.021	7	浙　江	−0.014	22
上　海	0.020	8	海　南	−0.016	23
黑龙江	0.014	9	江　西	−0.022	24
吉　林	0.013	10	福　建	−0.023	25
宁　夏	0.010	11	河　南	−0.027	26
山　东	0.006	12	湖　北	−0.029	27
河　北	0.006	13	湖　南	−0.036	28
安　徽	0.004	14	天　津	−0.037	29
江　苏	−0.001	15	辽　宁	−0.062	30

注：以上数据及排名根据《中国统计年鉴 2014》《中国环境统计年鉴 2014》《中国环境统计年报 2013》《中国城市统计年鉴 2014》《中国水利统计年鉴 2014》《中国工业统计年鉴 2014》《中国沙漠及其治理》等测算。

综上所述，西部各省（区、市）总体排名较靠前，在绿色投资指标上的得分具有整体优势，在全国前 10 中独占了 5 位，而且除重庆、云南、广西、四川、贵州 5 地外其余得分均高于全国

平均水平，极差为 0.079。东部各省（区、市）绿色投资指标得分有明显差异，得分较高的北京、上海居于全国前 10 位，山东、河北、江苏和广东排在中间水平，但浙江、海南、福建和天津处于后 10 位，极差为 0.059。东北地区各省份得分差异较大，黑龙江和吉林分别为全国第 9、10 位，辽宁为最后 1 位，极差为 0.076。中部地区整体水较低，山西（第 7 位）和安徽（第 14 位）得分处于全国平均水平之上，其他均排在后 10 位，极差为 0.057。

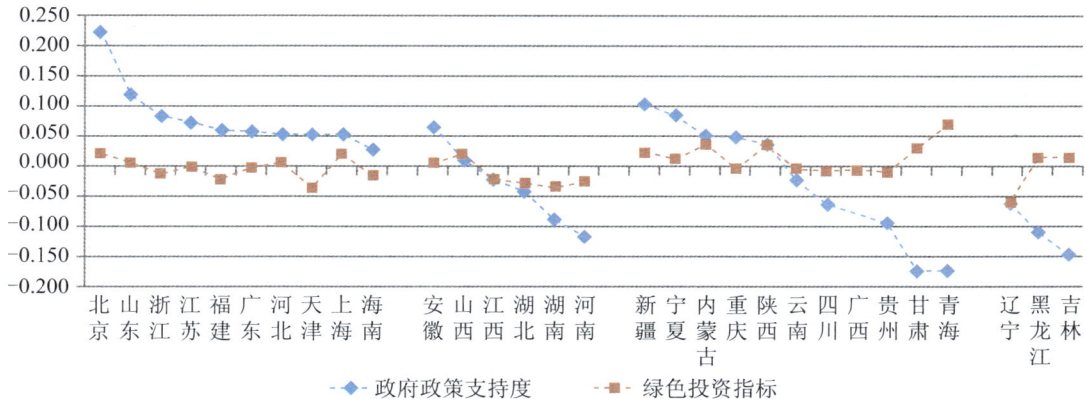

图 3-4　省际绿色投资指标与政府政策支持度指数对比

注：本图从东部、中部、西部和东北地区划分的角度，根据政府政策支持度指数大小自左到右排列。

2. 省际基础设施指标测算结果及分析

在政府政策支持度测算体系中，基础设施指标占政府政策支持度指数的权重为 45%，共由 8 个三级指标构成，分别是"城市人均绿地面积""城市用水普及率""城市污水处理率""城市生活垃圾无害化处理率""城市每万人拥有公交车辆""人均城市公共交通运营线路网长度""农村累计已改水受益人口占农村总人口比重"和"建成区绿化覆盖率"，每个指标权重均为 1.69%（见表 3-6）。

表 3-6　　　　　　　　　　省际基础设施三级指标、权重及指标属性

指标序号	指　标	权　重	指标属性
6	城市人均绿地面积	1.69%	正
7	城市用水普及率	1.69%	正
8	城市污水处理率	1.69%	正
9	城市生活垃圾无害化处理率	1.69%	正
10	城市每万人拥有公交车辆	1.69%	正
11	人均城市公共交通运营线路网长度	1.69%	正
12	农村累计已改水受益人口占农村总人口比重	1.69%	正
13	建成区绿化覆盖率	1.69%	正

注：本表内容是由本报告课题组召开的多次专家座谈会研讨确定的。

测算结果表明（见表 3-7 和图 3-5），基础设施指数地区差异最大，极差为 0.333，大于绿色投资指数和环境治理指数的地区差异。其中，得分最高的是北京，为 0.178，得分最低的甘肃为 -0.155。有 17 个省（区、市）高于全国平均水平。

其中，排在前 10 位的依次是北京、新疆、上海、天津、山东、江苏、浙江、广东、海南和福建，其中除新疆为西部地区外，其他 9 个均为东部地区，东部地区在基础设施指标得分上的绝对优势更加凸显。

排在第 11~20 位的依次是重庆、河北、宁夏、安徽、辽宁、江西、湖北、陕西、云南和山

西，其中，东部地区 1 个、中部地区 4 个、西部地区 4 个、东北地区 1 个。

排名后 10 位的依次是内蒙古、湖南、四川、河南、广西、黑龙江、贵州、吉林、青海和甘肃，其中，中部地区 2 个、西部地区 6 个、东北地区 2 个。

表 3-7   中国省际基础设施指标指数及其排名

地 区	指数值	排 名	地 区	指数值	排 名
北 京	0.178	1	江 西	0.002	16
新 疆	0.103	2	湖 北	0.001	17
上 海	0.091	3	陕 西	−0.006	18
天 津	0.085	4	云 南	−0.016	19
山 东	0.079	5	山 西	−0.040	20
江 苏	0.077	6	内蒙古	−0.043	21
浙 江	0.071	7	湖 南	−0.051	22
广 东	0.055	8	四 川	−0.058	23
海 南	0.055	9	河 南	−0.085	24
福 建	0.045	10	广 西	−0.088	25
重 庆	0.030	11	黑龙江	−0.091	26
河 北	0.030	12	贵 州	−0.098	27
宁 夏	0.024	13	吉 林	−0.104	28
安 徽	0.020	14	青 海	−0.128	29
辽 宁	0.016	15	甘 肃	−0.155	30

注：以上数据及排名根据《中国统计年鉴 2014》《中国环境统计年鉴 2014》《中国环境统计年报 2013》《中国城市统计年鉴 2014》《中国水利统计年鉴 2014》《中国工业统计年鉴 2014》《中国沙漠及其治理》等测算。

综上所述，东部地区基础设施最具优势，各省均高于全国平均水平，得分最高的北京和排名靠后的河北得分相差为 0.148。中部省区内部差别最小，且均与全国平均水平接近，其中安徽排名较靠前，河南较靠后，二者得分相差为 0.105。西部地区各省（区、市）差异显著，其中新疆得分为 0.103，位列全国第 2 位，而甘肃得分仅为 −0.155，位列最后 1 位，两省区得分相差为 0.258。东北地区整体情况不容乐观，除辽宁略高于全国平均水平外，黑龙江和吉林分列全国第 26、28 位，极差为 0.120。

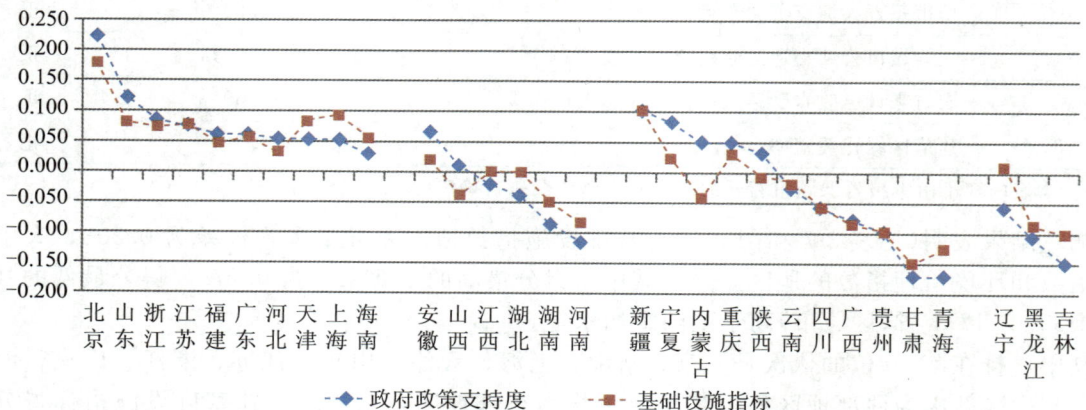

图 3-5   省际基础设施指标与政府政策支持度指数对比

注：本图从东部、中部、西部和东北地区划分的角度，根据政府政策支持度指数大小自左到右排列。

3. 省际环境治理指标测算结果及分析

在政府政策支持度测算体系中，环境治理指标占政府政策支持度指数的权重为30％，由6个三级指标构成，分别是"人均当年新增造林面积""工业二氧化硫去除率""工业废水化学需氧量去除率""工业氮氧化物去除率""工业废水氨氮去除率"和"突发环境事件次数"，每个指标权重均为1.5％（见表3-8）。

表 3-8　　　　　　　　　　　省际环境治理三级指标、权重及指标属性

指标序号	指　　标	权　重	指标属性
14	人均当年新增造林面积	1.50％	正
15	工业二氧化硫去除率	1.50％	正
16	工业废水化学需氧量去除率	1.50％	正
17	工业氮氧化物去除率	1.50％	正
18	工业废水氨氮去除率	1.50％	正
19	突发环境事件次数	1.50％	逆

注：本表内容是由本报告课题组召开的多次专家座谈会研讨确定的。

测算结果表明（见表3-9和图3-6），地区间环境治理指数极差为0.173，低于基础设施指数的地区差异，高于绿色投资指数的地区差异。其中，得分最高的内蒙古为0.057，得分最低的青海为－0.116。有16个省（区、市）高于全国平均水平。

排在全国前10位的依次是内蒙古、宁夏、安徽、福建、山东、山西、浙江、北京、重庆和河北，其中东部地区5个、中部地区2个、西部地区3个。

排在第11～20位的依次是广西、贵州、广东、天津、陕西、四川、湖南、江西、江苏和云南，其中东部地区3个、中部地区2个、西部地区5个。

排在后10位的依次是河南、海南、辽宁、湖北、新疆、黑龙江、甘肃、吉林、上海和青海，其中东部地区2个、中部地区2个、西部地区3个、东北地区3个。

表 3-9　　　　　　　　　　　中国省际环境治理指标指数及其排名

地　区	指数值	排　名	地　区	指数值	排　名
内蒙古	0.057	1	四　川	0.002	16
宁　夏	0.049	2	湖　南	－0.001	17
安　徽	0.042	3	江　西	－0.002	18
福　建	0.038	4	江　苏	－0.003	19
山　东	0.035	5	云　南	－0.004	20
山　西	0.028	6	河　南	－0.005	21
浙　江	0.025	7	海　南	－0.012	22
北　京	0.024	8	辽　宁	－0.012	23
重　庆	0.022	9	湖　北	－0.013	24
河　北	0.017	10	新　疆	－0.022	25
广　西	0.016	11	黑龙江	－0.033	26
贵　州	0.013	12	甘　肃	－0.048	27
广　东	0.009	13	吉　林	－0.057	28
天　津	0.005	14	上　海	－0.059	29
陕　西	0.004	15	青　海	－0.116	30

注：以上数据及排名根据《中国统计年鉴2014》《中国环境统计年鉴2014》《中国环境统计年报2013》《中国城市统计年鉴2014》《中国水利统计年鉴2014》《中国工业统计年鉴2014》《中国沙漠及其治理》等测算。

　　综上所述，东部地区环境治理整体得分比较高，除江苏、海南和上海外，其余省区得分均高于全国平均水平，但省间得分差异较大，排名差异也较大，其中福建排全国第 4 位，上海却名列第 29 位，两省得分相差为 0.097。中部地区的省间得分差异较小，6 省中，安徽以 0.042 的得分位居全国第 3，排名靠后的湖北为－0.013，二者相差为 0.055。西部省间差异最为显著，内蒙古以 0.057 居全国第 1 位，青海以－0.116 排在全国最后 1 位，二者相差为 0.173。东北三省中辽宁最高，其次是黑龙江，吉林最低，均低于全国平均水平，省间指数差异最小，辽宁和吉林之间相差为 0.045。

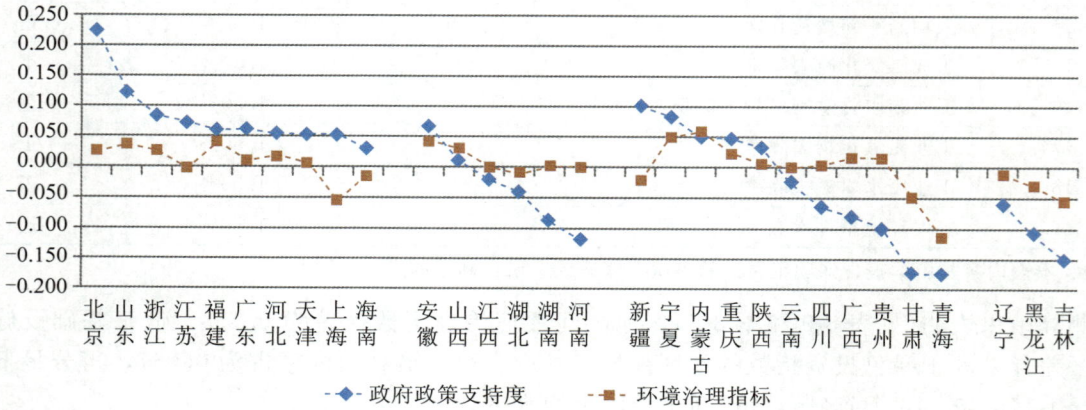

图 3-6　省际环境治理指标与政府政策支持度指数对比

注：本图从东部、中部、西部和东北地区划分的角度，根据政府政策支持度指数大小自左到右排列。

第二篇
城市篇

本篇以公开出版的统计年鉴为基础，以 2015 中国城市绿色发展指数指标体系为依据，全面系统地反映了 2013 年中国 100 个测评城市的绿色发展情况，分析了这些城市的绿色发展排名。同时，本篇从绿色发展指数 3 个一级指标出发，分别编排了 3 章，即"第四章　城市经济增长绿化度测算及分析""第五章　城市资源环境承载潜力测算及分析"和"第六章　城市政府政策支持度测算及分析"，深入解析了 2013 年中国 100 个测评城市经济增长绿化度、资源环境承载潜力与政府政策支持度的具体情况。

第四章

城市经济增长绿化度测算及分析

　　绿色增长是绿色发展的重要组成部分，在经济增长中注重节能环保是一个地区或城市可持续发展的应有之义。经济增长绿化度就很好地评价了一个地区经济增长过程中的绿色节能环保程度。本章根据"中国绿色发展指数评价体系"（以下简称"城市测算体系"）中经济增长绿化度的测度标准，利用 2013 年度数据，从绿色增长效率和三次产业四个方面对中国 100 个大中城市的经济增长绿化度进行了测度分析。

>>一、城市经济增长绿化度的测算结果<<

　　根据"中国绿色发展指数评价体系（城市）"中经济增长绿化度的测度体系和权重标准，对 2013 年中国 100 个大中城市的经济增长绿化度测算结果如表 4-1 所示。

表 4-1　　　　　　　　　　中国 100 个城市经济增长绿化度指数及排名

城　　市	一级指标		二级指标							
	经济增长绿化度		绿色增长效率指标		第一产业指标		第二产业指标		第三产业指标	
	指数值	排　名	指数值	排　名	指数值	排　名	指数值	排　名	指数值	排　名
海　口	0.455	1	0.421	1	−0.013	100	−0.024	79	0.071	4
深　圳	0.415	2	0.355	2	−0.012	92	0.047	7	0.026	15
无　锡	0.262	3	0.192	4	−0.003	39	0.025	22	0.049	8
克拉玛依	0.226	4	0.257	3	0.000	34	0.034	15	−0.066	99
北　京	0.186	5	0.113	5	−0.013	94	−0.005	62	0.091	2
长　沙	0.182	6	0.067	9	0.018	9	0.082	1	0.015	30
青　岛	0.178	7	0.107	6	0.015	14	0.018	29	0.039	10
苏　州	0.177	8	0.077	7	0.041	4	0.019	26	0.039	9
常　州	0.146	9	0.059	12	0.006	28	0.046	8	0.035	13
广　州	0.137	10	0.064	10	−0.001	36	0.003	53	0.072	3
烟　台	0.116	11	0.070	8	0.026	7	0.017	30	0.003	41
沈　阳	0.115	12	0.054	14	−0.005	44	0.048	5	0.018	25
济　南	0.095	13	0.030	19	0.025	8	0.009	42	0.032	14

城　市	一级指标		二级指标							
	经济增长绿化度		绿色增长效率指标		第一产业指标		第二产业指标		第三产业指标	
	指数值	排　名	指数值	排　名	指数值	排　名	指数值	排　名	指数值	排　名
呼和浩特	0.093	14	−0.002	37	−0.010	71	0.007	44	0.098	1
石家庄	0.093	15	0.000	34	0.013	15	0.055	3	0.024	17
唐　山	0.083	16	0.062	11	−0.011	77	0.037	13	−0.005	55
包　头	0.072	17	0.010	25	−0.009	63	0.015	32	0.056	5
天　津	0.068	18	0.024	22	−0.009	61	0.029	18	0.024	16
潍　坊	0.064	19	0.005	29	0.039	5	0.016	31	0.004	40
上　海	0.059	20	0.010	26	−0.012	89	0.005	48	0.055	6
长　春	0.053	21	0.024	21	−0.010	67	0.038	11	0.000	46
湘　潭	0.052	22	−0.030	63	0.089	1	0.019	27	−0.026	80
常　德	0.047	23	−0.005	39	0.009	22	0.036	14	0.007	37
杭　州	0.046	24	0.037	16	0.009	21	−0.016	73	0.016	27
大　连	0.041	25	0.043	15	−0.004	41	−0.019	75	0.020	23
淄　博	0.040	26	0.033	18	0.003	30	0.013	36	−0.008	60
宁　波	0.017	27	0.028	20	0.045	3	−0.059	95	0.003	42
乌鲁木齐	0.015	28	−0.026	54	−0.013	99	0.005	49	0.049	7
济　宁	0.014	29	0.003	33	0.016	11	0.009	40	−0.014	70
南　京	0.014	30	0.004	30	−0.006	46	−0.020	76	0.035	11
北　海	0.013	31	−0.025	53	−0.011	82	0.057	2	−0.008	61
咸　阳	0.013	32	0.059	13	0.001	32	−0.009	66	−0.038	90
日　照	0.012	33	−0.034	68	0.008	27	0.039	10	0.000	45
武　汉	0.012	34	−0.012	42	−0.002	37	0.003	52	0.022	19
扬　州	0.011	35	−0.005	38	0.015	13	0.009	41	−0.008	59
洛　阳	0.010	36	0.010	27	0.005	29	0.004	51	−0.010	63
湖　州	0.009	37	−0.022	51	0.051	2	−0.009	67	−0.011	64
吉　林	0.007	38	−0.030	62	−0.011	80	0.026	20	0.022	22
延　安	0.007	39	0.009	28	−0.010	66	0.048	6	−0.040	95
遵　义	0.006	40	−0.053	87	0.008	26	0.038	12	0.014	33
成　都	0.005	41	−0.012	43	−0.010	74	0.005	50	0.022	21
牡丹江	0.003	42	−0.049	82	−0.013	97	0.049	4	0.015	29
温　州	0.003	43	−0.022	52	0.016	12	0.000	56	0.009	35
湛　江	−0.002	44	−0.018	47	−0.011	79	0.018	28	0.009	34
芜　湖	−0.003	45	−0.035	70	0.016	10	0.043	9	−0.028	83
昆　明	−0.004	46	0.036	17	−0.007	51	−0.049	92	0.015	28
绍　兴	−0.006	47	−0.001	36	0.031	6	−0.027	84	−0.008	62
合　肥	−0.006	48	−0.013	45	0.013	16	0.008	43	−0.015	72

续表

城　　市	一级指标		二级指标								
	经济增长绿化度		绿色增长效率指标		第一产业指标		第二产业指标		第三产业指标		
	指数值	排名	指数值	排名	指数值	排名	指数值	排名	指数值	排名	
哈尔滨	−0.007	49	−0.040	77	−0.012	90	0.011	38	0.035	12	
桂　林	−0.009	50	−0.028	60	−0.007	50	0.029	19	−0.003	51	
泰　安	−0.010	51	−0.012	44	0.008	25	0.001	55	−0.006	56	
厦　门	−0.011	52	0.012	24	−0.012	88	−0.010	68	−0.001	48	
徐　州	−0.016	53	−0.034	67	−0.010	69	0.026	21	0.001	44	
岳　阳	−0.017	54	−0.042	79	−0.004	42	0.034	17	−0.005	53	
福　州	−0.018	55	−0.026	57	0.011	18	−0.005	60	0.003	43	
西　安	−0.019	56	−0.021	49	−0.005	43	−0.016	72	0.023	18	
马鞍山	−0.022	57	−0.038	72	0.000	33	0.034	16	−0.018	74	
郑　州	−0.022	58	0.003	32	−0.006	48	−0.011	69	−0.007	58	
绵　阳	−0.030	59	−0.027	58	0.012	17	0.007	46	−0.021	78	
南　通	−0.031	60	−0.007	40	−0.009	58	−0.003	58	−0.012	65	
锦　州	−0.031	61	−0.038	74	−0.011	85	0.023	25	−0.005	54	
株　洲	−0.034	62	−0.030	61	0.002	31	0.014	34	−0.021	77	
珠　海	−0.039	63	0.013	23	−0.013	93	−0.027	82	−0.012	67	
银　川	−0.041	64	−0.050	85	−0.013	95	0.014	35	0.008	36	
兰　州	−0.051	65	−0.057	93	−0.009	65	−0.003	57	0.018	25	
太　原	−0.052	66	−0.011	41	−0.011	86	−0.044	89	0.015	31	
赤　峰	−0.052	67	−0.027	59	−0.012	87	−0.012	70	−0.001	50	
平顶山	−0.055	68	−0.033	66	0.011	19	0.002	54	−0.035	86	
南　昌	−0.056	69	−0.022	50	−0.011	81	−0.005	59	−0.019	75	
临　汾	−0.057	70	−0.049	83	−0.011	84	0.010	39	−0.007	57	
秦皇岛	−0.058	71	−0.043	80	0.011	20	−0.048	91	0.022	20	
曲　靖	−0.061	72	0.004	31	−0.004	40	−0.024	80	−0.037	88	
开　封	−0.061	73	−0.034	69	−0.007	49	0.006	47	−0.026	82	
泉　州	−0.067	74	−0.026	56	−0.008	54	−0.008	65	−0.026	81	
鞍　山	−0.068	75	−0.015	46	−0.009	64	−0.050	93	0.006	38	
石嘴山	−0.068	76	−0.057	92	−0.010	73	0.015	33	−0.016	73	
焦　作	−0.072	77	−0.001	35	−0.008	55	−0.021	77	−0.043	97	
西　宁	−0.072	78	−0.075	100	−0.010	70	0.007	45	0.006	39	
柳　州	−0.073	79	−0.050	84	−0.010	72	0.025	23	−0.037	87	
抚　顺	−0.075	80	−0.019	48	−0.011	78	−0.026	81	−0.019	76	
安　阳	−0.076	81	−0.038	75	0.009	24	−0.007	64	−0.039	91	
宝　鸡	−0.083	82	−0.031	65	−0.006	47	−0.006	63	−0.040	94	
泸　州	−0.084	83	−0.056	89	0.000	35	0.012	37	−0.041	96	

城　市	一级指标		二级指标							
	经济增长绿化度		绿色增长效率指标		第一产业指标		第二产业指标		第三产业指标	
	指数值	排　名	指数值	排　名	指数值	排　名	指数值	排　名	指数值	排　名
南　宁	−0.092	84	−0.053	88	−0.010	75	−0.047	90	0.019	24
九　江	−0.093	85	−0.037	71	−0.011	83	−0.034	85	−0.012	66
铜　川	−0.093	86	−0.072	99	−0.007	52	0.023	24	−0.038	89
韶　关	−0.095	87	−0.060	95	−0.008	57	−0.023	78	−0.004	52
长　治	−0.096	88	−0.040	78	−0.009	59	−0.014	71	−0.033	85
贵　阳	−0.096	89	−0.061	96	−0.008	56	−0.041	88	0.014	32
大　同	−0.097	90	−0.070	98	−0.009	60	−0.016	74	−0.001	49
宜　昌	−0.098	91	−0.026	55	−0.006	45	−0.027	83	−0.039	93
宜　宾	−0.100	92	−0.053	86	−0.003	38	−0.005	61	−0.039	92
本　溪	−0.103	93	−0.031	64	−0.007	53	−0.050	94	−0.014	71
汕　头	−0.112	94	−0.068	97	0.009	23	−0.040	86	−0.013	68
重　庆	−0.127	95	−0.059	94	−0.013	98	−0.041	87	−0.014	69
齐齐哈尔	−0.140	96	−0.056	90	−0.012	91	−0.071	97	−0.001	47
阳　泉	−0.159	97	−0.040	76	−0.010	68	−0.081	100	−0.028	84
荆　州	−0.159	98	−0.045	81	−0.011	76	−0.081	99	−0.023	79
攀枝花	−0.171	99	−0.038	73	−0.009	62	−0.062	96	−0.063	98
金　昌	−0.222	100	−0.057	91	−0.013	96	−0.076	98	−0.076	100

注：1. 本表根据经济增长绿化度的指标体系，依据各指标 2013 年数据测算而得。2. 本表各测评城市按照经济增长绿化度的指数值从大到小排序。3. 本表一级指标"经济增长绿化度"指数值等于 4 个二级指标"绿色增长效率指标""第一产业指标""第二产业指标"和"第三产业指标"指数值之和。4. 各项指标的全国平均水平为 0。5. 以上数据及排名根据《中国统计年鉴 2014》《中国环境统计年报 2013》《中国环境统计年鉴 2014》《中国城市统计年鉴 2014》《中国城市建设统计年鉴 2014》《中国区域经济统计年鉴 2014》等测算。

从表 4-1 可以看到，2013 年中国 100 个城市经济增长绿化度中，指数值最高的是海口，达到了 0.455；最低的是金昌，为 −0.222。排在前 20 位的城市依次是海口、深圳、无锡、克拉玛依、北京、长沙、青岛、苏州、常州、广州、烟台、沈阳、济南、呼和浩特、石家庄、唐山、包头、天津、潍坊和上海；其中，二级指标中，绿色增长效率指标排名前 20 位的城市依次为海口、深圳、克拉玛依、无锡、北京、青岛、苏州、烟台、长沙、广州、唐山、常州、咸阳、沈阳、大连、杭州、昆明、淄博、济南和宁波；第一产业指标排名前 20 位的城市依次为湘潭、湖州、宁波、苏州、潍坊、绍兴、烟台、济南、长沙、芜湖、济宁、温州、扬州、青岛、石家庄、合肥、绵阳、福州、平顶山和秦皇岛；第二产业指标排名前 20 位的城市依次是长沙、北海、石家庄、牡丹江、沈阳、延安、深圳、常州、芜湖、日照、长春、遵义、唐山、常德、克拉玛依、马鞍山、岳阳、天津、桂林和吉林；第三产业指标排名前 20 位的城市依次是呼和浩特、北京、广州、海口、包头、上海、乌鲁木齐、无锡、苏州、青岛、南京、哈尔滨、常州、济南、深圳、天津、石家庄、西安、武汉和秦皇岛；2013 年中国 100 个城市经济增长绿化度排名前 20 位和后 20 位的具体情况如图 4-1 所示。

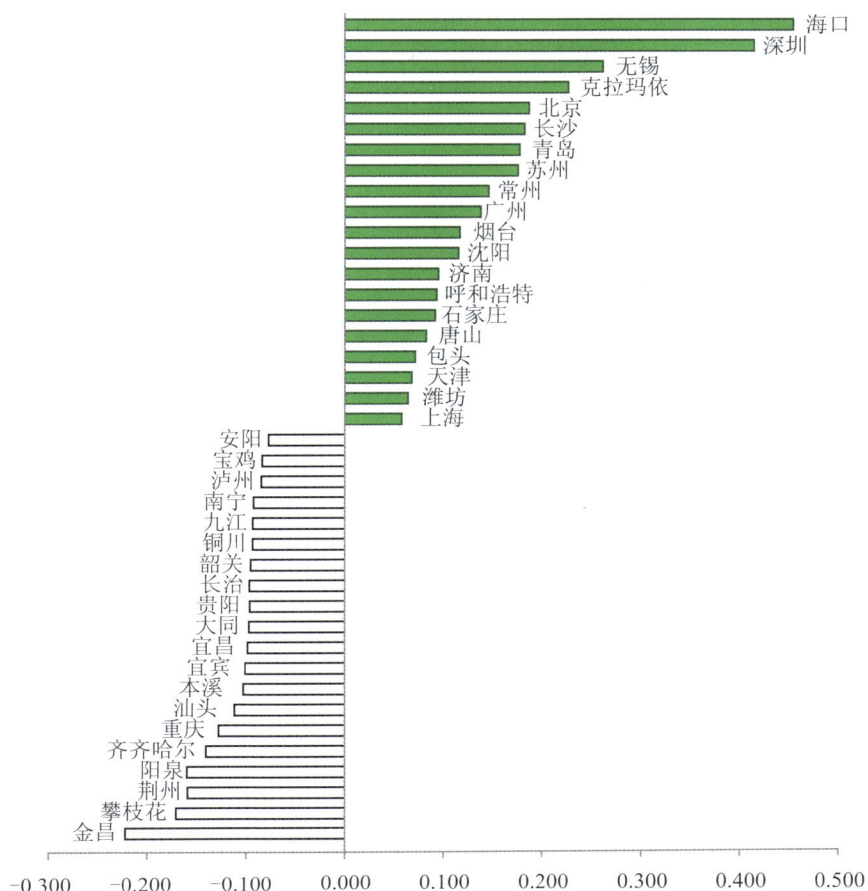

图 4-1　中国城市经济增长绿化度排名前 20 位和后 20 位的城市

注：本图根据表 4-1 制作。

根据表 4-1 和图 4-1，下面进一步从城市经济增长绿化度区域之间差异、区域内部差异，以及 2013 年中国绿色发展指数（城市）与城市经济增长绿化度的相关关系进行分析。

1. 城市经济增长绿化度区域间差异分析

总体看来，城市经济增长绿化度的区域差异非常明显，其中东部地区城市遥遥领先，其他三个地区东北地区稍强，西部地区次之，中部地区最弱，具体如图 4-2 所示。其中，东部所有测评城市的均值达到 0.062，远高于其他地区。东北、西部和中部地区城市的均值分别为 -0.019、-0.038 和 -0.039，均远低于东部地区，同时也低于全国平均值 0。

与 2012 年相比，四大地区经济增长绿化度的排名出现变化。东部地区仍然是四大区域中城市经济增长绿化度最高的地区（2012 年为 0.067），且其相对优势明显；东北地区较上年相比指数值出现上升（2012 年为 -0.030），但仍排在第 2 位的位置；西部地区排位超过中部地区位列第 3 位，指数值出现上升（2012 年为 -0.041），中部地区位列最后，指数值出现下降（2012 年为 -0.037）。

具体到各二级指标，经济增长效率指标中，东部地区指数值为 0.037，依然遥遥领先；东北地区指数值为 -0.014，排名第 2 位；西部地区得分 -0.021，排名第 3 位；中部地区排名垫底，得分为 -0.024。

第一产业指标中，东部地区和中部地区指数值分别为 0.007 和 0.002，稍高于全国平均水平；西部地区和东北地区稍低于全国水平，得分分别为 -0.007 和 -0.010；东、中、西、东北部指标水平逐渐递减。

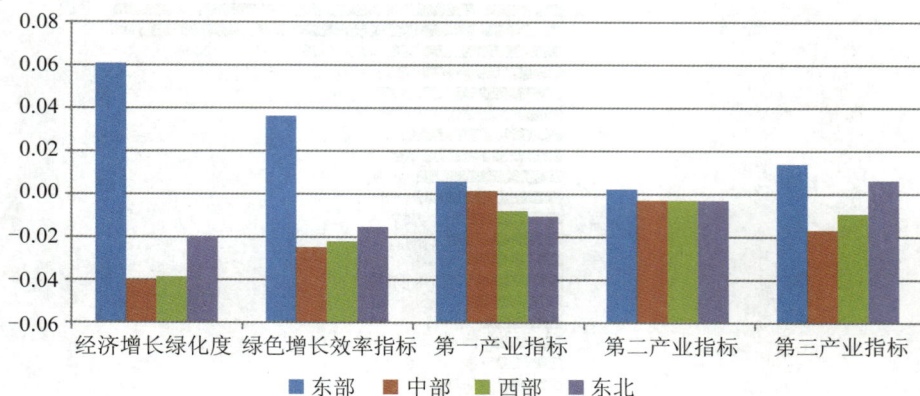

图 4-2　中国四大区域城市经济增长绿化度对照图

注：图中数据为四大区域中各城市指数值的算术平均值。

第二产业指标中，东部地区指数值为 0.003，高于全国平均水平；中部、西部和东北地区指标值均低于全国平均水平，均为 −0.002。

第三产业指标中，东部地区得分最高，为 0.015；东北地区次之，得分为 0.007；西部地区为 −0.008，排在第 3 位；中部地区最低，得分为 −0.016。

2. 城市经济增长绿化度区域内差异分析

从城市经济增长绿化度测算结果来看，城市排名呈现出区域化特征，东部地区城市排名相对靠前，东北部次之，西部、中部地区城市总体排名比较接近。同时各区域内部城市之间的排名状况差异十分明显。从区域内部最高位次与最低位次的位差数来看：西部地区差距最大为 96 位，东部次之为 93 位，中部为 92 位，东北地区虽样本数较小，但差距仍为 84 位。

（1）东部地区城市经济增长绿化度指数及排名

2013 年中国东部地区城市经济增长绿化度指数及排名如表 4-2 所示。

表 4-2　　　　　　　　　中国东部地区城市经济增长绿化度指数及排名

城　市	指数值	所有测评城市排名	区域内部排名	城　市	指数值	所有测评城市排名	区域内部排名
海　口	0.455	1	1	济　宁	0.014	29	19
深　圳	0.415	2	2	南　京	0.014	30	20
无　锡	0.262	3	3	日　照	0.012	33	21
北　京	0.186	5	4	扬　州	0.011	35	22
青　岛	0.178	7	5	湖　州	0.009	37	23
苏　州	0.177	8	6	温　州	0.003	43	24
常　州	0.146	9	7	湛　江	−0.002	44	25
广　州	0.137	10	8	绍　兴	−0.006	47	26
烟　台	0.116	11	9	泰　安	−0.010	51	27
济　南	0.095	13	10	厦　门	−0.011	52	28
石家庄	0.093	15	11	徐　州	−0.016	53	29
唐　山	0.083	16	12	福　州	−0.018	55	30
天　津	0.068	18	13	南　通	−0.031	60	31

城　市	指数值	所有测评城市排名	区域内部排名	城　市	指数值	所有测评城市排名	区域内部排名
潍　坊	0.064	19	14	珠　海	−0.039	63	32
上　海	0.059	20	15	秦皇岛	−0.058	71	33
杭　州	0.046	24	16	泉　州	−0.067	74	34
淄　博	0.040	26	17	韶　关	−0.095	87	35
宁　波	0.017	27	18	汕　头	−0.112	94	36

注：本表根据表 4-1 整理。

　　在东部参评的 36 个城市中，有 8 个城市位居所有测评城市的前 10 位，分别是海口、深圳、无锡、北京、青岛、苏州、常州和广州，占东部城市的 22%。其中海口以 0.455 的高分位居所有测评城市之首，深圳以 0.415 的高分位居第 2 位，两座城市的得分远远高于其他参评城市。除去全国排名前 10 位的 8 个城市外，烟台、济南、石家庄、唐山、天津等 16 个城市排在全国第11～43 位的位置。这 16 个东部城市的经济增长绿化度高于全国平均水平，占东部城市的 44%，优势非常明显。而湛江、绍兴、泰安、厦门等其余的 12 个城市位于所有参评城市的第 44～94 位，它们的指数值均小于 0，即低于全国平均水平。总的来看，东部地区的 36 个城市在经济增长绿化度上处于领先地位。

　　从区域内部差异来看，东部地区排名最高的海口（第 1 位，得分为 0.455）与排名最低的汕头（第 94 位，得分为−0.112）之间的位差为 93 位，在四大区域中排名第 2 位；得分差为 0.567，在四大区域中最高，可见东部地区虽整体较强，但区域内部差距也较大。

　　（2）中部地区城市经济增长绿化度指数及排名

　　2013 年中国中部地区城市经济增长绿化度指数及排名如表 4-3 所示。

表 4-3　　　　　　　　　　　　中国中部地区城市经济增长绿化度指数及排名

城　市	指数值	所有测评城市排名	区域内部排名	城　市	指数值	所有测评城市排名	区域内部排名
长　沙	0.182	6	1	平顶山	−0.055	68	13
湘　潭	0.052	22	2	南　昌	−0.056	69	14
常　德	0.047	23	3	临　汾	−0.057	70	15
武　汉	0.012	34	4	开　封	−0.061	73	16
洛　阳	0.010	36	5	焦　作	−0.072	77	17
芜　湖	−0.003	45	6	安　阳	−0.076	81	18
合　肥	−0.006	48	7	九　江	−0.093	85	19
岳　阳	−0.017	54	8	长　治	−0.096	88	20
马鞍山	−0.022	57	9	大　同	−0.097	90	21
郑　州	−0.022	58	10	宜　昌	−0.098	91	22
株　洲	−0.034	62	11	阳　泉	−0.159	97	23
太　原	−0.052	66	12	荆　州	−0.159	98	24

注：本表根据表 4-1 整理。

　　中部参与测评的 24 个城市中，长沙作为唯一挤进所有参评城市排名前 10 位的中部城市，位居第 6 位；除此之外，中部还有湘潭、常德、武汉、洛阳 4 个城市的经济增长绿化度指数值高于 0，即高于全国所有参评城市的平均水平。而中部城市的指数值从全国排名第 45 位的芜湖开始，余下的 19 个城市指标值均小于 0，即低于全国平均水平，排名在第 45～98 位。因此，绝大部分中部城市经济增长绿化度这一指标位居全国较低的水平。

从区域内部差异来看，中部地区排名最高的长沙（第 6 位，得分为 0.182）与排名最低的荆州（第 98 位，得分为－0.159）之间的位差为 92 位，在四大区域中排名第 3 位；得分差为 0.341，在四大区域中排名第 3 位，可见中部地区区域内部差距也较大。

(3)西部地区城市经济增长绿化度指数及排名

2013 年中国西部地区经济增长绿化度指数及排名如表 4-4 所示。

表 4-4　　　　　　　　　　　　中国西部地区城市经济增长绿化度指数及排名

城　市	指数值	所有测评城市排名	区域内部排名	城　市	指数值	所有测评城市排名	区域内部排名
克拉玛依	0.226	4	1	赤　峰	－0.052	67	16
呼和浩特	0.093	14	2	曲　靖	－0.061	72	17
包　头	0.072	17	3	石嘴山	－0.068	76	18
乌鲁木齐	0.015	28	4	西　宁	－0.072	78	19
北　海	0.013	31	5	柳　州	－0.073	79	20
咸　阳	0.013	32	6	宝　鸡	－0.083	82	21
延　安	0.007	39	7	泸　州	－0.084	83	22
遵　义	0.006	40	8	南　宁	－0.092	84	23
成　都	0.005	41	9	铜　川	－0.093	86	24
昆　明	－0.004	46	10	贵　阳	－0.096	89	25
桂　林	－0.009	50	11	宜　宾	－0.100	92	26
西　安	－0.019	56	12	重　庆	－0.127	95	27
绵　阳	－0.030	59	13	攀枝花	－0.171	99	28
银　川	－0.041	64	14	金　昌	－0.222	100	29
兰　州	－0.051	65	15				

注：本表根据表 4-1 整理。

西部参与测评的 29 个城市中，克拉玛依为唯一进入所有参评城市前 10 位的城市，位居第 4 位；呼和浩特、包头、乌鲁木齐、北海、咸阳、延安、遵义，成都 8 个城市指数值大于 0，其城市经济增长绿化度高于全国平均水平，位居全国所有参评城市中上游，也同时位居西部参评城市的前列。而昆明、桂林、西安、绵阳等 20 个城市经济增长绿化度指数值小于 0，低于全国平均水平，位居全国所有参评城市中下游，同时在西部所有城市中排名靠后。总的来说，西部城市的指数值结构与中部城市类似，绝大多数城市经济增长绿化度位于全国中下游水平。

从区域内部差异来看，西部地区排名最高的克拉玛依（第 4 位，得分为 0.226）与排名最低的金昌（第 100 位，得分为－0.222）之间的位差为 96 位，在四大区域中最大；得分差为 0.448，在四大区域中排名第 2 位，可见西部地区城市经济增长绿化度总体较差，区域内部差距也非常大。

(4)东北地区城市经济增长绿化度指数及排名

2013 年中国东北地区城市经济增长绿化度指数及排名如表 4-5 所示。

表 4-5 中国东北地区城市经济增长绿化度指数及排名

城　市	指数值	所有测评城市排名	区域内部排名	城　市	指数值	所有测评城市排名	区域内部排名
沈　阳	0.115	12	1	锦　州	−0.031	61	7
长　春	0.053	21	2	鞍　山	−0.068	75	8
大　连	0.041	25	3	抚　顺	−0.075	80	9
吉　林	0.007	38	4	本　溪	−0.103	93	10
牡丹江	0.003	42	5	齐齐哈尔	−0.140	96	11
哈尔滨	−0.007	49	6				

注：本表根据表 4-1 整理。

在东北参与测评的 11 个城市中，没有城市挤进参评城市前 10 位的行列。沈阳、长春、大连、吉林、牡丹江 5 个城市指数值均大于 0，高于全国平均水平。而哈尔滨、锦州、鞍山等其余 6 个城市的指数值都小于 0，低于全国平均水平，位居全国所有参评城市的中下游。总的来说，东北地区绝大多数城市的经济增长绿化度在全国排名处于中等水平。

从区域内部差异来看，东北地区排名最高的沈阳（第 12 位，得分为 0.115）与排名最低的齐齐哈尔（第 96 位，得分为−0.140）之间的位差为 84 位，在四大区域中最小；得分差为 0.255，在四大区域中同样最小，可见东北地区城市经济增长绿化度较为接近，区域内部差距相对较小，但由于样本量也较小，所以这种接近也有一定的相对性。

3. 城市经济增长绿化度对 2013 年中国绿色发展指数（城市）的影响分析

对比 2013 年中国绿色发展指数（城市）与经济增长绿化度后我们可以看到，100 个参评城市中，有 52 个城市经济增长绿化度排名高于中国绿色发展指数（城市）排名，这表明半数的城市在经济发展过程中越来越关注"绿色"发展方式，因此推动了城市整体的绿色发展水平。这些城市包括海口、长沙、沈阳、包头等；同时，有 45 个城市经济增长绿化度排名低于中国绿色发展指数（城市）排名，因而影响了城市整体绿色发展的提升，如湛江、昆明、福州、赤峰等；而海口、深圳和金昌 3 个城市经济增长绿化度排名与中国绿色发展指数（城市）排名相同，保持了经济发展与绿色发展的一致性。值得一提的是，这 3 个城市位于所有参评城市的前 2 位和最后 1 位，从中不难看出经济绿色增长对城市绿色发展的重要意义。

从影响程度分析，城市经济增长绿化度排名与绿色发展指数（城市）排名差异较大（超过 20 位）的城市有 34 个，占所有城市的 34%，其中为正差的城市有 16 个，如西宁、平顶山、锦州、鞍山等，这些城市的经济增长绿化度对城市总体绿色发展的贡献很大；为负差的城市有 18 个，如赤峰、秦皇岛、珠海、宝鸡等，这些城市的经济增长绿化度对城市总体绿色发展的贡献较小。其中，赤峰的排名差异变化最大，其中国绿色发展指数（城市）位居所有测评城市第 8 位，但经济增长绿化度仅为第 67 位，变化幅度达到了 59 位。同时，名次变动差异较小（20 位以内）的城市共有 66 个，占所有城市的 66%，如泉州、温州、重庆、贵阳等，说明城市经济绿色增长对城市总体绿色发展的影响，与其他因素基本平分秋色。而海口、深圳、金昌 3 个城市的经济增长绿化度排位与绿色发展指数排位相同，保持了经济发展与绿色发展的一致性。2013 中国绿色发展指数（城市）与城市经济增长绿化度排名差异超过 20 位的城市如表 4-6 所示。

表 4-6　　　　中国绿色发展指数（城市）与城市经济增长绿化度排名差异超过 20 位的城市

城　市	绿色发展指数排名	经济增长绿化度排名	位次变化	城　市	绿色发展指数排名	经济增长绿化度排名	位次变化
昆　明	7	46	－39	南　宁	48	84	－36
赤　峰	8	67	－59	大　连	49	25	24
湛　江	9	44	－35	柳　州	53	79	－26
珠　海	15	63	－48	天　津	58	18	40
绵　阳	19	59	－40	长　春	63	21	42
厦　门	21	52	－31	本　溪	65	93	－28
秦皇岛	22	71	－49	咸　阳	68	32	36
合　肥	24	48	－24	武　汉	69	34	35
福　州	29	55	－26	包　头	75	17	58
太　原	32	66	－34	常　德	76	23	53
宝　鸡	35	82	－47	牡丹江	81	42	39
南　通	36	60	－24	锦　州	84	61	23
株　洲	38	62	－24	兰　州	89	65	24
沈　阳	41	12	29	平顶山	90	68	22
石嘴山	42	76	－34	开　封	97	73	24
九　江	43	85	－42	鞍　山	98	75	23
上　海	45	20	25	西　宁	99	78	21

注：1. 本表根据表 0-4 和表 4-1 整理。2. 表中排名差异为绿色发展指数排名与经济发展增长绿化度排名之差，正值表示经济增长绿化度较之于绿色发展指数进步的名次，负值表示经济增长绿化度较之于绿色发展指数退后的名次。

>>二、城市经济增长绿化度比较分析<<

　　为了保证测算体系的稳定性与连续性，2013 年的城市经济增长绿化度仍占该年中国绿色发展指数（城市）总权重的 33%，共由绿色增长效率指标、第一产业指标、第二产业指标和第三产业指标 4 个二级指标及 17 个三级指标构成。在这些三级指标中，正指标 8 个，逆指标 9 个，包含 2 个无数列表指标；三级指标权重介于 1.65%～2.36% 之间。本部分将以 4 个二级指标为例进行详细的分析与比较。

1. 城市绿色增长效率指标比较

　　在城市经济增长绿化度测度体系中，绿色增长效率指标占经济增长绿化度指数总权重的 50%，占城市绿色发展指数总权重的 16.5%，是经济增长绿化度中权重最大的 1 个二级指标，因此对经济增长绿化度指数的贡献较大。表 4-7 中列出了城市绿色增长效率指标下的 8 个三级指标。

表 4-7　　　　　　　　　　　　　城市绿色增长效率三级指标、权重及指标属性

指标序号	指　　　标	权　　重	指标属性
1	人均地区生产总值	2.02％	正
2	单位地区生产总值能耗	2.36％	逆
3	人均城镇生活消费用电	2.02％	逆
4	单位地区生产总值二氧化碳排放量	2.02％	逆
5	单位地区生产总值二氧化硫排放量	2.02％	逆
6	单位地区生产总值化学需氧量排放量	2.02％	逆
7	单位地区生产总值氮氧化物排放量	2.02％	逆
8	单位地区生产总值氨氮排放量	2.02％	逆

注：1. 本表内容是由本报告课题组召开的多次专家座谈会研讨确定的。2. 单位地区生产总值二氧化碳排放量为无数列表。

与 2012 年相比，2013 年城市绿色增长效率的三级指标、权重和指标属性仍保持不变，保留了与上年一致的指标选取原则和权重分配原则。根据表 4-7 所列指标和权重，经过标准化处理综合测算，得出 2013 年中国城市绿色增长效率指标指数及其排名情况，具体如表 4-8 所示。

表 4-8　　　　　　　　　　　　　中国城市绿色增长效率指数及其排名

指　标 城　市	绿色增长效率指标 指数值	排　名	指　标 城　市	绿色增长效率指标 指数值	排　名	指　标 城　市	绿色增长效率指标 指数值	排　名
海　口	0.421	1	焦　作	−0.001	35	开　封	−0.034	69
深　圳	0.355	2	绍　兴	−0.001	36	芜　湖	−0.035	70
克拉玛依	0.257	3	呼和浩特	−0.002	37	九　江	−0.037	71
无　锡	0.192	4	扬　州	−0.005	38	马鞍山	−0.038	72
北　京	0.113	5	常　德	−0.005	39	攀枝花	−0.038	73
青　岛	0.107	6	南　通	−0.007	40	锦　州	−0.038	74
苏　州	0.077	7	太　原	−0.011	41	安　阳	−0.038	75
烟　台	0.070	8	武　汉	−0.012	42	阳　泉	−0.040	76
长　沙	0.067	9	成　都	−0.012	43	哈尔滨	−0.040	77
广　州	0.064	10	泰　安	−0.012	44	长　治	−0.040	78
唐　山	0.062	11	合　肥	−0.013	45	岳　阳	−0.042	79
常　州	0.059	12	鞍　山	−0.015	46	秦皇岛	−0.043	80
咸　阳	0.059	13	湛　江	−0.018	47	荆　州	−0.045	81
沈　阳	0.054	14	抚　顺	−0.019	48	牡丹江	−0.049	82
大　连	0.043	15	西　安	−0.021	49	临　汾	−0.049	83
杭　州	0.037	16	南　昌	−0.022	50	柳　州	−0.050	84
昆　明	0.036	17	湖　州	−0.022	51	银　川	−0.050	85
淄　博	0.033	18	温　州	−0.022	52	宜　宾	−0.053	86
济　南	0.030	19	北　海	−0.025	53	遵　义	−0.053	87

指 标	绿色增长效率指标		指 标	绿色增长效率指标		指 标	绿色增长效率指标	
城 市	指数值	排 名	城 市	指数值	排 名	城 市	指数值	排 名
宁 波	0.028	20	乌鲁木齐	−0.026	54	南 宁	−0.053	88
长 春	0.024	21	宜 昌	−0.026	55	泸 州	−0.056	89
天 津	0.024	22	泉 州	−0.026	56	齐齐哈尔	−0.056	90
珠 海	0.013	23	福 州	−0.026	57	金 昌	−0.057	91
厦 门	0.012	24	绵 阳	−0.027	58	石嘴山	−0.057	92
包 头	0.010	25	赤 峰	−0.027	59	兰 州	−0.057	93
上 海	0.010	26	桂 林	−0.028	60	重 庆	−0.059	94
洛 阳	0.010	27	株 洲	−0.030	61	韶 关	−0.060	95
延 安	0.009	28	吉 林	−0.030	62	贵 阳	−0.061	96
潍 坊	0.005	29	湘 潭	−0.030	63	汕 头	−0.068	97
南 京	0.004	30	本 溪	−0.031	64	大 同	−0.070	98
曲 靖	0.004	31	宝 鸡	−0.031	65	铜 川	−0.072	99
郑 州	0.003	32	平顶山	−0.033	66	西 宁	−0.075	100
济 宁	0.003	33	徐 州	−0.034	67			
石家庄	0.000	34	日 照	−0.034	68			

注：本表数据及排名根据《中国统计年鉴 2014》《中国环境统计年报 2013》《中国环境统计年鉴 2014》《中国城市统计年鉴 2014》《中国城市建设统计年鉴 2014》等测算。

从表 4-8 我们可以看到，2013 年，我国 100 个城市绿色增长效率指标测算结果介于−0.075～0.421 之间，最值之间的差别为 0.496，比 2012 年的 0.512 略微回落。其中，有 33 个城市绿色增长效率水平高于全国平均水平，占全部参评城市的 33％，如海口、包头、延安、南京、郑州等；其中，海口、深圳和克拉玛依位居所有参评城市前 3 位，指数值分别为 0.421、0.355 和 0.257；但有 66 个城市绿色增长效率低于全国平均水平，占全部参评城市百分比的 66％，这些城市有呼和浩特、武汉、牡丹江、兰州等；其中，大同、铜川和西宁位居所有参评城市的最后 3 位，指数值分别为−0.070、−0.072 和−0.075。2013 年城市绿色增长效率指数低于全国水平的城市个数比 2012 年略有减少，指标数值结果与去年相比略有提升。

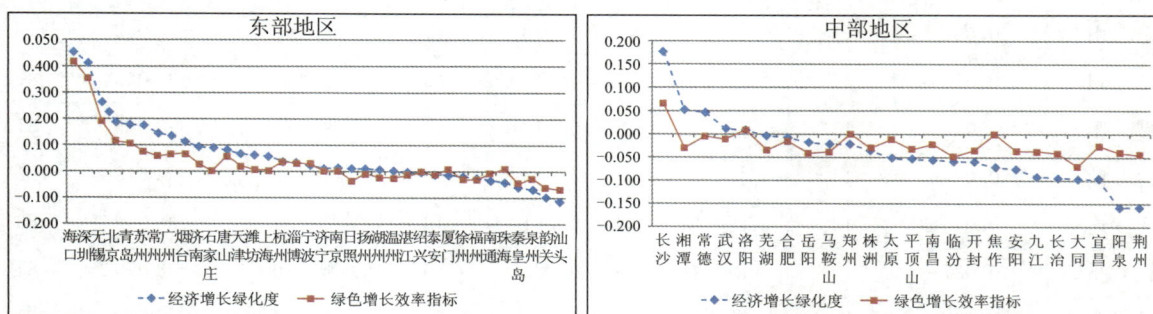

东部地区

中部地区

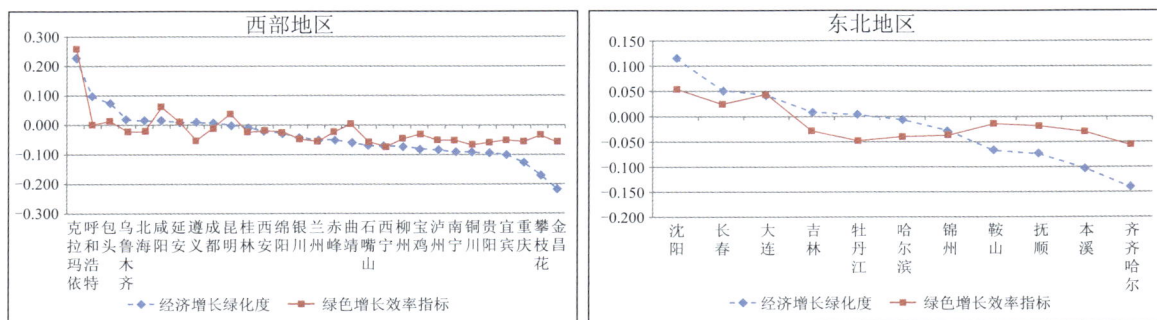

图4-3　城市经济增长绿化度与城市绿色增长效率指标对比

注：本图按东部、中部、西部和东北地区划分，根据经济增长绿化度指数从大到小自左到右排列。

从图4-3中可以看出，东部地区城市绿色增长效率总体得分较高，西部、中部和东北三个地区总体水平相当。按照简单算术平均方法具体计算，东部地区城市绿色增长效率指标平均得分为0.037，中部地区城市为−0.024，西部地区城市为−0.021，东北地区城市为−0.014。东部地区城市绿色增长效率优势明显，其他三个地区差异不大，其中东北地区稍优，西部次之，中部地区稍弱，中部、西部排名较上年排名情况有所变化。

从城市绿色增长效率得分排名结果看，在绿色增长效率前10位的城市中，东部地区城市有8个，分别是海口、深圳、无锡、北京、青岛、苏州、烟台和广州；中、西部地区城市各有1个，分别是长沙和克拉玛依；没有东北地区城市。而后10位的城市中，西部地区城市有7个，分别是金昌、石嘴山、兰州、重庆、贵阳、铜川和西宁；东部地区有2个，韶关和汕头；中部地区和东北地区各1个，分别是大同与齐齐哈尔。总体看来，东部城市优势依旧明显，其余三个地区总体水平接近。

按照区域内部城市最高得分值与最低得分值的差值来看，东部得分最高城市海口（得分为0.421）与得分最低城市汕头（得分为−0.068）之间的差值为0.489；中部得分最高城市长沙（得分为0.067）与得分最低城市大同（得分为−0.070）之间的差值为0.137；西部得分最高城市克拉玛依（得分为0.257）与得分最低城市西宁（得分为−0.075）之间的差值为0.332；东北部得分最高城市沈阳（得分为0.054）与得分最低城市齐齐哈尔（得分为−0.056）之间的差值为0.11。从中可以看出，东部和西部城市得分差异较大，而中部和东北部城市得分差异较小。

2. 第一产业指标比较

在城市经济增长绿化度测算体系中，第一产业指标仍仅包括"第一产业劳动生产率"1个三级指标，其权重占经济增长绿化度指数的5%，占城市绿色发展指数总权重的1.65%，属于正指标（如表4-9所示）。

表4-9　　　　　　　　　城市第一产业三级指标、权重及指标属性

指标序号	指　　标	权　　重	指标属性
9	第一产业劳动生产率	1.65%	正

注：本表内容是由本报告课题组召开的多次专家座谈会研讨确定的。

2013年城市第一产业三级指标、权重及指标属性与上年保持一致。按表4-9给出的权重，对三级指标原始数据做标准化处理并计算，即得出我国100个城市第一产业指标指数及其排名，具体如表4-10所示。

表 4-10　　　　　　　　　　　　中国城市第一产业指标指数及其排名

指标 城市	第一产业指标 指数值	排名	指标 城市	第一产业指标 指数值	排名	指标 城市	第一产业指标 指数值	排名
湘潭	0.089	1	泸州	0.000	35	徐州	−0.010	69
湖州	0.051	2	广州	−0.001	36	西宁	−0.010	70
宁波	0.045	3	武汉	−0.002	37	呼和浩特	−0.010	71
苏州	0.041	4	宜宾	−0.003	38	柳州	−0.010	72
潍坊	0.039	5	无锡	−0.003	39	石嘴山	−0.010	73
绍兴	0.031	6	曲靖	−0.004	40	成都	−0.010	74
烟台	0.026	7	大连	−0.004	41	南宁	−0.010	75
济南	0.025	8	岳阳	−0.004	42	荆州	−0.011	76
长沙	0.018	9	西安	−0.005	43	唐山	−0.011	77
芜湖	0.016	10	沈阳	−0.005	44	抚顺	−0.011	78
济宁	0.016	11	宜昌	−0.006	45	湛江	−0.011	79
温州	0.016	12	南京	−0.006	46	吉林	−0.011	80
扬州	0.015	13	宝鸡	−0.006	47	南昌	−0.011	81
青岛	0.015	14	郑州	−0.006	48	北海	−0.011	82
石家庄	0.013	15	开封	−0.007	49	九江	−0.011	83
合肥	0.013	16	桂林	−0.007	50	临汾	−0.011	84
绵阳	0.012	17	昆明	−0.007	51	锦州	−0.011	85
福州	0.011	18	铜川	−0.007	52	太原	−0.011	86
平顶山	0.011	19	本溪	−0.007	53	赤峰	−0.012	87
秦皇岛	0.011	20	泉州	−0.008	54	厦门	−0.012	88
杭州	0.009	21	焦作	−0.008	55	上海	−0.012	89
常德	0.009	22	贵阳	−0.008	56	哈尔滨	−0.012	90
汕头	0.009	23	韶关	−0.008	57	齐齐哈尔	−0.012	91
安阳	0.009	24	南通	−0.009	58	深圳	−0.012	92
泰安	0.008	25	长治	−0.009	59	珠海	−0.013	93
遵义	0.008	26	大同	−0.009	60	北京	−0.013	94
日照	0.008	27	天津	−0.009	61	银川	−0.013	95
常州	0.006	28	攀枝花	−0.009	62	金昌	−0.013	96
洛阳	0.005	29	包头	−0.009	63	牡丹江	−0.013	97
淄博	0.003	30	鞍山	−0.009	64	重庆	−0.013	98
株洲	0.002	31	兰州	−0.009	65	乌鲁木齐	−0.013	99
咸阳	0.001	32	延安	−0.010	66	海口	−0.013	100
马鞍山	0.000	33	长春	−0.010	67			
克拉玛依	0.000	34	阳泉	−0.010	68			

注：本表数据及排名根据《中国统计年鉴 2014》《中国环境统计年报 2013》《中国环境统计年鉴 2014》《中国城市统计年鉴 2014》《中国城市建设统计年鉴 2014》等测算。

从表 4-10 我们发现，城市第一产业指标指数中，排名最高的是湘潭，该值为 0.089，排最后一位的是海口，指数值为−0.013，但二者之间差距不大。在参评的 100 个城市中，第一产业指标指数值高于全国平均水平的城市共 32 个，占全部参评城市的 33%，如扬州、绵阳、杭州等；

其中，湘潭、湖州和宁波位居所有参评城市前 3 位，指数值分别为 0.089、0.051 和 0.045，且排名第 1 位的湖州优势明显。有 65 个城市第一产业指标指数值低于全国平均水平，占全部参评城市的 65%，比例过半，如唐山、太原、银川等，其中，重庆、乌鲁木齐和海口排到了 100 个城市的最后 3 位，指数值近似后均为 -0.013。马鞍山、克拉玛依和泸州 3 个城市的第一产业指标指数几乎与全国平均水平相当，位居所有参评城市的第 33～35 位。

从地域划分角度看，总的来说，该指标高于全国平均水平的城市主要分布于东部和中部地区，而低于全国平均水平的城市在各地区主要分布在西部和东北部。值得注意的是，由于第一产业指标相对于城市绿色增长效率占总比重权重较小，因此第一产业指标指数值对经济增长绿化度指数排序的总影响不大。

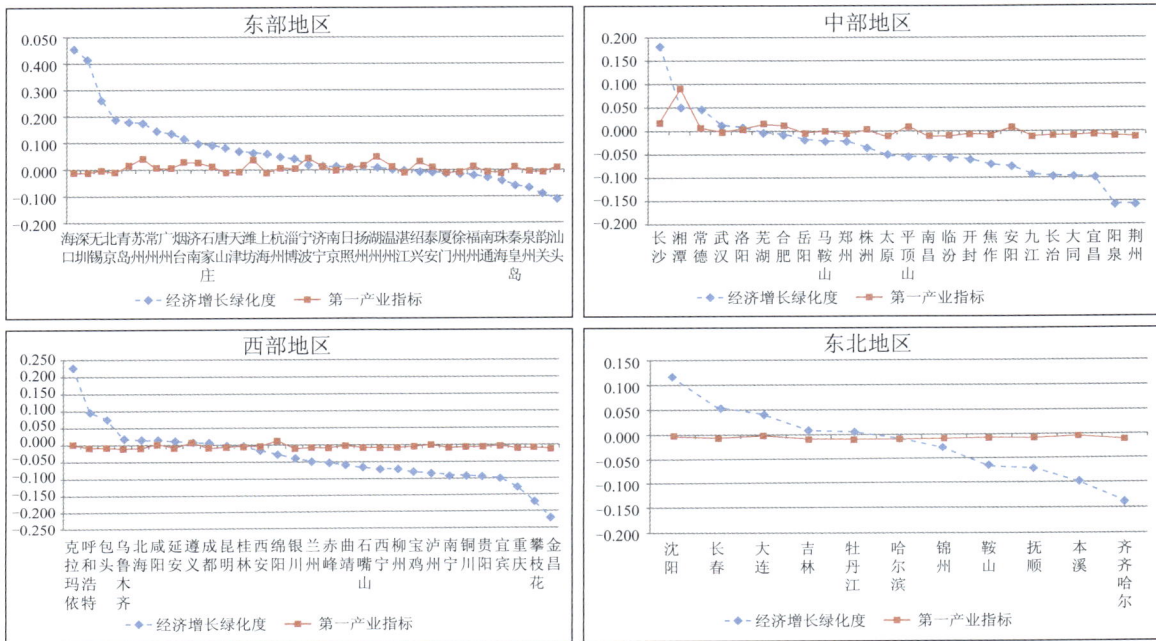

图 4-4　城市经济增长绿化度与城市第一产业指标对比

注：本图按东部、中部、西部和东北地区划分，根据经济增长绿化度指数从大到小自左到右排列。

从图 4-4 中可以看出，各地区间的第一产业指标得分较接近，区域间差异不明显，且图形走势较为平缓。按照简单算术平均方法具体计算，第一产业指标指数东部地区城市平均值为 0.007，中部地区为 0.002，西部地区为 -0.007，东北地区为 -0.010。东部地区得分稍高，东北地区相对较低。

就排名结果来看，在第一产业指标前 10 位的城市中，东部地区城市有 7 个，分别是湖州、宁波、苏州、潍坊、绍兴、烟台和济南；中部地区有 3 个城市，为湘潭、长沙和芜湖；没有西部和东北地区城市。而第一产业指标后 10 位的城市中，东部地区城市和西部地区城市各有 4 个；东北地区 2 个；没有中部地区城市。

按照区域内城市最高得分值与最低得分值的差值来看，东部得分最高城市湖州（得分为 0.051）与得分最低城市海口（得分为 -0.013）之间的差值为 0.064；中部得分最高城市湘潭（得分为 0.089）与得分最低城市太原（得分为 -0.011）之间的差值为 0.10；西部得分最高城市绵阳（得分为 0.012）与得分最低城市乌鲁木齐（得分为 -0.013）之间的差值为 0.025；东北部得分最高城市大连（得分为 -0.004）与得分最低城市牡丹江（得分为 -0.013）之间的差值仅为 0.009。从中可以看出，四大地区内部城市间，第一产业指标上的得分差值都不大，城市间差距不显著。

3. 第二产业指标比较

第二产业指标是在经济增长绿化度测算体系中第三个二级指标，占经济增长绿化度指数的权重为30％，该指标是权重仅次于"绿色增长效率指标"的第二大二级指标。第二产业指标由5个三级指标构成，包含3个正指标，2个逆指标，还含有1个无数列表；每个三级指标的权重均为1.98％，具体情况如表4-11所示。

表 4-11　　　　　　城市第二产业三级指标、权重及指标属性

指标序号	指　　标	权　重	指标属性
10	第二产业劳动生产率	1.98％	正
11	单位工业增加值水耗	1.98％	逆
12	单位工业增加值能耗	1.98％	逆
13	工业固体废物综合利用率	1.98％	正
14	工业用水重复利用率	1.98％	正

注：1. 本表内容是由本报告课题组召开的多次专家座谈会研讨确定的。2. 单位工业增加值能耗为无数列表。

2013年城市第二产业指标与2012年保持了一致。根据表4-11给出的指标和权重，我们对2013年中国100个城市的第二产业指标指数进行了测算并给出了排名，结果显示如表4-12所示。

表 4-12　　　　　　中国城市第二产业指标指数及其排名

城市	指数值	排名	城市	指数值	排名	城市	指数值	排名
长沙	0.082	1	银川	0.014	35	郑州	−0.011	69
北海	0.057	2	淄博	0.013	36	赤峰	−0.012	70
石家庄	0.055	3	泸州	0.012	37	长治	−0.014	71
牡丹江	0.049	4	哈尔滨	0.011	38	西安	−0.016	72
沈阳	0.048	5	临汾	0.010	39	杭州	−0.016	73
延安	0.048	6	济宁	0.009	40	大同	−0.016	74
深圳	0.047	7	扬州	0.009	41	大连	−0.019	75
常州	0.046	8	济南	0.009	42	南京	−0.020	76
芜湖	0.043	9	合肥	0.008	43	焦作	−0.021	77
日照	0.039	10	呼和浩特	0.007	44	韶关	−0.023	78
长春	0.038	11	西宁	0.007	45	海口	−0.024	79
遵义	0.038	12	绵阳	0.007	46	曲靖	−0.024	80
唐山	0.037	13	开封	0.006	47	抚顺	−0.026	81
常德	0.036	14	上海	0.005	48	珠海	−0.027	82
克拉玛依	0.034	15	乌鲁木齐	0.005	49	宜昌	−0.027	83
马鞍山	0.034	16	成都	0.005	50	绍兴	−0.027	84
岳阳	0.034	17	洛阳	0.004	51	九江	−0.034	85
天津	0.029	18	武汉	0.003	52	汕头	−0.040	86
桂林	0.029	19	广州	0.003	53	重庆	−0.041	87
吉林	0.026	20	平顶山	0.002	54	贵阳	−0.041	88
徐州	0.026	21	泰安	0.001	55	太原	−0.044	89
无锡	0.025	22	温州	0.000	56	南宁	−0.047	90
柳州	0.025	23	兰州	−0.003	57	秦皇岛	−0.048	91

指　标	第二产业指标		指　标	第二产业指标		指　标	第二产业指标	
城　市	指数值	排　名	城　市	指数值	排　名	城　市	指数值	排　名
铜　川	0.023	24	南　通	−0.003	58	昆　明	−0.049	92
锦　州	0.023	25	南　昌	−0.005	59	鞍　山	−0.050	93
苏　州	0.019	26	福　州	−0.005	60	本　溪	−0.050	94
湘　潭	0.019	27	宜　宾	−0.005	61	宁　波	−0.059	95
湛　江	0.018	28	北　京	−0.005	62	攀枝花	−0.062	96
青　岛	0.018	29	宝　鸡	−0.006	63	齐齐哈尔	−0.071	97
烟　台	0.017	30	安　阳	−0.007	64	金　昌	−0.076	98
潍　坊	0.016	31	泉　州	−0.008	65	荆　州	−0.081	99
包　头	0.015	32	咸　阳	−0.009	66	阳　泉	−0.081	100
石嘴山	0.015	33	湖　州	−0.009	67			
株　洲	0.014	34	厦　门	−0.010	68			

注：本表数据及排名根据《中国统计年鉴2014》《中国环境统计年报2013》《中国环境统计年鉴2014》《中国城市统计年鉴2014》《中国城市建设统计年鉴2014》等测算。

从表4-12我们看到，第二产业指标中，排名第1位的城市是长沙，其指数值为0.082；排名最低的是阳泉，指数值仅为−0.081。从测算结果可以看出，在100个测评城市中，共有55个城市得分高于全国平均水平，44个城市得分低于全国平均水平，还有1个城市——温州的数值与全国平均水平相当，可见，该指标分布几乎各占一半，分布较平均。

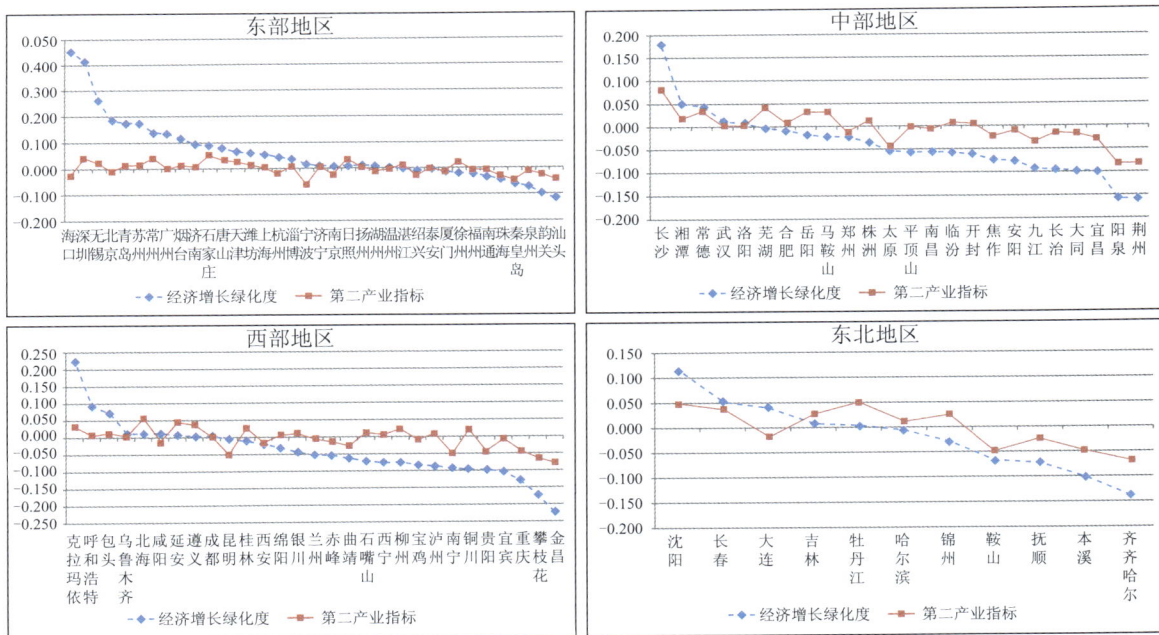

图4-5　城市经济增长绿化度与城市第二产业指标对比

注：本图按东部、中部、西部和东北地区划分，根据经济增长绿化度指数从大到小自左到右排列。

从图4-5中可以看出，各地区间的第二产业指标得分较接近，区域间差异不明显。按照简单算术平均方法具体计算，东部地区城市第二产业指标指数平均值为0.003，中部地区、西部地区和东北部地区均为−0.002。东部地区得分稍高，其他各地区间水平基本持平。

就排名结果来看，在第二产业指标前10位的城市中，东部地区城市有4个，分别是石家庄、深圳、常州和日照；中部地区有 2 个城市，长沙和芜湖；西部有 2 个，北海和延安；东北地区有 2 个，牡丹江和沈阳。而第二产业指标后 10 位的城市中，东部地区城市有 2 个，中部地区 2 个，西部地区 3 个，东北地区 3 个。总体来看，东部情况略好，其他城市分布较为平均，差异较小。

按照区域内部城市最高得分值与最低得分值的差值来看，东部得分最高城市石家庄（得分为 0.055）与得分最低城市宁波（得分为 −0.059）之间的差值为 0.114；中部得分最高城市长沙（得分为 0.082）与得分最低城市阳泉（得分为 −0.081）之间的差值为 0.163；西部得分最高城市北海（得分为 0.057）与得分最低城市金昌（得分为 −0.076）之间的差值为 0.133；东北部得分最高城市牡丹江（得分为 0.049）与得分最低城市齐齐哈尔（得分为 −0.071）之间的差值为 0.12。从中可以看出，四大地区内部城市间在第二产业指标上的得分差值都在 0.1~0.2 之间，区域内部差距不大。

4. 第三产业指标比较

在城市经济增长绿化度的测度体系中，第三产业指标权重为 15%，相当于绿色发展指数总权重的 4.95%。第三产业指标由 3 个指标构成，均为正向指标。在三级指标权重的设计上，采取均权重的处理方法，每个三级指标在总指数中的权重为 1.65%，具体如表 4-13 所示。

表 4-13　　　　　　　　　城市第三产业三级指标、权重及指标属性

指标序号	指　　标	权　　重	指标属性
15	第三产业劳动生产率	1.65%	正
16	第三产业增加值比重	1.65%	正
17	第三产业就业人员比重	1.65%	正

注：本表内容是本报告课题组召开的多次专家座谈会研讨确定的。

第三产业各项指标是衡量产业结构的优化程度和经济发展的绿色程度的重要评价内容。根据表 4-13 中所列的指标和权重，利用相关数据测算，得出 2013 年中国城市第三产业指标指数和具体排名情况，如表 4-14 所示。

表 4-14　　　　　　　　　中国城市第三产业指标指数及其排名

指　标 城　市	第三产业指标 指数值	排　名	指　标 城　市	第三产业指标 指数值	排　名	指　标 城　市	第三产业指标 指数值	排　名
呼和浩特	0.098	1	温　州	0.009	35	重　庆	−0.014	69
北　京	0.091	2	银　川	0.008	36	济　宁	−0.014	70
广　州	0.072	3	常　德	0.007	37	本　溪	−0.014	71
海　口	0.071	4	鞍　山	0.006	38	合　肥	−0.015	72
包　头	0.056	5	西　宁	0.006	39	石嘴山	−0.016	73
上　海	0.055	6	潍　坊	0.004	40	马鞍山	−0.018	74
乌鲁木齐	0.049	7	烟　台	0.003	41	南　昌	−0.019	75
无　锡	0.049	8	宁　波	0.003	42	抚　顺	−0.019	76
苏　州	0.039	9	福　州	0.003	43	株　洲	−0.021	77
青　岛	0.039	10	徐　州	0.001	44	绵　阳	−0.021	78
南　京	0.035	11	日　照	0.000	45	荆　州	−0.023	79
哈尔滨	0.035	12	长　春	0.000	46	湘　潭	−0.026	80
常　州	0.035	13	齐齐哈尔	−0.001	47	泉　州	−0.026	81

指　标 城　市	第三产业指标		指　标 城　市	第三产业指标		指　标 城　市	第三产业指标	
城　市	指数值	排名	城　市	指数值	排　名	城　市	指数值	排　名
济　南	0.032	14	厦　门	−0.001	48	开　封	−0.026	82
深　圳	0.026	15	大　同	−0.001	49	芜　湖	−0.028	83
天　津	0.024	16	赤　峰	−0.001	50	阳　泉	−0.028	84
石家庄	0.024	17	桂　林	−0.003	51	长　治	−0.033	85
西　安	0.023	18	韶　关	−0.004	52	平顶山	−0.035	86
武　汉	0.022	19	岳　阳	−0.005	53	柳　州	−0.037	87
秦皇岛	0.022	20	锦　州	−0.005	54	曲　靖	−0.037	88
成　都	0.022	21	唐　山	−0.005	55	铜　川	−0.038	89
吉　林	0.022	22	泰　安	−0.006	56	咸　阳	−0.038	90
大　连	0.020	23	临　汾	−0.007	57	安　阳	−0.039	91
南　宁	0.019	24	郑　州	−0.007	58	宜　宾	−0.039	92
兰　州	0.018	25	扬　州	−0.008	59	宜　昌	−0.039	93
沈　阳	0.018	26	淄　博	−0.008	60	宝　鸡	−0.040	94
杭　州	0.016	27	北　海	−0.008	61	延　安	−0.040	95
昆　明	0.015	28	绍　兴	−0.008	62	泸　州	−0.041	96
牡丹江	0.015	29	洛　阳	−0.010	63	焦　作	−0.043	97
长　沙	0.015	30	湖　州	−0.011	64	攀枝花	−0.063	98
太　原	0.015	31	南　通	−0.012	65	克拉玛依	−0.066	99
贵　阳	0.014	32	九　江	−0.012	66	金　昌	−0.076	100
遵　义	0.014	33	珠　海	−0.012	67			
湛　江	0.009	34	汕　头	−0.013	68			

　　注：本表数据及排名根据《中国统计年鉴 2014》《中国环境统计年报 2013》《中国环境统计年鉴 2014》《中国城市统计年鉴 2014》《中国城市建设统计年鉴 2014》等测算。

　　表 4-14 显示，100 个参评城市中，第三产业指标指数最高的是呼和浩特，指数值为 0.098，最低的是金昌，指数值为−0.076，两者相差 0.174。所有参评城市中，共有 44 个城市第三产业指标指数高于全国平均水平，占总体的 44%；低于全国平均水平的城市有 54 个，占总体的54%，日照和长春的水平与全国平均水平相当。

　　从地区分布上来看，高于全国平均水平的城市中，东部地区有 22 个，占了全国平均水平以上城市的 50%；中部地区 4 个；西部地区 12 个；东北地区 6 个。低于全国水平的城市中，东部地区有 13 个，中部地区 20 个，西部地区 17 个，东北地区 4 个。可以看出，第三产业指标值高于全国平均水平的城市主要分布在东部地区，低于全国平均水平的城市主要分布在中西部地区。

东部地区

海口 深圳 无锡 北京 青岛 苏州 常州 广州 烟台 济南 石家庄 唐山 天津 潍坊 上海 杭州 淄博 济宁 南波 日照 扬州 湖州 温岭 湛江 绍兴 厦门 福州 南通 珠海 泰皇岛 泉州 韵关 汕头

--●-- 经济增长绿化度　　--■-- 第三产业指标

中部地区

长沙 湘潭 常德 武汉 洛阳 芜湖 合肥 岳阳 马鞍山 郑州 株洲 太原 平顶山 南昌 临汾 开封 焦作 安阳 九江 长治 大同 宜昌 阳泉 荆州

--●-- 经济增长绿化度　　--■-- 第三产业指标

西部地区

克拉玛依 呼和浩特 包头 乌鲁木齐 北海 咸阳 延安 遵义 成都 昆明 桂林 西安 绵阳 银川 兰州 赤峰 曲靖 石嘴山 西宁 柳州 宝鸡 泸州 南宁 铜川 贵阳 宜宾 重庆 攀枝花 金昌

--●-- 经济增长绿化度　　--■-- 第三产业指标

东北地区

沈阳 长春 大连 吉林 牡丹江 哈尔滨 锦州 鞍山 抚顺 本溪 齐齐哈尔

--●-- 经济增长绿化度　　--■-- 第三产业指标

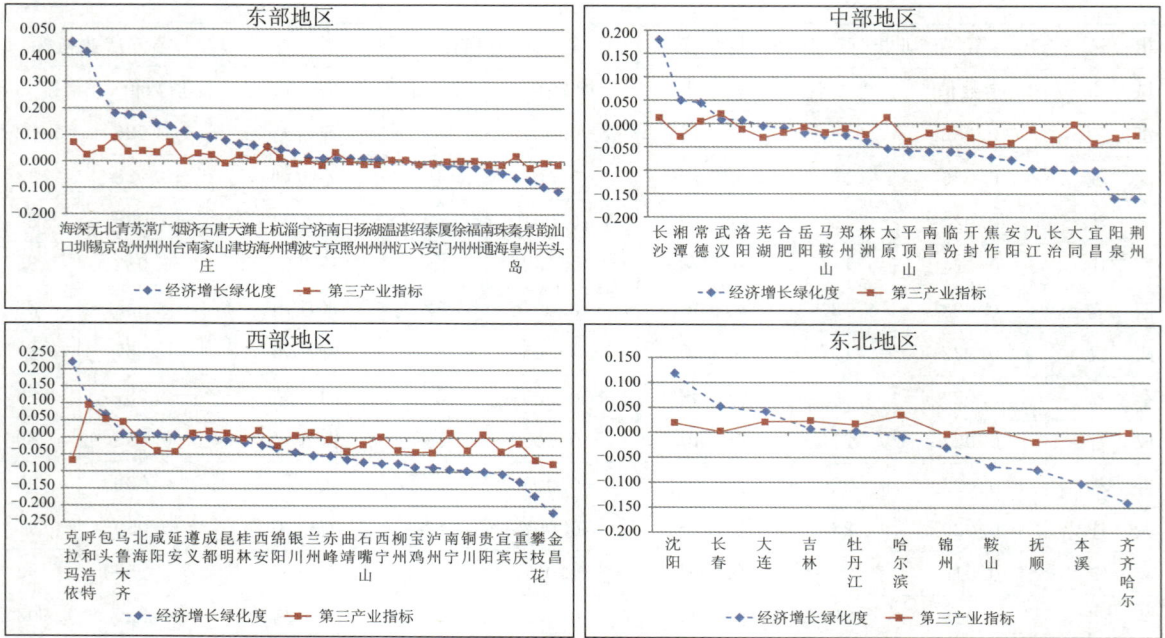

图 4-6　城市经济增长绿化度与城市第三产业指标对比

注：本图按东部、中部、西部和东北地区划分，根据经济增长绿化度指数从大到小自左到右排列。

从图 4-6 中可以看出，东部地区的第三产业指标指数值依然处于领先位置，东北地区次之，且均高于全国平均水平；西部地区和中部地区列第 3、4 名，均低于全国平均水平。

按照简单算术平均计算，东部地区城市第三产业指数指标平均值为 0.015，东北地区为 0.007，西部地区为 -0.008，中部地区为 -0.016，东部与东北部地区均具有较大的优势。

从排名结果来看，第三产业指标排名前 10 位的城市中，东部地区城市有 7 个，西部地区 3 个，没有中部和东北地区城市；排名后 10 位的城市中，东部地区没有，中部地区 3 个，西部地区 7 个，依然没有东北地区城市。从中可以看出，东部地区城市在第三产业指标指数中有绝对的优势；东北地区城市总体水平较高，且分布较为集中；中部和西部地区城市总体水平较差，且西部地区分布分散，城市间水平参差不齐，有高有低。

按照区域内部城市最高得分值与最低得分值的差值来看，东部得分最高城市北京（得分为 0.091）与得分最低城市泉州（得分为 -0.026）之间的差值为 0.117；中部得分最高城市武汉（得分为 0.022）与得分最低城市焦作（得分为 -0.043）之间的差值为 0.065；西部得分最高城市呼和浩特（得分为 0.098）与得分最低城市金昌（得分为 -0.076）之间的差值为 0.174；东北部得分最高城市哈尔滨（得分为 0.035）与得分最低城市抚顺（得分为 -0.019）之间的差值为 0.054。从中可以看出，东北地区城市间差距最小，西部地区最大，这与上面的分析相吻合。

第五章

城市资源环境承载潜力测算及分析

　　城市资源环境承载潜力衡量的是城市资源丰裕、生态保护、环境压力与气候变化对今后经济发展与人类活动的承载潜力。本章根据"中国绿色发展指数评价体系（城市）"（以下简称"城市测算体系"）中资源环境承载潜力的测度标准，利用2013年的年度数据，从资源丰裕与生态保护、环境压力与气候变化两个方面对中国100个大中城市的资源环境承载潜力进行了测度。

>>一、城市资源环境承载潜力的测算结果<<

　　根据"中国绿色发展指数评价体系（城市）"中资源环境承载潜力的测度体系和权重标准，中国100个大中城市的资源环境承载潜力测算结果如表5-1所示。

表5-1　　　　　　　　　　中国100个城市资源环境承载潜力指数及排名

城　市	一级指标		二级指标			
	资源环境承载潜力		资源丰裕与生态保护指标		环境压力与气候变化指标	
	指数值	排　名	指数值	排　名	指数值	排　名
海　口	0.825	1	0.004	21	0.821	1
克拉玛依	0.371	2	−0.008	57	0.379	2
昆　明	0.309	3	0.089	1	0.220	4
赤　峰	0.286	4	−0.004	41	0.290	3
湛　江	0.210	5	0.002	26	0.208	6
延　安	0.201	6	−0.011	97	0.212	5
齐齐哈尔	0.176	7	−0.012	100	0.188	7
桂　林	0.171	8	0.058	3	0.113	9
北　海	0.134	9	0.011	14	0.123	8
牡丹江	0.131	10	0.018	7	0.113	10
韶　关	0.117	11	0.047	4	0.069	13
青　岛	0.080	12	−0.010	89	0.090	11
秦皇岛	0.076	13	0.001	31	0.076	12
绵　阳	0.076	14	0.010	15	0.066	14

续表

城　市	一级指标		二级指标			
	资源环境承载潜力		资源丰裕与生态保护指标		环境压力与气候变化指标	
	指数值	排　名	指数值	排　名	指数值	排　名
南　宁	0.069	15	0.007	18	0.062	16
太　原	0.051	16	−0.011	96	0.062	15
烟　台	0.039	17	−0.006	50	0.046	17
深　圳	0.037	18	−0.004	44	0.041	20
长　春	0.036	19	−0.008	59	0.043	18
唐　山	0.034	20	−0.007	53	0.041	19
柳　州	0.031	21	0.035	5	−0.003	39
无　锡	0.029	22	−0.008	66	0.037	22
本　溪	0.028	23	0.014	10	0.014	29
石家庄	0.028	24	−0.010	83	0.038	21
长　沙	0.025	25	0.000	33	0.025	24
汕　头	0.021	26	−0.008	56	0.028	23
遵　义	0.020	27	0.003	25	0.017	26
九　江	0.016	28	0.012	13	0.005	35
株　洲	0.016	29	0.023	6	−0.007	42
福　州	0.015	30	0.001	30	0.014	28
吉　林	0.012	31	0.016	9	−0.004	40
锦　州	0.01	32	−0.008	64	0.018	25
曲　靖	0.008	33	0.004	23	0.004	36
洛　阳	0.006	34	−0.010	88	0.016	27
湘　潭	0.006	35	−0.002	38	0.008	31
呼和浩特	0.000	36	−0.007	51	0.007	33
宝　鸡	0.000	37	−0.010	85	0.010	30
合　肥	−0.001	38	−0.008	67	0.008	32
大　连	−0.003	39	−0.004	42	0.000	37
咸　阳	−0.006	40	−0.011	94	0.005	34
珠　海	−0.006	41	0.006	20	−0.012	44
贵　阳	−0.012	42	−0.012	99	0.000	38
沈　阳	−0.013	43	−0.008	60	−0.005	41
温　州	−0.014	44	0.004	22	−0.018	47
抚　顺	−0.015	45	0.014	11	−0.029	58
泉　州	−0.016	46	0.001	29	−0.017	46
常　州	−0.017	47	−0.008	65	−0.009	43
重　庆	−0.019	48	0.001	28	−0.020	51
杭　州	−0.019	49	0.007	19	−0.026	55

续表

城　　市	一级指标		二级指标			
	资源环境承载潜力		资源丰裕与生态保护指标		环境压力与气候变化指标	
	指数值	排　名	指数值	排　名	指数值	排　名
厦　门	−0.021	50	−0.006	47	−0.015	45
哈尔滨	−0.024	51	0.000	34	−0.024	53
济　南	−0.029	52	−0.009	71	−0.020	50
南　通	−0.029	53	−0.009	73	−0.020	49
石嘴山	−0.029	54	−0.010	82	−0.019	48
阳　泉	−0.030	55	−0.009	72	−0.021	52
泸　州	−0.030	56	−0.004	43	−0.026	56
广　州	−0.032	57	−0.003	40	−0.029	59
宁　波	−0.032	58	0.000	32	−0.033	63
郑　州	−0.035	59	−0.010	87	−0.025	54
大　同	−0.037	60	−0.010	79	−0.027	57
南　昌	−0.037	61	−0.006	49	−0.031	60
北　京	−0.042	62	−0.010	86	−0.032	61
临　汾	−0.042	63	−0.010	80	−0.033	62
攀枝花	−0.043	64	0.018	8	−0.062	73
开　封	−0.045	65	−0.011	95	−0.034	64
常　德	−0.045	66	0.009	16	−0.054	70
焦　作	−0.048	67	−0.011	91	−0.037	65
扬　州	−0.052	68	−0.009	70	−0.043	66
兰　州	−0.053	69	0.081	2	−0.135	98
宜　宾	−0.055	70	0.007	17	−0.062	74
金　昌	−0.056	71	−0.001	36	−0.055	71
成　都	−0.057	72	−0.005	46	−0.051	68
徐　州	−0.060	73	−0.009	69	−0.051	67
宜　昌	−0.060	74	0.012	12	−0.072	77
铜　川	−0.061	75	−0.009	77	−0.052	69
上　海	−0.068	76	−0.010	84	−0.057	72
湖　州	−0.071	77	−0.001	35	−0.070	76
绍　兴	−0.072	78	0.002	27	−0.074	79
苏　州	−0.074	79	−0.009	74	−0.065	75
岳　阳	−0.079	80	0.003	24	−0.083	82
乌鲁木齐	−0.080	81	−0.008	61	−0.072	78
芜　湖	−0.083	82	−0.007	52	−0.076	81
安　阳	−0.086	83	−0.011	92	−0.076	80
荆　州	−0.092	84	−0.002	39	−0.090	87

城　市	一级指标		二级指标			
	资源环境承载潜力		资源丰裕与生态保护指标		环境压力与气候变化指标	
	指数值	排　名	指数值	排　名	指数值	排　名
武　汉	−0.092	85	−0.007	54	−0.085	84
日　照	−0.094	86	−0.006	48	−0.088	86
泰　安	−0.094	87	−0.008	58	−0.086	85
银　川	−0.095	88	−0.011	98	−0.083	83
鞍　山	−0.095	89	−0.002	37	−0.093	90
天　津	−0.103	90	−0.011	93	−0.092	88
西　安	−0.103	91	−0.010	81	−0.093	89
平顶山	−0.104	92	−0.010	90	−0.094	91
西　宁	−0.106	93	−0.008	55	−0.098	92
济　宁	−0.107	94	−0.008	63	−0.099	93
长　治	−0.107	95	−0.008	62	−0.099	94
潍　坊	−0.116	96	−0.009	75	−0.107	95
南　京	−0.122	97	−0.009	68	−0.113	96
包　头	−0.125	98	−0.009	76	−0.115	97
马鞍山	−0.141	99	−0.005	45	−0.136	99
淄　博	−0.170	100	−0.010	78	−0.160	100

　　注：1. 本表根据资源环境承载潜力的指标体系，依据各指标 2013 年数据测算而得。2. 本表各测评城市按照资源环境承载潜力的指数值从大到小排序。3. 本表一级指标"资源环境承载潜力"指数值等于两个二级指标"资源丰裕与环境保护指标"和"环境压力与气候变化指标"指数值之和。4. 各项指标数值的全国平均水平为 0。5. 以上数据及排名根据《中国统计年鉴 2014》《中国环境统计年报 2013》《中国环境统计年鉴 2014》《中国城市统计年鉴 2014》《中国城市建设统计年鉴 2013》《中国区域经济统计年鉴 2014》等测算。

　　从表 5-1 中可以看出，2013 年中国 100 个城市资源环境承载潜力中，指数值最高的依然是海口，达到 0.825；最低的是淄博，仅为 −0.170。100 个测评城市中，有 37 个城市资源环境承载潜力高出或等于全国平均水平。排在前 20 位的城市依次是海口、克拉玛依、昆明、赤峰、湛江、延安、齐齐哈尔、桂林、北海、牡丹江、韶关、青岛、秦皇岛、绵阳、南宁、太原、烟台、深圳、长春和唐山。其中，资源丰裕与生态保护指标排名前 20 位的城市依次是昆明、兰州、桂林、韶关、柳州、株洲、牡丹江、攀枝花、吉林、本溪、抚顺、九江、宜昌、北海、绵阳、常德、南宁、杭州、宜宾和珠海；环境压力与气候变化指标排名前 20 位的城市依次是海口、克拉玛依、赤峰、昆明、延安、湛江、齐齐哈尔、北海、桂林、牡丹江、青岛、秦皇岛、韶关、绵阳、太原、南宁、烟台、长春、唐山和深圳。2013 年中国 100 个城市资源环境承载潜力排名前 20 位和后 20 位的具体情况如图 5-1 所示。

　　根据表 5-1 和图 5-1，下面进一步从城市资源环境承载潜力区域间差异、城市资源环境承载潜力区域内差异以及 2013 中国绿色发展指数（城市）与城市资源环境承载潜力的相关关系三个方面进行分析。

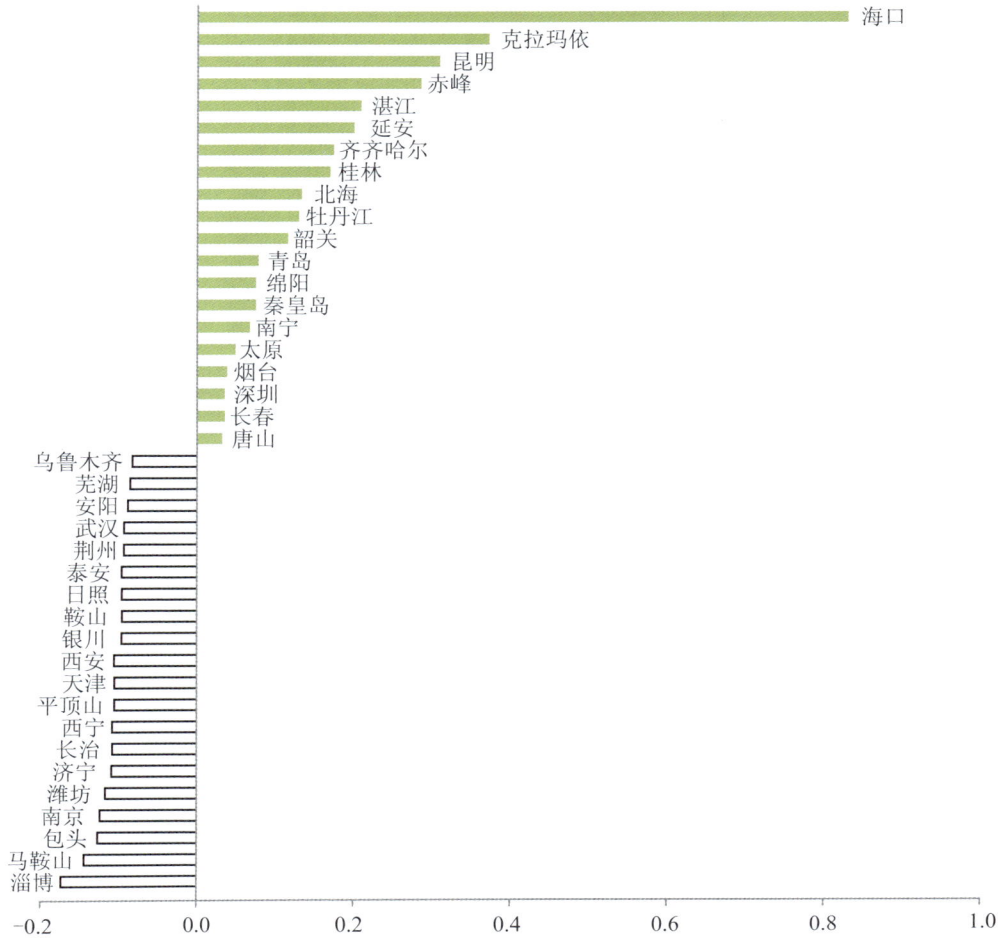

图 5-1　中国城市资源环境承载潜力排名前 20 位和后 20 位的城市

注：本图根据表 5-1 制作。

1. 城市资源环境承载潜力区域间差异分析

资源环境承载潜力具有西部地区和东北地区明显好于东部和中部地区的地域分化格局。具体如图 5-2 所示。其中，西部地区所有测评城市的均值达到 0.026，东北地区所有测评城市的均值达到 0.022，而东部和中部地区城市的均值分别为 0.002 和 -0.043，其中中部地区明显低于全国平均水平。

二级指标方面，资源丰裕与生态保护指标中，四大区域的差别并不那么明显，西部地区指数值均值达到 0.006，位居首位，东北地区指数值均值为 0.002，高于全国平均水平。东部和中部地区指数值均值均低于全国平均水平，分别为 -0.003 和 -0.004。

环境压力与气候变化指标中，东北地区城市指数值均值达到 0.020，高于其他区域。西部地区城市指数值均值为 0.019，东部地区城市指数值均值为 0.005，均高于全国平均水平。中部地区城市指数值均值为 -0.040，低于全国平均水平。

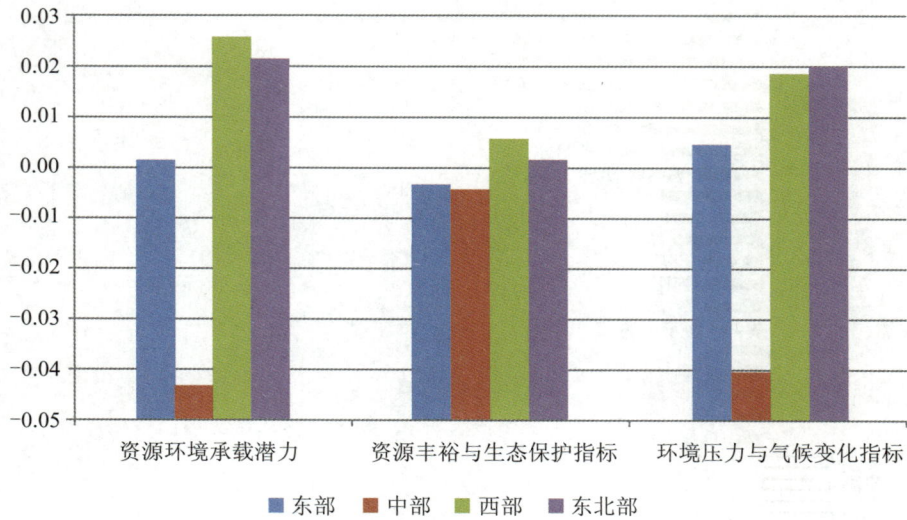

图 5-2　中国四大区域城市资源环境承载潜力对照图

注：图中数据为四大区域中各城市指数值的算术平均值。

2. 城市资源环境承载潜力区域内差异分析

城市资源环境承载潜力虽然在区域间呈现西部地区和东北地区较好，东部和中部地区较弱的局面，但区域内部各城市之间的差异较为明显。

（1）东部地区城市资源环境承载潜力指数及排名

2013 年中国东部地区城市资源环境承载潜力指数及排名如表 5-2 所示。

表 5-2　　　　　　　　　中国东部地区城市资源环境承载潜力指数及排名

城　市	指数值	所有测评城市排名	区域内部排名	城　市	指数值	所有测评城市排名	区域内部排名
海　口	0.825	1	1	济　南	−0.029	52	19
湛　江	0.210	5	2	南　通	−0.029	53	20
韶　关	0.117	11	3	广　州	−0.032	57	21
青　岛	0.080	12	4	宁　波	−0.032	58	22
秦皇岛	0.076	13	5	北　京	−0.042	62	23
烟　台	0.039	17	6	扬　州	−0.052	68	24
深　圳	0.037	18	7	徐　州	−0.060	73	25
唐　山	0.034	20	8	上　海	−0.068	76	26
无　锡	0.029	22	9	湖　州	−0.071	77	27
石家庄	0.028	24	10	绍　兴	−0.072	78	28
汕　头	0.021	26	11	苏　州	−0.074	79	29
福　州	0.015	30	12	日　照	−0.094	86	30
珠　海	−0.006	41	13	泰　安	−0.094	87	31
温　州	−0.014	44	14	天　津	−0.103	90	32
泉　州	−0.016	46	15	济　宁	−0.107	94	33
常　州	−0.017	47	16	潍　坊	−0.116	96	34
杭　州	−0.019	49	17	南　京	−0.122	97	35
厦　门	−0.021	50	18	淄　博	−0.170	100	36

注：本表根据表 5-1 整理。

东部参与测评的 36 个城市中，只有两个城市位居所有测评城市的前 10 位，分别是海口和湛江，仅占东部测评城市的 5.56%。其中海口以 0.825 的指数值位居所有测评城市第 1 位，远高于其他东部测评城市。东部的湛江、韶关、青岛、秦皇岛、烟台、深圳、唐山、无锡、石家庄、汕头和福州位于所有测评城市的第 5～30 位，这 11 个城市的资源环境承载潜力指数值均大于 0，高于全国平均水平。而东部的珠海、温州和泉州等 24 个城市的指数值均小于 0，表明其资源环境承载潜力低于全国平均水平，其中淄博以 -0.17 的指数值位居所有测评城市的最后 1 位。东部大部分城市资源环境承载潜力位居全国中游和下游。

（2）中部地区城市资源环境承载潜力指数及排名

2013 年中国中部地区城市资源环境承载潜力指数及排名如表 5-3 所示。

表 5-3　　　　　　　　中国中部地区城市资源环境承载潜力指数及排名

城　市	指数值	所有测评城市排名	区域内部排名	城　市	指数值	所有测评城市排名	区域内部排名
太　原	0.051	16	1	开　封	-0.045	65	13
长　沙	0.025	25	2	常　德	-0.045	66	14
九　江	0.016	28	3	焦　作	-0.048	67	15
株　洲	0.016	29	4	宜　昌	-0.060	74	16
洛　阳	0.006	34	5	岳　阳	-0.079	80	17
湘　潭	0.006	35	6	芜　湖	-0.083	82	18
合　肥	-0.001	38	7	安　阳	-0.086	83	19
阳　泉	-0.030	55	8	荆　州	-0.092	84	20
郑　州	-0.035	59	9	武　汉	-0.092	85	21
大　同	-0.037	60	10	平顶山	-0.104	92	22
南　昌	-0.037	61	11	长　治	-0.107	95	23
临　汾	-0.042	63	12	马鞍山	-0.141	99	24

注：本表根据表 5-1 整理。

中部参与测评的 24 个城市中，没有城市位居所有测评城市的前 10 位。太原、长沙、九江、株洲、洛阳和湘潭 6 个城市位居所有测评城市的第 16～35 位，其指数值均大于 0，资源环境承载潜力高于全国平均水平。合肥、阳泉、郑州和大同等 18 个城市位居所有测评城市的第 38～99 位，指数值均小于 0，资源环境承载潜力低于全国平均水平，其中马鞍山以 -0.141 的指数值位居所有中部地区测评城市的最后 1 位。中部大部分城市资源环境承载潜力在全国排名靠后。

（3）西部地区城市资源环境承载潜力指数及排名

2013 年中国西部地区城市资源环境承载潜力指数及排名如表 5-4 所示。

表 5-4　　　　　　　　中国西部地区城市资源环境承载潜力指数及排名

城　市	指数值	所有测评城市排名	区域内部排名	城　市	指数值	所有测评城市排名	区域内部排名
克拉玛依	0.371	2	1	重　庆	-0.019	48	16
昆　明	0.309	3	2	石嘴山	-0.029	54	17
赤　峰	0.286	4	3	泸　州	-0.030	56	18
延　安	0.201	6	4	攀枝花	-0.043	64	19

续表

城　市	指数值	所有测评城市排名	区域内部排名	城　市	指数值	所有测评城市排名	区域内部排名
桂　林	0.171	8	5	兰　州	−0.053	69	20
北　海	0.134	9	6	宜　宾	−0.055	70	21
绵　阳	0.076	14	7	金　昌	−0.056	71	22
南　宁	0.069	15	8	成　都	−0.057	72	23
柳　州	0.031	21	9	铜　川	−0.061	75	24
遵　义	0.020	27	10	乌鲁木齐	−0.080	81	25
曲　靖	0.008	33	11	银　川	−0.095	88	26
呼和浩特	0.000	36	12	西　安	−0.103	91	27
宝　鸡	0.000	37	13	西　宁	−0.106	93	28
咸　阳	−0.006	40	14	包　头	−0.125	98	29
贵　阳	−0.012	42	15				

注：本表根据表 5-1 整理。

西部参与测评的 29 个城市中，有 6 个城市位居所有测评城市的前 10 位，分别是克拉玛依、昆明、赤峰、延安、桂林和北海，占西部测评城市的 20.7％，这些城市的指数值均高于全国平均水平。西部的绵阳、南宁、柳州、遵义和曲靖 5 个城市的指数值也高于全国平均水平，呼和浩特和宝鸡 2 个城市的指数值均等于全国平均水平。而西部的咸阳、贵阳、重庆和石嘴山等 16 个城市的指数值均小于 0，资源环境承载潜力均低于全国平均水平，其中包头以 −0.125 的指数值位居所有西部地区测评城市的最后 1 位。西部地区有近半城市资源环境承载潜力位居全国上游。

（4）东北地区城市资源环境承载潜力指数及排名

2013 年中国东北地区城市资源环境承载潜力指数及排名如表 5-5 所示。

表 5-5　　　　　　　　　　中国东北地区城市资源环境承载潜力指数及排名

城　市	指数值	所有测评城市排名	区域内部排名	城　市	指数值	所有测评城市排名	区域内部排名
齐齐哈尔	0.176	7	1	大　连	−0.003	39	7
牡丹江	0.131	10	2	沈　阳	−0.013	43	8
长　春	0.036	19	3	抚　顺	−0.015	45	9
本　溪	0.028	23	4	哈尔滨	−0.024	51	10
吉　林	0.012	31	5	鞍　山	−0.095	89	11
锦　州	0.010	32	6				

注：本表根据表 5-1 整理。

东北参与测评的 11 个城市中，齐齐哈尔和牡丹江两个城市位居全国所有测评城市排名前 10 位，分别排在第 7 位和第 10 位。长春、本溪、吉林和锦州 4 个城市的指数值也均大于 0，资源环境承载潜力也高于全国平均水平。而大连、沈阳、抚顺、哈尔滨和鞍山的指数值均小于 0，资源环境承载潜力低于全国平均水平，其中鞍山以 −0.095 的指数值位居东北地区测评城市的最后 1 位。东北地区城市资源环境承载潜力位居全国中上游的偏多。

3. 城市资源环境承载潜力对 2013 中国绿色发展指数（城市）影响分析

对比 2013 中国绿色发展指数（城市）与城市资源环境承载潜力后发现，100 个测评城市中，有 48 个城市资源环境承载潜力排名高于中国绿色发展指数（城市）排名，这表明这些城市资源环境承载潜力推高了城市整体绿色发展水平，如秦皇岛、太原、大同、阳泉等；有 50 个城市资源环境承载潜力排名低于中国绿色发展指数（城市）排名，这表明这些城市资源环境承载潜力不足以支撑城市整体绿色发展，如北京、天津、石家庄、唐山等；而海口和南昌的城市资源环境承载潜力排名与中国绿色发展指数（城市）排名相同，城市资源环境承载潜力与城市绿色发展水平一致。

从影响的程度看，城市资源环境承载潜力与中国绿色发展指数（城市）排名差异较大（超过 20 位）的城市有 49 个，如北京、石家庄、阳泉和包头等，这表明这些城市的资源环境承载潜力对绿色发展指数总排名影响明显；其中，齐齐哈尔的排名差异最大，其资源环境承载潜力位居所有测评城市第 7 位，但其中国绿色发展指数（城市）仅排第 92 位，名次变化达到 85 位。有 51 个城市排名差异较小或者排名没有变化（20 位以内），如海口、南昌、长治、唐山等，这表明这些城市的资源环境承载潜力对绿色发展指数总排名影响不明显。2013 中国绿色发展指数（城市）与城市资源环境承载潜力排名差异超过 20 位的城市如表 5-6 所示。

表 5-6　　　　中国绿色发展指数（城市）与城市资源环境承载潜力排名差异超过 20 位的城市

城　　市	绿色发展指数排名	资源环境承载潜力排名	排名差异	城　　市	绿色发展指数排名	资源环境承载潜力排名	排名差异
北　　京	6	62	−56	淄　　博	40	100	−60
天　　津	58	90	−32	潍　　坊	34	96	−62
阳　　泉	85	55	30	济　　宁	47	94	−47
包　　头	75	98	−23	泰　　安	56	87	−31
抚　　顺	83	45	38	日　　照	39	86	−47
本　　溪	65	23	42	开　　封	97	65	32
锦　　州	84	32	52	广　　州	11	57	−46
长　　春	63	19	44	韶　　关	79	11	68
齐齐哈尔	92	7	85	珠　　海	15	41	−26
牡丹江	81	10	71	汕　　头	87	26	59
上　　海	45	76	−31	南　　宁	48	15	33
南　　京	28	97	−69	柳　　州	53	21	32
徐　　州	44	73	−29	桂　　林	57	8	49
常　　州	12	47	−35	重　　庆	82	48	34
苏　　州	13	79	−66	攀枝花	96	64	32
扬　　州	46	68	−22	泸　　州	86	56	30
杭　　州	23	49	−26	宜　　宾	95	70	25
宁　　波	33	58	−25	贵　　阳	77	42	35
湖　　州	27	77	−50	曲　　靖	70	33	37
绍　　兴	55	78	−23	咸　　阳	68	40	28
芜　　湖	52	82	−30	延　　安	50	6	44

续表

城　市	绿色发展指数排名	资源环境承载潜力排名	排名差异	城　市	绿色发展指数排名	资源环境承载潜力排名	排名差异
马鞍山	66	99	－33	兰　州	89	69	20
厦　门	21	50	－29	金　昌	100	71	29
九　江	43	28	15	乌鲁木齐	20	81	－61
济　南	18	52	－34				

注：1. 本表根据表 0-4 和表 5-1 整理。2. 表中排名差异为资源环境承载潜力排名与绿色发展指数排名之差，正值表示资源环境承载潜力较之于绿色发展指数进步的名次，负值表示资源环境承载潜力较之于绿色发展指数退后的名次。

>>二、城市资源环境承载潜力比较分析<<

城市资源环境承载潜力占 2013 中国绿色发展指数（城市）总权重的 34%，共由 14 个三级指标构成，包含 2 个正指标和 12 个逆指标。其中，有 3 个无数列表指标。

1. 城市资源丰裕与生态保护指标测算结果及分析

城市资源丰裕与生态保护指标占资源环境承载潜力指标总体权重的 5%，相对于环境压力与气候变化指标，该指标对资源环境承载潜力的贡献很小。从指标结构上看，资源丰裕与生态保护指标只包括 1 个三级指标，即人均水资源量。人均水资源量这一指标是正指标，占绿色发展指数的权重仅为 1.70%。

在对三级指标的原始数据进行标准化处理的基础上，我们得到 2013 年中国城市资源丰裕与生态保护指标指数及其排名情况，如表 5-7 所示。

表 5-7　　　　　　　　　中国城市资源丰裕与生态保护指标指数及其排名

指　标 城　市	资源丰裕与生态保护指标		指　标 城　市	资源丰裕与生态保护指标		指　标 城　市	资源丰裕与生态保护指标	
	指数值	排名		指数值	排名		指数值	排名
昆　明	0.089	1	湖　州	－0.001	35	徐　州	－0.009	69
兰　州	0.081	2	金　昌	－0.001	36	扬　州	－0.009	70
桂　林	0.058	3	鞍　山	－0.002	37	济　南	－0.009	71
韶　关	0.047	4	湘　潭	－0.002	38	阳　泉	－0.009	72
柳　州	0.035	5	荆　州	－0.002	39	南　通	－0.009	73
株　洲	0.023	6	广　州	－0.003	40	苏　州	－0.009	74
牡丹江	0.018	7	赤　峰	－0.004	41	潍　坊	－0.009	75
攀枝花	0.018	8	大　连	－0.004	42	包　头	－0.009	76
吉　林	0.016	9	泸　州	－0.004	43	铜　川	－0.009	77
本　溪	0.014	10	深　圳	－0.004	44	淄　博	－0.010	78
抚　顺	0.014	11	马鞍山	－0.005	45	大　同	－0.010	79
宜　昌	0.012	12	成　都	－0.005	46	临　汾	－0.010	80
九　江	0.012	13	厦　门	－0.006	47	西　安	－0.010	81
北　海	0.011	14	日　照	－0.006	48	石嘴山	－0.010	82

指　标 城　市	资源丰裕与生态保护指标		指　标 城　市	资源丰裕与生态保护指标		指　标 城　市	资源丰裕与生态保护指标	
	指数值	排　名		指数值	排　名		指数值	排　名
绵　阳	0.010	15	南　昌	−0.006	49	石家庄	−0.010	83
常　德	0.009	16	烟　台	−0.006	50	上　海	−0.010	84
宜　宾	0.007	17	呼和浩特	−0.007	51	宝　鸡	−0.010	85
南　宁	0.007	18	芜　湖	−0.007	52	北　京	−0.010	86
杭　州	0.007	19	唐　山	−0.007	53	郑　州	−0.010	87
珠　海	0.006	20	武　汉	−0.007	54	洛　阳	−0.010	88
海　口	0.004	21	西　宁	−0.008	55	青　岛	−0.010	89
温　州	0.004	22	汕　头	−0.008	56	平顶山	−0.010	90
曲　靖	0.004	23	克拉玛依	−0.008	57	焦　作	−0.011	91
岳　阳	0.003	24	泰　安	−0.008	58	安　阳	−0.011	92
遵　义	0.003	25	长　春	−0.008	59	天　津	−0.011	93
湛　江	0.002	26	沈　阳	−0.008	60	咸　阳	−0.011	94
绍　兴	0.002	27	乌鲁木齐	−0.008	61	开　封	−0.011	95
重　庆	0.001	28	长　治	−0.008	62	太　原	−0.011	96
泉　州	0.001	29	济　宁	−0.008	63	延　安	−0.011	97
福　州	0.001	30	锦　州	−0.008	64	银　川	−0.011	98
秦皇岛	0.001	31	常　州	−0.008	65	贵　阳	−0.012	99
宁　波	0.000	32	无　锡	−0.008	66	齐齐哈尔	−0.012	100
长　沙	0.000	33	合　肥	−0.008	67			
哈尔滨	0.000	34	南　京	−0.009	68			

注：以上数据及排名根据《中国统计年鉴 2014》《中国环境统计年报 2013》《中国环境统计年鉴 2014》《中国城市统计年鉴 2014》《中国城市建设统计年鉴 2013》《中国区域经济统计年鉴 2014》等测算。

从表 5-7 可以看出，全国 100 个城市的资源丰裕与生态保护指标测算结果介于−0.012～0.089 之间，总体差距并不大。其中高于全国平均水平的城市有 31 个，约占全部测评城市的 1/3。其中前 20 位的城市分别为昆明、兰州、桂林、韶关、柳州、株洲、牡丹江、攀枝花、吉林、本溪、抚顺、宜昌、九江、北海、绵阳、常德、宜宾、南宁、杭州和珠海，并有 66 个城市的资源丰裕与生态保护指标低于全部测评城市平均水平。

为了进行地区间的比较，图 5-3 从东部、中部、西部和东北地区划分的角度，根据资源环境承载潜力指数大小顺序给出了城市资源环境承载潜力和城市资源丰裕与生态保护指标的对比。从地区间差异的角度来看，东部、中部、西部和东北地区资源丰裕与生态保护指标的平均值分别为−0.003、−0.004、0.006 和 0.002（保留三位有效数字），可以看出平均而言，西部地区的资源丰裕与生态保护水平较高，而东部和中部地区则相对落后。

就排名结果而言，资源丰裕与生态保护指标前 20 位的城市中，西部城市有 9 个，分别是昆明、兰州、桂林、柳州、攀枝花、北海、绵阳、宜宾和南宁，而东部地区只有 3 个，分别是韶关、杭州和珠海。而资源丰裕与生态保护指标排名后 10 位的城市里西部城市有 4 个，分别是咸阳、延安、银川和贵阳，中部地区有 4 个，分别是焦作、安阳、开封和太原。

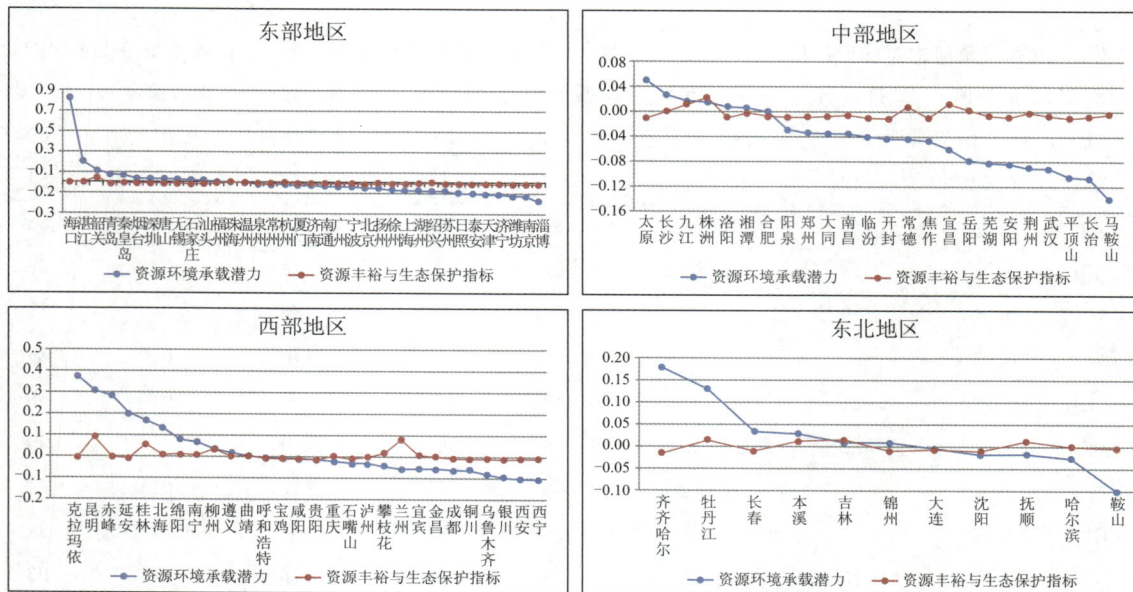

图 5-3　城市资源环境承载潜力和城市资源丰裕与生态保护指标对比

注：本图从东部、中部、西部和东北地区划分的角度，根据资源环境承载潜力指数大小自左到右排列。

2. 城市环境压力与气候变化指标测算结果及分析

城市环境压力与气候变化指标是测度城市资源环境承载潜力最重要的二级指标，也是所占权重最大的一个指标。它包含单位土地面积二氧化碳排放量、人均二氧化碳排放量、单位土地面积二氧化硫排放量、人均二氧化硫排放量、单位土地面积化学需氧量排放量、人均化学需氧量排放量、单位土地面积氮氧化物排放量、人均氮氧化物排放量、单位土地面积氨氮排放量、人均氨氮排放量、空气质量达到二级以上天数占全年比重、首要污染物可吸入颗粒物天数占全年比重、可吸入细颗粒物浓度（PM2.5）年均值 13 个三级指标。这 13 个指标共占城市资源环境承载潜力权重的 95％，每个指标占总权重有所不同，具体情况如表 5-8 所示。

表 5-8　城市环境压力与气候变化三级指标、权重及指标属性

指标序号	指标	权重	指标属性
19	单位土地面积二氧化碳排放量	2.94％	逆
20	人均二氧化碳排放量	2.94％	逆
21	单位土地面积二氧化硫排放量	2.20％	逆
22	人均二氧化硫排放量	2.20％	逆
23	单位土地面积化学需氧量排放量	2.20％	逆
24	人均化学需氧量排放量	2.20％	逆
25	单位土地面积氮氧化物排放量	2.20％	逆
26	人均氮氧化物排放量	2.20％	逆
27	单位土地面积氨氮排放量	2.20％	逆
28	人均氨氮排放量	2.20％	逆
29	空气质量达到二级以上天数占全年比重	2.94％	正
30	首要污染物可吸入颗粒物天数占全年比重	2.94％	逆
31	可吸入细颗粒物浓度（PM2.5）年均值	2.94％	逆

注：1. 本表内容是由本报告课题组召开的多次专家座谈会研讨确定的。2. 单位土地面积二氧化碳排放量、人均二氧化碳排放量和可吸入细颗粒物浓度（PM2.5）年均值目前为无数列表。

在对三级指标原始数据加以标准化处理后，根据表 5-8 中所示的权重，计算得出了本次测评的 100 个城市的环境压力与气候变化指标的指数值。测算结果和排名如表 5-9 所示。

表 5-9　　　　　　　　　　中国城市环境压力与气候变化指标指数及其排名

指标 城市	环境压力与气候变化指标 指数值	排名	指标 城市	环境压力与气候变化指标 城市	排名	指标 城市	环境压力与气候变化指标 指数值	排名
海　口	0.821	1	九　江	0.005	35	铜　川	−0.052	69
克拉玛依	0.379	2	曲　靖	0.004	36	常　德	−0.054	70
赤　峰	0.290	3	大　连	0.000	37	金　昌	−0.055	71
昆　明	0.220	4	贵　阳	0.000	38	上　海	−0.057	72
延　安	0.212	5	柳　州	−0.003	39	攀枝花	−0.062	73
湛　江	0.208	6	吉　林	−0.004	40	宜　宾	−0.062	74
齐齐哈尔	0.188	7	沈　阳	−0.005	41	苏　州	−0.065	75
北　海	0.123	8	株　洲	−0.007	42	湖　州	−0.070	76
桂　林	0.113	9	常　州	−0.009	43	宜　昌	−0.072	77
牡丹江	0.113	10	珠　海	−0.012	44	乌鲁木齐	−0.072	78
青　岛	0.090	11	厦　门	−0.015	45	绍　兴	−0.074	79
秦皇岛	0.076	12	泉　州	−0.017	46	安　阳	−0.076	80
韶　关	0.069	13	温　州	−0.018	47	芜　湖	−0.076	81
绵　阳	0.066	14	石嘴山	−0.019	48	岳　阳	−0.083	82
太　原	0.062	15	南　通	−0.020	49	银　川	−0.083	83
南　宁	0.062	16	济　南	−0.020	50	武　汉	−0.085	84
烟　台	0.046	17	重　庆	−0.020	51	泰　安	−0.086	85
长　春	0.043	18	阳　泉	−0.021	52	日　照	−0.088	86
唐　山	0.041	19	哈尔滨	−0.024	53	荆　州	−0.090	87
深　圳	0.041	20	郑　州	−0.025	54	天　津	−0.092	88
石家庄	0.038	21	杭　州	−0.026	55	西　安	−0.093	89
无　锡	0.037	22	泸　州	−0.026	56	鞍　山	−0.093	90
汕　头	0.028	23	大　同	−0.027	57	平顶山	−0.094	91
长　沙	0.025	24	抚　顺	−0.029	58	西　宁	−0.098	92
锦　州	0.018	25	广　州	−0.029	59	济　宁	−0.099	93
遵　义	0.017	26	南　昌	−0.031	60	长　治	−0.099	94
洛　阳	0.016	27	北　京	−0.032	61	潍　坊	−0.107	95
福　州	0.014	28	临　汾	−0.033	62	南　京	−0.113	96
本　溪	0.014	29	宁　波	−0.033	63	包　头	−0.115	97
宝　鸡	0.010	30	开　封	−0.034	64	兰　州	−0.135	98
湘　潭	0.008	31	焦　作	−0.037	65	马鞍山	−0.136	99
合　肥	0.008	32	扬　州	−0.043	66	淄　博	−0.160	100
呼和浩特	0.007	33	徐　州	−0.051	67			
咸　阳	0.005	34	成　都	−0.051	68			

注：以上数据及排名根据《中国统计年鉴 2014》《中国环境统计年报 2013》《中国环境统计年鉴 2014》《中国城市统计年鉴 2014》《中国城市建设统计年鉴 2013》《中国区域经济统计年鉴 2014》测算。

从表 5-9 中可以看到，排名最高的海口市城市环境压力与气候变化指标指数值为 0.821，排名 100 位的淄博市城市环境压力与气候变化指标指数值为 −0.160，相差较大，而这两个城市都位于东部地区。这说明在同一地区内，不同城市的环境压力与气候变化指标值有很大幅度的波动。这一波动在西部地区也很明显，克拉玛依市的该项指标值为 0.379，而排名最低的兰州市的指标值为 −0.135。就排名情况来看，100 个测评城市中，有 36 个城市指标值大于 0，即他们的城市环境压力与气候变化指标高于全国平均水平，其中前 20 位的城市分别是海口、克拉玛依、赤峰、昆明、延安、湛江、齐齐哈尔、北海、桂林、牡丹江、青岛、秦皇岛、韶关、绵阳、太原、南宁、烟台、长春、唐山和深圳。有 62 个城市环境压力与气候变化指标低于全国平均水平。

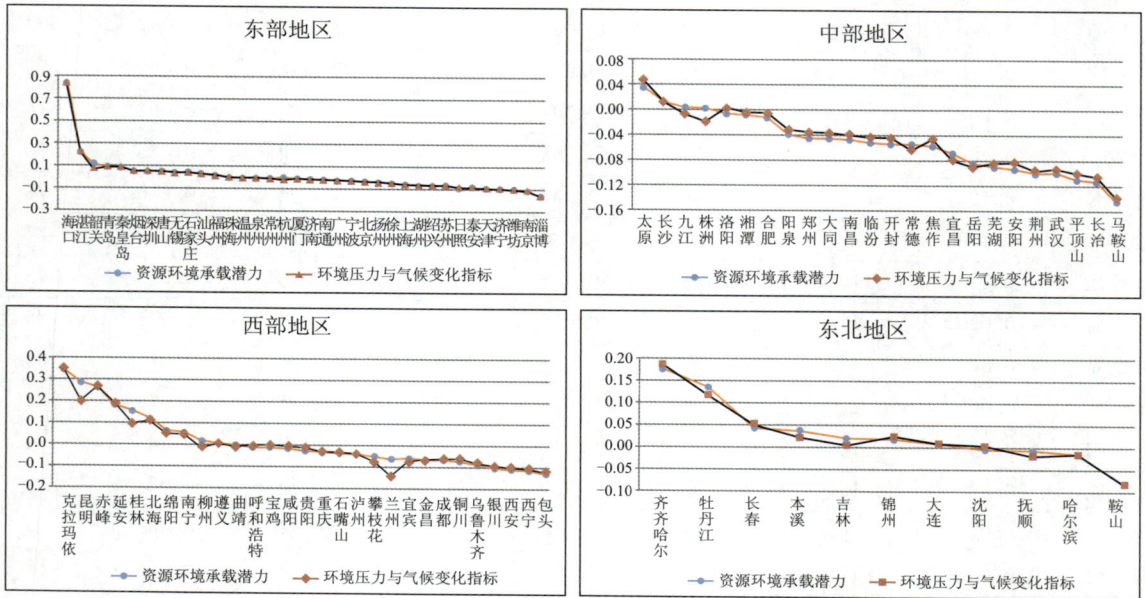

图 5-4　城市资源环境承载潜力和城市环境压力与气候变化指标对比

注：本图从东部、中部、西部和东北地区划分的角度，根据资源环境承载潜力指数大小自左到右排列。

图 5-4 按照不同地区显示了城市资源环境承载潜力和城市环境压力与气候变化指标的对比，城市资源环境承载潜力和城市环境压力与气候变化指标之间有着很强的一致性，城市环境压力与气候变化指标对城市资源环境承载潜力做出了很大的贡献。西部地区的城市中，兰州的环境压力与气候变化指标远低于资源环境承载潜力。

从指标值来看，东部、中部、西部和东北地区环境压力与气候变化指标平均值分别为 0.004、−0.040、0.019 和 0.020，可以看出平均而言，东北和西部地区的环境压力与气候变化指标水平较高，而东部和中部地区则相对落后。从排名的角度看，西部地区和东北地区在城市环境压力与气候变化指标排名前 20 位的城市中占到了 11 个，而东部地区和中部地区则占据了城市环境压力与气候变化指标排名后 20 位城市中的 13 个。

第六章

城市政府政策支持度测算及分析

近几年来，大力推动绿色经济发展已经成为世界性潮流，全球各国政府也都在积极实施绿色新政，一方面是为了应对气候变化，另一方面是为了培育绿色经济作为新的经济增长点。我国政府一直致力于推动以节能减排为主要特征的可持续发展模式。政策上的大力支持为我国优化经济结构、提升竞争力起了不可或缺的作用。在此背景下，本章根据"中国绿色发展指数评价体系（城市）"（以下简称"城市测算体系"）中政府政策支持度的测度标准，利用 2013 年的年度数据，从绿色投资、基础设施建设和环境治理三个方面，对中国 100 个大中城市政府在经济社会发展过程中的绿色行动进行综合评价。

>>一、城市政府政策支持度的测算结果<<

根据"中国绿色发展指数评价体系（城市）"中政府政策支持度的测度体系和权重标准，中国 100 个大中城市的政府政策支持度测算结果如表 6-1 所示。

表 6-1　　　　　　　　　中国 100 个城市政府政策支持度指数及排名

城　市	一级指标		二级指标					
	政府政策支持度		绿色投资指标		基础设施指标		环境治理指标	
	指数值	排　名	指数值	排　名	指数值	排　名	指数值	排　名
深　圳	0.630	1	0.114	2	0.463	1	0.053	15
克拉玛依	0.250	2	0.061	12	0.105	3	0.084	5
珠　海	0.225	3	0.058	13	0.166	2	0.002	55
青　岛	0.213	4	0.037	19	0.084	10	0.092	3
南　京	0.203	5	0.029	25	0.095	6	0.079	6
北　京	0.201	6	0.089	5	0.078	11	0.034	28
乌鲁木齐	0.193	7	0.128	1	0.017	41	0.048	19
厦　门	0.160	8	−0.035	78	0.095	5	0.099	1
湖　州	0.157	9	0.108	3	0.057	18	−0.008	61
无　锡	0.157	10	0.026	26	0.071	13	0.059	13
广　州	0.142	11	−0.043	84	0.087	7	0.098	2
淄　博	0.128	12	0.030	23	0.064	15	0.034	29

城　市	一级指标		二级指标					
	政府政策支持度		绿色投资指标		基础设施指标		环境治理指标	
	指数值	排　名	指数值	排　名	指数值	排　名	指数值	排　名
合　肥	0.124	13	0.004	45	0.068	14	0.053	14
苏　州	0.110	14	0.006	39	0.061	16	0.042	22
常　州	0.107	15	0.018	34	0.051	21	0.037	25
秦皇岛	0.107	16	0.077	7	0.084	9	−0.054	85
宝　鸡	0.104	17	0.024	29	0.009	49	0.071	9
烟　台	0.096	18	−0.007	55	0.055	20	0.049	18
石嘴山	0.093	19	−0.010	58	0.034	28	0.068	10
杭　州	0.092	20	0.005	41	0.056	19	0.030	32
济　南	0.089	21	−0.006	53	0.028	34	0.068	12
福　州	0.088	22	−0.029	72	0.042	23	0.075	8
潍　坊	0.087	23	0.073	9	0.013	43	0.001	56
绵　阳	0.086	24	0.081	6	−0.006	60	0.011	50
温　州	0.085	25	0.033	22	0.000	55	0.052	16
日　照	0.085	26	0.022	30	0.031	31	0.031	31
南　通	0.072	27	0.034	21	0.018	39	0.020	44
九　江	0.068	28	−0.007	54	0.103	4	−0.028	75
济　宁	0.065	29	0.043	17	−0.013	65	0.035	26
徐　州	0.064	30	−0.002	49	0.019	37	0.047	20
宁　波	0.060	31	−0.045	87	0.027	36	0.078	7
泰　安	0.053	32	0.005	44	0.038	25	0.010	52
石家庄	0.052	33	0.075	8	0.000	54	−0.023	73
马鞍山	0.052	34	−0.030	74	0.047	22	0.035	27
太　原	0.051	35	0.020	33	0.003	52	0.027	34
湛　江	0.048	36	0.024	28	−0.027	74	0.051	17
湘　潭	0.044	37	−0.019	65	−0.024	72	0.087	4
芜　湖	0.043	38	0.025	27	0.010	48	0.007	53
唐　山	0.042	39	0.020	32	−0.001	56	0.022	40
绍　兴	0.029	40	0.035	20	0.002	53	−0.009	62
赤　峰	0.022	41	0.056	14	−0.079	86	0.046	21
株　洲	0.022	42	−0.028	71	0.027	35	0.022	39
南　昌	0.019	43	−0.040	81	0.034	29	0.025	37
昆　明	0.017	44	0.003	46	0.015	42	0.000	57
泉　州	0.016	45	0.000	48	−0.001	57	0.018	45
扬　州	0.016	46	−0.026	69	0.031	32	0.010	51
安　阳	0.016	47	0.016	36	0.013	45	−0.013	65

城　　市	一级指标		二级指标					
	政府政策支持度		绿色投资指标		基础设施指标		环境治理指标	
	指数值	排　名	指数值	排　名	指数值	排　名	指数值	排　名
临　汾	0.008	48	0.029	24	−0.089	87	0.068	11
阳　泉	0.007	49	0.066	10	−0.014	68	−0.045	82
柳　州	−0.003	50	−0.037	80	0.006	50	0.027	35
上　海	−0.006	51	−0.043	86	0.011	47	0.026	36
南　宁	−0.006	52	−0.016	63	−0.011	63	0.022	41
成　都	−0.009	53	−0.063	95	0.013	46	0.041	23
西　安	−0.014	54	−0.036	79	0.042	24	−0.019	68
长　沙	−0.015	55	−0.022	68	0.035	27	−0.029	76
焦　作	−0.018	56	−0.012	59	−0.020	70	0.014	48
大　同	−0.021	57	0.006	40	−0.031	75	0.004	54
遵　义	−0.022	58	0.005	43	−0.014	67	−0.013	66
重　庆	−0.023	59	−0.026	70	−0.013	66	0.016	46
银　川	−0.024	60	−0.083	97	0.036	26	0.023	38
天　津	−0.024	61	−0.031	75	−0.021	71	0.028	33
北　海	−0.032	62	−0.031	76	−0.034	77	0.033	30
本　溪	−0.034	63	−0.059	92	0.071	12	−0.046	83
岳　阳	−0.037	64	−0.021	67	0.005	51	−0.021	70
呼和浩特	−0.037	65	−0.029	73	−0.046	80	0.038	24
贵　阳	−0.043	66	−0.006	52	−0.009	61	−0.028	74
郑　州	−0.045	67	−0.016	62	−0.012	64	−0.017	67
武　汉	−0.048	68	−0.060	93	0.033	30	−0.021	69
吉　林	−0.055	69	0.064	11	0.013	44	−0.132	98
宜　昌	−0.057	70	−0.043	85	−0.011	62	−0.003	58
荆　州	−0.063	71	−0.032	77	−0.019	69	−0.012	63
洛　阳	−0.063	72	−0.010	57	−0.049	82	−0.004	59
大　连	−0.067	73	−0.099	99	0.086	8	−0.053	84
泸　州	−0.070	74	0.021	31	−0.112	90	0.021	42
曲　靖	−0.079	75	0.011	38	−0.033	76	−0.057	87
平顶山	−0.082	76	0.016	37	−0.059	84	−0.038	79
抚　顺	−0.085	77	−0.059	91	−0.040	79	0.013	49
哈尔滨	−0.088	78	−0.056	89	−0.047	81	0.015	47
长　治	−0.097	79	−0.136	100	0.019	38	0.021	43
包　头	−0.099	80	−0.073	96	−0.003	59	−0.022	72
汕　头	−0.102	81	0.054	15	−0.125	93	−0.031	77
沈　阳	−0.106	82	−0.055	88	0.058	17	−0.109	95

城　市	一级指标		二级指标					
	政府政策支持度		绿色投资指标		基础设施指标		环境治理指标	
	指数值	排　名	指数值	排　名	指数值	排　名	指数值	排　名
铜　川	−0.108	83	0.047	16	−0.067	85	−0.087	93
攀枝花	−0.108	84	−0.005	50	−0.091	88	−0.012	64
金　昌	−0.127	85	−0.020	66	0.018	40	−0.125	96
兰　州	−0.129	86	0.018	35	−0.124	92	−0.022	71
咸　阳	−0.135	87	0.041	18	−0.121	91	−0.056	86
海　口	−0.150	88	−0.016	61	0.028	33	−0.163	99
常　德	−0.153	89	−0.057	90	−0.026	73	−0.071	89
锦　州	−0.157	90	−0.061	94	−0.052	83	−0.044	81
宜　宾	−0.167	91	−0.005	51	−0.157	97	−0.005	60
韶　关	−0.179	92	−0.016	64	−0.036	78	−0.127	97
长　春	−0.188	93	−0.015	60	−0.141	94	−0.032	78
西　宁	−0.196	94	0.100	4	−0.105	89	−0.191	100
鞍　山	−0.206	95	−0.094	98	−0.003	58	−0.108	94
桂　林	−0.215	96	0.005	42	−0.142	95	−0.079	91
延　安	−0.238	97	−0.008	56	−0.157	96	−0.074	90
开　封	−0.252	98	0.001	47	−0.170	98	−0.082	92
牡丹江	−0.298	99	−0.041	82	−0.191	99	−0.066	88
齐齐哈尔	−0.315	100	−0.043	83	−0.232	100	−0.040	80

注：1. 本表根据政府政策支持度的指标体系，依据各指标 2013 年数据测算而得。2. 本表各测评城市按照政府政策支持度的指标值从大到小排序。3. 本表一级指标"政府政策支持度"指数值等于 3 个二级指标"绿色投资指标""基础设施指标"和"环境治理指标"指数值之和。4. 各项指标的全国平均水平为 0。5. 以上数据及排名根据《中国统计年鉴2014》《中国环境统计年报 2013》《中国环境统计年鉴 2014》《中国城市统计年鉴 2014》《中国城市建设统计年鉴 2014》《中国区域经济统计年鉴 2014》等测算。

　　从表 6-1 中可以看到，2013 年中国 100 个城市政府政策支持度中，指数值最高的是深圳，达到 0.630；最低的是齐齐哈尔，仅为 −0.315。100 个测评城市中，有 49 个城市政府政策支持度高出全国平均水平。排在前 20 位的城市依次是深圳、克拉玛依、珠海、青岛、南京、北京、乌鲁木齐、厦门、湖州、无锡、广州、淄博、合肥、苏州、常州、秦皇岛、宝鸡、烟台、石嘴山、杭州。其中，二级指标中，绿色投资指标排名前 20 位的城市依次是乌鲁木齐、深圳、湖州、西宁、北京、绵阳、秦皇岛、石家庄、潍坊、阳泉、吉林、克拉玛依、珠海、赤峰、汕头、铜川、济宁、咸阳、青岛、绍兴；基础设施指标排名前 20 位的城市依次是深圳、珠海、克拉玛依、九江、厦门、南京、广州、大连、秦皇岛、青岛、北京、本溪、无锡、合肥、淄博、苏州、沈阳、湖州、杭州、烟台；环境治理指标排名前 20 位的城市依次是厦门、广州、青岛、湘潭、克拉玛依、南京、宁波、福州、宝鸡、石嘴山、临汾、济南、无锡、合肥、深圳、温州、湛江、烟台、乌鲁木齐、徐州。2013 年中国 100 个城市政府政策支持度排名前 20 位和后 20 位的具体情况如图 6-1 所示。

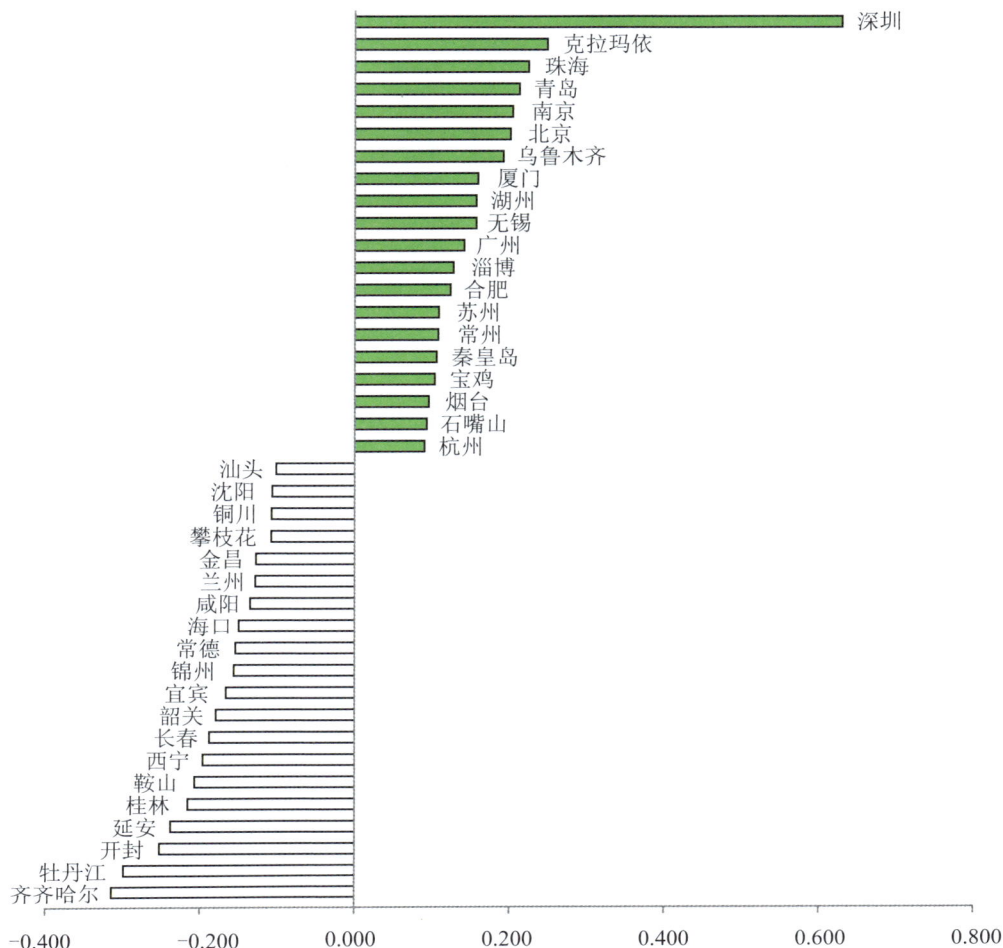

图 6-1　中国城市政府政策支持度排名前 20 位和后 20 位的城市

注：本图根据表 6-1 制作。

根据表 6-1 和图 6-1，下面进一步从城市政府政策支持度区域间差异、城市政府政策支持度区域内差异、2013 中国绿色发展指数（城市）与城市政府政策支持度的相关关系三个方面进行分析。

1. 城市政府政策支持度区域间差异分析

从区域分布的角度来看，城市政府政策支持度总体呈现出东部最好，中部和西部次之，东北地区城市最弱的局面，具体如图 6-2 所示。其中，东部所有测评城市的均值达到 0.089，远高于其他地区；中部和西部地区城市的均值分别为 −0.021 和 −0.039，均低于东部地区和全国平均水平，位于中游；而东北地区城市的均值仅为 −0.145，较之东部、中部和西部地区城市最弱。

与 2012 年相比，四大区域在政府政策支持度上的排名没有变化。东部仍然是四大区域中城市政府政策支持度最高的地区；中部和西部次之，中部地区稍高于西部地区；而东北地区城市的政府政策支持度继续在四大区域中排名垫底。

二级指标方面，绿色投资指标中，四大区域绿色投资水平差距相对较小，东部和西部地区略高于全国平均水平，中部和东北地区低于全国平均水平。具体到各区域，东部地区位居四大区域首位，指数值为 0.020；西部地区略低于东部，指数值为 0.005；之后是中部地区，指数值为 −0.015；东北地区城市的绿色投资水平得分最低，指数值仅为 −0.047。

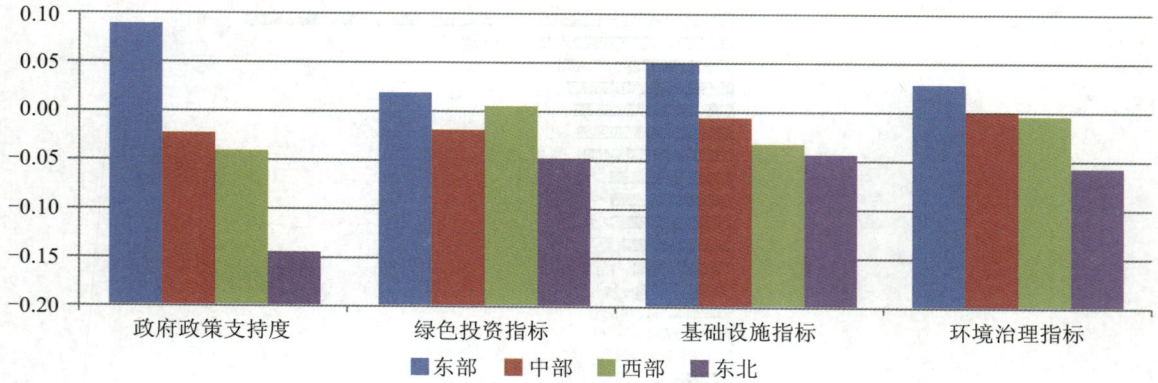

图6-2　中国四大区域城市政府政策支持度对照图

注：图中数据为四大区域中各城市指数值的算术平均值。

基础设施指标中，东部地区城市指数值均值达到0.045，远高于其他区域，同时也是四个区域中唯一高于全国平均水平的；中部地区指数值次之，为-0.005；西部地区和东北地区城市基础设施建设水平较为接近，指数值分别为-0.035和-0.043，位居四大区域后两位。

环境治理指标中，排名首位的仍旧是东部地区，指数值达到0.024，高于全国平均水平；其他三个地区均低于全国平均水平，其中中部地区指标值为-0.001，西部地区指标值为-0.008，东北地区指数值最低，为-0.055。

2. 城市政府政策支持度区域内差异分析

虽然城市政府政策支持度在区域间呈现东部最好，中部和西部次之，东北地区城市最弱的局面，但区域内部各城市之间的差异较为明显，排名有高有低。

(1)东部地区城市政府政策支持度指数及排名

2013年中国东部地区城市政府政策支持度指数及排名如表6-2所示。

表6-2　　　　　　　　　　　　中国东部地区城市政府政策支持度指数及排名

城　市	指数值	所有测评城市排名	区域内部排名	城　市	指数值	所有测评城市排名	区域内部排名
深　圳	0.630	1	1	温　州	0.085	25	19
珠　海	0.225	3	2	日　照	0.085	26	20
青　岛	0.213	4	3	南　通	0.072	27	21
南　京	0.203	5	4	济　宁	0.065	29	22
北　京	0.201	6	5	徐　州	0.064	30	23
厦　门	0.160	8	6	宁　波	0.060	31	24
湖　州	0.157	9	7	泰　安	0.053	32	25
无　锡	0.157	10	8	石家庄	0.052	33	26
广　州	0.142	11	9	湛　江	0.048	36	27
淄　博	0.128	12	10	唐　山	0.042	39	28
苏　州	0.110	14	11	绍　兴	0.029	40	29
常　州	0.107	15	12	泉　州	0.016	45	30
秦皇岛	0.107	16	13	扬　州	0.016	46	31
烟　台	0.096	18	14	上　海	-0.006	51	32

城 市	指数值	所有测评城市排名	区域内部排名	城 市	指数值	所有测评城市排名	区域内部排名
杭 州	0.092	20	15	天 津	−0.024	61	33
济 南	0.089	21	16	汕 头	−0.102	81	34
福 州	0.088	22	17	海 口	−0.150	88	35
潍 坊	0.087	23	18	韶 关	−0.179	92	36

注：本表根据表6-1整理。

东部参与测评的36个城市中，有8个城市位居所有测评城市的前10位，分别是深圳、珠海、青岛、南京、北京、厦门、湖州和无锡，占东部测评城市的22.2%，相比于2012年的19.4%有所提升。其中深圳以0.630的高分居所有测评城市首位，远高于其他测评城市。东部共有31个城市的政府政策支持度指数值大于0，高于全国平均水平，较2012年的32个略有下降。东部仅有上海、天津、汕头、海口和韶关5个城市的指数值小于0，其政府政策支持度低于全国平均水平。由此可见，东部绝大部分城市政府政策支持度位居全国前列。

（2）中部地区城市政府政策支持度指数及排名

2013年中国中部地区城市政府政策支持度指数及排名如表6-3所示。

表6-3　　　　　　　　中国中部地区城市政府政策支持度指数及排名

城 市	指数值	所有测评城市排名	区域内部排名	城 市	指数值	所有测评城市排名	区域内部排名
合 肥	0.124	13	1	焦 作	−0.018	56	13
九 江	0.068	28	2	大 同	−0.021	57	14
马鞍山	0.052	34	3	岳 阳	−0.037	64	15
太 原	0.051	35	4	郑 州	−0.045	67	16
湘 潭	0.044	37	5	武 汉	−0.048	68	17
芜 湖	0.043	38	6	宜 昌	−0.057	70	18
株 洲	0.022	42	7	荆 州	−0.063	71	19
南 昌	0.019	43	8	洛 阳	−0.063	72	20
安 阳	0.016	47	9	平顶山	−0.082	76	21
临 汾	0.008	48	10	长 治	−0.097	79	22
阳 泉	0.007	49	11	常 德	−0.153	89	23
长 沙	−0.015	55	12	开 封	−0.252	98	24

注：本表根据表6-1整理。

中部参与测评的24个城市中，没有城市位于所有测评城市的前10位。中部的合肥、九江、马鞍山、太原、湘潭、芜湖、株洲、南昌、安阳、临汾、阳泉11个城市位居所有测评城市的第13～49位，其指数值均大于0，政府政策支持度高于全国平均水平，位居所有中部城市的前列。而中部的长沙、焦作、大同、岳阳、郑州、武汉、宜昌、荆州、洛阳、平顶山、长治、常德、开封13个城市位居所有测评城市的第55～98位，其指数值均小于0，政府政策支持度低于全国平均水平，在所有中部城市中相对排名靠后。

（3）西部地区城市政府政策支持度指数及排名

2013年中国西部地区城市政府政策支持度指数及排名如表6-4所示。

表 6-4　　　　　　　　　中国西部地区城市政府政策支持度指数及排名

城 市	指数值	所有测评城市排名	区域内部排名	城 市	指数值	所有测评城市排名	区域内部排名
克拉玛依	0.250	2	1	呼和浩特	−0.037	65	16
乌鲁木齐	0.193	7	2	贵 阳	−0.043	66	17
宝 鸡	0.104	17	3	泸 州	−0.070	74	18
石嘴山	0.093	19	4	曲 靖	−0.079	75	19
绵 阳	0.086	24	5	包 头	−0.099	80	20
赤 峰	0.022	41	6	铜 川	−0.108	83	21
昆 明	0.017	44	7	攀枝花	−0.108	84	22
柳 州	−0.003	50	8	金 昌	−0.127	85	23
南 宁	−0.006	52	9	兰 州	−0.129	86	24
成 都	−0.009	53	10	咸 阳	−0.135	87	25
西 安	−0.014	54	11	宜 宾	−0.167	91	26
遵 义	−0.022	58	12	西 宁	−0.196	94	27
重 庆	−0.023	59	13	桂 林	−0.215	96	28
银 川	−0.024	60	14	延 安	−0.238	97	29
北 海	−0.032	62	15				

注：本表根据表 6-1 整理。

　　西部参与测评的 29 个城市中，有两个城市位居所有测评城市的前 10 位，分别是克拉玛依第 2 位、乌鲁木齐第 7 位，相对于 2012 年的 3 个城市出现了下降。克拉玛依、乌鲁木齐、宝鸡、石嘴山、绵阳、赤峰和昆明 7 个城市指数值大于 0，其城市政府政策支持度高于全国平均水平，位居全国所有测评城市中上游，位居西部测评城市的前列；而柳州、南宁、成都、西安、遵义、重庆、银川、北海、呼和浩特、贵阳、泸州、曲靖、包头、铜川、攀枝花、金昌、兰州、咸阳、宜宾、西宁、桂林和延安 22 个城市指数值小于 0，城市政府政策支持度低于全国平均水平，位居全国所有测评城市中下游，在西部测评城市中排名靠后。可见，西部地区绝大部分城市政府政策支持度位居全国中下游水平。

　　（4）东北地区城市政府政策支持度指数及排名

　　2013 年中国东北地区城市政府政策支持度指数及排名如表 6-5 所示。

表 6-5　　　　　　　　　中国东北地区城市政府政策支持度指数及排名

城 市	指数值	所有测评城市排名	区域内部排名	城 市	指数值	所有测评城市排名	区域内部排名
本 溪	−0.034	63	1	锦 州	−0.157	90	7
吉 林	−0.055	69	2	长 春	−0.188	93	8
大 连	−0.067	73	3	鞍 山	−0.206	95	9
抚 顺	−0.085	77	4	牡丹江	−0.298	99	10
哈尔滨	−0.088	78	5	齐齐哈尔	−0.315	100	11
沈 阳	−0.106	82	6				

注：本表根据表 6-1 整理。

东北参与测评的 11 个城市中，没有城市指数值大于 0，所有城市均低于全国平均水平。排名最高的是本溪，得分为－0.034，位于所有 100 个测评城市的第 63 位；其他城市如吉林、大连、抚顺等均位居全国所有测评城市的中下游，且东北地区绝大部分城市政府政策支持度在全国排名相对靠后。因此，东北地区城市政府政策支持度有待进一步提高。

3. 城市政府政策支持度对 2013 中国绿色发展指数（城市）影响分析

对比 2013 中国绿色发展指数（城市）与城市政府政策支持度后发现，100 个测评城市中，有 56 个城市政府政策支持度排名高于中国绿色发展指数（城市）排名，这表明这些城市政府的绿色行动推高了城市整体绿色发展水平，如阳泉、马鞍山、淄博、安阳等；有 40 个城市政府政策支持度排名低于中国绿色发展指数（城市）排名，这表明这些城市政府的绿色行动不足，影响了城市整体绿色发展水平的进一步提高，如海口、延安、长沙、沈阳等；而北京、扬州、青岛、广州 4 个城市政府政策支持度排名与中国绿色发展指数（城市）排名相同，说明城市政府绿色行动与城市绿色发展水平一致。

从影响的程度看，城市政府政策支持度与中国绿色发展指数（城市）排名差异较大（超过 20 位）的城市有 25 个，占所有城市的 25％，如唐山、大同、阳泉等，这表明这些城市的政府政策支持度对绿色发展指数总排名影响明显。其中，海口的排名差异最大，其中国绿色发展指数（城市）位居所有测评城市第 1 位，但政府政策支持度仅为第 88 位，名次变化达到 87 位；有 75 个城市排名差异较小（20 位以内），如北京、天津、秦皇岛等，这表明这些城市的政府政策支持度对绿色发展指数总排名影响不明显。2013 中国绿色发展指数（城市）与城市政府政策支持度排名差异超过 20 位的城市如表 6-6 所示。

表 6-6　　　　中国绿色发展指数（城市）与城市政府政策支持度排名差异超过 20 位的城市

城 市	绿色发展指数排名	政府政策支持度排名	排名差异	城 市	绿色发展指数排名	政府政策支持度排名	排名差异
海 口	1	88	－87	遵 义	37	58	－21
延 安	50	97	－47	银 川	80	60	20
沈 阳	41	82	－41	大 同	78	57	21
长 沙	14	55	－41	南 京	28	5	23
桂 林	57	96	－39	荆 州	94	71	23
北 海	25	62	－37	重 庆	82	59	23
昆 明	7	44	－37	石嘴山	42	19	23
呼和浩特	31	65	－34	泰 安	56	32	24
赤 峰	8	41	－33	安 阳	74	47	27
长 春	63	93	－30	淄 博	40	12	28
湛 江	9	36	－27	马鞍山	66	34	32
大 连	49	73	－24	阳 泉	85	49	36
唐 山	17	39	－22				

注：1. 本表根据表 0-4 和表 6-1 整理。2. 表中排名差异为政府政策支持度排名与绿色发展指数排名之差，正值表示政府政策支持度较之于绿色发展指数进步的名次，负值表示政府政策支持度较之于绿色发展指数退后的名次。

>>二、城市政府政策支持度比较分析<<

城市政府政策支持度占 2013 年中国绿色发展指数（城市）总权重的 33％，共由绿色投资指标、基础设施指标和环境治理指标 3 个二级指标以及 13 个三级指标构成。三级指标全部都为正指标，且都参与测算，没有无数列表指标。为深入剖析城市政府政策支持度特征，本部分将以 3 个二级指标为基础进行详细的分析与比较。

1. 城市绿色投资指标测算结果及分析

城市绿色投资指标占政府政策支持度指标总体权重的 25％，衡量城市对绿色发展的资金支持，从经济投入角度反映了政府对绿色发展的重视程度。城市绿色投资指标的三级指标、权重及指标属性如表 6-7 所示。

表 6-7　　　　　　　　　　城市绿色投资三级指标、权重及指标属性

指标序号	指标	权重	指标属性
32	环境保护支出占财政支出比重	3.30％	正
33	城市环境基础设施建设投资占全市固定资产投资比重	1.65％	正
34	科教文卫支出占财政支出比重	3.30％	正

注：本表内容是由本报告课题组召开的多次专家座谈会研讨确定的。

与 2012 年相比，2013 年城市绿色投资的三级指标及权重没有变化。根据表 6-7 所列指标和权重，经过标准化处理及综合测算，我们得到 2013 年中国城市绿色投资指标指数及其排名情况，如表 6-8 所示。

表 6-8　　　　　　　　　　中国城市绿色投资指标指数及其排名

指标 城市	绿色投资指标 指数值	排名	指标 城市	绿色投资指标 指数值	排名	指标 城市	绿色投资指标 指数值	排名
乌鲁木齐	0.128	1	兰　州	0.018	35	扬　州	−0.026	69
深　圳	0.114	2	安　阳	0.016	36	重　庆	−0.026	70
湖　州	0.108	3	平顶山	0.016	37	株　洲	−0.028	71
西　宁	0.100	4	曲　靖	0.011	38	福　州	−0.029	72
北　京	0.089	5	苏　州	0.006	39	呼和浩特	−0.029	73
绵　阳	0.081	6	大　同	0.006	40	马鞍山	−0.030	74
秦皇岛	0.077	7	杭　州	0.005	41	天　津	−0.031	75
石家庄	0.075	8	桂　林	0.005	42	北　海	−0.031	76
潍　坊	0.073	9	遵　义	0.005	43	荆　州	−0.032	77
阳　泉	0.066	10	泰　安	0.005	44	厦　门	−0.035	78
吉　林	0.064	11	合　肥	0.004	45	西　安	−0.036	79
克拉玛依	0.061	12	昆　明	0.003	46	柳　州	−0.037	80
珠　海	0.058	13	开　封	0.001	47	南　昌	−0.040	81
赤　峰	0.056	14	泉　州	0.000	48	牡丹江	−0.041	82
汕　头	0.054	15	徐　州	−0.002	49	齐齐哈尔	−0.043	83
铜　川	0.047	16	攀枝花	−0.005	50	广　州	−0.043	84

续表

指　标	绿色投资指标		指　标	绿色投资指标		指　标	绿色投资指标	
城　市	指数值	排　名	城　市	指数值	排　名	城　市	指数值	排　名
济　宁	0.043	17	宜　宾	−0.005	51	宜　昌	−0.043	85
咸　阳	0.041	18	贵　阳	−0.006	52	上　海	−0.043	86
青　岛	0.037	19	济　南	−0.006	53	宁　波	−0.045	87
绍　兴	0.035	20	九　江	−0.007	54	沈　阳	−0.055	88
南　通	0.034	21	烟　台	−0.007	55	哈尔滨	−0.056	89
温　州	0.033	22	延　安	−0.008	56	常　德	−0.057	90
淄　博	0.030	23	洛　阳	−0.010	57	抚　顺	−0.059	91
临　汾	0.029	24	石嘴山	−0.010	58	本　溪	−0.059	92
南　京	0.029	25	焦　作	−0.012	59	武　汉	−0.060	93
无　锡	0.026	26	长　春	−0.015	60	锦　州	−0.061	94
芜　湖	0.025	27	海　口	−0.016	61	成　都	−0.063	95
湛　江	0.024	28	郑　州	−0.016	62	包　头	−0.073	96
宝　鸡	0.024	29	南　宁	−0.016	63	银　川	−0.083	97
日　照	0.022	30	韶　关	−0.016	64	鞍　山	−0.094	98
泸　州	0.021	31	湘　潭	−0.019	65	大　连	−0.099	99
唐　山	0.020	32	金　昌	−0.020	66	长　治	−0.136	100
太　原	0.020	33	岳　阳	−0.021	67			
常　州	0.018	34	长　沙	−0.022	68			

注：以上数据及排名根据《中国统计年鉴 2014》《中国环境统计年报 2013》《中国环境统计年鉴 2014》《中国城市统计年鉴 2014》《中国城市建设统计年鉴 2014》等测算。

从表 6-8 中我们可以看出，测评的 100 个城市绿色投资指数介于−0.136～0.128 之间，总体差距较为明显。有 47 个城市绿色投资水平高于全国平均水平，占全部测评城市的 47％，如乌鲁木齐、深圳、湖州、西宁、北京、绵阳等；其中乌鲁木齐、深圳、湖州位居所有测评城市前 3 位，指数值分别达到 0.128、0.114 和 0.108。有 52 个城市绿色投资水平低于全国平均水平，占全部测评城市的 52％，如徐州、攀枝花、宜宾、贵阳、济南、九江等；其中鞍山、大连、长治位居所有测评城市后 3 位，指数值仅为−0.094、−0.099 和−0.136。泉州城市绿色投资水平与全国平均水平持平，位居所有测评城市的第 48 位。

为了更明确地反映出城市政府政策支持度与城市绿色投资指标之间的关系，图 6-3 从东部、中部、西部和东北地区划分的角度，给出了城市政府政策支持度与城市绿色投资指标的对比。图中反映出以下几点：第一，东部地区城市绿色投资指标在全国平均水平上下浮动，除深圳、北京、湖州等少数几个城市较为突出以外，各城市之间的差距不大；中部地区整体波动明显，各城市之间差异较大。阳泉、临汾、芜湖等 9 个城市高于全国平均水平，而长治、常德、武汉等 15 个城市则低于全国平均水平；西部地区城市与中部类似，均围绕全国平均值上下波动；东北地区城市普遍低于全国平均水平，仅有吉林高于平均水平。第二，东部地区城市绿色投资指标普遍低于其政府政策支持度，对政府政策支持度的贡献较小；中部、西部城市的绿色投资指标普遍围绕政府政策支持度上下波动；东北地区城市绿色投资指标普遍高于其政府政策支持度，总体对政府政策支持度的贡献较大。

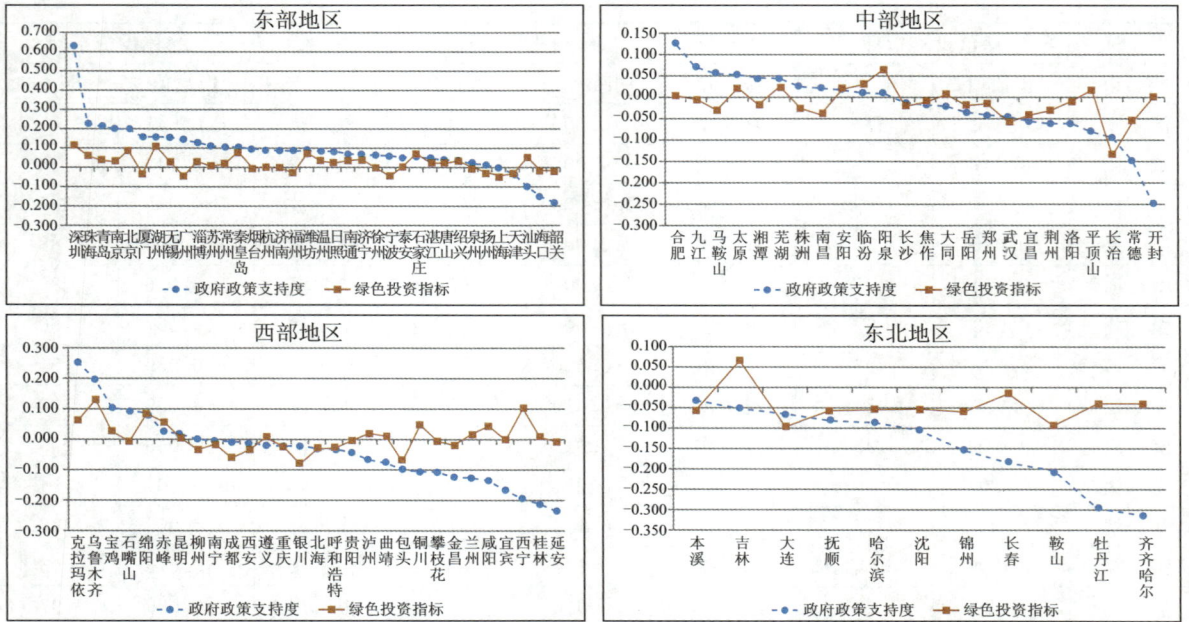

图 6-3　城市政府政策支持度与城市绿色投资指标对比

注：本图从东部、中部、西部和东北地区划分的角度，根据政府政策支持度指数大小自左到右排列。

2. 城市基础设施指标测算结果及分析

城市基础设施指标是测度城市政府政策支持度最重要的二级指标，其反映的是城市基建对城市绿色发展的支撑作用。该二级指标在城市政府政策支持度中所占权重最大，为 45％，共 6 个三级指标，每个三级指标占总权重的 2.48％，具体情况如表 6-9 所示。

表 6-9　　　　　　　　　城市基础设施三级指标、权重及指标属性

指标序号	指　标	权　重	指标属性
35	人均绿地面积	2.48％	正
36	建成区绿化覆盖率	2.48％	正
37	用水普及率	2.48％	正
38	城镇生活污水处理率	2.48％	正
39	生活垃圾无害化处理率	2.48％	正
40	每万人拥有公共汽车	2.48％	正

注：本表内容是由本报告课题组召开的多次专家座谈会研讨确定的。

2013 年城市基础设施三级指标、权重及指标属性较上年没有变化。对三级指标原始数据标准化处理后，根据表 6-9 中所示权重，计算出 100 个测评城市基础设施指标指数值，具体如表 6-10 所示。

表 6-10　　　　　　　　中国城市基础设施指标指数及其排名

指　标 城　市	基础设施指标 指数值	排　名	指　标 城　市	基础设施指标 指数值	排　名	指　标 城　市	基础设施指标 指数值	排　名
深　圳	0.463	1	株　洲	0.027	35	荆　州	−0.019	69
珠　海	0.166	2	宁　波	0.027	36	焦　作	−0.020	70
克拉玛依	0.105	3	徐　州	0.019	37	天　津	−0.021	71

指　标	基础设施指标		指　标	基础设施指标		指　标	基础设施指标	
城　市	指数值	排　名	城　市	指数值	排　名	城　市	指数值	排　名
九　江	0.103	4	长　治	0.019	38	湘　潭	−0.024	72
厦　门	0.095	5	南　通	0.018	39	常　德	−0.026	73
南　京	0.095	6	金　昌	0.018	40	湛　江	−0.027	74
广　州	0.087	7	乌鲁木齐	0.017	41	大　同	−0.031	75
大　连	0.086	8	昆　明	0.015	42	曲　靖	−0.033	76
秦皇岛	0.084	9	潍　坊	0.013	43	北　海	−0.034	77
青　岛	0.084	10	吉　林	0.013	44	韶　关	−0.036	78
北　京	0.078	11	安　阳	0.013	45	抚　顺	−0.040	79
本　溪	0.071	12	成　都	0.013	46	呼和浩特	−0.046	80
无　锡	0.071	13	上　海	0.011	47	哈尔滨	−0.047	81
合　肥	0.068	14	芜　湖	0.010	48	洛　阳	−0.049	82
淄　博	0.064	15	宝　鸡	0.009	49	锦　州	−0.052	83
苏　州	0.061	16	柳　州	0.006	50	平顶山	−0.059	84
沈　阳	0.058	17	岳　阳	0.005	51	铜　川	−0.067	85
湖　州	0.057	18	太　原	0.003	52	赤　峰	−0.079	86
杭　州	0.056	19	绍　兴	0.002	53	临　汾	−0.089	87
烟　台	0.055	20	石家庄	0.000	54	攀枝花	−0.091	88
常　州	0.051	21	温　州	0.000	55	西　宁	−0.105	89
马鞍山	0.047	22	唐　山	−0.001	56	泸　州	−0.112	90
福　州	0.042	23	泉　州	−0.001	57	咸　阳	−0.121	91
西　安	0.042	24	鞍　山	−0.003	58	兰　州	−0.124	92
泰　安	0.038	25	包　头	−0.003	59	汕　头	−0.125	93
银　川	0.036	26	绵　阳	−0.006	60	长　春	−0.141	94
长　沙	0.035	27	贵　阳	−0.009	61	桂　林	−0.142	95
石嘴山	0.034	28	宜　昌	−0.011	62	延　安	−0.157	96
南　昌	0.034	29	南　宁	−0.011	63	宜　宾	−0.157	97
武　汉	0.033	30	郑　州	−0.012	64	开　封	−0.170	98
日　照	0.031	31	济　宁	−0.013	65	牡丹江	−0.191	99
扬　州	0.031	32	重　庆	−0.013	66	齐齐哈尔	−0.232	100
海　口	0.028	33	遵　义	−0.014	67			
济　南	0.028	34	阳　泉	−0.014	68			

　　注：本表数据及排名根据《中国统计年鉴2014》《中国环境统计年报2013》《中国环境统计年鉴2014》《中国城市统计年鉴2014》《中国城市建设统计年鉴2014》等测算。

　　从表6-10中我们看到，城市基础设施指标中，排名最高的是深圳，其指数值达到0.463；排名最低的是齐齐哈尔，其指数值仅为−0.232，极差为0.695，总体之间的差距较大。

　　100个测评城市中，有53个城市基础设施指标高于全国平均水平，占全部测评城市的53%，如深圳、珠海、克拉玛依、九江等；其中深圳、珠海、克拉玛依3个城市位居所有测评城市前3位，指数值分别达到了0.463、0.166和0.105。有45个城市基础设施指标低于全国平均水平，占全部测评城市的45%，如唐山、泉州、鞍山、包头等；其中开封、牡丹江、齐齐哈尔位居所有测评城市最后 3 位，指数值仅为－0.170、－0.191 和－0.232；石家庄和温州两个城市得分与全国平均水平持平。

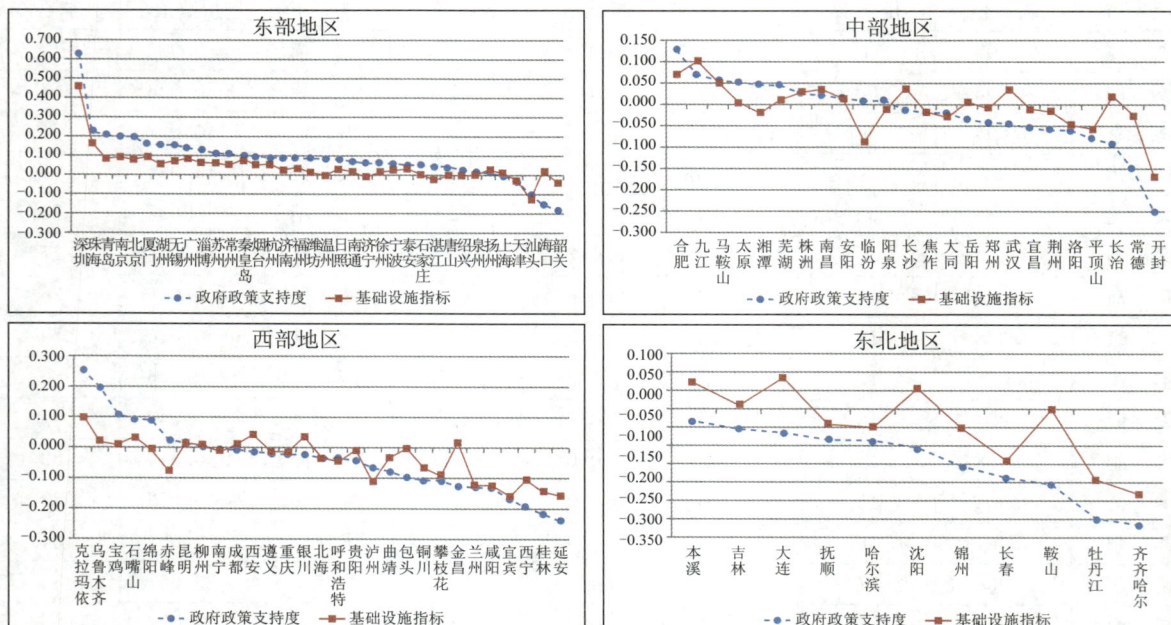

图 6-4　城市政府政策支持度与城市基础设施指标对比

注：本图从东部、中部、西部和东北地区划分的角度，根据政府政策支持度指数大小自左到右排列。

图 6-4 显示了按照不同区域划分下，城市政府政策支持度与城市基础设施指标的差异。从图中可以看出：第一，东部地区城市基础设施指标绝大部分均高于全国平均水平，仅有汕头、韶关、湛江等 7 个城市低于全国平均水平，且除深圳、珠海、汕头之外，其他各城市得分差距不明显；中部地区有 12 个城市基础设施指标得分高于全国平均水平，12 个城市低于平均水平，各占一半。且各城市之间差距明显，波动较大；西部和东北地区各有近 1/3 的城市基础设施指标高于全国平均水平，大部分城市均低于全国平均水平，落后于其他两个地区，特别是与东部地区差距较大。第二，东部地区城市基础设施指标普遍略低于城市政府政策支持度，且二者走势非常相似，仅有海口、韶关等个别城市差距较大；中部和西部地区部分城市基础设施指标围绕政府政策支持度上下波动；而东北地区所有城市基础设施指标均高于城市政府政策支持度，对政府政策支持度得分有较大的拉动作用。

3. 城市环境治理指标测算结果及分析

城市政府政策支持度的第三个二级指标是城市环境治理指标，它是对城市在环境保护、生态治理等方面的综合衡量，占城市政府政策支持度权重的 30%。该指标由 4 个三级指标组成，每个指标占总权重的 2.48%，具体情况如表 6-11 所示。

表 6-11　　　　　　　　　城市环境治理三级指标、权重及指标属性

指标序号	指　　标	权　　重	指标属性
41	工业二氧化硫去除率	2.48%	正
42	工业废水化学需氧量去除率	2.48%	正
43	工业氮氧化物去除率	2.48%	正
44	工业废水氨氮去除率	2.48%	正

注：本表内容是由本报告课题组召开的多次专家座谈会研讨确定的。

2013年城市环境治理指标较2012年没有变化。根据表6-11中的权重，我们得到2013年中国城市环境治理指标指数及其排名，其结果如表6-12所示。

表6-12　　　　　　　　　中国城市环境治理指标指数及其排名

指标 城市	环境治理指标		指标 城市	环境治理指标		指标 城市	环境治理指标	
	指数值	排名		指数值	排名		指数值	排名
厦门	0.099	1	柳州	0.027	35	武汉	−0.021	69
广州	0.098	2	上海	0.026	36	岳阳	−0.021	70
青岛	0.092	3	南昌	0.025	37	兰州	−0.022	71
湘潭	0.087	4	银川	0.023	38	包头	−0.022	72
克拉玛依	0.084	5	株洲	0.022	39	石家庄	−0.023	73
南京	0.079	6	唐山	0.022	40	贵阳	−0.028	74
宁波	0.078	7	南宁	0.022	41	九江	−0.028	75
福州	0.075	8	泸州	0.021	42	长沙	−0.029	76
宝鸡	0.071	9	长治	0.021	43	汕头	−0.031	77
石嘴山	0.068	10	南通	0.020	44	长春	−0.032	78
临汾	0.068	11	泉州	0.018	45	平顶山	−0.038	79
济南	0.068	12	重庆	0.016	46	齐齐哈尔	−0.040	80
无锡	0.059	13	哈尔滨	0.015	47	锦州	−0.044	81
合肥	0.053	14	焦作	0.014	48	阳泉	−0.045	82
深圳	0.053	15	抚顺	0.013	49	本溪	−0.046	83
温州	0.052	16	绵阳	0.011	50	大连	−0.053	84
湛江	0.051	17	扬州	0.010	51	秦皇岛	−0.054	85
烟台	0.049	18	泰安	0.010	52	咸阳	−0.056	86
乌鲁木齐	0.048	19	芜湖	0.007	53	曲靖	−0.057	87
徐州	0.047	20	大同	0.004	54	牡丹江	−0.066	88
赤峰	0.046	21	珠海	0.002	55	常德	−0.071	89
苏州	0.042	22	潍坊	0.001	56	延安	−0.074	90
成都	0.041	23	昆明	0.000	57	桂林	−0.079	91
呼和浩特	0.038	24	宜昌	−0.003	58	开封	−0.082	92
常州	0.037	25	洛阳	−0.004	59	铜川	−0.087	93
济宁	0.035	26	宜宾	−0.005	60	鞍山	−0.108	94
马鞍山	0.035	27	湖州	−0.008	61	沈阳	−0.109	95
北京	0.034	28	绍兴	−0.009	62	金昌	−0.125	96
淄博	0.034	29	荆州	−0.012	63	韶关	−0.127	97
北海	0.033	30	攀枝花	−0.012	64	吉林	−0.132	98
日照	0.031	31	安阳	−0.013	65	海口	−0.163	99
杭州	0.030	32	遵义	−0.013	66	西宁	−0.191	100
天津	0.028	33	郑州	−0.017	67			
太原	0.027	34	西安	−0.019	68			

注：以上数据及排名根据《中国统计年鉴2014》《中国环境统计年报2013》《中国环境统计年鉴2014》《中国城市统计年鉴2014》《中国城市建设统计年鉴2014》等测算。

　　从表 6-12 中我们可以看到，城市环境治理指标中，排名最高的是厦门，其指数值为 0.099；排名最低的是西宁，其指数值仅为 -0.191，二者之间的差距比较明显，极差为 0.290。而且城市环境治理指标在区域内波动幅度也较大。

　　在所有 100 个测评城市中，共有 56 个城市环境治理指标高于全国平均水平，占全部测评城市的 56%，如厦门、广州、青岛、湘潭等；其中厦门、广州、青岛 3 个城市位居所有测评城市前 3 位，指数值分别达到了 0.099、0.098 和 0.092。有 43 个城市环境治理指标低于全国平均水平，占全部测评城市的 43%，如宜昌、洛阳、宜宾、湖州等；其中吉林、海口、西宁位居所有测评城市后 3 位，指数值仅为 -0.132、-0.163 和 -0.191；昆明得分与全国平均水平持平。

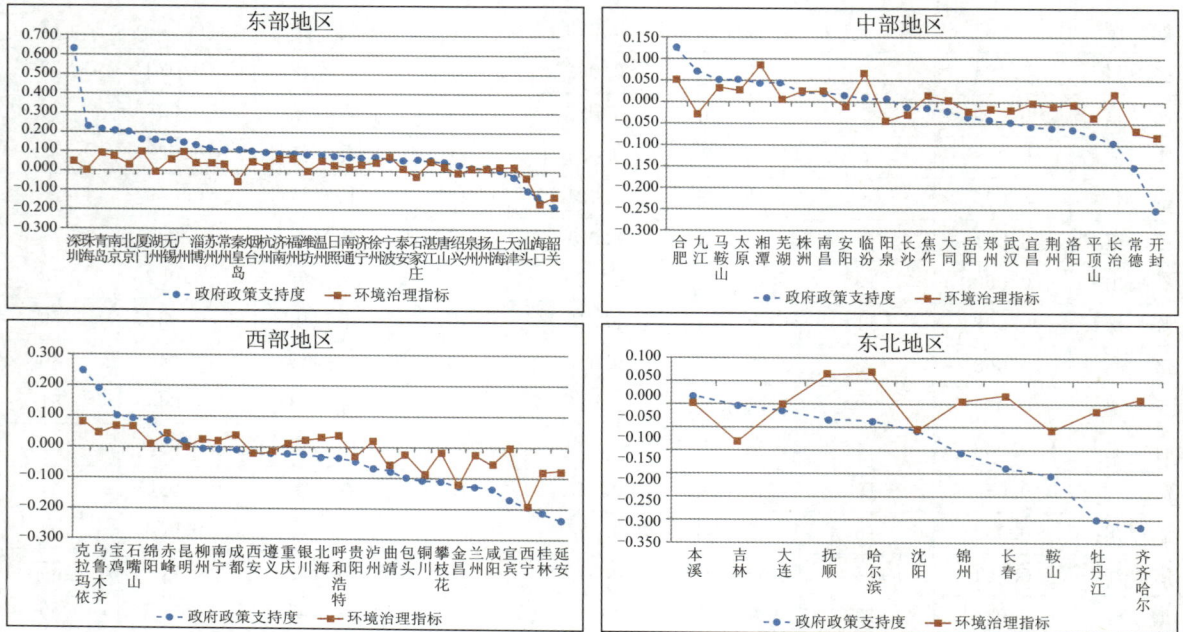

图 6-5　城市政府政策支持度与城市环境治理指标对比

注：本图从东部、中部、西部和东北地区划分的角度，根据政府政策支持度指数大小自左到右排列。

　　图 6-5 显示了按照不同区域划分下，城市政府政策支持度与城市环境治理指标的差异。从图中可以看出：第一，除湖州、秦皇岛、石家庄、绍兴、汕头、海口、韶关 7 个城市以外，东部地区城市环境治理指标普遍高于全国平均水平，且各城市之间差距不大；中部和西部地区环境治理指标高于和低于全国平均水平的城市参半，围绕平均值上下波动，且各城市之间波动幅度较大；而东北地区城市除抚顺和哈尔滨以外，其余城市全部低于全国平均水平，区域整体表现相对较弱。第二，东部地区大部分城市其城市环境治理指标普遍低于城市政府政策支持度，且部分城市二者差距较大，其对政府政策支持度的贡献较小；中部地区有一半的城市其环境治理指标高于城市政府政策支持度，有一半的城市其城市环境治理指标低于城市政府政策支持度，且二者之间的走势不同，相关关系不显著；西部和东北地区除克拉玛依、乌鲁木齐、宝鸡、石嘴山等个别城市以外，绝大部分城市环境治理指标高于城市政府政策支持度，其对政府政策支持度有较大的拉动作用。

第三篇

公众评价篇

自 2012 年以来，我们连续在 38 个城市开展"城市绿色发展公众满意度调查"，了解居民对其所居住城市绿色发展状况的主观感受和评价，并量化分析调查城市的绿色发展状况及其走势。公众满意度调查结果较好地反映了城市绿色发展的现实水平，获得了各位专家和社会各界的广泛认可，成为以客观统计数据为基础的"城市绿色发展指数测评指标体系"的重要补充和完善。本篇包括 1 章："第七章　城市绿色发展公众满意度调查结果及分析"。去年报告中该篇还有一部分内容为"城市绿色发展公众满意度调查方案及组织实施情况"，但鉴于今年的调查方案及组织实施情况较去年没有任何变化，专家讨论将其放入附录中，置于文后。

第七章

城市绿色发展公众满意度调查结果及分析

自 2012 年以来，我们连续在 38 个重点城市开展"城市绿色发展公众满意度调查"，了解居民对其所居住城市绿色发展状况的主观感受和评价，并量化分析重点城市的绿色发展状况及其走势。公众满意度调查结果较好地反映了城市绿色发展的现实水平，获得了各位专家和社会各界的广泛认可，成为以客观统计数据为基础的"城市绿色发展指数测评指标体系"的重要补充和完善。2015 年，此项调查在 4—5 月组织实施，调查方法、调查范围和样本量、调查指标体系与测算方法均与上年保持一致。

调查结果显示，2015 年中国重点城市绿色发展公众综合满意度为 0.137①，连续两年有所提升。绝大多数城市的居民对其所居住的城市在绿色发展方面取得的进步持肯定态度，不过多数城市的公众综合满意度得分仍然较低。城市绿色发展水平明显分化，地区城市公众综合满意度呈现西部相对最高、东部和东北地区较高、中部地区较低的特征；与 2014 年相比，四大地区的公众综合满意度都有所提升，东部城市提升较多，中部和东北城市次之，西部城市提升较少。从公众综合满意度三项构成指数看，居民对城市基础设施的满意度仍然最高，对城市环境的满意度较高，对政府绿色行动仍表示不满意；与 2014 年相比，三项构成指数的满意度都有所改善，城市环境和城市基础设施满意度升幅较大，政府绿色行动的不满意程度减轻。就具体指标来看，居民对 9 项指标表示满意，其中对公共交通便利程度、近三年城市环境变化、政府环保工作重视程度的满意度较高；对 7 项指标表示不满意，其中对环境投诉方式、日常食品放心程度和城市交通畅通情况满意度较低；与 2014 年相比，居民对 15 项指标的满意度改善，其中对近三年城市环境变化、城市空气质量、环境污染突发事件处理和环境投诉方式的满意度提升最多，仅对日常食品放心程度的满意度下降。

>> 一、城市绿色发展公众综合满意度连续两年提升 <<

2015 年中国重点城市绿色发展公众综合满意度为 0.137（见表 7-1），比 2014 年提高 0.038，在满意区间中仍处较低水平，但提升幅度有所加大。城市绿色发展水平明显分化，地区城市公众综合满意度呈现西部相对最高、东部和东北地区较高、中部地区较低的特征。从综合满意度三项构成指数看，居民对城市基础设施的满意度仍然最高，为 0.252，比上年高 0.032；对城市

---

① 满意度得分在 −1～1 之间，0 为"满意"和"不满意"的临界值。得分为正处于"满意区间"，表示"满意"，越趋近于 1 满意程度越高；反之处于"不满意区间"，表示"不满意"，越趋近于 −1 不满意程度越高。

环境的满意度较高，为 0.184，比上年高 0.050；对政府绿色行动仍表示不满意，满意度为
－0.024，上年为－0.055，不满意程度明显下降。

表 7-1　　　　　　　　　　　　中国重点城市绿色发展公众满意度（2015）

城　市	绿色发展公众综合满意度		城市环境满意度		城市基础设施满意度		政府绿色行动满意度	
	排　名	指　数	排　名	指　数	排　名	指　数	排　名	指　数
平均水平		0.137		0.184		0.252		－0.024
克拉玛依	1	0.580	1	0.712	1	0.710	1	0.318
厦　门	2	0.337	2	0.436	2	0.466	2	0.110
银　川	3	0.286	5	0.387	3	0.436	6	0.036
珠　海	4	0.281	4	0.404	4	0.415	11	0.024
西　宁	5	0.270	2	0.436	10	0.338	5	0.038
青　岛	6	0.243	8	0.295	8	0.368	3	0.065
宁　波	7	0.230	14	0.241	5	0.410	4	0.039
南　宁	8	0.196	9	0.287	14	0.267	7	0.032
南　京	9	0.194	18	0.177	6	0.381	10	0.025
苏　州	10	0.191	19	0.173	7	0.373	8	0.029
深　圳	11	0.184	15	0.237	9	0.345	18	－0.029
重　庆	12	0.177	11	0.259	18	0.255	12	0.018
哈尔滨	13	0.168	10	0.274	15	0.264	20	－0.033
大　连	14	0.151	17	0.183	11	0.322	27	－0.051
杭　州	15	0.147	24	0.130	13	0.285	9	0.027
乌鲁木齐	16	0.141	16	0.234	23	0.211	15	－0.020
长　春	17	0.134	23	0.136	12	0.315	26	－0.049
南　昌	18	0.131	13	0.247	28	0.192	25	－0.046
福　州	19	0.126	12	0.257	24	0.206	31	－0.084
贵　阳	20	0.121	6	0.311	36	0.048	14	0.004
太　原	21	0.115	21	0.149	21	0.233	22	－0.038
济　南	22	0.111	30	0.078	20	0.243	13	0.012
西　安	23	0.108	19	0.173	27	0.194	23	－0.042
沈　阳	24	0.105	25	0.115	15	0.264	28	－0.062
海　口	24	0.105	7	0.302	31	0.158	37	－0.145
上　海	26	0.102	31	0.077	19	0.250	16	－0.021
合　肥	26	0.102	22	0.139	26	0.201	20	－0.033
武　汉	28	0.095	26	0.111	25	0.204	18	－0.029
成　都	29	0.089	28	0.086	22	0.226	24	－0.045
天　津	30	0.083	32	0.059	17	0.260	30	－0.069
北　京	31	0.033	37	－0.049	29	0.172	17	－0.025
昆　明	32	0.030	27	0.110	34	0.119	36	－0.139
长　沙	33	0.022	33	0.045	33	0.123	32	－0.102

城　市	绿色发展公众综合满意度		城市环境满意度		城市基础设施满意度		政府绿色行动满意度	
	排　名	指　数	排　名	指　数	排　名	指　数	排　名	指　数
石家庄	34	0.008	36	−0.042	32	0.132	29	−0.066
广　州	35	0.005	35	−0.027	30	0.169	34	−0.126
呼和浩特	36	−0.026	29	0.085	37	0.018	38	−0.182
兰　州	37	−0.046	34	0.035	38	−0.036	35	−0.136
郑　州	38	−0.047	38	−0.097	35	0.066	33	−0.109

分四大经济区域看，东部、中部、西部和东北地区的城市绿色发展公众综合满意度分别为0.143、0.070、0.161和0.140（见图7-1），西部城市满意度相对最高，东部和东北城市与之接近，中部城市相对最低。西部12个城市中，克拉玛依的满意度最高，为0.580；排在第2位的是银川，为0.286；克拉玛依和银川分别比满意度最低的兰州高出0.626和0.332。在四大区域中，西部各城市的绿色发展水平差异仍然最大，但比上年有所缩小。其中，有4个城市的满意度排在全国前10位，比2014年多了南宁，少了重庆和乌鲁木齐；3个城市排在第11～20位，比2014年增加2个；有5个城市排在全国后18位，比2014年少了贵阳。东部16个城市中，满意度最高的厦门比最低的广州高出0.332，城市间绿色发展水平差异较大。16个城市中，有6个城市的满意度排在全国前10位，比2014年多了南京和苏州；3个城市排在第11～20位，比2014年减少1个；有7个城市排在全国后18位，比2014年多了上海、济南和海口，少了南京、杭州和深圳。中部6个城市的绿色发展水平相对较低，满意度最高的南昌比最低的郑州高出0.178，城市间差异较小；除南昌的满意度排在全国第18位外，其他5个城市都排在后18位。东北4个城市中，哈尔滨、大连和长春的满意度较高，分别排在全国第13、14和17位，沈阳的满意度略低，排在全国第24位；哈尔滨的满意度比沈阳仅高0.063，城市间差异最小。

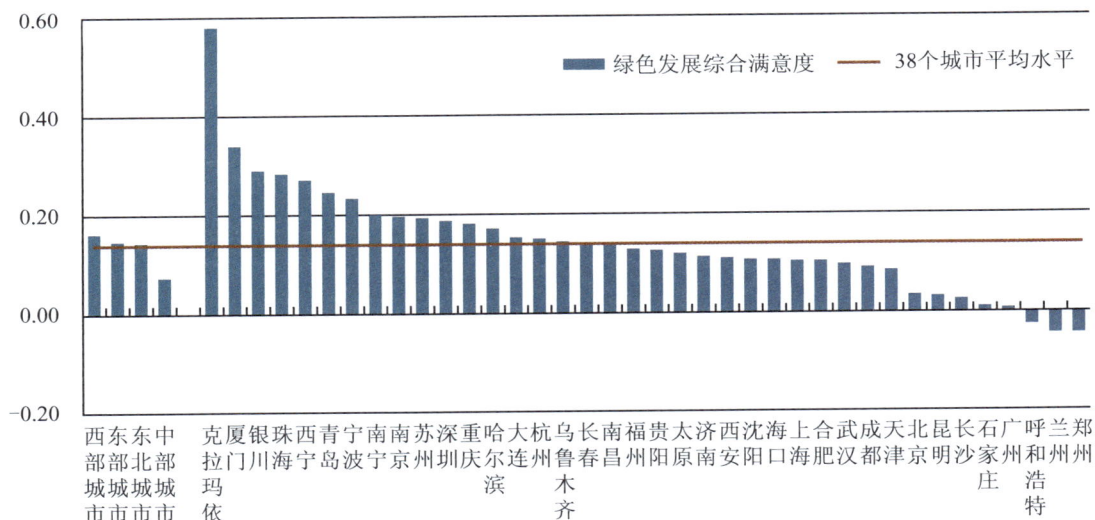

图7-1　城市绿色发展综合满意度

分城市看，绝大多数城市的公众综合满意度处于满意区间，但城市间满意度差异仍然较大。克拉玛依仍然一枝独秀，满意度达到0.580，比排在第2位的厦门高出0.243，比排名最低的郑州高出0.627；厦门比郑州也高出0.384。38个城市中，有35个城市的公众综合满意度处于满意区间，表明居民对所居住城市的绿色发展水平持总体肯定态度。其中，16个城市的综合满意度高于全国平均水平，排在前 10 位的依次是克拉玛依、厦门、银川、珠海、西宁、青岛、宁波、南宁、南京和苏州。仅有 3 个城市的综合满意度小于 0，依次是呼和浩特、兰州和郑州，比 2014 年多了兰州，少了南京、深圳、广州、石家庄和北京。

与 2014 年相比，东部、中部、西部和东北城市的公众综合满意度分别高出 0.071、0.040、0.005 和 0.029，东部地区提升幅度最大，西部地区提升幅度最小（见图 7-2）。分城市看，多数城市的公众综合满意度提升。其中，27 个城市的综合满意度有所提升，升幅排在前 5 位的依次是南京、深圳、杭州、北京和贵阳，南京、深圳和北京升入了满意区间；11 个城市的综合满意度有所降低，后 5 位按降幅从高到低依次是兰州、乌鲁木齐、重庆、西宁和济南，兰州进入了不满意区间。与 2014 年相比，大多数城市（32 个）的公众满意度排名有所变化；其中，排名上升 6 位及以上的城市有 5 个，按上升位次从高到低依次是南京、深圳、杭州、贵阳和北京，这些城市的三项构成指数均有较大幅度提升；排名下降 6 位及以上的城市有 9 个，济南和乌鲁木齐分别下降 11 位和 8 位，长沙、海口、重庆、成都、昆明、兰州均下降 7 位，上海下降 6 位，这些城市的三项构成指数多有所下降或提升有限。

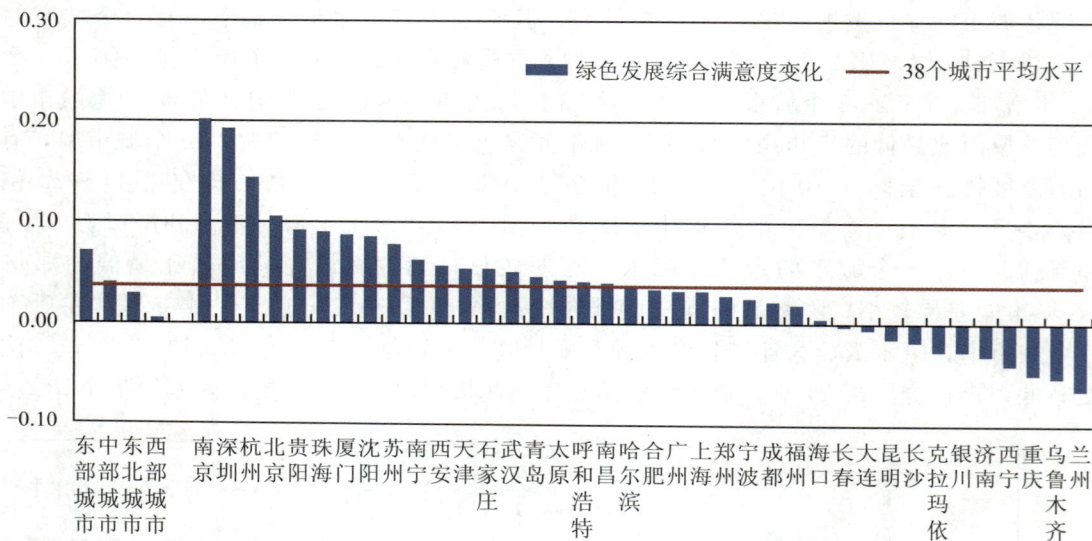

图 7-2　城市绿色发展综合满意度变化

城市绿色发展公众综合满意度的三项构成指数分别为城市环境满意度、城市基础设施满意度和政府绿色行动满意度，2015 年得分分别为 0.184、0.252 和 -0.024（见图 7-3），居民对城市环境和基础设施满意度较高，但对政府绿色行动仍表示不满意。其中，城市环境满意度在 2014 年小幅下降后，2015 年有了明显提升；城市基础设施满意度处在满意区间，且连续两年有所提升；政府绿色行动满意度仍处于不满意区间，但不满意程度连续两年有所减轻。[1]

分地区看，东部、东北和中部地区的城市基础设施满意度比城市环境满意度高出较多，而西部地区的城市环境满意度则相对较高，各地区的政府绿色行动满意度都最低（见图 7-4）。与 2014 年相比，东部、中部和东北地区三项指数的满意度均有所提升，东部和中部的城市环境满意度升幅最大，东北的基础设施满意度升幅最大；西部地区的城市环境和政府绿色行动满意度略有上升，而城市基础设施满意度则略有下降。38 个城市中，城市环境满意度处于满意区间的有 34 个，比 2014 年增加 2 个；城市基础设施满意度处于满意区间的有 37 个，比 2014 年增加 1

----

[1]　因从 2013 年起的调查增加了一项纳入计算的指标，造成 2012 年与此后年份的指数不完全可比，这里只比较 2013—2015 年的数据。

个；政府绿色行动满意度处于满意区间的有 14 个，比 2014 年增加 6 个。

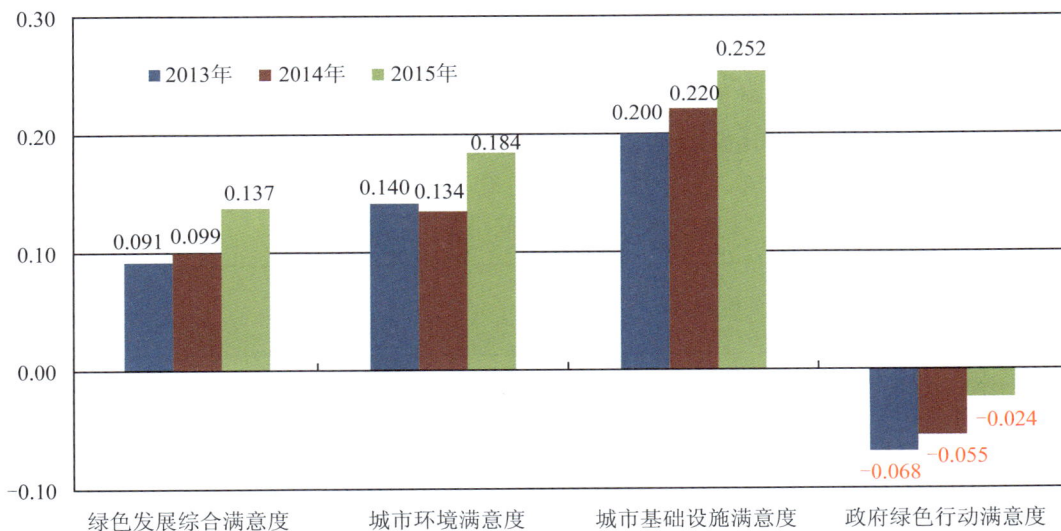

图 7-3　综合满意度三项构成指数及变化

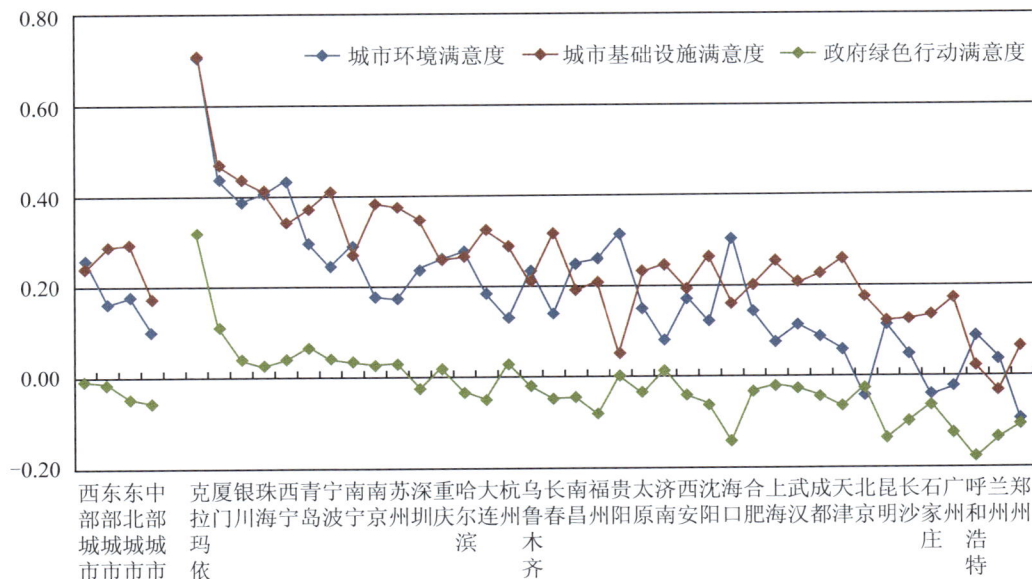

图 7-4　城市绿色发展构成指数满意度

另外，按城市经济发展水平和人口规模①来看，2015 年二线城市的绿色发展公众综合满意度最高，为 0.158；三线城市次之，为 0.136；一线城市最低，为 0.081，与二、三线城市的差异也较大（见图 7-5）。与 2014 年相比，一线城市的满意度升幅最大，上升 0.091；二线城市次之，上升 0.048；三线城市升幅最小，上升 0.018。从各线城市的综合满意度差异来看，一线城

①　按经济发展水平和人口规模，这里把 38 个城市分为三个级别，分别为一线城市、二线城市和三线城市，以算数平均法计算其满意度水平。一线城市 4 个，分别为北京、上海、广州和深圳；二线城市 15 个，分别为天津、沈阳、大连、长春、哈尔滨、南京、杭州、宁波、厦门、济南、青岛、武汉、重庆、成都和西安，即 15 个副省级城市除去广州、深圳，加上天津和重庆；三线城市 19 个，分别为石家庄、太原、呼和浩特、苏州、合肥、福州、南昌、郑州、长沙、珠海、南宁、海口、贵阳、昆明、兰州、西宁、银川、乌鲁木齐和克拉玛依。

市中各城市满意度的差异最小，满意度最高的深圳比最低的广州高出 0.179；二线城市的差异略大，最高的厦门比最低的天津高出 0.254；三线城市的差异最大，最高的克拉玛依比最低的郑州高出 0.627，次高的银川比最低的郑州高出 0.333。从综合满意度的三项构成指数看，一、二、三线城市的城市环境满意度分别为 0.060、0.184 和 0.220，三线城市最高，而各线城市间差异较大；一、二、三线城市的城市基础设施满意度分别为 0.234、0.297 和 0.222，二线城市最高，但各线城市间差异较小；一、二、三线城市的政府绿色行动满意度分别为 -0.050、-0.006 和 -0.033，均处于不满意区间，且各线城市间差异较小。

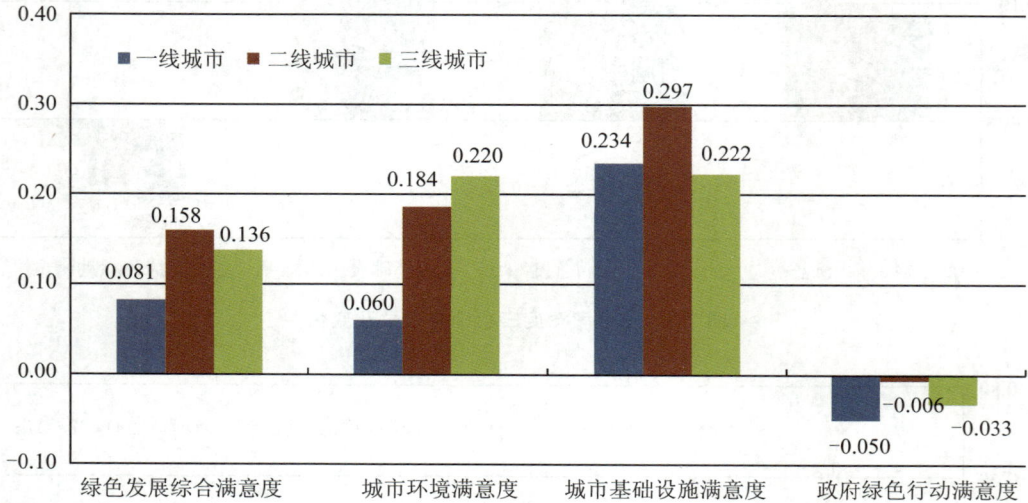

图 7-5　不同级别城市满意度比较

　　进一步调查显示，城市居民对其所居住城市的满意程度普遍较高，38 个城市的总体满意度为 0.512，比 2014 年高 0.051。其中，56.2% 的受访居民对其所居住的城市表示"满意"，比 2014 年增加 4.0 个百分点；38.8% 认为"一般"，减少 2.9 个百分点；仅有 5.0% 表示"不满意"，减少 1.1 个百分点。城市总体满意度与城市绿色发展综合满意度的变动方向一致，均比上年有较大幅度提升；从 38 个城市来看，各城市的总体满意度均远高于绿色发展综合满意度（见图 7-6），但两者的相关系数高达 0.903。

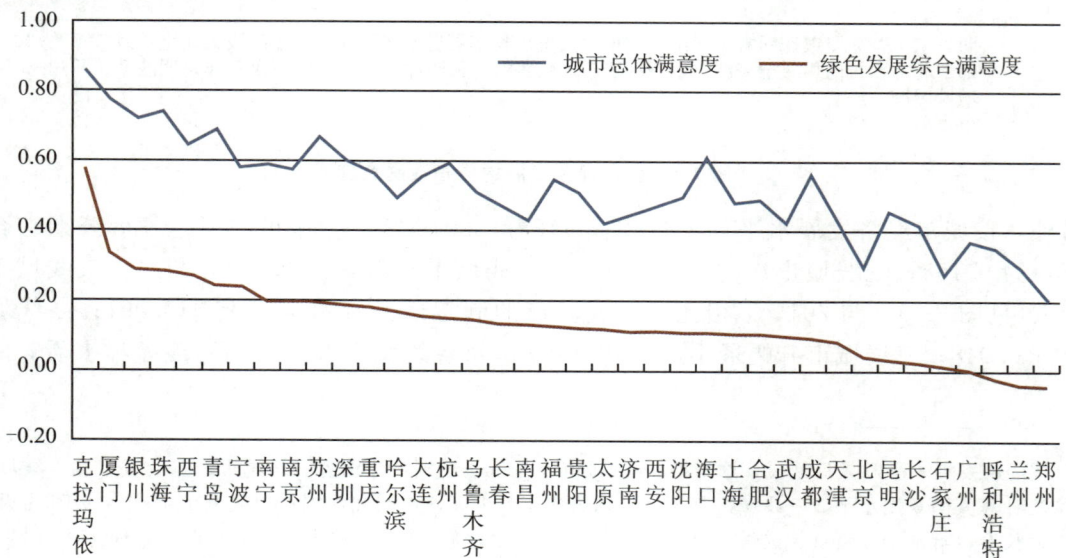

图 7-6　城市总体满意度与绿色发展综合满意度比较

>>二、城市环境满意度止降回升<<

城市环境满意度是指居民对所在城市的街道卫生、饮用水、河流湖泊的受污染程度、空气质量和近三年城市环境变化五项指标的综合评价。调查结果显示，38个城市的城市环境满意度平均水平为0.184（见图7-7），处于满意区间；在连续两年有不同程度下降后，2015年明显上升为0.050。各城市的环境满意度存在较大的地区差异，呈现西部地区最高、东北和东部地区较高、中部地区较低的特征。

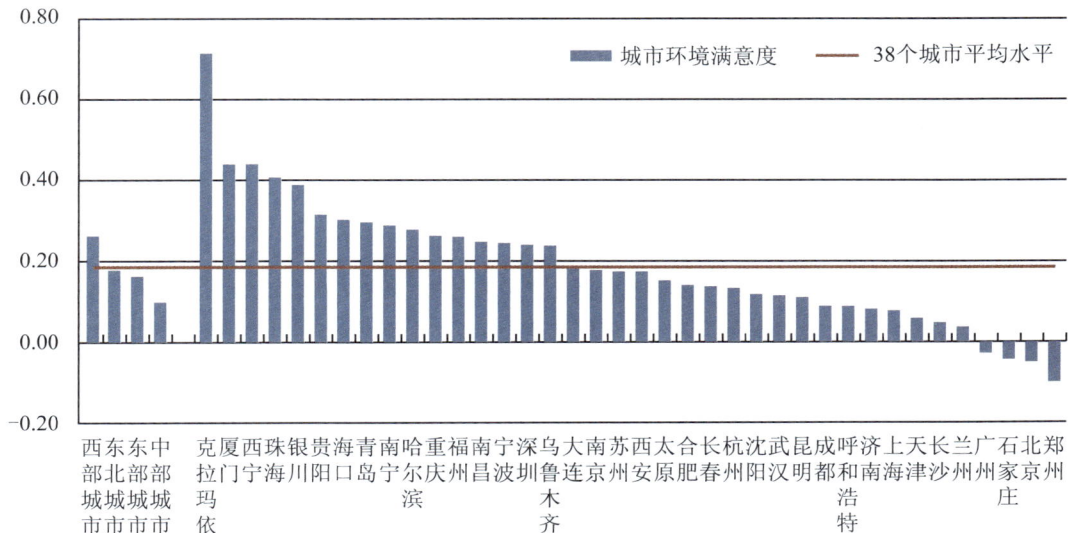

图 7-7　城市环境满意度

分地区看，东部、中部、西部和东北地区的城市环境满意度分别为0.161、0.099、0.259和0.177，分别比2014年高0.092、0.059、0.011和0.029。西部地区满意度最高，城市间差异最大，得分最高的克拉玛依比最低的兰州高出0.677，次高的西宁也比兰州高出0.401；西部12个城市中，有5个城市的满意度排在全国前10位。东北地区满意度略低于全国平均水平，城市间差异最小，得分最高的哈尔滨比最低的沈阳仅高出0.159；东北地区4个城市中，哈尔滨仍排在全国第10位。东部地区满意度也低于全国平均水平，但城市间差异较大，得分最高的厦门比最低的北京高出0.485；东部地区16个城市中，有4个城市的满意度排在全国前10位。中部地区满意度相对最低，城市间差异较大，得分最高的南昌排在全国第13位，比排在全国末位的郑州高出0.344。

分城市看，34个城市的环境满意度处于满意区间，比2014年增加2个；仅有郑州、北京、石家庄和广州处于不满意度区间。与2014年相比，29个城市的环境满意度上升，前5位按升幅从高到低依次是南京、深圳、杭州、北京和西安，南京和杭州升入满意区间，北京升幅也高达0.160。9个城市的环境满意度下降，后5位按降幅从高到低依次是兰州、乌鲁木齐、银川、克拉玛依和重庆，均为西部城市；其中，兰州降幅达0.080，降至略高于满意水平。

城市环境的五项构成指标中，2015年城市居民对近三年城市环境变化最为满意，满意度较高的是城市街道卫生和城市饮用水质量，不满意的仍然是城市空气质量和城市河流湖泊的受污染程度。这四年来，除城市街道卫生的满意度较早回升且超过2012年水平外，其余四项指标的满意度均为连续两年下降后回升但均未超过2012年水平（见图7-8）。

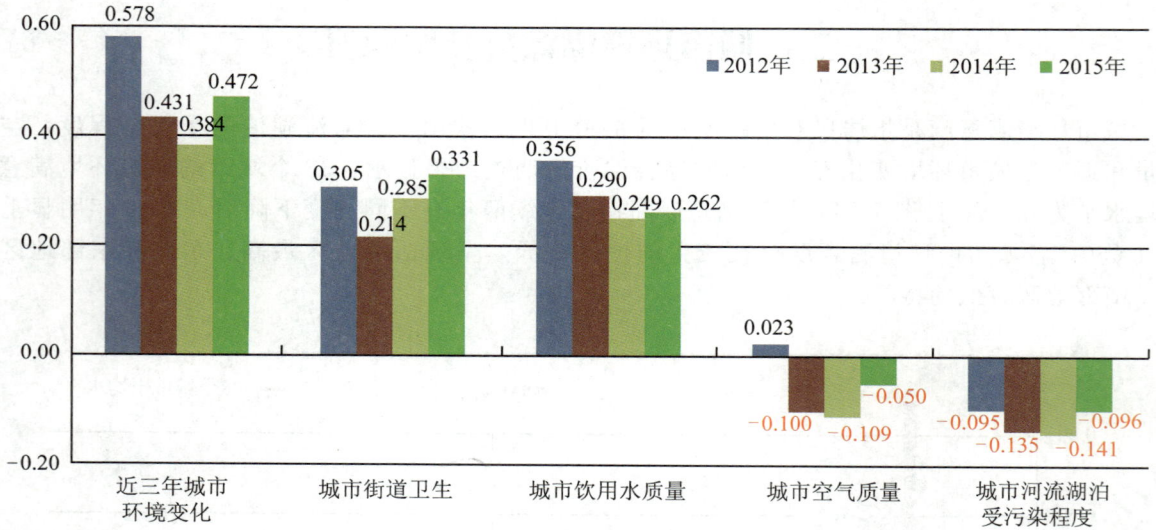

图 7-8　城市环境满意度构成指标得分

近三年城市环境变化满意度为 0.472，比 2014 年高 0.088，升幅较大。其中，63.9％的受访居民认为近三年城市环境"变好了"，比 2014 年增加 4.5 个百分点；19.4％认为"没有变化"，减少 0.2 个百分点；16.7％认为"变差了"，减少 4.3 个百分点。分城市看，38 个城市的近三年城市环境变化满意度都处于满意区间（见图 7-9），比 2014 年增加 1 个。与 2014 年相比，28 个城市的近三年城市环境变化满意度上升，前 5 位按升幅从高到低依次是南京、杭州、珠海、北京和苏州，均为东部城市；杭州升幅达 0.323，由此升入满意区间。10 个城市的满意度下降，后 5 位按降幅从高到低依次是长沙、银川、兰州、昆明和重庆，均为中西部城市。

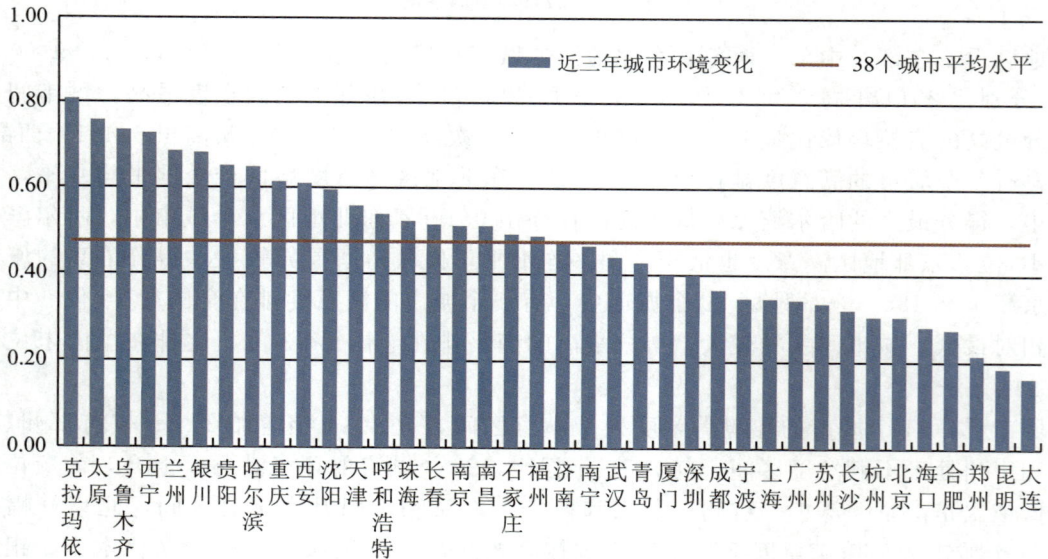

图 7-9　近三年城市环境变化满意度

城市街道卫生满意度为 0.331，比 2014 年高 0.046。其中，43.5％的受访居民认为城市的街道卫生"干净"，比 2014 年增加 3.0 个百分点；46.1％认为"一般"，减少 1.4 个百分点；仅有 10.4％认为"不干净"，减少 1.6 个百分点。分城市看，38 个城市的街道卫生满意度都处于满意区间（见图 7-10），比 2014 年多了呼和浩特。与 2014 年相比，27 个城市的街道卫生满意度上升，前5位按升幅从高到低依次是南京、深圳、杭州、石家庄和北京，均为东部城市；11个城市的街道卫生满意度下降，后5位按降幅从高到低依次是乌鲁木齐、兰州、西宁、上海和银川。

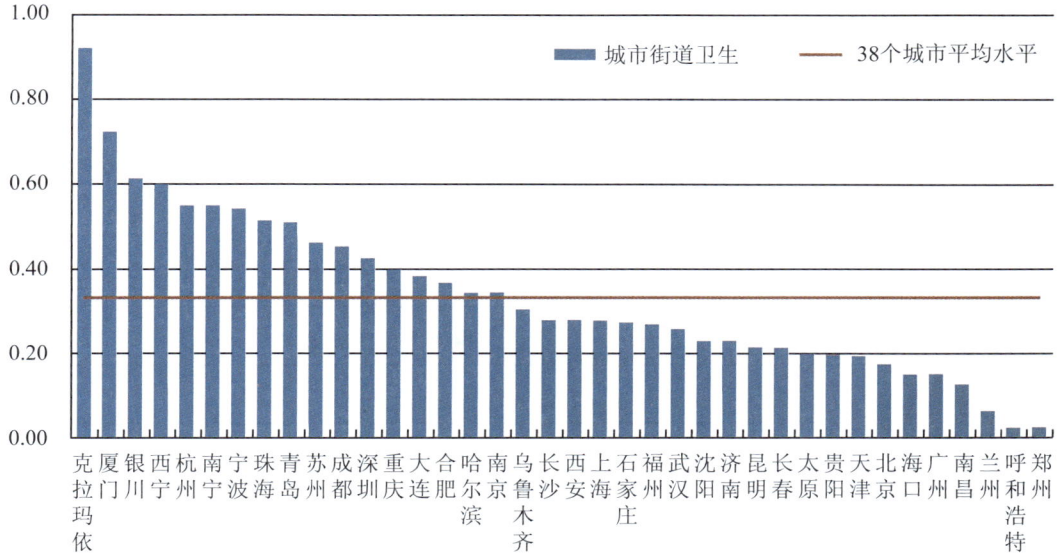

图7-10 城市街道卫生满意度

城市饮用水质量的满意度为0.262，比2014年略高0.013。其中，42.4%的受访居民对城市的饮用水质量表示"满意"，比2014年增加1.4个百分点；41.5%认为"一般"，减少1.5个百分点；16.1%表示"不满意"，略增0.1个百分点。分城市看，35个城市的城市饮用水质量满意度处于满意区间（见图7-11），比2014年多了北京；仅有呼和浩特、石家庄和兰州处于不满意区间。与2014年相比，17个城市的饮用水质量满意度上升，升幅超过0.1的城市依次是深圳、杭州、厦门、北京、南京、珠海、沈阳和石家庄；21个城市的饮用水质量满意度下降，后5位按降幅从高到低依次是兰州、乌鲁木齐、银川、大连和长春，兰州为连续三年下降、连续两年降幅第1位。

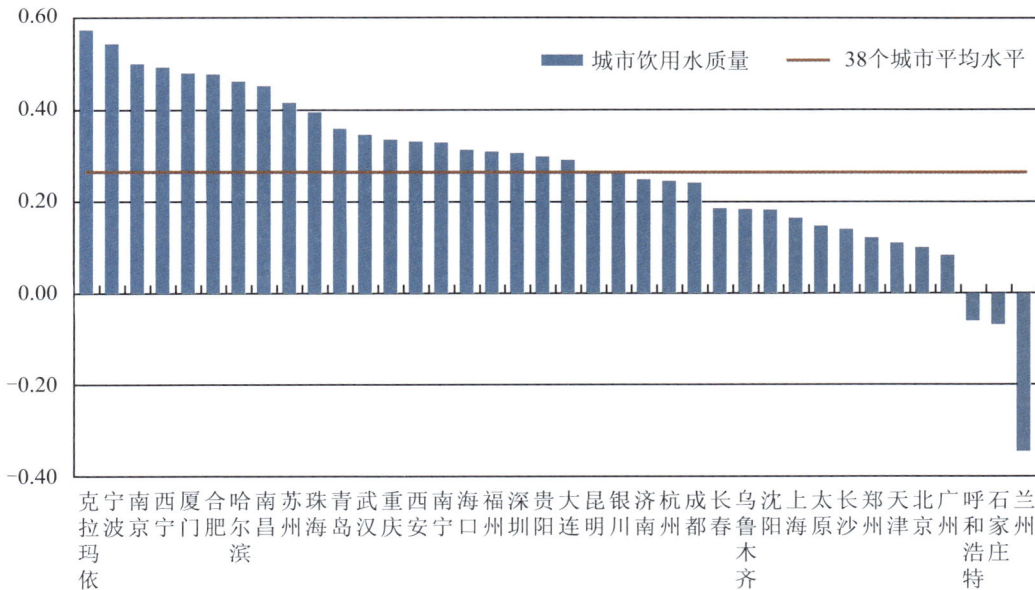

图7-11 城市饮用水质量满意度

城市空气质量满意度为－0.050，虽然仍处于不满意区间，但比 2014 年明显改善，高出 0.059。其中，23.7％的受访居民认为城市的空气质量"好"，比 2014 年增加 2.2 个百分点；47.6％认为"一般"，增加 1.5 个百分点；28.7％认为"不好"，减少 3.7 个百分点。分城市看，16 个城市的空气质量满意度处于满意区间，与 2014 年数量相同；22 个城市的空气质量满意度处于不满意区间（见图 7-12）。与 2014 年相比，28 个城市的空气质量满意度上升，前 5 位按升幅从高到低依次是深圳、西安、南京、贵阳和上海；深圳升幅高达 0.306，另外大连也上升 0.057，两者由此升入满意区间。9 个城市的空气质量满意度下降，按降幅从高到低依次是重庆、长沙、乌鲁木齐、哈尔滨、银川、长春、济南克拉玛依和兰州，但降幅都不是很大；重庆和乌鲁木齐分别下降 0.068 和 0.047，两者由此落入不满意区间。

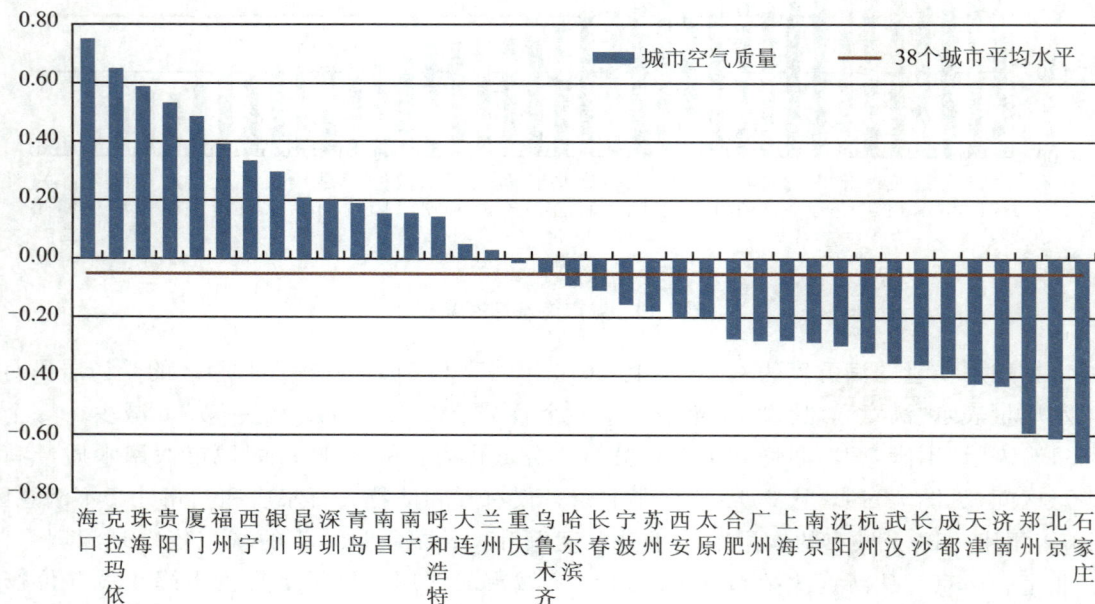

图 7-12　城市空气质量满意度

五项指标中，城市河流湖泊受污染程度满意度最低，为－0.096，比 2014 年高 0.045，仍处于不满意区间。其中，仅有 12.3％的受访居民认为城市的河流、湖泊"没有污染"，比 2014 年增加 0.9 个百分点；65.8％认为"有点污染"，增加 2.7 个百分点；21.9％认为"严重污染"，减少 3.6 个百分点。分城市看，仅 8 个城市的河流湖泊受污染程度满意度处于满意区间，比 2014 年多了大连、海口、珠海和哈尔滨，少了乌鲁木齐；多达 30 个城市的满意度处于不满意区间（见图 7-13）。不过与 2014 年相比，29 个城市的满意度上升，前 5 位按升幅从高到低依次是深圳、杭州、南京、苏州和珠海，均为东部城市；福州与 2014 年持平；8 个城市的满意度下降，按降幅从高到低依次是长春、克拉玛依、兰州、合肥、乌鲁木齐、银川、上海和重庆，降幅都不算大。

对于城市污染最严重的领域，调查结果显示，城市居民仍然认为机动车尾气污染最严重，选择比重高达 69.5％；其次是生活垃圾污染（29.1％）、工厂排污（25.1％）和噪音污染（23.4％），最后是塑料袋或塑料餐盒污染（16.8％）和饮食业油烟污染（12.9％），选择比重最低的是农业污染（2.7％）和电磁辐射污染（2.6％）。与 2014 年相比，认为机动车尾气和农业污染最严重的略有增加，而认为噪音污染最严重的减少 3.5 个百分点，认为其他五项污染最严重的减少 1.0～2.2 个百分点（见图 7-14）。

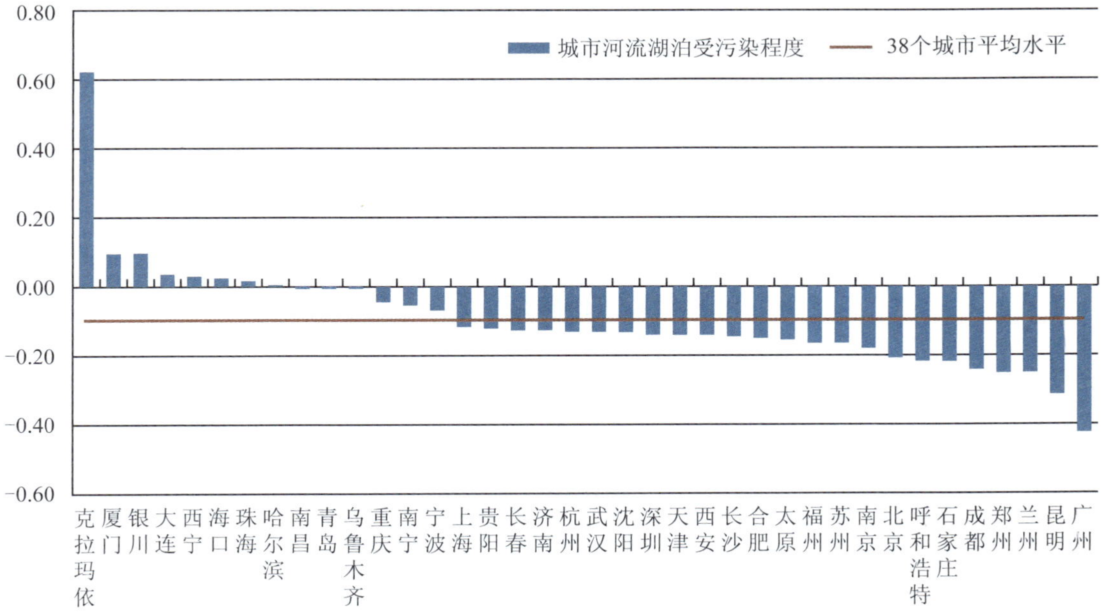

图 7-13 城市河流湖泊受污染程度满意度

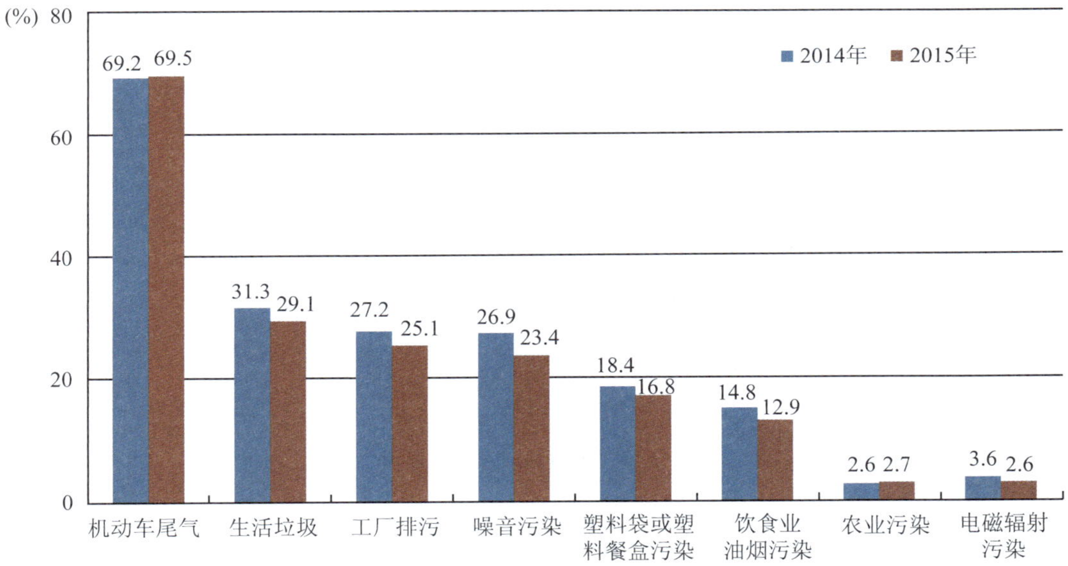

图 7-14 城市污染最严重的领域

分城市看，38 个城市的受访居民均认为机动车尾气是所在城市第一污染源，选择比重均在 50％以上，选择比重超过 70％的城市有 18 个；北京的选择比重最高，超过了 80％。与 2014 年相比，20 个城市对机动车尾气的选择比重上升，重庆升幅最大，达 11.2 个百分点；其次是深圳、合肥、济南、杭州和苏州，分别上升了 5～7 个百分点。18 个城市对机动车尾气的选择比重下降，宁波的降幅最大，达到 18.0 个百分点；其次是呼和浩特和上海，分别下降 8.2 和 6.2 个百分点。认为生活垃圾是第二污染源①的城市有 20 个，比 2014 年增加 6 个，选择比重超过 40％

---

① 青岛的生活垃圾和工厂排污、南宁的生活垃圾和噪音污染的选择比重较高且相等，两者同视为所在城市的第二污染源。

的依次是海口、贵阳、呼和浩特、昆明和广州；海口的选择比重最高，达 60.3%。认为工厂排污是第二污染源的城市有 11 个，选择比重超过 40% 的是石家庄和宁波。认为噪音污染是第二污染源的城市有 8 个，选择比重最高且超过 40% 的是合肥。认为塑料袋或塑料餐盒是第二污染源的城市仍仅有天津，选择比重为 33.5%。其他污染源方面，认为饮食业油烟污染相对严重的是重庆和昆明，选择比重略超 20%，其他城市均在 20% 以下；认为农业污染严重的比例都很低，最高的哈尔滨仅有 4.9%；认为电磁辐射污染严重的比例都很低，最高的苏州仅有 7.6%。

>>三、城市基础设施满意度连续两年提升<<

城市基础设施满意度是指城市居民对所在城市的绿化情况、休闲娱乐场所的数量和分布、生活垃圾处理、公共交通便利程度和交通畅通情况五项指标的综合评价。调查结果显示，38 个城市的基础设施满意度平均水平为 0.252（见图 7-15），仍是三项构成指数中最高的；比 2014 年高 0.032，连续两年有所提升。各城市的基础设施满意度存在较大的地区差异，呈现东北地区最高、东部地区次之、西部地区较高、中部地区较低的特征。

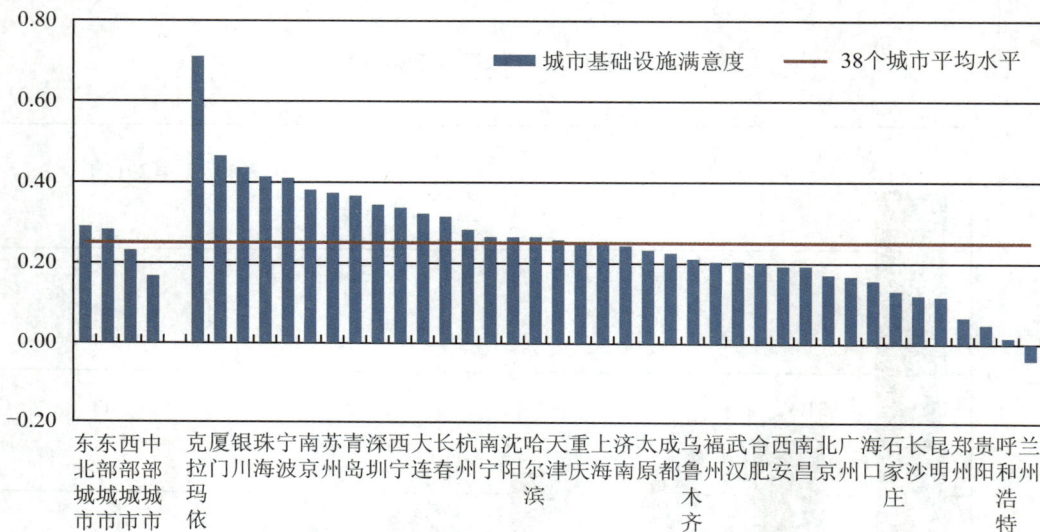

图 7-15　城市基础设施满意度

分地区看，东部、中部、西部和东北地区的城市基础设施满意度分别为 0.285、0.170、0.234 和 0.291；与 2014 年相比，东部、中部和东北地区分别高出 0.062、0.031 和 0.044，西部地区则略低 0.002。东北地区满意度最高，且城市间差异最小，得分最高的大连与并列最低的沈阳和哈尔滨仅相差 0.058；东北地区 4 城市中，大连的排名居全国第 11 位。东部地区满意度高于全国平均水平，城市间差异较大，得分最高的厦门与最低的石家庄相差 0.334；东部地区 16 个城市中，有 7 个城市的排名居全国前 10 位。西部地区满意度低于全国平均水平，城市间差异最大，得分最高的克拉玛依与最低的兰州相差 0.746，次高的银川与最低的兰州也相差 0.472；西部地区 12 个城市中，有 3 个城市的排名居全国前 10 位。中部地区满意度最低，且城市间差异较小，得分最高的太原与最低的郑州相差 0.167；中部地区 6 城市中，太原的排名也仅居全国第 21 位。

分城市看，37 个城市的基础设施满意度处于满意区间，比 2014 年增加 1 个；仅有兰州的基础设施满意度处于不满意区间。与 2014 年相比，有 26 个城市的基础设施满意度提升，前 5 位按升幅从高到低依次是深圳、南京、杭州、沈阳和厦门；贵阳和呼和浩特也有所提升，两者由此升入满意区间。12 个城市的基础设施满意度下降，后 5 位按降幅从高到低依次是重庆、乌鲁木齐、兰州、西宁和长沙；兰州下降 0.064，由此落入不满意区间。

城市基础设施的五项指标中，2015 年居民仍然对城市公共交通便利程度最为满意，满意度较高的依次是城市绿化、城市休闲娱乐场所的数量和分布、城市生活垃圾处理，但仍对城市交通畅通情况表示不满意。这四年来，城市公共交通便利程度连续三年上升，城市绿化、城市休闲娱乐场所的数量和分布、城市生活垃圾处理的满意度均在 2013 年下降后连续两年回升，而城市交通畅通的满意度在 2015 年才止降略有回升（见图 7-16）。

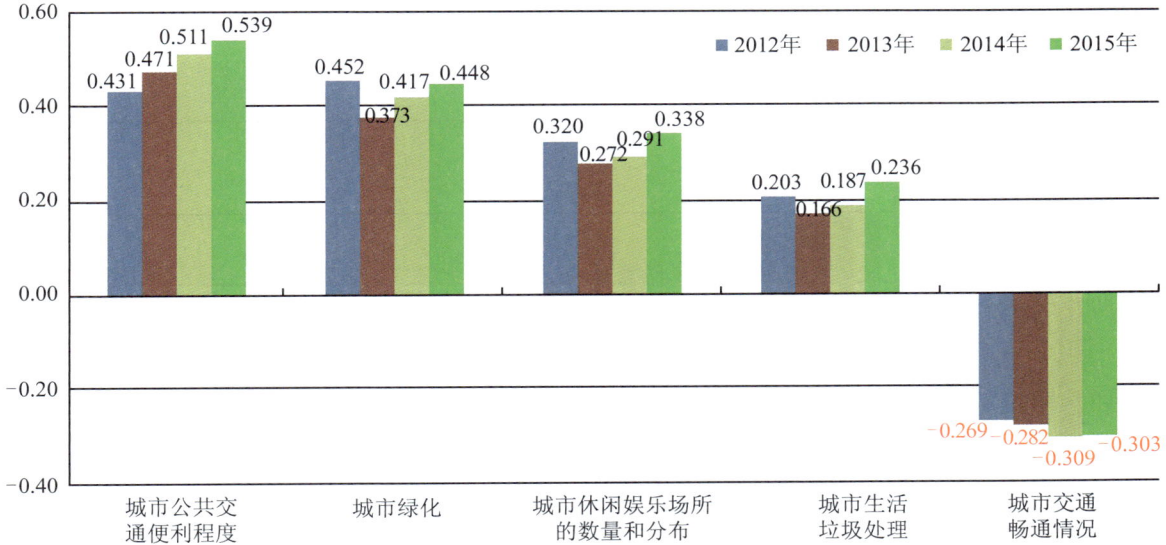

图 7-16　城市基础设施满意度构成指标得分

城市公共交通便利程度满意度为 0.539，比 2014 年高 0.028。其中，64.6% 的受访居民成为城市的公共交通"方便"，比 2014 年增加 2.5 个百分点；24.7% 认为"一般"，减少 2.2 个百分点；仅有 10.7% 认为"不方便"，减少 0.3 个百分点。分城市看，38 个城市的公共交通便利程度满意度均处于满意区间（见图 7-17）。与 2014 年相比，20 个城市的满意度提升，前 5 位按升幅从高到低依次是南京、杭州、深圳、呼和浩特和天津；18 个城市的满意度下降，后 5 位按降幅从高到低依次是成都、海口、银川、长沙和上海。

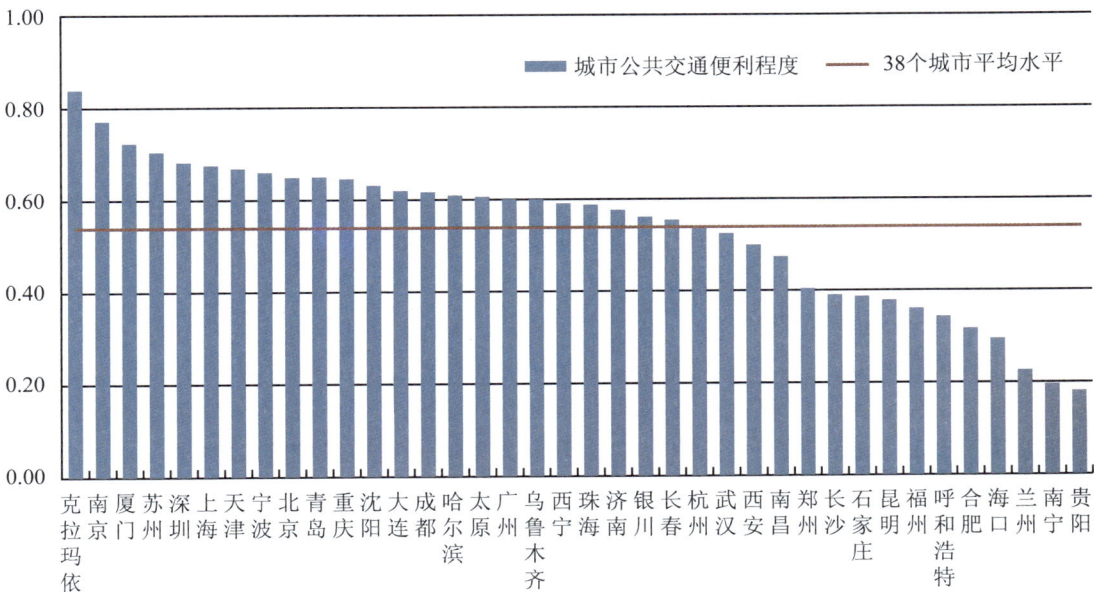

图 7-17　城市公共交通便利程度满意度

城市绿化满意度为 0.448，比 2014 年高 0.031。其中，50.2％的受访居民认为城市的绿化情况"好"，比 2014 年增加 2.6 个百分点；44.4％认为"一般"，减少 2.1 个百分点；仅有 5.4％认为"不好"，减少 0.5 个百分点。分城市看，38 个城市的绿化满意度均处于满意区间（见图 7-18）。与 2014 年相比，24 个城市的绿化满意度提升，前 5 位按升幅从高到低依次是深圳、南京、杭州、合肥和沈阳，深圳的升幅高达 0.319；14 个城市的绿化满意度下降，后 5 位按降幅从高到低依次是乌鲁木齐、兰州、长沙、克拉玛依和太原。

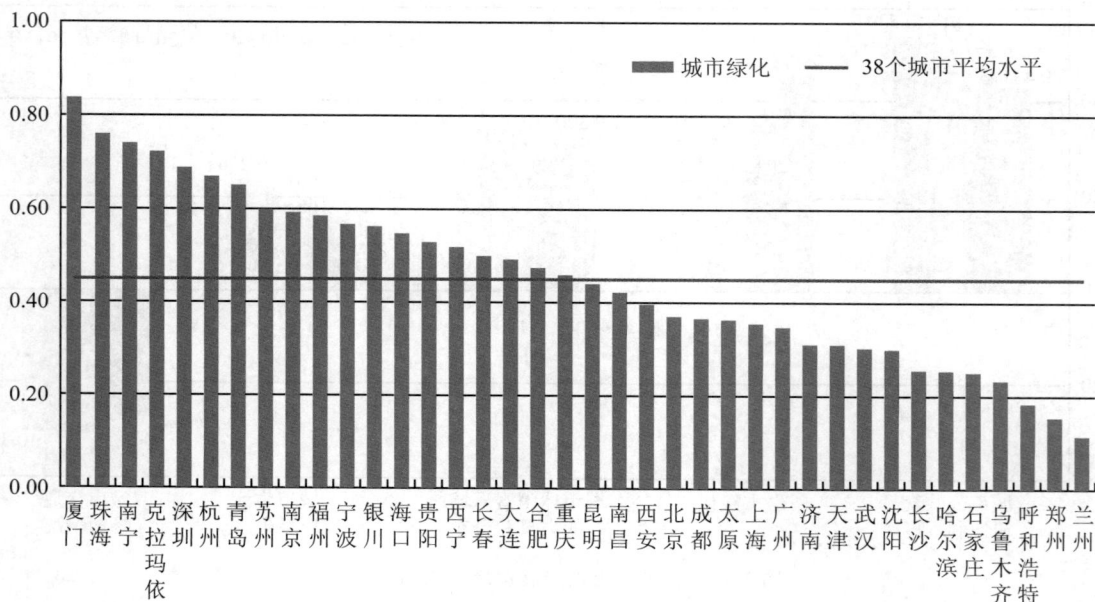

图 7-18　城市绿化满意度

城市休闲娱乐场所满意度为 0.338，比 2014 年高 0.047。其中，46.7％的受访居民对城市的公园、广场等公共休闲娱乐场所的数量和分布表示"满意"，比 2014 年增加 3.5 个百分点；40.4％认为"一般"，减少 2.3 个百分点；12.9％表示"不满意"，减少 1.2 个百分点。少数不满意的城市居民中，近七成（69.2％）认为公共休闲娱乐场所的"数量少"，22.3％认为"分布不合理"，8.5％认为"数量太少且分布不合理""缺乏管理""被占用"或"有收费"等。

分城市看，38 个城市的休闲娱乐场所满意度均处于满意区间（见图 7-19）。与 2014 年相比，31 个城市的满意度上升，前 6 位按升幅从高到低依次是深圳、南京、杭州、珠海、哈尔滨和厦门，6 个城市升幅均超过 0.10。7 个城市的满意度下降，乌鲁木齐和兰州分别下降 0.108 和 0.096，兰州降至略高于满意水平；西宁、长春、昆明、大连和克拉玛依的降幅在 0.05 及以内。

城市生活垃圾处理满意度为 0.236，比 2014 高 0.049，升幅较大。其中，41.9％的受访居民对城市的生活垃圾处理情况表示"满意"，比 2014 年增加 3.1 个百分点；39.8％认为"一般"，减少 1.3 个百分点；18.3％表示"不满意"，减少 1.8 个百分点。分城市看，35 个城市的生活垃圾处理满意度处于满意区间（见图 7-20），比 2014 年多了深圳和海口；仅有 3 个城市的生活垃圾处理满意度处于不满意区间。与 2014 年相比，27 个城市的满意度上升，前 5 位按升幅从高到低依次是深圳、南宁、珠海、厦门和北京，深圳升幅高达 0.228；11 个城市的满意度下降，后 5 位按降幅从高到低依次是大连、西宁、昆明、克拉玛依和重庆，大连降幅为 0.108。

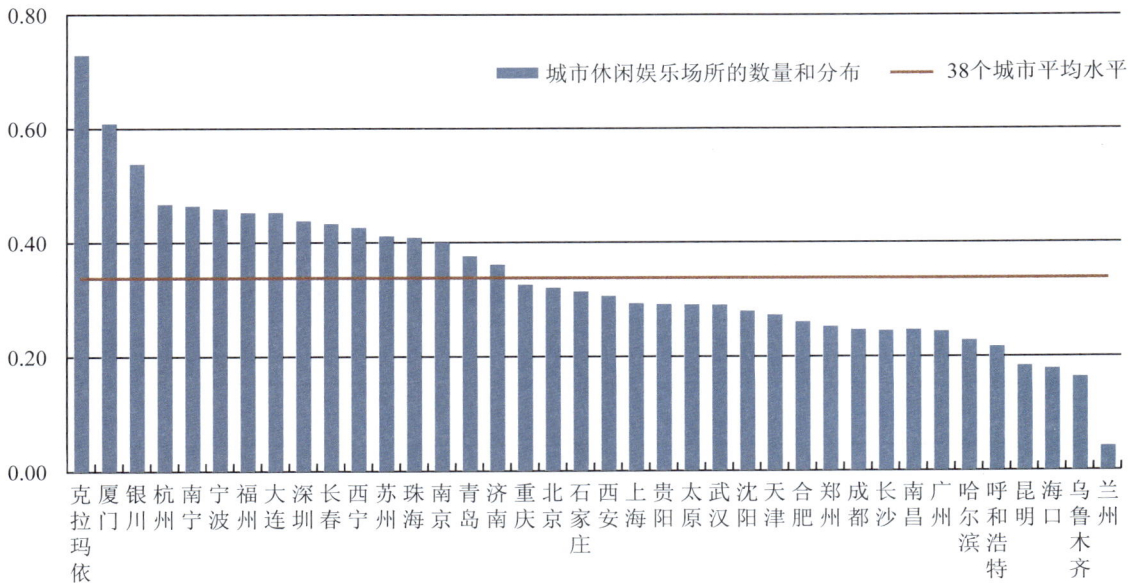

图 7-19 城市休闲娱乐场所满意度

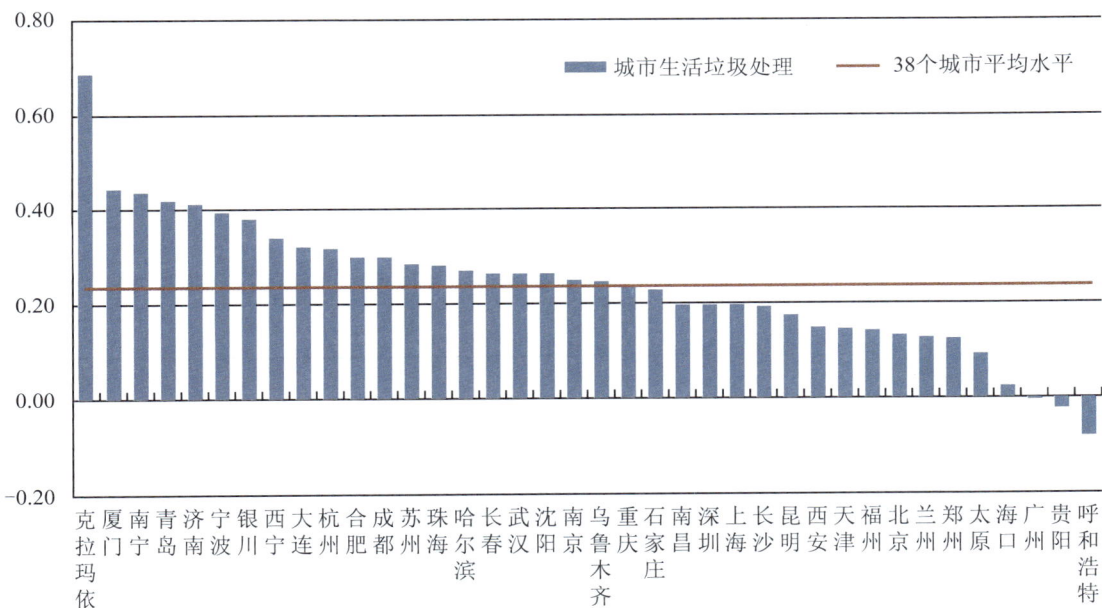

图 7-20 城市生活垃圾处理满意度

五项指标中，城市交通畅通满意度仍为最低，为 -0.303，且仅比 2014 年高 0.006。其中，仅有 16.1% 的受访居民认为城市的交通"畅通"，比 2014 年增加 0.5 个百分点；37.5% 认为"一般"，46.4% 认为"拥堵"，分别减少 0.4 和 0.1 个百分点。分城市看，仅有 3 个城市的交通畅通满意度处于满意区间，仍为克拉玛依、银川和珠海（见图 7-21）；多达 35 个城市的交通畅通满意度处于不满意区间。与 2014 年相比，20 个城市的交通畅通满意度上升，前 5 位按升幅从高到低依次是南京、太原、长春、深圳和呼和浩特，5 个城市升幅均超过 0.10，南京升幅高达 0.296。18 个城市的交通畅通满意度下降；后 5 位按降幅从高到低依次是重庆、合肥、济南、兰州和乌鲁木齐，重庆降幅高达 0.349，另外 4 个城市降幅略超 0.10。

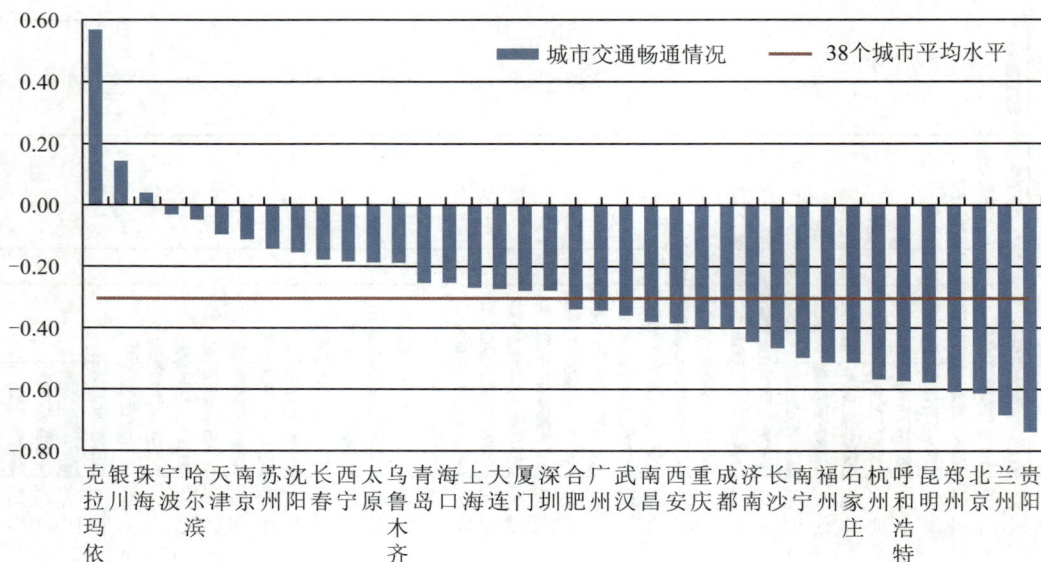

图 7-21　城市交通畅通满意度

对于日常出行主要采用的交通方式，调查结果显示，2015 年有超过半数（51.8％）的城市居民选择公共交通（公交或地铁），其次是自驾（汽车或摩托车，23.2％）和自行车、电动车或步行（21.6％），选择比重较低的是出租车（2.8％）和其他（0.6％）。这四年来，城市居民日常出行主要选择公共交通的比重持续小幅上升，选择出租车的比重持续小幅下降，选择自驾和自行车、电动车或步行的比重有所波动（见图 7-22）。

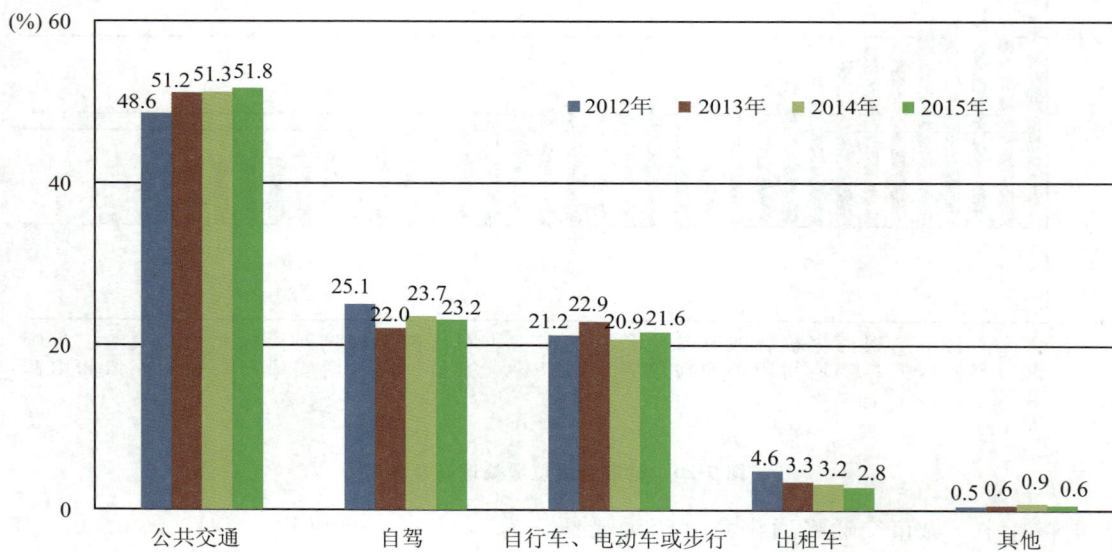

图 7-22　日常出行的主要交通方式

分城市看，多数城市（34 个）的居民日常出行的首选交通方式是公共交通，选择比重超过60％的城市有 11 个，依次是大连、西宁、北京、重庆、哈尔滨、乌鲁木齐、西安、广州、兰州、武汉和沈阳。石家庄、南宁和郑州的首选交通方式仍是自行车、电动车或步行，选择比重均超过 40％；另外，南昌、福州、济南和太原选择自行车、电动车或步行的比重也超过 30％。海口的首选交通方式是自驾，选择比重超过 30％；另外，宁波、苏州、青岛、珠海、合肥和厦门选择自驾的比重也达到或超过 30％。

>>四、政府绿色行动满意度连续两年改善<<

政府绿色行动满意度是指居民对所在城市的垃圾分类设施配置情况、日常食品放心程度、环境投诉方式知晓程度、企业排污治理成效、环境污染突发事件处理效果和政府环保重视程度六项指标的综合评价。调查结果显示，38 个城市的政府绿色行动满意度平均水平为－0.024（见图 7-23），仍处于不满意区间，是三项构成指数中最低的，但比 2014 年高 0.031，不满意程度连续两年有所减轻。政府绿色行动的效果持续显现，逐步缩小了与城市居民期待之间的差距，不过政府支持绿色发展的力度还有待增强。

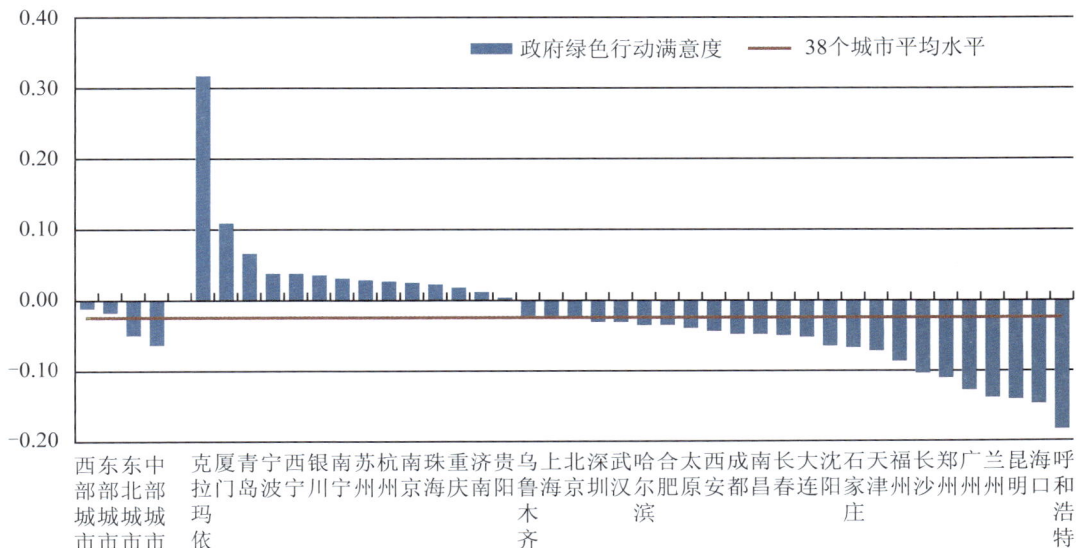

图 7-23 政府绿色行动满意度

分地区看，东部、中部、西部和东北地区的政府绿色行动满意度分别为－0.016、－0.060、－0.009 和－0.049，分别比 2014 年高 0.060、0.029、0.005 和 0.013。西部地区的满意度最高，仅略低于满意水平，但城市间的差异最大，得分最高的克拉玛依与最低的呼和浩特相差 0.500，次高的西宁与呼和浩特也相差 0.220；西部地区 12 个城市中，有 6 个城市的满意度处于满意区间。东部地区的满意度较高，城市间的差异较大，得分最高的厦门与最低的海口相差 0.255；东部地区 16 个城市中，有 8 个城市的满意度处于满意区间。东北地区的满意度较低，4 个城市的满意度均处于不满意区间，城市间的差异最小，得分最高的哈尔滨与最低的沈阳仅相差 0.029。中部地区的满意度最低，6 个城市的满意度均处于不满意区间，城市间的差异较小，得分最高的武汉与最低的郑州仅相差为 0.080。

分城市看，14 个城市的政府绿色行动满意度处于满意区间，比 2014 年增加 6 个，克拉玛依仍然一枝独秀，明显高于其他 13 个城市；24 个城市的政府绿色行动满意度处于不满意区间。与 2014 年相比，28 个城市的满意度上升，前 8 位按升幅从高到低依次是南京、杭州、深圳、北京、贵阳、沈阳、珠海和苏州；南京、杭州、贵阳、珠海和苏州分别上升 0.148、0.130、0.090、0.080 和 0.078，南宁也有所上升，6 个城市由此升入满意区间。10 个城市的满意度下降，后 5 位按降幅从高到低依次是西宁、兰州、济南、重庆和克拉玛依，降幅都不算大，西宁也仅下降 0.054。

政府绿色行动的六项指标中，2015 年城市居民对政府环保工作重视程度最为满意，对环境污染突发事件处理较为满意，仍不满意的依次是垃圾分类设施配置、企业排污治理成效、日常食品放心程度和环境投诉方式。与过去两年相比，城市居民对环境污染突发事件处理和政府环保工作重视程度的满意度明显提升，对垃圾分类设施配置和企业排污治理成效的不满意程度明显减轻，对日常食品放心程度和环境投诉方式的满意度较低且无明显改善（见图 7-24）。

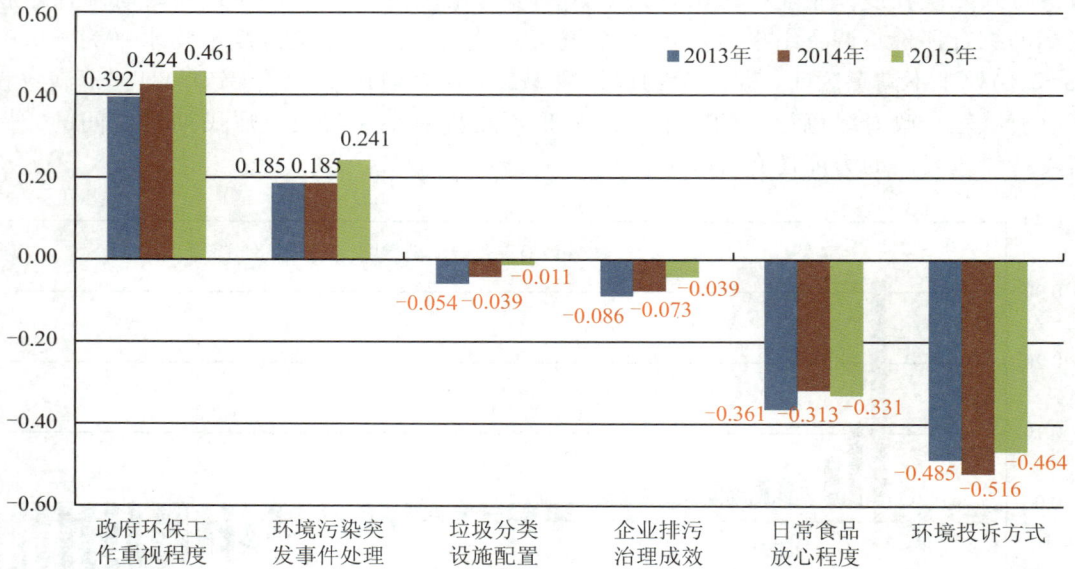

图 7-24　政府绿色行动满意度构成指标得分

政府环保工作重视程度满意度为 0.461，比 2014 年高 0.037。其中，54.5％的受访居民认为政府"重视"城市环保工作，比 2014 年增加 2.7 个百分点；37.1％认为"一般"，减少 1.7 个百分点；仅有 8.4％认为"不重视"，减少 1.0 个百分点。分城市看，38 个城市的政府环保工作重视程度满意度都处于满意区间（见图 7-25）。与 2014 年相比，有 25 个城市的满意度上升，前 5 位按升幅从高到低依次是南京、杭州、深圳、苏州和北京，南京和杭州的升幅高达 0.211 和 0.206；13 个城市的满意度下降，后 5 位按降幅从高到低依次是兰州、济南、西宁、宁波和乌鲁木齐，兰州的降幅为 0.081。

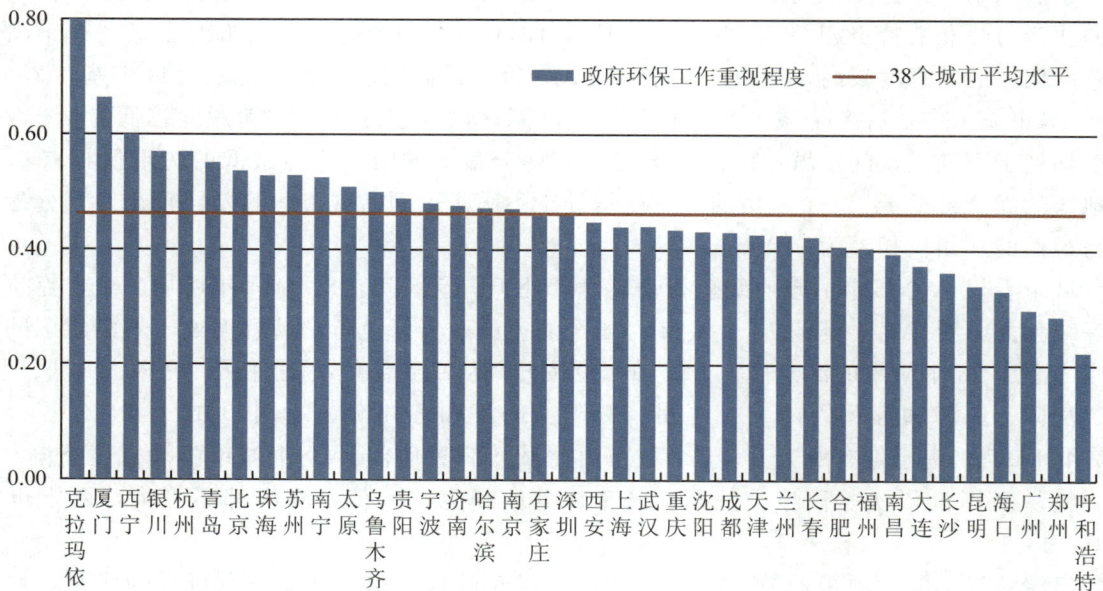

图 7-25　政府环保工作重视程度满意度

环境污染突发事件处理满意度为 0.241，比 2014 年高 0.056，升幅较大。其中，37.3％的受访居民对政府处理环境污染突发事件的效果表示"满意"，比 2014 年增加 3.5 个百分点；49.6％认为"一般"，减少 1.3 个百分点；13.1％表示"不满意"，减少 2.2 个百分点。分城市看，37 个城市的环境污染突发事件处理满意度处于满意区间，仍只有兰州处于不满意区间（见图 7-26）。与 2014 年相比，28 个城市的满意度上升，前 5 位按升幅从高到低依次是南京、深圳、杭州、苏州和厦门，均为东部城市，南京的升幅高达 0.295；10 个城市的满意度下降，后 5 位按降幅从高到低依次是昆明、银川、西宁、重庆和哈尔滨，降幅都不大，昆明也仅下降 0.052。

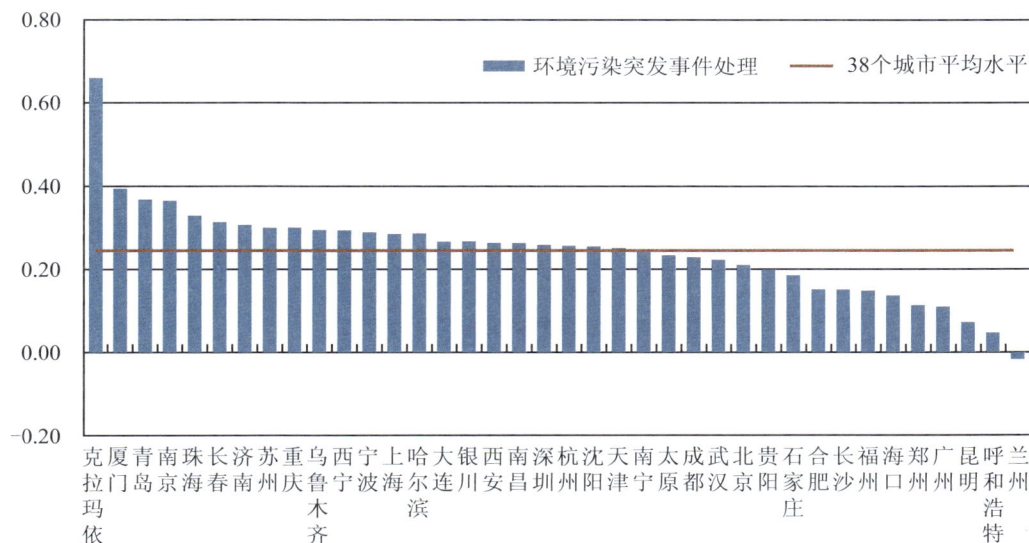

图 7-26　环境污染突发事件处理满意度

垃圾分类设施配置满意度为 -0.011，比 2014 年高 0.028，仍略低于满意水平。其中，27.6％的受访居民对城市垃圾分类设施的配置情况表示"满意"，比 2014 年增加 1.7 个百分点；43.7％认为"一般"，减少 0.6 个百分点；28.7％表示"不满意"，减少 1.1 个百分点。分城市看，16 个城市的垃圾分类设施配置满意度处于满意区间，比 2014 年增加 4 个；22 个城市的垃圾分类设施配置满意度处于不满意区间（见图 7-27）。与 2014 年相比，23 个城市的满意度上升，前 5 位按升幅从高到低依次是珠海、深圳、哈尔滨、南宁和郑州；珠海、深圳和哈尔滨分别上升 0.169、0.145 和 0.122，杭州也上升 0.072，4 个城市由此升入满意区间。15 个城市的满意度下降，后 5 位按降幅从高到低依次是西宁、克拉玛依、苏州、济南和兰州，西宁降幅为 0.083。

企业排污治理成效满意度为 -0.039，比 2014 年高 0.034，仍处于不满意区间。其中，仅有 14.6％的受访居民认为城市的企业排污治理"成效很大"，比 2014 年增加 0.9 个百分点；66.9％认为"一般"，增加 1.7 个百分点；18.5％认为"成效很小"，减少 2.6 个百分点。分城市看，仅有 8 个城市的企业排污治理成效满意度处于满意区间，比 2014 年增加 2 个；西安的满意度为 0；多达 29 个城市的满意度处于不满意区间（见图 7-28）。与 2014 年相比，29 个城市的满意度上升，前 5 位按升幅从高到低依次是杭州、沈阳、苏州、北京和深圳；杭州和沈阳分别上升 0.247 和 0.138，贵阳、济南和厦门也有所上升，5 个城市由此升入满意区间。9 个城市的满意度下降，太原、长春和重庆分别下降 0.080、0.060 和 0.057，另外 6 个城市降幅在 0.05 以内。

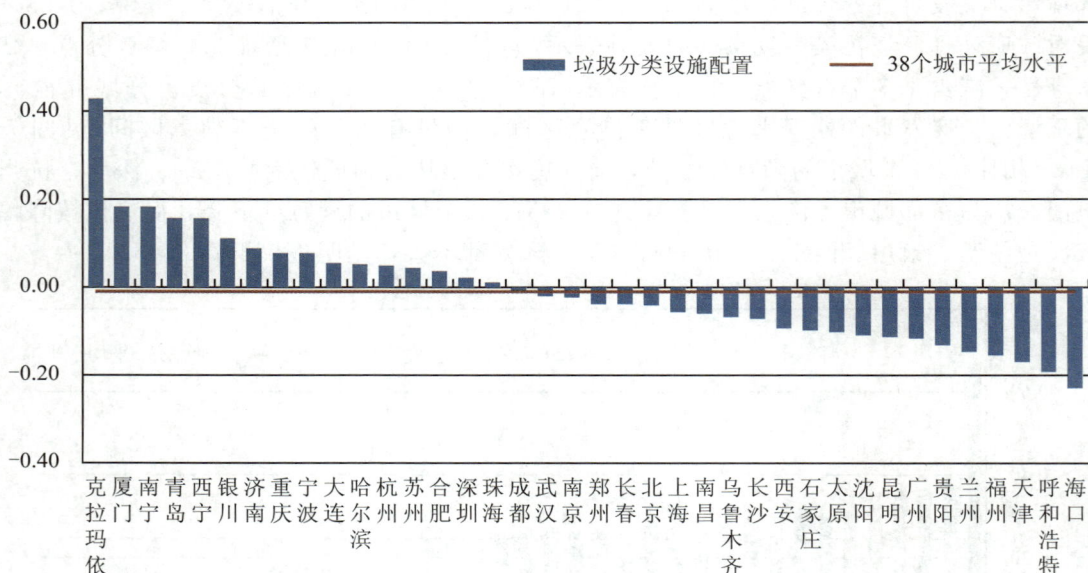

图 7-27　垃圾分类设施配置满意度

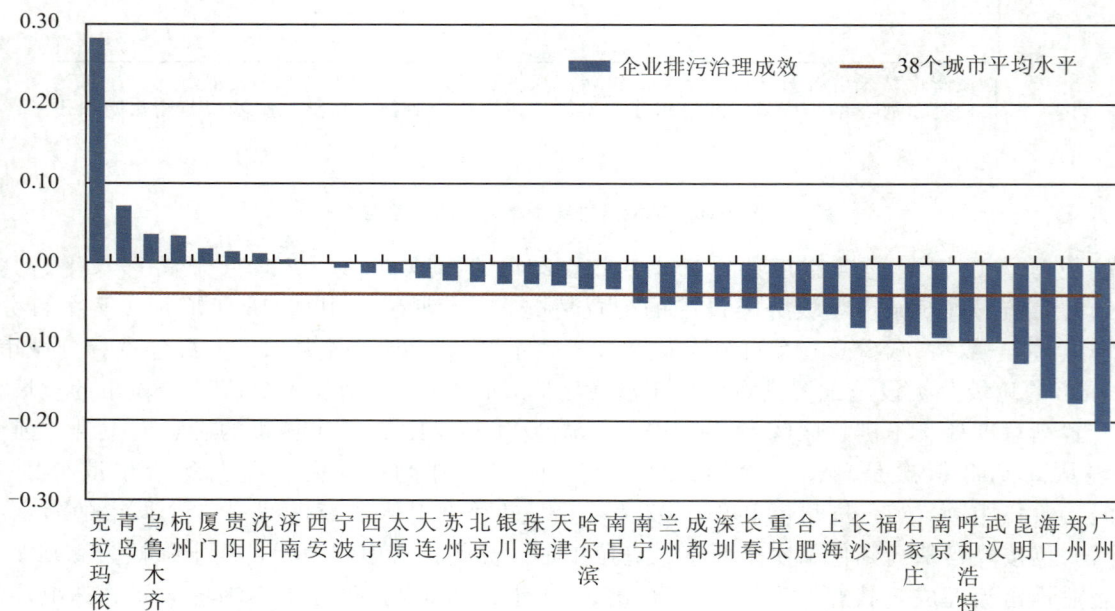

图 7-28　企业排污治理成效满意度

　　日常食品放心程度满意度为－0.331，比 2014 年低 0.018，是 16 项指标中唯一满意度下降的指标。其中，仅有 15.1% 的受访居民对日常食品表示"放心"，比 2014 年减少 0.6 个百分点；36.7% 认为"一般"，减少 0.5 个百分点；多达 48.2% 的受访居民表示"不放心"，增加 1.1 个百分点。分城市看，仍只有克拉玛依的日常食品放心程度满意度处于满意区间；多达 37 个城市的居民仍表示不满意，且不满意程度均较高(见图 7-29)。与 2014 年相比，18 个城市的不满意程度有所减轻，前 5 位按升幅从高到低依次是太原、沈阳、深圳、南京和郑州，升幅都不大，太原也仅上升 0.063；20 个城市的满意度下降，后 5 位按降幅从高到低依次是合肥、兰州、重庆、西宁和克拉玛依，合肥降幅达 0.150，克拉玛依也下降 0.096。

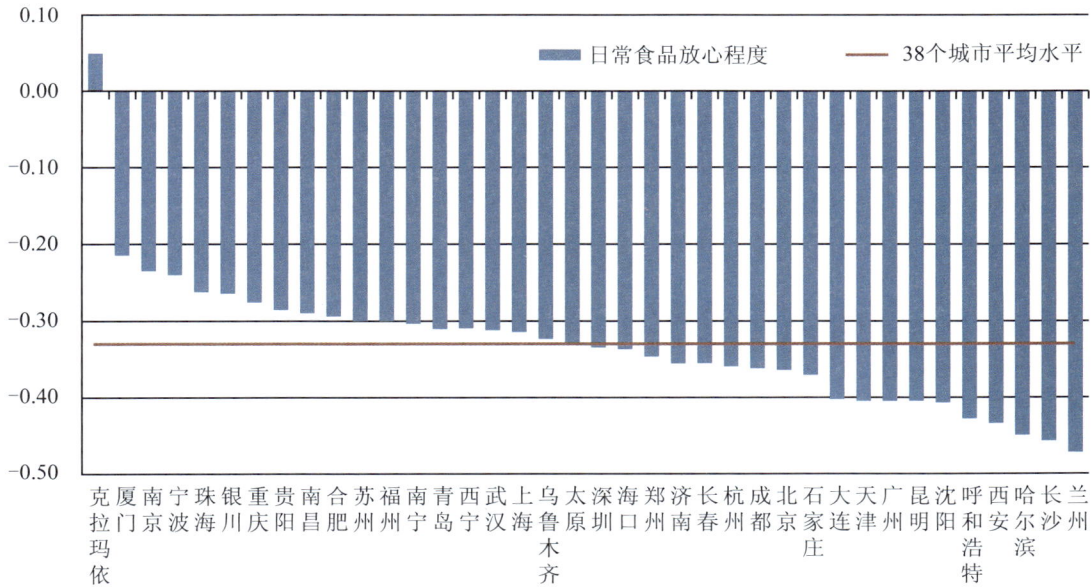

图 7-29 日常食品放心程度满意度

六项指标中，环境投诉方式满意度仍然最低，为－0.464，但比 2014 年高 0.052，不满意程度有所减轻。其中，仅有 11.0％的受访居民表示"完全了解"环境投诉方式（网站或电话等），比 2014 年增加 1.6 个百分点；31.5％表示"听过，但不记得了"，增加 1.9 个百分点；高达 57.5％的受访居民表示"完全不知道"，减少 3.5 个百分点。分城市看，38 个城市的居民仍然均对环境投诉方式表示不满意，且不满意度均很高（见图 7-30）。与 2014 年相比，29 个城市环境投诉方式的不满意程度减轻，前 5 位按升幅从高到低依次是南京、宁波、北京、郑州和厦门，南京升幅达 0.194，郑州和厦门均上升 0.139；长沙与 2014 年持平；8 个城市的环境投诉方式满意度下降，海口和大连分别下降 0.071 和 0.068，其他 6 个城市降幅在 0.04 及以内。总体来看，政府对城市环保工作的重视已经获得居民广泛认可，但政府与居民之间的环境问题沟通渠道仍然不畅，各城市应继续加大相关工作力度，将有利于政府绿色行动效果的有效发挥。

图 7-30 环境投诉方式满意度

　　进一步调查显示，2015 年 38 个城市的平均环境投诉率为 13.3％，比 2014 年增加 0.5 个百分点。分城市看，33 个城市的环境投诉率达到或超过 10％，其中，11 个城市超过 15％，从高到低依次是深圳、海口、济南、广州、重庆、福州、珠海、乌鲁木齐、南京、银川和西安，深圳高达 20.8％；仅有 5 个城市的环境投诉率低于 10％，从低到高依次是昆明、石家庄、大连、武汉和太原，昆明仅有 6.6％（见图 7-31）。与 2014 年相比，19 个城市的环境投诉率上升，前 5 位按升幅从高到低依次是深圳、乌鲁木齐、长春、西宁和合肥，深圳升幅达 10.6 个百分点；19 个城市的环境投诉率下降，后 5 位按降幅从高到低依次是石家庄、昆明、武汉、厦门和大连，石家庄降幅为 8.1 个百分点。

　　在少数有过环境投诉经历的居民中，24.3％的居民对投诉处理结果表示"满意"，比 2014 年增加 2.9 个百分点；28.5％认为"一般"，增加 0.9 个百分点；47.2％对投诉处理结果表示"不满意"，减少 3.8 个百分点。分城市看，长春、呼和浩特、深圳、昆明和北京等对投诉处理结果"不满意"的比例较高，西宁、南京、青岛、克拉玛依和宁波对投诉处理结果"不满意"的比例较低。

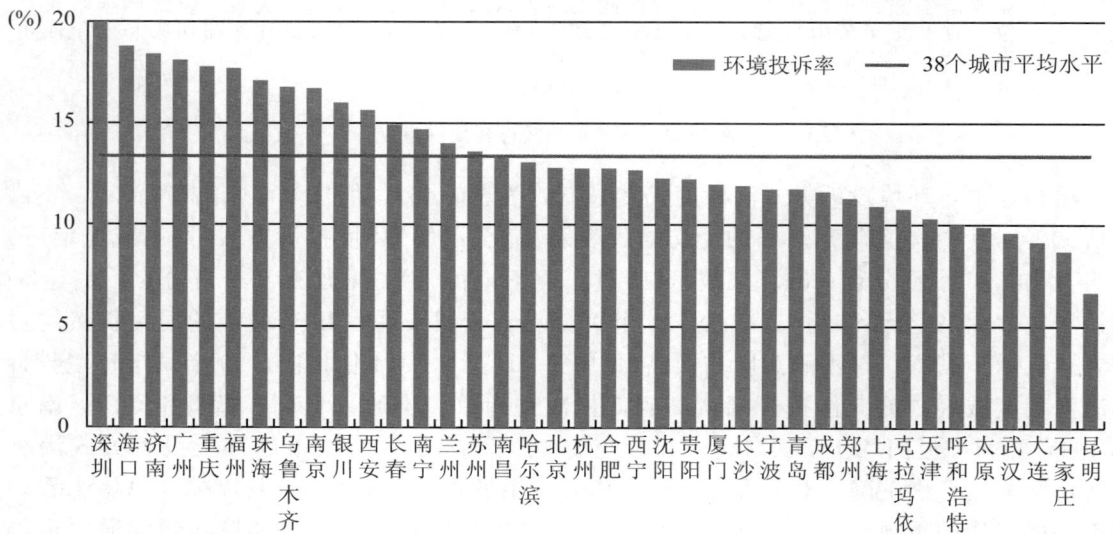

图 7-31　城市居民环境投诉率

>>五、典型城市绿色发展公众满意度分析<<

　　我们选取了几个综合满意度波动较大的城市进行典型分析，从其各项具体指标的满意度变化上可以更真切地感受城市绿色发展律动，从调查数据映照的绿色发展现实上可以更深入地思考城市绿色发展路径。

　　2015 年，城市绿色发展公众综合满意度升幅前 3 位的依次是南京、深圳和杭州，均为东部城市，分别比 2014 年高 0.201、0.193 和 0.144。从具体构成指标来看，南京 16 项指标的满意度均比 2014 年有所上升，多数指标的升幅很大，有 7 项指标的升幅居全国首位，分别是城市街道卫生、近三年城市环境变化、公共交通便利程度、交通畅通情况、环境污染突发事件处理、环境投诉方式和政府环保工作重视程度。深圳 16 项指标的满意度也均有所上升，多数指标的升幅很大，有 6 项指标的升幅居全国首位，分别是城市饮用水、河流湖泊受污染程度、城市空气质量、城市绿化、休闲娱乐场所的数量和分布以及城市生活垃圾处理。杭州除交通畅通情况和日常食品放心程度有所下降，其余 15 项指标的满意度都有所上升，其中，企业排污治理成效的升幅居全国首位。

我们还看到，2015年东部城市的绿色发展综合满意度上升了0.071，明显高于中部、西部和东北城市，南京、深圳和杭州是其中表现优异者。这三个城市的综合满意度涨幅居前，有东部地区经济率先转型升级的大背景支撑，也有城市环境治理持续推进的常规保障，还有各自具体的原因。其中，南京市2014年紧扣"办好绿色青奥会"的工作主线，解决了各项突出环境问题，同时各项有力措施也使其通过了生态市国家考核验收。深圳市2014年以解决损害群众健康的突出环境问题为重点，以全国首创的生态文明建设考核为驱动力，推动人居环境质量呈现稳中向好态势。杭州市在调查期间未出现2014年那种影响较大的负面环境事件，有助于修复居民对城市绿色发展的评价，城市的绿色发展综合满意度在2014年大幅下降后转而明显回升。

2015年，城市绿色发展公众综合满意度降幅前3位的依次是兰州、乌鲁木齐和重庆，均为西部城市，分别比2014年低0.064、0.052和0.049，但总体降幅都不算大。兰州除生活垃圾处理、环境污染突发事件处理和环境投诉方式略有上升外，其余13项指标的满意度下降，其中，城市饮用水和政府环保工作重视程度的降幅居全国首位。乌鲁木齐除企业排污治理成效和环境污染突然事件处理有所上升外，其余14项指标的满意度下降，城市街道卫生、城市绿化以及休闲娱乐场所的数量和分布的降幅居全国首位。重庆4项指标的满意度略有上升，12项指标的满意度有所下降，其中，城市空气质量和交通畅通情况的降幅居全国首位。

对照来看，2014年兰州和乌鲁木齐的绿色发展综合满意度升幅居全国第1和第3位，2015年两市的满意度水平在显著上升后略有回落。而且，兰州市2015年不时发生的饮用水污染问题直接降低了居民对城市环境评价；乌鲁木齐市2014年成功创建国家园林城市后，相关领域的环境质量保持则是需要认真面对和长期坚持。与其他城市相比，重庆市2015年的突出表现是空气质量明显下降和交通拥堵明显上升，前面提到的重庆居民认为机动车尾气污染严重的比重大幅上升也可佐证；其次，除日常食品放心程度降幅较大外，重庆还有多项指标的满意度下降，与这些指标的全国水平上升形成较大反差。究其原因，重庆近些年经济快速增长，各类要素的集聚对城市环境承载和基础设施容纳形成较大压力，也即后发城市需要时刻关注经济发展与环境保护、人口总量与生态容量的平衡问题。

>>六、城市绿色发展公众满意度与绿色发展指数测评结果对比分析<<

城市绿色发展指数与城市绿色发展公众满意度，源于两套不同的测评指标体系。绿色发展指数的测评指标以客观的统计数据为基础，数据口径多数为覆盖全市范围、少数为市辖区范围；但基础数据的可获得性略差，且存在一定时滞，如2015年指数主要采用2013年统计数据。公众满意度是居民对城市绿色发展主观感受的综合反映，调查具有及时性的特点，调查对象目前基本为市辖区居民，调查内容更具针对性和灵活性；但调查结果容易受到短期突发事件的影响，个别指标数据的波动性相对偏大。实际上，城市绿色发展指数侧重于生产和发展，城市绿色发展公众满意度侧重于生活和绿色，两套测评方法从不同角度展示了绿色发展的内涵，具有相互补充的关系。我们对比两种测评结果，可以更好地展示不同发展模式对城市运行的直接和间接影响、短期和长期影响，进而更全面地理解绿色发展的实质。

从2015年38个重点城市的绿色发展指数排名[①]与绿色发展公众满意度排名来看（见图7-32），两种测评结果继续呈现一定差异，与2014年相比，多数城市位置相对稳定，部分城市发生较大位移。我们以城市公众满意度排名为横轴、以城市绿色发展指数排名为纵轴将各城市分为

---

① 2015年我们测评100个城市的绿色发展指数，这里把开展了公众满意度调查的38个城市提取出来单独排序，再与公众满意度的排序结果做对比分析。

以下四组，从左下象限顺时针至右下象限依次是：第Ⅰ组城市的公众满意度高，绿色发展指数也高；第Ⅱ组城市的公众满意度高，但绿色发展指数低；第Ⅲ组城市的公众满意度低，绿色发展指数也低；第Ⅳ组城市的公众满意度低，但绿色发展指数高。从下图中可以清楚看到每个城市两项排名的差异，落在对角线上表示城市两项指数排名相同，离对角线越近表示排名差异越小，反之则排名差异越大。

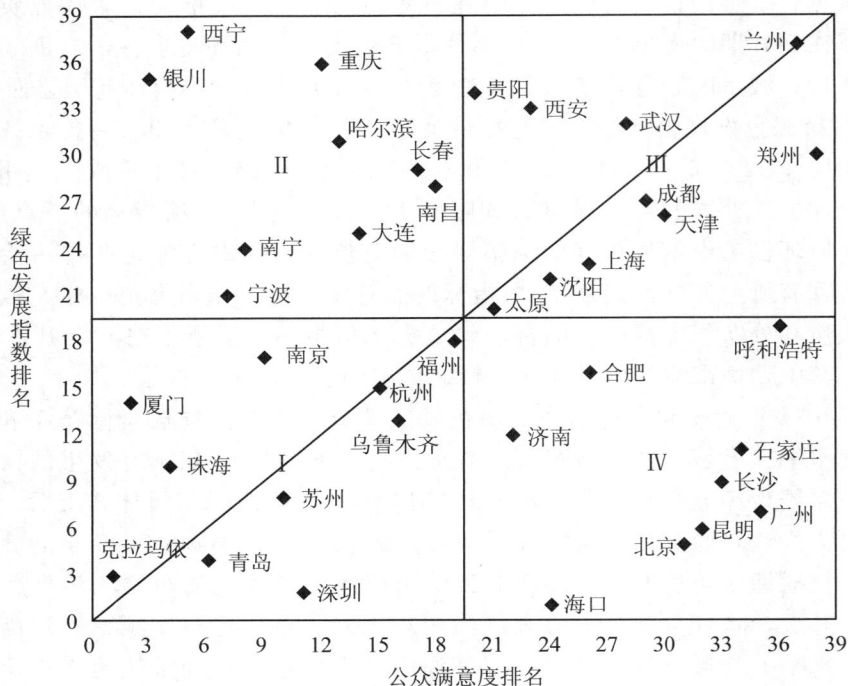

图 7-32　城市绿色发展公众满意度排名与绿色发展指数排名

　　第Ⅰ组公众满意度高、绿色发展指数也高的城市有 10 个，比 2014 年多了南京、杭州、深圳和乌鲁木齐，少了太原、长春、宁波、济南和海口。在本象限中，克拉玛依、青岛、苏州、珠海、乌鲁木齐、杭州和福州的两项指数排名差异较小，表明这些城市的绿色化长期发展趋势比较稳定；而南京、深圳和厦门的两项指数排名差异略大。值得注意的是，南京、杭州和深圳从第Ⅳ象限向左大幅平移至本象限，表明城市的绿色发展能力较强，修复负面事件冲击或绿色维护不足的能力也较强。乌鲁木齐从第Ⅱ象限下移至本象限，表明城市正致力于培育绿色发展能力，以匹配升至较高水平的公众满意度。

　　第Ⅱ组公众满意度高但绿色发展指数低的城市有 9 个，比 2014 年多了长春和宁波，少了乌鲁木齐。本象限中，西宁和银川的两项指数排名差异仍然最大，两城市面对资源环境承载潜力差的自然约束，应把握在"一带一路"发展战略中的区位优势，探索适合本地的新发展方式，以提升经济增长绿化度和增强政府政策支持度，继续保持居民对城市绿色发展状况的满意度。重庆的位置在去年大幅上移后，今年又大幅右移，未来重庆在推动绿色发展方面需做出更多努力。长春从第Ⅰ象限大幅上移至本象限，绿色发展水平的下降主要是政府政策支持度大幅下降所致，意味着政府需要在恢复经济发展能力的基础上加大绿色行动力度。

　　第Ⅲ组公众满意度低、绿色发展指数也低的城市有 10 个，比 2014 年多了太原，少了呼和浩特和合肥。这些城市中，兰州去年左移后今年右移，表明城市绿色维护的力度有所波动，而城市绿色发展能力的提升任重道远。贵阳大幅右移至本象限后反向左移，成都大幅右移至本象限后继续右移，意味着城市改造的不同阶段对公众满意度的影响有异。天津的位置大幅下移，主要是政府政策支持度大幅上升所致，反映了政府提升城市绿色发展能力的坚定决心。

第Ⅳ组公众满意度低但绿色发展指数高的城市有 9 个，比 2014 年多了呼和浩特、合肥、济南和海口，少了南京、杭州和深圳。这些城市中，北京的向左移动表明城市的绿色发展能力转化到城市的绿色维护上，提高了居民的绿色发展认同。济南在去年大幅左移后今年大幅右下位移，城市绿色发展水平的上升主要源于资源环境承载能力的改善，当前下降的公众满意度未来或有改观。海口大幅右移后继续右移至本象限，城市绿色发展水平高居榜首源于经济增长绿化度和资源环境承载能力均排名第 1 位，而政府政策支持度仍然明显不足，这也反映在居民的满意度徘徊不前上。

综上所述，在经济发展步入新常态的背景下，各个城市依据自身特点实践绿色发展，探索持续提高绿色发展水平和公众满意度最终的路径，为有效推进生态文明建设提供了智慧和经验。

第四篇
企业绿色发展调研考察

本篇包含 13 篇企业调研报告，由部分课题组成员在实地考察的基础上撰写完成。企业作为绿色发展的重要主体，在我国推进"绿色化"战略中，发挥着不可替代的基础作用。如何通过促进企业的绿色生产，来提升区域绿色化水平？怎样展示企业绿色发展的成功经验，以吸引更多企业投身这一时代浪潮？这些问题始终萦绕在课题组成员的心头。本篇编入这组报告，正是针对上述问题进行的初步尝试。需要说明的是，此次调研活动是由课题组成员分头策划开展，我们只是在形成初步成果后，进行了两次研讨交流，最后由课题负责人在保持基本内容不变的前提下，做了些文字上的编辑，以确保格式和体例的一致。这样的调研方式虽非刻意为之，但也让我们窥见了不同行业、不同规模的企业奋力进取的"绿色"足迹。

报告一

民营能源企业的绿色跨越与探索

——新奥能源研究院调研报告

能源结构转型是中国绿色发展的重要支撑，近年来，中国涌现出一批从事清洁能源、可再生能源生产加工的"绿色企业"，河北新奥集团就是一例。为此我们专门组织团队开展调研，了解这家民营能源企业在追求绿色过程中的探索与实践，形成此报告。

>> 一、调研背景 <<

实现中国经济转型与绿色发展，离不开能源产业的绿色化，既包括传统能源产业的技术革新与清洁化利用，还包括大力发展新能源产业。河北新奥就是一家以传统能源（城市燃气）业务起家、不断布局与开发新能源和智能能源业务的、典型的民营能源企业。河北新奥进入中国多数公众视野并为大家所熟悉的时间并不长，或许它本来就是一个相当低调的民营能源企业，这可能与其经营的能源类产品有关，老百姓更易于记住那些汽车、手机、香水、食品等日常终端消费品领域的"大腕"，但通过调研和查阅相关资料发现，新奥却是名副其实的"大腕"：2009 年 7 月，时任美国能源部部长朱棣文访华期间，专程驱车造访河北新奥集团，同年 10 月，新奥与美国杜克能源公司正式签订光伏能源领域合作协议，开创了中国的技术、产品出口海外市场的能源合作新模式；2010 年 5 月，上海世博会成功召开，在世人瞩目的中国国家馆里，新奥"泛能网"作为"系统能效"技术的实现平台，正式向公众亮相。

新奥集团股份有限公司在第二届（2009 年）中国绿色公司年会[①]上被评为"2008 年度中国绿色公司标杆企业"称号。受课题组委托，北京师范大学林永生、王颖、王赫楠一行 3 人于 2014 年 12 月赴新奥能源研究院进行实地考察，了解这家民营能源企业追求绿色的探索与实践，探究新奥能源研究院作为集团公司的智力支撑究竟研发了哪些核心产品与技术，这些产品与技术是否带有典型的绿色特征。

---

① 中国绿色公司年会由中国企业家俱乐部于 2008 年 4 月 22 日世界地球日首创，每年一届，主题略有不同，2014（第七届）中国绿色公司年会于 2014 年 4 月 20—22 日在广西南宁举行，主题为"改变的年代：现实与远见"。

注：照片由调研组自行拍摄。

>>二、新奥布局清洁能源的发展历程<<

新奥是以洁净能源利用为主营业务的全国知名民营企业集团，其发展脉络可归纳为不断实现产业升级、全面布局清洁能源，发展历程可概括为四个阶段：

一是创业启航、情定能源（1989—1996 年）。1989 年注册廊坊夏利汽车出租公司，正式开始新奥事业的创业历程。1993 年成立廊坊新奥燃气有限公司，正式进入城市燃气分销领域。1994年气化廊坊市区，成为中国城市公用事业市场化改革的首个成功范例。

二是事业扩张、走向全国（1997—2003 年）。1997 年完成股份制改造，注册成立河北新奥集团股份有限公司。1998 年 12 月，"河北新奥集团股份有限公司"正式变更为"新奥集团股份有限公司"。1999 年实施燃气外埠拓展战略，通过独资、合资等形式进行产业扩张。在这之后的十几年间，新奥燃气的业务扩展到中国 100 多个城市及海外，覆盖国内用户人口累计超过 5 500 多万人。2001 年新奥燃气在香港联交所创业板上市，2002 年转入主板。2003 年收购河北威远集团，控股威远生化（600803.SH），进入生物化工领域。

三是产业升级、清洁能源全面布局（2004—2007 年）。2004 年基于客户日趋多样化的能源需求，新奥能源（原新奥燃气）开始由单一燃气业务向多品类能源分销升级，探索商业模式创新。同年，进入能源化工领域，在内蒙古鄂尔多斯等地建设煤化工生产基地，进行煤基清洁能源产品的开发与生产。2006 年新奥科技公司成立，开始围绕二氧化碳资源化进行技术研发，并逐步形成和掌握了在国际上处于领先地位的煤基低碳能源转化技术和系统能效技术。2007 年新奥能源研究院挂牌成立。新奥进入太阳能源领域，在廊坊建设新奥光伏能源生产基地。2008 年全球第一片超大型、低成本、高转化率、5.7 平方米硅基薄膜太阳能电池板顺利下线。提出了二氧化碳资源利用化的命题。"C"，一方面寓意"循环"，另一方面为"碳"之意，"C 经济，智能化"则意味着以二氧化碳资源化利用为核心、发展循环经济、实现煤基能源全生命周期清洁的科技发展思想逐步成形。

四是科技创新、开发智能新能源（2008 年至今）。2008 年新奥煤基能源生产"零排放"技术试验中心落成，搭建了煤基清洁能源试验平台，提出系统能效技术体系，研究开发泛能网技术与清洁能源循环生产技术。2009 年成立新奥能源服务公司，依托清洁能源产业基础和领先技术，全力推进节能减排。2010 年煤基低碳能源国家重点实验室通过科技部验收。生物质能、催化气化、地下气化等多个项目入选863计划、973计划及国家科技合作计划。2010年组建新奥智能能源集团，为客户提供清洁能源整体解决方案，推进节能环保。2012年在上海、长沙、常州、青岛等地开展多个能源服务项目，促进城市节能减排目标的实现。新奥加快国际化进程，成立海外投资公司，在美欧等国际市场，探索清洁交通能源、太阳能源整体解决方案、智能生态城市建设等领域的业务模式。2013年按照"优势互补、循环低碳、平衡发展"的思想，提出"现代能源体系"。2014年企业愿景升级，探索互联网能源。

截至2014年年底，新奥集团拥有员工3.5万余人，总资产超过945亿元人民币，300余家全资、控股公司分布于国内20余个省（区、市）及亚洲、欧洲、美洲等地区。其在全国15个省（区、市）成功运营150余个城市燃气项目，市场覆盖国内城区人口超过6 537万人，为300多个园区、城市综合体提供清洁能源整体解决方案服务。

注：照片由调研组自行拍摄。

>>三、新奥能源研究院持续追求创新驱动<<

新奥能源研究院成立于2007年，是新奥集团在能源领域技术创新的核心驱动力。研究院拥有一支涵盖基础研究、应用研究、产品开发等领域的核心科研团队，现有由多名千人计划与博士专家领导的600余人的核心科研团队开展研发工作，30多个课题列入国家973计划、国家863计划、国家科技支撑项目、国际科技合作项目，自主拥有多项发明专利技术。截至2014年年底，累计申请专利790项，其中发明563项。

新奥能源研究院聚焦于煤基低碳能源技术、可再生能源技术、环保技术和泛能网技术领域，为新奥清洁能源整体解决方案提供技术支撑：煤基低碳能源技术方面，涉及煤的催化气化、加氢气化、地下气化和超临界气化技术；可再生能源技术方面，涉及微藻生物固碳多联产技术和太阳能高效转化技术；环保技术方面，包括污泥超临界处理技术和污水处理技术；泛能网核心产品开发方面，包括泛能机、泛能云和泛能能效平台等。以上多项技术成果达到了国际领先水平，部分技术已进入产业化示范阶段。

经过多年的努力，目前新奥能源研究院拥有"煤基低碳能源国家重点实验室""博士后科研工作站""国家高层次海外人才创新创业基地""国际科技合作基地"等一系列国家级科研平台，建有大型产业化示范基地；如今，新奥能源研究院还积极与国内外一流院校、科研机构和企业开展广泛的技术联盟合作，共同推动清洁能源技术的研发与产业实践。

新奥能源研究院研发推广多项技术，始终强调高效绿色。综观新奥能源研究研发推广的技术产品，可以发现有个明显特征，就是始终高效和绿色，这里主要介绍七类技术及其研发进展或应用案例：一是泛能网技术，二是煤催化气化制天然气技术，三是煤加氢气化联产芳烃和甲烷技术，四是地下气化采煤技术，五是超临界气化/氧化技术，六是微藻生物固碳技术，七是太阳能技术。

泛能网技术。泛能网是利用能源和信息技术，将能源网、物联网和互联网进行高效集成形成的一种新型能源互联网，是现代能源体系的解决方案。它由能源层、控制层、互智层三层网络结构组成，其主要系统构成包括泛能机、泛能站、泛能能效平台、泛能云平台。泛能机能实现多种化石能源、可再生能源、环境势能等的多源输入，同时完成气、电、冷、热等多品位能源的输出。泛能站和泛能能效平台通过燃料化学能的梯级利用及对环境势能的借势增益，将整体能源利用效率由传统热电分产的 40%～60% 提高到 85% 以上。泛能云平台基于大数据和云计算，发现价值交换机会，提供运维、交易、数据等服务。目前泛能网技术已经开展了试点和商业应用，如青岛中德生态园泛能网。依托新奥集团系统能效理论构建的中德生态园泛能网，改变了传统的能源生产和利用方式，是全国首个智能能源系统示范项目，园区泛能网建成后清洁能源利用率达到 80.6%，可再生能源利用率达到 15% 以上，90% 的能源网络实现智能化监测，综合节能率达到 50.7% 以上，每年可节约标准煤约 15 万吨，碳减排率达到 64.6%，二氧化硫减排率为 86.1%，氮氧化物减排率为 70.8%，粉尘减排率为 81.5%，园区万元 GDP 能耗可降低至 0.23 吨标准煤/万元。此外，还有新奥能源生态城。新奥能源生态城于 2010 年 3 月开始设计建设，2012 年 6 月全面建成并投入使用，总占地面积 10 万平方米，总投资约 2.5 亿元人民币。该项目是基于新奥自主研发的系统能效理论和泛能网技术规划建设的，以能源生产、储运、应用、回收四环节进行布局，形成能源、物质的闭环循环，最大限度地利用太阳能、地热能、生物质能等可再生能源，并通过泛能站、泛能微网、能效平台等进行动态调节和匹配，从而构建了一个高效、节能、可持续的新的能源体系和运行模式。总体能效指标如下：能源利用效率为 57%，能效提升率为 23%，环境势能利用率为 70%，碳减排率为 60%。

煤催化气化制天然气技术。煤催化气化制天然气技术是在多功能催化剂作用下，煤和气化介质在一个反应器内同时发生煤气化、变换和甲烷化三个反应，将放热反应和吸热反应结合起来，大幅提高甲烷产率和系统能效，是煤制天然气最有效的工艺途径之一。该技术具有显著优势，一是煤种适应性广。烟煤、次烟煤和褐煤均可采用该技术实现高效利用。二是能量利用效率高。采用煤热解、催化气化、燃烧相结合的分级转化技术，过程热效率高达 72%，比常规技术高 10% 左右，提高甲烷产率的同时，减少二氧化碳排放。三是过程经济性好。甲烷和焦油联产，大幅提高过程经济性。四是环境友好。煤气降温采用间接冷凝技术，不产生洗焦废水，炉内未分解水用于催化剂回收，无废水排放问题。该技术在煤炭高效清洁利用、大气污染防治等方面具有广阔的市场前景和社会效益。新奥自主开发的煤催化气化技术于 2008 年立项，先后完成了实验室小试研究、反应器内流场和反应特性研究、处理规模为 5 吨/天的自热式流化床过程放大研究。在技术开发过程中，完成了加压流态化、煤分级转化、分散进氧和间接冷凝等关键技术的开发和验证，当前正在进行工业放大的前期工作。

煤加氢气化联产芳烃和甲烷技术。煤加氢气化，是指在 800～10 000 摄氏度和 5～7MPa 下，煤粉与氢气反应生成甲烷、芳烃油品和清洁半焦的过程。与其他煤制甲烷工艺相比，加氢气化的技术优越性在于反应温度相对较低，工艺系统效率高（高达 75%～80%），产品气中甲烷含量高（高达 60%～80%），生成的二氧化碳少（小于 3%）；同时加氢气化副产苯等高附加值的液相芳烃产品，其技术经济性优于其他气化工艺路线。加氢气化立足于煤制天然气并联产高附加值芳烃油品，通过对煤分级、分质、梯级利用实现煤炭的全价、高效、清洁转化，是新型清洁煤气化技术。新奥加氢气化技术已经完成 10 吨/天投煤量的中试装置的开发，计划在 3～5 年之内完成百吨级的工业示范装置的建设和试验，攻克从高压氢气密相输送粉煤到氢气加氧喷嘴、加氢气化炉和冷却排渣控制等一系列核心关键技术和装备；工艺开发力争产品气中甲烷含量大于 75％，芳烃油品回收率大于 10％；完成反应器放大模型和千吨级工业装置的工艺软件包。煤加氢气化技术对于高效清洁利用占我国储量 40％以上的低阶煤资源，尤其是高挥发份的次烟煤资源有着重要意义。

地下气化采煤技术。地下气化采煤是将地下的煤炭进行有控制地燃烧气化，通过对煤的热作用及化学作用而产生可燃气体的过程。该工艺过程集建井、采煤、气化为一体，可生产低成本的工业燃气和化工合成原料气，而将灰渣、矸石等留在地下，实现了煤炭清洁开采。该技术具有安全、高效、对环境影响少等优点。新奥是中国最早将煤炭地下气化技术发展成为产业化技术的企业，在内蒙古乌兰察布建有气化采煤工业化示范基地，2009 年 6 月成功产气发电。日产气量达到 30 万方，累计发电超过 470 万千瓦时。该技术已实现空气和富氧二氧化碳连续稳定气化，2 号气化炉实现 30 个月连续生产，气化炉产气规模可调，单炉产能可达到 50 万方/日以上，煤气热值根据产品用途的不同在 800～1 950 大卡/标方间可调，煤炭能量转化效率达到 60％。目前形成了具有自主知识产权的选址、建井、稳定气化、环境修复等成套技术，具备了产业化放大的技术基础。新奥将在乌兰察布建设我国首个地下气化采煤制 LNG 产业化示范工程，示范项目一期建设规模为年产 14.5 万吨液化天然气，总投资 13.6 亿元。

超临界气化/氧化技术。超临界气化是利用水在超临界状态下反应速度快、反应完全和换热效率高的特性，对高水含量含碳废弃物进行处理的过程。该技术适宜处理高水含量的市政、工业污泥（水分 85％以上）和制药、碱渣废液、染料和煤化工行业的高浓度难降解废液。可实现低成本彻底处理污染物，杜绝二次污染。新奥能源研究院于 2011 年建成国内最大的超临界中试平台（6 吨/天），利用该平台先后完成市政污泥、印染污泥、抗生素药渣、碱渣废液、焦化废水、制药釜残液等污染物的超临界水处理工艺开发。采用新奥超临界技术处理市政污泥、抗生素，有机质转化率超过 99％，减容率超过 90％，出水清洁，可达国家一级排放标准。此外，还可以充分回收污染物中的热量，比填埋、焚烧成本更低。

微藻生物固碳技术。微藻生物固碳技术，是利用微藻光合作用吸收工农业生产过程中排放的二氧化碳等废气，通过低成本收集和高效油脂提取等后处理技术，联产生物柴油、保健品原料和饲料添加剂等产品。目前该技术成功入选国家高技术研究发展计划（863 计划），并获得专项基金支持。新奥正在内蒙古达拉特旗开展国家级微藻生物能源产业化示范项目。

太阳能技术。新奥充分结合晶体硅和薄膜太阳能电池材料各自的特点和优势，自主开发新型高转换效率太阳能电池 HST 技术，目前转换效率达到 22％以上，达到国内领先和世界前沿水平。这项技术具有高发电性能、无衰减、低系统及发电成本和低能耗制造工艺等优势，在未来三年新奥将继续开发新技术、新型电池材料及结构，实现新时代产品更高的转换效率和持续的发电成本降低，为客户创造更多价值。

>>四、相关启示<<

从上述新奥能源研究院研发推广的 7 类产品与技术来看，确实都带有高效与绿色的特征，特别是以构筑现代能源体系为主要建设方向的泛能网，不断探索"第五种能源"——智能能源，在居民家庭、工业园区和城市等领域也都初步展现了不错的市场应用前景。但需要强调的是，这些高科技、高效率、绿色化、小范围试点的技术与产品所构筑起来的美好愿景与规划能否最终实现，仍然面临着很多不确定性，需要相关配套政策的支持，比如自愿或强制性的碳、二氧化硫等主要污染物的排放权交易能否在全国范围内有效开展，居民家庭或园区利用分布式能源系统产生的富裕能源（主要是电）能否顺利并网、自由交易，传统能源的供求体系、开发成本、市场价格以及清洁能源开发利用的政策支持力度，等等，都会从根本上影响新奥乃至整个能源行业开发利用传统能源与新能源数量比例方面的决策，进而影响能源产业的绿色化程度。总之，对于一个能源企业而言，追求绿色，不应该被外界仅视为其应有的社会责任，而更应该是在相关政策与制度信号下确保企业长期盈利的必然选择，这也是创新、绿色、发展有机融合的应有之路。

报告二

"超低排放"燃煤发电机组实地调研报告

当前我国环境承载能力已达到或接近上限，环境污染防治迫在眉睫。煤炭燃烧是最主要的环境污染物排放来源，作为燃煤大户的火电厂的节能减排是我国绿色发展的重中之重。浙江省能源公司率先提出了燃煤机组烟气"超低排放"的新思路，并集成创新了"多种污染物高效协同脱除集成技术"，对其下属的嘉华电厂两台百万机组进行技术改造。为此，我们专门组织实地调研，了解"超低排放"燃煤机组的技术路线、运行情况及其经济性，并形成本报告。

>> 一、背景：火电厂减排是绿色发展的重中之重 <<

在经济快速发展的今天，资源日趋短缺，生态环境急剧恶化。我国当前工业化阶段能源需求上升较快，同时带来严重的资源紧缺和环境污染的问题。推动能源生产和消费革命，促进经济发展方式向绿色低碳转型，既是我国可持续发展的内在需求，也是应对全球气候变化的战略选择。党的十八大报告首次将建设生态文明社会列入重点发展领域，绿色发展的重要性正在日益凸显。我国坚持可持续发展，就必须走绿色经济的发展道路。21世纪的企业必须是绿色企业，必须实施绿色发展战略。

目前中国的环境污染治理问题已迫在眉睫。以2012年为例，二氧化硫排放量为2 118万吨，氮氧化物排放量为2 337.76万吨，烟尘为1 236万吨。在大量的环境污染物排放中，煤炭燃烧是最主要的污染源。其中，85％的二氧化硫、67％的氮氧化物、70％的烟尘以及80％的二氧化碳的排放来自煤炭燃烧。而在中国，煤炭使用总量的50％左右是用于燃煤发电。截至2013年年底，中国累计发电装机容量为12.58亿千瓦，其中，火电装机容量8.7亿千瓦，占总装机容量的比重接近70％。而在火电中，燃煤发电占据绝对的主导地位，2012年中国燃煤发电占火电装机容量比重高达92％，而英美等发达国家的煤电比重则在40％左右。2011年美国与英国的气电装机比重分别达到52.0％和45.8％，而燃气发电装机占火电装机容量的比重不足5％。

以燃煤为主的火电结构在为中国经济发展提供充足电力的同时也燃烧了大量的煤炭，并导致了严重的环境污染。由此可见，火电厂的减排是治理大气污染和实现绿色发展的重中之重。

在国家政策层面上，也十分重视火电厂减排工作。从2014年7月1日起，我国2012年之前建成的火电厂开始执行新版大气污染物排放标准。这份被称为"有史以来最严的火电厂排放标准"，与欧盟、日本、加拿大、澳大利亚等发达经济体现行标准不相上下。按照这一标准，新建燃煤电厂烟尘、二氧化硫和氮氧化物的排放标准分别为30毫克/立方米、100毫克/立方米和100毫克/立方米。在京津冀、长三角、珠三角等"三区十群"19个省47个地级及以上城市等重点地区的火力发电锅炉及燃气轮机组烟尘、二氧化硫和氮氧化物的排放限值分别为 20 毫克/立方米、50 毫克/立方米和 100 毫克/立方米。

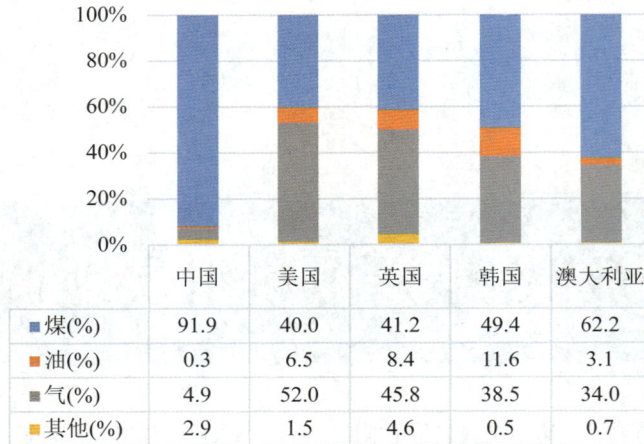

	中国	美国	英国	韩国	澳大利亚
煤(%)	91.9	40.0	41.2	49.4	62.2
油(%)	0.3	6.5	8.4	11.6	3.1
气(%)	4.9	52.0	45.8	38.5	34.0
其他(%)	2.9	1.5	4.6	0.5	0.7

图报告 2-1   火电结构的国际比较

资料来源：国际能源署，《电力信息 2013》；中国数据来自《电力工业统计资料汇编 2012》。

表报告 2-1   我国燃煤锅炉排放标准

燃料和热能转化设施类型	污染物项目	适用条件	限值	特别限值[3]
燃煤锅炉	烟尘	全部	30	20
	二氧化硫	新建锅炉	100	50
			200[1]	
		新建锅炉	200	
			400[2]	
	氮氧化物（以二氧化氮计）	全部	100	100
			200[3]	
	汞及其化合物	全部	0.03	0.03

注：1. 位于广西壮族自治区、重庆市、四川省和贵州省的火力发电锅炉执行该限值。2. 采用 W 型火焰炉膛的火力发电锅炉，现有循环流化床火力发电锅炉，以及 2003 年 12 月 31 日前建成投产或通过建设项目环境影响报告书审批的火力发电锅炉执行该限值。3. 重点地区（京津冀、长三角、珠三角等"三区十群"19 个省 47 个地级及以上城市）的火力发电锅炉及燃气轮机组执行表中规定的大气污染物特别排放限值。

资料来源：环境保护部，《火电厂大气污染物排放标准》。

在很多企业看来，这份被称为"有史以来最严的火电厂排放标准"在实践中难以实现。而浙能集团则提出了燃煤机组烟气主要控制污染物排放指标达到或优于燃气机组排放标准限值的方向性目标，把烟尘、二氧化硫和氮氧化物的排放限值分别降低到 5 毫克/立方米、35 毫克/立方米和 50 毫克/立方米。对此，有些业界人士表示怀疑。那么，超低排放燃煤机组是否真实有效运行？其技术特征是什么？其经济属性如何？为此，我们专门于 2014 年 11 月对浙江省能源集团公司及其下属的嘉华发电公司进行了实地调研。

注：照片由调研组自行拍摄。

>>二、企业：浙能集团创造性提出燃煤机组"超低排放"新思路<<

浙能集团成立于 2001 年 2 月，截至 2014 年 9 月底，集团资产总额 1 651 亿元，居省属国有企业首位，位列中国企业 500 强第 171 位。集团目前的控股管理装机总容量 2 562.1 万千瓦、控股管理企业 180 家，已经从当初的一家纯电力投资管理型公司，发展为以电力为主、多业并进的在全国具有相当影响力的综合性能源供应商。2013 年集团实现销售收入 775.4 亿元，实现利润总额超百亿元。

浙能集团已成功构建了大能源产业格局，包括电力、煤炭、油气、可再生能源产业、能源服务产业。集团还积极开展房产、财务公司、资产管理等业务，着力培育金融地产板块，积极开发西部能源项目，着力培育区外能源板块。通过各板块协同发展，集团最终将构建和完善"5＋2"产业体系，"5"代表的是能源主业，即电、煤、油气、可再生能源、能源化工，"2"代表金融地产产业和能源服务业。

根据越来越严格的环境管制政策的要求，浙能集团对每年的节能目标进行了分解落实和考核，在节能工作上的主要举措概括来讲包括调结构、搞技改、抓管理。具体措施包括：

第一，调整机组结构。关停高耗能机组，发展大容量高参数机组。2006 年以来共关停了台州、温州、钱清等 10 台 125mw 级机组，黄岩热电、金华 6B 燃机等机组，组建投产了兰溪、乐清、嘉华三期、舟山六横、凤台等一批节能环保型电厂。

第二，大力开展节能技术改造。年度节能技术改造投入从 2008 年的 9 千万元左右，到 2013 年发展到近 8 亿元。在大力推广高压电机变频技术、锅炉吹灰优化、微油点火、电除尘节能、循泵电机双速改造等项目的基础上，重点实施汽轮机增效扩容改造和对外供热拓展。汽轮机通流改造工作方面：改造范围为 29 台机组（14 台 300mw 机组，7 台 600mw 亚临界机组和 8 台 600mw 超临界机组），到目前为止已完成 17 台机组的改造工作，剩余的 12 台机组改造将于 2016 年全部完成。其中 600mw 亚临界机组和 600mw 超临界机组整体通流改造均为国内首次进行。29 台机组改造总投资近 25 亿元，改造后年节能总量大约为 50 万吨标准煤。兰溪 3 号机改造项目已列入国家能源局节能升级与改造示范项目。

对外供热改造方面，充分利用浙江省工业热用户多且相对集中的优势，结合发电企业周边实际，开展统调机组对外供热改造工作。到 2013 年年底集团共有 9 家电厂 27 台机组实现对外供热,供热机组容量 979 万千瓦,占集团燃煤机组总容量的 46%,供热总量近 400 万吨。

第三,在管理上,一方面抓目标管理,落实节能措施,各企业按集团要求对节能目标和措施实施层层分解、落实,确保年度目标的完成;另一方面,以国内最先进为目标,围绕实施开展能耗对标工作。2014 年上半年,在由中国电力企业联合会和中国能源化学工会主办的 2013 年度全国火电大机组能效对标竞赛中,集团公司共有 10 台机组获奖,其中一等奖 4 台(嘉华电厂 7 号机组在 100 万千瓦级机组以第一名的成绩获得一等奖)、二等奖 2 台、三等奖 4 台;在单项指标中,乐清 4 号机为全国同类型机组供电煤耗第一,嘉华 4 号机为全国同类型机组厂用电率第一。

在浙能集团诸多减排举措中,最具特色也是取得最大进展的是嘉华电厂的超低减排机组改造。2014 年 10 月,浙能集团下属的嘉华发电公司被国家能源局授予"国家煤电节能减排示范电站"称号。

嘉华发电有限公司隶属浙能集团,是一家成立于 2001 年 7 月的管理型企业,总装机容量 440 万千瓦,并管理嘉兴发电厂二期工程 4 台 60 万千瓦机组和三期工程两台 100 万千瓦机组的工程建设和生产经营工作。

一直以来,嘉华电厂持续加大环保投入,大力利用新工艺、新技术加装改造环保设施。电厂在进行烟气脱硫改造后,虽然各项排放指标都符合国家标准要求,但浓浓的"白烟"和"石膏雨"现象给周边的居民带来不安,他们甚至提出了搬迁的要求。

浙能集团公司领导认为,发展的落脚点是为了百姓、为了民生,应该对百姓的诉求重点关切。一方面,在宣传上向公众解释这正是脱硫改造后冒出的白色水蒸汽,各项污染物指标符合国家排放标准,让百姓"放心";另一方面,在技术上探索治理措施,解决百姓的后顾之忧。浙能集团公司提出要用最先进的技术、选最可靠的设备、花最大的投入做好环保工作,使电厂的大气污染物排放不仅要达到国家标准,而且要让周边的百姓彻底放心。

针对以上问题及设想,2012 年,浙能集团在国内创造性地提出了燃煤机组烟气主要控制污染物排放指标达到或优于燃气机组排放标准限值的方向性目标,即燃煤机组烟气"超低排放"的新思路,创新性地开发、设计了"多种污染物高效协同脱除集成技术"。浙能集团组织相关下属单位经过多次调研,严谨细致的反复论证,决定采用上述技术路线首先对公司两台百万千瓦燃煤机组实施烟气超低排放改造。8 号机组于 2013 年 8 月 13 日开工,2014 年 1 月 25 日停机安装,5 月 22 日并网投入运行,5 月 30 日带满负荷,是国内首台成功实现烟气主要控制污染物超低排放的燃煤发电机组。7 号机组于 2013 年 10 月 10 日开工,2014 年 4 月 4 日停机安装,6 月 8 日并网投入运行。两台机组改造投运后一直保持稳定可靠运行。

>>三、技术:多种污染物高效协同脱除集成创新<<

本项目采用的技术路线是"多种污染物高效协同脱除集成技术",即将烟气脱硝技术、低(低)温电除尘技术(含无泄漏管式水媒体加热器和低低温电除尘器、高频电源等)、烟气脱硫技术和湿式静电除尘技术通过管路优化和排列优化进行有机整合,通过相互连接配合和对多种污染物脱除比例的合理分配,形成一个有机整体,对氮氧化物、烟尘(包括 PM2.5)、二氧化硫、三氧化硫和汞等污染物进行渐进式脱除,使最终排放烟气中的主要控制污染物浓度达到燃气机组排放标准限值以内。

注：照片由调研组自行拍摄。

该技术的核心就是将多种污染物脱除技术进行集成和提效，从而有效降低烟尘（PM2.5）、二氧化硫、氮氧化物等烟气主要控制污染物排放浓度，使其达到燃气机组的排放标准限值（见表报告 2-2），并有效降低汞和三氧化硫的排放浓度，同时有效消除"白烟"和"石膏雨"等现象。

表报告 2-2　　　　　　　　　　超低排放设计目标值与现行国家标准的对比

污染物项目	燃煤锅炉排放限值	燃煤锅炉重点地区排放限值	天然气机组排放限值	燃煤锅炉超低排放值
烟尘 mg/Nm³	30	20	5	＜5
二氧化硫 mg/Nm³	100（新建） 200（现有）	50	35	＜35
氮氧化物 mg/Nm³	100	100	50	＜50
三氧化硫 mg/Nm³	—	—	—	＜5
汞及化合物 μg/Nm³	30	30	—	＜3

具体地，该项目的工艺流程如图报告 2-2 所示。

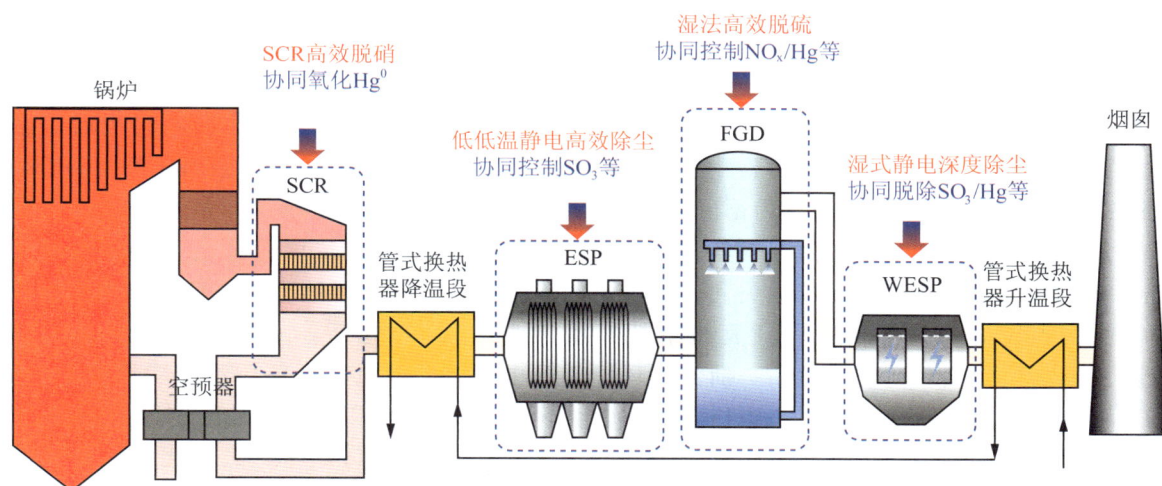

图报告 2-2　超低排技术工艺流程图

1. 脱硝改造

(1)低氮燃烧调整:对锅炉原有低氮燃烧器及制粉系统进行优化调整试验,控制锅炉出口氮氧化物浓度在 $250mg/Nm^3$ 以下。

(2)SCR 脱硝改造:加装第三层催化剂(改造前与改造后脱硝的具体参数对比见表报告 2-3)。

表报告 2-3　　　　　　　　　　脱销改造前后相关排放参数

方案	入口浓度 mg/Nm^3	出口浓度 mg/Nm^3	脱硝效率 %	催化剂体积 m^3/炉	阻力 Pa
改造前	350	70	80	548	290(2 层)
改造后	300	45	85	548＋447	510(3 层)

(3)增加回热加热:提高给水温度,间接提高机组烟气温度,使机组较低负荷时脱硝系统仍能投入运行。

2. 除尘改造

(1)增设管式换热器系统:降低电除尘器入口烟气温度至 90℃以下,将原常规电除尘改造为低低温电除尘,并应用高频电源技术,保证电除尘出口烟尘浓度低于 $15mg/Nm^3$。

(2)增设一电场湿式电除尘器:进一步脱除细颗粒烟尘 70%以上,使出口烟尘浓度在 $5mg/Nm^3$ 以下,同时通过出口的管式加热器,将烟囱出口烟温提高至 80℃以上,以同步消除烟囱"冒白烟"和"石膏雨"现象。

3. 脱硫改造

(1)提高液气比:增大原有 3 台浆液循环泵出力以提高流量,同时采用交互式喷淋;增加 1 台循环泵(备用)。

(2)强化气液传质:增设 1 层托盘,成双托盘,并减小托盘开孔率。

(3)提高塔内气流均布:增设塔内增效环。

(4)增压风机改造:更换叶轮、电机等。

4. 其他污染物脱除

(1)SO_3 脱除:采用低低温电除尘、湿式电除尘等技术措施,使出口三氧化硫排放浓度≤$5mg/Nm^3$。

(2)汞脱除:通过 SCR 改性催化剂技术,使单质汞氧化率达到 50%以上,经过脱硫吸收塔和湿电除尘器脱除后,出口汞浓度≤$3\mu g/Nm^3$。

5. 在线监测

燃煤机组进行超低排放改造后,污染物排放浓度较以前大幅下降,对监测仪表的准确性、稳定性和可靠性提出了更高的要求。为此,我们通过技术交流、调查研究、专题讨论后,最终选用了当前世界上最先进的烟气污染物在线监测系统。其中,烟尘仪表选用德国杜拉格 DURAG D-R800 粉尘仪,烟气分析仪型号为德国 ABB AO2020,上述仪表均已取得计量器具型式批准证书和国家环保部的认证,并通过了省环境监测中心的比对。另外,本项目选用了适合的烟气预处理系统,基本解决了被测组分丢失和样气带水的问题,有效提高了测量的准确性和稳定性。

嘉兴发电厂 7、8 号两台百万千瓦机组烟气超低排放改造投运后,从 2014 年 6 月 30 日起,浙能集团聘请的中国环境监测总站、浙江省环境监测中心、南京电力设备质量性能检验中心(南京国电环境保护科学研究院)等权威机构 60 多位专家组成的检测组对两台机组进行了为期近 10 天的现场检测。检测结果表明,两台机组在不同工况时烟囱总排口烟尘、二氧化硫、氮氧化物三项主要烟气污染物的排放浓度不超过 $3.58mg/Nm^3$、$16.83mg/Nm^3$、$31.75mg/Nm^3$(标态,

6％氧量），明显低于天然气燃气轮机组排放标准限值。同时，污染物中气态总汞、三氧化硫、PM2.5、液滴的排放浓度不超过 2.18μg/Nm³、3.39mg/Nm³、0.294mg/Nm³、9.1mg/Nm³。国家环保部环境工程评估中心在北京组织召开了《嘉华百万千瓦机组烟气污染物超低排放示范项目环保性能评估与技术改进建议报告》成果评审会，对该项目的技术路线及实施情况进行了全面评估。

四、启示：寻求经济发展与环境保护的平衡

超低排放项目在国内率先开展，很多新技术、新设备在国内尚属首次应用，能够为以后的超低排放改造提供技术、管理、运行、维护等方面的借鉴和参考。从经济性看，嘉华电厂两台百万机组改造费用约 3.95 亿元，折算到每千瓦投资约 200 元，加上运行成本增加，初步统计实施超低排放改造后增加发电成本约 0.015 元/千瓦时。换言之，为了更好的环境质量，我们需要为每度电多付出 0.015 元。这给我们两点启示：一是保护环境是有成本的；二是人类可以在经济发展的同时保护环境，而且其成本并不高昂。

过去，我们片面追求经济增长速度而忽略了环境污染的负外部性，由此也付出了沉重的环境代价。面对全国大范围长时间的雾霾天气，国家出台系列政策加强大气污染防治，特别是在京津冀、珠三角和长三角等重点地区。大气污染防治需要多种举措、多管齐下，除了控制能源消费总量和调整能源结构外，超低排放燃煤发电技术提供了一种可行的解决之道，以寻求经济发展和环境保护的平衡，实现经济社会可持续发展。

参考当前煤价，超低排放燃煤机组上网电价基本不会超过 0.5 元/千瓦时。如果是新建机组实施，增加成本将会更低。相对于天然气发电的上网电价，燃煤发电几乎只是其一半的价格；风电、太阳能发电不仅电价高，而且受自然环境影响大，只能作为系统供电的补充；发展核电，受厂址的限制，且调峰能力差。所以，以煤电为主的电力工业格局在短期内难以改变。而实现超低排放在技术上已没有问题，因此，应该加快推进超低排放改造，同时实施相关配套政策。

第一，由于机组超低排放改造的投入较高，同时投产后增加了机组运行成本，建议对实施超低排放改造且达到预期效果的机组在其年度计划发电利用小时和环保电价补贴方面予以政策倾斜。

第二，在电力调度的实时负荷调度序列中，对实施超低排放改造且达到预期效果的机组予以充分考虑。

第三，国家出台相关超低排放的标准，规范排放控制污染物的测量方法。

第四，鼓励企业研发相关设备、装置，尽早实现国产化。

报告三

电力企业的绿色转型
——中电投远达环保（集团）股份有限公司调研报告

经济的快速发展需要大量电力能源，当前我国主要以火电为主，占 2014 年我国发电设备总容量的 67％。火电也是大气污染物排放的首要大户，二氧化硫、工业烟尘、氮氧化物、汞和二氧化碳排放均位居各行业首位。中电投远达环保（集团）股份有限公司最初以常规发电为主，后来抓住产业升级机遇、涉足电力环保领域，通过内部资本调整和业务转型，一举成为中国电力环保领域的典型企业。中电投远达环保（集团）股份有限公司的绿色转型之路，以及是否对其他电力企业绿色发展具有借鉴意义，是我们此次调研的重要目的。

>>一、中电投远达环保公司的绿色升级与成长历程<<

中电投远达环保（集团）股份有限公司原名为重庆九龙电力股份有限公司（以下简称"九龙电力"）成立于 1994 年。该公司已由最初以常规发电为主的区域性企业，迅速升级成长为全国知名的环保企业，积极践行"奉献绿色能源、服务社会公众"的企业精神。

1. 远达环保基本概况

中电投远达环保（集团）股份有限公司是由中国电力投资集团公司控股（以下简称"中电投集团"）、以环保为主业的上市公司，拥有 14 家下属企业。公司已形成了以环保工程、产品制造与技术服务三大价值链为核心，以技术进步和科技创新为支撑的产业构架体系，业务范围涉及脱硫脱硝除尘工程总承包、脱硫脱硝特许经营、脱硝催化剂制造、水处理、核电废物处理及节能等多个领域，覆盖全国大部分地区，并拓展到海外市场。公司自上市以来，每年都保持着较好的赢利水平，资产总额稳步增长。截至 2014 年 10 月底，公司的资产总额达到 84.71 亿元，累计实现收入 27.84 亿元，实现利润 2.82 亿元。公司多次荣获全国文明单位、全国职工模范之家、重庆市企业 50 强等荣誉称号。

2. 远达环保发展阶段

公司成立之初以常规发电为主营业务，2000 年后，抓住脱硫行业爆发式增长的机遇，涉及电力环保领域。2003 年至 2007 年，公司营业收入年均增长 78％，利润总额年均增长 102％。高速发展的同时，企业通过对外部环境的分析，预测 2007 年以后脱硫市场可能出现拐点，公司单一的产业结构存在极大的系统风险，必须转变经济增长方式，调整产业结构，把握市场新需求，寻找新业务领域，依靠科技进步推动各个产业协调发展。为此，远达环保认真研究制订了公司"十一五"发展规划，提出到 2010 年，初步形成脱硫脱硝工程、脱硫特许经营、脱硝催化剂制造、水务产业、核电环保五大业务，公司各产业协同发展，具备较强的抗风险能力、市场竞争能力、盈利能力和可持续发展能力。

围绕这个规划，2010年公司产业结构调整和战略转型取得阶段性成果，协调、可持续发展的格局初步形成，成为中国电力环保领域的知名企业。据统计，截至2010年，脱硫脱硝工程总承包市场占有率位列国内前三；脱硫特许经营及运行维护规模是行业第二；脱硝催化剂产能规模为行业第二。"十一五"末，公司规划的五大产业布局基本形成。

在此基础之上，公司围绕中电投集团"三步走"战略提出"十二五"发展规划：以科技为依托，以市场为导向，以环保、节能和水务为主营业务，服务与产品并重，产业一体化协同发展，充分发挥专业技术能力和上市公司融资能力，在巩固和提升电力环保市场的基础上，积极开拓非电和海外市场，成为一体化、国际化的综合性环保服务提供商。2011年至2014年，在中电投集团的支持下，实施了两次非公开发行、一次重大资产重组，实现了从常规发电企业向环保企业的顺利转型。

注：照片由调研组自行拍摄。

>>二、绿色转型的六大业务板块<<

按照中电投集团将远达环保建设成为集团节能环保产业的技术支撑平台、融资平台和新利润增长点的总体战略部署，公司积极推进战略转型。在绿色转型的进程中，公司业务范围涵盖脱硫脱硝除尘工程总承包、脱硫脱硝特许经营、脱硝催化剂制造、水务、核电环保、节能六大领域，覆盖全国大部分地区及部分海外市场。总体来看，公司经过多年的发展和积累，在环保领域已具备较强的综合竞争优势。

1. 脱硫脱硝除尘工程总承包业务绩效显著

公司脱硫、脱硝、除尘工程总承包业务主要包括燃煤电厂及非电领域烟气脱硫、脱硝、除尘等装置的工程设计、设备成套、土建安装、工程调试、售后服务等，研发适合国际、国内不同区域需要的环保新技术、新装备。公司已累计签约脱硫、脱硝、除尘EPC项目200多个，装机容量超过14 000万千瓦，合同金额超过150亿元，遍及全国27个省（区、市）及印度等国家；百万机组业绩国内排名第一，市场占有率位居全国前列，承担了世界上首台百万机组脱硝工程、国内首个百万机组脱硫工程、首个烟塔合一脱硫工程、首个取消烟气旁路脱硫工程、首个脱硫脱硝除尘一体化工程。先后承接了印度嘉佳电厂、土耳其伊斯肯德伦电厂及印尼中爪哇岛燃煤电厂3个海外脱硫项目。公司累计建成150多个工程200余套环保装置，装机容量超过9 700万千瓦；

获得工程荣誉多项，包括中国建筑工程鲁班奖、国家优质工程金质奖、中国驰名商标等。

2. 脱硫脱硝特许经营实现规模效益

公司脱硫、脱硝特许经营业务主要包括烟气脱硫脱硝节能减排项目投资、运营、改造、检修及副产品的销售，电力、环保新产品的开发、销售及技术咨询等服务。截至目前，签约的脱硫脱硝特许经营项目 31 个、装机容量超过 3 000 万千瓦，涵盖了 10、20、30、60、100 万千瓦等级机组，遍及东北、西北、西南、华北、华中等区域，涉及高硫煤、取消旁路、取消 GGH、烟塔合一等各种技术路线，积累了丰富的脱硫、脱硝装置运营经验，基本实现了特许经营的区域化、集约化和精细化管理。

3. 脱硝催化剂全过程服务能力基本形成

公司催化剂业务主要涉及烟气脱硝催化剂的设计、生产、销售、研发、再生和回收及烟气脱硝技术改造、原材料钛钨粉生产等方面。目前，公司催化剂年产能 3 万立方米，完成上海外高桥和江西新昌电厂脱硝催化剂再生项目，是国内首家拥有催化剂再生市场业绩的专业生产厂商。另外，公司远达催化剂检测中心主要承担脱硝催化剂原材料、过程产品和成品的检验以及技术研发等任务。该检测中心为国内首家且唯一获得全球实验室认可的催化剂检测机构，其检测报告被全球 50 多个国家地区的 65 个机构所承认。

4. 水务一体化服务能力持续增强

公司水务业务包括水处理工程总承包和水务投资运营。水处理工程总承包业务涵盖电厂水处理、市政给水处理、市政污水处理及中水回收再利用、工业纯水制备及废水处理、海水淡化等方面，服务阶段从项目可研、初步设计、施工图设计到项目建设、项目试运行全过程。公司大力发展水务投资运营，提高管理水平，形成了标准化、专业化的投资运营业务管理模式，主要采用特许经营方式，投资、建设、营运供排水，采用 EMC（合同能源管理）方式进行水项目建设。

5. 核电环保服务能力初步具备

公司作为国内三家专业从事核电站中低放射性废物处理、处置业务的企业之一，主要从事核电厂离堆中低放射性固体、液体、气体废物处理、处置设施的设计、建造、调试、运行维护等业务。山东海阳核电站 SRTF 项目已基本完成设计和建筑安装，也是目前国内唯一具备核电站 SRTF 处理工程业绩的企业。依托该项目，公司初步形成了从研发、设计、配套、工程于一体的全过程核环保管理体系及工程实施能力，拥有一支素质优异、专业过硬的核环保研发设计、工程建设及管理人才队伍。

6. 综合节能服务顺利起步

公司业务还涉及工业节能领域，通过整合技术创新、投资保障、设备制造等优势资源，广泛采用合同能源管理、工程建设总承包、融资租赁等创新商业模式，为用能企业提供集能效诊断、连锁投资、研发设计、工程建设及运营管理为一体的综合节能服务。包括工业余热综合利用、燃煤锅炉燃烧系节能优化、电厂系统节能服务，已投资实施 8 个合同能源管理项目，累计节约标煤 2 万余吨。

>>三、科技创新推动企业绿色发展<<

科技创新是推动企业绿色发展的原动力和核心力量，转变发展方式、提升产业层次必须依靠科技创新。不断提高原始创新能力、集成创新能力和引进消化吸收再创新能力，开发具有自主知识产权的新技术、新装备、新产品；围绕公司产业发展需要，通过技术攻关与实施科技项目，重点掌握和提升现有核心技术，着力突破攻克实用新技术，积极研究和储备产业相关前瞻性技术；并把拥有核心技术的成果推广应用，形成企业绿色发展的核心竞争力。

注：照片由调研组自行拍摄。

1. 完备的科技创新体系

公司拥有强大的研发团队、坚实的科研平台、先进的实验基地、成熟的产学研合作机制以及大量的经费投入，构建起完备的科技创新体系。

公司研发队伍包括院士专家工作站、博士后工作站，专业涉及环境工程、热能、热动、化工、材料化学、核物理等多个领域；搭建了国家级企业技术中心、国家地方联合工程研究中心等多个国家、省部级科研平台；建成了全国最大、亚洲第二的合川原烟气净化综合实验基地、活性焦脱硫脱硝中试实验基地等，可进行烟气脱硫、脱硝、除尘、脱汞、二氧化碳捕集等自主知识产权技术的开发。建立了以企业为主体、科研机构参与、利益共享、风险共担的联合开发的产学研合作模式，与清华大学、中科院等单位建立了长期科技合作关系，通过引进技术吸收消化再创新、自主研发等多种形式，先后承担了国家级科技项目 10 余项、省部级科技项目 60 余项。2007—2014 年，公司累计科技投入 4.86 亿元，科技投入稳步增长、科技投入率逐年递增。

2. 先进的技术产业化链条

公司业务范围不仅覆盖当前所需的脱硫、脱硝、除尘、节能及水处理等环保领域，而且在适应未来环保新需求的脱汞、碳捕集及利用、核废处理等领域开展了大量的技术储备和市场拓展。通过试点建设、项目示范、全面推广应用，进一步加快研发技术向实际应用的进程，充分发挥科技创新对公司产业发展的支撑作用，目前自主开发的 12 种核心技术已全部实现了在生产和工程建设中的全面应用。

公司研发的 YD-BSP 湿法脱硫技术是国外引进技术的吸收消化再创新，其整体及部分成果累计在 11 820MW 装机上实施和应用，确保了公司在电力环保工程领域的领先地位。多污染物协同控制技术创新实现了二氧化硫、氮氧化物、粉尘、Hg 烟气污染一体化综合治理的环保服务模式，将脱硫效率提高到 98.5％以上、汞氧化效率提高近 3 倍。通过开展催化剂原材料及模具国产化技术研发，实现了催化剂粉体的国产化，降低原材料成本 30％。

3. 全面的专利标准化战略

专利技术标准化战略有利于市场竞争地位的总体性谋划，是企业从国内外竞争形式和自身条件出发，谋求在市场竞争中占据主动，有效排除竞争对手的重要手段。一方面，公司对核心技术构筑专利保护网,并加强核心专利的转化及应用,促进自主创新成果的知识产权化、产业化,引导企业采取知识产权转让、许可的方式实现知识产权的市场价值,为企业创造经济效益;另一方面,公司积极参与国家和行业科技创新标准制定工作,促使核心专利标准化,进而实现标准垄断化。

2004 年至今,公司共取得受理专利近 400 余项,获得授权专利 300 余项,其中发明专利 60 项,登记软件著作权 19 项;主持或参与编制国家及行业标准 20 余项,发表核心期刊论文 100 余篇,获国家及地方各类科技奖项 100 余项。公司掌握了石灰石—石膏湿法脱硫等 21 种环保核心工艺技术;参与编制了《燃煤烟气脱硫设备》(GB/T19229.1-2008)等多项国家标准,起草并制定了《火电厂烟气脱硝(SCR)装置检修规程》等 10 余个行业标准。

4. 持续的行业影响力

公司在电力环保产业领域树立了良好的企业品牌形象,形成了较强的行业影响力。2009 年公司被授予"中国环保科技创新最具影响力十大品牌",是中国烟气脱硝产业技术创新战略联盟理事长单位。公司被国家环保部确定为"燃煤电厂二氧化硫减排核查核算培训基地"、是科技部指定的"燃煤电厂烟气净化技术国际培训单位"、中电联批准的"全国烟气脱硫技术管理与运行维护人员培训基地",已为来自东南亚、中东和东欧等 20 个国家的管理人员、技术人员及国家环保部、督察中心电厂等环保主管和技术人员共计 3 000 余人提供了专业培训。公司联合英国驻重庆领事馆、中国科学院、清华大学举办了"二氧化碳捕集与封存(CCS)国际论坛""烟气脱硝产业与技术论坛"等多次国际研讨活动。

>>四、机遇、问题及建议<<

1. 存在的发展机遇

随着国家环境保护事业的持续深入,政府、企业及公众对环境服务业发展需求进一步加大,市场化改革进一步深入,市场环境进一步规范,环保产业将迎来更广阔的发展机遇。

第一,节能环保作为国家战略性新兴产业的确立,得到了国家财政、金融等相关政策的更多扶持,环境服务业发展的外部政策环境不断优化和完善。

第二,减排工作的持续深入和环境保护要求的提高,脱硫脱硝、城镇污水处理、污泥无害化处置、垃圾处理等环境污染治理设施的建设力度进一步加大。

第三,污染减排方式从工程减排为重点逐步向结构减排和管理减排转变,促进了污染治理设施运营服务业务的快速发展。

第四,中国在解决环境问题上积累了一些符合发展中国家特点的经验,在世界经济全球化的背景下,这些经验将对其他国家提供借鉴,为环境服务"走出去"提供更大机会和可行性。

第五,国家鼓励和培育集开发、投融资、设计、设备制造、工程总承包、运营于一体的大型专业环保公司,"十二五"期间形成 10～20 个年产值在 100 亿元以上,具有国际竞争力的全国性综合型环境服务集团的目标,这也是远达环保下一步的发展方向。

2. 面临的问题及建议

在调研过程中,我们深切认识到,除了环保行业发展的大好机遇,企业还面临很多具体问题,如何解决好这些问题,关系着类似于远达这类环保企业的健康可持续发展。特别是 2014 年以来,新的《火电厂大气污染物防治标准》开始执行,同时为了推进区域大气治理,发改委、能源局、环境保护部共同印发《能源行业加强大气污染防治工作方案》,提出在试验示范基础上推广燃煤大气污染物超低排放技术,环保企业面临的问题更加复杂。

第一,一方面国家环保政策日趋严厉,排放限值持续大幅提高;另一方面由于国内无补偿、激励机制，环保企业没有采用新工艺、新技术超前建设高排放标准环保装置的动力，只能随着国家环保排放标准的提高被动地改造环保设施，造成国家人力、物力、财力的巨大浪费。

建议：抓住国家推动"引入市场化机制，推行环境污染第三方治理"的契机，由环保行业协会牵头，推动国家筹建"污染物排放权交易系统"，将"谁污染，谁治理"的机制变为"谁污染，谁付费"的机制，有能力的环保企业可以超前建设高标准的超洁净大气污染物联合协同脱除系统，一方面可将多减排部分污染物通过"污染物排放权交易系统"进行交易，降低环保企业运营成本；另一方面可以提前建设高标准的超洁净大气污染物联合协同脱除系统，减少重复技改投资成本，节约有限的社会资本。

第二，随着火电厂环保装置的建成，其边界条件固定，但当国家环保持续大幅提高排放限值，则需要对现有设施实施增容改造，导致许多脱硫公司已经完成改造，或者正在进行改造的项目不得不重新追加投资进行改造，按照新的《火电厂大气污染物防治标准》平均每台机组脱硫技改资金需新增近 1 000 万元，经营成本大幅上升，对应的脱硫电价未发生变化，特许经营项目盈利能力下降，经营风险大大提高。

建议：由各环保公司共同向相关部门建议制定"环保电价与排放标准联动机制"，在国家提高排放标准的同时，应考虑到运营成本提高、装置改造费用增加等问题，根据权责利统一的原则，同步调整对应的火电厂烟气污染治理（脱硫、脱硝、除尘等）电价，确保环保公司的可持续发展。

第三，脱硫设施投资收益持续萎缩。一方面脱硫设施运行成本由脱硫系统消耗的水、电、气、汽费用、人员工资、维护检修费用、折旧费用、银行利息等组成，脱硫设施特许运营期间主要直接成本如水、电、员工工资等日常运营成本快速上涨；另一方面，受经济波动影响，火电机组燃煤的品质较难保证，脱硫装置入口烟气参数变化较大。与此同时，现有大部分地区实行脱硫电价补贴却相对固定，并未出现上调。对于部分投资较大、燃煤含硫量较高的脱硫项目，现行的脱硫电价补贴难以补偿脱硫成本，电厂和脱硫公司很难达成成本补偿意见，加重了脱硫公司的经营风险，部分特许经营项目严重亏损，脱硫公司经营风险持续增加。

建议：为真正实现减排目标，相关部门出台配套措施，监管入炉燃煤热值和含硫率，全方位加大环保减排监控力度；同时出台相关规定建议环保电价由电厂与环保公司协商，可突破国家规定的环保电价，规避审计风险。

报告四

绿色通信的实践
——华为技术有限公司调研报告

这是一个信息爆炸的年代。据统计，2012 年全球产生 2.4ZB 数据，到 2020 年，数据还将增加 16 倍，达到 40ZB。在这样的时代背景下，信息技术正在和各个行业的技术进行深度融合。随着信息技术融入人类生活的每一部分，信息化的程度开始体现着一个国家的发展战略和竞争力。因此，以典型企业为例，研究和分析信息产业中资源的利用和环境保护的实践，对信息产业的发展有着有益的提示和借鉴。本文以我国华为公司为例，对其节能减排和环境友好交互的创新和实践进行分析，以期获得电子信息企业节能减排和环境保护的市场方向和技术方向。

>>一、调研背景<<

在现代社会中，电信手段减少了企业所需的旅行次数和实体媒介，因此，电信业务的发展减少了全社会的能耗和二氧化碳排放类似业务的持续发展。根据 GeSI 发布的 Smart2020 报告，到 2020 年，ICT 将为全球减少相当于 78 亿吨的二氧化碳排放，是其行业自身碳足迹的 5 倍。但是，与此同时，电信行业自身的节能环保问题也不容忽视。2008 年全球 ICT 设备每年的二氧化碳排放高达 8.6 亿吨，基本和航空业相当。

所以，电子信息企业除了提供合适的业务帮助降低全社会碳排放以外，还面临一个挑战，就是要不断提升自身的能源效率，减低自身的能源消耗。

华为技术有限公司是我国电子信息科技行业的知名企业，尤其是在可持续发展战略的理念和实施方面具有前瞻性。因此以华为公司为例进行研究，对其节能减排和环境友好交互的创新和实践进行分析，以期获得电子信息企业节能减排和环境保护的市场方向和技术方向，对信息产业的发展有着有益的提示和借鉴意义。

>>二、企业概况<<

华为技术有限公司是一家生产销售通信设备的民营通信科技公司，于 1987 年在中国深圳正式注册成立，总部位于中国广东省深圳市龙岗区坂田华为基地。华为的产品主要涉及通信网络中的交换网络、传输网络、无线及有线固定接入网络和数据通信网络及无线终端产品，为世界各地通信运营商及专业网络拥有者提供硬件设备、软件、服务和解决方案。

华为实施全球化经营的战略，经过 10 多年的努力拓展，华为已经初步成长为一个全球化公司，在海外设立了 22 个地区部，100 多个分支机构。2014 年《财富》世界 500 强中华为排行全球第 285 位。在 2014 年公布的"最佳全球品牌"排行榜中华为排名第 94 位，成为中国大陆首个进入 Interbrand top100 榜单的企业。

华为在市场和研发上都有着突出的表现，把节能减排当作企业发展的基础工作。2014年，华为全年实现销售收入人民币2 881亿元，同比增长20.6％。在市场快速发展的同时，华为意识到节能减排是电信企业长期运营中降低成本的重要方面，因此，优选经济可行性高的降耗方案是节能减排的基础工作。华为关于温室气体减排目标的设定是2015年减少5％，2016年减少7％，2017年减少10％。在产业不断扩大的阶段，如何同时控制能源消耗，是华为可持续发展工作的重点。

华为拥有成体系的理念和创新提升综合竞争力。在华为的实践中，力图把绿色环保理念融入产品规划、设计、研发、制造、交付和服务等各个环节中，通过持续的技术创新，不断提升产品和解决方案的资源使用效率，向客户提供领先的节能环保产品和解决方案。华为还在办公、生产、物流及实验室等方面提升资源使用效率，降低温室气体及废弃物排放强度，贴近业务，牵引供应链节能减排，提升华为产业链综合竞争力。华为还不断推广绿色ICT的综合解决方案，促进各个行业的节能减排，积极推动能源节约、环境友好的低碳社会建设持续开展产品节能环保设计。

>> 三、绿色华为，绿色通信，绿色世界 <<

华为以"绿色华为，绿色通信，绿色世界"为目标，在国内电信企业中，可持续发展战略的理念和实施具有一定前瞻性，以下对其中节能减排和环境友好策略与实践部分进行分析。

1. 节能减排和环境友好在华为发展战略中重要性的改变

早在2004年，华为就提出"绿色通信、绿色华为、绿色世界"的目标，在不断摸索实践的过程中，华为对节能减排和环境友好策略的定位不断调整。以2010年和2013年为例，2010年，由于气候大会的召开，华为在节能减排和环境友好策略方面主要侧重于温室气体和废物排放，而生态系统、自然资源和其他相关环境问题则不在着重考虑的范围内。而在2013年的《可持续发展报告》中，出现了以LCA为框架的循环经济，绿色产品和服务，减少碳足迹和气候变化，预防污染，这样更加具体和可操作的内容，且其重要性比2010年的生态系统和自然资源有了较大的提高。

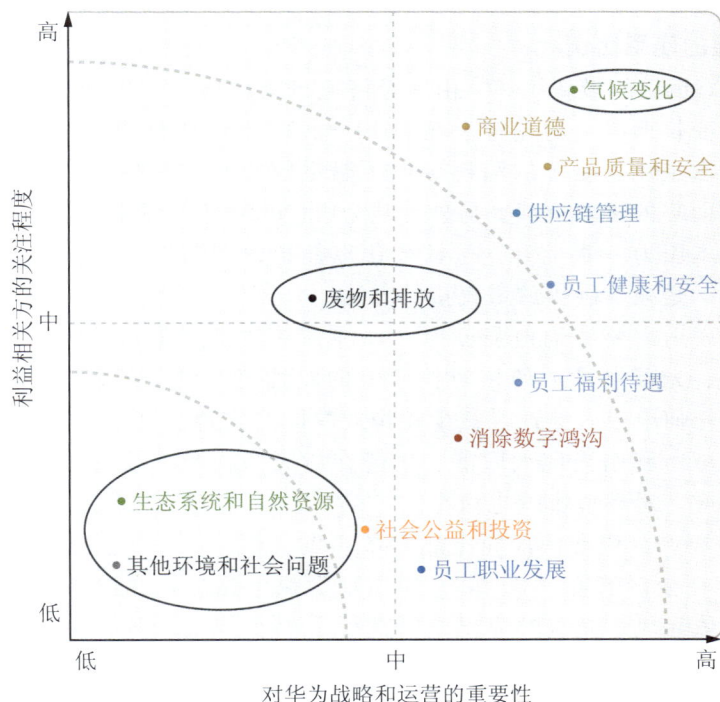

图报告4-1　2010年利益相关方高度关注或对华为战略有重大影响的实质议题
资料来源：华为技术有限公司，2011—2013年《可持续发展报告》。

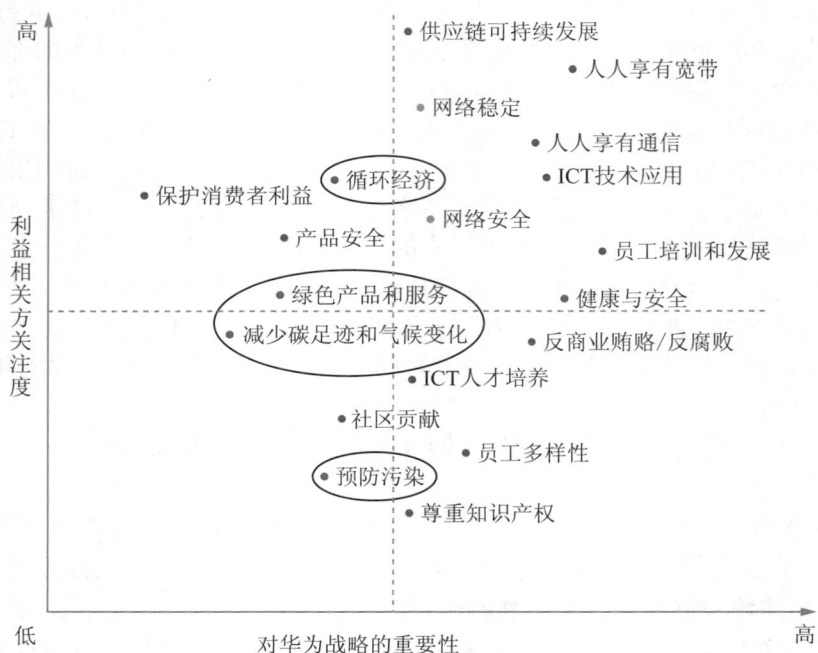

图报告 4-2　2013 年利益相关方高度关注或对华为战略有重大影响的实质议题
资料来源：华为技术有限公司，2011—2013 年《可持续发展报告》。

　　由此可以看出，华为在不断调整战略的同时，对节能减排和环境友好策略的逐渐重视。同时也可以看出，这方面仍然有很大的上升空间。电信业务能够有效提高全社会的运作效率，减少全社会的能源消耗和二氧化碳排放。

2. 提高生物能源的使用比例

　　据国际能源机构（IEA）的最新统计，由于经济危机的影响，2009 全球能源消耗约有 2% 的小幅下降，但是不能改变长期向上的趋势，在 2010—2015 年，每年将以超过 2.5% 的速度持续增长，并且化石能源仍占主流。能源的消耗导致了温室效应和一系列的自然灾害，保护环境、防治气候变化成了人类面临的重要挑战。另外，从 20 世纪 70 年代以来，能源价格一路上涨，给工业、制造业带来的成本压力一直上升，全社会比以往更重视节能。太阳能、风能和生物能源等在内的新能源的引入，是减少碳排放最直接的方法。

　　由于基站的信号发射需要和辐射强度原因，许多基站建立在相对偏远的地区，通常面临的问题是引电困难，风、光新能源的使用对比原有的双油机系统，可在 3～4 年时间内达到平衡点，而后续无须消耗任何电或者柴油，减少碳排放的同时实现了 TCO 的下降。风光互补解决方案根据站点的实际环境，利用当地太阳能、风能在白天和夜晚、晴天和阴雨天的互补性，为站点提供可靠的能源供应，对环境影响也极小。

　　2009 年，华为主要产品资源消耗同比都下降了 20% 以上。华为积极推动绿色能源在电信网络中的应用，2009 年在全球部署了 3 000 多个新能源供电站点，2013 年，华为已经在全球部署近 2 万个绿色基站，依靠风、光能补充供电，减少 80% 的燃油消耗，帮助运营商在扩建网络时减少二氧化碳排放量，降低运营成本。

每用户功耗(W/Sub)

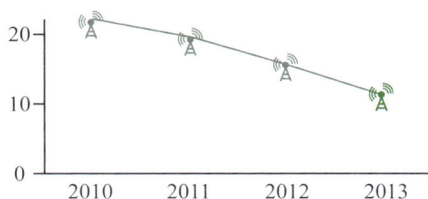

图报告 4-3　2010—2013 年华为无线接入设备能效的持续改进
资料来源：华为技术有限公司，2011—2013 年《可持续发展报告》。

在华为自身的能耗方面，从表报告 4-1 的数据可以看出，随着华为运营的扩大，公司业务的持续增长及建筑面积的增加，2012 年华为总能耗有所增加，但是单位建筑面积能耗较 2011 年下降 7%；2013 年总耗能同比增长 7.75%，2013 年，华为单位建筑面积二氧化碳排放量较基准年 2011 年下降 7.7%。由于公司业务的持续增长及建筑面积的增加，2013 年单位建筑面积二氧化碳排放量与 2012 年基本持平。

表报告 4-1　　　　　　　　　　2010—2013 年华为能源消耗

能源名称	计量单位	2010 年	2011 年	2012 年	2013 年
天然气	万立方米	375	630	450	423
汽油	吨	556	1 474	1 543	1 668
柴油	吨	60	67	48	60
电力	万千瓦时	55 000	71 793	86 885	94 158

资料来源：华为技术有限公司，2011—2013 年《可持续发展报告》。

因此，进一步推广各种混合新能源方案，根据基站工作地点因地制宜地使用能源，是可以进一步推进的工作。同时，相关的技术还可以使用在厂区园区的建筑和环境中，更加有效地节省能源，减少排放。

3. 积极参与行业相关环保标准的制定

2009 年，华为在 123 个标准组织中担任了 148 个关键领导职位，华为以其强大的研发能力参与制定行业技术标准。在环境友好方面，例如保护生物多样性方面，华为也积极参与行业标准制定。

例如，在站点选址时，避开野生动物的迁徙聚居地，严禁损害生态系统，如湖泊或河流、山地、农业用地，以及考古、文化和历史遗迹等；规划和建设项目时，进行环境影响评价，提出预防或者减轻不良环境影响的对策和措施；产品开发时，积极开发低电磁辐射、低噪音产品，不断降低对环境的负面影响。这些都是积极的应对方式，但是作为行业标准需要严谨地制定，华为可以凭借其广泛的分布和国外经验的借鉴，参与国内和国际的相关组织及其标准制定工作，为电信企业的环境友好发展提供自己的支持和帮助。

4. 产品生命周期的完善

据统计，目前全球 ICT 设备每年的二氧化碳排放占到了全球总排放量的 2%。而且随着通信行业的进一步发展，未来这一比例仍会上升。自然环境的日益恶化，全球气候变暖的加剧，使环境保护成为人类面临的关键问题。2009 年，华为加大了对绿色解决方案和技术的投入，并将之前的节能减排工作组扩展为专职的运作部门。

如图报告 4-4 所示，华为对产品生命周期各阶段碳排放进行了测定，根据产品生命周期分析，主流通信产品在使用阶段的排放是最大的，所以，为客户提供低能耗解决方案成为华为公司绿色策略中的首要目标，为了实现这一目标，华为公司给所有的主流产品设置了指标，要求单位产品资源占用率逐年下降，这个指标不仅包含能耗，还包括了设备的尺寸和物料，在 2009 年，这个指标下降超过 20%。

下面解析一下华为的产品生命周期状况，以便明确产品生命周期完善的主要内容。

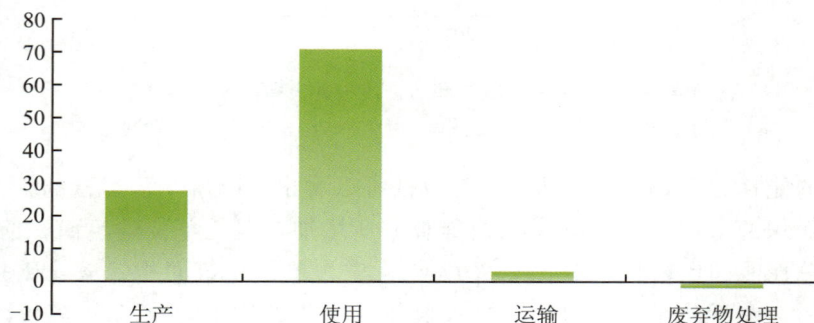

图报告 4-4　华为产品生命周期各阶段碳排放所占比例图
资料来源：华为技术有限公司，2011—2013 年《可持续发展报告》。

（1）设计生产

产品设计方面，聚焦接入网，同时对核心网、传送网和机房等领域进行全面的产品能耗和排放优化设计，充分考虑节能环保的因素。生产方面，严格管控原材料、零部件、工艺制程中的有毒有害物质的使用，华为还探索使用对环境友好新型环保材料，最大限度地减少对环境的影响。

（2）使用

华为对自产设备做了生命周期评估，碳排放最大的阶段在于运营阶段，该阶段碳排放约占整体生命周期的 80%。华为 SingleRAN 解决方案是业界首个通过网络融合、简化节点实现全网络节能的商用方案。基于"低热、散热、耐热"的方案实现减排 60%。另外，通过引入处理过的室外新风，冷却室内的设备，从而减少空调的使用。华为和中国移动在机房热管理方面展开深入合作，通过精确送风、新风系统等技术手段，实现节约制冷能耗 20%～40%。

（3）包装运输

为降低在通信设备运输中的木材消耗，华为全面推广可再生包装材料的使用；同时，通过轻量化、小型化降低包装材料消耗，并通过建立和完善有效回收系统，延长包装制品的生命周期。

在通信设备多次运输过程中，"周转架＋透明包装"包装及运输是一种典型的可重复循环使用的包装运输方案。该解决方案与现有通信设备的木箱包装、纸箱包装解决方案相比，实现木材使用量节约 90% 以上，减少包装重量 22%，提升操作效率达 82%。

随着该解决方案的推广应用，及关键技术的持续改进，据华为发货量统计，每年将减少木材消耗 1.2 万立方米，减少石油消耗 270 万升，节约电能 75 万度，减少二氧化碳排放 617.2 万吨。随着该解决方案的推广应用，及关键技术的持续改进，华为每年将减少森林木材消耗 1.114 万立方米，节约电能消耗 76.869 万度，减少二氧化碳排放 2.09 万吨。

在 LCA 运行过程中，一方面可以减少损耗；另一方面引入可降解材料，将废弃物或淘汰产物在园区内进行降解，并将降解产物与园区环境培养联系在一起，能减少更多的运输及另行处理的费用。

（4）废弃物处理

华为逆向管理平台拥有收集、存储、分流、拆解、测试、维修和废弃物处置一体化逆向处置能力，能够覆盖公司全球逆向业务。对逆向物料进行统一评估，根据物料的生命周期、质量状态进行分类，分渠道进入备件、研发、资产、生产等环节进行再利用；对于无法再利用的物料进入原材料再循环渠道，进行拆解和资源回收，以确保物料最大化价值恢复。

表报告 4-2　　　　　2010—2013 年华为全球废弃物处理量及填埋率

年份	废弃物处理量（吨）	填埋率（%）
2010		
2011	7 403	4%
2012	7 336	3.4%
2013	9 220	2.57%

资料来源：华为技术有限公司，2011—2013 年《可持续发展报告》。

为了减少手机产品电子废弃物的产生，同时鼓励消费者的环保行为，华为在 2013 年 4 月 22 日地球日当天在法国推出手机以旧换新项目试点，收集的手机被用于拆解或回收等，确保手机零填埋，同时减少二氧化碳排放。

（5）LCA 还有待完善的环节

生产方面，推广使用环境友好新型环保材料，例如，2013 年华为开始在手机产品中使用生物基塑料。在生产中减少不可再生资源的消耗，从植物中获取材料，这在很大程度上能够减少对环境的污染和破坏。

从能源消耗的角度出发，在接入网部分和"云"部分能耗，也是运营商网络和企业、行业网络能耗压力的来源。另外，在大多数的国家，主流城区覆盖已经基本完成，未来的 10 亿新用户将主要来自郊区及边远区域；然而边远区域没有覆盖的原因是覆盖效率问题。所以，进一步推进新能源的使用是主要的工作方向。这种情况下除了基站本身需要持续降耗之外，更多需要配套设备的创新来实现可行的解决方案。在包装运输方面，引入可降解材料能够更好地减少包装材料的废弃和污染，能够更加完整地形成 LCA 闭环循环。

5. 开发互联新产品

跨学科的融合创新、特别是与信息技术的融合是新技术变革的核心特征。首先是材料领域，石墨烯和纳米技术已经取得很大的进展，非常有可能像硅一样成为新技术的引爆点。在网络和计算领域，短期看，无线技术如 5G 会大幅度提高频谱效率和带宽能力，长期看以量子计算和量子通信为代表的研究方向，也取得了不错的进展。

在能源方面，可再生能源和能源存储技术是两个核心的颠覆式技术，这是全社会最基础的动力源泉，信息技术正在成为各领域技术变革的基础。华为应当以此为契机，开发新的互联产品。

另外，华为还可将节能减排和生态保护与互联结合，开发面对企业、面对职工、面对社会生态系统服务的新产品。

面对企业的新产品主要以合作和更新为主，与产品使用企业的合作更新以提供混合新能源和更新设备为主。与废水废料处理企业进行项目互联，可将互联企业信息模块化，可以更有效地组合处理生产废弃产物。

面对职工的新产品可考虑开辟企业园区内职工专属的小型自然区，使用降解材料培育，由职工自行绿化管理，建立小区域万物智能和万物互联，职工轮流体验，鼓励职工的创新和建议，提高职工的文化融合，有利于建立企业认同和荣誉感。

面对社会的新产品则由于华为的业务在亚太、北欧、拉美、非洲等地区均有广泛分布。由于基站、太阳能、风能基地的地理位置的选择需要考虑周边生态系统的保护和维持，因此，基站和基地通常选址于偏僻的地区。这些地区的生态状况数据通常是不完整或者缺失的，因此，可以考虑将基站建设与环境监测相关联。

与当地政府或国际(当地)科研机构进行项目合作，在基站配备环境监测设备，将设备获得数据联网，将获得数据在企业内部、科研机构和政府相关部门共享分析，可监控设备运行状况，及时进行维护和更换，同时也对当地环境保护及科学研究做出了贡献。

>>四、政策建议<<

我国有超过 5 万家的电子信息企业，产业规模不断扩大。在激烈的竞争中，如何更好地运营，需要前瞻的战略和实干的能力。在运营好企业获得利润的同时，还需要承担起企业的社会责任，为环境的保护尽一份力。华为在这方面做出了积极探索与尝试。在华为 20 多年的发展过程中，一直对能效管理和节能减排等各种设备和流程进行研究与开发，并配套于其自身产品中，实践应用很成熟，其产品在国内外受到了肯定。以高频机为例，2014 年，华为在市场上获得了三个标段市场份额第一的位置。根据华为的经验，首先，重视环境资源的保护，是企业长期发展的重要战略方向；其次，产品生命周期分析可以很好地确定自身产品在循环利用中的缺陷，以便更有针对性地进行修正；再次，新能源新技术的应用是电子信息企业创新的基础；最后，积极地与社会和环境沟通，将盈利与保护生态环境结合起来，人类才能更好地享受科技的发展。期待更多更好的电子信息企业不断发展，成为我国战略竞争力增强的推进动力。

报告五

测度蓝天的汉王霾表
——汉王科技公司调研报告

2015 年 1 月 9 日，北京师范大学经济与资源管理研究院韩晶教授带领课题组成员赴汉王科技股份有限公司及其子公司汉王制造、汉王蓝天进行调研与考察，调研期间，课题组参观了企业研发与检测车间、企业标准化生产车间、企业产品库房、企业产品展示厅等，并通过与企业相关负责人的座谈、研讨，重点考察了汉王在绿色创新方面的研发成果与市场推广，对企业把握市场需求、增强研发与创新、促进绿色发展等方面的经验与做法有了更深的认识与了解。

>>一、调研背景<<

在绿色经济发展已成为时代主题的背景下，工业企业应当对国家政策、产业发展趋势有更加深入地了解，通过绿色技术研发与创新、满足客户对环境的关注及需求、提高产品的环境附加值来实现企业竞争力的提升。为此，课题组选择我国信息技术行业的标杆企业——汉王科技进行调研。信息技术行业具有知识密集型、技术密集型的特点，且符合循环、低碳、绿色发展的新潮流，是我国高新技术产业、战略性新兴产业重点发展的行业，也是推动我国节能环保产业加快技术创新、升级绿色产品与服务的中坚力量。汉王科技是信息技术行业最具代表性的企业之一。首先，汉王长期专注于"以模式识别为核心的智能人机交互"技术应用领域，该领域技术和人才壁垒高，汉王是该细分行业的国内龙头及国际一流的技术和产品提供商。其次，汉王科技具有强大的创新基因，企业的生存之道就是始终如一的自主创新战略。汉王通过自主创新逐步形成自身的核心技术，是行业中少数拥有自主核心技术的软件公司之一，这是很多靠二次创新获得市场空间的企业无法企及的。最后，汉王通过自主创新，逐步延伸和拓展核心技术范围，满足了绿色经济的市场需求。汉王将行业龙头技术识别及智能交互运用于环保领域，研发生产出一系列具有独立知识产权的绿色产品，具有敏锐的绿色经济嗅觉力。因此，以汉王科技作为此次调研的绿色企业，以点及面，我们能够通过汉王在绿色创新方面的成果与经验，为企业实现经济效益和生态效益的双赢进而实现全产业的绿色发展与转型升级提供经验与启示。

注：照片由调研组自行拍摄。

>>二、企业的概况<<

1. 汉王科技： 永不抛弃的创新基因

汉王科技股份有限公司成立于 1998 年，是全球文字识别技术与智能交互产品引领者，多年来，汉王始终坚持"创新引领未来"的发展理念，不断进行自主研发和创新实践，在手写识别、光学字符识别（OCR）、笔迹输入等领域拥有多项具有自主知识产权的核心技术，综合技术水平在国内外均处于领先地位。汉王科技以核心技术为基础，面向市场需求，已形成了以识别技术为核心的、针对不同细分市场的软硬件产品系列如 e 典笔、汉王电子书、汉王笔、文本王、名片通、绘图板等系列识别技术与产品。汉王产品链丰富，使识别技术得到广泛应用，在电子政务、个人办公、移动通信、数字家电等方面实现普及化和规模化处理信息，推动中国社会的整体信息化进程，促进了国民经济的发展。2010 年 3 月 3 日，汉王科技成功登陆深交所中小企业板。2014 年，汉王实现了公司业绩的持续稳健增长，保持了行业竞争力，全年营业总收入为 35 428.55 万元，同比增加 27.10%。同时，汉王进一步优化其研发结构，研发投入 4 996.73 万元，占营业收入的 14.10%。截至 2014 年，汉王公司及子公司累计获得软件著作权 182 项，申请商标注册 404 项，申请专利 1 186 项。可以说，汉王科技成立十余年来，之所以能够面对日益激烈的市场竞争而依然保持行业领先，依靠的就是坚持不懈的自主创新，这也成为汉王顺应绿色产业革命，将其核心智能识别技术拓展至环保领域的重要保障。近两年汉王科技营业收入及研发投入如图报告 5-1 所示。

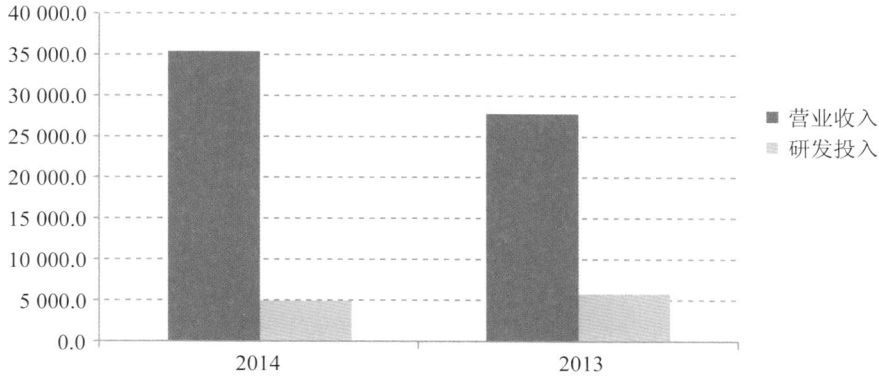

图报告 5-1 汉王科技的营业收入及研发投入

数据来源：根据汉王科技 2014 年年报、作者调研整理。

2. 汉王蓝天： 环境监测领域的领航者

在持续不断的雾霾天气与危害健康的 PM2.5 所催生的"雾霾经济"下，汉王看到了智能技术在环保领域应用所带来的巨大商机，于 2014 年成立了汉王蓝天科技有限公司，专门从事空气质量监测治理与环保方面的研发、生产工作。以汉王科技的技术核心为底蕴，经过一年多的努力，汉王蓝天在空气质量监测、室内净化、室外净化技术等领域陆续取得研究成果。汉王蓝天一直致力于绿色创新事业，凭借对绿色产业的深刻理解和科技发展的准确前瞻，未来将成为推动中国环境治理的重要参与者，目前，汉王蓝天已在"空气质量监测与治理"领域拥有了一批自主知识产权。特别值得一提的是，汉王蓝天推出了"霾表系列"主打产品，蓝天霾表一经推出，首批产品就已销售殆尽。作为身兼 PM2.5、甲醛、温度、湿度四位一体的检测设备，汉王蓝天希望借助这款产品的推出，为饱受雾霾之苦的民众带来一双"慧眼"，不再对身边的空气质量"雾里看花"，或是陷入雾霾环境而不自知。通过蓝天霾表的广泛应用和技术保障，广大民众可及时应对，最大化保障自己和家人的身体健康。2014 年，汉王蓝天实现产品收入 904.04 万元，其大气监测治理产品相比汉王其他领域的成熟产品而言，虽然营业收入份额不大，但毛利率处于领先，高达 45.97%，如图报告 5-2 所示。与此同时，汉王蓝天为了树立行业标杆，继续发挥其核心技术在绿色发展中的巨大作用，把高达 30% 以上的营业收入用于研发与创新，这也使得汉王自主研发的霾表成为绿色创新产品的重要代表。

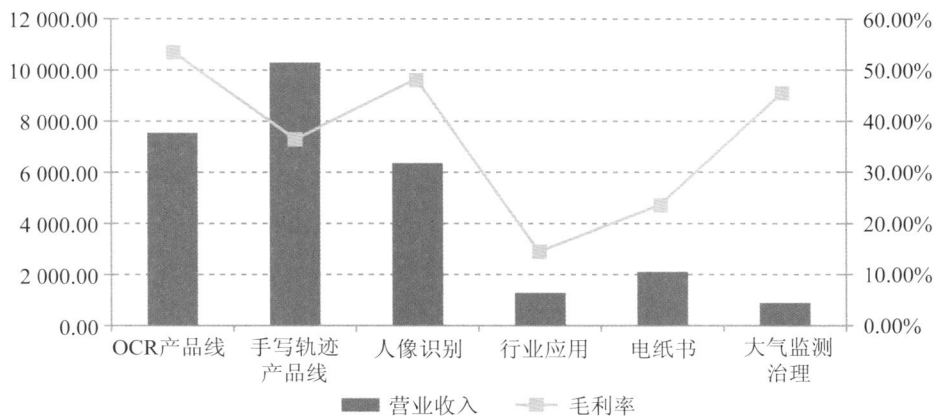

图报告 5-2 2014 年汉王主要产品的营业额及毛利率

数据来源：根据汉王科技 2014 年年报、作者调研整理。

>>三、从智能识别到测度蓝天：汉王绿色创新的经验与启示<<

2015年1月9日上午，课题组前往了位于燕郊经济开发区的汉王制造有限公司。重点参观及考察汉王的绿色创新产品：汉王霾表的检测车间、标准化生产车间、产品库房等，调研企业"垂直一体化"生产模式。对汉王蓝天霾表的检测、生产等过程进行详细调研，了解企业绿色创新产品的生产情况。1月9日下午，课题组前往位于北京中关村软件园的汉王集团总部及汉王蓝天公司。通过与相关负责人的座谈会、参观汉王产品展厅等形式，重点了解企业的发展战略、新竞争优势，以及汉王霾表的研发情况、市场定位与市场推广情况等。

通过对汉王集团及其子公司汉王制造、汉王蓝天的调研及考察，我们可以探究汉王蓝天如何运用汉王科技的智能识别技术拓展产业链，从而成为环保领域新兴产品的实验者和排头兵。作为汉王绿色创新产品的重要代表，汉王霾表实现了对蓝天的测度，顺应了绿色发展的潮流，总结汉王的这些经验与做法，对于我国工业企业准确把握市场需求，增强研发创新能力，促进产品更新升级，引领企业绿色转型具有重要的启示意义。

注：照片由调研组自行拍摄。

1. 践行自主创新与强强联合，培育绿色竞争优势

极强的自主研发与创新实力是汉王在行业竞争中屹立不倒的制胜法宝。汉王霾表这一绿色创新产品的孕育同样是汉王自主创新和研发的结晶，在调研中我们得知，汉王科技几乎所有的产品都是其独立研发的成果，这种研发产出效率在行业中相对较高。作为汉王蓝天进军智能家居市场的首要产品，霾表所运用到的识别技术、核心算法技术、微观探测技术、光机电一体化等高新技术等都拥有自主知识产权，由此保证了霾表测试精度高、性能稳定、响应时间快。正是凭借着企业在绿色技术领域中的创新与研发，汉王蓝天推出的霾表系列产品才在市场中有效规避了同业模仿甚至"山寨"产品的恶性竞争，使得"汉王霾表"商标得到了用户的高度肯定，成为绿色创新产品的先行者和引路人。汉王之所以拥有如此强大的自主创新与研发实力，得益于其充沛的科研经费投入。据调研，2013年汉王科技科研投入费用达到最高，大约占到销售收入的20%，而刚成立不久的汉王蓝天的研发与创新投入比例占据企业所有投入的最大份额，这才使得其绿色技术创新有了更为坚实的物质保障。因此，我国工业企业应当借鉴汉王的自主创新模式，培育起企业的核心竞争力。从过去单纯的模仿与改造转变为自主创新与研发，提高研发经费在企业收益中的比重。特别要重视绿色产品生产过程中通用技术与关键技术的研发，对于

重点研发的绿色产品，要努力攻破其研发设计、生产、成果应用等各环节的技术瓶颈，使科技创新产出效率实现最大化。

　　企业要想保持持久的创新能力与研发能力，实现强强联合也是重要一环。调研中，课题组了解到汉王力推产、学、研一体化战略，在产品的设计、研发、孵化、生产、应用、推广等各个环节与各级政府、科研院所、科技产业园等进行了密切合作，从产品前端设计到末端推广处处闪现创新的火花。例如，汉王系列蓝天霾表均由汉王自主研发团队与制造团队完成，同时也得到了众多机构的帮助与支持，充分体现了产学研一体化的成效。因此，对于企业绿色创新而言，选择合适的绿色技术创新模式至关重要，与科研机构、高等院校的合作创新就是一种合适的创新模式。在我国，科研院所、高等院校、科技园区具有人才优势、知识优势、成果优势和良好的实验条件，是绿色技术创新的主要力量。若企业能够与这些机构紧密合作，既能吸引科研机构走向市场，推动科研体制改革，又能帮助企业攻克绿色技术创新难题，实现绿色技术产业化和优势互补。通过合作创新可以有效弥补企业绿色创新能力的不足，加快绿色技术在企业中的推广，为绿色创新产品提供了坚实的知识与技术保障。

2. 挖掘市场需求与营销渠道，开拓绿色产品空间

　　2014年12月8日，国务院网评年度十大政策，"加强雾霾等大气污染治理"已跃居第二位，而在2014年中国气象局十大气候事件评选中，雾霾首次唱主角。由此可见，雾霾问题已经成为公众广泛关注的重要议题，更升级为无法逃避的社会问题。在今年两会上，全国人大代表、中国工程院院士钟南山表示，灰霾浓度每立方米增加100微克，人均预期寿命将缩短三年，淮河以北的人均预期寿命缩短了5.52年，钟院士的担心，让人们再一次把PM2.5的危害提高到生命安全的高度。作为只有头发丝口径二十分之一的可吸入颗粒物，PM2.5看不见，摸不着，民众更多只能依靠政府的空气质量报告来做预防。然而政府的空气质量报告只代表宏观数据，那么小环境如家庭、办公室、小区空气质量又该如何检测？显然，汉王蓝天就这一个问题给予了公众较为满意的答案，其顺势推出了专门用于雾霾监测的系列霾表。这样精准地找到市场需求，说明汉王在绿色发展方面具有高度前瞻性。汉王的绿色创新产品霾表是针对小微环境的监测"神器"，它融合了PM2.5、甲醛、温度、湿度于一身，成为业内首创的多功能空气质量监测设备，适时填补了国内企业在此方面的空白。蓝天霾表可实时监测空气质量指数，为用户提供开窗及户外活动的建议，极大满足了公众对大气污染监测的需求。

　　有了对市场需求的准确把握，营销渠道的拓展可以为绿色产品的推广进一步开辟空间。在座谈会上，汉王蓝天负责人表示，目前汉王最重要的营销方式为口碑营销，这来自于产品的品质和企业的信誉，取决于用户的实际体验。口碑营销一直是汉王坚持的最重要的营销方式之一，除此之外，汉王还不断创新其营销模式，如饥饿营销，汉王携带其霾表参加北京空气净化展、北京国际节能环保展览会、国际高新技术成果交易会等成果推荐会及展示会，充分展示汉王在绿色创新方面的成果，通过大量不同群体的订单预约，营造"一票难求"的产品需求，从而加深消费者对汉王产品的期许度。此外，借助互联网及移动终端，汉王在众多网络商城中均有出售其绿色产品，消费者可以实现网络（手机）下单预定，直接送货上门的便捷服务。产品推广期间，汉王还通过在网络商城的各类优惠打折活动吸引消费者眼球，再借由口碑营销，使得消费者对其产品的需求度不断提升。

3. 重视传统优势与新兴媒体，拉伸绿色产业链条

　　众所周知，汉王科技是以识别技术和智能交互技术起家的，其推出的系列产品均是以识别模块为核心，并针对不同细分市场和用户需求进行开发。虽然汉王早期的高新技术产品并未涉及环保领域，但凭借其识别技术的行业领先地位，汉王霾表这一绿色创新产品依托了汉王科技强大的核心技术，让识别和智能交互拓展至环保监测领域，研发出全新的系列产品，从而拓展了产业链条。与此同时，汉王在绿色产品研发创新中，还将新兴媒体应用得淋漓尽致。以汉王霾表 N1 为例，用户只需扫描霾表中的二维码，并通过手机自动下载 APP，登陆手机 APP，用户即可随时随地查看霾表所在位置的大气环境各项指标，还可将数据上传至汉王云端，并利用 PC 实现自由下载。汉王依托传统科技优势和借助新兴媒体的绿色发展策略值得众多工业企业借鉴。一方面，企业应当利用其原先的技术与研发优势，准确把握行业发展前景，适时推出符合市场需要的新产品，实现企业产品链的横向拓展。不少工业企业特别是高新技术企业本身就具有某一领域的传统优势，将核心技术引领至环保领域可以有力助推绿色创新，从而研发出具有市场潜力的绿色产品。另一方面，随着互联网大数据、信息技术、智能手机等数字新媒介的广泛使用，充分借助新媒介能够极大提升用户友好体验程度，拉近绿色产品与用户之间的距离。因此，企业发展不能安于现状而忽视新媒介的蓬勃态势，应当主动寻求大数据支持和智能终端支持，培育起绿色创新产品的"时代附加值"。

4. 依托垂直分工与环节控制，保障绿色创新成果

由外包生产主导的全球生产价值链俨然成为当今生产方式的主流，然而据课题组调研，汉王集团仍然坚持垂直一体化的生产模式。究竟是专业化分工有利于企业绿色技术创新，还是垂直一体化生产模式有利于企业保持竞争力？这一问题需要依据企业发展实际而定，至少就目前的调研来说，垂直一体化产业组织是适合汉王的生产模式，汉王仍然坚持从绿色产品研发、生产、品牌、销售均由自身掌控或至少以较高参与度完成，从而保证其对整条产业链的控制。在汉王霾表的生产中，从霾表的设计研发、前期测试、标准化生产、注塑与喷漆、组装与包装、成品测试、市场推广、销售服务等上下游环节均由汉王蓝天控制，这样的生产模式不仅降低了霾表的生产成本，缩短了霾表的生产周期，使得创新研发成果在市场中得以最快推广，同时也保障了绿色产品较高的市场利润。

课题组认为，垂直一体化的生产模式对致力于绿色产品生产的中小科技型企业而言是适用的，垂直分工对保障绿色创新成果至少有以下两方面的意义：其一是避免价格控制，提高产品利润。如果采取外包形式，一旦面临卖方市场的情况，对于中小企业而言其讨价还价的能力甚微，产业链环节的利润很容易被卖方垄断，从而使企业失去价格主导能力。而采取垂直一体化模式能够将不同但具有相互联系的价值活动整合进企业的生产和销售体系中，从而获取价值链完整收益。目前，汉王霾表的市场价格处于中高端水平，仍存在较大需求，这也最大限度地保证了创新研发的价值和利润。其二是保证行业领先，提高同业进入障碍。企业如果拥有较强的绿色技术创新能力又采取垂直一体化模式，能够迫使部分单一产品厂商退出市场，外来进口产品或潜在竞争者也受制于规模经济和价格因素无法抢攻其市场空间，从而巩固了企业在绿色创新中的领先地位。

报告六

"变废为宝"的再生纤维企业
——山东格兰德新材料科技有限公司调研报告

在我国持续多年的经济飞速增长背后，是极为触目惊心的对环境的严重破坏以及高能耗和高物耗。转变不可持续的生产与消费方式，需要我们有效利用资源，走经济社会发展和资源环境保护兼顾的循环经济之道。循环经济作为一种符合可持续发展理念的新型经济增长模式，其核心内容是资源的高效利用与循环利用。为了探求企业通过绿色发展推动循环经济的途径与效果，我们于 2015 年 1 月 15—16 日对山东格兰德新材料科技有限公司进行了实地调研。

>> 一、调研背景 <<

国务院在 2013 年出台了《关于加快发展节能环保产业的意见》，明确提出未来三年节能环保产业的发展目标，指出节能环保产业是为节约能源资源、发展循环经济、保护生态环境提供物质基础和技术保障的产业，是国家加快培育和发展的 7 个战略性新兴产业之一。循环再生纤维产业就是这样的节能环保产业，作为行业可循环经济代表的再生化学纤维行业，既可以解决聚酯、聚丙烯纤维与制品废弃造成的环境污染问题，实现资源循环利用，保护环境，也可以减少能源消耗，减少我国对国际原油的依赖。

从全球来看，循环再生纤维的地位也在提升。全球有机纺织品标准（GOTS）国际工作组于 2014 年颁布合格有机天然纤维加工制作纺织品全球公认标准 4.0 版。新版标准修改了常规添加纤维物质标准，再生合成纤维成分可达 30%，并规定对于再生合成纤维，原材料必须是回收利用且通过符合公认标准的认证。[1] 再生材料的使用在国际商业界也得到越来越多的认可和积极推广。Nike 从 2010 年开始生产的高性能球衣已经使用了约 1.15 亿个可再生聚酯瓶，国际著名品牌 LV、H&M 等企业也在推广使用再生材料。

但是，再生纤维产业的发展也面临诸多挑战。在回收再生资源、减少白色污染的同时，也可能带来一些新的问题，如生产过程耗能较高，需要消耗大量水资源并会生成污水，再生聚酯领域中瓶片的回收、清洗可能会对环境造成二次污染等。因此，无论是再生纤维产业在整个循环经济链条中的作用和效益，还是再生纤维企业自身的经营与生产，都需要更多的绿色和可持续性考量。为此，我们选取作为联合国绿色工业平台成员单位的再生纤维生产企业——山东格兰德新材料科技有限公司进行了调研，以期总结经验并发现问题，促进我国再生纤维产业以至循环经济的未来发展。

---

[1]　李利军：《循环再生纤维：待挖的城市矿产》，载《中国纺织报》，2014-05-13。

注：照片由调研组自行拍摄。

>>二、企业概况<<

山东格兰德新材料科技有限公司成立于 2011 年 1 月，注册资本 4.2 亿元，位于山东省临沂市罗庄区，占地面积 240 亩，是一家专门从事废旧聚酯材料回收与再生利用技术研发、生产与销售再生涤纶纤维及其他制成品的新型绿色经济示范企业。公司生产项目分两期规划，一期已建成的再生涤纶长丝生产线，年产再生涤纶长丝 8 万吨，年回收、处理、利用废旧聚酯材料 10 万吨；二期项目预计于 2015 年投产后，各类涤纶长丝综合年生产能力将突破 20 万吨，成为山东省最大的专业涤纶长丝生产企业，也成为国内最大的仿毛型再生涤纶长丝生产企业。格兰德的主要产品有超有光涤纶预取向丝（POY），超有光涤纶低弹丝（DTY），半消光涤纶全拉伸丝（FDY）等长丝纤维制品。

格兰德取得了多项生产管理认证，包括 ISO9001 质量管理体系认证、ISO14001 环境管理体系标准认证以及 OHSAS18001 职业健康安全管理体系认证等。利用废旧聚酯瓶生产差别化涤纶纤维项目被列入"国家产业振兴专项""山东省战略性新兴产业项目""山东省重点建设项目""山东省循环经济示范工程"，是国家产业结构调整指导目录重点鼓励发展的项目。2014 年，公司实现销售收入 9.5 亿元，同比增长 10.6%；生产销售涤纶丝 8 万吨，同比增长 7%；实现净利润8 700 万元，同比增长 25%；新增税金 2 350 万元，同比增长 47.4%，创汇收入 100 万美元。

>>三、再生纤维生产如何"变废为宝"<<

再生纤维生产的"变废为宝"是如何实现的？哪些技术和工艺的创新可帮助企业实现真正的绿色清洁生产？再生纤维产品的应用前景及其对循环经济的效益是怎样的？我们通过对格兰德的实地调研，来寻找这些答案。

1. "变废为宝"的生产全流程

再生纤维生产的技术工艺路线主要有两种：一是用瓶料、聚酯废丝等回收料经粉碎造粒直接纺丝，称物理回收生产法；二是利用聚酯类缩聚物的缩聚过程可逆性，通过化学方法使回收的聚酯解聚生成单体，经过过滤、去除杂质，然后再缩聚成高品质的纤维级聚酯切片，最后纺成纤维，称化学回收生产法。格兰德的再生涤纶纤维生产即采用的是物理回收生产法。用废旧塑料瓶作为原料，通过从瓶砖清洗到纺丝加弹一整套生产流程生产出再生涤纶纤维产品，就是格兰德"变废为宝"的过程。

在格兰德管理和技术人员带领下，我们参观了企业的整个生产流程。首站是瓶片投料清洗车间，压缩成的废旧塑料瓶砖块整齐码放在车间外面的场地上，这些就是企业从废品回收机构收购来的"废物"原料。从回收废旧瓶砖到使其成为原料瓶片，首先要经过瓶砖清洗工艺流程。这一生产环节中配备了欧洲进口的技术先进的专业 PET 瓶分拣、清洗、粉碎一体生产线，保证了从废旧 PET 瓶到纺丝原料 PET 瓶片的优良品质。企业从回收厂买来废旧塑料瓶砖后，最先进入瓶片投料清洗车间，首先通过除杂工艺，分离混入瓶砖里的杂质，主要为原始废旧塑料瓶没有得到剥离的塑料瓶盖，通过漂浮除杂方法将瓶盖与瓶身分离；随后，塑料瓶身将通过电子自动挑瓶技术，将非聚酯瓶及带颜色的瓶分离出来；经颜色分类装袋的瓶身，再进入整瓶热洗阶段，并经过脱标、吹标等工艺，使瓶标与瓶身相分离；瓶标分离后的瓶身经过粉碎形成瓶片，经过一道热洗和两道清洗，最后进行脱水烘干。经过这些工序形成的 PET 瓶片，就成为下一阶段纺丝生产流程的原料。

注：照片由调研组自行拍摄。

纺丝生产工艺指利用瓶片原料制成涤纶纤维丝的过程。本生产环节采用具有国际领先技术的卷绕纺丝和牵伸加弹的设备和工艺，以保证生产最优质的产品。瓶片在纺丝车间投料后，在振动筛及热风的作用下将瓶片从常温提高到 180 度，防止瓶片粘连，进行预结晶；同时利用 180 度高温使瓶片经过 4～5 小时的高温干燥无菌处理，经干燥挤压后，转变成熔体；再经过 30 分钟的 280 度高温液体过滤处理，通过调整熔体粘度实现增粘效果；增粘后进行再次过滤，然后根据所需规格进行纺丝，纺出的涤纶丝直径仅为头发丝的十分之一，卷绕后就形成了涤纶丝轴；随后进入加弹车间，通过不同涤纶丝股数的组合，可生产有光涤纶长丝 POY、DTY，以及半消光 FDY 等产品；这些产品最后经过成品质检车间，完成质量检验并进行相应包装。

2. 技术创新合作推动企业践行绿色清洁生产

通过与中国纺织科学研究院等多家化纤行业研究与装备制造领军企业密切合作，格兰德注重旧塑料瓶的精细化、连续化、自动化加工利用的技术开发与应用，集合瓶片干燥，聚酯熔体均化、提纯、增粘、过滤等技术的开发及产业化应用，形成利用旧塑料瓶开发生产差别化涤纶长丝的专业生产。格兰德集合了中国纺织科学研究院高速纺丝技术、扬州普立特公司聚酯熔体均化提纯增粘技术、郑州中远干燥公司瓶片干燥处理技术、苏州东海滤机熔体过滤技术，并攻克了废旧聚酯瓶生产毛毯用涤纶长丝的 10 多项技术难关。高温熔纺的再生丝，其成分（PET）同原生纺丝完全相同，化学性能稳定，无公害，可重复回收使用。

　　成功的技术创新与合作促进格兰德在生产与管理中注重节能减排，践行绿色清洁生产。在洗瓶用水方面，实行梯级多次使用，最后一级即高温清洗瓶片用的是干净水，使用完后用泵打到倒数第二个清洗池，依次使用；因整瓶清洗是对瓶砖进行清洗，对水质量要求不高，用循环水进行整瓶清洗可以大大节约用水量；同时，清洗瓶片的污水经处理达标后，可实现再次循环使用。在高温耗能方面，企业采用水煤浆燃烧供热技术，是燃煤的一种清洁燃料利用技术，在提高煤炭燃烧效率的同时，更可以大大降低排放。在废物回收方面，生产过程中回收的非聚酯类高分子材料，如瓶盖(聚苯乙烯)可用于回收做鞋垫，标签纸(PVC)可回收用于管材料，金属或产生的粉末均可再次使用，均不会产生废物垃圾。

　　作为践行绿色产业"3R"倡议——"回收资源""循环利用""减少污染"，推动区域经济发展方式转变，实现可持续发展的战略性生态环保样本工程，格兰德的生产项目已先后被列入"国家产业振兴专项""山东省循环经济示范工程"等，实现和促进了企业、社会、生态三者之间的互动共赢发展。

3. 高质量的再生涤纶纤维产品得以广泛应用

　　格兰德注重以先进的技术成套设备应用于废弃物的开发利用，生产高质量涤纶长丝产品，与下游纺织服装企业密切合作，形成上下游产业链，产品可广泛应用于服装、毛毯、内饰、箱包等产品的生产。格兰德与全球最大的毛毯生产企业——临沂新光毛毯有限公司进行密切合作，成功攻克了再生涤纶长丝在毛毯生产领域应用的多项技术难关，优化和提升了应用技术和产品品质，毛毯用丝技术已达到国内国际先进水平，在此基础上进一步深化涤纶长丝纤维研究，不断发展新技术，开发新产品。

　　在产品质量与应用方面，通过再生利用技术生产的涤纶长丝基本可以实现对传统切片丝的取代，产品质量稳定，使用寿命没有差别。再生涤纶长丝所制成的毛毯无论毛面、手感、颜色、光泽等指标都可达到原生长丝的水平。同时，企业可以通过添加一定组分进行改性，使色丝系列产品免去纤维、抔布的染色过程，纤维直接用于织造获得色布，而且产品还可以具有阻燃、抗菌防霉、抗静电、抗紫外线、远红外等性能。再生利用涤纶丝所制成的异型聚酯循环再生纤维可在纤维表面形成沟槽，与传统涤纶纤维相比，更具有导湿快干、蓬松透气、轻便柔软不贴身等特点。

4. 再生纤维企业助力绿色经济扬帆启航

　　以山东格兰德新材料科技有限公司为代表的再生纤维企业，正在掀起一轮推动绿色循环经济扬帆起航的新高潮。循环再生纤维产业既拓展了纤维新资源，又可结合应用要求利用节能减排新工艺，提升产品品质与功能，实现循环、低碳与高附加值的统一。

　　再生纤维企业有助于降低能源资源消耗。原生纺丝是石油化工产品，在调研中我们了解到，生产 1 吨再生涤纶长丝可以节约 1.5 吨石油，并可减少 3.2 吨二氧化碳排放。按照我国年产 350 万吨再生长丝计算，再生涤纶长丝行业为国家每年节省石油资源 525 万吨，减少二氧化碳排放量 1 120 万吨。据统计，2011 年我国纺织原料的石油消耗量已达到 4 130 万吨，而且我国天然纤维资源有限，人口的膨胀又使纤维的需求量不断增大，纺织原料短缺问题愈加突出。因此，再生纤维产业对节约资源和满足基本消费需求具有重要意义。废旧塑料瓶再利用主要用于生产再生瓶、再生短纤维和再生纤维长丝。就技术而言，再生瓶的生产难于再生长丝，而再生长丝的生产难于再生短纤。在我国，由于瓶对瓶的再生产业还只限于在授权企业开展，同时因再生瓶用于食品包装，对回收生产有更高的要求，使得生产技术工艺复杂、成本高，可应用性降低；循环再生纤维产业可消化大量的废旧塑料瓶，而尤其是再生长丝的生产，鉴于其技术含量大于再生短纤，具有更大的经济效益空间。因此，发展再生涤纶长丝等再生纤维生产具有较好的经济价值和社会价值。

循环再生纤维产业对环境保护具有重要意义。近年来，塑料消费的迅速增长加重了塑料在生产—消费—回收利用—最终处置这一生命周期中对环境造成的压力，无论是塑料的生产领域、消费领域还是废旧塑料的处置都会产生一定的环境影响，特别是消费后塑料的处置，无论焚烧还是填埋都会对环境造成重大影响。废旧塑料的成分造成了其难以分解，废旧聚酯的自然降解周期在 200 年以上。每年有几十万吨的塑料废品处于堆置式填埋状态，形成巨大的白色污染源，妨碍植物生长，危及人类健康和生存。1 吨废旧聚酯瓶可以生产 0.9 吨左右的再生涤纶纤维，节省 3 立方米的填埋空间，因此再生纤维生产对环境保护具有重要意义。以格兰德为例，按照年产 20 万吨的再生涤纶纤维生产能力，每年可消化废旧塑料瓶 26 万吨，可节约 78 万立方米填埋空间，对降低地区污染贡献很大。根据企业管理人员的介绍，企业的废旧塑料瓶原料不仅来源于山东省，而且远及省外许多地区。

再生纤维产业将引领新的绿色消费。再生涤纶纤维的应用领域非常广泛，例如再生涤纶 FDY 可以做成毛毯、牛津布以及仿丝绸面料等；再生涤纶 DTY 可与棉、毛、麻以及化学纤维混纺，生产出各种规格的服装及其他用针织和机织面料；再生涤纶工业长丝可用于生产输送带、帆布等；再生涤纶短纤主要用于汽车内饰、玩具、沙发等填充用纤维。循环可再生纤维产品将越来越多融入人们的日常生活，有力促进绿色消费。这种环保产品与循环经济理念，将使人们提升对废旧聚酯产品合理处置及再利用的认识。另一方面，伴随着废旧聚酯产品的用处扩大，其需求也将增加，增大的需求将提高其回收价格，反过来增加人们回收废旧塑料的积极性。循环再生纤维产业还可提高某些传统高耗能高排放产业和部门的绿色形象。例如，使用格兰德的再生涤丝产品所生产的毛毯已被很多航空公司采用。纵观全球，循环再生的消费理念正在被更多高端品牌引导传播，国际大牌纺织服装企业正在为废旧原料的回收利用做出更多的努力。

>> 四、企业需求与政策建议 <<

循环再生纤维产业作为一项新兴产业，在蓬勃发展中也面临诸多挑战。价值链提升需求、行业生产标准缺乏导致低水平恶性竞争、大众消费观念有待进一步转变、国际石油价格波动造成企业成本不确定等多方面，都对再生纤维生产企业的发展造成很大制约，促其对相关方面的政府政策形成强烈需求。

1. 完善现有循环再生纤维产业相关优惠政策

循环再生纤维产业中存在着一些不合理的政策需要进一步完善。如根据《调整完善资源综合利用产品及劳务增值税政策》（财税〔2011〕115 号）文中规定，"对以废塑料为原料生产的化纤用再生产聚酯专用料实行增值税即征即退 50% 的政策"。然而此政策只针对用废旧塑料瓶砖加工成瓶片的企业实行税收优惠，如像格兰德这样的再生纤维生产企业，其生产流程虽包含了以废旧塑料瓶砖加工成瓶片的生产环节，但是因其最终产品是涤纶长丝而无法享受该项政策优惠，这就非常不合理。政策优惠的初衷应该是鼓励对废旧塑料的回收再利用，如果再生纤维生产企业的原料用的是废旧塑料，那么就应该有享受相关优惠政策的资格；更何况将废旧塑料加工成瓶片用作半成品，继续生产再生涤丝产品，是更应该鼓励的高技术和经济附加值的创新型生产行为。因此，为促进循环经济的践行与发展，国家的循环再生纤维产业相关政策亟须根据实践来进行补充和完善。

2. 加强对循环再生纤维产业的补贴与支持政策

鉴于再生纤维产业所具有的显著环境与社会效益，与传统的石油原料聚酯纤维产业相比其生产成本较高，使得其仅凭市场手段较难取得长足发展。如近期国际原油价格大幅下挫，涤纶产业从原料到成品同时暴跌。而瓶砖分散在广大收购户手中，受其收购成本影响，价格一时难以下调，造成目前原生料价格等同甚至低于瓶片料价格，致使采用瓶片料生产的企业巨额亏损，使瓶片再生纺企业难以生存，因此需要对瓶片加工生产给予政策性补贴支持。而在国际借鉴方面，绝大部分推行绿色和可持续发展的国家均提倡发展再生资源产业，并通过优惠与补贴等政策手段进行有力推动。再生纤维生产企业在发展过程中，需要持续开发更新技术设备，以实现更好的科技驱动，有效防止废旧资源粗放式低效加工利用，并防止二次污染。同时鉴于循环再生纤维企业大量减少了石油的消耗以及二氧化碳排放，也应得到国家相关节能环保方面的政策支持。

3. 大力推动政府绿色采购

政府通过绿色采购政策来推动支持循环再生纤维产业发展，也对循环再生纤维企业的发展意义重大。消费者的观念滞后是目前发展再生纤维面对的一大挑战，而政府恰恰可以起到引导绿色消费的作用，提升消费者对资源循环再生产品的认识与接受程度，使全社会关注绿色工业品。国外一些循环经济做得好的国家，无论是政府层面，还是消费者层面，都很重视循环理念，而且这些国家还出台了相关法律、法规来支持再生产品的应用。政府通过采购绿色工业产品，起到对绿色产业的宣传推介作用，使循环绿色工业品销售畅通、生产畅通，推动再生资源的及时有效利用。再生纺织品的应用，可以提升废旧物资的应用价值，还可以减少回收品的污染与浪费，需要政府部门的实际行动给予正确的引导。

报告七

绿色工业味精
——江苏海门容汇通用锂业公司调研报告

>>一、调研背景<<

在城市化与工业化进程不断加速的今天，能源问题已成为限制我国持续健康发展的一个重要瓶颈。开发和利用新能源不仅是我国实现绿色发展、建设生态文明的必然选择，也是降低国际石油依赖、保证国家能源安全的关键所在。锂是自然界最轻的金属，被科学家誉为"工业味精""能源金属"，在现代工业中，锂产品一直占据着十分重要的地位，更是发展新能源产业的重要材料。目前锂离子电池集中体现了现代能源技术的安全、高效、环保、低碳的特点，并能解决可再生能源的并网难问题，已经被美欧等发达国家视为是抢占未来能源技术制高点的主要方向。特别是在新能源汽车领域，由于能量密度较大，体积较小，重量较轻，锂电池已成为全球范围内新能源车用的最主要动力电池类型。我国是世界最大的锂离子电池生产制造基地、第二大锂离子电池生产国和出口国。我国高度重视锂电新材料的开发和利用，在国家及相关部委颁布的战略规划中，都将锂电新材料产业作为未来可再生新能源发展方向。江苏海门容汇通用锂业有限公司是专业从事基础锂产品和锂电新材料系列产品研发、生产及销售的知名高新技术企业，自成立以来，该企业坚持自主创新，在激烈的市场竞争中保持着行业领先水平，走出了一条绿色企业创新驱动发展的道路。2014 年 11 月，北京师范大学绿色发展指数课题组专门对该企业进行了专题调研，通过座谈交流、实地考察，了解了企业发展的主要经验，分析了企业发展中面临的主要问题，并提出相关政策建议，形成了调研报告。

>>二、企业发展的基本情况<<

江苏海门容汇通用锂业有限公司（以下简称"容汇通用"）成立于 2006 年 7 月，是专业从事基础锂产品和锂电新材料系列产品研发、生产及销售的知名高新技术企业，产品主要应用于锂电池行业。目前年产能为电池级碳酸锂 7 000 吨、高纯碳酸锂 500 吨，磷酸铁锂 5 000 吨，其中电池级碳酸锂的国内市场占有率位居前列。容汇通用具有较强的自主创新能力。公司在 2012 年被授予高新技术企业，同时为江苏省创新型企业、江苏省民营科技企业、海门市工业骨干企业，是江苏省科技厅和证监局确认的 2013 年省科技企业上市培育计划入库企业。目前，容汇通用已经获江苏省高新技术产品 3 项；授权发明专利 6 项、实用新型专利 5 项、在实审发明专利 7 项；参与国家或行业标准编制 5 项；碳酸锂生产新技术于 2012 年度被中国化工学会无机酸碱盐专业委员会授予 2010—2012 年度无机化工科技奖——科技进步奖，海门市人民政府颁发的 2012 年海门市科学技术进步奖，南通市人民政府颁发的 2013 年南通市科学技术进步奖，2013 年度第二届中国创新创业大赛优秀企业。同时，公司还是中国有色金属工业协会锂业分会的副会长单位，中国石墨烯产业技术创新战略联盟的理事单位。

>>三、企业绿色发展的主要影响因素<<

绿色创新是容汇通用核心竞争力的集中体现。那么，容汇通用锂业有限公司的创新发展，其最主要的影响因素是什么？通过调研，我们发现，创新技术、创新人才和创新环境是影响绿色企业发展的主要因素。

1. 市场导向保持企业创新技术优势

现在企业竞争的优势表面在于产品，实质在于支撑其产品的核心技术能力。从容汇通用的发展历程来看，企业之所以能够保持旺盛的发展生命力，在市场竞争中立于不败之地，很大程度上与其坚持市场导向、保持创新技术优势有关。容汇通用成立于 2006 年，但其历史要追溯到 1998 年成立的泛亚锂业，其创新历程主要经历了三个阶段，每个阶段都围绕市场需求，保持着技术领先优势。第一个阶段为探索创新阶段，主要是公司前身泛亚锂业在四川租赁托管当地锂盐企业期间。当时锂业行业能规模化经营的仅一家国有企业，所有其他企业的生产技术均模仿于该国有企业 20 世纪 50 年代形成的成熟技术。企业自身技术团队尚未有很多的经验，所以也不易受到框框的束缚，看到了锂业发展的市场潜力和技术瓶颈之间的矛盾，就以降低市场成本为目标，尝试着对传统工艺进行革命性改造，在此期间开发出了以矿石生产氢氧化锂的冷冻生产工艺，将原生产流程大大缩短，创造了每吨产品将近 10 000 元的利润空间。第二个阶段为系统创新阶段，主要是企业在海门发展的阶段。这一时期，随着科技的快速发展，锂及其化合物的用途日益重要而广泛，在合金、电池材料、未来新能源等领域，锂的重要性日益显现，用途越来越广泛。企业根据市场需求，对碳酸锂工艺进行了系统的改进，创造性地开发了母液冷冻并循环使用技术，该成果在 2012 年被国家无机化工学会评为该年度最高奖——科技进步奖，在业内独树一帜。与此同时，企业根据市场形势变化——移动电子设备对锂电池，特别是电动车对大功率锂电池的需求急剧增长的趋势，加大了对锂电池领域的研发力度，用于锂电池电解质的高纯碳酸锂、锂电材料磷酸铁锂、石墨烯等新产品的生产工艺取得了重大突破，使得企业发展在新一轮技术变革的浪潮中仍然保持领先地位。第三阶段为边界拓展阶段，主要是近一两年。在这一阶段，依据锂资源供给市场条件的变化，公司逐步形成新产品开发、技术储备、课题研究三位一体和长中短相结合、多层次相互衔接的技术创新机制，专门以卤水锂资源开发利用为重点，针对国内外卤水提锂的主要问题设立课题，收集了部分国外和青海现有已开发的所有卤水样本，针对不同特性的卤水进行了提锂和合成碳酸锂的一系列实验，结果表明容汇通用一步法卤水合成电池级碳酸锂可比矿石提锂获得更好的品质，为企业参与卤水锂资源的开发利用提供了支撑和空间。从容汇通用的创新发展历程来看，尽管国内外锂产品市场供需存在波动，但企业始终把握市场供需脉搏，不断加强自主创新，开发、利用科研成果，并加快科研成果的转化和扩散，不断延伸绿色产业链，丰富绿色产品品种，寻找企业持续增长的机会空间并赢得市场的主动权。

2. 内育外联保持企业创新人才活力

容汇通用在企业发展过程中特别重视保持企业创新人才活力。一方面注重创新人才"内育"，以科技创新人才、经营管理团队、市场营销人才和技术工人队伍为重点，根据实际需要，按照德才兼备、唯才是用、人尽其才、职尽其能的思路，打造想学习、会学习、乐学习，享受学习的学习型团队，不断完善人才培养、选拔、使用、激励机制，最大限度满足员工实现自我价值的需求，使企业目标与员工个人目标有机结合，培育了一支汇聚各类专业人士的管理与研发团队。另一方面注重创新人才"外联"。企业特别重视与相关高校科研院所的人才"联姻"，主动与上海交通大学、南京工业大学等科研机构的专家沟通联系，按照市场化的模式，通过专家团队引进人才，捆绑式引进高技术项目的创新载体，以人才交流带动项目合作，促进技术合作与科技创新管理体制创新相结合，提升自身科技创新水平。例如，2012年以来，公司先后与上海交通大学签订了"石墨烯制备的平台建设及其应用开发""石墨烯包覆富锰磷酸亚铁锂的结构分析与电化学性能表征"等技术协议，就石墨烯的制备及其应用，与专家团队展开深层次工业化的研究和实践。2013年，公司直接聘请上海交通大学教授担任公司技术总监，使得高校著名专家及其团队成为企业科技创新的实际参与者和负责人，让昔日的星期天工程师转变为企业创新的掌门人和技术骨干，真正将专家的智慧融入到了提高高附加值锂产品研发技术水平和资源的综合开发能力的企业实践中。

3. 地方环境为企业发展提供良好保障

良好的创新发展环境是企业开展自主创新的有力保障。容汇通用曾经在西部一些省市生产运营，但由于当地营商环境相对较差，在很大程度上制约了企业的创新发展。而江苏海门地处长三角，位于我国沿江和沿海两大开放带交汇点的核心区域，南与国际大都市上海隔江相望，北倚广袤的江海平原，是我国近代民族轻工业的发源地，是全国科技进步示范市、国家火炬计划新材料产业基地、全国文化先进市，本身具有良好的区域创新传统、区域创新氛围和创新资源优势，这为企业的创新发展提供了较为优越的基础条件。同时，当地政府也十分重视企业创新发展。容汇通用在过去的自主创新发展中，就得到了海门市委市政府的大力支持。例如，公司在2013年引进上海交通大学教授时就获得江苏省组织系统创新创业人才经费的支持，并在专项项目的支持下适时开展了石墨烯及石墨烯对磷酸铁锂性能改进的研究；公司的《常压液相法生产磷酸铁锂技术研究》获得了海门市科技局、财政局共同推进的2013年海门市科技计划支持；此外，公司几乎每年都得到政府部门关于节能降耗、循环经济（清洁生产）、生产技改、知识产权等方面的资金扶持和奖励，都为公司的发展提供了坚强而有力的保障，高效地推进了公司的自主创新和持续发展。

>>四、企业发展面临的主要问题<<

尽管容汇通用已经在行业内处于领先地位并取得了一系列创新成果。但企业在自主创新发展中仍然面临着一些问题。

1. 绿色创新链未能完全对接资源链

充足的锂资源是企业可持续发展的基础。因此，容汇通用一直力求通过科技创新，促进技术与资源的结合，建立长期稳定的锂资源开发、供应、储备战略机制。目前，锂资源主要包括盐湖卤水锂（占61%）和矿石锂（占34%）。从全球矿石锂资源分布来看，世界锂辉石矿主要分布在澳大利亚、加拿大、巴西等国。全球锂矿行业处于寡头垄断格局中，三大巨头智利SQM、美国FMC和德国Chemtall合计年产能占全球市场80%的份额。在此背景下，国际巨头一宣布提价，就对国内锂矿市场供给产生影响。同时，锂含量高的天然卤水也是锂的重要工业原料。我国青藏高原发育有众多盐湖，卤水以锂浓度高著称于世。在当前的条件下，由于卤水锂资源储备多，提锂的综合成本相对较低，卤水锂资源的开发是锂产业的大势所趋。容汇通用也已解决了西部高镁锂比卤水的提锂问题，如果上下游合作，既可为企业发展提供源源不断的资源保障，也有利于国家锂资源的高效开发和利用。但现实情况是，作为我国卤水锂资源储备最丰富的地区之一，青海锂资源的开发已进行了十余个年头，但由于主要由地方政府和传统资源开发性国有企业垄断，目前卤水锂资源的开发利用仍然进展较慢，作为民营企业的容汇通用掌握的提锂技术与西部富饶的卤水资源难以有效结合起来，创新链与资源链存在脱节现象。长此以往，不仅将影响企业继续开发适于锂业大规模工业化应用的新技术，也会影响我国盐湖资源的综合利用和可持续发展。

2. 绿色创新的产学研相对分割现象仍然存在

企业是技术创新和转化为直接生产力的主体，学校、科研院所是知识创新的源头，是大量技术成果的产生地。在调研中，我们发现，尽管容汇通用已经积极利用各种平台开展产学研合作，但创新产学研分割现象仍然存在。具体体现在，一方面，产学研各方相对独立和封闭。从事锂产业研究的国内高校及科研院所，大多科研人员齐备、实验条件优越，但比较注重基础研究及理论知识，对一些实际生产应用缺乏经验和参与热情，与市场切合度不高。而企业自身的研发机构与研发团队在应用技术方面与市场结合紧密，但在锂产业领域前沿基础技术、大规模共性技术开发领域缺乏人才和设施条件。另一方面，现有产学研科技合作路径和平台也比较单一。在实践中，产学研合作形式主要是单项项目合作开发、委托开发和技术转让等，长期稳定的高端项目和高层次专家团队合作仍然较少，企业创新的稳定性和持续性就受到了很大影响。

3. 企业创新投入仍然相对不足

容汇通用始终重视科技研发，近年来研发投入持续增加。从财务数据上看，公司 2011 年、2012 年、2013 年研发费用投入分别为 675 万元、1 136 万元、989 万元，分别占销售收入的比值为 4.1%、4.95%、4.94%，近三年投入研发费用累计 2 800 万元，占销售收入的 4.71%，2011年研发投入甚至超过了净利润。但在调研中，我们了解到，尽管企业已经尽最大努力增加研发投入，但与锂业发展的研发实际需求相比，目前的企业研发投入仍远远不足，严重制约了企业创新能力的提高。

表报告 7-1 　　　　　　　江苏海门容汇通用有限公司近三年主要经济指标

项　目	2011 年	2012 年	2013 年
销售收入（万元）	16 456	22 944	20 033
净利润（万元）	407	1 847	1 310
缴税金额（万元）	1 005	1 707	1 280
研发费用（万元）	675	1 136	989

资料来源：由江苏海门容汇通用有限公司提供。

同时，创新投入渠道缺乏也是制约企业开展创新活动的重要因素。由于容汇通用属于民营中小企业，尽管企业科技创新能力较强，在行业内处于领先地位，但企业规模并不大，在间接融资市场上融资相对困难，从银行或其他金融机构贷款面临"惜贷"难题，只能凭借企业资本积累或者很高的成本和风险从非正式的资金市场获取资金，融资风险较高且缺乏稳定性。

>>五、对策与建议<<

作为一家科技型绿色企业，容汇通用依靠创新驱动实现了企业的快速发展壮大和竞争力的提升。同时，企业也面临着一些亟待解决的发展问题。需要我们立足国家新能源产业发展的战略高度，充分结合企业发展实际，形成推动绿色企业创新发展的合力。

1. 推动企业绿色技术创新与资源开发联动发展

容汇通用地处东部沿海地区、拥有锂产品开发、精加工的技术优势，而西部的青海、西藏则拥有盐湖锂资源优势，在锂资源开发利用中，有必要整合各方优势，形成联动发展格局。一方面，应进一步放开西部锂资源市场，打破单一国有企业垄断开发格局，鼓励和支持容汇通用这样的企业充分发挥企业技术创新优势，参与西部锂资源的开发和利用，实现技术与资源的对接。另一方面，目前国内锂资源争夺愈演愈烈，国外厂商也逐渐开始渗透其中。从我国锂产业长远健康发展着眼，应从国家层面促进东西部企业联手，上下游产业对接，共同打造中国锂产业战略联盟，开发锂战略性资源，形成我国锂产业发展的合力。

2. 推动产学研共同体建设

锂产业本身为新兴产业，从上游原料生产初级锂产品，到下游深加工产品的制造，有许许多多的技术难题，也存在着很大的技术风险、市场风险。尽管容汇通用已经取得了许多技术上的突破，但仍有许多关键性、核心性的技术难题仍然没有完全破解，而这显然通过单独企业自身的研发力量难以实现。合作创新是当前企业基于降低风险和缩减成本的重要战略，也是企业获取外部知识和能力的重要途径。因此，特别需要以企业为核心，破除产学研绝缘现象，形成产学研共同体，以锂资源高效利用和锂产业健康发展为目标，广泛地建立企业间及产学研紧密合作的协同创新体系，完善基础研究、应用研究、成果转化和产业化紧密结合、协调发展机制，开展从源头到终端的锂业科技创新研究和实践。

3. 完善可持续投融资机制

可持续的创新需要持续不断的研发投入。针对容汇通用这类民营高科技企业，特别需要建立可持续的投融资机制。第一，要继续加强政府政策资金的引导和支持作用。政府应对民营企业重点科技研发和重大技术继续给予政策资助，并加大对知识产权信息网络和服务的资金支持力度。第二，鼓励企业依法开展多种形式的互助性融资担保，并鼓励和支持各种社会力量和境外资本通过风险投资积极参与企业创新活动。第三，积极为企业在国内外上市融资创造条件，并推动民营企业发行债券融资工具，拓展企业创新发展的融资途径。

报告八

绿色照明
——天津圣明科技有限公司调研报告

绿色照明是国际公认的实施可持续发展、节能减排的成功范例。经济发展和人们生活水平的提高，消费者对生活品质的追求，将改变居民对照明产品的选择，传统照明产品的市场逐渐被 LED 照明产品取代。在照明领域中，LED 节电投入少、见效快，是所有终端用电设备中节电率最高和减少发电厂污染物率最高、成本效益最好的一种节电技术措施。

>>一、调研背景<<

1. LED 的概念及优点

LED 是"Light Emitting Diode"的缩写，中文译为"发光二极管"，是一种可以将电能转化为光能的半导体器件，不同材料的芯片可以发出红、橙、黄、绿、蓝、紫色等不同颜色的光。LED 被誉为人类照明的第三次革命，具有节能、环保、安全、体积小、寿命长、色彩丰富等特点，预计在未来会取代大部分的传统光源。

2. LED 产业链

根据 LED 的生产流程，LED 行业分为上、中、下游三个细分行业，其中上游为外延片和芯片制造，中游为封装，下游为应用。天津圣明科技的 LED 产业涵盖中游的封装和下游的背光及照明应用。

上游 LED 芯片厂商根据 LED 元件结构的需要，先进行金属蒸镀，然后在外延晶片上光罩蚀刻及热处理而制作 LED 两端的金属电极，接着将衬底磨薄、抛光后切割为细小的 LED 芯片。中游 LED 封装是指用环氧树脂或有机硅等材料把 LED 芯片和支架包封起来的过程。封装的功能主要包括：机械保护，以提高可靠性；加强散热，以降低芯片结温、提高 LED 性能；光学控制，提高出光效率，优化光束分布；供电管理，包括交流/直流转变、电源控制等。下游应用是指将封装后的 LED 器件用于生产各种应用产品，如照明产品、汽车灯、背光源及显示屏等。

经过 40 余年的发展，我国 LED 产业已经形成较为完整的产业链，从企业数量和产值来看大致呈金字塔状分布：上游 LED 外延生长与芯片制造环节技术门槛高，设备投资强度大，具有规模化生产能力的企业数量相对较少，产值占比不到 10%。中游 LED 封装环节劳动密集的特点更为突出，根据高工 LED 产业研究所的统计，我国约有 1 500 家 LED 封装企业，规模较大的约 600 家，行业集中度较低，竞争激烈，产值占比约为 20%。相对于上游外延生长和芯片制造行业，国内的 LED 封装行业在规模上最具竞争力，技术水平也最接近国际先进水平。下游 LED 应用遍布包括背光源、显示屏、照明、信号灯、仪表等在内的多个领域，参与企业数量最多，产值占比超过 70%。

3. LED 行业的周期性、区域性或季节性特征

LED 行业主要受宏观经济周期的影响，本身的周期性不明显。全球 LED 产业呈现出一定的区域性：日本、欧美的 LED 产业主要依托于产业链完整、生产规模大、技术垄断性强的集团化企业；韩国、中国台湾地区 LED 产业相对集中，各环节分工明确，产业链供销稳定；我国大陆企业数量众多，处于快速发展早期阶段。我国 LED 产业的区域性也较明显，珠三角、长三角、闽三角和北方地区四大产业集群集中了 85％以上的生产能力。LED 器件广泛运用于国民经济的多个产业，在一定程度上抵消了下游产业的季节波动，季节性不明显。

4. LED 行业发展趋势

我国 LED 产业产生于 20 世纪 60 年代末期，初期发展较为缓慢。2004 以来，在"国家半导体照明工程"计划的推动下，我国 LED 产业迅速发展，2006—2010 年，行业总产值由不足 400 亿元增加到 1 200 亿元，年化增长率超过 35％。受下游旺盛需求的带动，增长势头有望继续保持，根据国家 LED 产业联盟的预测，2015 年国内 LED 行业总产值将达到 5 000 亿元，年化增长率约为 33％。

5. 调研企业的选择

中国 LED 照明生产厂商主要由三类企业构成。第一类企业是传统的灯具生产厂商，传统灯具厂商在看到 LED 灯具的发展前景以后，分出一个部门进行 LED 灯具生产。这类企业借助于现有的销售渠道很快在市场上占据较大的市场份额，但是这类企业的缺点是电子控制技术相对较弱，控制器的生产较差。第二类企业是传统的电子企业，这类企业依托原有的电子技术优势进入 LED 灯具生产行业，这类企业生产的控制器性能较好，但缺点是对光的控制较弱，二次布光技术较差。第三类企业则是随着 LED 行业的兴起而成立的专门从事 LED 灯具生产的企业，相较于前两类企业，这类企业的生产规模较小，缺乏既定优势。在第三类企业中又分为两种，第一种是按照传统灯具的生产方式生产 LED 灯具，这类企业占 90％；第二种企业会有一部分研发，依托于企业的专利技术，生产 LED 灯具。在这两种企业中，第一种企业生产的 LED 灯具质次价廉，国内大部分市场充斥着这种产品；第二种企业生产的 LED 灯具质优价高，很难打开国内市场。

天津圣明科技有限公司属于我国 LED 行业生产厂商中的第三类厂商——随着 LED 行业的兴起而成立的专门从事 LED 灯具生产的企业，公司在生产过程中有一部分研发，依托企业的专利技术，生产 LED 灯具。天津圣明科技有限公司在发展过程中积累了众多优质客户资源，且公司具有较强的研发实力、领先的技术水平和持续的创新能力，在第三类企业中具有典型的代表性，因此我们选择圣明科技作为调研企业。

注：照片由调研组自行拍摄。

>>二、企业概况<<

1. 天津圣明科技有限公司简介

天津圣明科技有限公司成立于 2006 年，是一家以生产 LED 灯具为主、提供技术服务为辅的科技公司。公司的核心价值观是"尊重"，公司的发展始终秉承着尊重环境、尊重科学、尊重市场的价值观，在这一价值观的指导下，形成了圣明科技的企业文化：探索、求实、公正、拼搏。

公司成立之初，主要设计功率为 100 瓦的路灯，在 100 瓦的路灯打开市场之后再逐渐配齐其他产品系列。目前，天津圣明科技有限公司主要有三个系列产品：第一个系列——室外照明系列，包括室外所有需要用的路灯、射灯、草坪灯、地板灯、水底灯等，照度、均匀度和光型都优于传统的灯具照明，被广泛应用于各种室外环境的照明和节电改造；第二个系列——室内照明系列，包括管灯、筒灯、各类灯泡、小射灯等；第三个系列——特种灯系列，包括防爆灯（专门用于一些防暴场合）、加油站的照明灯（有一定的防暴要求，但是比正常的防爆灯的防暴要求要低一些）、综合救险所用的灯、旅游用的照明设施等。

注：照片由调研组自行拍摄。

2. 公司的发展历程

天津圣明科技在成立之初主要是面向国内市场，但由于 2006 年国内市场上消费者对 LED 灯具的认可度不高，加上国内市场的不稳定，导致圣明科技在国内市场受挫，转而主要面向国际市场。目前，天津圣明科技的重点仍然放在国际市场，主要是美国市场。

2009 年，在国内市场受挫后，圣明科技改变发展策略，采取"墙外开花墙内香"的策略，先把产品推广到国际市场，在国外取得一定的品牌效应后，再返回中国市场。圣明科技在亚洲选择的目标市场是日本，在欧洲选择的目标市场是法国、德国、意大利，北欧市场是挪威、瑞典和丹麦，南欧选择的是西班牙，南北美市场主要选择的是美国。选定目标后，圣明科技主要是采取招收代理商的方式，打开国际市场，在美国建立了子公司。

最早打开的海外市场是日本市场，圣明科技从 2009 年开始给日本供应基础产品，如路灯、草坪灯、灯管等产品。同时根据日本市场的需求单独为日本设计了新产品——2.4 米的灯管。特别是在 2009 年日本海上自卫队鹭岛基地全面改造的公开招标中，圣明科技打败同时参与竞标的东芝、夏普、飞利浦 4 家供应商，独家中标，承揽日本海上自卫队的鹭岛基地灯具设施的全面改造。自此日本市场全面打开。

在打开日本市场后，美国市场也紧接着打开了。2010 年圣明科技得到了美国政府的 TCPA

认证，获得 TCPA 认证的企业及其品牌有资格成为美国政府消费的专业供应商和专业供应品牌。拿到 TCPA 认证之后，美国的子公司开始和美国政府接洽，在 2013 年获得了海蒂阿莫市政府所属机构的照明改造项目。这是中国的科技产品较早能够直接以自己的品牌进入美国市场，同时没有美国企业的介入，由中国企业直接和美国政府接洽的成功案例。在 2013 年以后，圣明科技在美国的工作顺利展开，目前，美国市场仍然是圣明科技的重要海外市场。

>> 三、天津圣明科技有限公司产品特点：绿色环保、高效节能 <<

1. 公司生产的 LED 灯具与普通节能灯的比较

与传统灯具相比，天津圣明科技有限公司生产的 LED 灯具受电压控制影响较小，在低压 110V 下都可以正常使用，且电量低，比同等亮度及照明亮化效果的普通节能灯耗电减少 50%～80%。LED 灯具对光学系统的知识要求较高，对光的控制直接影响 LED 灯具的光效，天津圣明科技生产的 LED 光效目前可达到 100～120 流明/瓦，超过大部分传统光源的光效；公司生产的灯具光源的使用寿命基本上都超过 5 万小时，部分灯具光源的使用寿命甚至达 10 万小时，远超过一般光源，是一般光源使用寿命的几倍，甚至几十倍。除此之外，天津圣明科技有限公司生产的 LED 灯具外形美观大方，体积小，重量轻，安装方便，灯具整体采用对流散热的设计，确保不会产生过热的现象，保证工作稳定。

2. 公司生产的 LED 路灯与传统高压钠灯的比较

天津圣明科技的主要产品为 LED 路灯，在节能、使用寿命、绿色环保等方面都要优于传统的高压钠灯。报告表 8-1 为天津圣明科技有限公司生产的"独立 X18 系列路灯"与传统的高压钠灯主要性能的比较。由于 LED 路灯由半导体芯片发光，无灯丝，无玻璃泡，不怕震动，不易破碎，再加上圣明科技在 LED 路灯生产上的先进技术，"独立 X18 系列路灯"光源的使用寿命长达 10 万小时，而传统高压钠灯的使用寿命则只有 5 000 小时。在 LED 灯具中不含汞、铅等有害物质，利于回收利用，而传统高压路灯中则含有汞、铅等元素，污染较大。同时 LED 灯具有高效节能的特点，公司生产的节能灯和白炽灯相比，在相同的亮度下，3W 的 LED 节能灯 333 小时耗 1 度电，而普通 60W 白炽灯 17 小时耗 1 度电，普通 5W 节能灯 200 小时耗 1 度电。在其他方面，LED 灯具在安装使用后几乎没有后续的维修成本，而传统的高压路灯，由于光源的使用寿命，灯罩老化发黄、发热等问题，维修成本较高。因此，LED 灯具无论在节能环保上，还是整体费用花费上都要优于传统灯具。

表报告 8-1　　　　　　　　　　独立 X18 系列路灯与高压钠灯的比较

性能	独立 X18 系列路灯	高压钠灯
使用寿命	100 000Hrs	5 000Hrs
绿色环保	不含汞、铅等有害物质	含汞、铅等污染物
节电能力	强	较差
维护成本	几乎没有	高
显色指数	80±10%	25%
发热	冷光源<60℃	严重>300℃
灯罩老化发黄	不会	很快
频闪	无（直流驱动）	有（交流驱动）
启动速度	1 秒	10 分钟
光污染	无	强

资料来源：由天津圣明科技有限公司提供。

3. 公司生产的 LED 灯具与其他 LED 灯具的比较

LED 灯具生产行业主要可以分为三个产业链：上游产业制作芯片，中游产业将芯片加工成单体灯珠，下游产业则是以 LED 灯珠作为基础材料将其制作成灯具。上游产业芯片的制作主要依托半导体技术属于技术密集型产业，目前国内的 LED 芯片主要是从美国进口；中游产业单体灯珠制作依托的仍是工艺技术，科技含量相对较低，但对设备要求较高，属于资本密集型产业；国内的 LED 生产厂商主要从事的是下游产业，将单体灯珠加工成 LED 灯具。加工成灯具分为两个步骤，一是对灯珠的二次布光，二是驱动部分，又称为控制器的制造。

LED 灯具使用的是直流驱动，即要求通过的电流是直流电，而我们国内使用的都是交流电，而驱动部分则是将交流电转换成直流电。同时 LED 灯具在使用期间要求稳压稳流，电流或电压的变化都会使灯具突然变亮或变暗后烧掉，因此控制器的另一个主要作用就是稳定电流电压。天津圣明科技在控制器的生产上经过不断地研究，已经能生产出性能良好的控制器，现已申请专利技术保护。二次布光主要考虑的是配光问题，即调整灯珠结构使灯珠能 360 度发光，同时光线柔和不刺眼。天津圣明科技有限公司在对灯珠的二次布光和控制器的生产上都具有专利技术优势，因此生产出来的产品与传统的 LED 灯具具有几方面的优势。

从产品质量角度考虑，圣明科技的产品质量稳定，产品的寿命比较长。在合同期内，所有 LED 灯具均能稳定地工作，没有出现过因产品质量问题更换造成损失的情况。"独立 X18 系列路灯"的光源寿命为 10 万小时，远超标准 LED 路灯对光源使用寿命大于 5 万小时的要求。

从产品设计角度看，圣明科技产品的设计追求尽可能地提高产品的光效，发光效能优于普通灯具。在同等瓦数的情况下，圣明科技的产品会比其他 LED 灯更亮，这意味着圣明科技的产品节能比例更大。以天津圣明科技的主打产品"独立 X18 系列路灯"为例：这一系列的路灯公司具有全部的知识产权和多项专利技术支持，具有强大的环境适应能力，可在 −40℃～40℃ 的环境温度下正常工作，而标准的 LED 路灯正常工作的环境温度为 −25℃～40℃。最重要的是节电能力显著，在同等照度下比传统白炽灯节电 90％ 以上，与高压钠灯相比节电 70％ 以上，而标准的 LED 路灯的照度修正系数为高压钠灯的 4 倍，即标准 LED 路灯灯具的与高压钠灯相比节电在 60％ 左右，因此天津圣明科技生产的"独立 X18 系列 LED 路灯"与标准的 LED 路灯相比能节电 10％ 以上。

从技术角度讲，圣明科技已经取得 LED 灯具散热技术专利，在控制器的设计和生产上也已经掌握关键技术，生产的产品技术含量较高，性能稳定；从用户的角度考虑，圣明科技生产的灯具性能稳定，使用寿命长，投入使用后几乎没有后续的维护成本，因此，综合来看用户独立享受节能成果的时间更长，比使用其他厂商的 LED 灯具的用户具有更大的效益。

4. 对天津圣明科技有限公司的客观评价

我们从技术方面、产品种类等方面评价天津圣明科技有限公司。首先，圣明科技具有较好的专利技术，其中多项技术在 LED 灯具生产行业为关键技术，如散热、控制器的设计等。圣明科技生产的特种灯管，能在环境最恶劣的炼钢车间稳定工作六年以上，这需要较高的散热技术。其次，在基础产品上，天津圣明科技具有比较完善的灯具系列，产品种类丰富，能应用于各种场合。最后，天津圣明科技有限公司依托于现有的布光技术和控制器的专利技术，生产的产品亮度较高，替代性较强，通常同等亮度的情况下，圣明科技生产的灯具瓦数低于行业里的平均瓦数。

尽管有上述优点，但圣明科技仍有一些不足之处。首先，公司的规模较小，在产品的生产上很难形成规模优势，产品的价格竞争力较为缺乏。其次，LED 灯具的生产技术更新较快，需要不断地研发新技术，以适应市场需求，且 LED 灯具生产的关键技术在于散热和控制器的生产，整个行业只有相对技术壁垒而没有绝对技术壁垒。要想在 LED 灯具行业始终处于领先地位，则需要不断地改进技术、增强自主创新能力；而公司资金有限，经营费用中用于研发的费用有限，相比于资金雄厚的 LED 灯具生产企业，圣明科技的研发后劲需要进一步加强。

>>四、从天津圣明科技有限公司看绿色照明发展中的瓶颈与问题<<

1. 缺乏强制性的国家质量标准

我国现在在一些个别的 LED 灯具上，比如路灯、管灯等，虽然有了行业标准，但是这一标准并没有得到市场的认可，在行业内也没有被强制执行。行业强制标准的缺乏导致市场上的 LED 灯具质量参差不齐，价廉质次的产品占据的市场份额更大，导致消费者对 LED 行业的认识存在误区——LED 灯具的质量不好。在形成这种现象后，消费者对 LED 灯具的不信任，导致像天津圣明科技有限公司这种致力于生产质优价高的 LED 灯具的企业被市场排挤，LED 灯具市场逐渐成为"柠檬市场"。

2. 行业发展缺乏整体规划

人们普遍认为 LED 行业的上游产业，即芯片的生产是高科技行业；将芯片分装成单体灯珠的中游产业勉强算是科技型企业，因为它需要大设备的投入，要做分装技术的考量；而将单体灯珠加工成灯的下游产业就不算是科技型企业，而是劳动密集型企业，事实上将单体灯珠加工成灯具需要有专利技术和设备的支撑，也属于技术密集型行业。正是在这种误区的导向之下，造成很多人盲目进入 LED 行业，特别是珠三角地区，对 LED 灯具采用家庭作坊式的方式生产，既没有对技术的研发，也没有资金设备的支持，对 LED 灯具的生产依然沿袭着传统灯具劳动密集型的生产方式。这种既没有技术、资金和设备的支撑，也没有后续发展规划作为后劲支撑的作坊式生产，很难形成产业。

3. 具体政策扶持和政策创新不够

国家对 LED 灯具生产企业的政策扶持缺乏实质性的动作。国家虽出台政策扶持企业融资，但是这种政策支持并没有被强制执行，对企业融资的扶持只限于口号。由于 LED 科技企业大部分属于小微企业和民营企业，面临的最大问题就是资金问题，国家虽出台政策鼓励小微企业和民营企业，但银行很少会将贷款放给这类企业。

4. 缺乏相应的会计准则

LED 灯具行业和其他行业有很大的区别，在销售 LED 灯具时，与用户签订技术服务合同，销售收入分为两部分：一部分收入在售出产品后立即收回；另一部分收入则是在售出产品后提供的技术服务费用，即在合同期内用户使用 LED 灯具节省的电费，只有在合同期结束后销售 LED 灯具的收入才算是全部收回。但是我国现在处在已经售出但收入还未完全收回的 LED 灯具如何体现在财务报表上没有相关的会计准则，这就造成了 LED 灯具企业的财务报表五花八门，没办法比较，也很难统计产值和 GDP。由于缺乏相关的会计准则导致财务报表混乱，使原本很难从银行获得贷款的 LED 企业更难融资。

报告九

民营环保企业的成长之路
——江苏宜兴艾特克控股集团调研报告

>> 一、调研背景 <<

随着我国工业化与现代化的发展，资源环境问题日益突出。水污染作为环境污染的主要问题之一，得到了国家与社会越来越多的关注。在绿色经济中，生产水污染治理设备、提供水污染治理服务的环保企业无疑扮演着重要的技术支撑角色。目前，外国跨国水务企业、国有水务或大型上市公司组成的本土水务企业、国内民营环保企业或股份制的民间水务企业三方构成了我国水污染治理行业的企业主体。随着全国污染治理市场化工作的不断深入，民营环保企业正在进入快速成长期。2015 年 4 月，《水污染防治行动计划》即"水十条"的发布给水污染治理行业带来了新的机遇与挑战，并将助力绿色经济发展。

江苏省宜兴市是闻名全国的"环保之乡"，其环保产业发轫于 20 世纪 70 年代，目前全市已形成以环保工程为龙头、环保设备制造为重点、原辅材料及零部件配套为支撑的完整的产业链条。环保产品以水处理为主，产品年销售规模达 350 亿元，占据国内市场份额的 40%，宜兴已成为中国最大的水处理产业装备生产聚集地，其产品覆盖全国市场，并远销世界 30 多个国家和地区。其水污染治理、给水、排水、循环水等水处理设备与技术，已达国内领先水平。宜兴的环保企业以宜兴环保科技工业园和高塍镇为中心聚集。2012 年，宜兴的环保企业已达 1 400 多家，年销售收入超亿元的企业有 22 家。在中国水污染治理设备制造企业十强中，宜兴占据了 6 席。

注：照片由调研组自行拍摄。

本调研小组选取位于江苏省宜兴市高塍镇的艾特克控股集团作为调研对象。作为一家民营环保企业，艾特克控股集团已发展为宜兴市重点企业。通过对艾特克的调研可管窥民营环保企业的经验与困境；同时，艾特克控股集团的业务已涉及水污染设施运营、工程服务、产品生产、水务投资等多方面，借此可较全面地探究宜兴水污染治理行业的发展方式。

二、企业概况

艾特克（High technology 的音译）控股集团成立于 2006 年，位于宜兴市高塍镇，主要从事环保水处理、生态保护、修复及资源化利用、高效节能减排、环保型阻燃材料等领域新产品及其关键应用技术研发、生产制造、销售、工程总承包及水务运营，是一家集投资、研发、设计、制造、施工、运营于一体的综合性集团公司。占地面积超过 8.5 万平方米，固定资产超过 1.2 亿元，年产值逾 3 亿元，高塍镇现有正式员工 230 人。艾特克控股集团是宜兴市的重点企业，是无锡市唯一一家成功引进两个"530 计划"①项目的高新技术企业。

艾特克控股集团的业务类型以"装备"与"工程"为主。在"工程"方面，艾特克的合作地区已囊括全国，还承接了少数对外工程。这些工程项目主要集中在工业企业的污水处理方面（见表报告 9-1），而由于市场需求较少，其承接的城市污水和生活污水处理项目相对较少。

表报告 9-1　　　　　　　　　艾特克的工程合作项目（2007 年至今）

项目类型	项目数量
重金属废水处理项目	8
医药废水处理项目	37
纺织印染污水处理项目	8
钢铁及钛白粉行业酸性废水处理项目	8
水环境工程护岸生态治理项目	9
高分子絮凝剂快速溶解项目	11

资料来源：由江苏宜兴艾特克控股集团提供。

三、发展历程

宜兴市高塍镇作为我国环保产业的先行地区、集聚地区和产业高地，见证了我国民营环保企业的成长之路。宜兴民营环保企业的发展大体经历了以下四个阶段。

1. 改革开放孕育环保企业萌芽

20 世纪 70 年代末，高塍镇的农民为发家致富，开始兴办乡镇企业。他们与一些公司、大型设计院等合作，以来料加工的方式生产环保设备（如循环水冷却塔）。由于市场对污染处理设备的需求量有限，高塍镇只有两三家工厂生产环保设备，年产值仅十几万元。

2. 长三角腾飞助力环保企业发展

20 世纪 80 年代末到 90 年代末的近十年时间，是高塍镇环保企业飞速发展的时期。改革开放以后长三角及全国的工业化浪潮给环保企业提供了巨大的市场机遇，环保装备市场的放开又催促着乡镇企业去大力开拓市场。高塍镇的乡镇企业开始到全国市场上跑业务，他们赚取利润

---

① 2006 年 4 月无锡正式出台"530 计划"，目标是"5 年内引进 30 名海外领军型创业人才"。

后又带动了周围的亲戚朋友。20 世纪 80 年代一个生产环保装备的乡镇企业年产值最高可达 100 万元，而到了 20 世纪 90 年代则能实现 300 万～400 万元的年产值。

3. 企业改制激发环保企业活力

20 世纪 90 年代末，高塍镇的大部分乡镇企业改制为民营企业。与乡镇企业相比，民营企业更加独立与灵活，也愈益追求利润与发展；另一方面，民营企业对国家政策的敏锐感提升，反应速度加快。活力的激发有助于企业更好地明确发展方向。其时，已有少数民营企业开始向与之合作的国内外设计院、研究院学习工艺，自主钻研污染处理技术，数年的技艺积累为这些民营企业日后的迅猛发展累积了强大的实力。

4. 技术革新挑战环保企业未来

进入 21 世纪以后，国家对企业与城市的环保要求越来越高，2002 年以后国家允许并鼓励民营资本参与 BOT、PPP 等，部分掌握治污环节技术的环保企业开始崭露头角。这使得高塍镇的环保企业出现了结构性分化：一小部分掌握技术的环保企业开始承包企业与城市的环保工程，市场与利润不断增大，成为宜兴的龙头企业、科技创新型企业；而大部分不具备技术的企业只能继续生产和销售环保装备，或进行订单生产，沦为了龙头企业的上游厂商，其利润率则更低。

伴随着高塍镇民营环保企业的集聚与成长，龙头企业内部的产业链条在不断延伸、业务范围在不断拓展。艾特克虽然起步较晚，但受惠于宜兴环保企业的发展经验而呈现良好的发展态势。

艾特克的创始人暨董事长是江苏宜兴人，1989 年开始创业。20 世纪 90 年代初，市场需要污水处理设备、水循环设备，于是企业以"装备"立足，做装备有七八年时间。90 年代后期，艾特克嗅到产业的新气息，开始向设计院、装备使用单位学习工艺，学习工艺是一个循序渐进的过程，艾特克做工艺约进行了四五年时间，最终实现了对整个工艺流程的设计与完善。2000 年，艾特克开始尝试承包环保工程，在做工程的同时进行环保装备的组装，承包工程的利润率远高于设备销售，艾特克逐渐发展壮大起来。做工程两三年后，艾特克开始融资，目前正计划上市。融资使得企业的资本实力增强，艾特克开始接手 BT①、BOT②、PPP③ 等大型项目，这些工程项目则将其积累的装备生产与组装、工艺研发等技术浓缩在一起，很好地发挥了艾特克的优势。2006 年艾特克控股集团在宜兴高塍镇成立，总投资 8 000 万元。

---

① BT(Build-Transfer)即"建设—移交"的简称，是一种新型的投融资建设模式。政府通过特许协议授权企业对项目进行融资建设，项目建设验收合格后由政府赎回，政府用以后的财政预算资金向企业支付项目总投资加上合理回报。

② BOT(build-operate-transfer)即"建设—经营—转让"，是私营企业参与基础设施建设，向社会提供公共服务的一种方式。政府部门就某个基础设施项目与私人企业签订特许权协议，授予签约方的私人企业来承担该项目的投资、融资、建设和维护，在协议规定的特许期限内，许可其融资建设和经营特定的公用基础设施，并准许其通过向用户收取费用或出售产品以清偿贷款，回收投资并赚取利润。政府对这一基础设施有监督权、调控权，特许期满，签约方的私人企业将该基础设施无偿或有偿移交给政府部门。

③ PPP(Public-Private-Partnership)也称 3P 模式，即公私合作模式，是公共基础设施一种项目融资模式。合作各方首先通过协议的方式明确共同承担的责任和风险，其次明确各方在项目各个流程环节的权利和义务，最大限度地发挥各方优势，使得建设摆脱政府行政的诸多干预和限制，又充分发挥民营资本在资源整合与经营上的优势。

>>四、经验与优势<<

1. 技术引进与研发为抓手

高塍镇虽是环保企业的聚集地，但大部分企业单纯生产环保设备，缺乏研发实力与自主技术，可替代性很强，面对既有技术又生产装备的大型环保企业，在未来必将遭到淘汰。艾特克在技术方面起步较早，拥有了资本实力后，则将技术引进与研发提升到了主抓高度，因而在技术方面处于行业前列。

在硬件方面，艾特克拥有面积超过 6 000 平方米的研发大楼、水处理药剂和新材料性能检测实验室、中式实验大厅，配置了完善的仪器设备，研发经费达到销售收入的 6%～8%。在软件方面，艾特克大力引进日本科研单位的先进技术。科研单位的研究成果理论性很强，但在实际应用时则存在问题，还需调整。艾特克致力于技术引进后的改善与研发，从而实现了技术从理论研究到实际应用层面的跨越。而在合作项目中，艾特克致力于环保工艺的改进，从而一方面降低企业治污的成本，另一方面提高污水处理后的达标水平。

目前，艾特克已完成科学技术成果鉴定 5 项，申请国家发明专利 20 项，实用新型专利 24 项。其核心科技创新包括基于 GRF 剂的重金属无害化水处理技术、制药废水达标处理及污泥减量技术、基于 CSE-2 剂的印染废水达标处理及污泥减量技术、钢铁及钛白粉行业酸性废水处理及污泥回收技术、基于生态混凝土的水环境工程护岸生态治理技术。

2. 人才引进与培养为支撑

科技创新终究是由人才实现的，因而作为高新技术企业，艾特克重视对人才的引进与培养，拥有雄厚的人才储备。艾特克十分欢迎国内外学者与研究人员来企业交流以及参与研发工作，并为其提供优良的科研条件。2008 年，艾特克引进了两名"千人计划"和"530 计划"人才，并成立了企业研究院。艾特克现为"江苏省博士后创新实践基地""江苏省企业研究生工作站"，先后承接国家级、省级以上科技攻关项目 26 项，发表论文 30 余篇。

3. 合作平台打造为基础

艾特克在培育核心技术与科技人才的同时，积极寻求政产学研的结合，打造国际性的产学研合作平台，促进创新成果商品化、产业化、国际化。艾特克与南京大学、东南大学、江苏大学、天津大学、中国科学院地理所、中国科学院盐湖所、香港理工大学、日本国立茨城大学、日本东海大学、美国 J. M. Huber Corporation 等国内外多所高等院校、科研院所及大型企业建立了长期的产学研合作关系，缩短了科研成果的孵化和产业化进程。

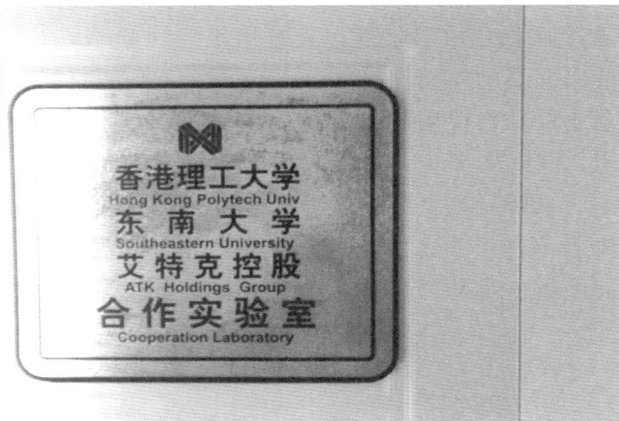

注：照片由调研组自行拍摄。

4. 企业家精神为灵魂

今天看来，艾特克的创始人暨董事长在企业不同的发展时期与历史环境下的选择是十分正确的，这种对环境的感识与果敢的战略决策正是企业家精神所在。

20世纪90年代初，环保企业与政府的人情关系在企业销售设备的过程中发挥了重大作用，艾特克亦不能免俗。而随着制度的进步，环保企业正在从依靠人脉转到依靠自身的能力上来。在艾特克的发展过程中，学习工艺、创新技术对于其从众多环保企业中脱颖而出发挥了重要作用。我国进入金融资本主义时代后，企业在市场的资金量越大，可操作的项目就越多。艾特克近几年开始做融资，同样走在了行业的前列，这种战略选择的效果正在日益凸显。

>>五、问题与挑战<<

1. 技术革新快， 研发成本高， 利润率降低， 挑战环保企业可持续发展能力

随着国家环保标准越来越高，艾特克面临着技术方面的考验。如在污水处理方面，国家将污水处理标准中悬浮物50mg/L提高到了30mg/L，虽然仅仅少了20mg/L，但在技术上却很难做到，同时企业投入的研发成本还很高。而一旦国家采用最严格的环保标准，取得技术突破与未取得技术突破的环保企业的发展前景则会出现很大的不同。

另一方面，环保企业承接环保工程的利润率在逐步降低。BOT项目刚刚启动时，由于政府缺乏经验，项目的利润空间很大。近些年，由于BOT项目增多、运作成熟，政府支付的污水处理费用持续降低，环保企业的利润率也随之下降。高研发成本与较低利润率给环保企业的发展带来了压力。

2. 当前技术下， 治污成本高， 政府支持不足， 影响治污效果

在BOT污水处理运营方面，虽然工艺技术已不存在问题，但治污成本高企是行业面临的共同问题。在这种背景下，地方政府对污水处理的重视程度不够、资金支持力度不足，使得公共性质的BOT对环保企业的吸引力不断降低。例如，依据中水处理标准，处理一吨污水需要4～6元，而在水价方面，自来水每吨8元钱，而中水每吨10元钱，因此市场上没有人愿意购买中水来使用。为此，政府给予中水厂每吨水4元钱的补贴，从而将中水的价格降低到了6元钱。但是，4元钱的补贴对于高成本的污水处理来说并不算多，运营商为保证一定的利润率，处理出来的中水质量便会大打折扣。

3. 污染企业偷排问题严重， 缩减环保企业规模， 削弱环保企业创新动力

工业企业偷排漏排污染物，不仅缩小了环保企业的市场规模，同时严重削弱了环保企业的创新动力。例如，艾特克突破了油田污水中的PAM去除及回注技术，却发现很多大企业甚至国有企业本装有治污装备，但平时并不运行，只是用来应付检查，这让艾特克的领导者与科研人员备受打击。为躲避环保部门的监管，许多工厂还设有暗道，一年能节省几十万甚至几百万的治污成本。部分国有企业可以获得国家发放的一定数额的环保费用，企业不运行环保设备的话则可以节省下环保费用，间接增加企业收入。

4. 政府监管不力， "谁污染、 谁治理"思路遇挑战， 第三方治理受关注

政府既有的治污体制不健全、监管方法不科学，正是污染企业偷排问题严重的重要原因。例如，通过汇报产能来评测企业是否超排造成了企业的产能虚报；政府专业技术人才太少，"五

低五少一高"①又为监管的科学化、常态化带来了技术困难；而对企业排污引入第三方监测或进行动态监测都是污染治理中很好的制度安排与方法设计，但政府还没有理顺治污主体间的关系，监管方法的操作性更有待提高。

进一步思考则会发现，即使实现了科学监管，其成本也是高昂的。因而"谁污染，谁治理"的思路受到了越来越多的质疑：受限于企业自身的规模与经济实力，每个企业都自建污染治理设施来处理自排污染物是极难做到的；即使做到了，污染治理设备也必然会长年处于"检查开，平时关"的状态。因此，环境污染第三方治理模式日益得到关注。

从艾特克发展壮大的经验可以发现，大的市场政策是环保企业的发展背景，公司自身的选择与努力是其实现突破的关键。改革开放为民营企业带来了春天，环保市场化、鼓励民营资本参与 BOT、PPP 等，是环保企业发展的主要外部条件。在艾特克内部，则有两条发展主线，一是自己组装装备，二是进行技术研发。考虑到企业自身力量有限，艾特克开始进行投融资，这对保障其进一步持续发展注入了巨大资源。

环保产业作为我国的战略性新兴产业，发展潜力巨大，但受国家政策与治污体制的影响很大。监管越来越严格、制度越来越合理，不仅是民营环保企业的期盼，更关乎环保产业的兴衰与国家资源环境的未来。

---

① "五低"指专业技术人才密度低、专业技术人员整体学历水平低、专业技术人员队伍职称级别低、专业技术人才待遇低、专业技术人才的工作积极性低。"五少"指专业技术人才总体数量少、本科以上学历的人才少、高中级职称人才少、国家投入少、正规参加职工培训的人才少。"一高"指专业技术人才流失率高。

报告十

光伏企业的绿色生存之道
——江苏天合光能有限公司调研报告

>>**一、调研背景**<<

自蒸汽机发明以后，化石能源开始被人类大规模开采使用，这直接推动了人类文明的大步发展。然而，化石能源虽然使用成本低廉，却存在无法消除的致命缺陷——高污染。据 IPCC（政府间气候变化专门委员会）统计，在导致全球气候变暖的罪魁祸首——二氧化碳中，约 90%以上的人为二氧化碳排放是由化石能源消费产生的。由此可见，长期依赖化石能源发展经济绝不可能实现可持续发展，大力推广清洁能源便成为人类必须格外重视的努力方向。在各种清洁能源中，太阳能的储量最为丰富，是真正可谓取之不尽、用之不竭的"零污染"能源。而且，人类在几千年前就已经开始认识并利用太阳能，近二十多年对太阳能的使用更是达到了有史以来的巅峰阶段，装机总量直线上升，发电效率不断提高，普及范围迅速扩大。以 2014 年为例，全球年度新增装机量达到 47GW，比 2010 年时全球累计装机量还高；中国更是后劲十足，年度新增装机量从 2010 年的 0.5GW 迅速攀升至 2014 年的 10.6GW，成为世界上最大的光伏新增装机量国家。根据国际能源署在 2014 年发布的世界能源展望报告，未来 20 年人类将迎来全球光伏发展的高潮，预计 2050 年世界光伏发电总量将超过 6 000GW，占到世界发电总量的 16%以上。因此，通过此次对全球最大的光伏组件制造商、中国最早的光伏系统集成商之一——天合光能有限公司进行实地调研，总结光伏企业在绿色发展中的发展模式，提炼光伏企业的发展经验，不仅对于推动我国光伏企业的绿色发展具有重要影响，也对完善我国的绿色能源发展战略具有借鉴意义。

注：照片由调研组自行拍摄。

>>二、公司基本介绍<<

天合光能有限公司(TSL)是全球知名的光伏组件、系统解决方案及服务供应商,总部设立在中国常州,三大海外总部分别设立在新加坡(亚太区总部)、瑞士(欧洲总部)和美国(美洲总部),主要从事晶体硅太阳能组件生产制造,大量生产多种类型的单晶和多晶光伏组件,产品输出功率从45W到310W不等。1997年12月,天合光能有限公司正式成立。1999年10月,公司成功通过ISO9002认证,同年成立天合光能研发中心。2000年8月,公司成功建成了中国首个太阳能光伏建筑,并与政府合作编写了首个《中国国家独立光伏系统技术标准》。2003年中旬,天合光能在西藏安装39座太阳能发电站,成功完成首个系统安装项目。2006年12月,天合光能在美国纽交所挂牌上市,成为国内在纽交所上市的第三家民营企业。2009年1月,国家科技部在天合光能率先设立企业国家重点实验室,并将实验室命名为"光伏技术国家重点实验室",这是首次批准将国家实验室设立在商业企业之中。2012年,在美国全球太阳能生产商产品安全和社会责任评比机构SVTC公布的"2012年太阳能绿色生产排行榜"中,天合光能荣登榜首。凭借自身的发展优势与国际投资者的大力支持,公司吸引了来自全球各地的众多人才。截至2013年年底,天合光能已拥有一支来自数十个国家、近13 900人的国际化人才队伍,确定了组件、系统和储能及光伏应用三大事业部,全年组件出货量2 580MW,完成工程66MW,待安排项目448MW,销售净额17.75亿美元,业务遍及六大洲25个国家。通过与全世界的安装商、分销商、公用事业及项目开发商共同努力,天合光能不断在技术创新、产品质量、垂直整合以及倡导环境保护上取得显著进展。

注:照片由调研组自行拍摄。

>>三、公司绿色发展经验<<

可持续发展是人类社会的共同目标,也是人类生存、文明进步的基本保障。太阳能组件在使用过程中绿色环保零排放,但在制造过程中却要消耗水、电、柴油、天然气等大量自然资源,所以如若不能在生产过程中做好环境管理,就可能导致因制造光伏组件产生的污染超过因使用光伏组件减少的污染,从而在整体上不利于对全球环境的保护,光伏产业也会因此沦为"披着绿色外衣"的另一种污染产业。对于新能源企业而言,最重要的目标在于减少整个社会的污染排放，所以支撑新能源企业实现长远发展的根本动力不仅在于降低产品成本，更在于提高整个产品生命周期内的"环境保护/污染排放"比值。天合光能深谙此理，自成立以来便始终奉行"用太阳能造福全人类"的企业使命，在把企业产品做大做强的同时，不忘企业应当承担的环境保护和社会责任，持续降低光伏组件生产过程中的污染排放和资源消耗，真正为社会提供生产和使用过程都清洁而持续的绿色太阳能。2012 年，天合光能还与西门子、雀巢、飞利浦、气候变化资本、世界经济论坛等共 26 家全球各界领先企业和知名机构一起成立了"里约＋20 之友"倡议，并作为倡议代表参加了在巴西举行的联合国可持续发展大会，就绿色发展主题向世界各国领导人递交倡议，号召共同推进全人类的可持续发展。经过多年的不懈努力和大量投资，天合光能不断减少自身生产过程中的废物排放，逐步提升对原材料的利用效率，并取得了一系列显著成效，极大增强了公司的绿色可持续发展竞争力，这也正是天合光能可以在激烈的光伏市场竞争中脱颖而出的主要原因之一。

1. 减少碳排放

为了减少温室气体排放，天合光能已连续多年开展温室气体盘查，投入了大量的资金和资源建立温室气体盘查量化和报告系统，并定期披露产品碳足迹，以更有效的方式预防和减少碳排放，合理使用能源资源。近几年来，天合光能的单位产量碳排放量已从 2010 年的 320T/MW 降低至 2013 年的 174T/MW，幅度高达 45.6％（见图报告 10-1），以实际行动实现了对光伏组件的低碳生产，减少了温室气体排放对环境造成的不良影响。同年 6 月，天合光能顺利获得英国标准协会（BSI）颁发的 ISO14064 温室气体盘查证书。法国独立第三方 Solstyce 的评估结果显示，天合光能生产的光伏组件的碳足迹远远低于中国光伏组件产品平均值，这使得天合光能制造的产品在光伏建设招标项目中更具竞争力。

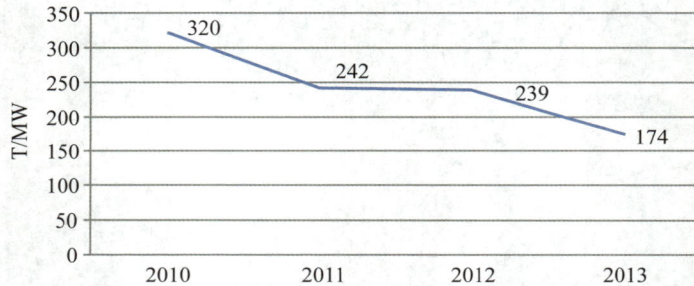

图报告 10-1　2010—2013 年天合光能单位产量碳排放量
资料来源：《天合光能有限公司 2013 企业社会责任报告》。

2. 优化能源使用

减少污染物排放的手段不仅在于治理，还在于通过提高能源利用效率从源头减少废物产生。为了减轻治污压力，提升企业绿色生产效率，天合光能一如既往地推进能效改善工作，发掘并实施节能项目，优化能源使用，使得 2013 年的单位产量耗电量降至 206MWH/MW，比 2010 年降低 42.8％（见图报告 10-2）。借助不断改进的能源利用技术，天合光能既减少了废物产生数量，又降低了能源使用成本，实现了一举两得的良好成效。

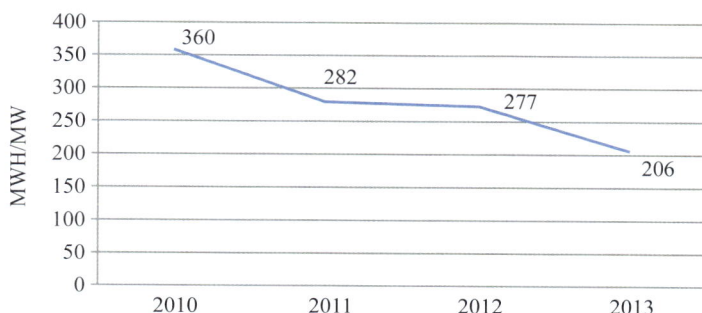

图报告 10-2　2010—2013 年天合光能单位产量耗电量

资料来源：《天合光能有限公司 2013 企业社会责任报告》。

3. 提升水资源利用率

任何工业生产都无法离开对水资源的使用，随着业务量的快速增长，天合光能的总用水量也呈现出快速增加趋势。为了减少对水资源的使用，降低对水环境的污染风险，天合光能不断开发并实施节水项目，通过回收 RO 浓水、空调冷凝水以及初次处理后的废水，用于冲洗、采暖、制冷、清洁、绿化等环节，真正实现了水资源利用率的不断提高。2013 年，天合光能单位产量耗水量为 2 093T/MW，比 2010 年减少 40.7％；单位产量废水排放量也从 2010 年的 2 074T/MW 减少至 1 301T/MW（见图报告 10-3），实现了降低水资源使用成本和保护环境的双重收益。

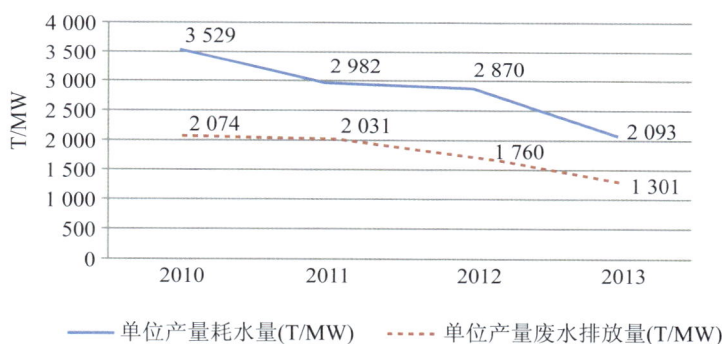

图报告 10-3　2010—2013 年天合光能单位产量耗水量与废水排放量

资料来源：《天合光能有限公司 2013 企业社会责任报告》。

4. 加强废弃物管理

废弃物的不适当管理不仅会造成土地污染，还会影响水源和大气安全。天合光能将废弃物作为资源来管理，坚持 3R（减量、重复利用、回收利用）的原则将其分类收集和存放。为逐步降低单位产品废弃物排放量，公司制定了以下几项措施：

（1）在产品设计阶段提前考虑如何减少废弃物的产生。

（2）尽量采用可循环和可回收的包装材料，降低废弃物填埋量的产生，增加资源废弃物的回收比例。

（3）建立废弃物管理程序，按照国家危险废弃物名录和危险特性分类收集危险废弃物，根据国家法律、法规实施危险废弃物转移申请和转移联单制度，委托有资质的厂商进行无害化处置。

（4）通过员工培训加强减少废弃物产生及废弃物分类投放的责任意识。

（5）加入 PV CYCLE，以环保友好的方式处置报废的光伏组件产品。

通过缜密的安排和不懈的努力，天合光能一方面尽力减少废弃物的生产量，另一方面不断加强对废弃物的回收工作力度，为保护自然环境、提升企业形象、增强绿色竞争力提供了切实保障。

5. 加大环保投入

2012 年，天合光能面对欧美多国出台的对华光伏产品双反政策，在产品销售方面遭遇了严峻的冬季，毛利润比 2011 年暴减 82.79％。虽然收益大幅缩水，但天合光能对环境保护的投入却不敢有过多松懈，2012 年的环保投入总额虽有下滑，但占毛利润之比却达到了史无前例的 13.94％，充分体现了天合光能对产品绿色生产、对环境不懈保护的坚定决心。2013 年，国内光伏市场出现回暖，天合光能也将环保投入增加到了 1.025 亿元，进一步切实履行了公司应当承担的社会责任。

图报告 10-4　2010—2013 年天合光能环境投入、环境投入占毛利润之比
资料来源：《天合光能有限公司 2013 企业社会责任报告》。

目前，天合光能正借助 Google Earth 建设光伏系统集中监测及数据中心，尝试对已建成光伏电站进行实时监控。截至 2014 年年底，已有四座光伏电站被列入监控名单，工作人员通过简单操作，就可以清楚掌握每座电站的二氧化碳、二氧化硫、氮氧化合物等污染物的排放量，并自动计算出因采取各种环保措施减少的污染物排放量和资源消耗量，以便更加有效地监管和指导公司下一步的节能减排绿色发展工作。

天合光能之所以能够成为全球范围内的光伏知名企业，除了上述绿色发展经验外，还有其他众多方面的经验，例如：(1)长远的发展眼光。1998 年天合光能成立之初，中国电力过剩的状况并不能使人们明显感受到光伏产业的发展曙光，天合光能负责人却通过《京都议定书》和克林顿政府正在大力推行的"百万屋顶计划"，看到了未来光伏产业的巨大发展潜力，开始建设太阳能建筑一体化结合示范工程，为今后的快速发展抢占了市场先机。(2)卓越的人才战略。天合光能董事会对于指导企业战略方向、招纳人才和凝聚团队都起到了至关重要的作用，这令企业能够在不同的需求时期，不惜重金把全世界最好的人才请来做指导，如在科研攻关坚冰期请来半导体领域最优秀的人才，在推广产品、走出国门时请来最优秀的销售人才，不断学习世界上最先进的制造技术和管理经验。(3)强大的科研创新。依托位于总部的光伏科学与技术国家重点实验室，天合光能取得了一系列重大创新成果。2014 年，天合光能共计投入近 2 千万美元用于科学研究，新增专利 104 件，发明专利拥有量保持行业第一；同时，国家级重点实验室 7 次创造电池效率和组件功率的世界纪录，为发展中国的光伏尖端技术做出了巨大贡献。(4)先进的产品理念。为了提高光伏板的整体发电效率，避免因某一块光伏板失效而影响其他板块的发电和寿命，天合光能发明了 TrinaSmart 智能系列。为了提高光伏发电组件的安装效率，天合光能设计了能够在 40 秒内安装完成的平屋顶支架系统。目前，天合光能的产品发展目标是不再把光伏组件作为房屋的附件，而是直接作为房屋的建筑材料使用。这些先进的产品理念，使得天合光能能够引领光伏产业的发展潮流，在产品质量和效率等方面领先于其他竞争对手。

>> 四、问题与建议 <<

1. 存在的问题

光伏发电属于高新技术行业，科技水平要求高，加之在中国正处于起步阶段，政府大力推广的时间也不过十几年，所以国内的光伏企业尚面临一系列问题，这在不同程度上制约了国内光伏企业的快速发展，具体如下：

（1）发电成本依然相对较高。虽然经过几十年的不断努力，光伏发电成本已经大大降低，目前国内的光伏发电度电成本已经达到 0.8～1 元/度，但相比火电度电成本仍然高出一倍左右。根据理性人假设，公众在做出选择时会比较事物之间的成本或收益，而由于环境污染存在外部性，所以虽然光伏发电的社会成本低于火力发电的社会成本，但人们在不受政府干涉的情况下，一般会以经济成本为准则而选择使用火电。这样一来，想要推广光伏发电就必须借助政府的力量，通过各种优惠和补贴政策，缩小两者之间在经济成本上的差距，但这种外力推动下的发展也就必须以增加政府开支作为代价。

（2）普及程度有待进一步加强。目前光伏发电在国内的宣传普及度仍然非常欠缺，很多民众不熟悉光伏发电是什么，更不知道光伏企业都有哪些。在我国，很多西部地区因为存在光伏建设项目，政府会投入大量人力、物力加以宣传推广，所以当地民众能够接触到光伏产品；而在东部许多地区，虽然社会发展速度更快，但却因为火电系统建设完善而缺少接触光伏产品的机会，所以较少有人熟悉光伏行业。在民众不了解光伏行业的情况下，光伏推广显然将会受到极大阻力。

（3）科研技术存在大量瓶颈。经过数十年的快速发展，光伏电池片在实验室中已经能够实现 46% 的转换效率，但成本问题也随之而来，成为制约最新光伏技术大规模推广的重要因素，这也是光伏产业一直以来不断追求的效率—成本最优平衡问题。又如中国西部地区大型地面电站存在的"白天发电量大、夜晚不发电"的现实问题，是由地球公转与自转模式决定，并非人力所能改变，因此产生的因昼夜电流负荷差异大而导致的光伏组件寿命衰减问题，也是光伏产业亟待改善的另一项技术难题。

（4）国内需求有待深度挖掘。中国拥有占世界 18.8% 的人口和 6.4% 的陆地面积，因此对光伏发电产品的需求总量一定也是非常巨大的。然而国内光伏市场虽然近几年发展迅速，但因为起步较晚，总量仍然无法与欧洲等率先发展地区相比。以天合光能的销售对象为例，在 2014 年的产品总销量中，国内市场仅占 35%，出口远大于内需，因此，如何深度挖掘国内光伏市场潜力应当被众光伏企业进一步深思。

2. 对策与建议

（1）光伏企业加强技术研发，持续降低生产成本。目前，国家发改委对国内光伏发电的补贴标准为每千瓦时 0.42 元，因此光伏发电在政策支持下能够快速发展。但随着发电规模的膨胀式增长，为了减轻财政压力，削减政策补贴是必然趋势，发改委也表示将根据光伏发电规模、成本等变化，逐步调减补贴标准，这就要求企业不能在政策扶持面前停滞不进，而应该继续加强技术研究，从本质上降低光电成本，这样才能赢得发展先机，促进光伏产品自行推广，否则将可能面临被淘汰的命运。

（2）加强宣传教育。当前全球范围内的环境恶化问题，加上中国政府对生态文明建设越来越高的重视度，都为光伏企业宣传光伏产品提供了极好的社会大背景。然而，如果单纯依靠企业自己来向社会做宣传，可能尚且存在公信力欠缺的问题，但如能通过与第三方合作来加强对光伏产品的宣传，就可能产生事倍功半的效果，如与地方政府合作建设光伏发电项目，与学校、研究所建立合作关系，通过学校向社会普及光伏发电知识。借助政府、学校等机构在民众心目中的良好公信力和广泛传播力，就可以更容易地促使光伏产品迅速深入人心，使更多民众能够尽快了解光伏行业。

（3）攻坚关键技术。中国虽然已是光伏产品产量大国，但多数先进技术却需要依赖国外，使得国内光伏行业需要跟着外国技术的步伐行走，严重制约了中国光伏产业更快的腾飞。例如在制造硅片的过程中，国外早已有闭环改良西门子法，这种生产技术可以确保废液在封闭系统内得到处理，不会排放任何废料污染环境，但国内仍然有许多光伏企业无法使用这种先进方式进行生产，从而既浪费了资源，又增加了环境压力，从长期看来，与那些能够使用该技术进行生产的企业相比根本不具备竞争力。因此，企业应该在学习使用国外先进技术的同时，奋力提升自身科研实力，通过掌握行业核心技术，赢得未来发展市场。

（4）发掘国内市场潜力。2014 年中国光伏发电量虽然达到 250 亿千瓦时，但这也仅仅占到全年发电总量的 0.46％，相比德国光伏发电量已达到国内耗电总量的 5.8％而言，中国未来的光伏市场还有巨大潜力。因此，光伏行业应当在政府将会长期支持的有利条件下，不断增强行业实力，通过广泛宣传与合作寻找新市场。就目前而言，国内大型地面电站的发展规模远远超过分布式电站，如 2014 年全国光伏地面电站新增装机容量为 2 338 万千瓦，同时期分布式电站新增装机容量仅为 467 万千瓦，这指导企业应该在今后推广光伏产品的过程中进一步提高对分布式发电的重视程度，尤其是从民用高层建筑物和农村居民住宅等发展薄弱环节入手，进一步开拓广阔的国内光伏市场。

报告十一

第三方环境治理
——湖南永清环保股份有限公司调研报告

>> 一、调研背景 <<

经过改革开放 30 多年的高速发展，我国经济社会发展取得了举世瞩目的成绩，已成为世界第二大经济体。然而，我国粗放式、不可持续的经济增长方式尚未改变，生态环境破坏，环境污染问题日益严重，给人民健康带来巨大损失，严重阻碍了经济社会的健康、持续发展。为此，十八大报告将"生态文明"提升到更高的战略层面，将"四位一体"拓展为包括生态文明建设的"五位一体"；党的十八届三中全会提出紧紧围绕建设美丽中国深化生态文明体制改革，加快建立生态文明制度，指明了关于生态文明建设的新思想、新论断、新要求；2015 年 3 月，中共中央政治局审议通过《关于加快推进生态文明建设的意见》，首次提出"绿色化"概念，并将其与新型工业化、城镇化、信息化、农业现代化并列。"绿色化"成为新常态下经济发展的新任务，推进生态文明建设的新要求。这充分表明了中国政府治理污染的决心和信心，环境产业的大发展时期正在来临。

永清环保股份有限公司是我国环境产业中专门从事第三方环境治理的企业。所谓环境产业是指由环保企业向政府提供公共服务而形成的产业。正如永清环保股份有限公司的企业负责人所言："目前为止，环境产业经历了三次服务界面的上移：第一次服务界面是采购设备，推动了设备服务商的发展；第二次服务界面上移是采购工程，推动了工程承包商的出现及发展；第三次服务界面上移是经营层面上的，包括污水处理厂的运营、垃圾处理厂的运营等环境治理的服务环节，推动了投资运营企业的出现及发展。在三次服务界面的上移过程中，环境产业一直是环境规划的资金筹备者、各专业治理环节的整合者、各项目的系统把控者，充当着一级开发商的角色，而政府只是向环境企业采购单元服务。但伴随着环境问题的日益严重，环境产业与政府之间的关系发生了变化。"①②

为了深入了解环境产业的发展现状，探析环境产业面临的挑战与存在的问题，课题组深入分析了永清环保股份有限公司（以下简称"永清环保"），对环境产业有了一定的认识，并在此基础上形成了本篇报告。

---

① 刘正军：《关于"鼓励发展环境一级开发商"的建议》，2015-03-05。
② 刘正军：《关于"促进环境产业服务业发展"的提案》，2015-03-05。

>>二、永清环保基本简介<<

永清环保成立于 2004 年，是湖南省唯一一家环保上市公司，是专门的环境服务综合提供商，在我国环境产业发展中处于领先地位。截至 2014 年年底，该公司总资产已超过 100 亿元，2014 年营业额超过 9 亿元。永清环保于 2011 年 3 月登陆深圳证券交易所，是湖南省首家环保上市公司、深圳证券交易所创业板指数股、中国环境保护产业骨干企业、最佳环境贡献上市公司、国家发展改革委首批确定的国家节能服务公司和全国第一家合同环境服务试点单位。目前，永清环保业务覆盖大气治理、环境修复、环保热电、固废处理、垃圾发电、环境咨询等领域，业务模式涵盖 EPC、EPC＋C、BOT、EMC、合同环境服务等，致力于提供全方位环境解决方案，是行业内具备全业务能力的综合环境提供商，永清环保依托自身雄厚的技术实力和超前的市场战略部署，已成为我国环保行业中的知名企业。

十余年来，永清环保从烟气着手，寻找致力大气污染治理的解决方案，以脱硫为主，首创钠碱法脱硫已经成功应用于工程实践，实现了技术上的创新，同时不断向脱硝、除尘领域拓展。永清环保的产品质量稳定可靠，已投运的 20 多台套火电机组的脱硫效率和投运率 100％满足要求，由于超前的战略眼光，公司率先布局钢铁烧结脱硫行业，目前行业排名第一。永清环保开展脱硫服务的同时，还开发了热电联产与余热发电的市场空间，现已在环保热电领域形成强大的竞争力。该公司已具备了环保热电工程总承包能力并取得了相关资质。此外，永清环保还拓展了环境咨询业务，超前的市场布局培育出新的业绩增长点，是国内少数几家取得环评资质的民营环保工程公司之一。

>>三、永清环保提供的五大环境服务<<

永清环保是一家为高污染、高耗能工业企业提供烟气排放综合解决方案的环保工程公司，是典型的技术型轻资产公司，以研发设计为核心的竞争力，主要业务涵盖节能和减排两大领域。本文主要从大气污染治理、土壤修复、环保热电、垃圾发电以及环境咨询五个方面进行介绍。

1. 大气污染治理

雾霾已成为我国突出的社会性问题。2012—2014 年，我国中东部大部分地区被雾霾笼罩，特别是京津冀、长三角、珠三角和其他快速发展城市群的区域成为"重灾区"。大面积、长时间的雾霾使这些地带被"十面霾伏"，也给人们的身体健康和交通出行带来了极大的负面影响。[①] 为此，永清环保作为一家致力于环保事业的民营企业，多年来专注于大气污染治理等方面的研究，不断进行技术创新。截至 2014 年年底，永清环保研制出了六大核心技术，包括钢铁厂烧结机烟气空塔喷淋脱硫技术、循环吸收烟气中二氧化硫制取无水亚硫酸钠技术、燃煤电厂选择性催化还原烟气脱硝技术、燃煤电厂石灰石—石膏湿法烟气脱硫技术、钢铁厂烧结环冷机低温废气余热发电技术以及适用于海上平台作业的海水烟气脱硫除尘一体化技术等，在全国范围内已累计完成或在建的钢铁、有色、电力、石油、化工、建材等重污染、高耗能行业的烟气净化工程 107 台（套），年脱除二氧化硫 175 万吨，年脱除氮氧化物 20 万吨。

除此之外，永清环保高度重视研发所发挥的重要作用，产研结合，共同研究出的治霾最新技术主要包括清洁岛技术；燃煤烟气超清洁排放技术；燃煤烟气高效除尘脱硫一体化技术；燃煤湿式静电除尘等，这些技术为大气污染治理、减少致霾污染物提供了技术上的支撑，真

---

① 王冰、贺璇：《中国城市大气污染治理概论》，载《城市问题》，2014(12)。

正为环保事业的发展做出了一定的贡献。

2. 土壤修复

随着工业化、城市化、农业集约化快速发展和经济持续增长，资源开发利用强度日增，人们生活方式迅速变化，大量未经妥善处理的污水直接灌溉农田、固体废弃物任意丢弃或简单填埋、废气尾气长距离运输与沉降、大量不合理的化肥农药的施用与残留，使土壤资源受到污染和破坏。

为此，永清环保高度重视土壤修复。在该领域，全力打造集技术研发、药剂生产与销售、工程施工与运营于一体的土壤修复全产业链。一方面，引进国外先进的集土壤破碎、筛分、加药于一体的大型专业土壤修复设备，投入施工；另一方面，以自主研发的国家重点环境保护技术——离子矿化稳定化技术为支撑，于 2013 年建成年产 8 万吨药剂生产线，填补了国内以自有技术生产重金属土壤修复药剂的空白，实现了公司土壤修复业务产业链的延伸。截至目前，永清环保已完成湖南宜章县遗留含砷废渣综合治理工程等多项土壤修复工程，为减少我国土壤污染，改善环境提供了一定的技术支撑。永清环保于 2015 年 4 月 13 日中标"湖南省湘塘市岳塘区竹埠港地区重金属污染治理综合治理工程、重金属污染土壤修复示范工程项目"，该项目将对原金环颜料厂区及 3 号旱地范围内共计 61 亩的受重金属污染土壤进行示范性的土壤重金属修复及生态修复，工程累积修复重金属污染土壤 30 120 立方米，同时进行场地平整、表层清洁土覆盖、生态修复及绿化养护。

3. 环保热电

多年来，煤炭为主的能源结构导致我国能源利用效率低下，环境污染严重，节能环保、改善能源结构、提高能源效率成为实现我国可持续发展的重要手段之一。热电联产是节约能源、改善环境的重要方式，实现了能源的梯级利用，能够提高供热质量、增加电力供应等综合效益。

永清环保利用专业人才优势、技术领先优势、资本市场融资优势和发电装置先进的管理运营经验优势，先后投资建设、设计和运营了新余钢铁厂 25MW 低温余热发电装置、华菱涟源钢铁厂 18MW 低温余热发电装置、新余城市垃圾焚烧 9MW 发电装置、衡阳城市垃圾焚烧 15MW 发电装置。到 2014 年年底，环保热电发电规模合计为 67MW，总投资近 10 亿元，年发电量达 4.6 亿度。

4. 垃圾发电

目前，全国城市每年因垃圾造成的损失约近 300 亿元（运输费、处理费等），而将其综合利用却能创造 2 500 亿元的效益。随着垃圾回收、处理、运输、综合利用等各环节技术不断发展，垃圾发电方式很有可能成为最经济的发电技术之一，从长远效益和综合指标看，将优于传统的电力生产。[①]

为此，永清环保积极利用资本市场优势，大力开拓以投资驱动的节能环保项目，全力布局垃圾发电领域的投资业务，不断整合内部优质资源，实现效益最优化的同时引领业内垃圾发电项目开展。目前，永清环保形成了一套完整的，处于国内先进水平的垃圾焚烧处理核心组合治理技术：垃圾焚烧炉排炉技术、垃圾焚烧尾气净化组合技术、垃圾渗滤液处理技术。永清环保在技术上的突破为我国的垃圾发电产业提供了发展动力并运用到了具体的项目中，比如：2013年 4 月，永清环保与江西新余市城管局签署了《新余市生活垃圾焚烧发电厂建设运营移交项目协议书》，日处理 500 吨生活垃圾用于发电；2013 年 10 月，永清环保中标衡阳市城市生活垃圾焚烧发电厂 BOT 项目，投资 4.01 亿元，日处理 1 500 吨生活垃圾，积极拓展垃圾发电市场。

---

① 张建敏、李传森：《浅议工业垃圾发电的现状及发展对策》，载《科技视界》，2013(7)。

5．环境咨询

由于国内一些地方环境污染、生态破坏等问题比较严重，在政府做出某项决策的过程中，请相关专家对政府的规划草案做一些环境方面的论证，帮助政府考虑环境问题，这对政府的科学决策必然产生积极的影响。环境咨询服务可提前介入项目管理，评估项目实施的效果。[①] 永清环保拥有国家环保部颁发的《建设项目环境影响评价资格证书》（国环评证字第 2732 号），是湖南省唯——家获得环境影响评价资质的民营单位。永清环保环境评价中心技术力量雄厚，现有注册环境影响评价工程师 10 人，环评上岗证持证人员 11 人，其中高级职称 6 人，形成了一支技术含量高、业务能力强、工作业绩突出的优秀团队。永清环保环境评价中心现有业务范围包括社会区域报告书和一般环境影响评价报告表。该中心不断扩大业务范围，申请冶金机电、采掘和交通运输等行业类别。目前，已完成了邵阳新宁垃圾填埋场工程、华菱衡钢脱硫改造工程等多个环评项目，这些环评项目是环境保护"防患于未然"政策的具体体现，是促进循环经济发展的关键措施。

>>四、启示与建议<<

通过对永清环保五大环境服务的介绍，永清环保是一家提供环境产业服务的企业，致力于打造让政府和公众信任、面向治理效果、提供跨区域综合化服务的环境产业一级开发商。永清环保正在向一级开发商进行转型，提供不只是解决资金问题等单环节的环境服务，而是站在更高、更系统的角度，代替政府提供环境公共服务，推动环境问题的真正解决，类似的企业还有北控水务、首创股份等，它们已经初具规模，并不断进行模式创新，但是由于企业的规模还相对弱小等原因，在转型的过程中遇到的困难及障碍也相对较多，比如政府与环境产业外部服务商的关系尚未理顺、企业自身服务能力建设后劲不足、环境产业服务的软环境不足等。调研中课题组受到了一定的启发并提出相应的建议。

1．加强顶层设计、 进一步理顺政府与环境产业之间的关系

在我国环境产业发展中，环境产业一直是环境规划的资金筹备者、各专业治理环节的整合者、各项目的系统把控者，充当着一级开发商的角色，而政府只是向环境企业采购单元服务。然而，伴随着环境问题的日益复杂化、政府开始向企业要求提供面向效果的环境服务。但是现实中，政府并未实现真正的转型，导致与外部服务商之间的关系模糊，尤其是在边界领域，因此，必须加强顶层设计，理顺各部门之间的关系，明确责任主体。特别是在跨流域、跨领域等边界不清的地方，通过政策层面的设计，理顺管理部门间的关系，促使污染者责任到位，受益者明确。

2．加强政府对环境产业的宏观调控力度

环境产业领域，虽然已有不少初具规模的企业，但是项目融资依然存在困难与障碍。因此，一方面，政府必须加大财政投入，比如对环境公共基础设施建设的财政投入，加大对重点污染区域领域的财政投入，加大对环境建设项目、工程的财政投入，加大对环保宣传教育的财政投入等；另一方面，综合运用多种财政工具，比如将财政拨款、财政补贴、贷款贴息等财政工具适当地运用到环保项目中，通过公共部门的投入引导私人部门的资金流向环保产业，同时给予环保企业适度的亏损补贴、贷款优惠等有力支持，调动企业从事环保事业的积极性。

[①] 原毅军、耿殿贺：《环境政策传导机制与中国环保产业发展——基于政府、排污企业与环保企业的博弈研究》，载《中国工业经济》，2010(5)。

3. 污染治理集约化与规模化是推动环境产业发展的重要因素

对于环保产业来说，规模经济就是污染治理的集约化。长久以来，"谁污染，谁治理"作为污染治理的一条原则很难落到实处。每个污染企业都独自安装环保治理设施，需要花费大量资金，而且由于各个设施独立运行，很难统一管理，这种方式集约化程度低、治理效率低，无法达到污染治理的要求。"谁污染，谁付费"是一种新型的环保政策，是指某一地区内的许多污染排放企业通过支付费用的方式，雇佣环保公司完成污染治理的工作，由此来达到污染治理集约化和规模化的目的。这一政策避免了"谁污染，谁治理"的弊端，体现了集约化大生产的要求，具有社会化、企业化、专业化的特点。就永清环保而言，恰恰是抓住了这个发展的机遇，专门为高污染、高耗能工业企业提供减排的综合解决方案，收取费用，这是"谁污染，谁付费"的成功案例，实现了污染治理的集约化和规模化目的。因此，环保产业中，致力于研发环保技术的企业应当抓住这一市场机遇，迅速发展自己的市场，不断壮大自身实力。

4. 投资主体多元化是环境产业发展的支撑力量

环保企业要想快速发展必须走投资多元化的道路。为实现环保投资的多样化，通常的手段有发行股票、发行债券和设立发展基金等。只有吸引多种投资形式形成产业，环保技术企业才能自给自足，完成自身的保值和增值。在发展到一定规模后，环保企业可以积极争取上市，这样有助于企业更好地吸引资金，不仅在很大程度上减轻了政府的压力，而且还能保证环保企业健康可持续地运行。就永清环保而言，成立七年之后，2011年成功上市，借助多元主体的力量为自己从事环保事业提供财力支持，为自身的发展谋求了一个强大的资金后盾。而在我国的环保产业领域中，以中小企业居多，资金不足导致发展后劲不足，在激烈的市场竞争中，往往被淘汰。因此，增强实力、扩大规模，积极谋求上市是实现环保企业长久发展的重要支撑手段。

5. 技术创新是环境产业赖以生存的核心竞争力

目前，我国环保技术水平较低，存在诸多短板，极大影响了自身的发展。因此，努力提升环保产业的技术水平，提高环保企业自主研发的能力是必由之路。通过调研，我们发现永清环保之所以能在行业中立于不败之地，最主要的原因是拥有自己的核心技术，不断创新，在技术领域不断突破，比如在大气污染领域实现了脱硫技术的创新，在土壤修复领域实现了离子矿化稳定化技术的创新，在垃圾发电领域研发出了垃圾焚烧炉排炉技术、垃圾焚烧尾气净化组合技术、垃圾渗滤液处理技术等创新，等等。可见，环保企业的技术水平高低是其能否迅速发展的关键所在，我国环保领域许多其他企业之所以失去市场竞争优势，究其原因均在于受制于人，无自己的核心竞争力，因此应当不断提高研发能力，实现技术创新，达到不断发展壮大的目标。

6. 健全管理体制与运营机制是环境产业发展的基础与保障

完善健全的管理体制有利于环保企业的健康发展。构建完善的管理体制需要培养一支有专业知识，并且善于经营管理的团队。提高管理水平的方式有很多，一是积极学习国内外先进的管理理念与运营模式，二是从自身发展的实际出发，研究出符合企业特点的管理模式。从永清环保的调研中我们发现，企业管理体制健全与否是其能够实现创新、不断发展的重要保障。永清环保拥有完整的组织架构，合理布局，科学决策是其不断保持活力和创造力的重要保障。目前，永清环保拥有研究设计、环评中心、采购营销、工程管理、运营设计、审计监督等一套完整的机制，环环相扣，紧密结合，实现了有效的衔接，为其发展提供了坚实的基础与保障。

报告十二

中药材生产企业的绿色追求
——"美威药业"调研报告

中药资源是国家战略性资源，随着经济的快速增长和人民健康水平的提高，对中药资源的需求也大幅增加，中药资源类的相关企业也得到了迅猛的发展。但与此同时，中药资源的稀缺性问题加剧，并因此催生出近年来社会影响很大的中药材质量问题。诸如，中药材的农残问题、重金属污染问题、中药材掺假造假问题以及种植中的演化和"伪道地性"等问题愈演愈烈，引起了社会的广泛关注。

中药资源是中药的源头，而中药又是中医的关键；质量好、安全和地道的中药材是保证我国中医药健康可持续发展的基石。因此，本报告从中药材的质量问题入手，以绿色中药资源类企业为调研目标，梳理归类中药资源质量问题后，重点介绍优质企业在中药材质量控制方面的技术和经验，起到示范推广的作用。

>>一、调研背景<<

本次调研以中药材种植企业的绿色发展为主题，选取在中药材质量控制方面具有示范性效应的企业为调研对象，对中药材企业在种植、加工和生产过程中的绿色理念、绿色技术和绿色产品等方面进行详细的调研，探索在实际生产中解决中药材质量问题的有效措施。

中药材是人们用来防病、治病、保健的特殊商品，中药材的质量主要取决于其有效成分的含量。绿色中药材是指检测符合国家绿色标准，通过专门机构认定，许可使用绿色商标的无污染、安全、优质的中药材。而我国在中药材重金属超标、标准化不清等方面都存在隐患。国际环保组织绿色和平组织发布的《药中药：海外中药材农药残留调查报告》[①]，通过对中国9家中药公司的中药材样品和3个中药材原产地的调查发现：尽管中药材以其天然特性和治疗保健功效倍受患者和消费者信赖，却由于其种植模式过度依赖化学农药的使用，导致中药材被农药严重污染，在产品中存在多种农药残留。2013年国内发布的《中药材农药污染调查报告》[②]称，在9个著名品牌的65个中药材样品中，多达48个样品含有农药残留，并且混合农药残留的情况相当严重。其中，32个样品检测出3种以上不同农药残留，9个样品上的农药残留种类达到20种以上。中药材质量安全问题，已经引起了国内外的高度关注。如何解决好中药材种植与生态、环境污染问题，实现中药资源可持续发展，成为摆在我们面前急需解决的难题。

① 见 http://issuu.com/gpchina/docs/herbs-abroad-rpt/2。
② 《〈中药材农药污染调查报告〉发布》，载《中国科学报》，2013-07-15。

中药资源类企业一般包括中药材种植类农业企业、中药材加工和生产企业，主要从事种植、加工、研发和销售等生产经营活动。绿色中药材企业的发展道路，是对如何协调中药材种植与生态、环境污染问题，最终实现中药资源发展的可持续性做出的有益探索和尝试，也为我们提供了可借鉴的模式和路径。例如，某些先进的中药材种植企业采取了新的流程和技术标准，立足于植物自身的保健，奠定了绿色植物的环保基础，建立标准化种植示范基地，采用绿色中药材种植技术，使用脱毒、组培后的品种，选择高效、低毒、低残留的农药品种，使产量增加、病虫害少，有效成分含量增高。

部分药物植物在种植过程中，由于病虫害发生频繁，过量或不当使用农药，不仅使中药材中的农药残留超出标准，直接损害人体健康，同时也造成有效成分含量降低。开展中药材无污染新技术的研究，加速无公害中药材的生产，是提高中药质量的关键。中药材病虫害的生物防治是解决中药材免受农药污染的有效途径。了解中药材病虫害的生物防治在绿色中药材种植企业中的实际应用，对深化可持续发展在产业发展中的认识，进行绿色经济研究，都有着积极意义。

注：照片由调研组自行拍摄。

>> 二、企业概况 <<

河北美威药业股份有限公司是一家按照 GMP 标准兴建的现代化中药饮片企业。该公司位于河北省安国市，占地面积 27 000 平方米，建筑面积 19 000 平方米，总资产 2 700 万元。在全国 17 个省建有道地药材种植基地，年加工销往各地中药材 2 000 吨，年销售收入 6 000 万元，产品主要销往欧美地区。该公司是一家以中药饮片、中药提取浓缩颗粒为生产主导，集中药种植、科研、生产、贸易出口为一体的外向型现代化生产企业，国家中药饮片高新技术产业化示范工程企业，河北省农业产业化经营重点龙头企业。在"诚信为本，上品为宗，科学制作，济世民生"的经营理念下，公司在全国中药饮片行业率先实现了原料基地化、生产规模化、检测现代化、工艺规范化。公司在追求高质量的指导思想下，打造高端中药饮片品牌，出口欧美市场，开拓国内高端医疗机构。

中药材的质量是中药产品质量的基础，公司核心团队极其重视产品原料——中药材的质量稳定。同时，该公司一直将产品质量视为企业发展的核心要素。质量管理部下辖的 GMP 管理小组，无间断动态监控各生产环节。公司建有规模可观的质量检测中心，分别设立了理化室、仪器室和微生物室，负责对产品按药典要求进行全项检测，该中心配备了安捷伦和岛津系列的气—质联用仪、高效液相色谱仪、气相色谱仪、原子吸收分光光度计、紫外分光光度计、荧光光度计等先进检测设备和一批高学历检测人员，实现了与生产品种相适应的全项检测，为产品质量控制提供了可靠保障。

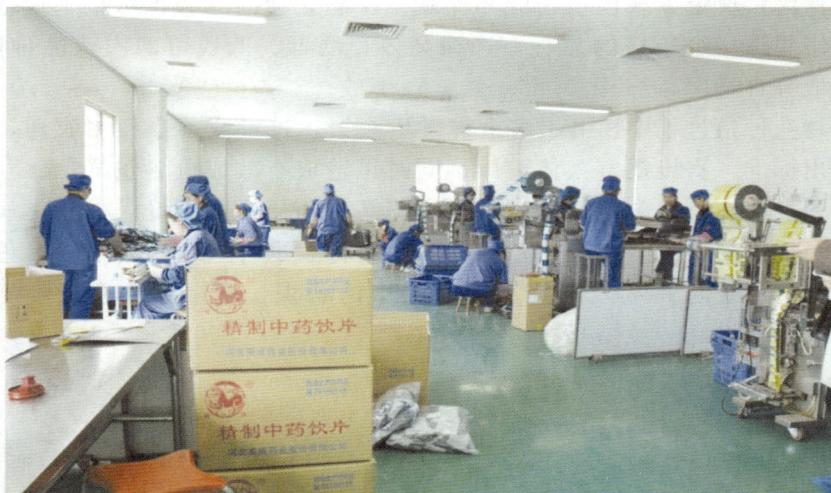

注：照片由调研组自行拍摄。

>>三、可推广经验介绍<<

1. 标准化种植，选择道地药材

道地药材就是指在特定自然条件、生态环境的地域内所产的药材，且生产较为集中，栽培技术、采收加工也都有一定的讲究，比同种药材在其他地区种植生产的品质更佳、疗效更好、为世所公认而久负盛名者称之。

道地性是中药材使用价值的精粹所在，其体现在名称前加以出产的地域，如西宁大黄、宁夏枸杞、川贝母、川芎、秦艽、辽五味等。据统计，全国道地药材约208种，约占常用中药材的2/5，而产值和产量却占中药材商品的80％以上。调研中发现，原料的质量是核心环节。河北美威的核心团队重视产品原料——中药材的质量稳定。早在1997年，即与国际知名植物制药企业合作，在无公害中药材种植方面精耕细作。建立自然药材采收基地，在全国不同的药材产区率先采用"公司＋基地＋标准化＋农户"的模式实施中药材的GAP种植。从区域选择、土壤检查、灌溉水质、种植管理、采收加工等多个环节严格把关，运用现代技术对中药材种植资源、病虫害防治和肥料使用等实施全过程监管，彻底保证药材质量。

2. 科学化采收，防止微生物污染

科学采收药材（季节、时间、方法），是药材良好品质的重要保证。对于不同品种、不同丰产区、不同药用部位的药材，生长期不同、采收时间也不同。有些品种需要花期前采收，有些则需要花期后采收。采收时机掌握不好，过早或过迟都会直接影响药材内在品质，这就需要公司的专业技术人员为基地药农提供科学的采收时间和方法，确保药材品质稳定。

在采收过程中，要特别注意中药材的微生物污染。中药材的微生物污染是指由细菌与细菌毒素、霉菌与霉菌毒素和病毒造成的中药材生物性污染，菌源主要包括细菌、霉菌及致病菌等。中药材一旦受到微生物的污染，其中的微生物种类和数量就会随着药材所处的环境和性质的变

化而不断变化，表现为中药材中微生物出现的数量增多或减少，外观性质恶化、药材治疗效果降低，甚至引起严重的腐败、霉变和变质，产生各种危害人体健康的毒素，严重时甚至会引起各种疾病。

美威公司为保证产品的质量安全，通过及时清洁与产品直接接触的设备以及各种机械器具，提高从业人员的个人卫生标准，控制仓库的洁净度、温度、湿度、设立独立的空调系统，合理规划人流，物流布局等多方面来进行质量控制，确保产品不受微生物污染。

3. 加工技术规范与创新—冷冻干燥技术替代传统硫熏

对于采收后的新鲜药材，需要及时进行简单的加工处理，这是中药材质量管理中不可忽视的重要环节。通过指导药农采用科学的初加工方法，能有效控制人为污染，解决二氧化硫熏蒸问题，对有某些特性的药材，采用特殊的初加工方法，则能大大减少黄曲霉素的含量，确保用药安全。以山药为例，山药作为我国传统的药食同源植物，具有较高的药用和食用价值。临床常用于脾虚食少、久泻不止、肺虚喘咳、肾虚遗精、带下尿频、虚热消渴等症。山药采集后易霉变腐烂，难以贮藏，加之收获季节较集中，造成周年均衡供应困难，资源利用率较低。因此，对山药保鲜和初加工方法进行研究具有重要的意义。

在加工方法中，传统硫黄最为常见。中药硫熏是指运用硫黄熏蒸药材及其加工炮制品，利用硫黄加热产生的二氧化硫，达到杀菌防霉防虫及漂白中药的目的，中药加工保鲜时用硫黄熏制已有上千年的历史。目前在山药的加工过程中，多以硫黄熏蒸作为处理程序之一，除便于干燥外，还可以使片形美观、洁白及防蛀、防霉；但现代研究表明硫黄具有一定毒性，且中药熏硫会破坏或改变方剂的功效，并破坏其化学成分。

河北美威在现有的加工技术基础上开拓创新，与天津大学合作研发山药饮片冷冻干燥技术，该技术具有很多优势：

（1）与烘干法相比，冷冻法的饮片外观质量好、水煮不糜烂，有效成分含量高，并且生产周期短，成本较低，适合大规模生产加工。

（2）与传统硫黄熏蒸方法相比，冷冻法不含二氧化硫等有害物质，且有效成分尿囊素含量增高，不仅能保证用药安全及饮片质量，还能提高有效成分含量。

（3）营养成分不受损。通过考察山药新的加工方法对山药的各种营养成分的影响，与传统山药的硫黄熏制方法比较，不仅不含二氧化硫，重金属等有害物质明显降低，而且不影响其他多糖类等多种营养成分含量。

公司用冷冻干燥技术取代了传统的山药硫黄加工技术，解决了山药饮片中二氧化硫超标的行业难题，并申请获得了国家发明专利，被国家发改委评定为中药饮片高新技术企业。同时，公司也在进一步开发冷冻干燥、真空干燥等多种中药饮片创新加工方法，来取代硫黄熏蒸的方法。

4. 重视质量标准，进行全面化检验

美威公司作为一家规范的民营中药资源类加工生产出口企业，非常重视研发和质量控制，专门设有高标准的质量中心，进行质量管理。

质量管理部下辖的管理小组，无间断动态监控各生产环节；质量检测中心的理化室、仪器室和微生物室，负责对产品按药典要求进行全项检测。质量中心配备了安捷伦和岛津系列的气—质连用仪、高效液化色谱仪、气相色谱仪、原子吸收分光光度计、紫外分光光度计、荧光光度计等先进检测设备和一批高学历检测人员，实现了与生产品种相适应的全项检测（包括有效成分、微生物、有害重金属、农药残留量、二氧化硫等指标）。重点对原料及生产加工后的产品进行以下质量把握：

（1）对有效成分的检测：美威公司长期以来从事高品质中药材出口业务，为符合各国客户对

产品安全性、有效性、稳定性的需求，从环境控制、中间管理和采收加工进行全面管控。2006年，公司启动大规模扩建项目，建立了产品品质检测中心，配备了薄层扫描仪、高效液相色谱仪、气象色谱质谱连用等，具备了化学成分的检测能力，对产品的多项指标进行定量的检测。

（2）对重金属检验：为进一步确保产品原料自种植、生产、加工、储存和运输等整个过程中避免遭受重金属污染，美威公司配备了原子吸收分光光度计、原子荧光光度计、微波消解仪等仪器设备，并由公司的质量检测中心对产品的重金属情况进行严格的管控，保证上市产品安全、稳定、有效。

5. 成品溯源，保证质量追踪

为加强中药材质量监管，保证中药材品质，推动中药产业可持续发展，近年来行业内开始号召企业建立中药溯源系统。中药溯源系统由前端信息感知、后端数据服务与通信网络等子系统组成，在现有中药质量控制手段的基础上，利用射频识别等互联网技术，绑定责任人、质量参数、流通信息等关键数据，通过网络平台完成信息传递和校验，链接中药产业各质量控制环节，通过倒逼机制建立企业和个人的质量信誉体系，实现中药种植、加工、流通、使用全流程的质量监控。项目的应用，可实现中药质量过程的第三方和全流程电子监管，是惠及民生的"放心中药"工程关键应用技术，对于保障中药材和中药产品质量，提高市场竞争力将起到重要的作用。

在这方面，美威公司在技术上已实现中药种植、流通、饮片生产、医院使用四环节全程贯通追溯，通过给种植的药材贴上二维条码电子标签，用传感器采集记录下药材的关键参数，包括药材生长过程的温度、湿度、光照，生产过程中添加的农药成分等，形成规范化的种植信息管理平台，由前端信息感知、后端数据服务与通信网络等子系统组成。系统以现有中药质量控制手段为基础，利用射频识别标签（RFID）、传感器和二维码等物联网技术，将市场流通的道地中药材产品贴上作为"身份证"的二维条码标签，记录种植、加工、检测及物流、配送等各个环节的信息。从而实现人与中药材的沟通和对话，即作为"身份证号码"绑定的中药材产品责任人、质量参数、流通信息等关键数据，还能以网络平台完成信息传递和校验，链接中药产业各质量控制环节，这个溯源系统为国家下一步加强中药材流通和质量监管提供了有益的探索。

>>四、启示和建议<<

带着对中药材质量的困惑，本次实地调研中药材交易市场和中药材种植、加工和出口企业，发现了较多问题，同时也增强了信心。虽然中药材质量安全问题越来越严重，其原因也是复杂和多方面的，但通过调研发现，只要企业坚持质量至上、踏踏实实做事，不仅未来的中医药市场会越来越规范，而且真正做大做强的都是"良心＋放心"的优质企业。通过调研，笔者有以下几点思考和建议。

1. 中药材企业需要建立"底线思维"

中药材质量，是关系到个人、企业和社会的大事，种植药农、加工企业、药材交易商、中药材企业、政府及监管部门以及消费者，各个环节都应该高度重视，不能完全以市场利益为导向。因为医药类产品，毕竟是特殊的消费品，关系到最宝贵的生命健康问题。在访谈企业的过程中，我们深刻体会到企业经营者团队对中医药的责任感和使命感，只有严把质量关，建立"底线思维"，才能够确保不被制度漏洞所诱惑。

2. 重视研发和市场开发

中药资源类企业本身起点比较低，大多数是从种植类农业企业转型为加工生产企业。由于我国几千年博大的中医药文化，留下了很多宝贵的财富，继承了优秀的种植加工技术；但是继承的同时也要发展，传统与创新相结合，就必须重视研发，只有从质量、品种等方面具有先进的技术，才能有效地开发市场，真正让重视质量的企业进行规模化生产，让质量好的中药材企业具有竞争力。

3. 建立监督和产品溯源机制

中药材资源市场的信息不对称问题是特质，同时作为生物类产品，也存在标准复杂化的问题，因此在整个流通环节上，监督机制是保证质量的重要环节。中药材溯源是企业必须尽的职责。一旦逐步推广至全国，这意味着全国所有没有配套溯源系统的中药材企业将会处于被动，有些将被逼退出市场，这给高品质的优势企业腾出了空间。据企业负责人介绍，很多小型中药企业的不安已经初露征兆。目前我国中药企业和中小型药材公司集中度在不断提高，构建完善的中药溯源体系将会促进产业的整合，淘汰落后的企业。加强质量管理和可控保障，可以让真正有品质的产品和真正出好药的企业得到市场的认可，发展壮大起来。在出口贸易中，如果出口大宗中药材使用二维码溯源管理，则会更加顺利和有竞争力地进入欧美主流市场，增加海外患者的信任度。

中药溯源系统在成品质量保障和扶优汰劣方面的效用已被业界广为接受，但在进一步推广中，所暴露的成本压力与试点积极性等问题仍亟待解决，溯源工作的重点在于如何扩大溯源范围及溯源可持续发展问题上，逐步建立全国范围内的溯源系统。

报告十三

建材企业的绿色生产
——山东天元建设机械有限公司调研报告

当前，战略性新兴产业多是知识密集、创新驱动，从而引领绿色经济的发展壮大，然而传统产业该如何实现转型升级与绿色发展，也是亟待解决的重要难题。在我国迈向新型城镇化的过程中，建筑总量不断提升，建筑能耗也急剧上升。作为原材料生产的传统行业，建材行业在贡献高产值的同时，也贡献了高能耗、高排放额度。据统计，我国建筑能耗占全社会能耗的30％左右，加上建筑材料的生产能耗13％，建筑总能耗超过全社会总能耗的40％；由于粉尘、二氧化硫和氮氧化物排放量高，建材行业也是国家废气排放重点调控行业，发展绿色建材带动产业转型升级，已成为各界达成的共识。而我们此次调研的对象就是建筑行业的企业——山东天元建设机械有限公司。山东天元建设机械有限公司隶属于天元建设集团有限公司，天元集团是伴随着新中国诞生而成立的大型综合性企业集团，AAA 特级信用企业，拥有房屋建筑工程施工总承包特级资质，现已发展形成建筑、房地产、路桥等九大支柱产业，施工区域、工业产品及服务项目遍布全国及非洲、美洲、东南亚等部分地区。具有年完成施工产值200 亿元、承建2 000万平方米工程的总承包能力。因此，该报告以山东天元建设机械有限公司为调研对象，基于建材企业的发展背景，考虑该公司生产的绿色化，从自主创新驱动进行解析，并对其企业诉求进行探析，以期为技术创新推动建材企业转型提供参考和借鉴。

>>一、企业概况<<

山东天元建设机械有限公司隶属于国家特级施工企业天元建设集团有限公司，是鲁南地区唯一一家集钢结构制作施工、建筑机械、建筑电气、电力通信铁塔、安全网具等于一体的大型建筑配套产品企业。为了实现公司的跨越式发展，自2012 年始集团在临沂市河东区工业园投资2.5 亿元建设了公司一期、二期新厂区，新厂区占地600 亩，建筑面积130 000 平方米，职工食堂、宿舍、娱乐室、办公大楼等各项配套设施齐全、行业领先。该公司现有员工2 000 余人，其中各类经济技术人员208 人，具有高、中级职称人员86 人。公司坚持"以优质服务赢得社会信誉，以科学管理提高素质，全面提高建设项目经济效益"的经营方针，企业活力得到进一步激发，综合实力连续六年名列全省同行业前茅。先后被山东省人民政府授予"效益杯"企业和山东省"明星企业"；被国家统计局、建设部、中国企业评价中心评为"中国500 家最大规模和最佳经济效益企业"和"中国建筑施工企业综合实力100 强"；2002 年集团公司被中国施工企业管理协会评为"全国质量效益型先进施工企业"。该公司产品遍布全国各地，并远销东南亚、南美、非洲等地，下设天元钢结构(第二、第三钢结构工程公司)、机械厂、电器厂、铁塔厂及网具制品厂等六个公司及生产厂。

其中，天元钢结构是天元集团引进当今最先进的生产设备和生产工艺建立的专业钢结构公司，是目前鲁南地区最大的钢结构生产基地。该公司拥有钢结构工程专业承包一级资质、设计甲级资质；拥有国内最先进的钢结构设计软件和检验检测仪器；拥有完善的质量控制体系；集重钢、轻钢、管桁架、网架、索膜结构等钢结构的设计、制作、安装于一体，年生产、安装钢结构 20 000 多吨、施工能力达 60 万平方米以上。公司于 1997 年成功地一次通过中国方圆标志认证委员会和德国 TUV 机构 ISO9002 质量体系认证；2002 年又顺利通过中国方圆认证委员会对 ISO14001 环境管理体系和 OHSAS18001 职业健康安全管理体系审核认证。

天元机械厂是鲁南地区唯一一家生产建筑配套产品的综合性企业，是专业生产塔式起重机、施工升降机、物料提升机、机械式停车设备的知名厂家，有 50 多年的起重设备生产史，所生产的起重设备是建设系统重点推广的知名品牌。天元电器厂是鲁南地区最大的成套电器生产厂家，主要产品有：KYN61 系列 35KV 高压开关柜、KYN28A 系列 10KV 高压开关柜、ZBW-12 高低压预装式变电站，GGD、GCK、GGJ、GCS、MSN、XL-21 低压配电柜，PZ30、PDX 配电箱、ATSX 双电源配电箱及 CFW-8A 母线槽、XQJ 电缆桥架，JSP 建筑工地用地成套设备等。产品覆盖整个山东地区，远销外省及海外等地区。天元铁塔厂主要生产各类输电线路铁塔、微波塔、通信塔、广播电视塔、工艺造型塔、变电构架、复合肥造粒塔及支撑钢结构构件，其产品广泛用于电力、通信、能源、交通、农业等领域。公司拥有多条角钢塔、钢管塔数控生产线，年产量可达 6 万吨。天元网具制品厂主要生产密目式安全立网、安全立网、内挂式安全立网、安全帽、安全带、安全绳等劳动防护用品。产品覆盖山东省各地，并且远销至新疆、内蒙古、沈阳、河北、天津、北京等地，是山东省内最大的生产厂家。

近年来，该公司与赤道几内亚、尼日利亚、南苏丹、加纳、喀麦隆、乍得、科特迪瓦等国家建立了长期友好战略合作伙伴关系，进一步拓宽了该公司的发展前景。

注：照片由调研组自行拍摄。

>>二、企业生产绿色化<<

该公司为降低能耗、提高生产的经济效益与环境效益、减少环境污染与资源浪费，采用了一系列清洁生产措施，如错峰用电、采用除尘器、对铁花进行回收、对铁屑粉尘焊渣等废品的处理、采用等离子切割机和天然气切割气等，从技术层面促进了企业的绿色发展。与哈尔滨工业大学联合建立了天元哈工大空间结构研究院，与山东科技大学联合建立了天元科大研究所，开启了绿色钢结构住宅产业化的研究。

1. 采用等离子切割和天然气切割

在工业生产中，我们要根据需要对钢材结构进行切割加工。目前使用的切割气主要有乙炔、丙烷、氢氧气、天然气等。之前多使用的是乙炔火焰切割机，但是，乙炔具有污染严重、对工作人员伤割大、易回火、造价高等缺点。为此，该公司现在采用等离子切割和天然气切割。

等离子切割的工件，可以省去机加工的要求，即可以节省机加工设备，每年省去机加工费用几十万元。不仅如此，由于等离子切割的效率高，一台等离子可以代替 2～3 台火焰切割机，并大大压缩生产作业的面积，提高厂房有效利用效率，其综合效益是非常可观的。

天然气切割，具有低碳环保、安全稳定、成本低廉、气源丰富等优点，天然气增效以后气切割性能有了大幅度的提高，其切割质量好，较乙炔来说，火焰温度提高、切割速度增加，其成本价格只为乙炔气的 1/4，丙烷气的 1/2，大大地降低了企业的生产成本，是目前最高效、最节能、最安全、最经济的切割气体。

2. 采用除尘器

除尘器采用德国施力克的安装方式，除尘器直接安装在抛丸机的前、后室体上方，既节省了安装场所，又简化了引风管道。该方式不仅解决了引风管道中灰尘沉积的弊病，巧妙的设计还可将灰尘中的钢丸沉降下来，并直接返回到抛丸机前室体中重新循环使用，节省钢丸。

3. 废弃物处理

一方面，对铁屑粉尘、焊渣等废品的处理。在钢结构的生产切割过程中，会产生铁屑粉尘、焊渣等废品。该公司将铁屑粉尘作为炼钢的氧化剂回收利用，将焊渣等废品回收粉碎后作为生产焊剂的添加剂或辅料，从而有效而绿色地处理了废品。另一方面，该公司对铁花进行回收，将生产过程中产生的铁花进行集中堆放，经专业的回收公司运回钢厂重新炼钢。这样既解决了铁花产生的环境污染问题，也避免了资源的浪费。

4. 错峰用电

错峰用电是指错开用电高峰期用电，许多大城市或者工业城市因用电紧张供电不足，在用电高峰期，供电部门为了保证一些如职能部门、医院、学校等的正常用电，对企业、区域用电户进行用电时间的调整，错开分配对某些企业、工厂在一定的时间内停止供电。如周一、周三停电，调整到周日用电、夜间用电等。该公司的做法主要是把大型用电设备安排在晚上 12 点到凌晨 5 点这个时段，避开用电高峰期，价格便宜，不仅降低了生产成本，而且提高了能源使用效率。

5. 绿色钢结构住宅

钢结构住宅一般采用新型节能环保建筑材料，替代了钢筋混凝土、粘土砖等落后产品，减少了砂、石、水泥用量，减少了对土地等不可再生资源的破坏，有利于环境保护。钢结构工程都为现场组装结构，属于干作业，节约施工用水和用电，现场粉尘和垃圾少，对环境造成的污染少，工期比相应的砖混结构和钢筋混凝土结构短。钢材轻质高强，承受相同的荷载，钢结构构件截面比混凝土结构截面小，再加上新型墙体材料，墙体厚度较薄，室内使用面积比混凝土和砖混结构节 3%～6%，有效利用了土地资源。建筑物拆除时，钢结构部分可全部回收利用。钢结构建筑还可以作为我们国家的钢材储备，一旦发生战争可以把钢结构建筑快速拆除，钢材回炉后能快速生产出优质钢材，投入到武器加工制作中。大力推广绿色钢结构住宅，可以解决目前我国钢材产能过剩的现状。

注：照片由调研组自行拍摄。

>>三、自主创新驱动下的建材企业绿色增长<<

传统建材企业要想实现绿色发展，必须增强自主创新能力，提高产品与工艺的核心竞争力，并形成具有企业特色的竞争优势和品牌优势。山东天元建设机械有限公司在转变技术进步模式的基础上，依靠自主研发与技术创新驱动企业实现转型，不断提升企业核心技术水平。

1. 建立技术研发中心

为增加技术消化吸收再创造能力，天元集团专门成立天元集团技术中心，旨在为增强企业科技创新能力，为企业持续快速发展提供技术支持，并建成集国家级企业技术中心、院士工作站、博士后科研工作站于一体的科技创新平台。中心特聘院士 1 名，工程专家 10 名，进站博士后 1 名，主要围绕新型建筑材料、建筑工业化及产业化、工程装备及结构工程、BIM 技术应用等开展课题研究和创新，取得明显成效，有 30 余项研发项目被列入省市科技创新项目计划，其中 9 项经专家鉴定达到国内领先水平；开发了 40 余项国家专利，授权专利 38 项。该中心科技成果丰硕，"一种新型再生环保橡胶模板及制造方法""一种建筑室内绿化平台""二单元建筑室内绿化平台""多单元建筑室内绿化平台"等绿色生产专利技术由国家知识产权局授予了专利。2007 年该中心被认定为省级企业技术中心，是山东省首家通过省级认证的建筑企业技术中心，2013 年被国家发改委、科技部等五部委联合认定为国家级企业技术中心，是全国建筑业第七家国家认定企业技术中心，也是全国唯一一家民营建筑企业国家级企业技术中心。

2. 产学研结合促创新

在实施企业技术创新活动中，天元集团主动依托科研院所、高等院校在科研理论上的优势，加强与高校、科研、设计、学会、协会等单位的合作，充分利用各类资源形成自己的技术开发机制与能力，通过组织联合技术攻关等途径，补充提高公司的科技创新能力，达到优势互补、成果共享。为促进"产学研"平台转化能力的提升，推动集团产业结构调整和产品升级换代，天元集团与哈尔滨工业大学联合建立了天元哈工大空间结构研究院，与山东科技大学联合建立了天元科大研究所，开启了绿色钢结构住宅产业化的研究。同时与东南大学、山东建筑大学、青岛理工大学等十余家高等院校建立了校企合作关系。同时，积极瞄准国际钢结构前沿科技，充分利用美国 SAP2000、ETABS、SAFE、韩国 Midas/Gen、中国建科院的 PKPM 系列、同济大学 3D3S 和 MTS、浙江大学 MSTCD，大连 REI 公司 STAAD/CHINA 等世界先进的计算分析与设计软件和 AUTOCAD、芬兰 Xsteel、英国 StruCAD、中望 CAD 等世界先进的详图设计与绘图软件，不断更新和提高专业技术水平。

3. 推动创新成果的转化与应用

在现代市场经济体制下，必须自觉以市场为导向，形成科技创新工作组织体系，不断增强企业科技创新能力，从而在市场竞争中赢得发展先机。只有将科技转化为生产力，坚持以工程为依托，推进科技创新与市场经营、园区建设等相结合，才能在建筑业中保持领先地位。在承建施工天元商务大厦工程时，面临施工工期紧、新材料与新设备复杂的挑战，公司积极开展技术攻关，先后解决了超长超大混凝土一次浇注、超长圆弧结构定位放线、屋顶玻璃消除安装应力等技术难题。该项工程应用了当时建筑业 10 项新技术中的 8 个大项、17 个子项。正是这些新技术的应用，主体工程比原计划提前 120 天封顶，节约钢材 170 吨，创造直接经济效益达 350 万元人民币，该工程还被评为"鲁班奖工程"，获得了良好的经济效益与社会效益。[①]

>>四、企业呼声<<

随着城市建设的不断扩大，城市高层建筑的需求与日俱增，随着高层建筑结构的发展，新的钢结构体系不断涌现。与混凝土相比，钢结构由于适宜构件的工厂化生产，可以将设计、生产、施工、安装一体化，变现场建造为工厂制造，提高工业化、商品化水平，而且钢结构自重轻，基础造价低，适用于软弱地基，安装容易，施工快，周期短，投资回收快，施工污染环境少，抗震性能好，可回收利用，经济环保等。为了更好促进建筑行业的规范与绿色发展，提出以下相关政策建议。

1. 亟待修订我国钢结构标准

根据国内标准专家介绍，我国每 10 年就会对有关标准展开相关修订工作。可见，我国钢结构标准修订迫在眉睫。在钢结构应用范围扩大、钢材运用种类增加、复杂的结构形式增多、国外钢结构工程市场日益扩大的背景下，相关钢结构标准急需更新。其中，主要的国家标准有《钢结构设计规范》《冷弯薄壁型钢结构技术规范》《钢结构工程施工质量验收规范》等。具有代表性的行业标准有《高层民用建筑钢结构技术规程》《轻型钢结构住宅技术规程》《钢骨混凝土结构技术规程》等。协会标准主要有《门式刚架轻型房屋钢结构技术规程》《钢结构加固技术规范》等。

2. 完善鼓励清洁生产的相关政策

山东天元建设机械有限公司在绿色生产技术方面，通过技术引进和自有技术中心的技术研发，为实现清洁生产做出了不懈努力，同时投入了大量资金和人力。但是，在钢结构的生产与销售环节，缺乏鼓励清洁生产的政策，需要政府从减免增值税、财政直接拨款、引进高端人才工资现金补贴等方面给予政策优惠支持，以减轻企业负担。

3. 政府补差价，推动钢结构建筑的快速发展

由于钢结构的造价要比混凝土结构贵，很多工程为了节约成本，最终选择了混凝土结构，由于我国钢结构住宅在质量上还不完善，没有得到广大人民群众的认可，希望通过政策引导，推行集设计、施工和商务于一体的总承包机制，国家给予开发单位差价财政直接支付或者生产单位所得税优惠政策，通过激励措施来快速推动我国钢结构产业化发展。

---

① 孙启甜：《彰显建筑界的"沂蒙铁军"风采——访山东临沂天元建设集团有限公司董事长张桂玉》，载《居业》，2014(2)。

第五篇

专家论坛：环保在"一带一路"战略中的定位与作用

2015 年 4 月至 6 月，为更好地完成环境保护部国际合作司委托的课题，我们先后邀请了校内外近 40 位专家就环保在"一带一路"战略中的定位与作用进行了座谈。专家们从各自研究领域做了精彩发言。鉴于这个课题与绿色发展、绿色经济的高度相关性，这里特将专家们的讲演摘选编辑入本报告专家论坛中，与读者们分享之。

>>隆国强：注意政治效益、经济效益、环境效益的统一<<

"一带一路"所有相关项目都需秉持可持续发展理念，坚持政治效益、经济效益和环境效益相统一。沿线有些国家和地区的环境容量很脆弱，通过基础设施建设，若给当地造成环境迫害或严重的可持续发展问题，在政治与战略上就不符合我们所追求的目标。因此，所有项目都要坚守可持续发展底线，用所在国甚至更高的环境标准要求中国企业，不要在环保问题上给东道国造成困惑，同时也不要给那些试图反对中国企业的组织以口实。此外，这些项目不应该是纯粹的政治项目，还要讲求经济效益，应该是在政府领导下，基于市场来确保这些早期收获的项目获得商业成功，否则会影响人们对整个倡议的信心，比如不要到人烟荒芜的地方修大型基础设施，也不要在短期内盲目地修建诸多大通道，难有回报。再比如，在很多的欠发达地区，特别是电力短缺或公路状况很糟时，修电厂或收费公路，辅以合适的商业模式是可以盈利的。总之，"一带一路"项目非常复杂，不同的组织、不同的国家，对这个战略持不同心态。中国企业走出去要特别注意政治效益、经济效益、环境效益的统一。

短期内通过两大重点工程提升各界信心——基础设施和境外工业园。"一带一路"是长期战略，但短期需要一些标志性项目以提升信心。应突出两大重点：一是基础设施，亚投行取得开局性胜利的重要原因在于其以基础设施建设为先导，体现发展导向；二是境外工业园，可借助"一带一路"框架选择一些重点地区，通过建设境外工业园区的方式帮助中国企业有序地转移，这是双赢，既有利于国内企业降低走出去的风险，也有利于东道主借助园区发展出口导向型产业，推进其工业化进程。（发言者为国务院发展研究中心副主任）

>>侯万军：环保在"一带一路"战略中具有四大意义<<

"一带一路"的提出有两大背景，一是国际化的大背景。当今时代各国相互依赖、相互促进，越来越成为利益共同体和责任共同体。二是国内"两个一百年"的背景。落实"一带一路"战略，对中国来讲非常重要，具有现实意义和长远的战略意义。

就环保在"一带一路"战略中的定位与作用，我谈几点想法。

第一，环保在落实"一带一路"战略中是树立中国形象的一面旗帜。无论是搞基础设施还是国际产能合作，都应该旗帜鲜明地提出环保先行。做好环保，不仅有助于落实"一带一路"，还有助于在国际上提升中国发展道路、发展模式、发展理念的软实力。

第二，环保在"一带一路"战略中可以发挥增信释疑、凝聚共识的作用。现在讲"一带一路"战略，主要是从经济层面讲。把环保放在经济合作和经济发展当中，完全符合提升经济质量的意义。没有环保的经济发展，肯定是高排污的，是要引起大量争端的。

第三，环保在落实"一带一路"战略中平等互利、合作共赢的一个最大公约数。在共同带有区别的原则下实现平等互利，实现包容性发展，靠什么？沿线60多个国家，国情不同，文化背景不同，最大公约数是什么？环保旗帜是有共识与最没有争议的。

第四，"一带一路"战略中强调环保有助于实现中国对外关系政治互信、经贸合作、人文交流三大原则。人文交流是心与心的交流，保护环境是心心相通的事。在环保中，落实习主席提出的"共商、共建、共享"，推动可持续发展、改善民生，真正让合作各国的老百姓得到益处。这是平等包容、多元文化的体现，也是对联合国70周年、万隆会议65年精神与原则的弘扬。（发言者为国务院研究室教科文卫司司长）

>>汤敏：需谨慎推进"一带一路"这个大战略和长战略<<

"一带一路"是个大战略和长战略，是新的发展阶段我国对外开放的新战略。改革开放前 30 年，开放就是引进来、卖出去，我们吸引大量的外资进来生产产品销售到国际市场去，从经济学上来说，这个战略是比较成功的。但是未来二三十年，我国的比较优势没有那么多了。随着国内经济的快速发展，我国已进入"走出去"的改革开放阶段。不走出去，市场、资源、国内的就业等问题都无法解决。未来的 30 年，我国的对外战略应该是"引进来"和"走出去"并举。

我国各界对"一带一路"战略准备并不充分，需要谨慎推进。我国的企业、政府还未准备好全面的"走出去"，从整体上看还没有形成能够驾驭世界市场的能力。我国的产品主要还是靠跨国公司售卖，靠自己的品牌"走出去"的中国产品还是相对较少。过去若干年企业"走出去""交学费"比较多。我国跟 100 多个国家签订了投资保护协定，据了解，到目前为止还没有利用过一次。看来政府也没有完全准备好。在对外"走出去"中，在很大程度上，我国的外交还是政治外交为主的。此外，国民也没有做好准备。老百姓包括媒体对"一带一路"的期望，很多是一厢情愿。其实这里面还有很多的陷阱，真正做起来非常困难。我们现在是用比较落后的理念、落后的企业跟别人比较先进的理念和企业去博弈。国民在思想上没有准备好，出了一点问题，就会一片骂声，情绪容易大起大落。矛盾在于，我国确实还没准备好，但是不得不走出去，怎么办？我觉得既需要更开放的心态，也需要谨慎认真地规划与实施。以我的看法，重点还是应该放在"一路"上，需要与更宽泛的国家联系。在"一带"上人烟相对稀少，交通建设不能过于超前。

环保是"一带一路"过热炒作的冷却剂。我们不要以第三世界代言人的角色去投资，不顾环保去搞发展，去跟着发达国家竞争。我们要看到，在环保领域如果不采用国际标准，后患无穷。但采用国际标准，首先要改变理念，我们的利益更多是跟投资者的利益相一致的，要主动向世行、亚行这样的国际组织学习。要把国际组织、发达国家拉进来一起干，共同承担环保责任，当然，要处理好各种不同意见。

中国在"一带一路"战略过程中不能大包大揽，要算账、要可承受、要有选择、要重示范。我国在"一带一路"建设中不能大包大揽，不能让外界形成过高的期望值。可以集中在一两个国家一两个事情几个项目上把各种资源整合，做好试点，之后再进行推广。（发言者为国务院参事）

>>李晓西："互动环保"与"自律环保"结合事关全局<<

"互动环保"的含义是，当中国的项目对外投资时，中国与合作伙伴国共同商定在东道国的环境保护标准与各自的责任。互动环保的直接意义是，中国在"一带一路"战略过程中不能大包大揽，不能单向地做出环保承诺和承担环保投入，环保绿色要算账，要可承受，要承担由项目或工程引发的环保责任。互动环保的潜含义是，不能以我们是先进环保国家或环保企业自居，不要低估"一带一路"上很多发展中国家的环保水平，在没有经费投入的规划时不要轻易引导制定区域性环保合作协定等。"互动环保"的具体内容主要是，要熟悉并运用环境保护的国际标准开展合作，吸引国际机构共同参与"一带一路"建设，把"一带一路"战略跟有关的区域合作战略对接，与相关各国在环保领域的合作应细化主题共商之，借助与支持国外的相关 NGO 配合工作等。

"自律环保"的含义是，中国政府与企业在规划与实施在"一带一路"上的项目投资或经贸合作时，一定要有环保理念，有高的环保标准，有相应的配套人、财、物的准备，随时为履行相关的环保协议付出自己的努力。自律环保的直接意义是，我们走出去的项目，要用国际上环保标准改造和完善我们的项目设计与企业行为，要经济与环保双核驱动，不要以"土豪"形象走出去。自律环保的潜含义则是，中国也是发展中国家，环保任务也非常重，环保中的不足之处相当多，问题也相当严重。"一带一路"战略要倒逼自己提升国内环保水平，向各国学习，维护好一个共同的世界。"自律环保"的具体内容主要是，绿色"一带一路"从国内做起，要帮助国内企业提高绿色环保意识与水平，应及时发现和宣传外投企业绿色环保的成功事例或经验，设计并实施支持绿色外出工程的激励政策，修订、细化和完善对外投资环境行为指南引导走出去的企业履行社会责任。

把"互动环保"与"自律环保"区分开来又结合起来，把握好结合的环节、时点与度，将对发挥环保在"一带一路"战略策划与实施中的作用有重大意义。（发言者为中国环境与发展国际合作委员会中方委员、北京师范大学经济与资源管理研究院名誉院长）

>> 范恒山：通过绿色工程把"一带一路"建成绿色发展之路 <<

"一带一路"是发展之路。"一带一路"秉承互利共赢、包容包鉴、开放合作等理念，利于促进沿线各国共同发展、共同繁荣，对中国更是如此。首先，它是实现中国可持续发展的需要。"一带一路"可以拓展我国发展空间。中国经济发展的动力除了源于转型转轨、节约集约之外，另外很重要的就是拓展发展空间，既有从东部到中西部拓展，又有从陆域到海洋拓展，还有从国内到国外拓展，就像新加坡与中国天津、苏州等地合作建设生态城一样，同其他国家合作来拓展自己的发展空间。其次，它是保障国家能源资源安全的需要。最后，它是转移我国产能和产业的需要。

"一带一路"是绿色之路。"一带一路"涉及内容繁多，但几乎都跟环境有关系。互利共赢就要照顾对方的核心关切和重大利益，除了促进东道国发展以外，还有很重要的方面就是不损害别人的利益，特别是环境利益。比如初步确定的建设六条廊带，海洋丝绸之路，一些战略支点，包括一些港口，其项目都应关注环保。"一带一路"的贯彻过程实际上是各方利益博弈的过程，环境与气候变化问题极有可能成为一些利益集团干扰中国推进"一带一路"的重要因素。反过来说，处理好这个关系，又会促进"一带一路"的推进。总之，"一带一路"绝对不是破坏环境之路，恰恰是有利于环境改善、绿色环保之路。

全面建设绿色工程。"一带一路"战略最终要靠项目落地，充分体现环保定位与作用的绿色"一带一路"就要求所有项目秉持环保的理念，用环保工艺开发建设，既可以不给国际上对我们心存疑虑，甚至是在底下捣乱的国家和国际组织留下口实，也有助于我们树立良好形象，还可以促进项目可持续开发，否则一个项目就会毁掉在一个国家的合作。只有如此，"一带一路"才能赢得民心，项目才能不断往前拓展，以点带线、以线撑面的格局就能形成。（发言者为国家发展与改革委员会副秘书长）

>> 王辉耀："一带一路"有助于推动中国参与全球治理体系 <<

"一带一路"有助于推动中国参与全球治理体系和中国企业的全球化运营发展。近20年来，全球治理的概念越来越流行，"一带一路"实际上也是全球治理。亚洲国家越来越活跃，比如像博鳌论坛等。全球治理有很多形式，不仅包括政府之间的单边、双边的，还包括多边的国际组织等，从这个意义上来看，"一带一路"战略显然有助于推动中国参与构建全球治理体系。此外，随着全球化公司的出现，"一带一路"还有利于中国企业的全球化运营发展。以前人们通常提及跨国公司（multi-company），现在变为全球公司（global company），"一带一路"战略的提出与中国出现全球化公司有关。"一带一路"就是全球市场，从跨国经营到全球经营，从以母国为中心到全球网络，从本地人才到全球人才，从本地的价值链到全球的产业价值链，所以说有了"一带一路"战略，中国企业的全球企业运营发展会更加便利。

当今世界的全球化浪潮有三大趋势，即物流、资本流和人才流。改革开放时中国贸易额只有 200 多亿美元，而现在有 4 万多亿美元，成为全球贸易大国。在资本流动上发达国家占有很大的优势，但中国的进展也是相当快的，资本流动使得全世界串联在一起。还要重视人才流动，尤其是"一带一路"将出现的人才流动。"一带一路"涉及 60 多个国家，那么谁来推动？"一带一路"沿途国家会有多少中国人，人才分布怎样？都值得深思与研究。中国要充分利用与分享全球化浪潮中物流、资本流、人才流的红利。

要以绿色、和平的方式走出去。国外有些误解，认为中国是在释放过剩的产能，推销卖不出去的产品，甚至是毒大米、毒奶粉等。"一带一路"是个长期的工程，要走出去，到 60 多个国家，包括关系友好、关系不友好的国家，因此，如何做到以和平、环保和绿色的方式走出去至关重要，绝不能重复和带出"先污染，后治理"的模式。要清醒地认识到"一带一路"战略实施是复杂的，长期的。可以选择重点国家，率先将中国好的经验带过去，比如东南亚的一些国家，做出环保示范，就像当年我国在坦桑尼亚、赞比亚修筑铁路，非洲兄弟助推我国进入联合国那样。（发言者为国务院参事、中国与全球化智库主任）

>>夏光：通过三大政策体系发挥环保的支撑、引领和服务作用<<

"一带一路"可能面临三类环境风险。一是经济开发带来的环境影响，二是污染转移，三是环境法律、法规或会影响对外贸易谈判。

环保在促进绿色"一带一路"的发展过程中主要起到支撑、引领和服务作用，支撑是为经济活动提供必要的资源和环境条件，引领主要是使发展方式绿色化，服务就是要提供各种信息等支撑的东西。可通过建立三大政策体系发挥环保功能：一是从严从紧的环境标准和法规。"一带一路"沿线 60 多个国家，环保标准和法规肯定有所区别，中国政府和企业若开展融资、投资和开发活动，应该按照高标准、高原则来实施。标准之外，还可能要联合沿线各国形成一定的区域环保条约。同时依据这些环保法律、法规提出国内的绿色产业政策，指导国内企业实施，不能把不符合产业政策和污染的东西往外转移。二是引领绿色发展的经济政策，即用一定的经济激励手段引导"一带一路"的产业发展，主要有新兴绿色产业、循环利用类产业和节能环保类产业。三是国际环保合作政策。比如加强信息平台建设，收集沿线各国家和地区的资源、环境承载力、人口、国情条件等信息，建立一套较为完整的信息系统平台，区内国家信息共享。（发言者为国家环境保护部环境与经济政策研究中心主任）

>>杨朝飞：对缅甸密松水电站项目的反思<<

环保在"一带一路"战略中的定位与作用，这个主题很重要、很紧迫。如果环保问题处理不好的话，咱们国家不仅实现不了对外开放的利益，还有可能遭受重大损失。密松水电站是我国投资缅甸的一个很大的项目，后来被缅甸政府叫停了，我方遭受巨大损失，有很多教训值得深刻反思。

2012年我们专程赴缅甸考察了这个项目，跟缅方反对水电项目的人进行了座谈，他们列出10条反对的理由：一是担心修建水电站可能导致伊洛瓦底江的断流；二是担心导致生物多样性的减少；三是认为对水坝建设的补偿标准偏低且范围偏小；四是当地的民众和一些社会组织对大坝建设以后的利益分配表示不满；五是担心缅甸国内战争若对项目破坏会产生巨大灾难；六是担心水坝建设会污染水体、影响饮用水且引发疾病；七是担心水坝建设诱发地震；八是项目环评没有认真考虑对下游环境的影响；九是中方企业对"以建两个小些的水坝，替代该大坝的建议"不理睬、不解释；十是项目建设没有考虑到缅甸人民的宗教、民族和文化的影响和未来的环境监管。

对上述问题，我们需要进行认真反思：一是要反思国际上为什么不把大型水电作为清洁能源，只将小水电作为清洁能源？二是要理解国际上为什么把缩小贫富差距、实现社会公平作为绿色经济的内在含义？三是要比较国内外在社会治理方式上的差别，并进一步理解中央提出的生态环境国家治理现代化的意义。同时建议，要对走出去的企业进行强制性的环保培训，要培育正能量的环保社会组织，要严格环境责任追究制度。（发言者为国家环境保护部原总工程师）

>>宋小智：建设绿色"一带一路"亟待解决"三个不够"<<

建设绿色"一带一路"目前仍存在"三个不够"：一是重视不够。"一带一路"是中国进一步深化改革开放的大战略，也是长期的国际发展大战略，其目标是提升硬实力、扩张软实力。环境保护就是在一个道义制高点上最容易去切入的、进行软实力扩张的一个重要角度，应予高度重视。用我们的工作去解除那些所谓的"中国环境威胁论"等负面舆论。环保本身也是"五通"的一个重要内容。"一带一路"应"双核驱动"，即由环保和经济双核来驱动。二是了解不够。既有对沿线国家尤其是非洲环保的成就了解不够，对人家环评机制了解不够，更有对人家的需求了解不够。比如蒙古朋友跟我谈的土壤污染，多指生活污染，不是中国人常见的那种重金属污染。总之，沿线国家大量的环保基础信息我们了解很不够。三是措施不够。很多倡议性的、导向性的东西，比如政策保障体系须考虑规划；还有环保部和商务部联合发布的企业对外绿色投资指南，不具约束性，也需依靠具体措施去落实。

显然，建设绿色"一带一路"需要有针对性的多管齐下。首先，提高对环保的重视程度，既包括政府层面，也包括企业层面。现在，讲绿色发展不少，但落实时还是讲只强调发展。不少企业仅把"一带一路"当作走出去赚钱的机会。这个战略，一定要高度重视环境风险、意识、企业社会责任等。其次，充分借鉴国外特别是世界银行的项目援助经验。世行对外援助时，通常会先做国别环境报告和列出经费用于项目环境分析，分析项目在东道国建设的可能影响，对项目环评标准严格把关。再次，加强平台建设。在"一带一路"战略统领下，除了继续强化现有的很多双多边合作平台，还要推进和加强一些重点平台建设，如信息平台、风险评估与决策支持的评估系统等为国家战略实施提供决策参考与支撑。最后，开展一些合作活动。这种合作活动，有的在国内，比如跨界河流，还有一些是跨国界的，比如跨界河流。借"一带一路"，做好跨界河流的保护，至少把国内这部分做好，利于跨界协定谈判，也能够推动生态文明的理念走出去。
（发言者为国家环境保护部国际合作司副司长）

>>葛察忠：做好五方面工作推进绿色"一带一路"建设<<

首先要做好五方面环境工作，即认知环境、了解环境、保护环境、利用环境、促进环境。第一是认知所在国的环境。所在国的生态环境质量和状况影响中方参与项目落地的限制因子，还可细分"一带一路"里不同区域对应的生态环境限制因子，比如中亚生态脆弱，水资源会是重要的限制因子，难以在那里布局化工项目。第二是了解环境。了解所在国的环保法律、法规、政策和标准。第三是保护环境。中方投资建设的项目工程一定要采取环保措施、有环保理念甚至建立一些环保设施来减缓投资所带来的环境影响或生态破坏。第四是利用环境。对外合作开发，就是需要利用当地的资源、能源与环境，例如石油、煤炭等，当然，利用环境时要了解当地产权制度安排。第五是促进环境。促进所在国环境与资源的合理利用和可持续发展。

梯次推进绿色"一带一路"建设，有几个方面工作要开展：一是做好国内相关部分工作。因"一带一路"战略，很多制造业基地会往西部地区转移，势必会影响这些地区脆弱的生态环境，一定要花大力气做好国内的这部分工作，向外部展示中国国内切实在建设实施绿色"一带一路"。二是加强绿色"一带一路"的宣传、培训和传播工作。中国可通过援助项目、双边或者多边合作、一些机制平台等加强绿色"一带一路"的宣传、培训和传播工作。三是做好一批对外投资项目的环保工作。四是落实一批环保项目。这些项目可能包括环境基础设施项目，还有一些通过建立绿色"一带一路"的环保基金推动建设的项目，还有一些能力建设项目，比如是否可考虑在 65 个国家建环保中心并通过这些中心来带动中国的环保理念和生态文明走出去。五是推进区域环境协议的制定或者环境责任的一些工作。（发言者为国家环境保护部环境规划研究院研究员）

>>李明杰：加强海洋领域合作 建设"海上丝绸之路"<<

21 世纪"海上丝绸之路"的主要方向：首先是中国—南海—印度洋—欧洲/北非方向。这里面又包括两个部分：一是中国—东盟及次区域。东南亚地区自古以来就是海上丝绸之路的重要枢纽。中国—东盟及次区域是中国—东盟自贸易区、区域全面经济伙伴关系协定（RCEP）以及孟中印缅经济走廊等合作机制的覆盖区域，涉及南海周边的越南、菲律宾、马来西亚、文莱、印度尼西亚、老挝、柬埔寨、泰国、缅甸、印度等国家。区域发展潜力大，海港、海运、海洋经济发展基础好，是 21 世纪"海上丝绸之路"建设的核心区域。二是中国—西亚—欧洲/北非地区。其次是中国—南海—南太平洋国家，有斐济、密克罗尼西亚联邦、萨摩亚、巴布亚新几内亚、瓦努阿图、库克群岛、汤加、纽埃。最后是中国—东北亚—北冰洋—欧洲。此线既是战略通道，也是未来北冰洋航线运输通道。

积极推进与海洋国家合作。首先要强化多边合作机制作用。例如发挥上海合作组织（SCO）、中国—东盟"10＋1"、亚太经合组织（APEC）、亚欧会议（ASEM）、亚洲合作对话（ACD）、亚信会议（CICA）、中阿合作论坛、中国—海合会战略对话、大湄公河次区域（GMS）经济合作、中亚区域经济合作（CAREC）等现有多边合作机制作用。其次要找准关键国家、推动双边合作。关键海区主要有南海、印度洋、波斯湾、红海—亚丁湾—苏伊士运河、东非，关键国家主要有印尼、泰国、马尔代夫、南太平洋国家。最后要有策略、善规划。比如以国家组织/国际项目名义合作，或者以环保/防灾减灾/技术援助名义合作。（发言者为国家海洋局海洋发展战略研究所环境资源研究室研究员）

>>宋洪远：建设"一带一路"中的时间节点及农业合作<<

有两个时间节点需要关注。一是千年发展目标，2015年是千年发展目标提出的主要节点，其宣言里强调了环境与可持续发展问题，不仅是理念，而且要成为世界各国的行动。因此，中方倡导提出的"一带一路"战略，作为一个国际性的战略，就要求在发展方向和治理要求上与此合拍。二是我国提出了关于"一带一路"战略的愿景和行动，2015年是开局之年，不能仅从安排几个项目入手，还要格外关注环境问题可能带来的后遗症。

建设"一带一路"，也应关注农业合作的问题。国家有19个部委在一起研究这件事。主要有三个问题：一是怎样把我们的理念成为65个国家的共识。我到老挝去过两次，他们说你们的企业到我们这儿来，给了我们很多钱和很多项目，但是我们担心的事有两个，一个是砍，一个是挖，砍就是砍树，挖就是挖矿。如何消除人家的顾虑？第二个是模式的问题。再好的行动，要用模式来推动。我们的农业推广有农科院、农业大学，但农业技术推广不如别人。第三，要考虑机制设置。没有机制设置规划落不了地。（发言者为国家农业部农业经济政策研究中心主任）

>>张庆安：民族平等就是绿色的心态<<

环保应该是绿色的、和平的。换言之，环保与生态，不仅是自然与人的关系，还有人与人的关系，即政治和社会的生态。民族因素是实施"一带一路"战略不可回避的问题，其实也是绿色的观念。中亚五国穆斯林5 485万人，占整个中亚五国总人口的80%；印尼、马来西亚等都是伊斯兰国家；我国有2 000多万穆斯林，如果"一带一路"两边加起来的话，信奉伊斯兰教的人口应该有两亿多。全球伊斯兰国家有50多个。

针对多民族的情况，一定要牢牢树立一个基本原则，就是在民族问题上平等对待、相处与合作。平等是我们实施"一带一路"战略的一个核心点。这个"平等"要内化于心，外化于形。更深入讲，就是要按总书记讲的"民心相通"去想去做。不久前在山东参加中国和中亚合作论坛，几个国家的领导人或大使，都谈到了"平等"，谈到"合作和共赢"。我认为，如果在这方面处理得好，有利于发挥"一带一路"战略实施的正能量。

不久前，我们用了两个礼拜，举办了周边国家现任政府的司处级的培训班，介绍中国民族政策的理论与实践。讲课和外出考察，我们都在一起，比较熟悉了。巴基斯坦政府局长告诉我，巴中就输油管道谈了十年终于谈下来，就是瓜达尔港项目。这条输油管道进入两个部落地区，即民族地区，再到中国南疆喀什。巴基斯坦几百万公里，就两千万人，环境保护得非常好。从环保角度看，这个项目对巴基斯坦是有影响的。但双方交心亮底，谈得很好，经过朝野共商，项目是合作共赢的，对拉动当地的经济发展和促进民生都有好处，也充分考虑到了环保，加上两国传统友谊就谈成了。巴方还专门成立一支军队守护这条线路，让中国很感动。这个案例印证了合作必须平等相待，以绿色的心态谈合作，充分尊重对方的文化、风俗习惯、社会治理体系和办事风格，才能推进项目落地。（发言者为国家民委国际交流司副司长）

>>胡长顺：以史为鉴　从我做起<<

"丝绸之路"是1877年德国地理学家李希霍芬命名的，后来史学家把沟通中西方的商路统称为丝绸之路。丝绸之路所经地区是人类古代文明的发源地和最发达地区。西端的古代埃及、古代希腊和两河流域和东端的古代中国具有当时世界最发达的经济和文化，中部的古代波斯、巴克特利亚(大夏)、花剌子模等西亚、中亚诸国以及古代印度成为数万里丝绸之路的重要枢纽。沿丝绸之路各国政治、经济、文化综合力量的高度发展，为丝绸之路的产生和开通创造了前提条件。古丝绸之路是人类文明沟通桥梁的代名词，不冲突不对抗的独立外交经贸政策是其精华所在。

中国古丝绸之路的特点：(1)丝绸之路是古代遍及欧亚非洲的长途商业贸易和文化交流线路的总称。(2)丝绸之路是人类文明发展的结晶，沿途多元的经济文化是其形成基础。(3)丝绸之路是东西方交往的桥梁，记载了中华民族开拓进取的精神。(4)古丝绸之路是以和平发展、合作共赢为主要特征的，体现了中华民族热爱和平、共同发展的睿智。

2013 年 9 月和 10 月，中国国家主席习近平在出访中亚和东南亚国家期间，先后提出共建"丝绸之路经济带"和"21 世纪海上丝绸之路"(简称"一带一路")的重大倡议，得到国际社会高度关注和有关国家积极响应。加快"一带一路"建设，有利于促进沿线各国经济繁荣与区域经济合作，加强不同文明交流互鉴，促进世界和平发展，是一项造福世界各国人民的伟大事业。共建"一带一路"战略已经成为中国国家战略，得到沿途及相关国家积极响应，赢得广泛共鸣。

要推进绿色"一带一路"的建设，在具体项目建设中要推进绿色环保理论，加强环境保护。配合国家"丝绸之路经济带"经济社会发展战略和"两屏三带"生态安全战略，构建丝绸之路经济带生态廊道，保障"丝绸之路经济带"的生态安全和"两屏三带"生态屏障的发挥。重点在陕西、甘肃、青海、宁夏、新疆、四川、云南、广西等地区铺设丝绸之路生态廊道建设工程。在甘肃与新疆重点实施防护林的建设，还有青海，包括它的多样性等。在陕西、甘肃、宁夏、四川等地重点加强水土流失防治和天然林制备保护等。当然，在国外项目开发工程中要充分考虑环保和当地居民的要求，大家讲了很多，不再赘述了。(发言者为国家发展与改革委员会西部开发司综合处巡视员)

>>王逸舟："一带一路"战略需要多层次走出去<<

中央在推动"一带一路"战略时要优先考虑环保，特别是投资走出去注重法律保障和环境保护。21 世纪初中国实行走出去战略，主要是占领市场、获取资源，重视投资和贸易，环保问题未能重视，我们强调产能的转移和释放，然而国外有担心。国内推崇的大项目，在国外不一定吃得开。比方说高铁，在印尼等国，普通的路都没有，而高铁打破了原有的生态网络，当地组织不喜欢。他们喜欢中国投资，由当地决策，做一些小而美的项目。我们在非洲有的项目，当地 NGO 很反感，他们特别害怕中国的过剩产能和污染企业转移到当地去。湄公河的水坝建设就遇到不少困难。最近一年围绕水坝建设产生了很多矛盾，下游国家对处于上游的中国有不少抱怨和批评，其中有不少教训值得重视，而环保问题就是投资走出去热潮中的冷提醒，很重要。

新时期不能仅是高层次走出去，更应该是多层次走出去。政府、大企业走出去，社会、媒体、智库、民间组织也应走出去，与相关国家的相关组织联系与沟通，这使中国在国际上更有人情味，有利于提升中国投资的形象。总之，以往投资贸易走上层路线的方式不能再继续下去了。

从这个角度看，发改委牵头的"一带一路"战略，环保部应该参与进去。要组织各方力量，广泛地和当地的 NGO 和社会组织共同关心环保问题，不要一厢情愿。缅甸很多官员和专家学者认为中国投资建设水坝和油气管道对环境影响较大，即便有的中企重视环境保护和社会责任，投入巨资，但大多落入军政府等少部分人手中，普通民众获利甚微。缅甸民选政府上台后，媒体报纸大肆宣扬中国投资对当地的环境破坏。坏事传千里，好事被忘了。在战略规划的这方面，环保部要强力发声。规划要走在前面，什么项目应该出去，去哪个地方。环境问题应该放到战略规划中去。（发言者为北京大学国际关系学院副院长）

>>马中：中国应坚持让先进产能走出去<<

环保在"一带一路"中是一个标准、门槛和前提，中国需要有自己的环境标准。"一带一路"能否按照要求实施下去，走的成、走的长远，一定意义上取决于环保工作开展如何。走出去，不光是产业走出去，还是资金走出去，其实是一个对外开放、国际合作的路子。这方面有很多经验和教训值得研究，比如2006年松花江水污染事件，引起了中俄双方的高度关注，最后因处理得当，俄罗斯就没有进一步将这个问题告上国际法庭。一个有环境标准的国家，它的企业走出去才可能树立负责任的国际形象。当年杜邦公司曾拟在太钢投资50亿美元，由于污水的深层排放问题，中国没有相关的环境标准，就此他们投入2 000万美元并用了10年时间研究并促使中国形成关于地质和环保等排污的环境标准，最后因为没有结果而放弃了投资，增加了未来投资的不确定性，最后决定不投资。这个例子，今天来看，表明了一个有自己环境标准和理念的企业的环保形象，实际上也避免了可能出现的投资风险，非常值得我们将要走出去的企业借鉴和学习。因此，我想强调，中国要有自己的环境标准，而且应该和国际标准和欧美标准有匹配，项目出国上马前要进行环评。

中国走出去的应该是先进产能，而不是落后与过剩产能，更不是污染转移。国内企业现在很多是靠着资源环境红利在生存，如果提高环境标准，就会有好多企业倒下。"一带一路"上大多数是发展中国家，与我们当年对中西部投资的环评有相似之处。而我们"十二五"的环评指标中有4个指标，西部标准仅为东部标准的1/3，这种做法不能带到国外去。中国企业要走出去的话必须要有环保理念和先进产能，不能把落后的、不环保的技术带出去，继续依靠环境红利生存和发展。做得好的话，既可以利用当地的资源和人力降低成本，又可以展示中国企业的社会责任。可以在"一带一路"建设之际，倒逼国内企业提高环境标准，助力于解决国内环境问题。

为更好地实施"一带一路"战略，我建议中国要考虑形成与国际环保标准接轨同时又从"一带一路"国家实际出发的一套标准，既不能根据被投资国因追求经济增长而降低环境标准，也不能因走出去的企业的技术水平高低来降低环境标准要求。（发言者为中国人民大学环境学院院长）

>>郑维伟："一带一路"战略推进实施存在六大障碍<<

"一带一路"战略前途无量，但也存在一些风险因素，主要有六大障碍：一是情感障碍。陆上丝绸之路沿途国家和地区的史籍对丝路历史的记载失真颇多，有很多质疑的图书和文字，但赞美中国崛起和"一带一路"的书籍相对较少。要下大力气还原"丝绸之路"真实历史，宣传"一带一路"的和平本质。二是沟通障碍。"一带一路"涵盖人口数十亿，文化差异性不可低估。丝绸之路族群繁多，百教交错。沿带沿路主要信奉伊斯兰教、基督教等，华夏儒道罕有存迹。中国企业走出去不可不问文化差异和宗教禁忌。三是道路障碍。陆上丝路有北、中、南三条主路，途经地带多雪山峻岭、戈壁沙漠。目前，丝绸之路沿线国家对跨境贸易征收高额关税，各国边界管理机关效率低、不作为甚至存在贪腐行为，这些都严重阻碍丝绸之路复兴。"海上丝路"重在港口设施，但基础设施远非一般企业所能承受，而商业银行一般又难以承担风险，因此较难的路段可能会成为长久"瓶颈"。四是制度障碍。目前中国企业在海外"站住容易站稳难"。在治理制度层面，中国企业与"一带一路"多数国家最易冲突的是环境壁垒和社会责任壁垒，被抵制甚至遭到驱赶的主要原因是所谓"污染"问题、"人权"问题等。制度建设的国际化本来就是中国企业的一大短板，而许多企业没有问清规则就踏上了"一带一路"，结果是签约容易获益难。五是人为障碍。宗教极端势力、民族分裂势力、国际恐怖势力"三股势力"长期在中亚地区肆虐。境内的反动势力与境外恐怖分子勾结，对油气管线和交通干线等基础设施的破坏威胁时有发生。贸易保护主义加剧也使"一带一路"相关协议的落实过程屡遭波折。我们既要面对关税壁垒的挑战，也要应对各种非关税壁垒的阻挠、限制和打压。在已经签署自贸区协定后，各种"隐形壁垒"的客观存在使得"互联互通"大打折扣。六是国内障碍。目前国内有不少于 30 个城市宣布自己为"一带一路"的起点。各省都希望争政策、抓资源、占先机，以便获得新的发展机遇和增长动力。而跨地域、跨部门的全国"一带一路"协调机构尚未明朗。（发言者为清华大学经济外交研究中心主任助理）

>>董锁成：环保是"一带一路"战略的基础支撑和根本保障<<

"一带一路"沿线国家的生态环境极其复杂。在一定意义上讲，丝绸之路是国际沙尘、污染物的重要传输通道，沙尘与中亚、中东关系很大，这些国家和地区干旱严重，要高度重视。

环保是"一带一路"战略的基础支撑和根本保障，环保领域的国际合作要优先行动。"一带一路"战略涉及多方面，就环保领域而言，需要由重视国内环保向同等重视走出去企业的环保转变。对气候变化方面的国际合作也应列入议事日程。"一带一路"战略需要十年、二十年甚至更长时间来实施，必然会对沿线国家和地区社会经济甚至政治产生重大影响，也会对环境产生重大影响。没有环境保护的配合，"一带一路"战略难以持续。环保领域的国际合作要优先行动。

环保是树立中国负责任大国形象的重要途径。以往国企在国外投资重视开采资源，忽略当地的文化发展和环保。作为一个负责任的大国，我国要在经济合作方面互通互利，也应顾及当地的生态文明建设和可持续发展。"一带一路"的愿景里提出了要实现利益、责任和命运的共同体。环保是各国共享共惠的产业，所以"一带一路"愿景里突出生态环境、生物多样性、共建绿色社会体系是非常重要的。环保是沿线国家或区域共同体建设的共同目标和共同责任。环保既关系沿线国家人民的福祉，又关系到资源型国家和地区的战略转型和产业升级，而环保产业既是公共产品提供者，又是战略新兴产业。中国企业本着这种理念走出去，将对树立中国负责任大国形象非常必要。

在战略顶层设计的同时，还要加强对"一带一路"沿线国家的科学考察，建立预警和保障系统。国内对沿线国家相对缺乏一手资料，不了解当地的文化习俗，所以一定要尽快组织对"一带一路"沿线国家的科学考察，提供科技支撑和及时的咨询。还需要制定一个应急、监测和预警系统。企业在"一带一路"的建设过程中可能会遇到各种各样的问题，国家层面建立预警和保障系统将具有重大意义。（发言者为中科院地理科学与资源研究所研究员）

>>诸大建：环保应该渗透于"五通"全过程<<

整个"一带一路"战略不仅仅是产品、产业，还要有故事、文化与理念。现在是升级版的走出去，是内含着环保的走出去。

强调环保在"一带一路"战略中的地位是必要的，但处理方式应妥当。我认为，应该强调环保渗透于"五通"全过程，而不是把"环保"作为"五通"之外的"第六通"，这可能更有助于达到发挥环保功能的目的。在推动"一带一路"战略实施中，要推动对外项目与工程建设融入绿色经济、可持续发展等理念，要充分重视跟国际环保标准接轨。

"一带一路"的区域规划要细化。需要进一步细化不同的区域规划。东欧与西欧情况不一样，中东与中亚情况也不一样，中国的东部和西部情况也不一样。不同地区的绿色发展与环境保护任务有所不同，东部地区的绿色不同于西部地区的绿色，前者是先污染后治理，后者是跨越式发展中讲绿色。目前发改委等部门出台的规划多是讨论国内规划，缺少国外规划，在对国外的分析中也要对东、西不同情况有所区别并加以规划。规划还应该有进一步的细分类，比如说有两类节点值得关注，一是港口，二是陆上交通枢纽城市。（发言者为同济大学可持续发展与管理研究院院长）

>>董战峰：采取多种措施实现双赢<<

要从战略层面上关注环境风险，做好投资项目的环境影响评估。"一带一路"主要聚焦于基础设施建设，大格局下有大风险，中国也有责任帮助被投资国保护环境，尤其是自然环境。

要修订和完善对外投资环境行为指南，引导走出去的企业履行社会责任。2013年商务部和环保部出了一个对外投资的环境指南，但已滞后于需求。一是对外投资环境行为指南应该细化到具体行业，因为不同行业对环境造成的影响有很大差异性，如苏丹水坝工程完成后，环保标准不够，当地老百姓有很多抱怨；二是提高国内企业的环境社会责任意识，国内企业这方面往往相对比较弱；三是应研究和引入国际上很多国际组织制定的关于投资对环境影响的行为标准，方便国企了解并实施国际通行的环境标准。

要采取多种措施，实现双赢。一是要将投资与促进减贫、就业结合起来，以往的对外投资往往未能处理好投资与所在地的关系，从而受到影响；二是重视投资项目的管理机制建设，如要对对外投资企业建立环保信用评估体系，要对大企业的绿色投资形成评价体系，项目的环保信息应该公开透明，做好工程后端的环保监察；三是重视环境的信息共享沟通，以便于各方了解具体情况，避免误解；四是加强人才和能力建设，需要企业、行业，也需要国家在基础能力培训和政策驱动方面做工作。（发言者为国家环境保护部环境规划院环境绩效管理研究室主任）

>>夏先良：环保在"一带一路"战略中应主要发挥三大功能<<

环境保护在"一带一路"建设中应处于先决地位。"一带一路"沿线国家、地区的环境条件比较差，生态脆弱，所以在共建"一带一路"的过程中要把环境保护作为共建"一带一路"不可逾越的底线。在对外项目投资与建设中要尽可能减少对环境的负面影响，加强环境保护措施，这也有利于降低投资的环境风险。

环保在"一带一路"战略中应主要发挥三大功能：一是调解产业空间布局和投资流向。例如在广西，就要根据当地环境生态，发展与本地特色相适应的支柱产业，不要去发展东南沿海有可能破坏环境的替代加工工业。二是约束海外投资行为。以往我国在非洲和中东等地的海外投资均出现过破坏当地的环境、进而引起社会反感的事件，需要避免。三是促进国内的环境治理和修复。要利用"一带一路"建设的契机，在国内修复土壤、治理沙漠，尤其是改善中西部高原的生态环境。

要把环境标准和责任作为"一带一路"投资立项的申请条件。如果投资项目不符合环境标准，一票否决。"一带一路"项目要实施统一的规范和标准，同时要借鉴节能减排的国际公约，这样使建设项目从规划设计到开工建设的全过程都符合环保标准。

利用共建"一带一路"和转变国家经济发展方式为契机，大力发展环保产业。环保产业迎来了一个新的机遇，利用西部"一带一路"建设，大力发展我国的环保项目与环保技术。

重视环境保护的外交和国际合作公约。"一带一路"建设涉及很多国家，不同国家的环境、社会和文化差异很大，要与其磋商和对接发展模式，就必须加强环境保护的外交工作，尽可能按照国际公约或者是公认的规则进行谈判与合作。（发言者为中国社科院国际贸易与投资研究室副主任）

>> 刘江永：治理环境问题要用"顺天通地"的系统思维 <<

环境保护是确保"一带一路"战略顺利推进和检验"一带一路"是否成功的重要标准。国内经济发展要重视环保产业，当我们走出去时更要绿色经济、环保先行，应该说这是一个试金石。所以不能只顾一时的利益，而要有战略长远眼光。不能把中国的扬尘、沙尘暴、雾霾等环境问题带到外国去，这是一个关键问题，首先需要我们自身做好。

治理环境问题要用"顺天""通地"的系统思维。以治理沙尘暴为例，就是把种树、种草这种平面的思维模式，改成立体思维。沙尘成因不能忽视风和人的作用，要通过人工影响天气、特别是人工增雨雪解决沙尘问题，这是"顺天"。在 2008 年奥运会期间，选好风向，利用人工发炮阻止雨水进入赛场就发挥了重要作用。此外还要做好"通地"，比如北京市的道路需加强与优化下水、排水系统的建设工作，这对于消除雾霾起着关键作用。同样的道理，"一带一路"战略实施要明确方向、抓准问题、统一思想、落实到位。（发言者为清华大学当代国际关系研究院副院长）

>> 陈迎：与各国在环保领域的合作还应细化主题 <<

"一带一路"应该是绿色发展之路。改革开放 30 多年获得巨大经济成就的同时，也造成了资源环境诸多问题，如果中国把这种牺牲环境、破坏资源的发展模式原封不动输出的话，会招致国际上的谴责，这显然不符合中国的发展战略。环保虽然不在"五通"之内，不是一个独立的领域，但是在中央的政策中，环保是隐含其中的，比如说在基础设施建设这里头讲到低碳、绿色，在投资领域里头讲到可再生能源、环保产业。总之，"一带一路"的所有项目和过程都与环保有关。

与各国在环保领域的合作还应细化主题。比如说生态环境监测方面的国际合作，生态信息共享，环境的监测以及产业发展的绿色供应链，还有低碳城市的建设，应对气候变化等这些方面，都是一些可细化的合作主题。把"一带一路"沿线的国家团结起来，对推进我们在各方面的国际谈判都是有好处的。

对"一带一路"的宣传应把握好分寸。现在的宣传中不少报道在讲我们过剩产能的输出。对外宣传强调多了会造成国际社会的误解。在对外宣传中还有一些误区，把"一带一路"局限于古丝绸之路的国家。实际上，"一带一路"的战略应非常开放，应欢迎世界各国都来参与。

目前地方政府定位混乱，急需理清。地方政府参与国际合作的积极性很高，但需要国家去引导。各个城市现在就纷纷借用智库为自己定位，什么"起点""黄金段""桥头堡""核心区"等。各个地方政府倾向于提高自己在"一带一路"战略中的地位与作用，而我认为经过协调和统筹的定位是更为重要的。（发言者为中国社科院城市发展与环境研究所副所长）

>>陈诗一：中国不要以一个"土豪"的形象走出去<<

中国不要以一个"土豪"的形象走出去。"一带一路"的发展战略要想可持续地做下去，如果不把环境标准提上去，那么可能重蹈以前的覆辙。比如，印尼就在抱怨中国将会把转移过剩和落后产能转移过来。此前，中国企业在印尼砍伐森林的活动也引来一些反对声。国家对此要约束企业这种行为。在考虑"一带一路"的时候，确实要把环境这个标准融入"五通"之中。走出去要提供有技术含量、附加值比较高、有竞争优势的产品，不能过分强调为国内环境转移落后和污染产业。

环保与"一带一路"的关系首先从国内做起。国内"一带一路"究竟涉及多少个省，各省在"一带一路"中的定位与措施，需要进一步明确。以西北地区来举例，当地生态比较脆弱，建设公路、铁路、油气管道、桥梁、输电线路等，如果没有环保标准和意识，就会对当地的生态系统造成一种损害。

"一带一路"规划中对获取他国矿产资源的同时，一定不要忽略环保问题。"一带一路"战略的实施，对我国矿产资源对外依存多元化有好处，但考虑能源安全问题一定不要忘了环境保护。

在"一带一路"过程中确定对外投资的环境标准将是一个复杂的过程，需要下大力气解决。我们看到，在国际上环境标准也是不断演变的。例如，从 WTO 谈判提到的环境标准，到现在美国在 TPP、TIPP 谈判中提到的环境标准，都有很多变化。现在我国不一定能达到发达国家的标准，但是如何制定一个通用又考虑各国实际、可操作又可持续的环保标准，是至关重要的，也具有很大的难度。我国已经是世界第二大经济体，更应对国际贸易和投资的环境规制与标准的完善发挥作用。（发言者为复旦大学经济学院副院长）

>>朱莉：有关国际机构已在中国选择试点创建绿色工业园<<

联合国工业发展组织等国际机构已经在中国丝绸之路沿线城市选择两个试点，旨在创建绿色工业园。联合国工业发展组织中国南南工业合作中心成立于 2008 年，主要是为了促进中国和其他发展中国家之间的合作，英文简称为 UCSSIC。有个项目叫联合国工业发展组织绿色丝绸之路项目。项目建设期限为 2013 年 3 月至 2015 年 3 月，为期两年，经过多次考察，项目组最后选择两个工业园区作为试点，一个是位于新亚欧大陆桥新丝绸之路的起点（东部起点）——连云港的一个新区，另外一个选择了在大陆桥西边的乌鲁木齐经济开发区。通过这两个试点，制定出了一个绿色工业园区的建设指导原则。参加的联合国机构有环境署、开发计划署、联合国南南合作特别局等，共同进行海上和陆上丝绸之路的开发。目前又进行了新项目，其重要内容之一就是深化与细化这个指导原则，同时还要搭建丝绸之路沿线的市场联盟，举行工商理事会，希望能够在物流、贸易促进、企业合作以及推进丝绸之路原产地标识这些方面做出一些推动与贡献。（发言者为联合国工业发展组织中国南南工业合作中心项目官员）

>>王丽：在"一带一路"沿线国家建设投资面临四大约束条件<<

首先是法律约束条件。从北路、中路到南路，"一带一路"实际上可以叫作陆丝带（3 条）和海丝路（2 条），它有效地把所有的国家串起来，但是这些国家的法律存在巨大差异。一是法域不同。最大的主权是法律主权，立法的主权。每个国家都有自己的法律体系、法律程序和司法体制，必须按照法律管辖来遵守。"一带一路"有自己的时间表、窗口期，还需要符合别国的合规审查，这是一个挑战。二是冲突和矛盾。"一带一路"要按市场机制和方式，从融资到建设都要依法办事、依法建设，其中一定会产生合作，会存在纠纷，而各国纠纷的解决机制不一样，这也是一个挑战，需要建立一个多边的、大家认可的法律纠纷解决机制。其次是环境约束条件，过去是软条件，而现在是越来越硬。再次是资金约束条件。目前看来问题不大，比如现在约需1 万亿美元，可由亚投行、丝路基金等融资，"一带一路"中的巨大投资是世界经济的增长点，把世界上最穷的和最富的联系起来，是拯救世界的强劲动力。最后是技术约束条件。"一带一路"目前主要是基础建设。基础建设技术已经基本解决，比如公路、铁路、航路、造船、造车、互联网等。技术发展是支持"一带一路"战略的强劲推动力。（发言者为德恒律师事务所全球首席合伙人）

>>赵晋灵：亿利启动绿色丝绸之路基金关注绿土地、绿能源和绿金融<<

2014 年，国家发布了丝路基金计划，亿利资源集团于 2015 年 3 月启动了绿色丝绸之路基金。国家层面的丝路基金更多关注基础建设、高铁等走出去，亿利的绿色之路基金关注绿土地、绿能源和绿金融，实际上是考虑如何把能源做成环保、把土地做成环保、金融杠杆和互联网工具等。基金首期发布规模是 300 亿元，第一期项目是在冬奥会所在地——张家口，目前已初步开工，2015 年 7 月正式启动，主要做生态光伏项目，其间，也与一些公司合作，比如做光伏发电的正泰集团、做养殖的"清华连"、做绿色农业的汇源、新希望以及平安银行和工商银行等。（发言者为亿利资源集团有限公司部门负责人）

>>张联升：我国中小型水能机生产企业已在沿线国家开展业务<<

浙江机电水利有限公司是一家隶属于国际小水电中心，专门生产水力发电设备的中小型企业，主要制造销售水能机、发电机并开办电站等。多年来，我们在联合国工业发展组织的支持下，开展工作，取得不少进展。公司已在部分"一带一路"沿线国家开展业务，比如生产销售设备、开发电站等，比如在土耳其、亚美尼亚、阿塞拜疆和格鲁吉亚，尤其是在土耳其，公司已经做了很多水电站。也与阿塞拜疆开展合作，成立一个包括水能机、发电机的设备厂，还与格鲁吉亚合作建设一个电站。联合国工业发展组织曾经出资，由中国商务部组织在赞比亚实施了一个项目，用的是我们的设备。发电的那天晚上，赞比亚一个学校的校长对着电灯，激动得一晚上没睡觉，他说特别感谢中国，我的学生终于有电灯了。那时，我们才感觉到，帮助非洲国家是个很伟大的事业。（发言者为浙江金轮机电实业有限公司总工程师）

>>葛岳静：实施"一带一路"战略要关注重要节点和重点国家<<

"一带一路"发端于中国，贯穿中亚、东南亚、南亚、西亚乃至欧洲的部分区域。东牵亚太经济圈，西系欧洲经济圈，应该说现在覆盖的国家大概是 65 个，占全球人口的 63%、经济总量的 29%。"一带一路"是要建设一个国际大通道和国际走廊，从东亚经济圈一直到欧洲经济圈，然后中间把它连接在一起。我们建设"一带一路"的目标，是要服务于中国的发展和崛起，要保证中国的三大地缘安全，也要保证两大共同体的建设目标。

中国在产销格局当中，因为大进大出、两头在外的经济格局，已经对世界资源产生强烈的依赖，而我们周边的这些国家，与中国有着很强的资源互补性。

我们"一带一路"将要涉及一些主要的经济体或者是地缘体。比如说东盟和东南亚，南亚和其中的四个国家——印度、巴基斯坦、孟加拉国、缅甸。中国在走向印度洋战略过程中的中巴经济走廊、中印孟缅经济走廊，都是和这些国家相关的。然后中蒙俄，这样向丝绸之路延伸的两个重要的经济体，还有中亚西亚，再有就是中东欧。这些地缘体不是简单的带状，而是网络型的。我们关注的并不是某一个起点或者终点，而是在这个网络型中任何一个重要的节点，通道、口岸、基地，都可以在"一带一路"当中发挥重要作用。

"一带一路"规划纲要出来后，新疆是一个新的丝绸之路的核心区域，它所在的一个经济带是环天山经济带；里海东岸油气开发区涉及东亚和俄罗斯；还有欧亚核心经济带、中巴经济走廊、中印孟缅经济走廊，还有我们走向印度洋的两个战略支撑点：皎缥港、瓜达尔港。这是我要关注的重要节点。另外，我们也要对一些重点的国家予以重点关注。先看看跟中国有紧密友好关系的国家。从 1996 年开始，中国已经给建交的国家分了档次，各种伙伴关系。在伙伴的基础上，还可以发展一般意义的国际经济合作，无论是全面经济合作、深层次经济合作等；然后，还要发展一个战略关系，战略伙伴关系。中国现在已经建立了 58 个伙伴，结合这 58 个伙伴和现在"一带一路"涉及的 65 个国家。最铁的铁哥们，就是全天候战略合作伙伴的巴基斯坦。再有就是全面战略协作伙伴关系，都在中南半岛，特别是缅甸。全面战略伙伴关系是在中东欧、中亚，还有东盟，哈萨克斯坦就是其中一个重要的全面战略伙伴，这是中国丝绸之路往西走重要的一个途经站。战略合作伙伴关系中的印度，战略伙伴关系中的东盟、乌克兰、蒙古等，这些是我们的重要伙伴。

所以，"一带一路"中我们所关注的一些重要的节点，从欧亚大陆，从东亚经济圈到欧盟的中间，中亚是"一带一路"当中这个"带"的必经之路，东南亚是"路"的必经之路，所以近期我们应该更加关注的国家就是刚才提到的南亚的巴基斯坦、孟加拉国，东南亚的缅甸，中亚的五国，俄罗斯，白俄罗斯和乌克兰。远期是在中亚和中东欧来开展"一带一路"的更多的网络建设。这是基本的一个构想。（发言者为北京师范大学地理学与遥感科学学院分党委书记）

>>刘学敏：高度关注中亚这个塌陷地带<<

研讨"一带一路"中我感到有个缺陷，就是把中亚自然列入而没特别关注其中的困难。实际上中亚情况非常复杂。这里，既有俄罗斯推进的欧亚联盟，也有美国搞的包括阿富汗的大中亚新丝绸之路计划。如果说东亚是一个发达的经济体，欧洲是一个发达的经济体，在这个中间就有一个塌陷地带。这正是我们想通过丝绸之路经济带建设的地带。中亚简单概括就是五个斯坦，美国又加了阿富汗斯坦。这里的环境问题非常突出：首先是水资源和水环境的问题。水源性缺水，污染还非常严重，土地盐碱化和碘化的程度非常高。中亚五国里面最大的咸海，面积已经缩减了 1/3。盐分非常高，一刮起风来就是沙尘暴。苏联时代大量开垦土地，现在废弃了，植被破坏了，河水断流，生态环境非常严峻。

这个地方的核污染非常严重。苏联是一个核大国，所有的试验都在这个地方。苏联解体之后没人管了。有一个复活岛，用来堆放核燃料的，现在已经裸露了。目前吉尔吉斯斯坦有放射性尾矿藏地 44 处，体积达 5 600 万立方米，占地面积达 1 720 公顷，很多地方铀废料露天堆放，连简单的掩埋都没有。吉尔吉斯斯坦同意美国把它的核废料运过来，第一批放射性堆放废料 1.5 万桶，可得到 4 亿美元处理费用。这些国家同美国的关系越来越密切。

此外，这五个国家的首都都在地震带上，而且都是 8 级到 9 级的强震带。哈萨克斯坦已经迁了 4 次首都了。所以，我们在推进"一带一路"战略过程中一定要了解这个地方的情况。建设"丝绸之路经济带"非常需要加强与中亚国家在生态环境领域内的合作。（发言者为北京师范大学资源学院分党委书记）

>>张力小：关注"一带一路"战略中国际贸易的环境足迹<<

产能卖出去、资源买进来是"一带一路"战略的目的之一，需要关注贸易的环境足迹。中国推进"一带一路"建设的基本目的应该有五个，即消化过剩产能、增加能源和资源的获取渠道、占据区域贸易主导权以及强化战略格局，还有解决所谓的外汇与财务问题。但其实浮在表面的就两个，卖出去、买进来，即产能卖出去，资源买进来，就是贸易，进而需要关注虚拟贸易，虚拟水、虚拟能、虚拟污染物，统称为环境足迹。

很多人都关注"一带一路"的国外，其实"一带一路"影响很大的是中国内部。我个人认为"一带一路"这个战略，从普通意义上讲就是西部大开发战略的升级版，它对我们国内的生态环境的影响不亚于对周边国家的影响。

所以我主要讲三个层面的问题：第一个层面是"一带一路"对国内的环境影响是什么？首先消耗产能，把产能消耗完了之后还要生产，卖了这些东西还要生产，还是污染的。国内的环境问题怎么解决？第二个层面，在当地国家搞生产建设对当地环境的影响、国际责任和国际形象。这些都是需要解决的。理论上来讲资源稀缺导致效率提高，但当资源来的比较容易的时候，用起来会变得比较浪费。第三个层面，当我们确实建立了这个区域一体化的时候，我们的能源资源的安全又出现问题了，如何能有效地保障资源安全？比如有一些国家就是地缘政治和国内冲突比较多的国家，一旦不跟中国合作了，油气管道被炸掉，怎么办？值得深思。（发言者为北京师范大学环境学院副院长）

>>冷罗生：需要加强对沿线国家的环保法律研究<<

从国际层面来看，已有较为成熟的国际环保法律或公约。联合国宪章、宣言与公约在环境保护和环境保护合作方面有很多较为详细的规定，适用范围基本覆盖了"一带一路"所涉及的国家。

区域层面：按照地区梳理。第一，东南亚。在 20 世纪 50 年代以前，东南亚各国就已动用行政、法律等手段治理环境。到现在为止，东南亚各国都有一套环境法律。但总的来说执行力不强。现在在东盟框架下，东南亚形成了一套环境合作机制，特别是在生物多样性保护方面。第二，南亚都是发展中国家。印度环境立法在 20 世纪 70 年代就已经开始，到 20 世纪末基本建立了完整的环境法律体系。预防原则、环境影响评价、环境质量标准等很多方面值得我们学习和借鉴。第三，中亚地区。总的来说起步比较晚，起点比较低，启动比较慢，实绩非常少。尽管每一个国家都有一套环境法律和法规，但到现在还没有建立一个区域性的环境保护合作组织。第四，东北亚。在环境保护方面做得比较好的，比如日本和韩国。东北亚现在有三个综合性的环境合作机制和三个针对特定环境问题的合作机制。第五，西亚。局势动荡，战争给环境带来的破坏比较大，工业水平落后，环保意识淡薄，人口过于密集，因此环境污染问题非常严峻。第六，欧盟。在环境保护方面走在最前沿。第七，非洲。看上去比较穷，文明程度也不是很高，但是非洲的环境政策和环境行政体制方面形成了自己的一套环境体系。特别是 1992 年世界与环境发展大会召开以后，可持续发展理念非常强烈。所以非洲国家基本上形成了以宪法为基石、以基本法为基础、以部门法为支撑的法律体系。

综上，在"一带一路"建设中环境保护方面要考虑的问题有：第一，中国和欧盟的环境合作前景很大，欧盟在环境保护方面有很多的经验和教训值得我们学习和借鉴。第二，东北亚。日本和韩国的环境保护法律条款十分完备，去这些国家投资或者是合作的时候，在环境保护方面要特别注意。而俄罗斯的法律体系非常复杂，因此我们去俄罗斯开展经贸合作的时候需要谨慎。虽说蒙古经济不发达，但是环保要求比较强烈，所以中国在蒙古开矿的很多企业并没有挣到钱。第三，中亚的油气资源和矿产资源比较丰富，但是环境法律并不是十分完备。第四，东南亚的菲律宾和印尼尽管法律体系得到了完善，但是管理体制比较落后。还有越南的环境保护政策多变，执行能力比较差，值得注意。孟加拉国、印度主要是民族主义和资源主义实力比较强大，导致在那边的中国企业被收走。第五，西亚和北非。石油资源丰富，投资对环保的门槛比较低。但现在武装争斗比较多，安全的风险高于环保风险。还有环境污染程度很大，治理和修复的成本可能会很高。总的来说，"一带一路"走出去战略要储备环境保护这方面的知识、经验和人才，才能收到很好的实效，否则将会血本无归。（发言者为北京师范大学法学院经济法学与环境资源法学教学研究中心副主任）

>>毛显强：关于"一带一路"战略的作用<<

我想谈几点考虑：

第一个层面，"一路一带"这个战略本身实质上就是一个互联互通、产业转移。互联互通可能是个手段，产业转移可能是个目的。但投资和贸易都是并行的，其实我们更多的会关注到投资，因为是通过投资去修桥、路、高铁之类的基础设施。产业转移本身是有利于国内环境的减压，尤其是过剩产能要是走出去的话对国内的污染排放一定有一个减少的作用，这是基本认识。当然也不排除有另外的一些，像资源能源产品进来之后，又促进了污染性高能耗产业产品的发展，这也是另外一种可能性，这两种可能都存在。产业转移对国外的环境压力一定要事先有考虑。在环境风险方面国外的可能更大一些，是跟国际关系这个风险挂钩的，跟民族问题挂钩的。缅甸密松大坝背后就是国际关系斗争的反映。

第二个层面就是通关便利。比如渝新欧铁路，打通了之后，目前是每周有好几班的专列，来回走，会大大促进贸易和投资，实际上这种洲际铁路对环境肯定有影响。重庆要发展更多产业，对重庆是有环境压力的。

第三个层面就是要考虑到利益相关方。企业是对外投资贸易的主体，其次就是金融机构。因为推进"一带一路"战略实施，离不开投资，没有金融机构在背后的支持是做不到的。所以，最重要的是绿色金融。我们在以前主要是国开行、进出口银行等机构在做，有很多经验和教训。在2008年的时候，约翰·霍普金斯出了一个报告，专门去收集中国在非洲的环境足迹，他们说了很多对当地的环境影响，像加纳的布韦大坝、麦洛维大坝，加蓬的金刚大坝。经过媒体一宣传，对中国的影响非常大。最近最火的就是亚投行，然后还有一个丝路基金。我们也想呼吁一下，亚投行应尽快把绿色金融体系建立起来。绿色投资实际上就有利于我们将来走出去的时候，来防止风险的发生。

第四个层面就是环境管理手段。首先要出台这个新的指南，过去的指南太弱了。其次，就是对外投资管理办法。这个管理办法，2014年有一个新的版本，这个版本其实是放松了管控，对外投资都要过去审批，多少亿美元要审批，现在没有了，基本上不审批了。不审批之后是否有配套的东西跟上，需要关注。

总结起来就是，从定位来看，环保在"一路一带"战略里面是不可或缺的。作用来说，主要是防止风险，一个是投资风险，不要血本无归。（发言者为北京师范大学环境学院教授）

>>赵春明：发挥环保功能的重点和路径<<

"一带一路"战略可分为三个阶段，起步阶段、拓展阶段和完成阶段，环保需要贯穿始终。第一是起步阶段，中国—中亚—俄罗斯经济的一体化，中亚地区的战略意义重大。1995 年中国跟中亚五国的贸易额为 7.8 亿美元，2014 达到 450 亿美元，20 年增长了近 60 倍。第二个是拓展阶段，欧亚经济一体化框架的形成。第三个是完成阶段，就是全球经济一体化的平台形成，亚非欧经济一体化达到一个很高的程度。环保作用任重道远，需要贯彻始终，在各个阶段侧重点可能会有所不同，比如在起步阶段，产业、能源、交通和城市一体化四个方面是重点，到了高级阶段，文化、生态、贸易、金融一体化成为重点，重点可以有所不同，但环保的意识和作用应该贯穿始终。

环保在"一带一路"战略中的重点和路径是立足国内、参考国外。从四个方面来说明：一是清洁能源、可再生能源的开发和产业发展。我国清洁能源产业的发展既能满足"一带一路"建设的需求，又能起到保护环境的作用。二是制造业的绿色升级和发展。"一带一路"联通了我国的主要工业基地，凭借"一带一路"战略的发展，可以把一些过剩产能向中亚、西亚及东南亚地区输出，同时运用现代技术改造传统制造业，加大对这些产业的低碳改造资金的投入，可以有效实现沿线省（区、市）制造业的绿色发展。三是以服务业为代表的产业软化或轻型化发展。"一带一路"建设中服务贸易市场开放、开发是一项重要内容。沿线西部省（区、市）可以大力挖掘民族旅游、餐饮等民族特色文化产业，促进服务贸易发展和结构轻型化。四是促进绿色农产品产业的发展。西部沿线地区可以在丝绸之路经济带建设中，培育绿色农产品产业，组建绿色农产品产业龙头企业，形成绿色农产品深加工产业链条，在提高农产品增加值发展本地经济的同时，实现生态环境的良好保持。

发挥环保在"一带一路"战略中的地位与作用具备双重叠加效应。中国已具备推行包含大力发展环保产业在内的"一带一路"战略的客观条件，有两个叠加效应：一是"中国制造＋中国建造＋中国创造"的叠加效应。二是"中国储蓄＋中国投资＋中国储备"的叠加效应。（发言者为北京师范大学经济与工商管理学院原副院长）

>>林永生：环保应成为消除国际担忧的润滑剂<<

对中国倡议提出的"一带一路"战略，无论是沿线国家，还是美国、欧洲、日本等地，之所以心态复杂，源于对中国崛起的担忧，主要有两个方面：第一个方面是中国会否主导国际话语体系和规则制定，打破原有的世界秩序与势力均衡。第二个方面是中国会否转移"高投入、高污染"的经济增长模式，破坏沿线国家和地区本已脆弱的生态环境，甚至影响全球气候变化。因此，尽可能消除国际担忧、提升国际形象就会成为影响"一带一路"战略能否顺利实施的重要因素。全方位提升综合国力是消除国际担忧的根本途径，只有一个国家真正强大了，其他国家通常才会更积极地与你合作，这是个长期的过程。但这并不意味着我们目前无计可施，由于消除外界担忧和误解的重要途径之一就是增强透明度和对外传递信号，因此当前以及未来相当长的一段时期内，如果中国能够借助"一带一路"战略，向沿线及以外国家有效传递出这样的环保事实与信号：像西方发达国家过去那样，中国政府现在也已经放弃传统粗放型的增长模式，海内外投资生产都高度重视环境保护，并将长期持续推进生态文明建设，追求人与自然的和谐，则有助于中国对外交流与合作中消除国际担忧、提升国际形象。从这个意义上来看，环保就能够扮演"润滑剂"的角色，促进"一带一路"沿线国家和人民了解中国的生态文明建设与绿色发展进程，推动战略顺利实施。（发言者为北京师范大学经济与资源管理研究院副院长）

>> 王洛忠："一带一路"战略倒逼中国政府重塑环境治理体制和机制 <<

要从公共管理角度看环保在"一带一路"中的定位。"一带一路"沿途大多是欠发达国家或地区，目前都面临着与中国相似困境。发展任务的艰巨性与生态环境的脆弱性形成强烈的冲突。要避免类似楼兰古国悲剧的重演，要把环保理念融入"一带一路"战略。

"一带一路"战略构想应该成为推动中华文明、特别是生态文明在欧亚大陆传播的重要机制，应该成为中国政府向沿线国家和世界人民宣传和推广自身生态环保理念的重要平台。在"走出去"战略中，要把绿色环保的内容加进去，通过绿色环保合作来促进"走出去"。

生态环境问题成为中国与"一带一路"沿线国家加强合作的八大领域之一，由此奠定了环境保护在"一带一路"建设中的战略地位。中国政府授权发改委、外交部、商务部共同发布了《推进共建丝绸之路经济带和 21 世纪海上丝绸之路的行动》，象征着共建"一带一路"已经从做好顶层设计转到继续加强规划设计、具体推进、务实合作并行的新阶段。推进"一带一路"建设，中国将从八个领域加强与沿线国家的合作，第七个领域就是"加强生态环境合作，突出生态文明理念，建立健全有效对话机制，加强防灾减灾合作，共建绿色丝绸之路"。

"一带一路"战略构想的提出倒逼中国政府重塑环境治理体制和机制。一是中国各级政府、特别是沿线的地方政府应该高度重视生态环境保护与治理，在生态文化理念、生态制度机制上发挥先行先试的作用。二是政府之间的协同，包括纵向协同和横向协同。三是跨国合作。可以建立新的银行，比如绿色丝绸之路银行，或者在现在丝绸之路银行建设中把绿色环保的内容加进去。四是重视 NGO 组织和民间力量的作用。五是发挥智库的作用。（发言者为北京师范大学政府管理学院教授）

第六篇

30 个省（区、市）、38 个城市绿色发展"体检"表

为详细阐释 2013 年 30 个测评省(区、市)和 38 个测评城市的绿色发展水平,本篇向大家展示了各测评地区中国绿色发展指数三级指标的数值、排名及前后两年排名变化等,形成了两部分内容:省际绿色发展"体检"表和城市绿色发展"体检"表。

如何解读省际绿色发展"体检"表

　　省际绿色发展"体检"表包含了中国省际绿色发展指数 30 个测评省(区、市)60 个绿色发展三级指标的指标序号、指标名称、单位、指标属性、30 个省(区、市)测评均值、2013 年该省(区、市)指标数值、2012 年该省(区、市)指标数值、2013 年该省(区、市)指标排名、2012 年该省(区、市)指标排名、前后两年排名变化、数据来源及"进退脸谱"等多项内容。其中,指标序号、指标名称、单位、指标属性、30 个省(区、市)测评均值及数据来源这六项内容在每个省际绿色发展"体检"表中都是相同的,反映的是整个中国省际绿色发展指数 60 个绿色发展三级指标的具体情况。2013 年该省(区、市)指标数值、2012 年该省(区、市)指标数值、2013 年该省(区、市)指标排名、2012 年该省(区、市)指标排名及前后两年排名变化这五项内容在每个表中均不同,反映每个测评省(区、市)三级指标的原始数据及其相应的排名、变化。而最后的"进退脸谱"则是根据指标排名变化而制作的,若 2013 年指标数值排名较 2012 年有所进步,即给该项指标一个笑脸,以表示鼓励;若 2013 年指标数值排名较 2012 年有所退步,则给该项指标一个哭脸,以表示激励;若该项指标排名两年基本没有变化,则无脸谱表示。若该项指标在统计年鉴中没有数据,则用 NA 表示,待日后补全。省际绿色发展"体检"表全面地反映了每个测评省(区、市)在绿色发展各个方面的具体表现。

北京绿色发展"体检"表

序号	指标名称	单 位	指标属性	2013年测评均值	2013年北京数值	2012年北京数值	2013年北京排名	2012年北京排名	排名变化	2013年数据来源	进退脸谱
1	人均地区生产总值	元/人	正	47 745.867	93 213.000	87 475.000	2	2	0	中国统计	
2	单位地区生产总值能耗	吨标准煤/万元	逆	1.041	0.459	0.459	1	1	0	中国统计	
3	非化石能源消费量占能源消费量的比重		正	NA	NA	NA	NA	NA			
4	单位地区生产总值二氧化碳排放量		逆	NA	NA	NA	NA	NA			
5	单位地区生产总值二氧化硫排放量	吨/万元	逆	0.006	0.001	0.001	1	1	0	中国统计	
6	单位地区生产总值化学需氧量排放量	吨/万元	逆	0.006	0.001	0.001	1	2	1	中国统计	☺
7	单位地区生产总值氮氧化物排放量	吨/万元	逆	0.006	0.001	0.001	1	1	0	环境年报；中国统计	
8	单位地区生产总值氨氮排放量	吨/万元	逆	0.001	0.000	0.000	1	1	0	环境年报；中国统计	
9	人均城镇生活消费用电	千瓦时/人	逆	347.647	1 169.979	1 226.920	29	29	0	城市	
10	第一产业劳动生产率	万元/人	正	2.230	2.872	2.581	8	9	1	中国统计	☺
11	土地产出率	亿元/千公顷	正	0.350	0.703	0.588	1	1	0	中国统计	
12	节灌率		正	0.475	1.331	1.377	1	1	0	水利；中国统计	
13	有效灌溉面积占耕地面积比重	%	正	40.181	63.093	89.577	3	2	−1	中国统计	☹
14	第二产业劳动生产率	万元/人	正	15.793	20.554	18.802	8	7	−1	中国统计	☹
15	单位工业增加值水耗	立方米/元	逆	0.006	0.001	0.001	3	3	0	中国统计	
16	规模以上单位工业增加值能耗		逆	NA	NA	NA	NA	NA			
17	工业固体废物综合利用率	%	正	70.583	86.590	78.986	8	10	2	环境年鉴	☺
18	工业用水重复利用率	%	正	74.617	42.200	39.100	26	26	0	环境年鉴	
19	六大高载能行业产值占工业总产值比重	%	逆	38.934	32.351	32.100	12	11	−1	工业经济	☹
20	第三产业劳动生产率	万元/人	正	9.481	17.506	16.785	2	2	0	中国统计	
21	第三产业增加值比重	%	正	41.653	76.900	76.456	1	1	0	中国统计	
22	第三产业就业人员比重	%	正	37.733	76.661	75.625	1	1	0	中国统计	
23	人均水资源量	立方米/人	正	2 183.640	118.586	193.239	28	28	0	中国统计	
24	人均森林面积	公顷/人	正	0.202	0.028	0.025	26	27	1	中国统计	☺
25	森林覆盖率	%	正	33.061	35.840	31.720	16	15	−1	中国统计	☹
26	自然保护区面积占辖区面积比重	%	正	8.701	7.970	7.970	12	12	0	中国统计	

序号	指标名称	单 位	指标属性	2013年测评均值	2013年北京数值	2012年北京数值	2013年北京排名	2012年北京排名	排名变化	2013年数据来源	进退脸谱
27	湿地面积占国土面积的比重	%	正	9.228	2.860	1.930	24	25	1	中国统计	☺
28	人均活立木总蓄积量	立方米/人	正	11.870	0.864	0.624	28	28	0	中国统计	
29	单位土地面积二氧化碳排放量		逆	NA	NA	NA	NA	NA			
30	人均二氧化碳排放量		逆	NA	NA	NA	NA	NA			
31	单位土地面积二氧化硫排放量	吨/平方公里	逆	5.446	5.304	5.719	18	18	0	中国统计;沙漠	
32	人均二氧化硫排放量	吨/人	逆	0.018	0.004	0.005	2	2	0	中国统计	
33	单位土地面积化学需氧量排放量	吨/平方公里	逆	6.296	10.876	11.365	27	27	0	中国统计;沙漠	
34	人均化学需氧量排放量	吨/人	逆	0.018	0.009	0.009	1	1	0	中国统计	
35	单位土地面积氮氧化物排放量	吨/平方公里	逆	6.945	10.136	10.816	26	26	0	中国统计;沙漠;环境年报	
36	人均氮氧化物排放量	吨/人	逆	0.020	0.008	0.009	2	2	0	环境年报;中国统计	
37	单位土地面积氨氮排放量	吨/平方公里	逆	0.769	1.201	1.248	26	27	1	中国统计;沙漠;环境年报	☺
38	人均氨氮排放量	吨/人	逆	0.002	0.001	0.001	1	1	0	环境年报;中国统计	
39	单位耕地面积化肥施用量	万吨/千公顷	逆	0.037	0.053	0.059	28	20	−8	中国统计	☹
40	单位耕地面积农药使用量	吨/千公顷	逆	12.544	15.934	16.742	24	19	−5	环境年鉴;中国统计	☹
41	人均公路交通氮氧化物排放量	吨/万人	逆	51.830	36.554	39.066	9	12	3	环境年报;中国统计	☺
42	环境保护支出占财政支出比重	%	正	2.853	3.311	3.081	9	11	2	中国统计	☺
43	环境污染治理投资总额占地区生产总值比重	%	正	1.647	2.223	1.916	7	9	2	环境年鉴;中国统计	☺
44	农村人均改水、改厕的政府投资	元/人	正	51.415	39.639	53.279	18	10	−8	环境年鉴	☹
45	单位耕地面积退耕还林投资完成额	万元/千公顷	正	13.282	0.000	0.000	17	17	0	环境年鉴;中国统计	
46	科教文卫支出占财政支出比重	%	正	27.720	32.266	33.268	5	4	−1	中国统计	☹
47	城市人均绿地面积	公顷/人	正	0.003	0.005	0.005	4	4	0	城市;中国统计	
48	城市用水普及率	%	正	97.299	100.000	100.000	1	1	0	中国统计	

续表

序号	指标名称	单位	指标属性	2013年测评均值	2013年北京数值	2012年北京数值	2013年北京排名	2012年北京排名	排名变化	2013年数据来源	进退脸谱
49	城市污水处理率	%	正	87.563	84.600	83.200	23	25	2	环境年鉴	☺
50	城市生活垃圾无害化处理率	%	正	88.487	99.300	99.120	5	4	−1	中国统计	☹
51	城市每万人拥有公交车辆	标台	正	12.571	24.386	23.433	1	1	0	中国统计	
52	人均城市公共交通运营线路网长度	公里/人	正	0.001	0.002	0.002	4	4	0	中国统计；城市	
53	农村累计已改水受益人口占农村总人口比重	%	正	95.772	100.000	0.436	1	29	28	环境年鉴	☺
54	建成区绿化覆盖率	%	正	38.787	47.100	46.200	1	1	0	中国统计	
55	人均当年新增造林面积	公顷/万人	正	62.246	21.899	17.492	23	22	−1	中国统计	☹
56	工业二氧化硫去除率	%	正	63.178	66.849	62.801	11	22	11	中国统计	☺
57	工业废水化学需氧量去除率	%	正	81.541	90.016	89.856	4	6	2	环境年报；中国统计	☺
58	工业氮氧化物去除率	%	正	17.859	20.407	12.774	12	5	−7	环境年报	☹
59	工业废水氨氮去除率	%	正	77.152	86.536	87.084	7	7	0	环境年报；中国统计	
60	突发环境事件次数	次	逆	24	16	21	24	24	0	中国统计	

年鉴说明：中国统计——《中国统计年鉴 2014》；环境年鉴——《中国环境统计年鉴 2014》；环境年报——《中国环境统计年报 2013》；城市——《中国城市统计年鉴 2014》；水利——《中国水利统计年鉴 2014》；工业经济——《中国工业经济统计年鉴 2014》；沙漠——《中国沙漠及其治理》。

天津绿色发展"体检"表

序号	指标名称	单位	指标属性	2013年测评均值	2013年天津数值	2012年天津数值	2013年天津排名	2012年天津排名	排名变化	2013年数据来源	进退脸谱
1	人均地区生产总值	元/人	正	47 745.867	99 607.000	93 173.000	1	1	0	中国统计	
2	单位地区生产总值能耗	吨标准煤/万元	逆	1.041	0.708	0.708	9	9	0	中国统计	
3	非化石能源消费量占能源消费量的比重		正	NA	NA	NA	NA	NA			
4	单位地区生产总值二氧化碳排放量		逆	NA	NA	NA	NA	NA			
5	单位地区生产总值二氧化硫排放量	吨/万元	逆	0.006	0.002	0.002	5	5	0	中国统计	
6	单位地区生产总值化学需氧量排放量	吨/万元	逆	0.006	0.002	0.002	3	3	0	中国统计	
7	单位地区生产总值氮氧化物排放量	吨/万元	逆	0.006	0.003	0.003	6	6	0	环境年报;中国统计	
8	单位地区生产总值氨氮排放量	吨/万元	逆	0.001	0.000	0.000	2	2	0	环境年报;中国统计	
9	人均城镇生活消费用电	千瓦时/人	逆	347.647	752.786	740.721	28	28	0	城市	
10	第一产业劳动生产率	万元/人	正	2.230	2.688	2.377	12	12	0	中国统计	
11	土地产出率	亿元/千公顷	正	0.350	0.459	0.409	6	7	1	中国统计	☺
12	节灌率		正	0.475	0.574	0.867	10	3	−7	水利;中国统计	☹
13	有效灌溉面积占耕地面积比重	%	正	40.181	65.238	76.411	2	6	4	中国统计	☺
14	第二产业劳动生产率	万元/人	正	15.793	21.254	20.603	6	5	−1	中国统计	☹
15	单位工业增加值水耗	立方米/元	逆	0.006	0.001	0.001	1	1	0	中国统计	
16	规模以上单位工业增加值能耗		逆	NA	NA	NA	NA	NA			
17	工业固体废物综合利用率	%	正	70.583	99.372	99.780	1	1	0	环境年鉴	
18	工业用水重复利用率	%	正	74.617	94.400	96.700	3	1	−2	环境年鉴	☹
19	六大高载能行业产值占工业总产值比重	%	逆	38.934	32.842	33.566	13	13	0	工业经济	
20	第三产业劳动生产率	万元/人	正	9.481	16.726	15.634	3	3	0	中国统计	
21	第三产业增加值比重	%	正	41.653	48.100	46.987	4	4	0	中国统计	
22	第三产业就业人员比重	%	正	37.733	50.105	49.932	3	3	0	中国统计	
23	人均水资源量	立方米/人	正	2 183.640	101.485	237.993	30	27	−3	中国统计	☹
24	人均森林面积	公顷/人	正	0.202	0.008	0.007	29	29	0	中国统计	
25	森林覆盖率	%	正	33.061	9.870	8.240	28	28	0	中国统计	
26	自然保护区面积占辖区面积比重	%	正	8.701	7.990	8.060	11	11	0	中国统计	

续表

序号	指标名称	单 位	指标属性	2013年测评均值	2013年天津数值	2012年天津数值	2013年天津排名	2012年天津排名	排名变化	2013年数据来源	进退脸谱
27	湿地面积占国土面积的比重	%	正	9.228	23.940	14.950	3	3	0	中国统计	
28	人均活立木总蓄积量	立方米/人	正	11.870	0.308	0.196	29	29	0	中国统计	
29	单位土地面积二氧化碳排放量		逆	NA	NA	NA	NA	NA			
30	人均二氧化碳排放量		逆	NA	NA	NA	NA	NA			
31	单位土地面积二氧化硫排放量	吨/平方公里	逆	5.446	18.195	18.840	29	29	0	中国统计;沙漠	
32	人均二氧化硫排放量	吨/人	逆	0.018	0.015	0.016	18	18	0	中国统计	
33	单位土地面积化学需氧量排放量	吨/平方公里	逆	6.296	18.588	19.252	29	29	0	中国统计;沙漠	
34	人均化学需氧量排放量	吨/人	逆	0.018	0.015	0.017	14	14	0	中国统计	
35	单位土地面积氮氧化物排放量	吨/平方公里	逆	6.945	26.157	28.045	29	29	0	中国统计;沙漠;环境年报	
36	人均氮氧化物排放量	吨/人	逆	0.020	0.022	0.024	23	25	2	环境年报;中国统计	☺
37	单位土地面积氨氮排放量	吨/平方公里	逆	0.769	2.071	2.133	29	29	0	中国统计;沙漠;环境年报	
38	人均氨氮排放量	吨/人	逆	0.002	0.002	0.002	12	15	3	环境年报;中国统计	☺
39	单位耕地面积化肥施用量	万吨/千公顷	逆	0.037	0.051	0.055	25	18	−7	中国统计	☹
40	单位耕地面积农药使用量	吨/千公顷	逆	12.544	7.685	8.633	11	9	−2	环境年鉴;中国统计	☹
41	人均公路交通氮氧化物排放量	吨/万人	逆	51.830	38.587	39.051	12	11	−1	环境年报;中国统计	☹
42	环境保护支出占财政支出比重	%	正	2.853	1.900	1.796	29	29	0	中国统计	
43	环境污染治理投资总额占地区生产总值比重	%	正	1.647	1.331	1.222	19	20	1	环境年鉴;中国统计	☺
44	农村人均改水、改厕的政府投资	元/人	正	51.415	27.162	8.856	23	29	6	环境年鉴	☺
45	单位耕地面积退耕还林投资完成额	万元/千公顷	正	13.282	0.000	0.000	17	17	0	环境年鉴;中国统计	
46	科教文卫支出占财政支出比重	%	正	27.720	28.544	27.854	14	20	6	中国统计	☺
47	城市人均绿地面积	公顷/人	正	0.003	0.002	0.002	10	10	0	城市;中国统计	
48	城市用水普及率	%	正	97.299	100.000	100.000	1	1	0	中国统计	

序号	指标名称	单位	指标属性	2013 年测评均值	2013 年天津数值	2012 年天津数值	2013 年天津排名	2012 年天津排名	排名变化	2013 年数据来源	进退脸谱
49	城市污水处理率	%	正	87.563	90.000	88.200	12	12	0	环境年鉴	
50	城市生活垃圾无害化处理率	%	正	88.487	96.800	99.810	9	2	−7	中国统计	☹
51	城市每万人拥有公交车辆	标台	正	12.571	18.990	17.337	2	2	0	中国统计	
52	人均城市公共交通运营线路网长度	公里/人	正	0.001	0.001	0.001	5	5	0	中国统计;城市	
53	农村累计已改水受益人口占农村总人口比重	%	正	95.772	100.000	1.986	1	20	19	环境年鉴	☺
54	建成区绿化覆盖率	%	正	38.787	34.930	34.880	26	26	0	中国统计	
55	人均当年新增造林面积	公顷/万人	正	62.246	4.015	3.870	29	29	0	中国统计	
56	工业二氧化硫去除率	%	正	63.178	70.801	65.463	10	17	7	中国统计	☺
57	工业废水化学需氧量去除率	%	正	81.541	82.913	79.672	18	21	3	环境年报;中国统计	☺
58	工业氮氧化物去除率	%	正	17.859	28.373	7.346	5	10	5	环境年报	☺
59	工业废水氨氮去除率	%	正	77.152	60.963	55.284	25	28	3	环境年报;中国统计	☺
60	突发环境事件次数	次	逆	24	0	5	1	14	13	中国统计	☺

年鉴说明:中国统计——《中国统计年鉴 2014》;环境年鉴——《中国环境统计年鉴 2014》;环境年报——《中国环境统计年报 2013》;城市——《中国城市统计年鉴 2014》;水利——《中国水利统计年鉴 2014》;工业经济——《中国工业经济统计年鉴 2014》;沙漠——《中国沙漠及其治理》。

河北绿色发展"体检"表

序号	指标名称	单位	指标属性	2013年测评均值	2013年河北数值	2012年河北数值	2013年河北排名	2012年河北排名	排名变化	2013年数据来源	进退脸谱
1	人均地区生产总值	元/人	正	47 745.867	38 716.000	36 584.000	16	15	-1	中国统计	☹
2	单位地区生产总值能耗	吨标准煤/万元	逆	1.041	1.300	1.300	23	23	0	中国统计	
3	非化石能源消费量占能源消费量的比重		正	NA	NA	NA	NA	NA			
4	单位地区生产总值二氧化碳排放量		逆	NA	NA	NA	NA	NA			
5	单位地区生产总值二氧化硫排放量	吨/万元	逆	0.006	0.006	0.006	21	21	0	中国统计	
6	单位地区生产总值化学需氧量排放量	吨/万元	逆	0.006	0.006	0.006	13	13	0	中国统计	
7	单位地区生产总值氮氧化物排放量	吨/万元	逆	0.006	0.007	0.008	23	23	0	环境年报；中国统计	
8	单位地区生产总值氨氮排放量	吨/万元	逆	0.001	0.000	0.001	9	9	0	环境年报；中国统计	
9	人均城镇生活消费用电	千瓦时/人	逆	347.647	113.521	97.482	3	2	-1	城市	☹
10	第一产业劳动生产率	万元/人	正	2.230	2.473	2.224	13	13	0	中国统计	
11	土地产出率	亿元/千公顷	正	0.350	0.397	0.352	12	12	0	中国统计	
12	节灌率		正	0.475	0.667	0.646	6	11	5	水利；中国统计	☺
13	有效灌溉面积占耕地面积比重	%	正	40.181	49.707	72.865	5	7	2	中国统计	☺
14	第二产业劳动生产率	万元/人	正	15.793	10.400	10.294	26	25	-1	中国统计	☹
15	单位工业增加值水耗	立方米/元	逆	0.006	0.002	0.002	6	6	0	中国统计	
16	规模以上单位工业增加值能耗		逆	NA	NA	NA	NA	NA			
17	工业固体废物综合利用率	%	正	70.583	42.403	38.092	29	30	1	环境年鉴	☺
18	工业用水重复利用率	%	正	74.617	93.700	94.300	4	4	0	环境年鉴	
19	六大高载能行业产值占工业总产值比重	%	逆	38.934	47.155	49.581	24	24	0	工业经济	
20	第三产业劳动生产率	万元/人	正	9.481	7.722	7.625	18	17	-1	中国统计	☹
21	第三产业增加值比重	%	正	41.653	35.500	35.314	23	23	0	中国统计	
22	第三产业就业人员比重	%	正	37.733	32.060	30.807	24	24	0	中国统计	
23	人均水资源量	立方米/人	正	2 183.640	240.566	324.242	25	23	-2	中国统计	☹
24	人均森林面积	公顷/人	正	0.202	0.060	0.057	24	24	0	中国统计	
25	森林覆盖率	%	正	33.061	23.410	22.290	19	19	0	中国统计	
26	自然保护区面积占辖区面积比重	%	正	8.701	3.690	3.610	28	28	0	中国统计	

续表

序号	指标名称	单　位	指标属性	2013年测评均值	2013年河北数值	2012年河北数值	2013年河北排名	2012年河北排名	排名变化	2013年数据来源	进退脸谱
27	湿地面积占国土面积的比重	%	正	9.228	5.040	5.820	17	12	−5	中国统计	☹
28	人均活立木总蓄积量	立方米/人	正	11.870	1.784	1.397	24	24	0	中国统计	
29	单位土地面积二氧化碳排放量		逆	NA	NA	NA	NA	NA			
30	人均二氧化碳排放量		逆	NA	NA	NA	NA	NA			
31	单位土地面积二氧化硫排放量	吨/平方公里	逆	5.446	6.818	7.118	22	22	0	中国统计;沙漠	
32	人均二氧化硫排放量	吨/人	逆	0.018	0.018	0.018	20	20	0	中国统计	
33	单位土地面积化学需氧量排放量	吨/平方公里	逆	6.296	6.952	7.160	21	21	0	中国统计;沙漠	
34	人均化学需氧量排放量	吨/人	逆	0.018	0.018	0.019	19	20	1	中国统计	☺
35	单位土地面积氮氧化物排放量	吨/平方公里	逆	6.945	8.769	9.346	23	23	0	中国统计;沙漠;环境年报	
36	人均氮氧化物排放量	吨/人	逆	0.020	0.023	0.024	25	26	1	环境年报;中国统计	☺
37	单位土地面积氨氮排放量	吨/平方公里	逆	0.769	0.568	0.588	15	15	0	中国统计;沙漠;环境年报	
38	人均氨氮排放量	吨/人	逆	0.002	0.001	0.002	4	4	0	环境年报;中国统计	
39	单位耕地面积化肥施用量	万吨/千公顷	逆	0.037	0.038	0.052	16	17	1	中国统计	☺
40	单位耕地面积农药使用量	吨/千公顷	逆	12.544	9.912	13.428	15	14	−1	环境年鉴;中国统计	☹
41	人均公路交通氮氧化物排放量	吨/万人	逆	51.830	71.610	75.436	26	27	1	环境年报;中国统计	☺
42	环境保护支出占财政支出比重	%	正	2.853	3.897	3.136	3	10	7	中国统计	☺
43	环境污染治理投资总额占地区生产总值比重	%	正	1.647	1.731	1.829	10	10	0	环境年鉴;中国统计	
44	农村人均改水、改厕的政府投资	元/人	正	51.415	11.033	8.050	30	30	0	环境年鉴	
45	单位耕地面积退耕还林投资完成额	万元/千公顷	正	13.282	0.000	0.000	17	17	0	环境年鉴;中国统计	
46	科教文卫支出占财政支出比重	%	正	27.720	30.408	31.689	8	7	−1	中国统计	☹
47	城市人均绿地面积	公顷/人	正	0.003	0.001	0.001	26	25	−1	城市;中国统计	☹
48	城市用水普及率	%	正	97.299	99.850	99.960	5	4	−1	中国统计	☹

续表

序号	指标名称	单位	指标属性	2013年测评均值	2013年河北数值	2012年河北数值	2013年河北排名	2012年河北排名	排名变化	2013年数据来源	进退脸谱
49	城市污水处理率	%	正	87.563	94.600	94.300	3	3	0	环境年鉴	
50	城市生活垃圾无害化处理率	%	正	88.487	83.300	81.390	25	22	-3	中国统计	☹
51	城市每万人拥有公交车辆	标台	正	12.571	12.621	11.286	13	15	2	中国统计	☺
52	人均城市公共交通运营线路网长度	公里/人	正	0.001	0.000	0.000	21	21	0	中国统计；城市	
53	农村累计已改水受益人口占农村总人口比重	%	正	95.772	98.605	0.739	13	27	14	环境年鉴	☺
54	建成区绿化覆盖率	%	正	38.787	41.200	40.980	9	9	0	中国统计	
55	人均当年新增造林面积	公顷/万人	正	62.246	43.603	43.001	13	12	-1	中国统计	☹
56	工业二氧化硫去除率	%	正	63.178	64.545	61.680	17	23	6	中国统计	☺
57	工业废水化学需氧量去除率	%	正	81.541	88.308	89.339	9	8	-1	环境年报；中国统计	☹
58	工业氮氧化物去除率	%	正	17.859	15.304	6.400	17	16	-1	环境年报	☹
59	工业废水氨氮去除率	%	正	77.152	84.001	84.002	13	13	0	环境年报；中国统计	
60	突发环境事件次数	次	逆	24	3	10	6	16	10	中国统计	☺

年鉴说明：中国统计——《中国统计年鉴 2014》；环境年鉴——《中国环境统计年鉴 2014》；环境年报——《中国环境统计年报 2013》；城市——《中国城市统计年鉴 2014》；水利——《中国水利统计年鉴 2014》；工业经济——《中国工业经济统计年鉴 2014》；沙漠——《中国沙漠及其治理》。

山西绿色发展"体检"表

序号	指标名称	单位	指标属性	2013年测评均值	2013年山西数值	2012年山西数值	2013年山西排名	2012年山西排名	排名变化	2013年数据来源	进退脸谱
1	人均地区生产总值	元/人	正	47 745.867	34 813.000	33 628.000	22	19	-3	中国统计	☹
2	单位地区生产总值能耗	吨标准煤/万元	逆	1.041	1.762	1.762	28	28	0	中国统计	
3	非化石能源消费量占能源消费量的比重		正	NA	NA	NA	NA	NA			
4	单位地区生产总值二氧化碳排放量		逆	NA	NA	NA	NA	NA			
5	单位地区生产总值二氧化硫排放量	吨/万元	逆	0.006	0.013	0.015	27	27	0	中国统计	
6	单位地区生产总值化学需氧量排放量	吨/万元	逆	0.006	0.005	0.005	11	11	0	中国统计	
7	单位地区生产总值氮氧化物排放量	吨/万元	逆	0.006	0.012	0.014	28	28	0	环境年报;中国统计	
8	单位地区生产总值氨氮排放量	吨/万元	逆	0.001	0.001	0.001	16	16	0	环境年报;中国统计	
9	人均城镇生活消费用电	千瓦时/人	逆	347.647	175.869	161.641	12	9	-3	城市	☹
10	第一产业劳动生产率	万元/人	正	2.230	1.193	1.087	27	27	0	中国统计	
11	土地产出率	亿元/千公顷	正	0.350	0.246	0.223	22	21	-1	中国统计	☹
12	节灌率		正	0.475	0.592	0.587	9	13	4	水利;中国统计	☺
13	有效灌溉面积占耕地面积比重	%	正	40.181	36.559	32.523	15	25	10	中国统计	☺
14	第二产业劳动生产率	万元/人	正	15.793	13.464	14.475	16	12	-4	中国统计	☹
15	单位工业增加值水耗	立方米/元	逆	0.006	0.002	0.003	7	7	0	中国统计	
16	规模以上单位工业增加值能耗		逆	NA	NA	NA	NA	NA			
17	工业固体废物综合利用率	%	正	70.583	64.925	69.701	18	14	-4	环境年鉴	☹
18	工业用水重复利用率	%	正	74.617	92.500	94.400	7	3	-4	环境年鉴	☹
19	六大高载能行业产值占工业总产值比重	%	逆	38.934	42.490	41.539	20	19	-1	工业经济	☹
20	第三产业劳动生产率	万元/人	正	9.481	7.586	7.555	19	18	-1	中国统计	☹
21	第三产业增加值比重	%	正	41.653	40.000	38.661	16	17	1	中国统计	☺
22	第三产业就业人员比重	%	正	37.733	36.574	36.484	15	12	-3	中国统计	☹
23	人均水资源量	立方米/人	正	2 183.640	349.555	294.980	23	24	1	中国统计	☺
24	人均森林面积	公顷/人	正	0.202	0.078	0.061	22	22	0	中国统计	
25	森林覆盖率	%	正	33.061	18.030	14.120	22	23	1	中国统计	☺
26	自然保护区面积占辖区面积比重	%	正	8.701	7.090	7.440	16	15	-1	中国统计	☹

续表

序号	指标名称	单位	指标属性	2013 年测评均值	2013 年山西数值	2012 年山西数值	2013 年山西排名	2012 年山西排名	排名变化	2013 年数据来源	进退脸谱
27	湿地面积占国土面积的比重	%	正	9.228	0.970	3.190	30	21	−9	中国统计	☹
28	人均活立木总蓄积量	立方米/人	正	11.870	3.041	2.450	22	22	0	中国统计	
29	单位土地面积二氧化碳排放量		逆	NA	NA	NA	NA	NA			
30	人均二氧化碳排放量		逆	NA	NA	NA	NA	NA			
31	单位土地面积二氧化硫排放量	吨/平方公里	逆	5.446	8.011	8.307	25	25	0	中国统计；沙漠	
32	人均二氧化硫排放量	吨/人	逆	0.018	0.035	0.036	27	28	1	中国统计	☺
33	单位土地面积化学需氧量排放量	吨/平方公里	逆	6.296	2.944	3.042	9	9	0	中国统计；沙漠	
34	人均化学需氧量排放量	吨/人	逆	0.018	0.013	0.013	5	5	0	中国统计	
35	单位土地面积氮氧化物排放量	吨/平方公里	逆	6.945	7.388	7.938	22	22	0	中国统计；沙漠；环境年报	
36	人均氮氧化物排放量	吨/人	逆	0.020	0.032	0.035	27	27	0	环境年报；中国统计	
37	单位土地面积氨氮排放量	吨/平方公里	逆	0.769	0.353	0.363	12	12	0	中国统计；沙漠；环境年报	
38	人均氨氮排放量	吨/人	逆	0.002	0.002	0.002	6	5	−1	环境年报；中国统计	☹
39	单位耕地面积化肥施用量	万吨/千公顷	逆	0.037	0.032	0.029	13	6	−7	中国统计	☹
40	单位耕地面积农药使用量	吨/千公顷	逆	12.544	8.073	7.350	12	8	−4	环境年鉴；中国统计	☹
41	人均公路交通氮氧化物排放量	吨/万人	逆	51.830	72.835	72.634	27	26	−1	环境年报；中国统计	☹
42	环境保护支出占财政支出比重	%	正	2.853	3.239	3.195	10	8	−2	中国统计	☹
43	环境污染治理投资总额占地区生产总值比重	%	正	1.647	2.676	2.710	5	4	−1	环境年鉴；中国统计	☹
44	农村人均改水、改厕的政府投资	元/人	正	51.415	17.735	27.435	28	25	−3	环境年鉴	☹
45	单位耕地面积退耕还林投资完成额	万元/千公顷	正	13.282	14.350	12.341	11	13	2	环境年鉴；中国统计	☺
46	科教文卫支出占财政支出比重	%	正	27.720	28.805	30.147	13	13	0	中国统计	
47	城市人均绿地面积	公顷/人	正	0.003	0.001	0.001	25	23	−2	城市；中国统计	☹
48	城市用水普及率	%	正	97.299	98.140	97.640	14	16	2	中国统计	☺

序号	指标名称	单　位	指标属性	2013 年测评均值	2013 年山西数值	2012 年山西数值	2013 年山西排名	2012 年山西排名	排名变化	2013 年数据来源	进退脸谱
49	城市污水处理率	％	正	87.563	88.400	88.000	16	13	−3	环境年鉴	☹
50	城市生活垃圾无害化处理率	％	正	88.487	87.900	80.250	20	23	3	中国统计	☺
51	城市每万人拥有公交车辆	标台	正	12.571	9.901	8.473	25	29	4	中国统计	☺
52	人均城市公共交通运营线路网长度	公里/人	正	0.001	0.000	0.000	18	18	0	中国统计；城市	
53	农村累计已改水受益人口占农村总人口比重	％	正	95.772	89.960	4.513	27	15	−12	环境年鉴	☹
54	建成区绿化覆盖率	％	正	38.787	40.020	38.600	13	17	4	中国统计	☺
55	人均当年新增造林面积	公顷/万人	正	62.246	82.533	84.081	7	7	0	中国统计	
56	工业二氧化硫去除率	％	正	63.178	66.368	67.588	13	15	2	中国统计	☺
57	工业废水化学需氧量去除率	％	正	81.541	85.185	80.409	13	19	6	环境年报；中国统计	☺
58	工业氮氧化物去除率	％	正	17.859	23.361	6.930	9	13	4	环境年报	☺
59	工业废水氨氮去除率	％	正	77.152	80.613	91.480	18	3	−15	环境年报；中国统计	☹
60	突发环境事件次数	次	逆	24	13	0	21	1	−20	中国统计	☹

　　年鉴说明：中国统计——《中国统计年鉴 2014》；环境年鉴——《中国环境统计年鉴 2014》；环境年报——《中国环境统计年报 2013》；城市——《中国城市统计年鉴 2014》；水利——《中国水利统计年鉴 2014》；工业经济——《中国工业经济统计年鉴 2014》；沙漠——《中国沙漠及其治理》。

内蒙古绿色发展"体检"表

序号	指标名称	单 位	指标属性	2013年测评均值	2013年内蒙古数值	2012年内蒙古数值	2013年内蒙古排名	2012年内蒙古排名	排名变化	2013年数据来源	进退脸谱
1	人均地区生产总值	元/人	正	47 745.867	67 498.000	63 886.000	6	5	−1	中国统计	☹
2	单位地区生产总值能耗	吨标准煤/万元	逆	1.041	1.405	1.405	25	25	0	中国统计	
3	非化石能源消费量占能源消费量的比重		正	NA	NA	NA	NA	NA			
4	单位地区生产总值二氧化碳排放量		逆	NA	NA	NA	NA	NA			
5	单位地区生产总值二氧化硫排放量	吨/万元	逆	0.006	0.011	0.012	25	25	0	中国统计	
6	单位地区生产总值化学需氧量排放量	吨/万元	逆	0.006	0.007	0.008	20	20	0	中国统计	
7	单位地区生产总值氮氧化物排放量	吨/万元	逆	0.006	0.011	0.013	27	27	0	环境年报；中国统计	
8	单位地区生产总值氨氮排放量	吨/万元	逆	0.001	0.000	0.000	8	8	0	环境年报；中国统计	
9	人均城镇生活消费用电	千瓦时/人	逆	347.647	260.805	250.521	18	18	0	城市	
10	第一产业劳动生产率	万元/人	正	2.230	2.747	2.505	10	10	0	中国统计	
11	土地产出率	亿元/千公顷	正	0.350	0.184	0.164	30	30	0	中国统计	
12	节灌率		正	0.475	0.701	0.861	4	4	0	水利；中国统计	
13	有效灌溉面积占耕地面积比重	%	正	40.181	41.017	43.727	12	19	7	中国统计	☺
14	第二产业劳动生产率	万元/人	正	15.793	36.286	38.468	1	1	0	中国统计	
15	单位工业增加值水耗	立方米/元	逆	0.006	0.003	0.003	8	9	1	中国统计	☺
16	规模以上单位工业增加值能耗		逆	NA	NA	NA	NA	NA			
17	工业固体废物综合利用率	%	正	70.583	49.719	45.096	27	28	1	环境年鉴	☺
18	工业用水重复利用率	%	正	74.617	87.800	85.300	13	17	4	环境年鉴	☺
19	六大高载能行业产值占工业总产值比重	%	逆	38.934	43.587	42.186	21	20	−1	工业经济	☹
20	第三产业劳动生产率	万元/人	正	9.481	11.733	11.977	8	7	−1	中国统计	☹
21	第三产业增加值比重	%	正	41.653	36.500	35.455	21	21	0	中国统计	
22	第三产业就业人员比重	%	正	37.733	39.959	37.198	6	10	4	中国统计	☺
23	人均水资源量	立方米/人	正	2 183.640	3 848.596	2 052.680	5	13	8	中国统计	☺
24	人均森林面积	公顷/人	正	0.202	0.996	0.950	1	1	0	中国统计	
25	森林覆盖率	%	正	33.061	21.030	20.000	21	21	0	中国统计	
26	自然保护区面积占辖区面积比重	%	正	8.701	11.570	11.570	8	8	0	中国统计	

序号	指标名称	单位	指标属性	2013年测评均值	2013年内蒙古数值	2012年内蒙古数值	2013年内蒙古排名	2012年内蒙古排名	排名变化	2013年数据来源	进退脸谱
27	湿地面积占国土面积的比重	%	正	9.228	5.080	3.660	16	19	3	中国统计	☺
28	人均活立木总蓄积量	立方米/人	正	11.870	59.414	54.651	1	1	0	中国统计	
29	单位土地面积二氧化碳排放量		逆	NA	NA	NA	NA	NA			
30	人均二氧化碳排放量		逆	NA	NA	NA	NA	NA			
31	单位土地面积二氧化硫排放量	吨/平方公里	逆	5.446	1.826	1.861	8	8	0	中国统计；沙漠	
32	人均二氧化硫排放量	吨/人	逆	0.018	0.054	0.056	29	29	0	中国统计	
33	单位土地面积化学需氧量排放量	吨/平方公里	逆	6.296	1.160	1.188	4	4	0	中国统计；沙漠	
34	人均化学需氧量排放量	吨/人	逆	0.018	0.035	0.036	29	29	0	中国统计	
35	单位土地面积氮氧化物排放量	吨/平方公里	逆	6.945	1.851	1.907	7	7	0	中国统计；沙漠；环境年报	
36	人均氮氧化物排放量	吨/人	逆	0.020	0.055	0.057	29	29	0	环境年报；中国统计	
37	单位土地面积氨氮排放量	吨/平方公里	逆	0.769	0.069	0.071	3	3	0	中国统计；沙漠；环境年报	
38	人均氨氮排放量	吨/人	逆	0.002	0.002	0.002	22	21	−1	环境年报；中国统计	☹
39	单位耕地面积化肥施用量	万吨/千公顷	逆	0.037	0.028	0.026	8	5	−3	中国统计	☹
40	单位耕地面积农药使用量	吨/千公顷	逆	12.544	4.345	4.187	6	5	−1	环境年鉴；中国统计	☹
41	人均公路交通氮氧化物排放量	吨/万人	逆	51.830	100.293	98.842	28	28	0	环境年报；中国统计	
42	环境保护支出占财政支出比重	%	正	2.853	3.584	3.841	6	4	−2	中国统计	☹
43	环境污染治理投资总额占地区生产总值比重	%	正	1.647	3.011	2.803	2	2	0	环境年鉴；中国统计	
44	农村人均改水、改厕的政府投资	元/人	正	51.415	36.343	43.810	20	14	−6	环境年鉴	☹
45	单位耕地面积退耕还林投资完成额	万元/千公顷	正	13.282	47.913	45.825	2	3	1	环境年鉴；中国统计	☺
46	科教文卫支出占财政支出比重	%	正	27.720	20.957	21.386	29	29	0	中国统计	
47	城市人均绿地面积	公顷/人	正	0.003	0.002	0.002	11	11	0	城市；中国统计	
48	城市用水普及率	%	正	97.299	96.230	94.430	23	21	−2	中国统计	☹

序号	指标名称	单 位	指标属性	2013 年测评均值	2013 年内蒙古数值	2012 年内蒙古数值	2013 年内蒙古排名	2012 年内蒙古排名	排名变化	2013 年数据来源	进退脸谱
49	城市污水处理率	%	正	87.563	88.200	85.600	18	19	1	环境年鉴	☺
50	城市生活垃圾无害化处理率	%	正	88.487	93.600	91.220	14	12	−2	中国统计	☹
51	城市每万人拥有公交车辆	标台	正	12.571	8.568	7.049	30	30	0	中国统计	
52	人均城市公共交通运营线路网长度	公里/人	正	0.001	0.001	0.000	14	13	−1	中国统计；城市	☹
53	农村累计已改水受益人口占农村总人口比重	%	正	95.772	94.620	8.904	20	8	−12	环境年鉴	☹
54	建成区绿化覆盖率	%	正	38.787	36.190	36.170	24	23	−1	中国统计	☹
55	人均当年新增造林面积	公顷/万人	正	62.246	322.872	314.435	1	1	0	中国统计	
56	工业二氧化硫去除率	%	正	63.178	66.541	69.114	12	13	1	中国统计	☺
57	工业废水化学需氧量去除率	%	正	81.541	83.364	83.122	16	14	−2	环境年报；中国统计	☹
58	工业氮氧化物去除率	%	正	17.859	7.908	4.542	25	19	−6	环境年报	☹
59	工业废水氨氮去除率	%	正	77.152	84.359	79.703	12	17	5	环境年报；中国统计	☺
60	突发环境事件次数	次	逆	24	4	10	9	16	7	中国统计	☺

年鉴说明：中国统计——《中国统计年鉴 2014》；环境年鉴——《中国环境统计年鉴 2014》；环境年报——《中国环境统计年报 2013》；城市——《中国城市统计年鉴 2014》；水利——《中国水利统计年鉴 2014》；工业经济——《中国工业经济统计年鉴 2014》；沙漠——《中国沙漠及其治理》。

辽宁绿色发展"体检"表

序号	指标名称	单位	指标属性	2013年测评均值	2013年辽宁数值	2012年辽宁数值	2013年辽宁排名	2012年辽宁排名	排名变化	2013年数据来源	进退脸谱
1	人均地区生产总值	元/人	正	47 745.867	61 686.000	56 649.000	7	7	0	中国统计	
2	单位地区生产总值能耗	吨标准煤/万元	逆	1.041	1.096	1.096	21	21	0	中国统计	
3	非化石能源消费量占能源消费量的比重		正	NA	NA	NA	NA	NA			
4	单位地区生产总值二氧化碳排放量		逆	NA	NA	NA	NA	NA			
5	单位地区生产总值二氧化硫排放量	吨/万元	逆	0.006	0.005	0.006	18	18	0	中国统计	
6	单位地区生产总值化学需氧量排放量	吨/万元	逆	0.006	0.006	0.007	15	15	0	中国统计	
7	单位地区生产总值氮氧化物排放量	吨/万元	逆	0.006	0.005	0.005	14	15	1	环境年报；中国统计	☺
8	单位地区生产总值氨氮排放量	吨/万元	逆	0.001	0.000	0.001	10	10	0	环境年报；中国统计	
9	人均城镇生活消费用电	千瓦时/人	逆	347.647	291.816	281.324	20	20	0	城市	
10	第一产业劳动生产率	万元/人	正	2.230	3.368	3.092	3	4	1	中国统计	☺
11	土地产出率	亿元/千公顷	正	0.350	0.398	0.366	11	9	−2	中国统计	☹
12	节灌率		正	0.475	0.428	0.436	17	19	2	水利；中国统计	☺
13	有效灌溉面积占耕地面积比重	%	正	40.181	33.449	41.584	21	20	−1	中国统计	☹
14	第二产业劳动生产率	万元/人	正	15.793	20.751	20.414	7	6	−1	中国统计	☹
15	单位工业增加值水耗	立方米/元	逆	0.006	0.002	0.002	4	5	1	中国统计	☺
16	规模以上单位工业增加值能耗		逆	NA	NA	NA	NA	NA			
17	工业固体废物综合利用率	%	正	70.583	43.881	43.482	28	29	1	环境年鉴	☺
18	工业用水重复利用率	%	正	74.617	90.300	92.500	10	8	−2	环境年鉴	☹
19	六大高载能行业产值占工业总产值比重	%	逆	38.934	37.759	38.818	18	18	0	工业经济	
20	第三产业劳动生产率	万元/人	正	9.481	9.582	9.019	10	10	0	中国统计	
21	第三产业增加值比重	%	正	41.653	38.700	38.074	18	18	0	中国统计	
22	第三产业就业人员比重	%	正	37.733	44.103	44.476	4	4	0	中国统计	
23	人均水资源量	立方米/人	正	2 183.640	1 055.169	1 247.830	18	18	0	中国统计	
24	人均森林面积	公顷/人	正	0.202	0.127	0.117	16	16	0	中国统计	
25	森林覆盖率	%	正	33.061	38.240	35.130	14	12	−2	中国统计	☹
26	自然保护区面积占辖区面积比重	%	正	8.701	13.350	12.390	5	7	2	中国统计	☺

序号	指标名称	单 位	指标属性	2013年测评均值	2013年辽宁数值	2012年辽宁数值	2013年辽宁排名	2012年辽宁排名	排名变化	2013年数据来源	进退脸谱
27	湿地面积占国土面积的比重	%	正	9.228	9.420	8.370	9	7	—2	中国统计	☹
28	人均活立木总蓄积量	立方米/人	正	11.870	5.916	4.825	15	16	1	中国统计	☺
29	单位土地面积二氧化碳排放量		逆	NA	NA	NA	NA	NA			
30	人均二氧化碳排放量		逆	NA	NA	NA	NA	NA			
31	单位土地面积二氧化硫排放量	吨/平方公里	逆	5.446	7.017	7.233	23	23	0	中国统计；沙漠	
32	人均二氧化硫排放量	吨/人	逆	0.018	0.023	0.024	24	24	0	中国统计	
33	单位土地面积化学需氧量排放量	吨/平方公里	逆	6.296	8.558	8.923	24	24	0	中国统计；沙漠	
34	人均化学需氧量排放量	吨/人	逆	0.018	0.029	0.030	26	26	0	中国统计	
35	单位土地面积氮氧化物排放量	吨/平方公里	逆	6.945	6.527	7.080	19	19	0	中国统计；沙漠；环境年报	
36	人均氮氧化物排放量	吨/人	逆	0.020	0.022	0.024	24	24	0	环境年报；中国统计	
37	单位土地面积氨氮排放量	吨/平方公里	逆	0.769	0.706	0.735	19	19	0	中国统计；沙漠；环境年报	
38	人均氨氮排放量	吨/人	逆	0.002	0.002	0.002	26	27	1	环境年报；中国统计	☺
39	单位耕地面积化肥施用量	万吨/千公顷	逆	0.037	0.036	0.036	14	9	—5	中国统计	☹
40	单位耕地面积农药使用量	吨/千公顷	逆	12.544	14.264	14.455	20	15	—5	环境年鉴；中国统计	☹
41	人均公路交通氮氧化物排放量	吨/万人	逆	51.830	60.275	63.532	23	23	0	环境年报；中国统计	
42	环境保护支出占财政支出比重	%	正	2.853	2.089	2.046	24	25	1	中国统计	☺
43	环境污染治理投资总额占地区生产总值比重	%	正	1.647	1.284	2.751	21	3	—18	环境年鉴；中国统计	☹
44	农村人均改水、改厕的政府投资	元/人	正	51.415	25.777	43.669	24	16	—8	环境年鉴	☹
45	单位耕地面积退耕还林投资完成额	万元/千公顷	正	13.282	0.000	0.000	17	17	0	环境年鉴；中国统计	
46	科教文卫支出占财政支出比重	%	正	27.720	21.420	24.338	27	26	—1	中国统计	☹
47	城市人均绿地面积	公顷/人	正	0.003	0.003	0.003	8	8	0	城市；中国统计	
48	城市用水普及率	%	正	97.299	98.770	98.450	10	11	1	中国统计	☺

序号	指标名称	单　位	指标属性	2013 年测评均值	2013 年辽宁数值	2012 年辽宁数值	2013 年辽宁排名	2012 年辽宁排名	排名变化	2013 年数据来源	进退脸谱
49	城市污水处理率	%	正	87.563	90.000	84.600	12	21	9	环境年鉴	☺
50	城市生活垃圾无害化处理率	%	正	88.487	87.600	87.160	21	18	−3	中国统计	☹
51	城市每万人拥有公交车辆	标台	正	12.571	11.192	11.113	20	18	−2	中国统计	☹
52	人均城市公共交通运营线路网长度	公里/人	正	0.001	0.001	0.001	12	12	0	中国统计；城市	
53	农村累计已改水受益人口占农村总人口比重	%	正	95.772	97.264	10.724	15	6	−9	环境年鉴	☹
54	建成区绿化覆盖率	%	正	38.787	40.170	40.170	12	11	−1	中国统计	☹
55	人均当年新增造林面积	公顷/万人	正	62.246	54.097	56.240	11	11	0	中国统计	
56	工业二氧化硫去除率	%	正	63.178	56.577	56.179	26	26	0	中国统计	
57	工业废水化学需氧量去除率	%	正	81.541	79.370	79.900	21	20	−1	环境年报；中国统计	☹
58	工业氮氧化物去除率	%	正	17.859	11.139	3.469	22	23	1	环境年报	☺
59	工业废水氨氮去除率	%	正	77.152	83.375	84.640	15	12	−3	环境年报；中国统计	☹
60	突发环境事件次数	次	逆	24	12	15	20	20	0	中国统计	

　　年鉴说明：中国统计——《中国统计年鉴 2014》；环境年鉴——《中国环境统计年鉴 2014》；环境年报——《中国环境统计年报 2013》；城市——《中国城市统计年鉴 2014》；水利——《中国水利统计年鉴 2014》；工业经济——《中国工业经济统计年鉴 2014》；沙漠——《中国沙漠及其治理》。

吉林绿色发展"体检"表

序号	指标名称	单位	指标属性	2013年测评均值	2013年吉林数值	2012年吉林数值	2013年吉林排名	2012年吉林排名	排名变化	2013年数据来源	进退脸谱
1	人均地区生产总值	元/人	正	47 745.867	47 191.000	43 415.000	11	11	0	中国统计	
2	单位地区生产总值能耗	吨标准煤/万元	逆	1.041	0.923	0.923	17	17	0	中国统计	
3	非化石能源消费量占能源消费量的比重		正	NA	NA	NA	NA	NA			
4	单位地区生产总值二氧化碳排放量		逆	NA	NA	NA	NA	NA			
5	单位地区生产总值二氧化硫排放量	吨/万元	逆	0.006	0.004	0.004	14	14	0	中国统计	
6	单位地区生产总值化学需氧量排放量	吨/万元	逆	0.006	0.008	0.009	25	25	0	中国统计	
7	单位地区生产总值氮氧化物排放量	吨/万元	逆	0.006	0.006	0.006	17	17	0	环境年报；中国统计	
8	单位地区生产总值氨氮排放量	吨/万元	逆	0.001	0.001	0.001	14	13	−1	环境年报；中国统计	☹
9	人均城镇生活消费用电	千瓦时/人	逆	347.647	177.695	175.991	13	11	−2	城市	☹
10	第一产业劳动生产率	万元/人	正	2.230	2.723	2.497	11	11	0	中国统计	
11	土地产出率	亿元/千公顷	正	0.350	0.233	0.219	24	22	−2	中国统计	☹
12	节灌率		正	0.475	0.313	0.230	21	26	5	水利；中国统计	☺
13	有效灌溉面积占耕地面积比重	%	正	40.181	27.897	33.460	25	24	−1	中国统计	☹
14	第二产业劳动生产率	万元/人	正	15.793	22.676	23.050	3	2	−1	中国统计	☹
15	单位工业增加值水耗	立方米/元	逆	0.006	0.004	0.005	14	14	0	中国统计	
16	规模以上单位工业增加值能耗		逆	NA	NA	NA	NA	NA			
17	工业固体废物综合利用率	%	正	70.583	80.854	67.597	11	16	5	环境年鉴	☺
18	工业用水重复利用率	%	正	74.617	77.000	76.700	21	23	2	环境年鉴	☺
19	六大高载能行业产值占工业总产值比重	%	逆	38.934	24.089	24.345	3	2	−1	工业经济	☹
20	第三产业劳动生产率	万元/人	正	9.481	8.722	8.223	14	14	0	中国统计	
21	第三产业增加值比重	%	正	41.653	35.500	34.762	23	24	1	中国统计	☺
22	第三产业就业人员比重	%	正	37.733	38.307	38.041	10	7	−3	中国统计	☹
23	人均水资源量	立方米/人	正	2 183.640	2 208.165	1 674.490	12	15	3	中国统计	☺
24	人均森林面积	公顷/人	正	0.202	0.278	0.268	7	6	−1	中国统计	☹
25	森林覆盖率	%	正	33.061	40.380	38.930	11	10	−1	中国统计	☹
26	自然保护区面积占辖区面积比重	%	正	8.701	12.970	12.430	6	6	0	中国统计	

续表

序号	指标名称	单 位	指标属性	2013年测评均值	2013年吉林数值	2012年吉林数值	2013年吉林排名	2012年吉林排名	排名变化	2013年数据来源	进退脸谱
27	湿地面积占国土面积的比重	%	正	9.228	5.320	6.370	15	10	−5	中国统计	☹
28	人均活立木总蓄积量	立方米/人	正	11.870	35.091	32.084	4	4	0	中国统计	
29	单位土地面积二氧化碳排放量		逆	NA	NA	NA	NA	NA			
30	人均二氧化碳排放量		逆	NA	NA	NA	NA	NA			
31	单位土地面积二氧化硫排放量	吨/平方公里	逆	5.446	2.034	2.152	10	10	0	中国统计;沙漠	
32	人均二氧化硫排放量	吨/人	逆	0.018	0.014	0.015	16	17	1	中国统计	☺
33	单位土地面积化学需氧量排放量	吨/平方公里	逆	6.296	4.059	4.200	12	12	0	中国统计;沙漠	
34	人均化学需氧量排放量	吨/人	逆	0.018	0.028	0.029	25	25	0	中国统计	
35	单位土地面积氮氧化物排放量	吨/平方公里	逆	6.945	2.989	3.071	11	11	0	中国统计;沙漠;环境年报	
36	人均氮氧化物排放量	吨/人	逆	0.020	0.020	0.021	22	21	−1	环境年报;中国统计	☹
37	单位土地面积氨氮排放量	吨/平方公里	逆	0.769	0.292	0.300	9	9	0	中国统计;沙漠;环境年报	
38	人均氨氮排放量	吨/人	逆	0.002	0.002	0.002	20	19	−1	环境年报;中国统计	☹
39	单位耕地面积化肥施用量	万吨/千公顷	逆	0.037	0.040	0.037	19	10	−9	中国统计	☹
40	单位耕地面积农药使用量	吨/千公顷	逆	12.544	9.424	9.258	14	12	−2	环境年鉴;中国统计	☹
41	人均公路交通氮氧化物排放量	吨/万人	逆	51.830	64.757	64.220	24	24	0	环境年报;中国统计	
42	环境保护支出占财政支出比重	%	正	2.853	4.621	4.607	2	1	−1	中国统计	☹
43	环境污染治理投资总额占地区生产总值比重	%	正	1.647	0.812	0.866	29	25	−4	环境年鉴;中国统计	☹
44	农村人均改水、改厕的政府投资	元/人	正	51.415	42.870	37.114	15	18	3	环境年鉴	☺
45	单位耕地面积退耕还林投资完成额	万元/千公顷	正	13.282	27.013	25.753	6	6	0	环境年鉴;中国统计	
46	科教文卫支出占财政支出比重	%	正	27.720	25.407	27.673	24	22	−2	中国统计	☹
47	城市人均绿地面积	公顷/人	正	0.003	0.002	0.002	15	15	0	城市;中国统计	
48	城市用水普及率	%	正	97.299	93.840	92.380	26	26	0	中国统计	

序号	指标名称	单 位	指标属性	2013年测评均值	2013年吉林数值	2012年吉林数值	2013年吉林排名	2012年吉林排名	排名变化	2013年数据来源	进退脸谱
49	城市污水处理率	%	正	87.563	84.200	82.400	24	26	2	环境年鉴	☺
50	城市生活垃圾无害化处理率	%	正	88.487	60.900	45.790	28	29	1	中国统计	☺
51	城市每万人拥有公交车辆	标台	正	12.571	10.211	9.750	24	24	0	中国统计	
52	人均城市公共交通运营线路网长度	公里/人	正	0.001	0.001	0.000	13	15	2	中国统计；城市	☺
53	农村累计已改水受益人口占农村总人口比重	%	正	95.772	100.000	5.933	1	12	11	环境年鉴	☺
54	建成区绿化覆盖率	%	正	38.787	31.400	33.940	29	27	−2	中国统计	☹
55	人均当年新增造林面积	公顷/万人	正	62.246	40.877	10.243	15	24	9	中国统计	☺
56	工业二氧化硫去除率	%	正	63.178	38.254	37.987	28	29	1	中国统计	☺
57	工业废水化学需氧量去除率	%	正	81.541	83.225	87.193	17	11	−6	环境年报；中国统计	☹
58	工业氮氧化物去除率	%	正	17.859	7.270	2.206	26	26	0	环境年报	
59	工业废水氨氮去除率	%	正	77.152	56.908	74.982	28	23	−5	环境年报；中国统计	☹
60	突发环境事件次数	次	逆	24	1	1	3	4	1	中国统计	☺

年鉴说明：中国统计——《中国统计年鉴 2014》；环境年鉴——《中国环境统计年鉴 2014》；环境年报——《中国环境统计年报 2013》；城市——《中国城市统计年鉴 2014》；水利——《中国水利统计年鉴 2014》；工业经济——《中国工业经济统计年鉴 2014》；沙漠——《中国沙漠及其治理》。

黑龙江绿色发展"体检"表

序号	指标名称	单　位	指标属性	2013年测评均值	2013年黑龙江数值	2012年黑龙江数值	2013年黑龙江排名	2012年黑龙江排名	排名变化	2013年数据来源	进退脸谱
1	人均地区生产总值	元/人	正	47 745.867	37 509.000	35 711.000	17	17	0	中国统计	
2	单位地区生产总值能耗	吨标准煤/万元	逆	1.041	1.042	1.042	20	20	0	中国统计	
3	非化石能源消费量占能源消费量的比重		正	NA	NA	NA	NA	NA			
4	单位地区生产总值二氧化碳排放量		逆	NA	NA	NA	NA	NA			
5	单位地区生产总值二氧化硫排放量	吨/万元	逆	0.006	0.004	0.004	13	13	0	中国统计	
6	单位地区生产总值化学需氧量排放量	吨/万元	逆	0.006	0.011	0.012	28	28	0	中国统计	
7	单位地区生产总值氮氧化物排放量	吨/万元	逆	0.006	0.006	0.007	18	18	0	环境年报;中国统计	
8	单位地区生产总值氨氮排放量	吨/万元	逆	0.001	0.001	0.001	18	19	1	环境年报;中国统计	☺
9	人均城镇生活消费用电	千瓦时/人	逆	347.647	170.204	207.202	11	13	2	城市	☺
10	第一产业劳动生产率	万元/人	正	2.230	3.063	2.728	6	8	2	中国统计	☺
11	土地产出率	亿元/千公顷	正	0.350	0.234	0.189	23	27	4	中国统计	☺
12	节灌率		正	0.475	0.276	0.689	23	10	−13	水利;中国统计	☹
13	有效灌溉面积占耕地面积比重	%	正	40.181	43.785	40.376	10	21	11	中国统计	☺
14	第二产业劳动生产率	万元/人	正	15.793	16.706	10.857	10	23	13	中国统计	☺
15	单位工业增加值水耗	立方米/元	逆	0.006	0.007	0.008	18	20	2	中国统计	☺
16	规模以上单位工业增加值能耗		逆	NA	NA	NA	NA	NA			
17	工业固体废物综合利用率	%	正	70.583	68.018	73.594	16	13	−3	环境年鉴	☹
18	工业用水重复利用率	%	正	74.617	58.200	58.500	23	24	1	环境年鉴	☺
19	六大高载能行业产值占工业总产值比重	%	逆	38.934	29.819	31.056	9	9	0	工业经济	
20	第三产业劳动生产率	万元/人	正	9.481	8.193	7.881	16	15	−1	中国统计	☹
21	第三产业增加值比重	%	正	41.653	41.400	40.465	11	11	0	中国统计	
22	第三产业就业人员比重	%	正	37.733	39.839	33.333	7	21	14	中国统计	☺
23	人均水资源量	立方米/人	正	2 183.640	3 702.127	2 194.610	6	12	6	中国统计	☺
24	人均森林面积	公顷/人	正	0.202	0.512	0.503	3	3	0	中国统计	
25	森林覆盖率	%	正	33.061	43.160	42.390	9	9	0	中国统计	
26	自然保护区面积占辖区面积比重	%	正	8.701	14.960	14.850	4	4	0	中国统计	

续表

序号	指标名称	单位	指标属性	2013年测评均值	2013年黑龙江数值	2012年黑龙江数值	2013年黑龙江排名	2012年黑龙江排名	排名变化	2013年数据来源	进退脸谱
27	湿地面积占国土面积的比重	%	正	9.228	11.310	9.490	4	5	1	中国统计	☺
28	人均活立木总蓄积量	立方米/人	正	11.870	46.342	43.086	2	2	0	中国统计	
29	单位土地面积二氧化碳排放量		逆	NA	NA	NA	NA	NA			
30	人均二氧化碳排放量		逆	NA	NA	NA	NA	NA			
31	单位土地面积二氧化硫排放量	吨/平方公里	逆	5.446	1.087	1.143	4	4	0	中国统计；沙漠	
32	人均二氧化硫排放量	吨/人	逆	0.018	0.013	0.013	14	14	0	中国统计	
33	单位土地面积化学需氧量排放量	吨/平方公里	逆	6.296	3.216	3.330	11	11	0	中国统计；沙漠	
34	人均化学需氧量排放量	吨/人	逆	0.018	0.038	0.039	30	30	0	中国统计	
35	单位土地面积氮氧化物排放量	吨/平方公里	逆	6.945	1.670	1.735	6	6	0	中国统计；沙漠；环境年报	
36	人均氮氧化物排放量	吨/人	逆	0.020	0.020	0.020	20	20	0	环境年报；中国统计	
37	单位土地面积氨氮排放量	吨/平方公里	逆	0.769	0.195	0.206	6	6	0	中国统计；沙漠；环境年报	
38	人均氨氮排放量	吨/人	逆	0.002	0.002	0.002	25	25	0	环境年报；中国统计	
39	单位耕地面积化肥施用量	万吨/千公顷	逆	0.037	0.020	0.020	3	3	0	中国统计	
40	单位耕地面积农药使用量	吨/千公顷	逆	12.544	6.886	6.806	9	7	-2	环境年鉴；中国统计	☹
41	人均公路交通氮氧化物排放量	吨/万人	逆	51.830	66.431	66.682	25	25	0	环境年报；中国统计	
42	环境保护支出占财政支出比重	%	正	2.853	3.436	3.306	8	7	-1	中国统计	☹
43	环境污染治理投资总额占地区生产总值比重	%	正	1.647	2.075	1.593	8	12	4	环境年鉴；中国统计	☺
44	农村人均改水、改厕的政府投资	元/人	正	51.415	11.573	11.855	29	28	-1	环境年鉴	☹
45	单位耕地面积退耕还林投资完成额	万元/千公顷	正	13.282	45.068	46.396	3	2	-1	环境年鉴；中国统计	☹
46	科教文卫支出占财政支出比重	%	正	27.720	23.233	25.320	25	25	0	中国统计	
47	城市人均绿地面积	公顷/人	正	0.003	0.002	0.002	13	13	0	城市；中国统计	
48	城市用水普及率	%	正	97.299	95.460	94.140	25	23	-2	中国统计	☹

序号	指标名称	单　位	指标属性	2013年测评均值	2013年黑龙江数值	2012年黑龙江数值	2013年黑龙江排名	2012年黑龙江排名	排名变化	2013年数据来源	进退脸谱
49	城市污水处理率	%	正	87.563	75.700	60.800	28	29	1	环境年鉴	☺
50	城市生活垃圾无害化处理率	%	正	88.487	54.400	47.580	29	28	−1	中国统计	☹
51	城市每万人拥有公交车辆	标台	正	12.571	12.619	11.261	14	16	2	中国统计	☺
52	人均城市公共交通运营线路网长度	公里/人	正	0.001	0.000	0.000	19	17	−2	中国统计；城市	☹
53	农村累计已改水受益人口占农村总人口比重	%	正	95.772	99.547	1.141	6	26	20	环境年鉴	☺
54	建成区绿化覆盖率	%	正	38.787	35.990	35.980	25	24	−1	中国统计	☹
55	人均当年新增造林面积	公顷/万人	正	62.246	32.370	42.331	17	14	−3	中国统计	☹
56	工业二氧化硫去除率	%	正	63.178	22.268	31.611	29	30	1	中国统计	☺
57	工业废水化学需氧量去除率	%	正	81.541	90.530	91.546	3	4	1	环境年报；中国统计	☺
58	工业氮氧化物去除率	%	正	17.859	4.664	1.618	28	27	−1	环境年报	☹
59	工业废水氨氮去除率	%	正	77.152	90.885	82.993	3	15	12	环境年报；中国统计	☺
60	突发环境事件次数	次	逆	24	0	0	1	1	0	中国统计	

年鉴说明：中国统计——《中国统计年鉴2014》；环境年鉴——《中国环境统计年鉴2014》；环境年报——《中国环境统计年报2013》；城市——《中国城市统计年鉴2014》；水利——《中国水利统计年鉴2014》；工业经济——《中国工业经济统计年鉴2014》；沙漠——《中国沙漠及其治理》。

上海绿色发展"体检"表

序号	指标名称	单位	指标属性	2013年测评均值	2013年上海数值	2012年上海数值	2013年上海排名	2012年上海排名	排名变化	2013年数据来源	进退脸谱
1	人均地区生产总值	元/人	正	47 745.867	90 092.000	85 373.000	3	3	0	中国统计	
2	单位地区生产总值能耗	吨标准煤/万元	逆	1.041	0.618	0.618	5	5	0	中国统计	
3	非化石能源消费量占能源消费量的比重		正	NA	NA	NA	NA	NA			
4	单位地区生产总值二氧化碳排放量		逆	NA	NA	NA	NA	NA			
5	单位地区生产总值二氧化硫排放量	吨/万元	逆	0.006	0.001	0.001	2	2	0	中国统计	
6	单位地区生产总值化学需氧量排放量	吨/万元	逆	0.006	0.001	0.001	2	1	-1	中国统计	☹
7	单位地区生产总值氮氧化物排放量	吨/万元	逆	0.006	0.002	0.002	2	2	0	环境年报；中国统计	
8	单位地区生产总值氨氮排放量	吨/万元	逆	0.001	0.000	0.000	3	3	0	环境年报；中国统计	
9	人均城镇生活消费用电	千瓦时/人	逆	347.647	1 434.247	1 316.610	30	30	0	城市	
10	第一产业劳动生产率	万元/人	正	2.230	2.809	3.080	9	5	-4	中国统计	☹
11	土地产出率	亿元/千公顷	正	0.350	0.457	0.442	7	6	-1	中国统计	☹
12	节灌率		正	0.475	0.760	0.751	2	6	4	水利；中国统计	☺
13	有效灌溉面积占耕地面积比重	%	正	40.181	48.794	81.579	8	4	-4	中国统计	☹
14	第二产业劳动生产率	万元/人	正	15.793	18.120	17.750	9	9	0	中国统计	
15	单位工业增加值水耗	立方米/元	逆	0.006	0.011	0.010	30	26	-4	中国统计	☹
16	规模以上单位工业增加值能耗		逆	NA	NA	NA	NA	NA			
17	工业固体废物综合利用率	%	正	70.583	97.128	97.317	2	2	0	环境年鉴	
18	工业用水重复利用率	%	正	74.617	82.600	82.600	17	18	1	环境年鉴	☺
19	六大高载能行业产值占工业总产值比重	%	逆	38.934	25.268	26.033	4	4	0	工业经济	
20	第三产业劳动生产率	万元/人	正	9.481	21.095	19.490	1	1	0	中国统计	
21	第三产业增加值比重	%	正	41.653	62.200	60.447	2	2	0	中国统计	
22	第三产业就业人员比重	%	正	37.733	56.702	56.463	2	2	0	中国统计	
23	人均水资源量	立方米/人	正	2 183.640	116.903	143.404	29	30	1	中国统计	☺
24	人均森林面积	公顷/人	正	0.202	0.003	0.003	30	30	0	中国统计	
25	森林覆盖率	%	正	33.061	10.740	9.410	27	27	0	中国统计	
26	自然保护区面积占辖区面积比重	%	正	8.701	5.220	5.220	22	22	0	中国统计	

续表

序号	指标名称	单位	指标属性	2013年测评均值	2013年上海数值	2012年上海数值	2013年上海排名	2012年上海排名	排名变化	2013年数据来源	进退脸谱
27	湿地面积占国土面积的比重	%	正	9.228	73.270	53.680	1	1	0	中国统计	
28	人均活立木总蓄积量	立方米/人	正	11.870	0.157	0.116	30	30	0	中国统计	
29	单位土地面积二氧化碳排放量		逆	NA	NA	NA	NA	NA			
30	人均二氧化碳排放量		逆	NA	NA	NA	NA	NA			
31	单位土地面积二氧化硫排放量	吨/平方公里	逆	5.446	26.198	27.700	30	30	0	中国统计；沙漠	
32	人均二氧化硫排放量	吨/人	逆	0.018	0.009	0.010	5	5	0	中国统计	
33	单位土地面积化学需氧量排放量	吨/平方公里	逆	6.296	28.599	29.443	30	30	0	中国统计；沙漠	
34	人均化学需氧量排放量	吨/人	逆	0.018	0.010	0.010	3	3	0	中国统计	
35	单位土地面积氮氧化物排放量	吨/平方公里	逆	6.945	46.165	48.746	30	30	0	中国统计；沙漠；环境年报	
36	人均氮氧化物排放量	吨/人	逆	0.020	0.016	0.017	14	15	1	环境年报；中国统计	☺
37	单位土地面积氨氮排放量	吨/平方公里	逆	0.769	5.553	5.755	30	30	0	中国统计；沙漠；环境年报	
38	人均氨氮排放量	吨/人	逆	0.002	0.002	0.002	17	17	0	环境年报；中国统计	
39	单位耕地面积化肥施用量	万吨/千公顷	逆	0.037	0.029	0.045	9	13	4	中国统计	☺
40	单位耕地面积农药使用量	吨/千公顷	逆	12.544	13.302	23.844	19	23	4	环境年鉴；中国统计	☺
41	人均公路交通氮氧化物排放量	吨/万人	逆	51.830	39.252	41.236	13	13	0	环境年报；中国统计	
42	环境保护支出占财政支出比重	%	正	2.853	1.246	1.319	30	30	0	中国统计	
43	环境污染治理投资总额占地区生产总值比重	%	正	1.647	0.868	0.664	27	29	2	环境年鉴；中国统计	☺
44	农村人均改水、改厕的政府投资	元/人	正	51.415	291.548	87.348	1	3	2	环境年鉴	☺
45	单位耕地面积退耕还林投资完成额	万元/千公顷	正	13.282	0.000	0.000	17	17	0	环境年鉴；中国统计	
46	科教文卫支出占财政支出比重	%	正	27.720	27.410	27.826	18	21	3	中国统计	☺
47	城市人均绿地面积	公顷/人	正	0.003	0.009	0.009	2	3	1	城市；中国统计	☺
48	城市用水普及率	%	正	97.299	100.000	100.000	1	1	0	中国统计	

续表

序号	指标名称	单位	指标属性	2013年测评均值	2013年上海数值	2012年上海数值	2013年上海排名	2012年上海排名	排名变化	2013年数据来源	进退脸谱
49	城市污水处理率	%	正	87.563	87.100	91.300	21	7	−14	环境年鉴	☹
50	城市生活垃圾无害化处理率	%	正	88.487	90.600	83.590	18	20	2	中国统计	☺
51	城市每万人拥有公交车辆	标台	正	12.571	12.108	11.912	15	13	−2	中国统计	☹
52	人均城市公共交通运营线路网长度	公里/人	正	0.001	0.002	0.002	3	3	0	中国统计；城市	
53	农村累计已改水受益人口占农村总人口比重	%	正	95.772	99.990	1.986	4	20	16	环境年鉴	☺
54	建成区绿化覆盖率	%	正	38.787	38.360	38.290	17	19	2	中国统计	☺
55	人均当年新增造林面积	公顷/万人	正	62.246	0.359	0.494	30	30	0	中国统计	
56	工业二氧化硫去除率	%	正	63.178	63.872	63.872	19	19	0	中国统计	
57	工业废水化学需氧量去除率	%	正	81.541	89.001	91.632	7	3	−4	环境年报；中国统计	☹
58	工业氮氧化物去除率	%	正	17.859	20.218	12.457	13	6	−7	环境年报	☹
59	工业废水氨氮去除率	%	正	77.152	80.837	80.815	17	16	−1	环境年报；中国统计	☹
60	突发环境事件次数	次	逆	24	251	192	30	30	0	中国统计	

年鉴说明：中国统计——《中国统计年鉴2014》；环境年鉴——《中国环境统计年鉴2014》；环境年报——《中国环境统计年报2013》；城市——《中国城市统计年鉴2014》；水利——《中国水利统计年鉴2014》；工业经济——《中国工业经济统计年鉴2014》；沙漠——《中国沙漠及其治理》。

江苏绿色发展"体检"表

序号	指标名称	单位	指标属性	2013年测评均值	2013年江苏数值	2012年江苏数值	2013年江苏排名	2012年江苏排名	排名变化	2013年数据来源	进退脸谱
1	人均地区生产总值	元/人	正	47 745.867	74 607.000	68 347.000	4	4	0	中国统计	
2	单位地区生产总值能耗	吨标准煤/万元	逆	1.041	0.600	0.600	4	4	0	中国统计	
3	非化石能源消费量占能源消费量的比重		正	NA	NA	NA	NA	NA			
4	单位地区生产总值二氧化碳排放量		逆	NA	NA	NA	NA	NA			
5	单位地区生产总值二氧化硫排放量	吨/万元	逆	0.006	0.002	0.002	7	7	0	中国统计	
6	单位地区生产总值化学需氧量排放量	吨/万元	逆	0.006	0.002	0.003	4	4	0	中国统计	
7	单位地区生产总值氮氧化物排放量	吨/万元	逆	0.006	0.003	0.003	7	7	0	环境年报；中国统计	
8	单位地区生产总值氨氮排放量	吨/万元	逆	0.001	0.000	0.000	4	4	0	环境年报；中国统计	
9	人均城镇生活消费用电	千瓦时/人	逆	347.647	408.465	325.219	23	21	—2	城市	☹
10	第一产业劳动生产率	万元/人	正	2.230	3.746	3.396	1	1	0	中国统计	
11	土地产出率	亿元/千公顷	正	0.350	0.412	0.388	8	8	0	中国统计	
12	节灌率		正	0.475	0.530	0.489	15	18	3	水利；中国统计	☺
13	有效灌溉面积占耕地面积比重	%	正	40.181	49.265	82.491	6	3	—3	中国统计	☹
14	第二产业劳动生产率	万元/人	正	15.793	14.282	13.394	14	15	1	中国统计	☺
15	单位工业增加值水耗	立方米/元	逆	0.006	0.009	0.008	23	22	—1	中国统计	☹
16	规模以上单位工业增加值能耗		逆	NA	NA	NA	NA	NA			
17	工业固体废物综合利用率	%	正	70.583	96.739	91.373	3	5	2	环境年鉴	☺
18	工业用水重复利用率	%	正	74.617	86.400	85.800	16	16	0	环境年鉴	
19	六大高载能行业产值占工业总产值比重	%	逆	38.934	29.780	29.833	8	7	—1	工业经济	☹
20	第三产业劳动生产率	万元/人	正	9.481	15.105	13.614	4	4	0	中国统计	
21	第三产业增加值比重	%	正	41.653	44.700	43.505	8	8	0	中国统计	
22	第三产业就业人员比重	%	正	37.733	37.000	36.500	13	11	—2	中国统计	☹
23	人均水资源量	立方米/人	正	2 183.640	357.563	472.007	22	22	0	中国统计	
24	人均森林面积	公顷/人	正	0.202	0.020	0.014	28	28	0	中国统计	
25	森林覆盖率	%	正	33.061	15.800	10.480	24	24	0	中国统计	
26	自然保护区面积占辖区面积比重	%	正	8.701	3.920	4.100	26	26	0	中国统计	

续表

序号	指标名称	单 位	指标属性	2013年测评均值	2013年江苏数值	2012年江苏数值	2013年江苏排名	2012年江苏排名	排名变化	2013年数据来源	进退脸谱
27	湿地面积占国土面积的比重	％	正	9.228	27.510	16.320	2	2	0	中国统计	
28	人均活立木总蓄积量	立方米/人	正	11.870	1.066	0.634	27	27	0	中国统计	
29	单位土地面积二氧化碳排放量		逆	NA	NA	NA	NA	NA			
30	人均二氧化碳排放量		逆	NA	NA	NA	NA	NA			
31	单位土地面积二氧化硫排放量	吨/平方公里	逆	5.446	8.822	9.293	27	27	0	中国统计；沙漠	
32	人均二氧化硫排放量	吨/人	逆	0.018	0.012	0.013	12	12	0	中国统计	
33	单位土地面积化学需氧量排放量	吨/平方公里	逆	6.296	10.763	11.214	26	26	0	中国统计；沙漠	
34	人均化学需氧量排放量	吨/人	逆	0.018	0.014	0.015	10	10	0	中国统计	
35	单位土地面积氮氧化物排放量	吨/平方公里	逆	6.945	12.535	13.862	28	28	0	中国统计；沙漠；环境年报	
36	人均氮氧化物排放量	吨/人	逆	0.020	0.017	0.019	17	19	2	环境年报；中国统计	☺
37	单位土地面积氨氮排放量	吨/平方公里	逆	0.769	1.381	1.435	28	28	0	中国统计；沙漠；环境年报	
38	人均氨氮排放量	吨/人	逆	0.002	0.002	0.002	16	16	0	环境年报；中国统计	
39	单位耕地面积化肥施用量	万吨/千公顷	逆	0.037	0.043	0.069	21	26	5	中国统计	☺
40	单位耕地面积农药使用量	吨/千公顷	逆	12.544	10.562	17.565	16	20	4	环境年鉴；中国统计	☺
41	人均公路交通氮氧化物排放量	吨/万人	逆	51.830	43.655	42.855	15	14	−1	环境年报；中国统计	☹
42	环境保护支出占财政支出比重	％	正	2.853	2.939	2.758	14	14	0	中国统计	
43	环境污染治理投资总额占地区生产总值比重	％	正	1.647	1.489	1.216	15	21	6	环境年鉴；中国统计	☺
44	农村人均改水、改厕的政府投资	元/人	正	51.415	51.464	101.657	10	2	−8	环境年鉴	☹
45	单位耕地面积退耕还林投资完成额	万元/千公顷	正	13.282	0.000	0.000	17	17	0	环境年鉴；中国统计	
46	科教文卫支出占财政支出比重	％	正	27.720	30.608	30.976	7	10	3	中国统计	☺
47	城市人均绿地面积	公顷/人	正	0.003	0.003	0.003	6	6	0	城市；中国统计	
48	城市用水普及率	％	正	97.299	99.690	99.700	7	8	1	中国统计	☺

续表

序号	指标名称	单位	指标属性	2013年测评均值	2013年江苏数值	2012年江苏数值	2013年江苏排名	2012年江苏排名	排名变化	2013年数据来源	进退脸谱
49	城市污水处理率	％	正	87.563	92.100	90.700	8	8	0	环境年鉴	
50	城市生活垃圾无害化处理率	％	正	88.487	97.400	95.930	8	9	1	中国统计	☺
51	城市每万人拥有公交车辆	标台	正	12.571	14.153	13.358	8	8	0	中国统计	
52	人均城市公共交通运营线路网长度	公里/人	正	0.001	0.001	0.001	9	10	1	中国统计；城市	☺
53	农村累计已改水受益人口占农村总人口比重	％	正	95.772	98.517	1.986	14	20	6	环境年鉴	☺
54	建成区绿化覆盖率	％	正	38.787	42.440	42.170	5	4	－1	中国统计	☹
55	人均当年新增造林面积	公顷/万人	正	62.246	8.230	7.250	27	28	1	中国统计	☺
56	工业二氧化硫去除率	％	正	63.178	71.566	74.216	8	4	－4	中国统计	☹
57	工业废水化学需氧量去除率	％	正	81.541	88.394	88.827	8	9	1	环境年报；中国统计	☺
58	工业氮氧化物去除率	％	正	17.859	27.706	15.286	6	4	－2	环境年报	☹
59	工业废水氨氮去除率	％	正	77.152	79.914	78.627	19	18	－1	环境年报；中国统计	☹
60	突发环境事件次数	次	逆	24	125	77	29	29	0	中国统计	

　　年鉴说明：中国统计——《中国统计年鉴2014》；环境年鉴——《中国环境统计年鉴2014》；环境年报——《中国环境统计年报2013》；城市——《中国城市统计年鉴2014》；水利——《中国水利统计年鉴2014》；工业经济——《中国工业经济统计年鉴2014》；沙漠——《中国沙漠及其治理》。

浙江绿色发展"体检"表

序号	指标名称	单位	指标属性	2013年测评均值	2013年浙江数值	2012年浙江数值	2013年浙江排名	2012年浙江排名	排名变化	2013年数据来源	进退脸谱
1	人均地区生产总值	元/人	正	47 745.867	68 462.000	63 374.000	5	6	1	中国统计	☺
2	单位地区生产总值能耗	吨标准煤/万元	逆	1.041	0.590	0.590	3	3	0	中国统计	
3	非化石能源消费量占能源消费量的比重		正	NA	NA	NA	NA	NA			
4	单位地区生产总值二氧化碳排放量		逆	NA	NA	NA	NA	NA			
5	单位地区生产总值二氧化硫排放量	吨/万元	逆	0.006	0.002	0.002	6	6	0	中国统计	
6	单位地区生产总值化学需氧量排放量	吨/万元	逆	0.006	0.003	0.003	6	5		中国统计	
7	单位地区生产总值氮氧化物排放量	吨/万元	逆	0.006	0.003	0.003	4	4	0	环境年报；中国统计	
8	单位地区生产总值氨氮排放量	吨/万元	逆	0.001	0.000	0.000	6	5	−1	环境年报；中国统计	☹
9	人均城镇生活消费用电	千瓦时/人	逆	347.647	427.459	363.791	24	22	−2	城市	☹
10	第一产业劳动生产率	万元/人	正	2.230	3.469	3.155	2	2	0	中国统计	
11	土地产出率	亿元/千公顷	正	0.350	0.578	0.529	3	4	1	中国统计	☺
12	节灌率		正	0.475	0.738	0.738	3	7	4	水利；中国统计	☺
13	有效灌溉面积占耕地面积比重	%	正	40.181	60.963	76.582	4	5	1	中国统计	☺
14	第二产业劳动生产率	万元/人	正	15.793	9.879	9.236	27	27	0	中国统计	
15	单位工业增加值水耗	立方米/元	逆	0.006	0.004	0.004	10	10	0	中国统计	
16	规模以上单位工业增加值能耗		逆	NA	NA	NA	NA	NA			
17	工业固体废物综合利用率	%	正	70.583	95.140	91.527	4	4	0	环境年鉴	
18	工业用水重复利用率	%	正	74.617	78.400	77.500	20	22	2	环境年鉴	☺
19	六大高载能行业产值占工业总产值比重	%	逆	38.934	29.612	28.865	7	6	−1	工业经济	☹
20	第三产业劳动生产率	万元/人	正	9.481	13.151	12.259	6	6	0	中国统计	
21	第三产业增加值比重	%	正	41.653	46.100	45.236	7	7	0	中国统计	
22	第三产业就业人员比重	%	正	37.733	36.356	34.902	17	17	0	中国统计	
23	人均水资源量	立方米/人	正	2 183.640	1 697.197	2 641.290	15	11	−4	中国统计	☹
24	人均森林面积	公顷/人	正	0.202	0.109	0.107	18	17	−1	中国统计	☹
25	森林覆盖率	%	正	33.061	59.070	57.410	3	3	0	中国统计	
26	自然保护区面积占辖区面积比重	%	正	8.701	1.550	1.530	30	30	0	中国统计	

序号	指标名称	单 位	指标属性	2013年测评均值	2013年浙江数值	2012年浙江数值	2013年浙江排名	2012年浙江排名	排名变化	2013年数据来源	进退脸谱
27	湿地面积占国土面积的比重	%	正	9.228	10.910	7.880	7	8	1	中国统计	☺
28	人均活立木总蓄积量	立方米/人	正	11.870	4.406	3.539	19	19	0	中国统计	
29	单位土地面积二氧化碳排放量		逆	NA	NA	NA	NA	NA			
30	人均二氧化碳排放量		逆	NA	NA	NA	NA	NA			
31	单位土地面积二氧化硫排放量	吨/平方公里	逆	5.446	5.630	5.937	20	20	0	中国统计;沙漠	
32	人均二氧化硫排放量	吨/人	逆	0.018	0.011	0.011	11	11	0	中国统计	
33	单位土地面积化学需氧量排放量	吨/平方公里	逆	6.296	7.164	7.459	22	22	0	中国统计;沙漠	
34	人均化学需氧量排放量	吨/人	逆	0.018	0.014	0.014	7	8	1	中国统计	☺
35	单位土地面积氮氧化物排放量	吨/平方公里	逆	6.945	7.144	7.674	21	21	0	中国统计;沙漠;环境年报	
36	人均氮氧化物排放量	吨/人	逆	0.020	0.014	0.015	12	12	0	环境年报;中国统计	
37	单位土地面积氨氮排放量	吨/平方公里	逆	0.769	1.020	1.065	24	24	0	中国统计;沙漠;环境年报	
38	人均氨氮排放量	吨/人	逆	0.002	0.002	0.002	18	20	2	环境年报;中国统计	☺
39	单位耕地面积化肥施用量	万吨/千公顷	逆	0.037	0.040	0.048	18	15	−3	中国统计	☹
40	单位耕地面积农药使用量	吨/千公顷	逆	12.544	26.903	32.732	29	26	−3	环境年鉴;中国统计	☹
41	人均公路交通氮氧化物排放量	吨/万人	逆	51.830	32.127	31.152	5	5	0	环境年报;中国统计	
42	环境保护支出占财政支出比重	%	正	2.853	2.075	1.867	25	27	2	中国统计	☺
43	环境污染治理投资总额占地区生产总值比重	%	正	1.647	1.039	1.083	22	23	1	环境年鉴;中国统计	☺
44	农村人均改水、改厕的政府投资	元/人	正	51.415	46.797	53.717	11	9	−2	环境年鉴	☹
45	单位耕地面积退耕还林投资完成额	万元/千公顷	正	13.282	0.000	0.000	17	17	0	环境年鉴;中国统计	
46	科教文卫支出占财政支出比重	%	正	27.720	33.795	34.694	1	1	0	中国统计	
47	城市人均绿地面积	公顷/人	正	0.003	0.003	0.003	9	9	0	城市;中国统计	
48	城市用水普及率	%	正	97.299	99.970	99.880	4	6	2	中国统计	☺

序号	指标名称	单 位	指标属性	2013年测评均值	2013年浙江数值	2012年浙江数值	2013年浙江排名	2012年浙江排名	排名变化	2013年数据来源	进退脸谱
49	城市污水处理率	%	正	87.563	89.300	87.500	14	16	2	环境年鉴	☺
50	城市生活垃圾无害化处理率	%	正	88.487	99.400	98.970	3	5	2	中国统计	☺
51	城市每万人拥有公交车辆	标台	正	12.571	14.644	13.958	4	5	1	中国统计	☺
52	人均城市公共交通运营线路网长度	公里/人	正	0.001	0.001	0.001	7	8	1	中国统计；城市	☺
53	农村累计已改水受益人口占农村总人口比重	%	正	95.772	98.728	1.942	12	23	11	环境年鉴	☺
54	建成区绿化覆盖率	%	正	38.787	40.260	39.860	10	12	2	中国统计	☺
55	人均当年新增造林面积	公顷/万人	正	62.246	7.720	8.030	28	26	−2	中国统计	☹
56	工业二氧化硫去除率	%	正	63.178	65.968	71.817	14	7	−7	中国统计	☹
57	工业废水化学需氧量去除率	%	正	81.541	91.873	92.383	2	2	0	环境年报；中国统计	
58	工业氮氧化物去除率	%	正	17.859	24.081	12.047	8	7	−1	环境年报	☹
59	工业废水氨氮去除率	%	正	77.152	85.873	85.798	11	9	−2	环境年报；中国统计	☹
60	突发环境事件次数	次	逆	24	26	23	27	25	−2	中国统计	☹

年鉴说明：中国统计——《中国统计年鉴2014》；环境年鉴——《中国环境统计年鉴2014》；环境年报——《中国环境统计年报2013》；城市——《中国城市统计年鉴2014》；水利——《中国水利统计年鉴2014》；工业经济——《中国工业经济统计年鉴2014》；沙漠——《中国沙漠及其治理》。

安徽绿色发展"体检"表

序号	指标名称	单位	指标属性	2013年测评均值	2013年安徽数值	2012年安徽数值	2013年安徽排名	2012年安徽排名	排名变化	2013年数据来源	进退脸谱
1	人均地区生产总值	元/人	正	47 745.867	31 684.000	28 792.000	26	26	0	中国统计	
2	单位地区生产总值能耗	吨标准煤/万元	逆	1.041	0.754	0.754	10	10	0	中国统计	
3	非化石能源消费量占能源消费量的比重		正	NA	NA	NA	NA	NA			
4	单位地区生产总值二氧化碳排放量		逆	NA	NA	NA	NA	NA			
5	单位地区生产总值二氧化硫排放量	吨/万元	逆	0.006	0.004	0.004	10	11	1	中国统计	☺
6	单位地区生产总值化学需氧量排放量	吨/万元	逆	0.006	0.006	0.007	19	19	0	中国统计	
7	单位地区生产总值氮氧化物排放量	吨/万元	逆	0.006	0.006	0.007	21	21	0	环境年报；中国统计	
8	单位地区生产总值氨氮排放量	吨/万元	逆	0.001	0.001	0.001	23	23	0	环境年报；中国统计	
9	人均城镇生活消费用电	千瓦时/人	逆	347.647	157.430	143.702	7	6	-1	城市	☹
10	第一产业劳动生产率	万元/人	正	2.230	1.565	1.392	24	25	1	中国统计	☺
11	土地产出率	亿元/千公顷	正	0.350	0.224	0.208	26	24	-2	中国统计	☹
12	节灌率		正	0.475	0.192	0.246	27	24	-3	水利；中国统计	☹
13	有效灌溉面积占耕地面积比重	%	正	40.181	48.130	62.565	9	14	5	中国统计	☺
14	第二产业劳动生产率	万元/人	正	15.793	9.140	8.766	29	30	1	中国统计	☺
15	单位工业增加值水耗	立方米/元	逆	0.006	0.011	0.012	29	28	-1	中国统计	☹
16	规模以上单位工业增加值能耗		逆	NA	NA	NA	NA	NA			
17	工业固体废物综合利用率	%	正	70.583	87.643	85.393	7	8	1	环境年鉴	☺
18	工业用水重复利用率	%	正	74.617	95.500	95.800	1	2	1	环境年鉴	☺
19	六大高载能行业产值占工业总产值比重	%	逆	38.934	31.773	31.982	10	10	0	工业经济	
20	第三产业劳动生产率	万元/人	正	9.481	3.923	3.689	30	30	0	中国统计	
21	第三产业增加值比重	%	正	41.653	33.000	32.701	28	29	1	中国统计	☺
22	第三产业就业人员比重	%	正	37.733	38.284	37.280	11	9	-2	中国统计	☹
23	人均水资源量	立方米/人	正	2 183.640	974.522	1 172.630	20	19	-1	中国统计	☹
24	人均森林面积	公顷/人	正	0.202	0.063	0.060	23	23	0	中国统计	
25	森林覆盖率	%	正	33.061	27.530	26.060	18	18	0	中国统计	
26	自然保护区面积占辖区面积比重	%	正	8.701	3.760	3.760	27	27	0	中国统计	

序号	指标名称	单位	指标属性	2013 年测评均值	2013 年安徽数值	2012 年安徽数值	2013 年安徽排名	2012 年安徽排名	排名变化	2013 年数据来源	进退脸谱
27	湿地面积占国土面积的比重	%	正	9.228	7.460	4.730	12	16	4	中国统计	☺
28	人均活立木总蓄积量	立方米/人	正	11.870	3.600	2.715	20	21	1	中国统计	☺
29	单位土地面积二氧化碳排放量		逆	NA	NA	NA	NA	NA			
30	人均二氧化碳排放量		逆	NA	NA	NA	NA	NA			
31	单位土地面积二氧化硫排放量	吨/平方公里	逆	5.446	3.578	3.708	15	15	0	中国统计；沙漠	
32	人均二氧化硫排放量	吨/人	逆	0.018	0.008	0.009	4	4	0	中国统计	
33	单位土地面积化学需氧量排放量	吨/平方公里	逆	6.296	6.442	6.596	20	20	0	中国统计；沙漠	
34	人均化学需氧量排放量	吨/人	逆	0.018	0.015	0.015	12	12	0	中国统计	
35	单位土地面积氮氧化物排放量	吨/平方公里	逆	6.945	6.164	6.575	18	18	0	中国统计；沙漠；环境年报	
36	人均氮氧化物排放量	吨/人	逆	0.020	0.014	0.015	13	13	0	环境年报；中国统计	
37	单位土地面积氨氮排放量	吨/平方公里	逆	0.769	0.737	0.757	21	21	0	中国统计；沙漠；环境年报	
38	人均氨氮排放量	吨/人	逆	0.002	0.002	0.002	13	13	0	环境年报；中国统计	
39	单位耕地面积化肥施用量	万吨/千公顷	逆	0.037	0.038	0.058	15	19	4	中国统计	☺
40	单位耕地面积农药使用量	吨/千公顷	逆	12.544	13.166	20.373	18	21	3	环境年鉴；中国统计	☺
41	人均公路交通氮氧化物排放量	吨/万人	逆	51.830	37.661	36.611	11	10	—1	环境年报；中国统计	☹
42	环境保护支出占财政支出比重	%	正	2.853	2.493	2.412	19	19	0	中国统计	
43	环境污染治理投资总额占地区生产总值比重	%	正	1.647	2.658	1.918	6	8	2	环境年鉴；中国统计	☺
44	农村人均改水、改厕的政府投资	元/人	正	51.415	33.212	32.614	21	22	1	环境年鉴	☺
45	单位耕地面积退耕还林投资完成额	万元/千公顷	正	13.282	0.000	0.000	17	17	0	环境年鉴；中国统计	
46	科教文卫支出占财政支出比重	%	正	27.720	29.601	30.416	11	11	0	中国统计	
47	城市人均绿地面积	公顷/人	正	0.003	0.001	0.001	21	22	1	城市；中国统计	☺
48	城市用水普及率	%	正	97.299	98.400	98.020	11	13	2	中国统计	☺

序号	指标名称	单 位	指标属性	2013年测评均值	2013年安徽数值	2012年安徽数值	2013年安徽排名	2012年安徽排名	排名变化	2013年数据来源	进退脸谱
49	城市污水处理率	%	正	87.563	96.200	94.500	1	2	1	环境年鉴	☺
50	城市生活垃圾无害化处理率	%	正	88.487	98.800	91.140	6	13	7	中国统计	☺
51	城市每万人拥有公交车辆	标台	正	12.571	10.988	10.137	21	21	0	中国统计	
52	人均城市公共交通运营线路网长度	公里/人	正	0.001	0.000	0.000	30	30	0	中国统计;城市	
53	农村累计已改水受益人口占农村总人口比重	%	正	95.772	97.025	3.121	17	16	-1	环境年鉴	☹
54	建成区绿化覆盖率	%	正	38.787	39.850	38.800	14	15	1	中国统计	☺
55	人均当年新增造林面积	公顷/万人	正	62.246	28.639	7.325	19	27	8	中国统计	☺
56	工业二氧化硫去除率	%	正	63.178	85.073	78.206	1	2	1	中国统计	☺
57	工业废水化学需氧量去除率	%	正	81.541	87.785	87.359	10	10	0	环境年报;中国统计	
58	工业氮氧化物去除率	%	正	17.859	22.140	7.202	10	12	2	环境年报	☺
59	工业废水氨氮去除率	%	正	77.152	83.482	75.260	14	21	7	环境年报;中国统计	☺
60	突发环境事件次数	次	逆	24	6	20	14	22	8	中国统计	☺

　　年鉴说明:中国统计——《中国统计年鉴2014》;环境年鉴——《中国环境统计年鉴2014》;环境年报——《中国环境统计年报2013》;城市——《中国城市统计年鉴2014》;水利——《中国水利统计年鉴2014》;工业经济——《中国工业经济统计年鉴2014》;沙漠——《中国沙漠及其治理》。

福建绿色发展"体检"表

序号	指标名称	单位	指标属性	2013年测评均值	2013年福建数值	2012年福建数值	2013年福建排名	2012年福建排名	排名变化	2013年数据来源	进退脸谱
1	人均地区生产总值	元/人	正	47 745.867	57 856.000	52 763.000	9	9	0	中国统计	
2	单位地区生产总值能耗	吨标准煤/万元	逆	1.041	0.644	0.644	6	6	0	中国统计	
3	非化石能源消费量占能源消费量的比重		正	NA	NA	NA	NA	NA			
4	单位地区生产总值二氧化碳排放量		逆	NA	NA	NA	NA	NA			
5	单位地区生产总值二氧化硫排放量	吨/万元	逆	0.006	0.002	0.002	8	8	0	中国统计	
6	单位地区生产总值化学需氧量排放量	吨/万元	逆	0.006	0.004	0.004	7	7	0	中国统计	
7	单位地区生产总值氮氧化物排放量	吨/万元	逆	0.006	0.003	0.003	5	5	0	环境年报；中国统计	
8	单位地区生产总值氨氮排放量	吨/万元	逆	0.001	0.001	0.001	12	12	0	环境年报；中国统计	
9	人均城镇生活消费用电	千瓦时/人	逆	347.647	382.658	369.424	22	23	1	城市	☺
10	第一产业劳动生产率	万元/人	正	2.230	3.078	2.755	5	7	2	中国统计	☺
11	土地产出率	亿元/千公顷	正	0.350	0.600	0.558	2	2	0	中国统计	
12	节灌率		正	0.475	0.554	0.605	13	12	−1	水利；中国统计	☹
13	有效灌溉面积占耕地面积比重	%	正	40.181	48.966	72.815	7	8	1	中国统计	☺
14	第二产业劳动生产率	万元/人	正	15.793	11.337	10.582	24	24	0	中国统计	
15	单位工业增加值水耗	立方米/元	逆	0.006	0.008	0.009	22	23	1	中国统计	☺
16	规模以上单位工业增加值能耗		逆	NA	NA	NA	NA	NA			
17	工业固体废物综合利用率	%	正	70.583	88.389	89.210	6	6	0	环境年鉴	
18	工业用水重复利用率	%	正	74.617	86.800	86.100	15	15	0	环境年鉴	
19	六大高载能行业产值占工业总产值比重	%	逆	38.934	26.145	26.635	5	5	0	工业经济	
20	第三产业劳动生产率	万元/人	正	9.481	9.097	8.532	12	11	−1	中国统计	☹
21	第三产业增加值比重	%	正	41.653	39.100	39.271	17	15	−2	中国统计	☹
22	第三产业就业人员比重	%	正	37.733	36.800	36.200	14	13	−1	中国统计	☹
23	人均水资源量	立方米/人	正	2 183.640	3 062.749	4 047.780	9	6	−3	中国统计	☹
24	人均森林面积	公顷/人	正	0.202	0.212	0.205	10	10	0	中国统计	
25	森林覆盖率	%	正	33.061	65.950	63.100	1	1	0	中国统计	
26	自然保护区面积占辖区面积比重	%	正	8.701	3.090	3.110	29	29	0	中国统计	

序号	指标名称	单　位	指标属性	2013年测评均值	2013年福建数值	2012年福建数值	2013年福建排名	2012年福建排名	排名变化	2013年数据来源	进退脸谱
27	湿地面积占国土面积的比重	%	正	9.228	7.180	3.650	13	20	7	中国统计	☺
28	人均活立木总蓄积量	立方米/人	正	11.870	17.667	14.201	6	7	1	中国统计	☺
29	单位土地面积二氧化碳排放量		逆	NA	NA	NA	NA	NA			
30	人均二氧化碳排放量		逆	NA	NA	NA	NA	NA			
31	单位土地面积二氧化硫排放量	吨/平方公里	逆	5.446	2.911	2.994	11	11	0	中国统计；沙漠	
32	人均二氧化硫排放量	吨/人	逆	0.018	0.010	0.010	6	7	1	中国统计	☺
33	单位土地面积化学需氧量排放量	吨/平方公里	逆	6.296	5.153	5.322	16	16	0	中国统计；沙漠	
34	人均化学需氧量排放量	吨/人	逆	0.018	0.017	0.018	18	18	0	中国统计	
35	单位土地面积氮氧化物排放量	吨/平方公里	逆	6.945	3.535	3.767	15	15	0	中国统计；沙漠；环境年报	
36	人均氮氧化物排放量	吨/人	逆	0.020	0.012	0.013	9	9	·0	环境年报；中国统计	
37	单位土地面积氨氮排放量	吨/平方公里	逆	0.769	0.733	0.751	20	20	0	中国统计；沙漠；环境年报	
38	人均氨氮排放量	吨/人	逆	0.002	0.002	0.002	28	28	0	环境年报；中国统计	
39	单位耕地面积化肥施用量	万吨/千公顷	逆	0.037	0.053	0.091	27	30	3	中国统计	☺
40	单位耕地面积农药使用量	吨/千公顷	逆	12.544	25.218	43.490	28	29	1	环境年鉴；中国统计	☺
41	人均公路交通氮氧化物排放量	吨/万人	逆	51.830	28.002	27.828	3	4	1	环境年报；中国统计	☺
42	环境保护支出占财政支出比重	%	正	2.853	1.910	1.864	28	28	0	中国统计	
43	环境污染治理投资总额占地区生产总值比重	%	正	1.647	1.300	1.129	20	22	2	环境年鉴；中国统计	☺
44	农村人均改水、改厕的政府投资	元/人	正	51.415	57.251	46.846	7	12	5	环境年鉴	☺
45	单位耕地面积退耕还林投资完成额	万元/千公顷	正	13.282	0.000	0.000	17	17	0	环境年鉴；中国统计	
46	科教文卫支出占财政支出比重	%	正	27.720	29.902	32.323	10	6	—4	中国统计	☹
47	城市人均绿地面积	公顷/人	正	0.003	0.002	0.002	14	16	2	城市；中国统计	☺
48	城市用水普及率	%	正	97.299	99.420	99.130	8	9	1	中国统计	☺

续表

序号	指标名称	单 位	指标属性	2013年测评均值	2013年福建数值	2012年福建数值	2013年福建排名	2012年福建排名	排名变化	2013年数据来源	进退脸谱
49	城市污水处理率	%	正	87.563	87.300	85.600	20	19	—1	环境年鉴	☹
50	城市生活垃圾无害化处理率	%	正	88.487	98.200	96.420	7	8	1	中国统计	☺
51	城市每万人拥有公交车辆	标台	正	12.571	12.652	12.160	12	12	0	中国统计	
52	人均城市公共交通运营线路网长度	公里/人	正	0.001	0.000	0.000	17	16	—1	中国统计；城市	☹
53	农村累计已改水受益人口占农村总人口比重	%	正	95.772	98.942	5.769	10	13	3	环境年鉴	☺
54	建成区绿化覆盖率	%	正	38.787	42.770	42.030	3	6	3	中国统计	☺
55	人均当年新增造林面积	公顷/万人	正	62.246	26.638	26.257	21	18	—3	中国统计	☹
56	工业二氧化硫去除率	%	正	63.178	64.467	63.922	18	18	0	中国统计	
57	工业废水化学需氧量去除率	%	正	81.541	89.542	90.459	5	5	0	环境年报；中国统计	
58	工业氮氧化物去除率	%	正	17.859	32.748	12.015	3	8	5	环境年报	☺
59	工业废水氨氮去除率	%	正	77.152	82.482	83.739	16	14	—2	环境年报；中国统计	☹
60	突发环境事件次数	次	逆	24	13	4	21	10	—11	中国统计	☹

年鉴说明：中国统计——《中国统计年鉴2014》；环境年鉴——《中国环境统计年鉴2014》；环境年报——《中国环境统计年报2013》；城市——《中国城市统计年鉴2014》；水利——《中国水利统计年鉴2014》；工业经济——《中国工业经济统计年鉴2014》；沙漠——《中国沙漠及其治理》。

江西绿色发展"体检"表

序号	指标名称	单位	指标属性	2013年测评均值	2013年江西数值	2012年江西数值	2013年江西排名	2012年江西排名	排名变化	2013年数据来源	进退脸谱
1	人均地区生产总值	元/人	正	47 745.867	31 771.000	28 800.000	25	25	0	中国统计	
2	单位地区生产总值能耗	吨标准煤/万元	逆	1.041	0.651	0.651	7	7	0	中国统计	
3	非化石能源消费量占能源消费量的比重		正	NA	NA	NA	NA	NA			
4	单位地区生产总值二氧化碳排放量		逆	NA	NA	NA	NA	NA			
5	单位地区生产总值二氧化硫排放量	吨/万元	逆	0.006	0.005	0.006	20	19	—1	中国统计	☹
6	单位地区生产总值化学需氧量排放量	吨/万元	逆	0.006	0.007	0.008	21	22	1	中国统计	☺
7	单位地区生产总值氮氧化物排放量	吨/万元	逆	0.006	0.006	0.006	16	16	0	环境年报;中国统计	
8	单位地区生产总值氨氮排放量	吨/万元	逆	0.001	0.001	0.001	27	26	—1	环境年报;中国统计	☹
9	人均城镇生活消费用电	千瓦时/人	逆	347.647	143.086	110.277	5	3	—2	城市	☹
10	第一产业劳动生产率	万元/人	正	2.230	1.969	1.776	16	17	1	中国统计	☺
11	土地产出率	亿元/千公顷	正	0.350	0.193	0.182	28	28	0	中国统计	
12	节灌率		正	0.475	0.214	0.211	26	27	1	水利;中国统计	☺
13	有效灌溉面积占耕地面积比重	%	正	40.181	35.940	67.457	16	10	—6	中国统计	☹
14	第二产业劳动生产率	万元/人	正	15.793	9.492	8.926	28	28	0	中国统计	
15	单位工业增加值水耗	立方米/元	逆	0.006	0.009	0.010	25	25	0	中国统计	
16	规模以上单位工业增加值能耗		逆	NA	NA	NA	NA	NA			
17	工业固体废物综合利用率	%	正	70.583	55.834	54.527	22	23	1	环境年鉴	☺
18	工业用水重复利用率	%	正	74.617	50.100	91.300	24	12	—12	环境年鉴	☹
19	六大高载能行业产值占工业总产值比重	%	逆	38.934	44.372	46.009	22	22	0	工业经济	
20	第三产业劳动生产率	万元/人	正	9.481	5.390	4.926	29	29	0	中国统计	
21	第三产业增加值比重	%	正	41.653	35.100	34.644	26	26	0	中国统计	
22	第三产业就业人员比重	%	正	37.733	36.457	36.099	16	14	—2	中国统计	☹
23	人均水资源量	立方米/人	正	2 183.640	3 155.331	4 836.010	8	2	—6	中国统计	☹
24	人均森林面积	公顷/人	正	0.202	0.222	0.216	9	8	—1	中国统计	☹
25	森林覆盖率	%	正	33.061	60.010	58.320	2	2	0	中国统计	
26	自然保护区面积占辖区面积比重	%	正	8.701	7.460	7.550	13	13	0	中国统计	

续表

序号	指标名称	单位	指标属性	2013年测评均值	2013年江西数值	2012年江西数值	2013年江西排名	2012年江西排名	排名变化	2013年数据来源	进退脸谱
27	湿地面积占国土面积的比重	%	正	9.228	5.450	5.990	14	11	-3	中国统计	☹
28	人均活立木总蓄积量	立方米/人	正	11.870	10.401	10.001	11	9	-2	中国统计	☹
29	单位土地面积二氧化碳排放量		逆	NA	NA	NA	NA	NA			
30	人均二氧化碳排放量		逆	NA	NA	NA	NA	NA			
31	单位土地面积二氧化硫排放量	吨/平方公里	逆	5.446	3.342	3.401	14	14	0	中国统计；沙漠	
32	人均二氧化硫排放量	吨/人	逆	0.018	0.012	0.013	13	13	0	中国统计	
33	单位土地面积化学需氧量排放量	吨/平方公里	逆	6.296	4.401	4.484	13	13	0	中国统计；沙漠	
34	人均化学需氧量排放量	吨/人	逆	0.018	0.016	0.017	16	15	-1	中国统计	☹
35	单位土地面积氮氧化物排放量	吨/平方公里	逆	6.945	3.418	3.458	14	14	0	中国统计；沙漠；环境年报	
36	人均氮氧化物排放量	吨/人	逆	0.020	0.013	0.013	11	10	-1	环境年报；中国统计	☹
37	单位土地面积氨氮排放量	吨/平方公里	逆	0.769	0.532	0.546	14	14	0	中国统计；沙漠；环境年报	
38	人均氨氮排放量	吨/人	逆	0.002	0.002	0.002	19	18	-1	环境年报；中国统计	☹
39	单位耕地面积化肥施用量	万吨/千公顷	逆	0.037	0.026	0.050	5	16	11	中国统计	☺
40	单位耕地面积农药使用量	吨/千公顷	逆	12.544	17.996	35.518	25	27	2	环境年鉴；中国统计	☺
41	人均公路交通氮氧化物排放量	吨/万人	逆	51.830	49.034	49.282	20	20	0	环境年报；中国统计	
42	环境保护支出占财政支出比重	%	正	2.853	2.137	2.216	23	23	0	中国统计	
43	环境污染治理投资总额占地区生产总值比重	%	正	1.647	1.671	2.441	12	5	-7	环境年鉴；中国统计	☹
44	农村人均改水、改厕的政府投资	元/人	正	51.415	29.675	36.944	22	19	-3	环境年鉴	☹
45	单位耕地面积退耕还林投资完成额	万元/千公顷	正	13.282	0.000	0.000	17	17	0	环境年鉴；中国统计	
46	科教文卫支出占财政支出比重	%	正	27.720	29.554	30.256	12	12	0	中国统计	
47	城市人均绿地面积	公顷/人	正	0.003	0.001	0.001	24	24	0	城市；中国统计	
48	城市用水普及率	%	正	97.299	97.730	97.670	17	15	-2	中国统计	☹

序号	指标名称	单位	指标属性	2013年测评均值	2013年江西数值	2012年江西数值	2013年江西排名	2012年江西排名	排名变化	2013年数据来源	进退脸谱
49	城市污水处理率	%	正	87.563	83.100	84.300	26	22	−4	环境年鉴	☹
50	城市生活垃圾无害化处理率	%	正	88.487	93.300	89.050	15	15	0	中国统计	
51	城市每万人拥有公交车辆	标台	正	12.571	9.148	10.009	28	23	−5	中国统计	☹
52	人均城市公共交通运营线路网长度	公里/人	正	0.001	0.000	0.000	22	22	0	中国统计；城市	
53	农村累计已改水受益人口占农村总人口比重	%	正	95.772	99.458	12.467	8	4	−4	环境年鉴	☹
54	建成区绿化覆盖率	%	正	38.787	45.090	45.950	2	2	0	中国统计	
55	人均当年新增造林面积	公顷/万人	正	62.246	33.983	30.836	16	17	1	中国统计	☺
56	工业二氧化硫去除率	%	正	63.178	77.804	77.626	4	3	−1	中国统计	☹
57	工业废水化学需氧量去除率	%	正	81.541	81.094	79.104	20	22	2	环境年报；中国统计	☺
58	工业氮氧化物去除率	%	正	17.859	10.293	3.610	24	22	−2	环境年报	☹
59	工业废水氨氮去除率	%	正	77.152	73.756	75.503	22	20	−2	环境年报；中国统计	☹
60	突发环境事件次数	次	逆	24	5	1	11	4	−7	中国统计	☹

年鉴说明：中国统计——《中国统计年鉴 2014》；环境年鉴——《中国环境统计年鉴 2014》；环境年报——《中国环境统计年报 2013》；城市——《中国城市统计年鉴 2014》；水利——《中国水利统计年鉴 2014》；工业经济——《中国工业经济统计年鉴 2014》；沙漠——《中国沙漠及其治理》。

山东绿色发展"体检"表

序号	指标名称	单位	指标属性	2013年测评均值	2013年山东数值	2012年山东数值	2013年山东排名	2012年山东排名	排名变化	2013年数据来源	进退脸谱
1	人均地区生产总值	元/人	正	47 745.867	56 323.000	51 768.000	10	10	0	中国统计	
2	单位地区生产总值能耗	吨标准煤/万元	逆	1.041	0.855	0.855	13	13	0	中国统计	
3	非化石能源消费量占能源消费量的比重		正	NA	NA	NA	NA	NA			
4	单位地区生产总值二氧化碳排放量		逆	NA	NA	NA	NA	NA			
5	单位地区生产总值二氧化硫排放量	吨/万元	逆	0.006	0.004	0.004	11	12	1	中国统计	☺
6	单位地区生产总值化学需氧量排放量	吨/万元	逆	0.006	0.004	0.005	9	9	0	中国统计	
7	单位地区生产总值氮氧化物排放量	吨/万元	逆	0.006	0.004	0.004	12	12	0	环境年报；中国统计	
8	单位地区生产总值氨氮排放量	吨/万元	逆	0.001	0.000	0.000	5	6	1	环境年报；中国统计	☺
9	人均城镇生活消费用电	千瓦时/人	逆	347.647	204.533	181.819	14	12	−2	城市	☹
10	第一产业劳动生产率	万元/人	正	2.230	2.230	1.955	14	15	1	中国统计	☺
11	土地产出率	亿元/千公顷	正	0.350	0.411	0.364	9	10	1	中国统计	☺
12	节灌率		正	0.475	0.544	0.506	14	17	3	水利；中国统计	☺
13	有效灌溉面积占耕地面积比重	%	正	40.181	43.083	67.304	11	11	0	中国统计	
14	第二产业劳动生产率	万元/人	正	15.793	12.146	11.617	20	17	−3	中国统计	☹
15	单位工业增加值水耗	立方米/元	逆	0.006	0.001	0.001	2	2	0	中国统计	
16	规模以上单位工业增加值能耗		逆	NA	NA	NA	NA	NA			
17	工业固体废物综合利用率	%	正	70.583	94.288	93.076	5	3	−2	环境年鉴	☹
18	工业用水重复利用率	%	正	74.617	91.000	92.500	9	8	−1	环境年鉴	☹
19	六大高载能行业产值占工业总产值比重	%	逆	38.934	33.837	33.331	14	12	−2	工业经济	☹
20	第三产业劳动生产率	万元/人	正	9.481	10.317	9.455	9	8	−1	中国统计	☹
21	第三产业增加值比重	%	正	41.653	41.200	39.981	13	13	0	中国统计	
22	第三产业就业人员比重	%	正	37.733	33.800	32.667	22	23	1	中国统计	☺
23	人均水资源量	立方米/人	正	2 183.640	300.445	283.926	24	25	1	中国统计	☺
24	人均森林面积	公顷/人	正	0.202	0.026	0.026	27	26	−1	中国统计	☹
25	森林覆盖率	%	正	33.061	16.730	16.720	23	22	−1	中国统计	☹
26	自然保护区面积占辖区面积比重	%	正	8.701	4.810	4.710	24	24	0	中国统计	

续表

序号	指标名称	单 位	指标属性	2013 年测评均值	2013 年山东数值	2012 年山东数值	2013 年山东排名	2012 年山东排名	排名变化	2013 年数据来源	进退脸谱
27	湿地面积占国土面积的比重	％	正	9.228	11.070	11.720	6	4	－2	中国统计	☹
28	人均活立木总蓄积量	立方米/人	正	11.870	1.270	0.891	26	26	0	中国统计	
29	单位土地面积二氧化碳排放量		逆	NA	NA	NA	NA	NA			
30	人均二氧化碳排放量		逆	NA	NA	NA	NA	NA			
31	单位土地面积二氧化硫排放量	吨/平方公里	逆	5.446	10.469	11.130	28	28	0	中国统计；沙漠	
32	人均二氧化硫排放量	吨/人	逆	0.018	0.017	0.018	19	19	0	中国统计	
33	单位土地面积化学需氧量排放量	吨/平方公里	逆	6.296	11.747	12.227	28	28	0	中国统计；沙漠	
34	人均化学需氧量排放量	吨/人	逆	0.018	0.019	0.020	23	23	0	中国统计	
35	单位土地面积氮氧化物排放量	吨/平方公里	逆	6.945	10.510	11.067	27	27	0	中国统计；沙漠；环境年报	
36	人均氮氧化物排放量	吨/人	逆	0.020	0.017	0.018	18	17	－1	环境年报；中国统计	☹
37	单位土地面积氨氮排放量	吨/平方公里	逆	0.769	1.028	1.073	25	25	0	中国统计；沙漠；环境年报	
38	人均氨氮排放量	吨/人	逆	0.002	0.002	0.002	9	10	1	环境年报；中国统计	☺
39	单位耕地面积化肥施用量	万吨/千公顷	逆	0.037	0.043	0.063	22	24	2	中国统计	☺
40	单位耕地面积农药使用量	吨/千公顷	逆	12.544	14.430	21.550	22	22	0	环境年鉴；中国统计	
41	人均公路交通氮氧化物排放量	吨/万人	逆	51.830	46.669	48.510	17	19	2	环境年报；中国统计	☺
42	环境保护支出占财政支出比重	％	正	2.853	3.182	2.615	11	16	5	中国统计	☺
43	环境污染治理投资总额占地区生产总值比重	％	正	1.647	1.551	1.478	13	14	1	环境年鉴；中国统计	☺
44	农村人均改水、改厕的政府投资	元/人	正	51.415	37.743	40.856	19	17	－2	环境年鉴	☹
45	单位耕地面积退耕还林投资完成额	万元/千公顷	正	13.282	0.000	0.000	17	17	0	环境年鉴；中国统计	
46	科教文卫支出占财政支出比重	％	正	27.720	32.326	33.431	4	2	－2	中国统计	☹
47	城市人均绿地面积	公顷/人	正	0.003	0.002	0.002	12	14	2	城市；中国统计	☺
48	城市用水普及率	％	正	97.299	99.850	99.850	5	7	2	中国统计	☺

序号	指标名称	单 位	指标属性	2013年测评均值	2013年山东数值	2012年山东数值	2013年山东排名	2012年山东排名	排名变化	2013年数据来源	进退脸谱
49	城市污水处理率	%	正	87.563	94.900	94.200	2	4	2	环境年鉴	☺
50	城市生活垃圾无害化处理率	%	正	88.487	99.500	98.060	2	6	4	中国统计	☺
51	城市每万人拥有公交车辆	标台	正	12.571	13.539	12.759	9	10	1	中国统计	☺
52	人均城市公共交通运营线路网长度	公里/人	正	0.001	0.001	0.000	10	14	4	中国统计；城市	☺
53	农村累计已改水受益人口占农村总人口比重	%	正	95.772	99.807	0.009	5	30	25	环境年鉴	☺
54	建成区绿化覆盖率	%	正	38.787	42.630	42.120	4	5	1	中国统计	☺
55	人均当年新增造林面积	公顷/万人	正	62.246	22.708	20.490	22	20	−2	中国统计	☹
56	工业二氧化硫去除率	%	正	63.178	74.709	69.155	5	12	7	中国统计	☺
57	工业废水化学需氧量去除率	%	正	81.541	94.159	95.023	1	1	0	环境年报；中国统计	
58	工业氮氧化物去除率	%	正	17.859	14.665	4.562	18	18	0	环境年报	
59	工业废水氨氮去除率	%	正	77.152	89.588	90.741	5	4	−1	环境年报；中国统计	☹
60	突发环境事件次数	次	逆	24	5	3	11	8	−3	中国统计	☹

年鉴说明：中国统计——《中国统计年鉴2014》；环境年鉴——《中国环境统计年鉴2014》；环境年报——《中国环境统计年报2013》；城市——《中国城市统计年鉴2014》；水利——《中国水利统计年鉴2014》；工业经济——《中国工业经济统计年鉴2014》；沙漠——《中国沙漠及其治理》。

河南绿色发展"体检"表

序号	指标名称	单位	指标属性	2013年测评均值	2013年河南数值	2012年河南数值	2013年河南排名	2012年河南排名	排名变化	2013年数据来源	进退脸谱
1	人均地区生产总值	元/人	正	47 745.867	34 174.000	31 499.000	23	23	0	中国统计	
2	单位地区生产总值能耗	吨标准煤/万元	逆	1.041	0.895	0.895	15	15	0	中国统计	
3	非化石能源消费量占能源消费量的比重		正	NA	NA	NA	NA	NA			
4	单位地区生产总值二氧化碳排放量		逆	NA	NA	NA	NA	NA			
5	单位地区生产总值二氧化硫排放量	吨/万元	逆	0.006	0.005	0.005	17	17	0	中国统计	
6	单位地区生产总值化学需氧量排放量	吨/万元	逆	0.006	0.005	0.006	12	12	0	中国统计	
7	单位地区生产总值氮氧化物排放量	吨/万元	逆	0.006	0.006	0.007	19	19	0	环境年报；中国统计	
8	单位地区生产总值氨氮排放量	吨/万元	逆	0.001	0.001	0.001	15	15	0	环境年报；中国统计	
9	人均城镇生活消费用电	千瓦时/人	逆	347.647	144.074	123.087	6	5	−1	城市	☹
10	第一产业劳动生产率	万元/人	正	2.230	1.564	1.423	25	24	−1	中国统计	☹
11	土地产出率	亿元/千公顷	正	0.350	0.293	0.278	18	18	0	中国统计	
12	节灌率		正	0.475	0.261	0.327	25	23	−2	水利；中国统计	☹
13	有效灌溉面积占耕地面积比重	%	正	40.181	34.692	65.675	18	13	−5	中国统计	☹
14	第二产业劳动生产率	万元/人	正	15.793	9.007	8.840	30	29	−1	中国统计	☹
15	单位工业增加值水耗	立方米/元	逆	0.006	0.004	0.004	11	11	0	中国统计	
16	规模以上单位工业增加值能耗		逆	NA	NA	NA	NA	NA			
17	工业固体废物综合利用率	%	正	70.583	76.620	76.046	12	11	−1	环境年鉴	☹
18	工业用水重复利用率	%	正	74.617	93.500	93.300	5	5	0	环境年鉴	
19	六大高载能行业产值占工业总产值比重	%	逆	38.934	36.580	38.013	17	17	0	工业经济	
20	第三产业劳动生产率	万元/人	正	9.481	5.832	5.363	25	25	0	中国统计	
21	第三产业增加值比重	%	正	41.653	32.000	30.939	30	30	0	中国统计	
22	第三产业就业人员比重	%	正	37.733	28.010	27.676	27	28	1	中国统计	☺
23	人均水资源量	立方米/人	正	2 183.640	226.440	282.577	26	26	0	中国统计	
24	人均森林面积	公顷/人	正	0.202	0.038	0.036	25	25	0	中国统计	
25	森林覆盖率	%	正	33.061	21.500	20.160	20	20	0	中国统计	
26	自然保护区面积占辖区面积比重	%	正	8.701	4.420	4.400	25	25	0	中国统计	

续表

序号	指标名称	单位	指标属性	2013年测评均值	2013年河南数值	2012年河南数值	2013年河南排名	2012年河南排名	排名变化	2013年数据来源	进退脸谱
27	湿地面积占国土面积的比重	%	正	9.228	3.760	3.740	20	18	-2	中国统计	☹
28	人均活立木总蓄积量	立方米/人	正	11.870	2.431	1.919	23	23	0	中国统计	
29	单位土地面积二氧化碳排放量		逆	NA	NA	NA	NA	NA			
30	人均二氧化碳排放量		逆	NA	NA	NA	NA	NA			
31	单位土地面积二氧化硫排放量	吨/平方公里	逆	5.446	7.575	7.708	24	24	0	中国统计；沙漠	
32	人均二氧化硫排放量	吨/人	逆	0.018	0.013	0.014	15	15	0	中国统计	
33	单位土地面积化学需氧量排放量	吨/平方公里	逆	6.296	8.181	8.418	23	23	0	中国统计；沙漠	
34	人均化学需氧量排放量	吨/人	逆	0.018	0.014	0.015	9	9	0	中国统计	
35	单位土地面积氮氧化物排放量	吨/平方公里	逆	6.945	9.458	9.822	24	24	0	中国统计；沙漠；环境年报	
36	人均氮氧化物排放量	吨/人	逆	0.020	0.017	0.017	16	16	0	环境年报；中国统计	
37	单位土地面积氨氮排放量	吨/平方公里	逆	0.769	0.871	0.905	23	23	0	中国统计；沙漠；环境年报	
38	人均氨氮排放量	吨/人	逆	0.002	0.002	0.002	7	6	-1	环境年报；中国统计	☹
39	单位耕地面积化肥施用量	万吨/千公顷	逆	0.037	0.049	0.086	24	28	4	中国统计	☺
40	单位耕地面积农药使用量	吨/千公顷	逆	12.544	9.080	16.185	13	18	5	环境年鉴；中国统计	☺
41	人均公路交通氮氧化物排放量	吨/万人	逆	51.830	54.464	53.365	21	21	0	环境年报；中国统计	
42	环境保护支出占财政支出比重	%	正	2.853	2.005	2.186	26	24	-2	中国统计	☹
43	环境污染治理投资总额占地区生产总值比重	%	正	1.647	0.896	0.708	25	28	3	环境年鉴；中国统计	☺
44	农村人均改水、改厕的政府投资	元/人	正	51.415	25.737	29.808	25	24	-1	环境年鉴	☹
45	单位耕地面积退耕还林投资完成额	万元/千公顷	正	13.282	1.043	1.689	16	16	0	环境年鉴；中国统计	
46	科教文卫支出占财政支出比重	%	正	27.720	32.689	33.392	3	3	0	中国统计	
47	城市人均绿地面积	公顷/人	正	0.003	0.001	0.001	30	30	0	城市；中国统计	
48	城市用水普及率	%	正	97.299	92.160	91.760	29	30	1	中国统计	☺

续表

序号	指标名称	单位	指标属性	2013 年测评均值	2013 年河南数值	2012 年河南数值	2013 年河南排名	2012 年河南排名	排名变化	2013 年数据来源	进退脸谱
49	城市污水处理率	％	正	87.563	90.800	87.800	11	14	3	环境年鉴	☺
50	城市生活垃圾无害化处理率	％	正	88.487	90.000	86.400	19	19	0	中国统计	
51	城市每万人拥有公交车辆	标台	正	12.571	9.072	8.600	29	28	－1	中国统计	☹
52	人均城市公共交通运营线路网长度	公里/人	正	0.001	0.000	0.000	29	29	0	中国统计；城市	
53	农村累计已改水受益人口占农村总人口比重	％	正	95.772	92.837	1.702	23	24	1	环境年鉴	☺
54	建成区绿化覆盖率	％	正	38.787	37.600	36.900	22	22	0	中国统计	
55	人均当年新增造林面积	公顷/万人	正	62.246	26.984	24.294	20	19	－1	中国统计	☹
56	工业二氧化硫去除率	％	正	63.178	61.585	63.206	21	21	0	中国统计	
57	工业废水化学需氧量去除率	％	正	81.541	89.304	89.854	6	7	1	环境年报；中国统计	☺
58	工业氮氧化物去除率	％	正	17.859	10.705	4.906	23	17	－6	环境年报	☹
59	工业废水氨氮去除率	％	正	77.152	78.754	75.089	20	22	2	环境年报；中国统计	☺
60	突发环境事件次数	次	逆	24	17	14	26	19	－7	中国统计	☹

年鉴说明：中国统计——《中国统计年鉴 2014》；环境年鉴——《中国环境统计年鉴 2014》；环境年报——《中国环境统计年报 2013》；城市——《中国城市统计年鉴 2014》；水利——《中国水利统计年鉴 2014》；工业经济——《中国工业经济统计年鉴 2014》；沙漠——《中国沙漠及其治理》。

湖北绿色发展"体检"表

序号	指标名称	单位	指标属性	2013年测评均值	2013年湖北数值	2012年湖北数值	2013年湖北排名	2012年湖北排名	排名变化	2013年数据来源	进退脸谱
1	人均地区生产总值	元/人	正	47 745.867	42 613.000	38 572.000	14	13	-1	中国统计	☹
2	单位地区生产总值能耗	吨标准煤/万元	逆	1.041	0.912	0.912	16	16	0	中国统计	
3	非化石能源消费量占能源消费量的比重		正	NA	NA	NA	NA	NA			
4	单位地区生产总值二氧化碳排放量		逆	NA	NA	NA	NA	NA			
5	单位地区生产总值二氧化硫排放量	吨/万元	逆	0.006	0.003	0.004	9	9	0	中国统计	
6	单位地区生产总值化学需氧量排放量	吨/万元	逆	0.006	0.006	0.007	14	14	0	中国统计	
7	单位地区生产总值氮氧化物排放量	吨/万元	逆	0.006	0.003	0.004	10	10	0	环境年报；中国统计	
8	单位地区生产总值氨氮排放量	吨/万元	逆	0.001	0.001	0.001	21	21	0	环境年报；中国统计	
9	人均城镇生活消费用电	千瓦时/人	逆	347.647	240.546	221.572	17	16	-1	城市	☹
10	第一产业劳动生产率	万元/人	正	2.230	1.924	1.718	18	18	0	中国统计	
11	土地产出率	亿元/千公顷	正	0.350	0.330	0.308	14	15	1	中国统计	☺
12	节灌率		正	0.475	0.113	0.194	29	28	-1	水利；中国统计	☹
13	有效灌溉面积占耕地面积比重	%	正	40.181	34.435	54.649	19	15	-4	中国统计	☹
14	第二产业劳动生产率	万元/人	正	15.793	15.452	14.417	12	13	1	中国统计	☺
15	单位工业增加值水耗	立方米/元	逆	0.006	0.009	0.012	24	29	5	中国统计	☺
16	规模以上单位工业增加值能耗		逆	NA	NA	NA	NA	NA			
17	工业固体废物综合利用率	%	正	70.583	75.736	75.378	13	12	-1	环境年鉴	☹
18	工业用水重复利用率	%	正	74.617	87.100	87.000	14	14	0	环境年鉴	
19	六大高载能行业产值占工业总产值比重	%	逆	38.934	31.920	34.309	11	14	3	工业经济	☺
20	第三产业劳动生产率	万元/人	正	9.481	7.278	6.595	20	21	1	中国统计	☺
21	第三产业增加值比重	%	正	41.653	38.100	36.892	19	19	0	中国统计	
22	第三产业就业人员比重	%	正	37.733	35.650	34.350	18	19	1	中国统计	☺
23	人均水资源量	立方米/人	正	2 183.640	1 364.908	1 410.970	17	17	0	中国统计	
24	人均森林面积	公顷/人	正	0.202	0.123	0.100	17	18	1	中国统计	☺
25	森林覆盖率	%	正	33.061	38.400	31.140	13	17	4	中国统计	☺
26	自然保护区面积占辖区面积比重	%	正	8.701	5.480	5.140	21	23	2	中国统计	☺

序号	指标名称	单　位	指标属性	2013 年测评均值	2013 年湖北数值	2012 年湖北数值	2013 年湖北排名	2012 年湖北排名	排名变化	2013 年数据来源	进退脸谱
27	湿地面积占国土面积的比重	%	正	9.228	7.770	4.990	11	15	4	中国统计	☺
28	人均活立木总蓄积量	立方米/人	正	11.870	5.402	4.001	18	18	0	中国统计	
29	单位土地面积二氧化碳排放量		逆	NA	NA	NA	NA	NA			
30	人均二氧化碳排放量		逆	NA	NA	NA	NA	NA			
31	单位土地面积二氧化硫排放量	吨/平方公里	逆	5.446	3.224	3.348	13	13	0	中国统计；沙漠	
32	人均二氧化硫排放量	吨/人	逆	0.018	0.010	0.011	10	9	—1	中国统计	☹
33	单位土地面积化学需氧量排放量	吨/平方公里	逆	6.296	5.693	5.845	18	18	0	中国统计；沙漠	
34	人均化学需氧量排放量	吨/人	逆	0.018	0.018	0.019	21	21	0	中国统计	
35	单位土地面积氮氧化物排放量	吨/平方公里	逆	6.945	3.294	3.443	13	13	0	中国统计；沙漠；环境年报	
36	人均氮氧化物排放量	吨/人	逆	0.020	0.011	0.011	4	5	1	环境年报；中国统计	☺
37	单位土地面积氨氮排放量	吨/平方公里	逆	0.769	0.672	0.694	18	18	0	中国统计；沙漠；环境年报	
38	人均氨氮排放量	吨/人	逆	0.002	0.002	0.002	24	24	0	环境年报；中国统计	
39	单位耕地面积化肥施用量	万吨/千公顷	逆	0.037	0.043	0.076	23	27	4	中国统计	☺
40	单位耕地面积农药使用量	吨/千公顷	逆	12.544	15.686	29.914	23	24	1	环境年鉴；中国统计	☺
41	人均公路交通氮氧化物排放量	吨/万人	逆	51.830	33.662	32.393	7	7	0	环境年报；中国统计	
42	环境保护支出占财政支出比重	%	正	2.853	2.510	2.543	18	17	—1	中国统计	☹
43	环境污染治理投资总额占地区生产总值比重	%	正	1.647	1.024	1.283	23	17	—6	环境年鉴；中国统计	☹
44	农村人均改水、改厕的政府投资	元/人	正	51.415	44.048	26.524	14	26	12	环境年鉴	☺
45	单位耕地面积退耕还林投资完成额	万元/千公顷	正	13.282	7.609	7.470	15	15	0	环境年鉴；中国统计	
46	科教文卫支出占财政支出比重	%	正	27.720	26.589	29.715	22	14	—8	中国统计	☹
47	城市人均绿地面积	公顷/人	正	0.003	0.001	0.001	17	18	1	城市；中国统计	☺
48	城市用水普及率	%	正	97.299	98.190	98.240	13	12	—1	中国统计	☹

续表

序号	指标名称	单位	指标属性	2013年测评均值	2013年湖北数值	2012年湖北数值	2013年湖北排名	2012年湖北排名	排名变化	2013年数据来源	进退脸谱
49	城市污水处理率	%	正	87.563	91.600	87.100	10	17	7	环境年鉴	☺
50	城市生活垃圾无害化处理率	%	正	88.487	85.400	71.510	23	26	3	中国统计	☺
51	城市每万人拥有公交车辆	标台	正	12.571	11.556	11.255	18	17	-1	中国统计	☹
52	人均城市公共交通运营线路网长度	公里/人	正	0.001	0.000	0.000	20	19	-1	中国统计；城市	☹
53	农村累计已改水受益人口占农村总人口比重	%	正	95.772	99.528	10.873	7	5	-2	环境年鉴	☹
54	建成区绿化覆盖率	%	正	38.787	38.120	38.860	18	14	-4	中国统计	☹
55	人均当年新增造林面积	公顷/万人	正	62.246	42.643	34.426	14	15	1	中国统计	☺
56	工业二氧化硫去除率	%	正	63.178	80.208	72.329	3	5	2	中国统计	☺
57	工业废水化学需氧量去除率	%	正	81.541	75.718	77.062	24	24	0	环境年报；中国统计	
58	工业氮氧化物去除率	%	正	17.859	16.782	3.198	16	24	8	环境年报	☺
59	工业废水氨氮去除率	%	正	77.152	57.326	58.827	27	27	0	环境年报；中国统计	
60	突发环境事件次数	次	逆	24	7	4	15	10	-5	中国统计	☹

年鉴说明：中国统计——《中国统计年鉴2014》；环境年鉴——《中国环境统计年鉴2014》；环境年报——《中国环境统计年报2013》；城市——《中国城市统计年鉴2014》；水利——《中国水利统计年鉴2014》；工业经济——《中国工业经济统计年鉴2014》；沙漠——《中国沙漠及其治理》。

湖南绿色发展"体检"表

序号	指标名称	单　位	指标属性	2013年测评均值	2013年湖南数值	2012年湖南数值	2013年湖南排名	2012年湖南排名	排名变化	2013年数据来源	进退脸谱
1	人均地区生产总值	元/人	正	47 745.867	36 763.000	33 480.000	19	20	1	中国统计	☺
2	单位地区生产总值能耗	吨标准煤/万元	逆	1.041	0.894	0.894	14	14	0	中国统计	
3	非化石能源消费量占能源消费量的比重		正	NA	NA	NA	NA	NA			
4	单位地区生产总值二氧化碳排放量		逆	NA	NA	NA	NA	NA			
5	单位地区生产总值二氧化硫排放量	吨/万元	逆	0.006	0.004	0.004	12	10	−2	中国统计	☹
6	单位地区生产总值化学需氧量排放量	吨/万元	逆	0.006	0.007	0.008	22	21	−1	中国统计	☹
7	单位地区生产总值氮氧化物排放量	吨/万元	逆	0.006	0.003	0.004	9	9	0	环境年报;中国统计	
8	单位地区生产总值氨氮排放量	吨/万元	逆	0.001	0.001	0.001	28	28	0	环境年报;中国统计	
9	人均城镇生活消费用电	千瓦时/人	逆	347.647	167.253	161.298	9	8	−1	城市	☹
10	第一产业劳动生产率	万元/人	正	2.230	1.864	1.794	19	16	−3	中国统计	☹
11	土地产出率	亿元/千公顷	正	0.350	0.315	0.312	15	14	−1	中国统计	☹
12	节灌率		正	0.475	0.106	0.131	30	29	−1	水利;中国统计	☹
13	有效灌溉面积占耕地面积比重	%	正	40.181	35.657	71.668	17	9	−8	中国统计	☹
14	第二产业劳动生产率	万元/人	正	15.793	12.039	11.169	21	21	0	中国统计	
15	单位工业增加值水耗	立方米/元	逆	0.006	0.009	0.011	26	27	1	中国统计	☺
16	规模以上单位工业增加值能耗		逆	NA	NA	NA	NA	NA			
17	工业固体废物综合利用率	%	正	70.583	64.194	63.923	19	18	−1	环境年鉴	☹
18	工业用水重复利用率	%	正	74.617	41.900	35.300	27	27		环境年鉴	
19	六大高载能行业产值占工业总产值比重	%	逆	38.934	35.851	36.246	15	15		工业经济	
20	第三产业劳动生产率	万元/人	正	9.481	7.017	6.187	23	23	0	中国统计	
21	第三产业增加值比重	%	正	41.653	40.300	39.016	15	16	1	中国统计	☺
22	第三产业就业人员比重	%	正	37.733	35.078	34.870	21	18	−3	中国统计	☹
23	人均水资源量	立方米/人	正	2 183.640	2 373.561	3 005.680	11	9	−2	中国统计	☹
24	人均森林面积	公顷/人	正	0.202	0.151	0.143	15	15	0	中国统计	
25	森林覆盖率	%	正	33.061	47.770	44.760	8	8	0	中国统计	
26	自然保护区面积占辖区面积比重	%	正	8.701	6.060	6.070	18	18	0	中国统计	

序号	指标名称	单 位	指标属性	2013年测评均值	2013年湖南数值	2012年湖南数值	2013年湖南排名	2012年湖南排名	排名变化	2013年数据来源	进退脸谱
27	湿地面积占国土面积的比重	%	正	9.228	4.810	5.790	18	13	−5	中国统计	☹
28	人均活立木总蓄积量	立方米/人	正	11.870	5.576	5.750	17	15	−2	中国统计	☹
29	单位土地面积二氧化碳排放量		逆	NA	NA	NA	NA	NA			
30	人均二氧化碳排放量		逆	NA	NA	NA	NA	NA			
31	单位土地面积二氧化硫排放量	吨/平方公里	逆	5.446	3.027	3.044	12	12	0	中国统计；沙漠	
32	人均二氧化硫排放量	吨/人	逆	0.018	0.010	0.010	7	6	−1	中国统计	☹
33	单位土地面积化学需氧量排放量	吨/平方公里	逆	6.296	5.896	5.964	19	19	0	中国统计；沙漠	
34	人均化学需氧量排放量	吨/人	逆	0.018	0.019	0.019	22	22	0	中国统计	
35	单位土地面积氮氧化物排放量	吨/平方公里	逆	6.945	2.776	2.866	9	9	0	中国统计；沙漠；环境年报	
36	人均氮氧化物排放量	吨/人	逆	0.020	0.009	0.009	3	3	0	环境年报；中国统计	
37	单位土地面积氨氮排放量	吨/平方公里	逆	0.769	0.744	0.762	22	22	0	中国统计；沙漠；环境年报	
38	人均氨氮排放量	吨/人	逆	0.002	0.002	0.002	27	26	−1	环境年报；中国统计	☹
39	单位耕地面积化肥施用量	万吨/千公顷	逆	0.037	0.029	0.066	10	25	15	中国统计	☺
40	单位耕地面积农药使用量	吨/千公顷	逆	12.544	14.370	32.454	21	25	4	环境年鉴；中国统计	☺
41	人均公路交通氮氧化物排放量	吨/万人	逆	51.830	27.356	26.375	2	2	0	环境年报；中国统计	
42	环境保护支出占财政支出比重	%	正	2.853	2.743	2.657	15	15	0	中国统计	
43	环境污染治理投资总额占地区生产总值比重	%	正	1.647	0.955	0.859	24	26	2	环境年鉴；中国统计	☺
44	农村人均改水、改厕的政府投资	元/人	正	51.415	24.755	31.745	27	23	−4	环境年鉴	☹
45	单位耕地面积退耕还林投资完成额	万元/千公顷	正	13.282	0.000	0.000	17	17	0	环境年鉴；中国统计	
46	科教文卫支出占财政支出比重	%	正	27.720	27.209	29.241	19	16	−3	中国统计	☹
47	城市人均绿地面积	公顷/人	正	0.003	0.001	0.001	29	29	0	城市；中国统计	
48	城市用水普及率	%	正	97.299	96.860	96.420	19	18	−1	中国统计	☹

序号	指标名称	单位	指标属性	2013 年测评均值	2013 年湖南数值	2012 年湖南数值	2013 年湖南排名	2012 年湖南排名	排名变化	2013 年数据来源	进退脸谱
49	城市污水处理率	%	正	87.563	88.400	85.800	16	18	2	环境年鉴	☺
50	城市生活垃圾无害化处理率	%	正	88.487	96.000	95.010	12	10	−2	中国统计	☹
51	城市每万人拥有公交车辆	标台	正	12.571	10.801	10.378	22	19	−3	中国统计	☹
52	人均城市公共交通运营线路网长度	公里/人	正	0.001	0.000	0.000	26	25	−1	中国统计；城市	☹
53	农村累计已改水受益人口占农村总人口比重	%	正	95.772	90.116	10.330	26	7	−19	环境年鉴	☹
54	建成区绿化覆盖率	%	正	38.787	37.630	37.010	21	21	0	中国统计	
55	人均当年新增造林面积	公顷/万人	正	62.246	52.481	61.089	12	10	−2	中国统计	☹
56	工业二氧化硫去除率	%	正	63.178	61.482	66.623	22	16	−6	中国统计	☹
57	工业废水化学需氧量去除率	%	正	81.541	76.987	76.108	23	25	2	环境年报；中国年报	☺
58	工业氮氧化物去除率	%	正	17.859	30.633	20.385	4	1	−3	环境年报	☹
59	工业废水氨氮去除率	%	正	77.152	60.838	61.236	26	25	−1	环境年报；中国统计	☹
60	突发环境事件次数	次	逆	24	3	3	6	8	2	中国统计	☺

年鉴说明：中国统计——《中国统计年鉴 2014》；环境年鉴——《中国环境统计年鉴 2014》；环境年报——《中国环境统计年报 2013》；城市——《中国城市统计年鉴 2014》；水利——《中国水利统计年鉴 2014》；工业经济——《中国工业经济统计年鉴 2014》；沙漠——《中国沙漠及其治理》。

广东绿色发展"体检"表

序号	指标名称	单　位	指标属性	2013年测评均值	2013年广东数值	2012年广东数值	2013年广东排名	2012年广东排名	排名变化	2013年数据来源	进退脸谱
1	人均地区生产总值	元/人	正	47 745.867	58 540.000	54 095.000	8	8	0	中国统计	
2	单位地区生产总值能耗	吨标准煤/万元	逆	1.041	0.563	0.563	2	2	0	中国统计	
3	非化石能源消费量占能源消费量的比重		正	NA	NA	NA	NA	NA			
4	单位地区生产总值二氧化碳排放量		逆	NA	NA	NA	NA	NA			
5	单位地区生产总值二氧化硫排放量	吨/万元	逆	0.006	0.001	0.002	4	3	−1	中国统计	☹
6	单位地区生产总值化学需氧量排放量	吨/万元	逆	0.006	0.003	0.004	6	6	0	中国统计	
7	单位地区生产总值氮氧化物排放量	吨/万元	逆	0.006	0.002	0.003	3	3	0	环境年报；中国统计	
8	单位地区生产总值氨氮排放量	吨/万元	逆	0.001	0.000	0.000	7	7	0	环境年报；中国统计	
9	人均城镇生活消费用电	千瓦时/人	逆	347.647	589.522	626.599	25	27	2	城市	☺
10	第一产业劳动生产率	万元/人	正	2.230	2.159	2.001	15	14	−1	中国统计	☹
11	土地产出率	亿元/千公顷	正	0.350	0.520	0.482	5	5	0	中国统计	
12	节灌率		正	0.475	0.135	0.117	28	30	2	水利；中国统计	☺
13	有效灌溉面积占耕地面积比重	%	正	40.181	37.692	66.218	14	12	−2	中国统计	☹
14	第二产业劳动生产率	万元/人	正	15.793	11.601	11.001	23	22	−1	中国统计	☹
15	单位工业增加值水耗	立方米/元	逆	0.006	0.004	0.005	13	13	0	中国统计	
16	规模以上单位工业增加值能耗		逆	NA	NA	NA	NA	NA			
17	工业固体废物综合利用率	%	正	70.583	84.980	87.142	10	7	−3	环境年鉴	☹
18	工业用水重复利用率	%	正	74.617	90.100	90.100	11	13	2	环境年鉴	☺
19	六大高载能行业产值占工业总产值比重	%	逆	38.934	22.557	22.555	1	1	0	工业经济	
20	第三产业劳动生产率	万元/人	正	9.481	14.182	13.113	5	5	0	中国统计	
21	第三产业增加值比重	%	正	41.653	47.800	46.470	5	6	1	中国统计	☺
22	第三产业就业人员比重	%	正	37.733	35.130	34.158	20	20	0	中国统计	
23	人均水资源量	立方米/人	正	2 183.640	2 131.245	1 921.000	14	14	0	中国统计	
24	人均森林面积	公顷/人	正	0.202	0.085	0.082	21	20	−1	中国统计	☹
25	森林覆盖率	%	正	33.061	51.260	49.440	6	6	0	中国统计	
26	自然保护区面积占辖区面积比重	%	正	8.701	7.210	6.730	15	17	2	中国统计	☺

续表

序号	指标名称	单 位	指标属性	2013年测评均值	2013年广东数值	2012年广东数值	2013年广东排名	2012年广东排名	排名变化	2013年数据来源	进退脸谱
27	湿地面积占国土面积的比重	%	正	9.228	9.760	7.860	8	9	1	中国统计	☺
28	人均活立木总蓄积量	立方米/人	正	11.870	3.549	3.036	21	20	—1	中国统计	☹
29	单位土地面积二氧化碳排放量		逆	NA	NA	NA	NA	NA			
30	人均二氧化碳排放量		逆	NA	NA	NA	NA	NA			
31	单位土地面积二氧化硫排放量	吨/平方公里	逆	5.446	4.237	4.445	17	17	0	中国统计；沙漠	
32	人均二氧化硫排放量	吨/人	逆	0.018	0.007	0.008	3	3	0	中国统计	
33	单位土地面积化学需氧量排放量	吨/平方公里	逆	6.296	9.643	10.027	25	25	0	中国统计；沙漠	
34	人均化学需氧量排放量	吨/人	逆	0.018	0.016	0.017	17	17	0	中国统计	
35	单位土地面积氮氧化物排放量	吨/平方公里	逆	6.945	6.697	7.249	20	20	0	中国统计；沙漠；环境年报	
36	人均氮氧化物排放量	吨/人	逆	0.020	0.011	0.012	8	8	0	环境年报；中国统计	
37	单位土地面积氨氮排放量	吨/平方公里	逆	0.769	1.203	1.246	27	26	—1	中国统计；沙漠；环境年报	☹
38	人均氨氮排放量	吨/人	逆	0.002	0.002	0.002	21	22	1	环境年报；中国统计	☺
39	单位耕地面积化肥施用量	万吨/千公顷	逆	0.037	0.052	0.087	26	29	3	中国统计	☺
40	单位耕地面积农药使用量	吨/千公顷	逆	12.544	23.433	40.229	27	28	1	环境年鉴；中国统计	☺
41	人均公路交通氮氧化物排放量	吨/万人	逆	51.830	44.550	45.721	16	16	0	环境年报；中国统计	
42	环境保护支出占财政支出比重	%	正	2.853	3.659	3.187	5	9	4	中国统计	☺
43	环境污染治理投资总额占地区生产总值比重	%	正	1.647	0.566	0.456	30	30	0	环境年鉴；中国统计	
44	农村人均改水、改厕的政府投资	元/人	正	51.415	25.542	34.486	26	21	—5	环境年鉴	☹
45	单位耕地面积退耕还林投资完成额	万元/千公顷	正	13.282	0.000	0.000	17	17	0	环境年鉴；中国统计	
46	科教文卫支出占财政支出比重	%	正	27.720	33.296	32.360	2	5	3	中国统计	☺
47	城市人均绿地面积	公顷/人	正	0.003	0.005	0.005	5	5	0	城市；中国统计	
48	城市用水普及率	%	正	97.299	97.470	97.620	18	17	—1	中国统计	☹

序号	指标名称	单位	指标属性	2013年测评均值	2013年广东数值	2012年广东数值	2013年广东排名	2012年广东排名	排名变化	2013年数据来源	进退脸谱
49	城市污水处理率	%	正	87.563	92.200	88.300	7	11	4	环境年鉴	☺
50	城市生活垃圾无害化处理率	%	正	88.487	84.600	79.110	24	24	0	中国统计	
51	城市每万人拥有公交车辆	标台	正	12.571	13.080	13.424	11	7	−4	中国统计	☹
52	人均城市公共交通运营线路网长度	公里/人	正	0.001	0.001	0.001	6	6	0	中国统计；城市	
53	农村累计已改水受益人口占农村总人口比重	%	正	95.772	99.002	2.085	9	19	10	环境年鉴	☺
54	建成区绿化覆盖率	%	正	38.787	41.500	41.230	8	7	−1	中国统计	☹
55	人均当年新增造林面积	公顷/万人	正	62.246	13.095	10.191	26	25	−1	中国统计	☹
56	工业二氧化硫去除率	%	正	63.178	71.615	70.135	7	10	3	中国统计	☺
57	工业废水化学需氧量去除率	%	正	81.541	82.560	83.806	19	13	−6	环境年报；中国统计	☹
58	工业氮氧化物去除率	%	正	17.859	24.394	16.586	7	2	−5	环境年报	☹
59	工业废水氨氮去除率	%	正	77.152	70.811	70.401	23	24	1	环境年报；中国统计	☺
60	突发环境事件次数	次	逆	24	5	23	11	25	14	中国统计	☺

年鉴说明：中国统计——《中国统计年鉴 2014》；环境年鉴——《中国环境统计年鉴 2014》；环境年报——《中国环境统计年报 2013》；城市——《中国城市统计年鉴 2014》；水利——《中国水利统计年鉴 2014》；工业经济——《中国工业经济统计年鉴 2014》；沙漠——《中国沙漠及其治理》。

广西绿色发展"体检"表

序号	指标名称	单 位	指标属性	2013 年测评均值	2013 年广西数值	2012 年广西数值	2013 年广西排名	2012 年广西排名	排名变化	2013 年数据来源	进退脸谱
1	人均地区生产总值	元/人	正	47 745.867	30 588.000	27 952.000	27	27	0	中国统计	
2	单位地区生产总值能耗	吨标准煤/万元	逆	1.041	0.800	0.800	11	11	0	中国统计	
3	非化石能源消费量占能源消费量的比重		正	NA	NA	NA	NA	NA			
4	单位地区生产总值二氧化碳排放量		逆	NA	NA	NA	NA	NA			
5	单位地区生产总值二氧化硫排放量	吨/万元	逆	0.006	0.004	0.005	16	16	0	中国统计	
6	单位地区生产总值化学需氧量排放量	吨/万元	逆	0.006	0.007	0.008	23	24	1	中国统计	☺
7	单位地区生产总值氮氧化物排放量	吨/万元	逆	0.006	0.005	0.005	15	14	−1	环境年报；中国统计	☹
8	单位地区生产总值氨氮排放量	吨/万元	逆	0.001	0.001	0.001	24	24	0	环境年报；中国统计	
9	人均城镇生活消费用电	千瓦时/人	逆	347.647	168.192	162.061	10	10	0	城市	
10	第一产业劳动生产率	万元/人	正	2.230	1.584	1.426	23	23	0	中国统计	
11	土地产出率	亿元/千公顷	正	0.350	0.304	0.283	16	17	1	中国统计	☺
12	节灌率		正	0.475	0.505	0.507	16	16	0	水利；中国统计	
13	有效灌溉面积占耕地面积比重	％	正	40.181	25.849	36.545	27	22	−5	中国统计	☹
14	第二产业劳动生产率	万元/人	正	15.793	13.085	11.550	17	19	2	中国统计	☺
15	单位工业增加值水耗	立方米/元	逆	0.006	0.010	0.010	27	24	−3	中国统计	☹
16	规模以上单位工业增加值能耗		逆	NA	NA	NA	NA	NA			
17	工业固体废物综合利用率	％	正	70.583	70.675	67.416	15	17	2	环境年鉴	☺
18	工业用水重复利用率	％	正	74.617	93.200	93.200	6	6	0	环境年鉴	
19	六大高载能行业产值占工业总产值比重	％	逆	38.934	41.503	42.880	19	21	2	工业经济	☺
20	第三产业劳动生产率	万元/人	正	9.481	6.707	5.857	24	24	0	中国统计	
21	第三产业增加值比重	％	正	41.653	36.000	35.407	22	22	0	中国统计	
22	第三产业就业人员比重	％	正	37.733	27.858	27.709	28	27	−1	中国统计	☹
23	人均水资源量	立方米/人	正	2 183.640	4 376.831	4 476.040	3	3	0	中国统计	
24	人均森林面积	公顷/人	正	0.202	0.285	0.268	6	7	1	中国统计	☺
25	森林覆盖率	％	正	33.061	56.510	52.710	4	4	0	中国统计	
26	自然保护区面积占辖区面积比重	％	正	8.701	5.990	5.980	19	19	0	中国统计	

序号	指标名称	单 位	指标属性	2013年测评均值	2013年广西数值	2012年广西数值	2013年广西排名	2012年广西排名	排名变化	2013年数据来源	进退脸谱
27	湿地面积占国土面积的比重	%	正	9.228	3.200	2.760	23	23	0	中国统计	
28	人均活立木总蓄积量	立方米/人	正	11.870	11.828	10.905	8	8	0	中国统计	
29	单位土地面积二氧化碳排放量		逆	NA	NA	NA	NA	NA			
30	人均二氧化碳排放量		逆	NA	NA	NA	NA	NA			
31	单位土地面积二氧化硫排放量	吨/平方公里	逆	5.446	1.987	2.122	9	9	0	中国统计；沙漠	
32	人均二氧化硫排放量	吨/人	逆	0.018	0.010	0.011	8	10	2	中国统计	☺
33	单位土地面积化学需氧量排放量	吨/平方公里	逆	6.296	3.197	3.285	10	10	0	中国统计；沙漠	
34	人均化学需氧量排放量	吨/人	逆	0.018	0.016	0.017	15	16	1	中国统计	☺
35	单位土地面积氮氧化物排放量	吨/平方公里	逆	6.945	2.123	2.097	8	8	0	中国统计；沙漠；环境年报	
36	人均氮氧化物排放量	吨/人	逆	0.020	0.011	0.011	5	4	-1	环境年报；中国统计	☹
37	单位土地面积氨氮排放量	吨/平方公里	逆	0.769	0.341	0.348	11	11	0	中国统计；沙漠；环境年报	
38	人均氨氮排放量	吨/人	逆	0.002	0.002	0.002	14	12	-2	环境年报；中国统计	☹
39	单位耕地面积化肥施用量	万吨/千公顷	逆	0.037	0.042	0.059	20	21	1	中国统计	☺
40	单位耕地面积农药使用量	吨/千公顷	逆	12.544	11.249	16.072	17	17	0	环境年鉴；中国统计	
41	人均公路交通氮氧化物排放量	吨/万人	逆	51.830	32.264	31.946	6	6	0	环境年报；中国统计	
42	环境保护支出占财政支出比重	%	正	2.853	2.002	2.010	27	26	-1	中国统计	☹
43	环境污染治理投资总额占地区生产总值比重	%	正	1.647	1.515	1.461	14	15	1	环境年鉴；中国统计	☺
44	农村人均改水、改厕的政府投资	元/人	正	51.415	74.190	78.141	4	5	1	环境年鉴	☺
45	单位耕地面积退耕还林投资完成额	万元/千公顷	正	13.282	0.000	0.000	17	17	0	环境年鉴；中国统计	
46	科教文卫支出占财政支出比重	%	正	27.720	31.158	31.178	6	9	3	中国统计	☺
47	城市人均绿地面积	公顷/人	正	0.003	0.001	0.001	18	19	1	城市；中国统计	☺
48	城市用水普及率	%	正	97.299	95.910	95.300	24	20	-4	中国统计	☹

序号	指标名称	单位	指标属性	2013 年测评均值	2013 年广西数值	2012 年广西数值	2013 年广西排名	2012 年广西排名	排名变化	2013 年数据来源	进退脸谱
49	城市污水处理率	%	正	87.563	85.800	87.800	22	14	−8	环境年鉴	☹
50	城市生活垃圾无害化处理率	%	正	88.487	96.400	98.000	10	7	−3	中国统计	☹
51	城市每万人拥有公交车辆	标台	正	12.571	9.419	9.176	27	25	−2	中国统计	☹
52	人均城市公共交通运营线路网长度	公里/人	正	0.001	0.000	0.000	28	28	0	中国统计；城市	
53	农村累计已改水受益人口占农村总人口比重	%	正	95.772	85.136	2.934	30	17	−13	环境年鉴	☹
54	建成区绿化覆盖率	%	正	38.787	37.650	37.500	20	20	0	中国统计	
55	人均当年新增造林面积	公顷/万人	正	62.246	31.885	31.924	18	16	−2	中国统计	☹
56	工业二氧化硫去除率	%	正	63.178	74.113	72.152	6	6	0	中国统计	
57	工业废水化学需氧量去除率	%	正	81.541	85.656	83.013	12	15	3	环境年报；中国统计	☺
58	工业氮氧化物去除率	%	正	17.859	13.718	7.220	20	11	−9	环境年报	☹
59	工业废水氨氮去除率	%	正	77.152	86.303	86.995	10	8	−2	环境年报；中国统计	☹
60	突发环境事件次数	次	逆	24	16	20	24	22	−2	中国统计	☹

　　年鉴说明：中国统计——《中国统计年鉴 2014》；环境年鉴——《中国环境统计年鉴 2014》；环境年报——《中国环境统计年报 2013》；城市——《中国城市统计年鉴 2014》；水利——《中国水利统计年鉴 2014》；工业经济——《中国工业经济统计年鉴 2014》；沙漠——《中国沙漠及其治理》。

海南绿色发展"体检"表

序号	指标名称	单位	指标属性	2013年测评均值	2013年海南数值	2012年海南数值	2013年海南排名	2012年海南排名	排名变化	2013年数据来源	进退脸谱
1	人均地区生产总值	元/人	正	47 745.867	35 317.000	32 377.000	21	22	1	中国统计	☺
2	单位地区生产总值能耗	吨标准煤/万元	逆	1.041	0.692	0.692	8	8	0	中国统计	
3	非化石能源消费量占能源消费量的比重		正	NA	NA	NA	NA	NA			
4	单位地区生产总值二氧化碳排放量		逆	NA	NA	NA	NA	NA			
5	单位地区生产总值二氧化硫排放量	吨/万元	逆	0.006	0.001	0.002	3	4	1	中国统计	☺
6	单位地区生产总值化学需氧量排放量	吨/万元	逆	0.006	0.009	0.010	27	27	0	中国统计	
7	单位地区生产总值氮氧化物排放量	吨/万元	逆	0.006	0.004	0.005	13	13	0	环境年报；中国统计	
8	单位地区生产总值氨氮排放量	吨/万元	逆	0.001	0.001	0.001	29	29	0	环境年报；中国统计	
9	人均城镇生活消费用电	千瓦时/人	逆	347.647	724.900	613.660	27	26	−1	城市	☹
10	第一产业劳动生产率	万元/人	正	2.230	3.338	3.122	4	3	−1	中国统计	☹
11	土地产出率	亿元/千公顷	正	0.350	0.572	0.539	4	3	−1	中国统计	☹
12	节灌率		正	0.475	0.289	0.525	22	15	−7	水利；中国统计	☹
13	有效灌溉面积占耕地面积比重	%	正	40.181	30.759	35.292	23	23	0	中国统计	
14	第二产业劳动生产率	万元/人	正	15.793	14.002	14.122	15	14	−1	中国统计	☹
15	单位工业增加值水耗	立方米/元	逆	0.006	0.007	0.007	20	17	−3	中国统计	☹
16	规模以上单位工业增加值能耗		逆	NA	NA	NA	NA	NA			
17	工业固体废物综合利用率	%	正	70.583	65.301	61.658	17	20	3	环境年鉴	☺
18	工业用水重复利用率	%	正	74.617	60.300	81.200	22	20	−2	环境年鉴	☹
19	六大高载能行业产值占工业总产值比重	%	逆	38.934	52.008	57.055	25	27	2	工业经济	☺
20	第三产业劳动生产率	万元/人	正	9.481	7.219	7.174	21	20	−1	中国统计	☹
21	第三产业增加值比重	%	正	41.653	48.300	46.910	3	5	2	中国统计	☺
22	第三产业就业人员比重	%	正	37.733	44.088	40.072	5	5	0	中国统计	
23	人均水资源量	立方米/人	正	2 183.640	5 636.801	4 130.760	2	4	2	中国统计	☺
24	人均森林面积	公顷/人	正	0.202	0.210	0.199	12	12	0	中国统计	
25	森林覆盖率	%	正	33.061	55.380	51.980	5	5	0	中国统计	
26	自然保护区面积占辖区面积比重	%	正	8.701	6.960	6.970	17	16	−1	中国统计	☹

续表

序号	指标名称	单 位	指标属性	2013年测评均值	2013年海南数值	2012年海南数值	2013年海南排名	2012年海南排名	排名变化	2013年数据来源	进退脸谱
27	湿地面积占国土面积的比重	%	正	9.228	9.140	9.130	10	6	−4	中国统计	☹
28	人均活立木总蓄积量	立方米/人	正	11.870	10.921	8.957	10	11	1	中国统计	☺
29	单位土地面积二氧化碳排放量		逆	NA	NA	NA	NA	NA			
30	人均二氧化碳排放量		逆	NA	NA	NA	NA	NA			
31	单位土地面积二氧化硫排放量	吨/平方公里	逆	5.446	0.917	0.966	3	3	0	中国统计；沙漠	
32	人均二氧化硫排放量	吨/人	逆	0.018	0.004	0.004	1	1	0	中国统计	
33	单位土地面积化学需氧量排放量	吨/平方公里	逆	6.296	5.498	5.582	17	17	0	中国统计；沙漠	
34	人均化学需氧量排放量	吨/人	逆	0.018	0.022	0.022	24	24	0	中国统计	
35	单位土地面积氮氧化物排放量	吨/平方公里	逆	6.945	2.836	2.925	10	10	0	中国统计；沙漠；环境年报	
36	人均氮氧化物排放量	吨/人	逆	0.020	0.011	0.012	7	7	0	环境年报；中国统计	
37	单位土地面积氨氮排放量	吨/平方公里	逆	0.769	0.640	0.636	17	16	−1	中国统计；沙漠；环境年报	☹
38	人均氨氮排放量	吨/人	逆	0.002	0.003	0.003	29	29	0	环境年报；中国统计	
39	单位耕地面积化肥施用量	万吨/千公顷	逆	0.037	0.056	0.063	29	23	−6	中国统计	☹
40	单位耕地面积农药使用量	吨/千公顷	逆	12.544	51.259	54.483	30	30	0	环境年鉴；中国统计	
41	人均公路交通氮氧化物排放量	吨/万人	逆	51.830	36.382	35.399	8	8	0	环境年报；中国统计	
42	环境保护支出占财政支出比重	%	正	2.853	2.292	2.329	20	22	2	中国统计	☺
43	环境污染治理投资总额占地区生产总值比重	%	正	1.647	0.845	1.565	28	13	−15	环境年鉴；中国统计	☹
44	农村人均改水、改厕的政府投资	元/人	正	51.415	71.428	116.754	6	1	−5	环境年鉴	☹
45	单位耕地面积退耕还林投资完成额	万元/千公顷	正	13.282	16.371	19.758	10	10	0	环境年鉴；中国统计	
46	科教文卫支出占财政支出比重	%	正	27.720	27.679	27.484	17	23	6	中国统计	☺
47	城市人均绿地面积	公顷/人	正	0.003	0.007	0.023	3	1	−2	城市；中国统计	☹
48	城市用水普及率	%	正	97.299	98.380	97.740	12	14	2	中国统计	☺

续表

序号	指标名称	单 位	指标属性	2013年测评均值	2013年海南数值	2012年海南数值	2013年海南排名	2012年海南排名	排名变化	2013年数据来源	进退脸谱
49	城市污水处理率	％	正	87.563	75.000	75.300	29	28	−1	环境年鉴	☹
50	城市生活垃圾无害化处理率	％	正	88.487	99.900	99.910	1	1	0	中国统计	
51	城市每万人拥有公交车辆	标台	正	12.571	11.478	11.596	19	14	−5	中国统计	☹
52	人均城市公共交通运营线路网长度	公里/人	正	0.001	0.002	0.003	2	2	0	中国统计；城市	
53	农村累计已改水受益人口占农村总人口比重	％	正	95.772	96.363	2.925	18	18	0	环境年鉴	
54	建成区绿化覆盖率	％	正	38.787	42.060	41.190	6	8	2	中国统计	☺
55	人均当年新增造林面积	公顷/万人	正	62.246	14.400	20.108	25	21	−4	中国统计	☹
56	工业二氧化硫去除率	％	正	63.178	71.232	71.232	9	9	0	中国统计	
57	工业废水化学需氧量去除率	％	正	81.541	86.760	86.494	11	12	1	环境年报；中国统计	☺
58	工业氮氧化物去除率	％	正	17.859	12.993	16.132	21	3	−18	环境年报	☹
59	工业废水氨氮去除率	％	正	77.152	61.190	59.904	24	26	2	环境年报；中国统计	☺
60	突发环境事件次数	次	逆	24	4	2	9	7	−2	中国统计	☹

　　年鉴说明：中国统计——《中国统计年鉴 2014》；环境年鉴——《中国环境统计年鉴 2014》；环境年报——《中国环境统计年报 2013》；城市——《中国城市统计年鉴 2014》；水利——《中国水利统计年鉴 2014》；工业经济——《中国工业经济统计年鉴 2014》；沙漠——《中国沙漠及其治理》。

重庆绿色发展"体检"表

序号	指标名称	单位	指标属性	2013年测评均值	2013年重庆数值	2012年重庆数值	2013年重庆排名	2012年重庆排名	排名变化	2013年数据来源	进退脸谱
1	人均地区生产总值	元/人	正	47 745.867	42 795.000	38 914.000	12	12	0	中国统计	
2	单位地区生产总值能耗	吨标准煤/万元	逆	1.041	0.953	0.953	18	18	0	中国统计	
3	非化石能源消费量占能源消费量的比重		正	NA	NA	NA	NA	NA			
4	单位地区生产总值二氧化碳排放量		逆	NA	NA	NA	NA	NA			
5	单位地区生产总值二氧化硫排放量	吨/万元	逆	0.006	0.005	0.006	19	20	1	中国统计	☺
6	单位地区生产总值化学需氧量排放量	吨/万元	逆	0.006	0.004	0.004	8	8	0	中国统计	
7	单位地区生产总值氮氧化物排放量	吨/万元	逆	0.006	0.004	0.004	11	11	0	环境年报；中国统计	
8	单位地区生产总值氨氮排放量	吨/万元	逆	0.001	0.001	0.001	11	11	0	环境年报；中国统计	
9	人均城镇生活消费用电	千瓦时/人	逆	347.647	311.171	270.652	21	19	−2	城市	☹
10	第一产业劳动生产率	万元/人	正	2.230	1.733	1.571	22	21	−1	中国统计	☹
11	土地产出率	亿元/千公顷	正	0.350	0.259	0.242	20	19	−1	中国统计	☹
12	节灌率		正	0.475	0.268	0.246	24	25	1	水利；中国统计	☺
13	有效灌溉面积占耕地面积比重	%	正	40.181	19.204	31.440	29	27	−2	中国统计	☹
14	第二产业劳动生产率	万元/人	正	15.793	14.625	14.690	13	11	−2	中国统计	☹
15	单位工业增加值水耗	立方米/元	逆	0.006	0.008	0.008	21	19	−2	中国统计	☹
16	规模以上单位工业增加值能耗		逆	NA	NA	NA	NA	NA			
17	工业固体废物综合利用率	%	正	70.583	85.231	82.472	9	9	0	环境年鉴	
18	工业用水重复利用率	%	正	74.617	30.800	30.800	29	28	−1	环境年鉴	☹
19	六大高载能行业产值占工业总产值比重	%	逆	38.934	23.001	24.356	2	3	1	工业经济	☺
20	第三产业劳动生产率	万元/人	正	9.481	8.267	7.442	15	19	4	中国统计	☺
21	第三产业增加值比重	%	正	41.653	41.400	39.392	11	14	3	中国统计	☺
22	第三产业就业人员比重	%	正	37.733	38.632	37.830	9	8	−1	中国统计	☹
23	人均水资源量	立方米/人	正	2 183.640	1 603.875	1 626.500	16	16	0	中国统计	
24	人均森林面积	公顷/人	正	0.202	0.107	0.097	19	19	0	中国统计	
25	森林覆盖率	%	正	33.061	38.430	34.850	12	13	1	中国统计	☺
26	自然保护区面积占辖区面积比重	%	正	8.701	10.250	10.320	10	10	0	中国统计	

序号	指标名称	单 位	指标属性	2013年测评均值	2013年重庆数值	2012年重庆数值	2013年重庆排名	2012年重庆排名	排名变化	2013年数据来源	进退脸谱
27	湿地面积占国土面积的比重	％	正	9.228	2.510	0.520	25	29	4	中国统计	☺
28	人均活立木总蓄积量	立方米/人	正	11.870	5.871	4.687	16	17	1	中国统计	☺
29	单位土地面积二氧化碳排放量		逆	NA	NA	NA	NA	NA			
30	人均二氧化碳排放量		逆	NA	NA	NA	NA	NA			
31	单位土地面积二氧化硫排放量	吨/平方公里	逆	5.446	6.657	6.865	21	21	0	中国统计；沙漠	
32	人均二氧化硫排放量	吨/人	逆	0.018	0.019	0.019	21	21	0	中国统计	
33	单位土地面积化学需氧量排放量	吨/平方公里	逆	6.296	4.763	4.896	14	14	0	中国统计；沙漠	
34	人均化学需氧量排放量	吨/人	逆	0.018	0.013	0.014	6	6	0	中国统计	
35	单位土地面积氮氧化物排放量	吨/平方公里	逆	6.945	4.401	4.651	17	17	0	中国统计；沙漠；环境年报	
36	人均氮氧化物排放量	吨/人	逆	0.020	0.012	0.013	10	11	1	环境年报；中国统计	☺
37	单位土地面积氨氮排放量	吨/平方公里	逆	0.769	0.634	0.649	16	17	1	中国统计；沙漠；环境年报	☺
38	人均氨氮排放量	吨/人	逆	0.002	0.002	0.002	15	14	－1	环境年报；中国统计	☹
39	单位耕地面积化肥施用量	万吨/千公顷	逆	0.037	0.027	0.043	7	12	5	中国统计	☺
40	单位耕地面积农药使用量	吨/千公顷	逆	12.544	5.220	8.712	7	10	3	环境年鉴；中国统计	☺
41	人均公路交通氮氧化物排放量	吨/万人	逆	51.830	37.069	36.177	10	9	－1	环境年报；中国统计	☹
42	环境保护支出占财政支出比重	％	正	2.853	3.741	4.224	4	2	－2	中国统计	☹
43	环境污染治理投资总额占地区生产总值比重	％	正	1.647	1.369	1.638	18	11	－7	环境年鉴；中国统计	☹
44	农村人均改水、改厕的政府投资	元/人	正	51.415	42.294	16.884	16	27	11	环境年鉴	☺
45	单位耕地面积退耕还林投资完成额	万元/千公顷	正	13.282	20.173	24.131	9	7	－2	环境年鉴；中国统计	☹
46	科教文卫支出占财政支出比重	％	正	27.720	23.150	23.039	26	27	1	中国统计	☺
47	城市人均绿地面积	公顷/人	正	0.003	0.001	0.001	16	17	1	城市；中国统计	☺
48	城市用水普及率	％	正	97.299	96.250	93.840	22	24	2	中国统计	☺

续表

序号	指标名称	单 位	指标属性	2013年测评均值	2013年重庆数值	2012年重庆数值	2013年重庆排名	2012年重庆排名	排名变化	2013年数据来源	进退脸谱
49	城市污水处理率	%	正	87.563	94.000	90.100	5	9	4	环境年鉴	☺
50	城市生活垃圾无害化处理率	%	正	88.487	99.400	99.280	3	3	0	中国统计	
51	城市每万人拥有公交车辆	标台	正	12.571	11.568	8.997	17	26	9	中国统计	☺
52	人均城市公共交通运营线路网长度	公里/人	正	0.001	0.001	0.000	15	20	5	中国统计；城市	☺
53	农村累计已改水受益人口占农村总人口比重	%	正	95.772	98.901	5.146	11	14	3	环境年鉴	☺
54	建成区绿化覆盖率	%	正	38.787	41.660	42.940	7	3	—4	中国统计	☹
55	人均当年新增造林面积	公顷/万人	正	62.246	77.053	70.332	8	8	0	中国统计	
56	工业二氧化硫去除率	%	正	63.178	64.810	60.343	15	25	10	中国统计	☺
57	工业废水化学需氧量去除率	%	正	81.541	84.250	82.934	14	16	2	环境年报；中国统计	☺
58	工业氮氧化物去除率	%	正	17.859	17.920	0.320	15	29	14	环境年报	☺
59	工业废水氨氮去除率	%	正	77.152	86.513	89.101	8	5	—3	环境年报；中国统计	☹
60	突发环境事件次数	次	逆	24	11	25	18	28	10	中国统计	☺

　　年鉴说明：中国统计——《中国统计年鉴2014》；环境年鉴——《中国环境统计年鉴2014》；环境年报——《中国环境统计年报2013》；城市——《中国城市统计年鉴2014》；水利——《中国水利统计年鉴2014》；工业经济——《中国工业经济统计年鉴2014》；沙漠——《中国沙漠及其治理》。

四川绿色发展"体检"表

序号	指标名称	单位	指标属性	2013年测评均值	2013年四川数值	2012年四川数值	2013年四川排名	2012年四川排名	排名变化	2013年数据来源	进退脸谱
1	人均地区生产总值	元/人	正	47 745.867	32 454.000	29 608.000	24	24	0	中国统计	
2	单位地区生产总值能耗	吨标准煤/万元	逆	1.041	0.997	0.997	19	19	0	中国统计	
3	非化石能源消费量占能源消费量的比重		正	NA	NA	NA	NA	NA			
4	单位地区生产总值二氧化碳排放量		逆	NA	NA	NA	NA	NA			
5	单位地区生产总值二氧化硫排放量	吨/万元	逆	0.006	0.004	0.005	15	15	0	中国统计	
6	单位地区生产总值化学需氧量排放量	吨/万元	逆	0.006	0.006	0.007	17	16	−1	中国统计	☹
7	单位地区生产总值氮氧化物排放量	吨/万元	逆	0.006	0.003	0.004	8	8	0	环境年报；中国统计	
8	单位地区生产总值氨氮排放量	吨/万元	逆	0.001	0.001	0.001	20	20	0	环境年报；中国统计	
9	人均城镇生活消费用电	千瓦时/人	逆	347.647	157.912	158.042	8	7	−1	城市	☹
10	第一产业劳动生产率	万元/人	正	2.230	1.736	1.634	21	20	−1	中国统计	☹
11	土地产出率	亿元/千公顷	正	0.350	0.300	0.286	17	16	−1	中国统计	☹
12	节灌率		正	0.475	0.559	0.532	12	14	2	水利；中国统计	☺
13	有效灌溉面积占耕地面积比重	%	正	40.181	27.024	44.770	26	17	−9	中国统计	☹
14	第二产业劳动生产率	万元/人	正	15.793	10.917	10.093	25	26	1	中国统计	☺
15	单位工业增加值水耗	立方米/元	逆	0.006	0.005	0.005	15	15	0	中国统计	
16	规模以上单位工业增加值能耗		逆	NA	NA	NA	NA	NA			
17	工业固体废物综合利用率	%	正	70.583	41.265	45.894	30	27	−3	环境年鉴	☹
18	工业用水重复利用率	%	正	74.617	81.600	81.000	18	21	3	环境年鉴	☺
19	六大高载能行业产值占工业总产值比重	%	逆	38.934	29.500	29.997	6	8	2	工业经济	☺
20	第三产业劳动生产率	万元/人	正	9.481	5.820	5.309	26	27	1	中国统计	☺
21	第三产业增加值比重	%	正	41.653	35.200	34.526	25	27	2	中国统计	☺
22	第三产业就业人员比重	%	正	37.733	33.359	32.800	23	22	−1	中国统计	☹
23	人均水资源量	立方米/人	正	2 183.640	3 052.882	3 587.160	10	8	−2	中国统计	☹
24	人均森林面积	公顷/人	正	0.202	0.210	0.205	11	9	−2	中国统计	☹
25	森林覆盖率	%	正	33.061	35.220	34.310	17	14	−3	中国统计	☹
26	自然保护区面积占辖区面积比重	%	正	8.701	18.540	18.540	2	2	0	中国统计	

序号	指标名称	单 位	指标属性	2013年测评均值	2013年四川数值	2012年四川数值	2013年四川排名	2012年四川排名	排名变化	2013年数据来源	进退脸谱
27	湿地面积占国土面积的比重	%	正	9.228	3.610	1.980	22	24	2	中国统计	☺
28	人均活立木总蓄积量	立方米/人	正	11.870	21.904	20.895	5	5	0	中国统计	
29	单位土地面积二氧化碳排放量		逆	NA	NA	NA	NA	NA			
30	人均二氧化碳排放量		逆	NA	NA	NA	NA	NA			
31	单位土地面积二氧化硫排放量	吨/平方公里	逆	5.446	1.687	1.786	6	7	1	中国统计;沙漠	☺
32	人均二氧化硫排放量	吨/人	逆	0.018	0.010	0.011	9	8	-1	中国统计	☹
33	单位土地面积化学需氧量排放量	吨/平方公里	逆	6.296	2.545	2.621	7	7	0	中国统计;沙漠	
34	人均化学需氧量排放量	吨/人	逆	0.018	0.015	0.016	13	13	0	中国统计	
35	单位土地面积氮氧化物排放量	吨/平方公里	逆	6.945	1.290	1.361	3	3	0	中国统计;沙漠;环境年报	
36	人均氮氧化物排放量	吨/人	逆	0.020	0.008	0.008	1	1	0	环境年报;中国统计	
37	单位土地面积氨氮排放量	吨/平方公里	逆	0.769	0.283	0.291	8	8	0	中国统计;沙漠;环境年报	
38	人均氨氮排放量	吨/人	逆	0.002	0.002	0.002	11	11	0	环境年报;中国统计	
39	单位耕地面积化肥施用量	万吨/千公顷	逆	0.037	0.026	0.043	6	11	5	中国统计	☺
40	单位耕地面积农药使用量	吨/千公顷	逆	12.544	6.192	10.142	8	13	5	环境年鉴;中国统计	☺
41	人均公路交通氮氧化物排放量	吨/万人	逆	51.830	25.374	26.041	1	1	0	环境年报;中国统计	
42	环境保护支出占财政支出比重	%	正	2.853	2.571	2.494	16	18	2	中国统计	☺
43	环境污染治理投资总额占地区生产总值比重	%	正	1.647	0.891	0.747	26	27	1	环境年鉴;中国统计	☺
44	农村人均改水、改厕的政府投资	元/人	正	51.415	45.099	45.079	12	13	1	环境年鉴	☺
45	单位耕地面积退耕还林投资完成额	万元/千公顷	正	13.282	28.753	40.838	5	4	-1	环境年鉴;中国统计	☹
46	科教文卫支出占财政支出比重	%	正	27.720	27.898	29.308	16	15	-1	中国统计	☹
47	城市人均绿地面积	公顷/人	正	0.003	0.001	0.001	23	26	3	城市;中国统计	☺
48	城市用水普及率	%	正	97.299	91.760	92.040	30	29	-1	中国统计	☹

续表

序号	指标名称	单位	指标属性	2013年测评均值	2013年四川数值	2012年四川数值	2013年四川排名	2012年四川排名	排名变化	2013年数据来源	进退脸谱
49	城市污水处理率	%	正	87.563	83.200	83.600	25	24	-1	环境年鉴	☹
50	城市生活垃圾无害化处理率	%	正	88.487	95.000	88.290	13	17	4	中国统计	☺
51	城市每万人拥有公交车辆	标台	正	12.571	14.590	13.336	5	9	4	中国统计	☺
52	人均城市公共交通运营线路网长度	公里/人	正	0.001	0.000	0.000	23	24	1	中国统计；城市	☺
53	农村累计已改水受益人口占农村总人口比重	%	正	95.772	94.369	14.236	21	3	-18	环境年鉴	☹
54	建成区绿化覆盖率	%	正	38.787	38.410	38.690	16	16	0	中国统计	
55	人均当年新增造林面积	公顷/万人	正	62.246	15.595	13.910	24	23	-1	中国统计	☹
56	工业二氧化硫去除率	%	正	63.178	59.176	60.609	24	24	0	中国统计	
57	工业废水化学需氧量去除率	%	正	81.541	83.541	82.320	15	17	2	环境年报；中国统计	☺
58	工业氮氧化物去除率	%	正	17.859	13.949	6.748	19	14	-5	环境年报	☹
59	工业废水氨氮去除率	%	正	77.152	93.111	85.455	1	10	9	环境年报；中国统计	☺
60	突发环境事件次数	次	逆	24	14	16	23	21	-2	中国统计	☹

年鉴说明：中国统计——《中国统计年鉴2014》；环境年鉴——《中国环境统计年鉴2014》；环境年报——《中国环境统计年报2013》；城市——《中国城市统计年鉴2014》；水利——《中国水利统计年鉴2014》；工业经济——《中国工业经济统计年鉴2014》；沙漠——《中国沙漠及其治理》。

贵州绿色发展"体检"表

序号	指标名称	单 位	指标属性	2013年测评均值	2013年贵州数值	2012年贵州数值	2013年贵州排名	2012年贵州排名	排名变化	2013年数据来源	进退脸谱
1	人均地区生产总值	元/人	正	47 745.867	22 922.000	19 710.000	30	30	0	中国统计	
2	单位地区生产总值能耗	吨标准煤/万元	逆	1.041	1.714	1.714	27	27	0	中国统计	
3	非化石能源消费量占能源消费量的比重		正	NA	NA	NA	NA	NA			
4	单位地区生产总值二氧化碳排放量		逆	NA	NA	NA	NA	NA			
5	单位地区生产总值二氧化硫排放量	吨/万元	逆	0.006	0.018	0.022	29	29	0	中国统计	
6	单位地区生产总值化学需氧量排放量	吨/万元	逆	0.006	0.006	0.007	16	17	1	中国统计	☺
7	单位地区生产总值氮氧化物排放量	吨/万元	逆	0.006	0.010	0.012	26	26	0	环境年报；中国统计	
8	单位地区生产总值氨氮排放量	吨/万元	逆	0.001	0.001	0.001	22	22	0	环境年报；中国统计	
9	人均城镇生活消费用电	千瓦时/人	逆	347.647	234.389	238.741	15	17	2	城市	☺
10	第一产业劳动生产率	万元/人	正	2.230	0.869	0.748	30	30	0	中国统计	
11	土地产出率	亿元/千公顷	正	0.350	0.185	0.167	29	29	0	中国统计	
12	节灌率		正	0.475	0.328	0.332	20	22	2	水利；中国统计	☺
13	有效灌溉面积占耕地面积比重	%	正	40.181	17.196	27.079	30	30	0	中国统计	
14	第二产业劳动生产率	万元/人	正	15.793	12.912	11.796	18	16	−2	中国统计	☹
15	单位工业增加值水耗	立方米/元	逆	0.006	0.010	0.018	28	30	2	中国统计	☺
16	规模以上单位工业增加值能耗		逆	NA	NA	NA	NA	NA			
17	工业固体废物综合利用率	%	正	70.583	50.769	61.761	26	19	−7	环境年鉴	☹
18	工业用水重复利用率	%	正	74.617	80.700	81.800	19	19	0	环境年鉴	
19	六大高载能行业产值占工业总产值比重	%	逆	38.934	46.319	48.325	23	23	0	工业经济	
20	第三产业劳动生产率	万元/人	正	9.481	9.121	8.404	11	12	1	中国统计	☺
21	第三产业增加值比重	%	正	41.653	46.600	47.908	6	3	−3	中国统计	☹
22	第三产业就业人员比重	%	正	37.733	22.537	21.836	30	30	0	中国统计	
23	人均水资源量	立方米/人	正	2 183.640	2 174.151	2 801.820	13	10	−3	中国统计	☹
24	人均森林面积	公顷/人	正	0.202	0.187	0.160	14	14	0	中国统计	
25	森林覆盖率	%	正	33.061	37.090	31.610	15	16	1	中国统计	☺
26	自然保护区面积占辖区面积比重	%	正	8.701	5.010	5.410	23	21	−2	中国统计	☹

续表

序号	指标名称	单位	指标属性	2013年测评均值	2013年贵州数值	2012年贵州数值	2013年贵州排名	2012年贵州排名	排名变化	2013年数据来源	进退脸谱
27	湿地面积占国土面积的比重	%	正	9.228	1.190	0.450	29	30	1	中国统计	☺
28	人均活立木总蓄积量	立方米/人	正	11.870	9.819	8.011	12	13	1	中国统计	☺
29	单位土地面积二氧化碳排放量		逆	NA	NA	NA	NA	NA			
30	人均二氧化碳排放量		逆	NA	NA	NA	NA	NA			
31	单位土地面积二氧化硫排放量	吨/平方公里	逆	5.446	5.600	5.910	19	19	0	中国统计；沙漠	
32	人均二氧化硫排放量	吨/人	逆	0.018	0.028	0.030	26	26	0	中国统计	
33	单位土地面积化学需氧量排放量	吨/平方公里	逆	6.296	1.863	1.890	6	6	0	中国统计；沙漠	
34	人均化学需氧量排放量	吨/人	逆	0.018	0.009	0.010	2	2	0	中国统计	
35	单位土地面积氮氧化物排放量	吨/平方公里	逆	6.945	3.164	3.199	12	12	0	中国统计；沙漠；环境年报	
36	人均氮氧化物排放量	吨/人	逆	0.020	0.016	0.016	15	14	—1	环境年报；中国统计	☹
37	单位土地面积氨氮排放量	吨/平方公里	逆	0.769	0.217	0.220	7	7	0	中国统计；沙漠；环境年报	
38	人均氨氮排放量	吨/人	逆	0.002	0.001	0.001	2	2	0	环境年报；中国统计	
39	单位耕地面积化肥施用量	万吨/千公顷	逆	0.037	0.018	0.022	2	4	2	中国统计	☺
40	单位耕地面积农药使用量	吨/千公顷	逆	12.544	2.501	3.222	2	3	1	环境年鉴；中国统计	☺
41	人均公路交通氮氧化物排放量	吨/万人	逆	51.830	29.329	27.753	4	3	—1	环境年报；中国统计	☹
42	环境保护支出占财政支出比重	%	正	2.853	2.155	2.385	22	20	—2	中国统计	☹
43	环境污染治理投资总额占地区生产总值比重	%	正	1.647	1.370	1.006	17	24	7	环境年鉴；中国统计	☺
44	农村人均改水、改厕的政府投资	元/人	正	51.415	72.271	49.605	5	11	6	环境年鉴	☺
45	单位耕地面积退耕还林投资完成额	万元/千公顷	正	13.282	11.084	14.139	13	12	—1	环境年鉴；中国统计	☹
46	科教文卫支出占财政支出比重	%	正	27.720	28.298	28.319	15	18	3	中国统计	☺
47	城市人均绿地面积	公顷/人	正	0.003	0.001	0.001	19	21	2	城市；中国统计	☺
48	城市用水普及率	%	正	97.299	92.860	92.070	28	28	0	中国统计	

序号	指标名称	单 位	指标属性	2013年测评均值	2013年贵州数值	2012年贵州数值	2013年贵州排名	2012年贵州排名	排名变化	2013年数据来源	进退脸谱
49	城市污水处理率	%	正	87.563	94.000	91.400	5	6	1	环境年鉴	☺
50	城市生活垃圾无害化处理率	%	正	88.487	92.200	91.920	17	11	—6	中国统计	☹
51	城市每万人拥有公交车辆	标台	正	12.571	9.599	8.804	26	27	1	中国统计	☺
52	人均城市公共交通运营线路网长度	公里/人	正	0.001	0.000	0.000	27	27	0	中国统计；城市	
53	农村累计已改水受益人口占农村总人口比重	%	正	95.772	87.660	8.457	29	9	—20	环境年鉴	☹
54	建成区绿化覆盖率	%	正	38.787	34.460	32.800	27	28	1	中国统计	☺
55	人均当年新增造林面积	公顷/万人	正	62.246	97.333	42.488	5	13	8	中国统计	☺
56	工业二氧化硫去除率	%	正	63.178	64.672	68.132	16	14	—2	中国统计	☹
57	工业废水化学需氧量去除率	%	正	81.541	68.185	64.689	28	27	—1	环境年报；中国统计	☹
58	工业氮氧化物去除率	%	正	17.859	20.721	2.910	11	25	14	环境年报	☺
59	工业废水氨氮去除率	%	正	77.152	92.659	93.051	2	2	0	环境年报；中国统计	
60	突发环境事件次数	次	逆	24	9	4	16	10	—6	中国统计	☹

年鉴说明：中国统计——《中国统计年鉴2014》；环境年鉴——《中国环境统计年鉴2014》；环境年报——《中国环境统计年报2013》；城市——《中国城市统计年鉴2014》；水利——《中国水利统计年鉴2014》；工业经济——《中国工业经济统计年鉴2014》；沙漠——《中国沙漠及其治理》。

云南绿色发展"体检"表

序号	指标名称	单位	指标属性	2013年测评均值	2013年云南数值	2012年云南数值	2013年云南排名	2012年云南排名	排名变化	2013年数据来源	进退脸谱
1	人均地区生产总值	元/人	正	47 745.867	25 083.000	22 195.000	28	28	0	中国统计	
2	单位地区生产总值能耗	吨标准煤/万元	逆	1.041	1.162	1.162	22	22	0	中国统计	
3	非化石能源消费量占能源消费量的比重		正	NA	NA	NA	NA	NA			
4	单位地区生产总值二氧化碳排放量		逆	NA	NA	NA	NA	NA			
5	单位地区生产总值二氧化硫排放量	吨/万元	逆	0.006	0.008	0.009	23	23	0	中国统计	
6	单位地区生产总值化学需氧量排放量	吨/万元	逆	0.006	0.006	0.007	18	18	0	中国统计	
7	单位地区生产总值氮氧化物排放量	吨/万元	逆	0.006	0.006	0.007	20	20	0	环境年报；中国统计	
8	单位地区生产总值氨氮排放量	吨/万元	逆	0.001	0.001	0.001	17	17	0	环境年报；中国统计	
9	人均城镇生活消费用电	千瓦时/人	逆	347.647	139.028	212.317	4	15	11	城市	☺
10	第一产业劳动生产率	万元/人	正	2.230	1.166	0.993	28	28	0	中国统计	
11	土地产出率	亿元/千公顷	正	0.350	0.229	0.202	25	25	0	中国统计	
12	节灌率		正	0.475	0.384	0.373	18	21	3	水利；中国统计	☺
13	有效灌溉面积占耕地面积比重	%	正	40.181	23.227	27.633	28	29	1	中国统计	☺
14	第二产业劳动生产率	万元/人	正	15.793	12.746	11.585	19	18	−1	中国统计	☹
15	单位工业增加值水耗	立方米/元	逆	0.006	0.007	0.008	19	21	2	中国统计	☺
16	规模以上单位工业增加值能耗		逆	NA	NA	NA	NA	NA			
17	工业固体废物综合利用率	%	正	70.583	52.456	49.495	24	26	2	环境年鉴	☺
18	工业用水重复利用率	%	正	74.617	38.300	28.400	28	29	1	环境年鉴	☺
19	六大高载能行业产值占工业总产值比重	%	逆	38.934	53.022	53.581	26	25	−1	工业经济	☹
20	第三产业劳动生产率	万元/人	正	9.481	5.537	5.158	28	28	0	中国统计	
21	第三产业增加值比重	%	正	41.653	41.800	41.086	10	10	0	中国统计	
22	第三产业就业人员比重	%	正	37.733	31.332	29.726	25	25	0	中国统计	
23	人均水资源量	立方米/人	正	2 183.640	3 652.243	3 637.910	7	7	0	中国统计	
24	人均森林面积	公顷/人	正	0.202	0.408	0.390	4	4	0	中国统计	
25	森林覆盖率	%	正	33.061	50.030	47.500	7	7	0	中国统计	
26	自然保护区面积占辖区面积比重	%	正	8.701	7.450	7.450	14	14	0	中国统计	

续表

序号	指标名称	单位	指标属性	2013年测评均值	2013年云南数值	2012年云南数值	2013年云南排名	2012年云南排名	排名变化	2013年数据来源	进退脸谱
27	湿地面积占国土面积的比重	%	正	9.228	1.430	0.610	28	28	0	中国统计	
28	人均活立木总蓄积量	立方米/人	正	11.870	40.007	36.750	3	3	0	中国统计	
29	单位土地面积二氧化碳排放量		逆	NA	NA	NA	NA	NA			
30	人均二氧化碳排放量		逆	NA	NA	NA	NA	NA			
31	单位土地面积二氧化硫排放量	吨/平方公里	逆	5.446	1.730	1.754	7	6	−1	中国统计；沙漠	☹
32	人均二氧化硫排放量	吨/人	逆	0.018	0.014	0.014	17	16	−1	中国统计	☹
33	单位土地面积化学需氧量排放量	吨/平方公里	逆	6.296	1.428	1.432	5	5	0	中国统计；沙漠	
34	人均化学需氧量排放量	吨/人	逆	0.018	0.012	0.012	4	4	0	中国统计	
35	单位土地面积氮氧化物排放量	吨/平方公里	逆	6.945	1.367	1.421	5	5	0	中国统计；沙漠；环境年报	
36	人均氮氧化物排放量	吨/人	逆	0.020	0.011	0.012	6	6	0	环境年报；中国统计	
37	单位土地面积氨氮排放量	吨/平方公里	逆	0.769	0.151	0.153	5	5	0	中国统计；沙漠；环境年报	
38	人均氨氮排放量	吨/人	逆	0.002	0.001	0.001	3	3	0	环境年报；中国统计	
39	单位耕地面积化肥施用量	万吨/千公顷	逆	0.037	0.031	0.035	11	7	−4	中国统计	☹
40	单位耕地面积农药使用量	吨/千公顷	逆	12.544	7.664	9.112	10	11	1	环境年鉴；中国统计	☺
41	人均公路交通氮氧化物排放量	吨/万人	逆	51.830	42.847	43.723	14	15	1	环境年报；中国统计	☺
42	环境保护支出占财政支出比重	%	正	2.853	2.570	2.830	17	13	−4	中国统计	☹
43	环境污染治理投资总额占地区生产总值比重	%	正	1.647	1.682	1.284	11	16	5	环境年鉴；中国统计	☺
44	农村人均改水、改厕的政府投资	元/人	正	51.415	40.413	35.839	17	20	3	环境年鉴	☺
45	单位耕地面积退耕还林投资完成额	万元/千公顷	正	13.282	20.318	21.766	8	9	1	环境年鉴；中国统计	☺
46	科教文卫支出占财政支出比重	%	正	27.720	26.620	29.011	21	17	−4	中国统计	☹
47	城市人均绿地面积	公顷/人	正	0.003	0.001	0.001	20	20	0	城市；中国统计	
48	城市用水普及率	%	正	97.299	97.920	94.320	16	22	6	中国统计	☺

续表

序号	指标名称	单位	指标属性	2013年测评均值	2013年云南数值	2012年云南数值	2013年云南排名	2012年云南排名	排名变化	2013年数据来源	进退脸谱
49	城市污水处理率	%	正	87.563	92.100	94.700	8	1	−7	环境年鉴	☹
50	城市生活垃圾无害化处理率	%	正	88.487	87.600	82.700	21	21	0	中国统计	
51	城市每万人拥有公交车辆	标台	正	12.571	11.614	10.247	16	20	4	中国统计	☺
52	人均城市公共交通运营线路网长度	公里/人	正	0.001	0.001	0.001	11	11	0	中国统计；城市	
53	农村累计已改水受益人口占农村总人口比重	%	正	95.772	93.448	14.496	22	2	−20	环境年鉴	☹
54	建成区绿化覆盖率	%	正	38.787	37.760	39.300	19	13	−6	中国统计	☹
55	人均当年新增造林面积	公顷/万人	正	62.246	112.210	117.218	4	4	0	中国统计	
56	工业二氧化硫去除率	%	正	63.178	58.355	71.414	25	8	−17	中国统计	☹
57	工业废水化学需氧量去除率	%	正	81.541	74.756	74.671	26	26	0	环境年报；中国统计	
58	工业氮氧化物去除率	%	正	17.859	7.096	3.623	27	21	−6	环境年报	☹
59	工业废水氨氮去除率	%	正	77.152	88.202	94.419	6	1	−5	环境年报；中国统计	☹
60	突发环境事件次数	次	逆	24	2	1	4	4	0	中国统计	

年鉴说明：中国统计——《中国统计年鉴2014》；环境年鉴——《中国环境统计年鉴2014》；环境年报——《中国环境统计年报2013》；城市——《中国城市统计年鉴2014》；水利——《中国水利统计年鉴2014》；工业经济——《中国工业经济统计年鉴2014》；沙漠——《中国沙漠及其治理》。

陕西绿色发展"体检"表

序号	指标名称	单位	指标属性	2013年测评均值	2013年陕西数值	2012年陕西数值	2013年陕西排名	2012年陕西排名	排名变化	2013年数据来源	进退脸谱
1	人均地区生产总值	元/人	正	47 745.867	42 692.000	38 564.000	13	14	1	中国统计	☹
2	单位地区生产总值能耗	吨标准煤/万元	逆	1.041	0.846	0.846	12	12	0	中国统计	
3	非化石能源消费量占能源消费量的比重		正	NA	NA	NA	NA	NA			
4	单位地区生产总值二氧化碳排放量		逆	NA	NA	NA	NA	NA			
5	单位地区生产总值二氧化硫排放量	吨/万元	逆	0.006	0.007	0.008	22	22	0	中国统计	
6	单位地区生产总值化学需氧量排放量	吨/万元	逆	0.006	0.005	0.005	10	10	0	中国统计	
7	单位地区生产总值氮氧化物排放量	吨/万元	逆	0.006	0.007	0.008	22	22	0	环境年报;中国统计	
8	单位地区生产总值氨氮排放量	吨/万元	逆	0.001	0.001	0.001	13	14	1	环境年报;中国统计	☺
9	人均城镇生活消费用电	千瓦时/人	逆	347.647	240.214	212.226	16	14	−2	城市	☹
10	第一产业劳动生产率	万元/人	正	2.230	1.937	1.691	17	19	2	中国统计	☺
11	土地产出率	亿元/千公顷	正	0.350	0.402	0.360	10	11	1	中国统计	☺
12	节灌率		正	0.475	0.682	0.690	5	9	4	水利;中国统计	☺
13	有效灌溉面积占耕地面积比重	%	正	40.181	28.342	31.533	24	26	2	中国统计	☺
14	第二产业劳动生产率	万元/人	正	15.793	28.729	18.287	2	8	6	中国统计	☺
15	单位工业增加值水耗	立方米/元	逆	0.006	0.002	0.002	5	4	−1	中国统计	☹
16	规模以上单位工业增加值能耗		逆	NA	NA	NA	NA	NA			
17	工业固体废物综合利用率	%	正	70.583	63.516	61.289	20	21	1	环境年鉴	☺
18	工业用水重复利用率	%	正	74.617	89.400	91.900	12	10	−2	环境年鉴	☹
19	六大高载能行业产值占工业总产值比重	%	逆	38.934	36.350	37.571	16	16	0	工业经济	
20	第三产业劳动生产率	万元/人	正	9.481	12.018	9.043	7	9	2	中国统计	☺
21	第三产业增加值比重	%	正	41.653	34.900	34.660	27	25	−2	中国统计	☹
22	第三产业就业人员比重	%	正	37.733	30.141	29.491	26	26	0	中国统计	
23	人均水资源量	立方米/人	正	2 183.640	941.258	1 041.910	21	20	−1	中国统计	☹
24	人均森林面积	公顷/人	正	0.202	0.227	0.205	8	11	3	中国统计	☺
25	森林覆盖率	%	正	33.061	41.420	37.260	10	11	1	中国统计	☺
26	自然保护区面积占辖区面积比重	%	正	8.701	5.670	5.650	20	20	0	中国统计	

序号	指标名称	单位	指标属性	2013年测评均值	2013年陕西数值	2012年陕西数值	2013年陕西排名	2012年陕西排名	排名变化	2013年数据来源	进退脸谱
27	湿地面积占国土面积的比重	%	正	9.228	1.500	1.420	27	26	−1	中国统计	☹
28	人均活立木总蓄积量	立方米/人	正	11.870	11.269	9.631	9	10	1	中国统计	☺
29	单位土地面积二氧化碳排放量		逆	NA	NA	NA	NA	NA			
30	人均二氧化碳排放量		逆	NA	NA	NA	NA	NA			
31	单位土地面积二氧化硫排放量	吨/平方公里	逆	5.446	4.138	4.332	16	16	0	中国统计；沙漠	
32	人均二氧化硫排放量	吨/人	逆	0.018	0.021	0.023	22	23	1	中国统计	☺
33	单位土地面积化学需氧量排放量	吨/平方公里	逆	6.296	2.666	2.753	8	8	0	中国统计；沙漠	
34	人均化学需氧量排放量	吨/人	逆	0.018	0.014	0.014	8	7	−1	中国统计	☹
35	单位土地面积氮氧化物排放量	吨/平方公里	逆	6.945	3.896	4.149	16	16	0	中国统计；沙漠；环境年报	
36	人均氮氧化物排放量	吨/人	逆	0.020	0.020	0.022	21	22	1	环境年报；中国统计	☺
37	单位土地面积氨氮排放量	吨/平方公里	逆	0.769	0.306	0.318	10	10	0	中国统计；沙漠；环境年报	
38	人均氨氮排放量	吨/人	逆	0.002	0.002	0.002	8	8	0	环境年报；中国统计	
39	单位耕地面积化肥施用量	万吨/千公顷	逆	0.037	0.057	0.059	30	22	−8	中国统计	☹
40	单位耕地面积农药使用量	吨/千公顷	逆	12.544	3.045	3.198	3	2	−1	环境年鉴；中国统计	☹
41	人均公路交通氮氧化物排放量	吨/万人	逆	51.830	47.945	47.267	19	18	−1	环境年报；中国统计	☹
42	环境保护支出占财政支出比重	%	正	2.853	2.995	2.832	13	12	−1	中国统计	☹
43	环境污染治理投资总额占地区生产总值比重	%	正	1.647	1.382	1.250	16	19	3	环境年鉴；中国统计	☺
44	农村人均改水、改厕的政府投资	元/人	正	51.415	81.447	67.872	2	6	4	环境年鉴	☺
45	单位耕地面积退耕还林投资完成额	万元/千公顷	正	13.282	36.207	34.814	4	5	1	环境年鉴；中国统计	☺
46	科教文卫支出占财政支出比重	%	正	27.720	30.169	31.662	9	8	−1	中国统计	☹
47	城市人均绿地面积	公顷/人	正	0.003	0.001	0.001	27	27	0	城市；中国统计	
48	城市用水普及率	%	正	97.299	96.520	96.150	20	19	−1	中国统计	☹

序号	指标名称	单位	指标属性	2013年测评均值	2013年陕西数值	2012年陕西数值	2013年陕西排名	2012年陕西排名	排名变化	2013年数据来源	进退脸谱
49	城市污水处理率	%	正	87.563	89.000	88.500	15	10	—5	环境年鉴	☹
50	城市生活垃圾无害化处理率	%	正	88.487	96.400	88.490	10	16	6	中国统计	☺
51	城市每万人拥有公交车辆	标台	正	12.571	16.274	15.579	3	4	1	中国统计	☺
52	人均城市公共交通运营线路网长度	公里/人	正	0.001	0.000	0.000	24	23	—1	中国统计；城市	☹
53	农村累计已改水受益人口占农村总人口比重	%	正	95.772	91.233	18.131	24	1	—23	环境年鉴	☹
54	建成区绿化覆盖率	%	正	38.787	40.190	40.360	11	10	—1	中国统计	☹
55	人均当年新增造林面积	公顷/万人	正	62.246	91.520	85.459	6	6	0	中国统计	
56	工业二氧化硫去除率	%	正	63.178	59.359	63.295	23	20	—3	中国统计	☹
57	工业废水化学需氧量去除率	%	正	81.541	78.242	80.610	22	18	—4	环境年报；中国统计	☹
58	工业氮氧化物去除率	%	正	17.859	39.035	10.972	1	9	8	环境年报	☺
59	工业废水氨氮去除率	%	正	77.152	77.956	78.082	21	19	—2	环境年报；中国统计	☹
60	突发环境事件次数	次	逆	24	118	23	28	25	—3	中国统计	☹

年鉴说明：中国统计——《中国统计年鉴2014》；环境年鉴——《中国环境统计年鉴2014》；环境年报——《中国环境统计年报2013》；城市——《中国城市统计年鉴2014》；水利——《中国水利统计年鉴2014》；工业经济——《中国工业经济统计年鉴2014》；沙漠——《中国沙漠及其治理》。

甘肃绿色发展"体检"表

序号	指标名称	单 位	指标属性	2013年测评均值	2013年甘肃数值	2012年甘肃数值	2013年甘肃排名	2012年甘肃排名	排名变化	2013年数据来源	进退脸谱
1	人均地区生产总值	元/人	正	47 745.867	24 296.000	21 978.000	29	29	0	中国统计	
2	单位地区生产总值能耗	吨标准煤/万元	逆	1.041	1.402	1.402	24	24	0	中国统计	
3	非化石能源消费量占能源消费量的比重		正	NA	NA	NA	NA	NA			
4	单位地区生产总值二氧化碳排放量		逆	NA	NA	NA	NA	NA			
5	单位地区生产总值二氧化硫排放量	吨/万元	逆	0.006	0.012	0.014	26	26	0	中国统计	
6	单位地区生产总值化学需氧量排放量	吨/万元	逆	0.006	0.008	0.009	26	26	0	中国统计	
7	单位地区生产总值氮氧化物排放量	吨/万元	逆	0.006	0.010	0.011	25	25	0	环境年报；中国统计	
8	单位地区生产总值氨氮排放量	吨/万元	逆	0.001	0.001	0.001	26	27	1	环境年报；中国统计	☺
9	人均城镇生活消费用电	千瓦时/人	逆	347.647	102.543	120.370	2	4	2	城市	☺
10	第一产业劳动生产率	万元/人	正	2.230	0.981	0.857	29	29	0	中国统计	
11	土地产出率	亿元/千公顷	正	0.350	0.266	0.240	19	20	1	中国统计	☺
12	节灌率		正	0.475	0.613	0.715	8	8	0	水利；中国统计	
13	有效灌溉面积占耕地面积比重	%	正	40.181	30.898	27.852	22	28	6	中国统计	☺
14	第二产业劳动生产率	万元/人	正	15.793	11.882	11.189	22	20	−2	中国统计	☹
15	单位工业增加值水耗	立方米/元	逆	0.006	0.006	0.008	17	18	1	中国统计	☺
16	规模以上单位工业增加值能耗		逆	NA	NA	NA	NA	NA			
17	工业固体废物综合利用率	%	正	70.583	55.866	53.860	21	24	3	环境年鉴	☺
18	工业用水重复利用率	%	正	74.617	94.800	92.800	2	7	5	环境年鉴	☺
19	六大高载能行业产值占工业总产值比重	%	逆	38.934	64.812	66.444	29	30	1	工业经济	☺
20	第三产业劳动生产率	万元/人	正	9.481	7.052	6.426	22	22	0	中国统计	
21	第三产业增加值比重	%	正	41.653	41.000	40.169	14	12	−2	中国统计	☹
22	第三产业就业人员比重	%	正	37.733	24.689	23.910	29	29	0	中国统计	
23	人均水资源量	立方米/人	正	2 183.640	1 042.331	1 038.360	19	21	2	中国统计	☺
24	人均森林面积	公顷/人	正	0.202	0.197	0.182	13	13	0	中国统计	
25	森林覆盖率	%	正	33.061	11.280	10.420	26	25	−1	中国统计	☹
26	自然保护区面积占辖区面积比重	%	正	8.701	16.420	16.170	3	3	0	中国统计	

序号	指标名称	单位	指标属性	2013年测评均值	2013年甘肃数值	2012年甘肃数值	2013年甘肃排名	2012年甘肃排名	排名变化	2013年数据来源	进退脸谱
27	湿地面积占国土面积的比重	%	正	9.228	3.730	2.800	21	22	1	中国统计	☺
28	人均活立木总蓄积量	立方米/人	正	11.870	9.316	8.422	13	12	−1	中国统计	☹
29	单位土地面积二氧化碳排放量		逆	NA	NA	NA	NA	NA			
30	人均二氧化碳排放量		逆	NA	NA	NA	NA	NA			
31	单位土地面积二氧化硫排放量	吨/平方公里	逆	5.446	1.672	1.703	5	5	0	中国统计;沙漠	
32	人均二氧化硫排放量	吨/人	逆	0.018	0.022	0.022	23	22	−1	中国统计	☹
33	单位土地面积化学需氧量排放量	吨/平方公里	逆	6.296	1.128	1.158	3	3	0	中国统计;沙漠	
34	人均化学需氧量排放量	吨/人	逆	0.018	0.015	0.015	11	11	0	中国统计	
35	单位土地面积氮氧化物排放量	吨/平方公里	逆	6.945	1.318	1.408	4	4	0	中国统计;沙漠;环境年报	
36	人均氮氧化物排放量	吨/人	逆	0.020	0.017	0.018	19	18	−1	环境年报;中国统计	☹
37	单位土地面积氨氮排放量	吨/平方公里	逆	0.769	0.117	0.122	4	4	0	中国统计;沙漠;环境年报	
38	人均氨氮排放量	吨/人	逆	0.002	0.002	0.002	5	7	2	环境年报;中国统计	☺
39	单位耕地面积化肥施用量	万吨/千公顷	逆	0.037	0.023	0.020	4	2	−2	中国统计	☹
40	单位耕地面积农药使用量	吨/千公顷	逆	12.544	18.711	15.830	26	16	−10	环境年鉴;中国统计	☹
41	人均公路交通氮氧化物排放量	吨/万人	逆	51.830	47.334	45.848	18	17	−1	环境年报;中国统计	☹
42	环境保护支出占财政支出比重	%	正	2.853	3.023	3.496	12	6	−6	中国统计	☹
43	环境污染治理投资总额占地区生产总值比重	%	正	1.647	2.811	2.149	4	7	3	环境年鉴;中国统计	☺
44	农村人均改水、改厕的政府投资	元/人	正	51.415	44.476	43.809	13	15	2	环境年鉴	☺
45	单位耕地面积退耕还林投资完成额	万元/千公顷	正	13.282	24.900	23.148	7	8	1	环境年鉴;中国统计	☺
46	科教文卫支出占财政支出比重	%	正	27.720	26.950	28.267	20	19	−1	中国统计	☹
47	城市人均绿地面积	公顷/人	正	0.003	0.001	0.001	28	28	0	城市;中国统计	
48	城市用水普及率	%	正	97.299	93.680	92.770	27	25	−2	中国统计	☹

续表

序号	指标名称	单位	指标属性	2013年测评均值	2013年甘肃数值	2012年甘肃数值	2013年甘肃排名	2012年甘肃排名	排名变化	2013年数据来源	进退脸谱
49	城市污水处理率	%	正	87.563	81.300	75.400	27	27	0	环境年鉴	
50	城市生活垃圾无害化处理率	%	正	88.487	42.300	41.680	30	30	0	中国统计	
51	城市每万人拥有公交车辆	标台	正	12.571	10.359	10.044	23	22	−1	中国统计	☹
52	人均城市公共交通运营线路网长度	公里/人	正	0.001	0.000	0.000	25	26	1	中国统计；城市	☺
53	农村累计已改水受益人口占农村总人口比重	%	正	95.772	97.094	7.768	16	11	−5	环境年鉴	☹
54	建成区绿化覆盖率	%	正	38.787	32.070	30.020	28	30	2	中国统计	☺
55	人均当年新增造林面积	公顷/万人	正	62.246	67.628	68.977	10	9	−1	中国统计	☹
56	工业二氧化硫去除率	%	正	63.178	81.905	82.993	2	1	−1	中国统计	☹
57	工业废水化学需氧量去除率	%	正	81.541	54.388	55.235	29	29	0	环境年报；中国统计	
58	工业氮氧化物去除率	%	正	17.859	17.994	4.101	14	20	6	环境年报	☺
59	工业废水氨氮去除率	%	正	77.152	47.950	26.450	29	30	1	环境年报；中国统计	☺
60	突发环境事件次数	次	逆	24	11	8	18	15	−3	中国统计	☹

年鉴说明：中国统计——《中国统计年鉴2014》；环境年鉴——《中国环境统计年鉴2014》；环境年报——《中国环境统计年报2013》；城市——《中国城市统计年鉴2014》；水利——《中国水利统计年鉴2014》；工业经济——《中国工业经济统计年鉴2014》；沙漠——《中国沙漠及其治理》。

青海绿色发展"体检"表

序号	指标名称	单位	指标属性	2013年测评均值	2013年青海数值	2012年青海数值	2013年青海排名	2012年青海排名	排名变化	2013年数据来源	进退脸谱
1	人均地区生产总值	元/人	正	47 745.867	36 510.000	33 181.000	20	21	1	中国统计	☺
2	单位地区生产总值能耗	吨标准煤/万元	逆	1.041	2.081	2.081	29	29	0	中国统计	
3	非化石能源消费量占能源消费量的比重		正	NA	NA	NA	NA	NA			
4	单位地区生产总值二氧化碳排放量		逆	NA	NA	NA	NA	NA			
5	单位地区生产总值二氧化硫排放量	吨/万元	逆	0.006	0.011	0.012	24	24	0	中国统计	
6	单位地区生产总值化学需氧量排放量	吨/万元	逆	0.006	0.007	0.008	24	23	-1	中国统计	☹
7	单位地区生产总值氮氧化物排放量	吨/万元	逆	0.006	0.009	0.010	24	24	0	环境年报；中国统计	
8	单位地区生产总值氨氮排放量	吨/万元	逆	0.001	0.001	0.001	19	18	-1	环境年报；中国统计	☹
9	人均城镇生活消费用电	千瓦时/人	逆	347.647	264.125	474.558	19	24	5	城市	☺
10	第一产业劳动生产率	万元/人	正	2.230	1.792	1.493	20	22	2	中国统计	☺
11	土地产出率	亿元/千公顷	正	0.350	0.249	0.211	21	23	2	中国统计	☺
12	节灌率		正	0.475	0.569	0.386	11	20	9	水利；中国统计	☺
13	有效灌溉面积占耕地面积比重	%	正	40.181	33.627	46.372	20	16	-4	中国统计	☹
14	第二产业劳动生产率	万元/人	正	15.793	16.352	14.723	11	10	-1	中国统计	☹
15	单位工业增加值水耗	立方米/元	逆	0.006	0.003	0.003	9	8	-1	中国统计	☹
16	规模以上单位工业增加值能耗		逆	NA	NA	NA	NA	NA			
17	工业固体废物综合利用率	%	正	70.583	54.924	55.532	23	22	-1	环境年鉴	☹
18	工业用水重复利用率	%	正	74.617	48.200	48.100	25	25	0	环境年鉴	
19	六大高载能行业产值占工业总产值比重	%	逆	38.934	63.644	65.203	28	29	1	工业经济	☺
20	第三产业劳动生产率	万元/人	正	9.481	5.600	5.318	27	26	-1	中国统计	☹
21	第三产业增加值比重	%	正	41.653	32.800	32.969	29	28	-1	中国统计	☹
22	第三产业就业人员比重	%	正	37.733	39.722	39.016	8	6	-2	中国统计	☹
23	人均水资源量	立方米/人	正	2 183.640	11 216.588	15 687.200	1	1	0	中国统计	
24	人均森林面积	公顷/人	正	0.202	0.703	0.575	2	2	0	中国统计	
25	森林覆盖率	%	正	33.061	5.630	4.570	29	29	0	中国统计	
26	自然保护区面积占辖区面积比重	%	正	8.701	30.130	30.210	1	1	0	中国统计	

序号	指标名称	单 位	指标属性	2013年测评均值	2013年青海数值	2012年青海数值	2013年青海排名	2012年青海排名	排名变化	2013年数据来源	进退脸谱
27	湿地面积占国土面积的比重	%	正	9.228	11.270	5.720	5	14	9	中国统计	☺
28	人均活立木总蓄积量	立方米/人	正	11.870	8.451	7.701	14	14	0	中国统计	
29	单位土地面积二氧化碳排放量		逆	NA	NA	NA	NA	NA			
30	人均二氧化碳排放量		逆	NA	NA	NA	NA	NA			
31	单位土地面积二氧化硫排放量	吨/平方公里	逆	5.446	0.244	0.239	1	1	0	中国统计；沙漠	
32	人均二氧化硫排放量	吨/人	逆	0.018	0.027	0.027	25	25	0	中国统计	
33	单位土地面积化学需氧量排放量	吨/平方公里	逆	6.296	0.161	0.161	1	1	0	中国统计；沙漠	
34	人均化学需氧量排放量	吨/人	逆	0.018	0.018	0.018	20	19	−1	中国统计	☹
35	单位土地面积氮氧化物排放量	吨/平方公里	逆	6.945	0.206	0.196	1	1	0	中国统计；沙漠；环境年报	
36	人均氮氧化物排放量	吨/人	逆	0.020	0.023	0.022	26	23	−3	环境年报；中国统计	☹
37	单位土地面积氨氮排放量	吨/平方公里	逆	0.769	0.015	0.015	1	1	0	中国统计；沙漠；环境年报	
38	人均氨氮排放量	吨/人	逆	0.002	0.002	0.002	10	9	−1	环境年报；中国统计	☹
39	单位耕地面积化肥施用量	万吨/千公顷	逆	0.037	0.018	0.017	1	1	0	中国统计	
40	单位耕地面积农药使用量	吨/千公顷	逆	12.544	3.593	3.326	4	4	0	环境年鉴；中国统计	
41	人均公路交通氮氧化物排放量	吨/万人	逆	51.830	57.191	56.898	22	22	0	环境年报；中国统计	
42	环境保护支出占财政支出比重	%	正	2.853	5.438	3.795	1	5	4	中国统计	☺
43	环境污染治理投资总额占地区生产总值比重	%	正	1.647	1.747	1.273	9	18	9	环境年鉴；中国统计	☺
44	农村人均改水、改厕的政府投资	元/人	正	51.415	81.019	66.330	3	7	4	环境年鉴	☺
45	单位耕地面积退耕还林投资完成额	万元/千公顷	正	13.282	76.576	82.827	1	1	0	环境年鉴；中国统计	
46	科教文卫支出占财政支出比重	%	正	27.720	18.270	22.261	30	28	−2	中国统计	☹
47	城市人均绿地面积	公顷/人	正	0.003	0.001	0.002	22	12	−10	城市；中国统计	☹
48	城市用水普及率	%	正	97.299	99.080	99.900	9	5	−4	中国统计	☹

续表

序号	指标名称	单位	指标属性	2013年测评均值	2013年青海数值	2012年青海数值	2013年青海排名	2012年青海排名	排名变化	2013年数据来源	进退脸谱
49	城市污水处理率	%	正	87.563	61.600	60.400	30	30	0	环境年鉴	
50	城市生活垃圾无害化处理率	%	正	88.487	77.800	89.210	27	14	−13	中国统计	☹
51	城市每万人拥有公交车辆	标台	正	12.571	14.468	16.596	6	3	−3	中国统计	☹
52	人均城市公共交通运营线路网长度	公里/人	正	0.001	0.001	0.001	16	7	−9	中国统计；城市	☹
53	农村累计已改水受益人口占农村总人口比重	%	正	95.772	88.140	1.571	28	25	−3	环境年鉴	☹
54	建成区绿化覆盖率	%	正	38.787	31.200	32.500	30	29	−1	中国统计	☹
55	人均当年新增造林面积	公顷/万人	正	62.246	265.439	237.693	2	2	0	中国统计	
56	工业二氧化硫去除率	%	正	63.178	14.043	43.007	30	28	−2	中国统计	☹
57	工业废水化学需氧量去除率	%	正	81.541	51.606	49.812	30	30	0	环境年报；中国统计	
58	工业氮氧化物去除率	%	正	17.859	2.249	0.028	30	30	0	环境年报	
59	工业废水氨氮去除率	%	正	77.152	32.525	32.199	30	29	−1	环境年报；中国统计	☹
60	突发环境事件次数	次	逆	24	2	4	4	10	6	中国统计	☺

年鉴说明：中国统计——《中国统计年鉴2014》；环境年鉴——《中国环境统计年鉴2014》；环境年报——《中国环境统计年报2013》；城市——《中国城市统计年鉴2014》；水利——《中国水利统计年鉴2014》；工业经济——《中国工业经济统计年鉴2014》；沙漠——《中国沙漠及其治理》。

宁夏绿色发展"体检"表

序号	指标名称	单位	指标属性	2013年测评均值	2013年宁夏数值	2012年宁夏数值	2013年宁夏排名	2012年宁夏排名	排名变化	2013年数据来源	进退脸谱
1	人均地区生产总值	元/人	正	47 745.867	39 420.000	36 394.000	15	16	1	中国统计	☺
2	单位地区生产总值能耗	吨标准煤/万元	逆	1.041	2.279	2.279	30	30	0	中国统计	
3	非化石能源消费量占能源消费量的比重		正	NA	NA	NA	NA	NA			
4	单位地区生产总值二氧化碳排放量		逆	NA	NA	NA	NA	NA			
5	单位地区生产总值二氧化硫排放量	吨/万元	逆	0.006	0.026	0.029	30	30	0	中国统计	
6	单位地区生产总值化学需氧量排放量	吨/万元	逆	0.006	0.015	0.016	30	30	0	中国统计	
7	单位地区生产总值氮氧化物排放量	吨/万元	逆	0.006	0.029	0.033	30	30	0	环境年报；中国统计	
8	单位地区生产总值氨氮排放量	吨/万元	逆	0.001	0.001	0.001	30	30	0	环境年报；中国统计	
9	人均城镇生活消费用电	千瓦时/人	逆	347.647	85.267	49.085	1	1	0	城市	
10	第一产业劳动生产率	万元/人	正	2.230	1.334	1.197	26	26	0	中国统计	
11	土地产出率	亿元/千公顷	正	0.350	0.213	0.194	27	26	−1	中国统计	☹
12	节灌率		正	0.475	0.372	0.769	19	5	−14	水利；中国统计	☹
13	有效灌溉面积占耕地面积比重	%	正	40.181	39.424	44.383	13	18	5	中国统计	☺
14	第二产业劳动生产率	万元/人	正	15.793	21.568	20.648	5	4	−1	中国统计	☹
15	单位工业增加值水耗	立方米/元	逆	0.006	0.005	0.006	16	16	0	中国统计	
16	规模以上单位工业增加值能耗		逆	NA	NA	NA	NA	NA			
17	工业固体废物综合利用率	%	正	70.583	73.177	69.031	14	15	1	环境年鉴	☺
18	工业用水重复利用率	%	正	74.617	91.800	91.800	8	11	3	环境年鉴	☺
19	六大高载能行业产值占工业总产值比重	%	逆	38.934	65.087	64.823	30	28	−2	工业经济	☹
20	第三产业劳动生产率	万元/人	正	9.481	8.818	8.239	13	13	0	中国统计	
21	第三产业增加值比重	%	正	41.653	42.000	41.965	9	9	0	中国统计	
22	第三产业就业人员比重	%	正	37.733	35.241	34.978	19	16	−3	中国统计	☹
23	人均水资源量	立方米/人	正	2 183.640	175.255	168.035	27	29	2	中国统计	☺
24	人均森林面积	公顷/人	正	0.202	0.094	0.079	20	21	1	中国统计	☺
25	森林覆盖率	%	正	33.061	11.890	9.840	25	26	1	中国统计	☺
26	自然保护区面积占辖区面积比重	%	正	8.701	10.290	10.340	9	9	0	中国统计	

续表

序号	指标名称	单位	指标属性	2013 年测评均值	2013 年宁夏数值	2012 年宁夏数值	2013 年宁夏排名	2012 年宁夏排名	排名变化	2013 年数据来源	进退脸谱
27	湿地面积占国土面积的比重	%	正	9.228	4.000	3.850	19	17	−2	中国统计	☹
28	人均活立木总蓄积量	立方米/人	正	11.870	1.334	0.967	25	25	0	中国统计	
29	单位土地面积二氧化碳排放量		逆	NA	NA	NA	NA	NA			
30	人均二氧化碳排放量		逆	NA	NA	NA	NA	NA			
31	单位土地面积二氧化硫排放量	吨/平方公里	逆	5.446	8.574	8.946	26	26	0	中国统计；沙漠	
32	人均二氧化硫排放量	吨/人	逆	0.018	0.060	0.063	30	30	0	中国统计	
33	单位土地面积化学需氧量排放量	吨/平方公里	逆	6.296	4.882	5.017	15	15	0	中国统计；沙漠	
34	人均化学需氧量排放量	吨/人	逆	0.018	0.034	0.035	28	28	0	中国统计	
35	单位土地面积氮氧化物排放量	吨/平方公里	逆	6.945	9.624	10.019	25	25	0	中国统计；沙漠；环境年报	
36	人均氮氧化物排放量	吨/人	逆	0.020	0.067	0.071	30	30	0	环境年报；中国统计	
37	单位土地面积氨氮排放量	吨/平方公里	逆	0.769	0.376	0.384	13	13	0	中国统计；沙漠；环境年报	
38	人均氨氮排放量	吨/人	逆	0.002	0.003	0.003	30	30	0	环境年报；中国统计	
39	单位耕地面积化肥施用量	万吨/千公顷	逆	0.037	0.032	0.036	12	8	−4	中国统计	☹
40	单位耕地面积农药使用量	吨/千公顷	逆	12.544	2.134	2.475	1	1	0	环境年鉴；中国统计	
41	人均公路交通氮氧化物排放量	吨/万人	逆	51.830	119.143	114.748	29	29	0	环境年报；中国统计	
42	环境保护支出占财政支出比重	%	正	2.853	3.570	4.092	7	3	−4	中国统计	☹
43	环境污染治理投资总额占地区生产总值比重	%	正	1.647	2.823	2.379	3	6	3	环境年鉴；中国统计	☺
44	农村人均改水、改厕的政府投资	元/人	正	51.415	55.340	79.756	8	4	−4	环境年鉴	☹
45	单位耕地面积退耕还林投资完成额	万元/千公顷	正	13.282	13.273	15.564	12	11	−1	环境年鉴；中国统计	☹
46	科教文卫支出占财政支出比重	%	正	27.720	21.031	20.431	28	30	2	中国统计	☺
47	城市人均绿地面积	公顷/人	正	0.003	0.003	0.003	7	7	0	城市；中国统计	
48	城市用水普及率	%	正	97.299	96.510	92.300	21	27	6	中国统计	☺

续表

序号	指标名称	单 位	指标属性	2013年测评均值	2013年宁夏数值	2012年宁夏数值	2013年宁夏排名	2012年宁夏排名	排名变化	2013年数据来源	进退脸谱
49	城市污水处理率	%	正	87.563	94.400	93.400	4	5	1	环境年鉴	☺
50	城市生活垃圾无害化处理率	%	正	88.487	92.500	70.640	16	27	11	中国统计	☺
51	城市每万人拥有公交车辆	标台	正	12.571	13.192	12.464	10	11	1	中国统计	☺
52	人均城市公共交通运营线路网长度	公里/人	正	0.001	0.001	0.001	8	9	1	中国统计；城市	☺
53	农村累计已改水受益人口占农村总人口比重	%	正	95.772	95.695	0.519	19	28	9	环境年鉴	☺
54	建成区绿化覆盖率	%	正	38.787	38.490	38.370	15	18	3	中国统计	☺
55	人均当年新增造林面积	公顷/万人	正	62.246	155.443	147.382	3	3	0	中国统计	
56	工业二氧化硫去除率	%	正	63.178	63.779	69.863	20	11	−9	中国统计	☹
57	工业废水化学需氧量去除率	%	正	81.541	74.301	78.808	27	23	−4	环境年报；中国统计	☹
58	工业氮氧化物去除率	%	正	17.859	33.737	6.636	2	15	13	环境年报	☺
59	工业废水氨氮去除率	%	正	77.152	86.306	88.108	9	6	−3	环境年报；中国统计	☹
60	突发环境事件次数	次	逆	24	3	0	6	1	−5	中国统计	☹

年鉴说明：中国统计——《中国统计年鉴2014》；环境年鉴——《中国环境统计年鉴2014》；环境年报——《中国环境统计年报2013》；城市——《中国城市统计年鉴2014》；水利——《中国水利统计年鉴2014》；工业经济——《中国工业经济统计年鉴2014》；沙漠——《中国沙漠及其治理》。

新疆绿色发展"体检"表

序号	指标名称	单　位	指标属性	2013年测评均值	2013年新疆数值	2012年新疆数值	2013年新疆排名	2012年新疆排名	排名变化	2013年数据来源	进退脸谱
1	人均地区生产总值	元/人	正	47 745.867	37 181.000	33 796.000	18	18	0	中国统计	
2	单位地区生产总值能耗	吨标准煤/万元	逆	1.041	1.631	1.631	26	26	0	中国统计	
3	非化石能源消费量占能源消费量的比重		正	NA	NA	NA	NA	NA			
4	单位地区生产总值二氧化碳排放量		逆	NA	NA	NA	NA	NA			
5	单位地区生产总值二氧化硫排放量	吨/万元	逆	0.006	0.014	0.015	28	28	0	中国统计	
6	单位地区生产总值化学需氧量排放量	吨/万元	逆	0.006	0.011	0.013	29	29	0	中国统计	
7	单位地区生产总值氮氧化物排放量	吨/万元	逆	0.006	0.015	0.015	29	29	0	环境年报；中国统计	
8	单位地区生产总值氨氮排放量	吨/万元	逆	0.001	0.001	0.001	25	25	0	环境年报；中国统计	
9	人均城镇生活消费用电	千瓦时/人	逆	347.647	589.725	566.752	26	25	−1	城市	☹
10	第一产业劳动生产率	万元/人	正	2.230	2.940	2.762	7	6	−1	中国统计	☹
11	土地产出率	亿元/千公顷	正	0.350	0.347	0.327	13	13	0	中国统计	
12	节灌率		正	0.475	0.659	0.869	7	2	−5	水利；中国统计	☹
13	有效灌溉面积占耕地面积比重	%	正	40.181	91.512	97.685	1	1	0	中国统计	
14	第二产业劳动生产率	万元/人	正	15.793	22.383	22.700	4	3	−1	中国统计	☹
15	单位工业增加值水耗	立方米/元	逆	0.006	0.004	0.004	12	12	0	中国统计	
16	规模以上单位工业增加值能耗		逆	NA	NA	NA	NA	NA			
17	工业固体废物综合利用率	%	正	70.583	51.858	51.561	25	25	0	环境年鉴	
18	工业用水重复利用率	%	正	74.617	9.900	11.000	30	30	0	环境年鉴	
19	六大高载能行业产值占工业总产值比重	%	逆	38.934	54.992	54.890	27	26	−1	工业经济	☹
20	第三产业劳动生产率	万元/人	正	9.481	8.100	7.715	17	16	−1	中国统计	☹
21	第三产业增加值比重	%	正	41.653	37.400	36.017	20	20	0	中国统计	
22	第三产业就业人员比重	%	正	37.733	37.521	35.665	12	15	3	中国统计	☺
23	人均水资源量	立方米/人	正	2 183.640	4 251.885	4 055.510	4	5	1	中国统计	☺
24	人均森林面积	公顷/人	正	0.202	0.308	0.296	5	5	0	中国统计	
25	森林覆盖率	%	正	33.061	4.240	4.020	30	30	0	中国统计	
26	自然保护区面积占辖区面积比重	%	正	8.701	11.740	12.950	7	5	−2	中国统计	☹

续表

序号	指标名称	单 位	指标属性	2013年测评均值	2013年新疆数值	2012年新疆数值	2013年新疆排名	2012年新疆排名	排名变化	2013年数据来源	进退脸谱
27	湿地面积占国土面积的比重	%	正	9.228	2.380	0.860	26	27	1	中国统计	☺
28	人均活立木总蓄积量	立方米/人	正	11.870	17.085	15.189	7	6	−1	中国统计	☹
29	单位土地面积二氧化碳排放量		逆	NA	NA	NA	NA	NA			
30	人均二氧化碳排放量		逆	NA	NA	NA	NA	NA			
31	单位土地面积二氧化硫排放量	吨/平方公里	逆	5.446	0.871	0.836	2	2	0	中国统计；沙漠	
32	人均二氧化硫排放量	吨/人	逆	0.018	0.037	0.036	28	27	−1	中国统计	☹
33	单位土地面积化学需氧量排放量	吨/平方公里	逆	6.296	0.706	0.714	2	2	0	中国统计；沙漠	
34	人均化学需氧量排放量	吨/人	逆	0.018	0.030	0.031	27	27	0	中国统计	
35	单位土地面积氮氧化物排放量	吨/平方公里	逆	6.945	0.932	0.861	2	2	0	中国统计；沙漠；环境年报	
36	人均氮氧化物排放量	吨/人	逆	0.020	0.039	0.037	28	28	0	环境年报；中国统计	
37	单位土地面积氨氮排放量	吨/平方公里	逆	0.769	0.049	0.050	2	2	0	中国统计；沙漠；环境年报	
38	人均氨氮排放量	吨/人	逆	0.002	0.002	0.002	23	23	0	环境年报；中国统计	
39	单位耕地面积化肥施用量	万吨/千公顷	逆	0.037	0.039	0.047	17	14	−3	中国统计	☹
40	单位耕地面积农药使用量	吨/千公顷	逆	12.544	4.084	4.812	5	6	1	环境年鉴；中国统计	☺
41	人均公路交通氮氧化物排放量	吨/万人	逆	51.830	132.234	134.198	30	30	0	环境年报；中国统计	
42	环境保护支出占财政支出比重	%	正	2.853	2.249	2.357	21	21	0	中国统计	
43	环境污染治理投资总额占地区生产总值比重	%	正	1.647	3.812	3.399	1	1	0	环境年鉴；中国统计	
44	农村人均改水、改厕的政府投资	元/人	正	51.415	54.581	62.662	9	8	−1	环境年鉴	☹
45	单位耕地面积退耕还林投资完成额	万元/千公顷	正	13.282	7.817	9.979	14	14	0	环境年鉴；中国统计	
46	科教文卫支出占财政支出比重	%	正	27.720	26.346	26.506	23	24	1	中国统计	☺
47	城市人均绿地面积	公顷/人	正	0.003	0.018	0.017	1	2	1	城市；中国统计	☺
48	城市用水普及率	%	正	97.299	98.080	99.130	15	9	−6	中国统计	☹

序号	指标名称	单　位	指标属性	2013 年测评均值	2013 年新疆数值	2012 年新疆数值	2013 年新疆排名	2012 年新疆排名	排名变化	2013 年数据来源	进退脸谱
49	城市污水处理率	%	正	87.563	87.800	84.300	19	22	3	环境年鉴	☺
50	城市生活垃圾无害化处理率	%	正	88.487	78.100	78.740	26	25	−1	中国统计	☹
51	城市每万人拥有公交车辆	标台	正	12.571	14.353	13.909	7	6	−1	中国统计	☹
52	人均城市公共交通运营线路网长度	公里/人	正	0.001	0.003	0.003	1	1	0	中国统计；城市	
53	农村累计已改水受益人口占农村总人口比重	%	正	95.772	91.166	8.216	25	10	−15	环境年鉴	☹
54	建成区绿化覆盖率	%	正	38.787	36.400	35.880	23	25	2	中国统计	☺
55	人均当年新增造林面积	公顷/万人	正	62.246	73.136	94.673	9	5	−4	中国统计	☹
56	工业二氧化硫去除率	%	正	63.178	53.339	53.339	27	27	0	中国统计	
57	工业废水化学需氧量去除率	%	正	81.541	75.225	60.566	25	28	3	环境年报；中国统计	☺
58	工业氮氧化物去除率	%	正	17.859	3.565	0.685	29	28	−1	环境年报	☹
59	工业废水氨氮去除率	%	正	77.152	90.537	85.449	4	11	7	环境年报；中国统计	☺
60	突发环境事件次数	次	逆	24	10	13	17	18	1	中国统计	☺

年鉴说明：中国统计——《中国统计年鉴 2014》；环境年鉴——《中国环境统计年鉴 2014》；环境年报——《中国环境统计年报 2013》；城市——《中国城市统计年鉴 2014》；水利——《中国水利统计年鉴 2014》；工业经济——《中国工业经济统计年鉴 2014》；沙漠——《中国沙漠及其治理》。

如何解读城市绿色发展"体检"表

  城市绿色发展"体检"表包含了中国城市绿色发展指数 38 个测评城市 44 个绿色发展三级指标的指标序号、指标名称、单位、指标口径、指标属性、38 个城市测评均值、2013 年该城市指标数值、2012 年该城市指标数值、2013 年该城市指标排名、2012 年该城市指标排名、前后两年排名变化、数据来源及"进退脸谱"等多项内容。其中，指标序号、指标名称、单位、指标口径、指标属性、38 个城市测评均值及数据来源这七项内容在每个城市绿色发展"体检"表中都是相同的，反映的是整个中国城市绿色发展指数 44 个绿色发展三级指标的具体情况。2013 年该城市指标数值、2012 年该城市指标数值、2013 年该城市指标排名、2012 年该城市指标排名及前后两年排名变化这五项内容在每个表中均不同，反映每个测评城市三级指标的原始数据及其相应的排名、变化。而最后的"进退脸谱"则是根据指标排名变化而制作的，若 2013 年指标数值排名较 2012 年有所进步，即给该项指标一个笑脸，以表示鼓励；若 2013 年指标数值排名较 2012 年有所退步，则给该项指标一个哭脸，以表示激励；若该项指标排名两年基本没有变化，则无脸谱表示。若该项指标在统计年鉴中没有数据，则用 NA 表示，待日后补全。城市绿色发展"体检"表全面地反映了每个测评城市在绿色发展各个方面的具体表现。

北京绿色发展"体检"表

序号	指标名称	单位	口径	指标属性	2013年测评均值	2013年北京数值	2012年北京数值	2013年北京排名	2012年北京排名	排名变化	2013年数据来源	进退脸谱
1	人均地区生产总值	元/人	全市	正	61 184.460	93 213.000	87 475.000	13	14	1	区域经济	☺
2	单位地区生产总值能耗	吨/万元	全市	逆	0.884	0.122	0.133	4	4	0	区域经济；城市	
3	人均城镇生活消费用电	千瓦时/人	全市	逆	450.539	1 169.979	1 226.920	95	95	0	城市	
4	单位地区生产总值二氧化碳排放量			逆	NA	NA	NA	NA	NA			
5	单位地区生产总值二氧化硫排放量	吨/亿元	全市	逆	52.172	5.951	6.911	5	5	0	区域经济；环境年报2013	
6	单位地区生产总值化学需氧量排放量	吨/亿元	全市	逆	21.921	6.561	7.508	8	7	−1	区域经济；环境年报2013	☹
7	单位地区生产总值氮氧化物排放量	吨/亿元	全市	逆	39.820	6.131	7.145	7	7	0	区域经济；环境年报2013	
8	单位地区生产总值氨氮排放量	吨/亿元	全市	逆	3.390	0.993	1.113	4	4	0	区域经济；环境年报2013	
9	第一产业劳动生产率	万元/人	全市	正	1 051.745	57.083	61.306	94	92	−2	区域经济；城市	☹
10	第二产业劳动生产率	万元/人	全市	正	41.476	26.425	24.411	84	87	3	区域经济；城市	☺
11	单位工业增加值水耗	万吨/万元	全市	逆	190.186	91.694	104.623	33	34	1	区域经济；环境年报2013	☺
12	单位工业增加值能耗		全市	逆	NA	NA	NA	NA	NA			
13	工业固体废物综合利用率	%	全市	正	81.712	86.580	78.960	64	68	4	环境年报2013	☺
14	工业用水重复利用率	%	全市	正	83.794	93.664	94.320	29	19	−10	环境年报2013	☹
15	第三产业劳动生产率	万元/人	全市	正	36.869	26.653	25.652	69	68	−1	区域经济；城市	☹
16	第三产业增加值比重	%	全市	正	40.668	76.850	76.460	1	1	0	城市	
17	第三产业就业人员比重	%	全市	正	46.216	77.635	76.432	1	1	0	区域经济	
18	人均水资源量	立方米/人	全市	正	1 279.561	189.839	306.748	86	76	−10	城市	☹
19	单位土地面积二氧化碳排放量			逆	NA	NA	NA	NA	NA			
20	人均二氧化碳排放量			逆	NA	NA	NA	NA	NA			
21	单位土地面积二氧化硫排放量	吨/平方公里	全市	逆	8.808	5.302	5.717	36	36	0	环境年报2013；城市	
22	人均二氧化硫排放量	吨/万人	全市	逆	239.279	66.576	72.855	11	11	0	环境年报2013；城市	

序号	指标名称	单位	口径	指标属性	2013年测评均值	2013年北京数值	2012年北京数值	2013年北京排名	2012年北京排名	排名变化	2013年数据来源	进退脸谱
23	单位土地面积化学需氧量排放量	吨/平方公里	全市	逆	5.288	5.845	6.211	76	76	0	环境年报2013；城市	
24	人均化学需氧量排放量	吨/万人	全市	逆	93.889	73.397	79.154	34	34	0	环境年报2013；城市	
25	单位土地面积氮氧化物排放量	吨/平方公里	全市	逆	7.931	5.462	5.910	46	46	0	环境年报2013；城市	
26	人均氮氧化物排放量	吨/万人	全市	逆	187.502	68.588	75.321	22	21	−1	环境年报2013；城市	☹
27	单位土地面积氨氮排放量	吨/平方公里	全市	逆	0.847	0.885	0.921	77	76	−1	环境年报2013；城市	☹
28	人均氨氮排放量	吨/万人	全市	逆	15.681	11.110	11.737	35	38	3	环境年报2013；城市	☺
29	空气质量达到二级以上天数占全年比重	%	市辖区	正	87.747	76.990	76.990	87	99	12	环保部数据	☺
30	首要污染物可吸入颗粒物天数占全年比重	%	市辖区	逆	76.540	76.438	76.438	40	54	14	环保部数据	☺
31	可吸入细颗粒物浓度(PM2.5)年均值		市辖区	正	NA	NA	NA	NA	NA			
32	环境保护支出占财政支出比重	%	全市	正	3.115	3.310	3.081	29	38	9	统计；城市	☺
33	城市环境基础设施建设投资占全市固定资产投资比重	%	全市	正	1.180	5.792	0.049	2	4	2	区域经济；环境年报2013	☺
34	科教文卫支出占财政支出比重	%	全市	正	29.116	32.266	33.268	28	28	0	统计；区域经济；城市	
35	人均绿地面积	平方米	市辖区	正	27.611	49.076	48.821	11	10	−1	城市	☹
36	建成区绿化覆盖率	%	市辖区	正	41.051	47.100	46.200	6	6	0	城市建设	
37	用水普及率	%	市辖区	正	98.575	100.000	100.000	1	1	0	城市建设	
38	城市生活污水处理率	%	市辖区	正	89.873	84.600	83.160	84	84	0	城市建设	
39	生活垃圾无害化处理率	%	市辖区	正	95.620	99.300	99.120	55	51	−4	城市建设	☹
40	万人拥有公交车辆	辆	市辖区	正	11.396	18.950	18.060	6	6	0	城市	
41	工业二氧化硫去除率	%	全市	正	64.962	66.853	62.685	51	56	5	环境年报2013	☺
42	工业废水化学需氧量去除率	%	全市	正	82.207	90.016	89.856	24	26	2	环境年报2013	☺
43	工业氮氧化物去除率	%	全市	正	20.860	20.000	13.265	52	21	−31	环境年报2013	☹
44	工业废水氨氮去除率	%	全市	正	73.701	86.520	87.084	27	20	−7	环境年报2013	☹

年鉴说明：区域经济——《中国区域经济统计年鉴2014》；城市——《中国城市统计年鉴2014》；统计——《中国统计年鉴2014》；城市建设——《中国城市建设统计年鉴2013》；环境年报2013——《中国环境统计年报2013》；环境年鉴——《中国环境统计年鉴2014》；环保部数据——环境保护部数据中心。

天津绿色发展"体检"表

序号	指标名称	单位	口径	指标属性	2013年测评均值	2013年天津数值	2012年天津数值	2013年天津排名	2012年天津排名	排名变化	2013年数据来源	进退脸谱
1	人均地区生产总值	元/人	全市	正	61 184.460	99 607.000	93 173.000	9	11	2	区域经济	☺
2	单位地区生产总值能耗	吨/万元	全市	逆	0.884	0.762	0.797	55	54	—1	区域经济;城市	☹
3	人均城镇生活消费用电	千瓦时/人	全市	逆	450.539	752.786	740.721	87	89	2	城市	☺
4	单位地区生产总值二氧化碳排放量			逆	NA	NA	NA	NA	NA			
5	单位地区生产总值二氧化硫排放量	吨/亿元	全市	逆	52.172	18.716	21.802	25	27	2	区域经济;环境年报2013	☺
6	单位地区生产总值化学需氧量排放量	吨/亿元	全市	逆	21.921	9.593	11.179	19	20	1	区域经济;环境年报2013	☺
7	单位地区生产总值氮氧化物排放量	吨/亿元	全市	逆	39.820	22.124	27.243	37	39	2	区域经济;环境年报2013	☺
8	单位地区生产总值氨氮排放量	吨/亿元	全市	逆	3.390	1.641	1.888	15	16	1	区域经济;环境年报2013	☺
9	第一产业劳动生产率	万元/人	全市	正	1 051.745	348.981	298.435	61	55	—6	区域经济;城市	☹
10	第二产业劳动生产率	万元/人	全市	正	41.476	44.355	41.587	40	51	11	区域经济;城市	☺
11	单位工业增加值水耗	万吨/万元	全市	逆	190.186	135.404	164.569	44	50	6	区域经济;环境年报2013	☺
12	单位工业增加值能耗		全市	逆	NA	NA	NA	NA	NA			
13	工业固体废物综合利用率	%	全市	正	81.712	99.390	99.620	7	5	—2	环境年报2013	☹
14	工业用水重复利用率	%	全市	正	83.794	95.708	95.971	11	5	—6	环境年报2013	☹
15	第三产业劳动生产率	万元/人	全市	正	36.869	52.646	51.413	17	16	—1	区域经济;城市	☹
16	第三产业增加值比重	%	全市	正	40.668	48.050	46.990	20	23	3	城市	☺
17	第三产业就业人员比重	%	全市	正	46.216	45.113	43.547	54	64	10	区域经济	☺
18	人均水资源量	立方米/人	全市	正	1 279.561	146.605	330.921	93	72	—21	城市	☹
19	单位土地面积二氧化碳排放量			逆	NA	NA	NA	NA	NA			
20	人均二氧化碳排放量			逆	NA	NA	NA	NA	NA			
21	单位土地面积二氧化硫排放量	吨/平方公里	全市	逆	8.808	18.188	19.085	95	93	—2	环境年报2013;城市	☹
22	人均二氧化硫排放量	吨/万人	全市	逆	239.279	217.056	225.613	71	68	—3	环境年报2013;城市	☹

续表

序号	指标名称	单位	口径	指标属性	2013年测评均值	2013年天津数值	2012年天津数值	2013年天津排名	2012年天津排名	排名变化	2013年数据来源	进退脸谱
23	单位土地面积化学需氧量排放量	吨/平方公里	全市	逆	5.288	9.323	9.785	89	89	0	环境年报2013；城市	
24	人均化学需氧量排放量	吨/万人	全市	逆	93.889	111.256	115.679	71	72	1	环境年报2013；城市	☺
25	单位土地面积氮氧化物排放量	吨/平方公里	全市	逆	7.931	21.500	23.848	95	94	−1	环境年报2013；城市	☹
26	人均氮氧化物排放量	吨/万人	全市	逆	187.502	256.580	281.913	80	80	0	环境年报2013；城市	
27	单位土地面积氨氮排放量	吨/平方公里	全市	逆	0.847	1.595	1.652	91	91	0	环境年报2013；城市	
28	人均氨氮排放量	吨/万人	全市	逆	15.681	19.036	19.534	80	80	0	环境年报2013；城市	
29	空气质量达到二级以上天数占全年比重	%	市辖区	正	87.747	83.840	83.840	78	94	16	环保部数据	☺
30	首要污染物可吸入颗粒物天数占全年比重	%	市辖区	逆	76.540	76.712	76.712	41	55	14	环保部数据	☺
31	可吸入细颗粒物浓度（PM2.5）年均值		市辖区	正	NA	NA	NA	NA	NA			
32	环境保护支出占财政支出比重	%	全市	正	3.115	1.900	1.796	79	84	5	统计；城市	☺
33	城市环境基础设施建设投资占全市固定资产投资比重	%	全市	正	1.180	0.901	0.012	54	26	−28	区域经济；环境年报2013	☹
34	科教文卫支出占财政支出比重	%	全市	正	29.116	28.544	27.854	58	73	15	统计；区域经济；城市	☺
35	人均绿地面积	平方米	市辖区	正	27.611	23.229	22.436	30	29	−1	城市	☹
36	建成区绿化覆盖率	%	市辖区	正	41.051	34.930	34.880	96	98	2	城市建设	☺
37	用水普及率	%	市辖区	正	98.575	100.000	100.000	1	1	0	城市建设	
38	城市生活污水处理率	%	市辖区	正	89.873	90.030	88.240	60	63	3	城市建设	☺
39	生活垃圾无害化处理率	%	市辖区	正	95.620	96.800	99.810	66	49	−17	城市建设	☹
40	万人拥有公交车辆	辆	市辖区	正	11.396	11.770	10.280	35	41	6	城市	☺
41	工业二氧化硫去除率	%	全市	正	64.962	85.428	65.468	8	48	40	环境年报2013	☺
42	工业废水化学需氧量去除率	%	全市	正	82.207	82.913	79.672	62	74	12	环境年报2013	☺
43	工业氮氧化物去除率	%	全市	正	20.860	28.286	7.071	21	38	17	环境年报2013	☺
44	工业废水氨氮去除率	%	全市	正	73.701	60.966	55.291	76	81	5	环境年报2013	☺

年鉴说明：区域经济——《中国区域经济统计年鉴2014》；城市——《中国城市统计年鉴2014》；统计——《中国统计年鉴2014》；城市建设——《中国城市建设统计年鉴2013》；环境年报2013——《中国环境统计年报2013》；环境年鉴——《中国环境统计年鉴2014》；环保部数据——环境保护部数据中心。

石家庄绿色发展"体检"表

序号	指标名称	单 位	口 径	指标属性	2013年测评均值	2013年石家庄数值	2012年石家庄数值	2013年石家庄排名	2012年石家庄排名	排名变化	2013年数据来源	进退脸谱
1	人均地区生产总值	元/人	全市	正	61 184.460	46 574.000	43 552.000	64	65	1	区域经济	☺
2	单位地区生产总值能耗	吨/万元	全市	逆	0.884	0.695	0.754	45	51	6	区域经济；城市	☺
3	人均城镇生活消费用电	千瓦时/人	全市	逆	450.539	167.824	150.426	26	27	1	城市	☺
4	单位地区生产总值二氧化碳排放量			逆	NA	NA	NA	NA	NA			
5	单位地区生产总值二氧化硫排放量	吨/亿元	全市	逆	52.172	44.473	48.093	60	57	−3	区域经济；环境年报2013	☹
6	单位地区生产总值化学需氧量排放量	吨/亿元	全市	逆	21.921	10.853	13.272	26	27	1	区域经济；环境年报2013	☺
7	单位地区生产总值氮氧化物排放量	吨/亿元	全市	逆	39.820	47.197	54.012	73	71	−2	区域经济；环境年报2013	☹
8	单位地区生产总值氨氮排放量	吨/亿元	全市	逆	3.390	1.877	2.353	20	25	5	区域经济；环境年报2013	☺
9	第一产业劳动生产率	万元/人	全市	正	1 051.745	2 060.870	1 349.790	15	24	9	区域经济；城市	☺
10	第二产业劳动生产率	万元/人	全市	正	41.476	69.261	69.521	7	12	5	区域经济；城市	☺
11	单位工业增加值水耗	万吨/万元	全市	逆	190.186	343.533	367.899	81	78	−3	区域经济；环境年报2013	☹
12	单位工业增加值能耗		全市	逆	NA	NA	NA	NA	NA			
13	工业固体废物综合利用率	%	全市	正	81.712	98.610	49.470	14	86	72	环境年报2013	☺
14	工业用水重复利用率	%	全市	正	83.794	94.020	93.561	26	26	0	环境年报2013	
15	第三产业劳动生产率	万元/人	全市	正	36.869	35.387	32.757	40	45	5	区域经济；城市	☺
16	第三产业增加值比重	%	全市	正	40.668	41.440	40.160	47	48	1	城市	☺
17	第三产业就业人员比重	%	全市	正	46.216	63.243	62.263	6	6	0	区域经济	
18	人均水资源量	立方米/人	全市	正	1 279.561	197.343	197.343	83	87	4	城市	☺
19	单位土地面积二氧化碳排放量			逆	NA	NA	NA	NA	NA			
20	人均二氧化碳排放量			逆	NA	NA	NA	NA	NA			
21	单位土地面积二氧化硫排放量	吨/平方公里	全市	逆	8.808	12.058	11.919	72	72	0	环境年报2013；城市	
22	人均二氧化硫排放量	吨/万人	全市	逆	239.279	190.297	188.652	61	57	−4	环境年报2013；城市	☹

续表

序号	指标名称	单位	口径	指标属性	2013年测评均值	2013年石家庄数值	2012年石家庄数值	2013年石家庄排名	2012年石家庄排名	排名变化	2013年数据来源	进退脸谱
23	单位土地面积化学需氧量排放量	吨/平方公里	全市	逆	5.288	2.943	3.289	44	45	1	环境年报2013；城市	☺
24	人均化学需氧量排放量	吨/万人	全市	逆	93.889	46.438	52.061	8	10	2	环境年报2013；城市	☺
25	单位土地面积氮氧化物排放量	吨/平方公里	全市	逆	7.931	12.797	13.386	82	80	−2	环境年报2013；城市	☹
26	人均氮氧化物排放量	吨/万人	全市	逆	187.502	201.954	211.869	76	70	−6	环境年报2013；城市	☹
27	单位土地面积氨氮排放量	吨/平方公里	全市	逆	0.847	0.509	0.583	46	51	5	环境年报2013；城市	☺
28	人均氨氮排放量	吨/万人	全市	逆	15.681	8.033	9.231	8	15	7	环境年报2013；城市	☺
29	空气质量达到二级以上天数占全年比重	%	市辖区	正	87.747	88.490	88.490	60	80	20	环保部数据	☺
30	首要污染物可吸入颗粒物天数占全年比重	%	市辖区	逆	76.540	73.425	73.425	36	46	10	环保部数据	☺
31	可吸入细颗粒物浓度（PM2.5）年均值		市辖区	正	NA	NA	NA	NA	NA			
32	环境保护支出占财政支出比重	%	全市	正	3.115	5.228	3.120	13	37	24	统计；城市	☺
33	城市环境基础设施建设投资占全市固定资产投资比重	%	全市	正	1.180	1.224	0.009	38	35	−3	区域经济；环境年报2013	☹
34	科教文卫支出占财政支出比重	%	全市	正	29.116	34.851	35.613	15	14	−1	统计；区域经济；城市	☹
35	人均绿地面积	平方米	市辖区	正	27.611	9.207	8.825	78	76	−2	城市	☹
36	建成区绿化覆盖率	%	市辖区	正	41.051	42.990	41.020	23	47	24	城市建设	☺
37	用水普及率	%	市辖区	正	98.575	100.000	100.000	1	1	0	城市建设	
38	城市生活污水处理率	%	市辖区	正	89.873	94.460	95.860	24	16	−8	城市建设	☹
39	生活垃圾无害化处理率	%	市辖区	正	95.620	81.560	94.540	95	70	−25	城市建设	☹
40	万人拥有公交车辆	辆	市辖区	正	11.396	18.040	16.990	11	12	1	城市	☺
41	工业二氧化硫去除率	%	全市	正	64.962	73.993	74.476	30	16	−14	环境年报2013	☹
42	工业废水化学需氧量去除率	%	全市	正	82.207	82.786	89.704	63	28	−35	环境年报2013	☹
43	工业氮氧化物去除率	%	全市	正	20.860	17.012	5.830	61	46	−15	环境年报2013	☹
44	工业废水氨氮去除率	%	全市	正	73.701	51.067	67.202	88	65	−23	环境年报2013	☹

　　年鉴说明：区域经济——《中国区域经济统计年鉴 2014》；城市——《中国城市统计年鉴 2014》；统计——《中国统计年鉴 2014》；城市建设——《中国城市建设统计年鉴 2013》；环境年报 2013——《中国环境统计年报 2013》；环境年鉴——《中国环境统计年鉴 2014》；环保部数据——环境保护部数据中心。

太原绿色发展"体检"表

序号	指标名称	单 位	口 径	指标属性	2013 年测评均值	2013 年太原数值	2012 年太原数值	2013 年太原排名	2012 年太原排名	排名变化	2013 年数据来源	进退脸谱
1	人均地区生产总值	元/人	全市	正	61 184.460	56 547.000	54 440.000	50	48	−2	区域经济	☹
2	单位地区生产总值能耗	吨/万元	全市	逆	0.884	0.923	1.600	63	84	21	区域经济;城市	☺
3	人均城镇生活消费用电	千瓦时/人	全市	逆	450.539	709.318	638.314	85	81	−4	城市	☹
4	单位地区生产总值二氧化碳排放量			逆	NA	NA	NA	NA	NA			
5	单位地区生产总值二氧化硫排放量	吨/亿元	全市	逆	52.172	65.276	76.783	79	78	−1	区域经济;环境年报2013	☹
6	单位地区生产总值化学需氧量排放量	吨/亿元	全市	逆	21.921	8.231	9.535	14	14	0	区域经济;环境年报2013	
7	单位地区生产总值氮氧化物排放量	吨/亿元	全市	逆	39.820	54.837	65.350	81	84	3	区域经济;环境年报2013	☺
8	单位地区生产总值氨氮排放量	吨/亿元	全市	逆	3.390	1.888	2.162	21	20	−1	区域经济;环境年报2013	☹
9	第一产业劳动生产率	万元/人	全市	正	1 051.745	154.400	124.207	86	88	2	区域经济;城市	☺
10	第二产业劳动生产率	万元/人	全市	正	41.476	19.159	20.685	95	94	−1	区域经济;城市	☹
11	单位工业增加值水耗	万吨/万元	全市	逆	190.186	493.987	541.847	99	96	−3	区域经济;环境年报2013	☹
12	单位工业增加值能耗		全市	逆	NA	NA	NA	NA	NA			
13	工业固体废物综合利用率	%	全市	正	81.712	54.510	53.770	85	85	0	环境年报2013	
14	工业用水重复利用率	%	全市	正	83.794	96.172	95.968	5	6	1	环境年报2013	☺
15	第三产业劳动生产率	万元/人	全市	正	36.869	29.428	28.654	59	58	−1	区域经济;城市	☹
16	第三产业增加值比重	%	全市	正	40.668	54.800	53.640	10	9	−1	城市	☹
17	第三产业就业人员比重	%	全市	正	46.216	46.144	43.712	47	63	16	区域经济	☺
18	人均水资源量	立方米/人	全市	正	1 279.561	127.145	138.320	96	96	0	城市	
19	单位土地面积二氧化碳排放量			逆	NA	NA	NA	NA	NA			
20	人均二氧化碳排放量			逆	NA	NA	NA	NA	NA			
21	单位土地面积二氧化硫排放量	吨/平方公里	全市	逆	8.808	17.528	19.073	92	92	0	环境年报2013;城市	
22	人均二氧化硫排放量	吨/万人	全市	逆	239.279	333.504	364.193	85	84	−1	环境年报2013;城市	☹

续表

序号	指标名称	单 位	口 径	指标属性	2013年测评均值	2013年太原数值	2012年太原数值	2013年太原排名	2012年太原排名	排名变化	2013年数据来源	进退脸谱
23	单位土地面积化学需氧量排放量	吨/平方公里	全市	逆	5.288	2.210	2.368	30	30	0	环境年报2013；城市	
24	人均化学需氧量排放量	吨/万人	全市	逆	93.889	42.055	45.223	3	5	2	环境年报2013；城市	☺
25	单位土地面积氮氧化物排放量	吨/平方公里	全市	逆	7.931	14.725	16.233	86	86	0	环境年报2013；城市	
26	人均氮氧化物排放量	吨/万人	全市	逆	187.502	280.169	309.962	83	82	−1	环境年报2013；城市	☹
27	单位土地面积氨氮排放量	吨/平方公里	全市	逆	0.847	0.507	0.537	45	46	1	环境年报2013；城市	☺
28	人均氨氮排放量	吨/万人	全市	逆	15.681	9.648	10.254	24	23	−1	环境年报2013；城市	☹
29	空气质量达到二级以上天数占全年比重	％	市辖区	正	87.747	89.040	89.040	57	76	19	环保部数据	☺
30	首要污染物可吸入颗粒物天数占全年比重	％	市辖区	逆	76.540	54.247	54.247	14	15	1	环保部数据	☺
31	可吸入细颗粒物浓度（PM2.5）年均值		市辖区	正	NA	NA	NA	NA	NA			
32	环境保护支出占财政支出比重	％	全市	正	3.115	2.513	4.685	56	13	−43	统计；城市	☹
33	城市环境基础设施建设投资占全市固定资产投资比重	％	全市	正	1.180	3.852	0.066	3	2	−1	区域经济；环境年报2013	☹
34	科教文卫支出占财政支出比重	％	全市	正	29.116	27.968	30.834	61	46	−15	统计；区域经济；城市	☹
35	人均绿地面积	平方米	市辖区	正	27.611	30.515	28.998	23	21	−2	城市	☹
36	建成区绿化覆盖率	％	市辖区	正	41.051	39.880	39.070	65	70	5	城市建设	☺
37	用水普及率	％	市辖区	正	98.575	100.000	100.000	1	1	0	城市建设	
38	城市生活污水处理率	％	市辖区	正	89.873	85.000	84.500	82	80	−2	城市建设	☹
39	生活垃圾无害化处理率	％	市辖区	正	95.620	100.000	100.000	1	1	0	城市建设	
40	万人拥有公交车辆	辆	市辖区	正	11.396	9.910	10.750	49	38	−11	城市	☹
41	工业二氧化硫去除率	％	全市	正	64.962	75.028	73.145	23	24	1	环境年报2013	☺
42	工业废水化学需氧量去除率	％	全市	正	82.207	83.322	83.514	59	58	−1	环境年报2013	☹
43	工业氮氧化物去除率	％	全市	正	20.860	20.661	5.405	48	48	0	环境年报2013	
44	工业废水氨氮去除率	％	全市	正	73.701	81.240	70.853	45	61	16	环境年报2013	☺

年鉴说明：区域经济——《中国区域经济统计年鉴2014》；城市——《中国城市统计年鉴2014》；统计——《中国统计年鉴2014》；城市建设——《中国城市建设统计年鉴2013》；环境年报2013——《中国环境统计年报2013》；环境年鉴——《中国环境统计年鉴2014》；环保部数据——环境保护部数据中心。

呼和浩特绿色发展"体检"表

序号	指标名称	单位	口径	指标属性	2013年测评均值	2013年呼和浩特数值	2012年呼和浩特数值	2013年呼和浩特排名	2012年呼和浩特排名	排名变化	2013年数据来源	进退脸谱
1	人均地区生产总值	元/人	全市	正	61 184.460	90 941.000	83 906.000	16	17	1	区域经济	☺
2	单位地区生产总值能耗	吨/万元	全市	逆	0.884	1.323	1.413	78	77	−1	区域经济;城市	☹
3	人均城镇生活消费用电	千瓦时/人	全市	逆	450.539	626.609	558.708	81	79	−2	城市	☹
4	单位地区生产总值二氧化碳排放量			逆	NA	NA	NA	NA	NA			
5	单位地区生产总值二氧化硫排放量	吨/亿元	全市	逆	52.172	47.986	54.652	64	62	−2	区域经济;环境年报2013	☹
6	单位地区生产总值化学需氧量排放量	吨/亿元	全市	逆	21.921	13.615	14.393	34	31	−3	区域经济;环境年报2013	☹
7	单位地区生产总值氮氧化物排放量	吨/亿元	全市	逆	39.820	63.377	85.991	88	91	3	区域经济;环境年报2013	☺
8	单位地区生产总值氨氮排放量	吨/亿元	全市	逆	3.390	1.656	1.819	16	15	−1	区域经济;环境年报2013	☹
9	第一产业劳动生产率	万元/人	全市	正	1 051.745	264.118	241.040	71	67	−4	区域经济;城市	☹
10	第二产业劳动生产率	万元/人	全市	正	41.476	76.334	80.878	2	2	0	区域经济;城市	
11	单位工业增加值水耗	万吨/万元	全市	逆	190.186	139.692	149.397	45	46	1	区域经济;环境年报2013	☺
12	单位工业增加值能耗		全市	逆	NA	NA	NA	NA	NA			
13	工业固体废物综合利用率	%	全市	正	81.712	35.740	35.740	93	93	0	环境年报2013	
14	工业用水重复利用率	%	全市	正	83.794	90.443	91.261	43	36	−7	环境年报2013	☹
15	第三产业劳动生产率	万元/人	全市	正	36.869	65.684	66.939	7	7	0	区域经济;城市	
16	第三产业增加值比重	%	全市	正	40.668	63.050	58.680	4	5	1	城市	☺
17	第三产业就业人员比重	%	全市	正	46.216	72.127	67.581	3	2	−1	区域经济	☹
18	人均水资源量	立方米/人	全市	正	1 279.561	535.330	542.340	51	52	1	城市	☺
19	单位土地面积二氧化碳排放量			逆	NA	NA	NA	NA	NA			
20	人均二氧化碳排放量			逆	NA	NA	NA	NA	NA			
21	单位土地面积二氧化硫排放量	吨/平方公里	全市	逆	8.808	5.845	5.959	39	38	−1	环境年报2013;城市	☹
22	人均二氧化硫排放量	吨/万人	全市	逆	239.279	432.775	453.950	91	90	−1	环境年报2013;城市	☹

续表

序号	指标名称	单 位	口 径	指标属性	2013年测评均值	2013年呼和浩特数值	2012年呼和浩特数值	2013年呼和浩特排名	2012年呼和浩特排名	排名变化	2013年数据来源	进退脸谱
23	单位土地面积化学需氧量排放量	吨/平方公里	全市	逆	5.288	1.658	1.569	14	12	−2	环境年报2013；城市	☹
24	人均化学需氧量排放量	吨/万人	全市	逆	93.889	122.792	119.548	82	75	−7	环境年报2013；城市	☹
25	单位土地面积氮氧化物排放量	吨/平方公里	全市	逆	7.931	7.719	9.376	64	70	6	环境年报2013；城市	☺
26	人均氮氧化物排放量	吨/万人	全市	逆	187.502	571.586	714.260	97	98	1	环境年报2013；城市	☺
27	单位土地面积氨氮排放量	吨/平方公里	全市	逆	0.847	0.202	0.198	8	7	−1	环境年报2013；城市	☹
28	人均氨氮排放量	吨/万人	全市	逆	15.681	14.931	15.111	61	61	0	环境年报2013；城市	
29	空气质量达到二级以上天数占全年比重	％	市辖区	正	87.747	95.340	95.340	20	36	16	环保部数据	☺
30	首要污染物可吸入颗粒物天数占全年比重	％	市辖区	逆	76.540	64.384	64.384	23	26	3	环保部数据	☺
31	可吸入细颗粒物浓度（PM2.5）年均值		市辖区	正	NA	NA	NA	NA	NA			
32	环境保护支出占财政支出比重	％	全市	正	3.115	3.148	4.128	35	18	−17	统计；城市	☹
33	城市环境基础设施建设投资占全市固定资产投资比重	％	全市	正	1.180	2.223	0.030	6	6	0	区域经济；环境年报2013	
34	科教文卫支出占财政支出比重	％	全市	正	29.116	21.522	20.716	92	98	6	统计；区域经济；城市	☺
35	人均绿地面积	平方米	市辖区	正	27.611	36.820	31.419	16	19	3	城市	☺
36	建成区绿化覆盖率	％	市辖区	正	41.051	29.180	36.060	99	92	−7	城市建设	☹
37	用水普及率	％	市辖区	正	98.575	98.350	98.630	74	68	−6	城市建设	☹
38	城市生活污水处理率	％	市辖区	正	89.873	80.740	80.030	94	90	−4	城市建设	☹
39	生活垃圾无害化处理率	％	市辖区	正	95.620	98.740	98.170	60	57	−3	城市建设	☹
40	万人拥有公交车辆	辆	市辖区	正	11.396	29.250	18.530	2	4	2	城市	☺
41	工业二氧化硫去除率	％	全市	正	64.962	75.953	74.649	18	15	−3	环境年报2013	☹
42	工业废水化学需氧量去除率	％	全市	正	82.207	76.821	80.182	78	68	−10	环境年报2013	☹
43	工业氮氧化物去除率	％	全市	正	20.860	20.958	0.000	37	77	40	环境年报2013	☺
44	工业废水氨氮去除率	％	全市	正	73.701	97.204	72.874	7	57	50	环境年报2013	☺

年鉴说明：区域经济——《中国区域经济统计年鉴2014》；城市——《中国城市统计年鉴2014》；统计——《中国统计年鉴2014》；城市建设——《中国城市建设统计年鉴2013》；环境年报2013——《中国环境统计年报2013》；环境年鉴——《中国环境统计年鉴2014》；环保部数据——环境保护部数据中心。

沈阳绿色发展"体检"表

序号	指标名称	单位	口径	指标属性	2013 年测评均值	2013 年沈阳数值	2012 年沈阳数值	2013 年沈阳排名	2012 年沈阳排名	排名变化	2013 年数据来源	进退脸谱
1	人均地区生产总值	元/人	全市	正	61 184.460	86 850.000	80 480.000	20	20	0	区域经济	
2	单位地区生产总值能耗	吨/万元	全市	逆	0.884	0.226	0.247	7	7	0	区域经济;城市	
3	人均城镇生活消费用电	千瓦时/人	全市	逆	450.539	578.851	553.492	78	78	0	城市	
4	单位地区生产总值二氧化碳排放量			逆	NA	NA	NA	NA	NA			
5	单位地区生产总值二氧化硫排放量	吨/亿元	全市	逆	52.172	23.877	19.917	35	21	−14	区域经济;环境年报 2013	☹
6	单位地区生产总值化学需氧量排放量	吨/亿元	全市	逆	21.921	5.770	8.408	5	12	7	区域经济;环境年报 2013	☺
7	单位地区生产总值氮氧化物排放量	吨/亿元	全市	逆	39.820	14.510	15.212	18	14	−4	区域经济;环境年报 2013	☹
8	单位地区生产总值氨氮排放量	吨/亿元	全市	逆	3.390	2.442	2.813	40	38	−2	区域经济;环境年报 2013	☹
9	第一产业劳动生产率	万元/人	全市	正	1 051.745	627.103	373.018	44	50	6	区域经济;城市	☺
10	第二产业劳动生产率	万元/人	全市	正	41.476	62.705	73.908	13	9	−4	区域经济;城市	☹
11	单位工业增加值水耗	万吨/万元	全市	逆	190.186	174.325	44.112	59	14	−45	区域经济;环境年报 2013	☹
12	单位工业增加值能耗		全市	逆	NA	NA	NA	NA	NA			
13	工业固体废物综合利用率	%	全市	正	81.712	92.690	95.190	51	35	−16	环境年报 2013	☹
14	工业用水重复利用率	%	全市	正	83.794	97.369	88.686	1	52	51	环境年报 2013	☺
15	第三产业劳动生产率	万元/人	全市	正	36.869	40.088	38.850	33	35	2	区域经济;城市	☺
16	第三产业增加值比重	%	全市	正	40.668	43.840	43.990	33	31	−2	城市	☹
17	第三产业就业人员比重	%	全市	正	46.216	53.364	60.533	25	12	−13	区域经济	☹
18	人均水资源量	立方米/人	全市	正	1 279.561	436.581	523.559	60	53	−7	城市	☹
19	单位土地面积二氧化碳排放量			逆	NA	NA	NA	NA	NA			
20	人均二氧化碳排放量			逆	NA	NA	NA	NA	NA			
21	单位土地面积二氧化硫排放量	吨/平方公里	全市	逆	8.808	11.176	8.568	71	52	−19	环境年报 2013;城市	☹
22	人均二氧化硫排放量	吨/万人	全市	逆	239.279	199.809	153.674	64	42	−22	环境年报 2013;城市	☹

续表

序号	指标名称	单位	口径	指标属性	2013年测评均值	2013年沈阳数值	2012年沈阳数值	2013年沈阳排名	2012年沈阳排名	排名变化	2013年数据来源	进退脸谱
23	单位土地面积化学需氧量排放量	吨/平方公里	全市	逆	5.288	2.701	3.617	38	48	10	环境年报2013；城市	☺
24	人均化学需氧量排放量	吨/万人	全市	逆	93.889	48.283	64.875	12	21	9	环境年报2013；城市	☺
25	单位土地面积氮氧化物排放量	吨/平方公里	全市	逆	7.931	6.792	6.544	55	49	−6	环境年报2013；城市	☹
26	人均氮氧化物排放量	吨/万人	全市	逆	187.502	121.424	117.375	44	41	−3	环境年报2013；城市	☹
27	单位土地面积氨氮排放量	吨/平方公里	全市	逆	0.847	1.143	1.210	82	83	1	环境年报2013；城市	☺
28	人均氨氮排放量	吨/万人	全市	逆	15.681	20.435	21.707	84	84	0	环境年报2013；城市	
29	空气质量达到二级以上天数占全年比重	%	市辖区	正	87.747	90.140	90.140	47	68	21	环保部数据	☺
30	首要污染物可吸入颗粒物天数占全年比重	%	市辖区	逆	76.540	69.041	69.041	33	39	6	环保部数据	☺
31	可吸入细颗粒物浓度（PM2.5）年均值		市辖区	正	NA	NA	NA	NA	NA			
32	环境保护支出占财政支出比重	%	全市	正	3.115	2.084	2.781	76	53	−23	统计；城市	☹
33	城市环境基础设施建设投资占全市固定资产投资比重	%	全市	正	1.180	0.922	0.027	52	8	−44	区域经济；环境年报2013	☹
34	科教文卫支出占财政支出比重	%	全市	正	29.116	23.848	25.293	86	88	2	统计；区域经济；城市	☺
35	人均绿地面积	平方米	市辖区	正	27.611	40.247	39.291	13	12	−1	城市	☹
36	建成区绿化覆盖率	%	市辖区	正	41.051	42.220	42.220	34	29	−5	城市建设	☹
37	用水普及率	%	市辖区	正	98.575	100.000	100.000	1	1	0	城市建设	
38	城市生活污水处理率	%	市辖区	正	89.873	95.000	87.110	22	69	47	城市建设	☺
39	生活垃圾无害化处理率	%	市辖区	正	95.620	100.000	100.000	1	1	0	城市建设	
40	万人拥有公交车辆	辆	市辖区	正	11.396	10.500	10.020	45	46	1	城市	☺
41	工业二氧化硫去除率	%	全市	正	64.962	40.332	52.101	93	82	−11	环境年报2013	☹
42	工业废水化学需氧量去除率	%	全市	正	82.207	76.324	80.058	79	70	−9	环境年报2013	☹
43	工业氮氧化物去除率	%	全市	正	20.860	1.190	1.220	100	73	−27	环境年报2013	☹
44	工业废水氨氮去除率	%	全市	正	73.701	54.706	51.746	83	89	6	环境年报2013	☺

年鉴说明：区域经济——《中国区域经济统计年鉴2014》；城市——《中国城市统计年鉴2014》；统计——《中国统计年鉴2014》；城市建设——《中国城市建设统计年鉴2013》；环境年报2013——《中国环境统计年报2013》；环境年鉴——《中国环境统计年鉴2014》；环保部数据——环境保护部数据中心。

大连绿色发展"体检"表

序号	指标名称	单 位	口 径	指标属性	2013年测评均值	2013年大连数值	2012年大连数值	2013年大连排名	2012年大连排名	排名变化	2013年数据来源	进退脸谱
1	人均地区生产总值	元/人	全市	正	61 184.460	110 600.00	102 922.000	7	9	2	区域经济	☺
2	单位地区生产总值能耗	吨/万元	全市	逆	0.884	0.273	0.294	10	11	1	区域经济；城市	☺
3	人均城镇生活消费用电	千瓦时/人	全市	逆	450.539	480.946	454.430	70	70	0	城市	
4	单位地区生产总值二氧化碳排放量			逆	NA	NA	NA	NA	NA			
5	单位地区生产总值二氧化硫排放量	吨/亿元	全市	逆	52.172	19.244	23.025	27	30	3	区域经济；环境年报2013	☺
6	单位地区生产总值化学需氧量排放量	吨/亿元	全市	逆	21.921	11.866	14.370	30	30	0	区域经济；环境年报2013	
7	单位地区生产总值氮氧化物排放量	吨/亿元	全市	逆	39.820	16.679	20.818	26	28	2	区域经济；环境年报2013	☺
8	单位地区生产总值氨氮排放量	吨/亿元	全市	逆	3.390	1.667	1.940	18	17	—1	区域经济；环境年报2013	☹
9	第一产业劳动生产率	万元/人	全市	正	1 051.745	758.095	537.345	41	44	3	区域经济；城市	☺
10	第二产业劳动生产率	万元/人	全市	正	41.476	59.393	63.774	16	17	1	区域经济；城市	☺
11	单位工业增加值水耗	万吨/万元	全市	逆	190.186	50.086	35.225	15	10	—5	区域经济；环境年报2013	☹
12	单位工业增加值能耗		全市	逆	NA	NA	NA	NA	NA			
13	工业固体废物综合利用率	%	全市	正	81.712	90.330	95.560	57	33	—24	环境年报2013	☹
14	工业用水重复利用率	%	全市	正	83.794	43.435	11.696	96	100	4	环境年报2013	☺
15	第三产业劳动生产率	万元/人	全市	正	36.869	59.347	55.229	10	12	2	区域经济；城市	☺
16	第三产业增加值比重	%	全市	正	40.668	42.890	41.650	36	38	2	城市	☺
17	第三产业就业人员比重	%	全市	正	46.216	43.695	47.681	58	50	—8	区域经济	☹
18	人均水资源量	立方米/人	全市	正	1 279.561	901.845	1 215.980	42	35	—7	城市	☹
19	单位土地面积二氧化碳排放量			逆	NA	NA	NA	NA	NA			
20	人均二氧化碳排放量			逆	NA	NA	NA	NA	NA			
21	单位土地面积二氧化硫排放量	吨/平方公里	全市	逆	8.808	9.488	10.415	64	67	3	环境年报2013；城市	☺
22	人均二氧化硫排放量	吨/万人	全市	逆	239.279	201.902	222.184	65	67	2	环境年报2013；城市	☺

续表

序号	指标名称	单位	口径	指标属性	2013年测评均值	2013年大连数值	2012年大连数值	2013年大连排名	2012年大连排名	排名变化	2013年数据来源	进退脸谱
23	单位土地面积化学需氧量排放量	吨/平方公里	全市	逆	5.288	5.850	6.500	77	79	2	环境年报2013；城市	☺
24	人均化学需氧量排放量	吨/万人	全市	逆	93.889	124.493	138.666	83	85	2	环境年报2013；城市	☺
25	单位土地面积氮氧化物排放量	吨/平方公里	全市	逆	7.931	8.224	9.416	69	71	2	环境年报2013；城市	☺
26	人均氮氧化物排放量	吨/万人	全市	逆	187.502	174.992	200.887	62	68	6	环境年报2013；城市	☺
27	单位土地面积氨氮排放量	吨/平方公里	全市	逆	0.847	0.822	0.877	73	73	0	环境年报2013；城市	
28	人均氨氮排放量	吨/万人	全市	逆	15.681	17.486	18.716	74	77	3	环境年报2013；城市	☺
29	空气质量达到二级以上天数占全年比重	%	市辖区	正	87.747	96.160	96.160	16	27	11	环保部数据	☺
30	首要污染物可吸入颗粒物天数占全年比重	%	市辖区	逆	76.540	45.479	45.480	10	10	0	环保部数据	
31	可吸入细颗粒物浓度（PM2.5）年均值		市辖区	正	NA	NA	NA	NA	NA			
32	环境保护支出占财政支出比重	%	全市	正	3.115	0.973	1.138	100	100	0	统计；城市	
33	城市环境基础设施建设投资占全市固定资产投资比重	%	全市	正	1.180	0.342	0.003	87	84	−3	区域经济；环境年报2013	☹
34	科教文卫支出占财政支出比重	%	全市	正	29.116	21.313	24.738	93	90	−3	统计；区域经济；城市	☹
35	人均绿地面积	平方米	市辖区	正	27.611	30.971	30.964	22	20	−2	城市	☹
36	建成区绿化覆盖率	%	市辖区	正	41.051	44.750	44.680	11	13	2	城市建设	☺
37	用水普及率	%	市辖区	正	98.575	100.000	100.000	1	1	0	城市建设	
38	城市生活污水处理率	%	市辖区	正	89.873	95.960	95.100	13	20	7	城市建设	☺
39	生活垃圾无害化处理率	%	市辖区	正	95.620	100.000	100.000	1	1	0	城市建设	
40	万人拥有公交车辆	辆	市辖区	正	11.396	16.720	16.620	16	16	0	城市	
41	工业二氧化硫去除率	%	全市	正	64.962	57.639	47.914	77	88	11	环境年报2013	☺
42	工业废水化学需氧量去除率	%	全市	正	82.207	72.573	77.509	86	80	−6	环境年报2013	☹
43	工业氮氧化物去除率	%	全市	正	20.860	17.886	4.132	57	58	1	环境年报2013	☺
44	工业废水氨氮去除率	%	全市	正	73.701	60.564	76.063	77	49	−28	环境年报2013	☹

年鉴说明：区域经济——《中国区域经济统计年鉴2014》；城市——《中国城市统计年鉴2014》；统计——《中国统计年鉴2014》；城市建设——《中国城市建设统计年鉴2013》；环境年报2013——《中国环境统计年报2013》；环境年鉴——《中国环境统计年鉴2014》；环保部数据——环境保护部数据中心。

长春绿色发展"体检"表

序号	指标名称	单位	口径	指标属性	2013年测评均值	2013年长春数值	2012年长春数值	2013年长春排名	2012年长春排名	排名变化	2013年数据来源	进退脸谱
1	人均地区生产总值	元/人	全市	正	61 184.460	66 286.000	58 691.000	33	37	4	区域经济	☹
2	单位地区生产总值能耗	吨/万元	全市	逆	0.884	0.283	0.322	12	16	4	区域经济;城市	☹
3	人均城镇生活消费用电	千瓦时/人	全市	逆	450.539	262.508	238.451	43	46	3	城市	☹
4	单位地区生产总值二氧化碳排放量			逆	NA	NA	NA	NA	NA			
5	单位地区生产总值二氧化硫排放量	吨/亿元	全市	逆	52.172	14.887	19.068	15	18	3	区域经济;环境年报2013	☹
6	单位地区生产总值化学需氧量排放量	吨/亿元	全市	逆	21.921	10.067	10.696	21	19	−2	区域经济;环境年报2013	☹
7	单位地区生产总值氮氧化物排放量	吨/亿元	全市	逆	39.820	22.252	24.113	38	34	−4	区域经济;环境年报2013	☹
8	单位地区生产总值氨氮排放量	吨/亿元	全市	逆	3.390	1.926	2.084	22	19	−3	区域经济;环境年报2013	☹
9	第一产业劳动生产率	万元/人	全市	正	1 051.745	295.200	273.353	67	60	−7	区域经济;城市	☹
10	第二产业劳动生产率	万元/人	全市	正	41.476	51.736	59.107	26	24	−2	区域经济;城市	☹
11	单位工业增加值水耗	万吨/万元	全市	逆	190.186	125.087	99.905	43	33	−10	区域经济;环境年报2013	☹
12	单位工业增加值能耗		全市	逆	NA	NA	NA	NA	NA			
13	工业固体废物综合利用率	%	全市	正	81.712	99.790	99.790	6	4	−2	环境年报2013	☹
14	工业用水重复利用率	%	全市	正	83.794	94.669	90.515	19	42	23	环境年报2013	☺
15	第三产业劳动生产率	万元/人	全市	正	36.869	33.223	32.117	48	48	0	区域经济;城市	
16	第三产业增加值比重	%	全市	正	40.668	40.220	41.460	53	41	−12	城市	☹
17	第三产业就业人员比重	%	全市	正	46.216	49.033	59.282	38	14	−24	区域经济	☹
18	人均水资源量	立方米/人	全市	正	1 279.561	441.044	481.101	59	57	−2	城市	☹
19	单位土地面积二氧化碳排放量			逆	NA	NA	NA	NA	NA			
20	人均二氧化碳排放量			逆	NA	NA	NA	NA	NA			
21	单位土地面积二氧化硫排放量	吨/平方公里	全市	逆	8.808	3.135	3.708	19	20	1	环境年报2013;城市	☺
22	人均二氧化硫排放量	吨/万人	全市	逆	239.279	85.572	100.606	20	22	2	环境年报2013;城市	☺

续表

序号	指标名称	单位	口径	指标属性	2013年测评均值	2013年长春数值	2012年长春数值	2013年长春排名	2012年长春排名	排名变化	2013年数据来源	进退脸谱
23	单位土地面积化学需氧量排放量	吨/平方公里	全市	逆	5.288	2.120	2.080	28	25	−3	环境年报2013；城市	☺
24	人均化学需氧量排放量	吨/万人	全市	逆	93.889	57.864	56.431	19	14	−5	环境年报2013；城市	☺
25	单位土地面积氮氧化物排放量	吨/平方公里	全市	逆	7.931	4.686	4.688	40	38	−2	环境年报2013；城市	☺
26	人均氮氧化物排放量	吨/万人	全市	逆	187.502	127.908	127.222	47	43	−4	环境年报2013；城市	☺
27	单位土地面积氨氮排放量	吨/平方公里	全市	逆	0.847	0.405	0.405	35	32	−3	环境年报2013；城市	☹
28	人均氨氮排放量	吨/万人	全市	逆	15.681	11.068	10.998	34	31	−3	环境年报2013；城市	☹
29	空气质量达到二级以上天数占全年比重	%	市辖区	正	87.747	92.600	92.600	34	54	20	环保部数据	☺
30	首要污染物可吸入颗粒物天数占全年比重	%	市辖区	逆	76.540	78.082	78.082	44	59	15	环保部数据	☺
31	可吸入细颗粒物浓度（PM2.5）年均值		市辖区	正	NA	NA	NA	NA	NA			
32	环境保护支出占财政支出比重	%	全市	正	3.115	3.718	4.619	24	14	−10	统计；城市	☹
33	城市环境基础设施建设投资占全市固定资产投资比重	%	全市	正	1.180	0.721	0.005	64	62	−2	区域经济；环境年报2013	☹
34	科教文卫支出占财政支出比重	%	全市	正	29.116	25.701	27.811	76	75	−1	统计；区域经济；城市	☹
35	人均绿地面积	平方米	市辖区	正	27.611	14.212	17.130	60	42	−18	城市	☹
36	建成区绿化覆盖率	%	市辖区	正	41.051	27.180	35.090	100	97	−3	城市建设	☹
37	用水普及率	%	市辖区	正	98.575	99.460	99.700	60	55	−5	城市建设	☹
38	城市生活污水处理率	%	市辖区	正	89.873	81.430	86.150	92	72	−20	城市建设	☹
39	生活垃圾无害化处理率	%	市辖区	正	95.620	85.630	84.470	92	91	−1	城市建设	☹
40	万人拥有公交车辆	辆	市辖区	正	11.396	12.980	12.600	30	29	−1	城市	☹
41	工业二氧化硫去除率	%	全市	正	64.962	58.215	48.473	73	86	13	环境年报2013	☺
42	工业废水化学需氧量去除率	%	全市	正	82.207	83.139	95.691	60	2	−58	环境年报2013	☹
43	工业氮氧化物去除率	%	全市	正	20.860	15.929	5.941	64	45	−19	环境年报2013	☹
44	工业废水氨氮去除率	%	全市	正	73.701	63.061	88.416	71	19	−52	环境年报2013	☹

年鉴说明：区域经济——《中国区域经济统计年鉴2014》；城市——《中国城市统计年鉴2014》；统计——《中国统计年鉴2014》；城市建设——《中国城市建设统计年鉴2013》；环境年报2013——《中国环境统计年报2013》；环境年鉴——《中国环境统计年鉴2014》；环保部数据——环境保护部数据中心。

哈尔滨绿色发展"体检"表

序号	指标名称	单　位	口　径	指标属性	2013年测评均值	2013年哈尔滨数值	2012年哈尔滨数值	2013年哈尔滨排名	2012年哈尔滨排名	排名变化	2013年数据来源	进退脸谱
1	人均地区生产总值	元/人	全市	正	61 184.460	50 435.000	45 810.000	57	59	2	区域经济	☺
2	单位地区生产总值能耗	吨/万元	全市	逆	0.884	1.000	1.073	67	68	1	区域经济；城市	☺
3	人均城镇生活消费用电	千瓦时/人	全市	逆	450.539	312.076	295.768	52	54	2	城市	☺
4	单位地区生产总值二氧化碳排放量			逆	NA	NA	NA	NA	NA			
5	单位地区生产总值二氧化硫排放量	吨/亿元	全市	逆	52.172	25.076	26.545	38	36	−2	区域经济；环境年报2013	☹
6	单位地区生产总值化学需氧量排放量	吨/亿元	全市	逆	21.921	20.135	25.165	53	58	5	区域经济；环境年报2013	☺
7	单位地区生产总值氮氧化物排放量	吨/亿元	全市	逆	39.820	23.560	26.191	41	36	−5	区域经济；环境年报2013	☹
8	单位地区生产总值氨氮排放量	吨/亿元	全市	逆	3.390	3.275	3.898	58	60	2	区域经济；环境年报2013	☺
9	第一产业劳动生产率	万元/人	全市	正	1 051.745	94.138	68.117	90	91	1	区域经济；城市	☺
10	第二产业劳动生产率	万元/人	全市	正	41.476	34.653	34.546	60	66	6	区域经济；城市	☺
11	单位工业增加值水耗	万吨/万元	全市	逆	190.186	124.296	173.679	42	54	12	区域经济；环境年报2013	☺
12	单位工业增加值能耗		全市	逆	NA	NA	NA	NA	NA			
13	工业固体废物综合利用率	％	全市	正	81.712	93.850	84.200	43	63	20	环境年报2013	☺
14	工业用水重复利用率	％	全市	正	83.794	94.098	94.329	25	18	−7	环境年报2013	☹
15	第三产业劳动生产率	万元/人	全市	正	36.869	32.933	30.087	49	54	5	区域经济；城市	☺
16	第三产业增加值比重	％	全市	正	40.668	53.540	52.840	12	12	0	城市	
17	第三产业就业人员比重	％	全市	正	46.216	59.415	58.426	12	18	6	区域经济	☺
18	人均水资源量	立方米/人	全市	正	1 279.561	1 297.265	921.280	34	39	5	城市	☺
19	单位土地面积二氧化碳排放量			逆	NA	NA	NA	NA	NA			
20	人均二氧化碳排放量			逆	NA	NA	NA	NA	NA			
21	单位土地面积二氧化硫排放量	吨/平方公里	全市	逆	8.808	2.186	2.125	12	11	−1	环境年报2013；城市	☹
22	人均二氧化硫排放量	吨/万人	全市	逆	239.279	116.652	113.505	31	29	−2	环境年报2013；城市	☹

序号	指标名称	单位	口径	指标属性	2013年测评均值	2013年哈尔滨数值	2012年哈尔滨数值	2013年哈尔滨排名	2012年哈尔滨排名	排名变化	2013年数据来源	进退脸谱
23	单位土地面积化学需氧量排放量	吨/平方公里	全市	逆	5.288	1.755	2.014	19	22	3	环境年报2013；城市	☺
24	人均化学需氧量排放量	吨/万人	全市	逆	93.889	93.666	107.605	51	65	14	环境年报2013；城市	☺
25	单位土地面积氮氧化物排放量	吨/平方公里	全市	逆	7.931	2.054	2.096	17	15	−2	环境年报2013；城市	☹
26	人均氮氧化物排放量	吨/万人	全市	逆	187.502	109.599	111.994	39	39	0	环境年报2013；城市	
27	单位土地面积氨氮排放量	吨/平方公里	全市	逆	0.847	0.285	0.312	20	20	0	环境年报2013；城市	
28	人均氨氮排放量	吨/万人	全市	逆	15.681	15.234	16.670	66	69	3	环境年报2013；城市	☺
29	空气质量达到二级以上天数占全年比重	%	市辖区	正	87.747	87.120	87.120	68	87	19	环保部数据	☺
30	首要污染物可吸入颗粒物天数占全年比重	%	市辖区	逆	76.540	93.425	93.425	80	96	16	环保部数据	☺
31	可吸入细颗粒物浓度（PM2.5）年均值		市辖区	正	NA	NA	NA	NA	NA			
32	环境保护支出占财政支出比重	%	全市	正	3.115	1.418	1.613	92	88	−4	统计；城市	☹
33	城市环境基础设施建设投资占全市固定资产投资比重	%	全市	正	1.180	1.206	0.007	39	46	7	区域经济；环境年报2013	☺
34	科教文卫支出占财政支出比重	%	全市	正	29.116	25.098	28.365	80	68	−12	统计；区域经济；城市	☹
35	人均绿地面积	平方米	市辖区	正	27.611	13.408	13.265	65	62	−3	城市	☹
36	建成区绿化覆盖率	%	市辖区	正	41.051	36.100	37.020	93	88	−5	城市建设	☹
37	用水普及率	%	市辖区	正	98.575	100.000	100.000	1	1	0	城市建设	
38	城市生活污水处理率	%	市辖区	正	89.873	90.470	91.620	55	42	−13	城市建设	☹
39	生活垃圾无害化处理率	%	市辖区	正	95.620	87.290	85.300	90	88	−2	城市建设	☹
40	万人拥有公交车辆	辆	市辖区	正	11.396	12.650	11.530	31	33	2	城市	☺
41	工业二氧化硫去除率	%	全市	正	64.962	44.079	45.446	92	91	−1	环境年报2013	☹
42	工业废水化学需氧量去除率	%	全市	正	82.207	95.396	95.560	3	4	1	环境年报2013	☺
43	工业氮氧化物去除率	%	全市	正	20.860	14.000	6.667	69	41	−28	环境年报2013	☹
44	工业废水氨氮去除率	%	全市	正	73.701	97.457	70.441	5	62	57	环境年报2013	☺

年鉴说明：区域经济——《中国区域经济统计年鉴2014》；城市——《中国城市统计年鉴2014》；统计——《中国统计年鉴2014》；城市建设——《中国城市建设统计年鉴2013》；环境年报2013——《中国环境统计年报2013》；环境年鉴——《中国环境统计年鉴2014》；环保部数据——环境保护部数据中心。

上海绿色发展"体检"表

序号	指标名称	单位	口径	指标属性	2013 年测评均值	2013 年上海数值	2012 年上海数值	2013 年上海排名	2012 年上海排名	排名变化	2013 年数据来源	进退脸谱
1	人均地区生产总值	元/人	全市	正	61 184.460	90 092.000	85 373.000	17	15	−2	区域经济	☹
2	单位地区生产总值能耗	吨/万元	全市	逆	0.884	0.609	0.637	41	38	−3	区域经济;城市	☹
3	人均城镇生活消费用电	千瓦时/人	全市	逆	450.539	1 434.247	1 316.610	96	96	0	城市	
4	单位地区生产总值二氧化碳排放量			逆	NA	NA	NA	NA	NA			
5	单位地区生产总值二氧化硫排放量	吨/亿元	全市	逆	52.172	11.240	15.415	10	12	2	区域经济;环境年报2013	☺
6	单位地区生产总值化学需氧量排放量	吨/亿元	全市	逆	21.921	10.347	11.423	23	22	−1	区域经济;环境年报2013	☹
7	单位地区生产总值氮氧化物排放量	吨/亿元	全市	逆	39.820	14.866	17.058	19	19	0	区域经济;环境年报2013	
8	单位地区生产总值氨氮排放量	吨/亿元	全市	逆	3.390	2.200	2.448	33	30	−3	区域经济;环境年报2013	☹
9	第一产业劳动生产率	万元/人	全市	正	1 051.745	100.607	97.186	89	90	1	区域经济;城市	☺
10	第二产业劳动生产率	万元/人	全市	正	41.476	30.427	31.219	70	74	4	区域经济;城市	☺
11	单位工业增加值水耗	万吨/万元	全市	逆	190.186	99.319	114.087	34	39	5	区域经济;环境年报2013	☺
12	单位工业增加值能耗		全市	逆	NA	NA	NA	NA	NA			
13	工业固体废物综合利用率	%	全市	正	81.712	97.120	97.340	28	19	−9	环境年报2013	☹
14	工业用水重复利用率	%	全市	正	83.794	91.049	90.509	42	43	1	环境年报2013	☺
15	第三产业劳动生产率	万元/人	全市	正	36.869	41.726	44.587	30	24	−6	区域经济;城市	☹
16	第三产业增加值比重	%	全市	正	40.668	62.240	60.450	5	4	−1	城市	☹
17	第三产业就业人员比重	%	全市	正	46.216	58.713	50.569	13	44	31	区域经济	☺
18	人均水资源量	立方米/人	全市	正	1 279.561	196.069	238.196	84	85	1	城市	☺
19	单位土地面积二氧化碳排放量			逆	NA	NA	NA	NA	NA			
20	人均二氧化碳排放量			逆	NA	NA	NA	NA	NA			
21	单位土地面积二氧化硫排放量	吨/平方公里	全市	逆	8.808	34.045	43.352	99	100	1	环境年报2013;城市	☺
22	人均二氧化硫排放量	吨/万人	全市	逆	239.279	150.984	193.124	47	60	13	环境年报2013;城市	☺

续表

序号	指标名称	单 位	口 径	指标属性	2013年测评均值	2013年上海数值	2012年上海数值	2013年上海排名	2012年上海排名	排名变化	2013年数据来源	进退脸谱
23	单位土地面积化学需氧量排放量	吨/平方公里	全市	逆	5.288	31.338	32.124	98	98	0	环境年报2013；城市	
24	人均化学需氧量排放量	吨/万人	全市	逆	93.889	138.979	143.103	88	89	1	环境年报2013；城市	☺
25	单位土地面积氮氧化物排放量	吨/平方公里	全市	逆	7.931	45.027	47.971	100	100	0	环境年报2013；城市	
26	人均氮氧化物排放量	吨/万人	全市	逆	187.502	199.688	213.700	73	71	−2	环境年报2013；城市	☹
27	单位土地面积氨氮排放量	吨/平方公里	全市	逆	0.847	6.665	6.885	99	100	1	环境年报2013；城市	☺
28	人均氨氮排放量	吨/万人	全市	逆	15.681	29.558	30.671	92	92	0	环境年报2013；城市	
29	空气质量达到二级以上天数占全年比重	%	市辖区	正	87.747	93.700	93.700	29	48	19	环保部数据	☺
30	首要污染物可吸入颗粒物天数占全年比重	%	市辖区	逆	76.540	58.630	58.630	17	19	2	环保部数据	☺
31	可吸入细颗粒物浓度（PM2.5）年均值		市辖区	正	NA	NA	NA	NA	NA			
32	环境保护支出占财政支出比重	%	全市	正	3.115	1.246	1.319	96	98	2	统计；城市	☺
33	城市环境基础设施建设投资占全市固定资产投资比重	%	全市	正	1.180	1.364	0.012	32	21	−11	区域经济；环境年报2013	☹
34	科教文卫支出占财政支出比重	%	全市	正	29.116	27.410	27.826	67	74	7	统计；区域经济；城市	☺
35	人均绿地面积	平方米	市辖区	正	27.611	86.944	87.271	8	7	−1	城市	☹
36	建成区绿化覆盖率	%	市辖区	正	41.051	38.360	38.290	81	77	−4	城市建设	☹
37	用水普及率	%	市辖区	正	98.575	100.000	100.000	1	1	0	城市建设	
38	城市生活污水处理率	%	市辖区	正	89.873	87.120	91.290	78	44	−34	城市建设	☹
39	生活垃圾无害化处理率	%	市辖区	正	95.620	90.580	83.590	82	92	10	城市建设	☺
40	万人拥有公交车辆	辆	市辖区	正	11.396	12.250	12.290	33	31	−2	城市	☹
41	工业二氧化硫去除率	%	全市	正	64.962	67.922	55.121	49	73	24	环境年报2013	☺
42	工业废水化学需氧量去除率	%	全市	正	82.207	89.000	91.632	28	20	−8	环境年报2013	☹
43	工业氮氧化物去除率	%	全市	正	20.860	20.365	12.308	51	23	−28	环境年报2013	☹
44	工业废水氨氮去除率	%	全市	正	73.701	80.837	80.815	46	40	−6	环境年报2013	☹

　　年鉴说明：区域经济——《中国区域经济统计年鉴 2014》；城市——《中国城市统计年鉴 2014》；统计——《中国统计年鉴 2014》；城市建设——《中国城市建设统计年鉴 2013》；环境年报 2013——《中国环境统计年报 2013》；环境年鉴——《中国环境统计年鉴 2014》；环保部数据——环境保护部数据中心。

南京绿色发展"体检"表

序号	指标名称	单位	口径	指标属性	2013 年测评均值	2013 年南京数值	2012 年南京数值	2013 年南京排名	2012 年南京排名	排名变化	2013 年数据来源	进退脸谱
1	人均地区生产总值	元/人	全市	正	61 184.460	98 011.000	88 525.000	11	13	2	区域经济	☺
2	单位地区生产总值能耗	吨/万元	全市	逆	0.884	0.558	0.622	38	37	−1	区域经济;城市	☹
3	人均城镇生活消费用电	千瓦时/人	全市	逆	450.539	1 054.132	878.684	93	92	−1	城市	☹
4	单位地区生产总值二氧化碳排放量			逆	NA	NA	NA	NA	NA			
5	单位地区生产总值二氧化硫排放量	吨/亿元	全市	逆	52.172	17.827	21.428	23	25	2	区域经济;环境年报 2013	☺
6	单位地区生产总值化学需氧量排放量	吨/亿元	全市	逆	21.921	13.358	15.662	33	33	0	区域经济;环境年报 2013	
7	单位地区生产总值氮氧化物排放量	吨/亿元	全市	逆	39.820	17.507	21.646	27	29	2	区域经济;环境年报 2013	☺
8	单位地区生产总值氨氮排放量	吨/亿元	全市	逆	3.390	2.318	2.729	36	36	0	区域经济;环境年报 2013	
9	第一产业劳动生产率	万元/人	全市	正	1 051.745	601.765	402.304	46	48	2	区域经济;城市	☺
10	第二产业劳动生产率	万元/人	全市	正	41.476	38.090	45.261	53	39	−14	区域经济;城市	☹
11	单位工业增加值水耗	万吨/万元	全市	逆	190.186	242.114	293.586	67	70	3	区域经济;环境年报 2013	☺
12	单位工业增加值能耗		全市	逆	NA	NA	NA	NA	NA			
13	工业固体废物综合利用率	%	全市	正	81.712	91.200	92.000	52	45	−7	环境年报 2013	☹
14	工业用水重复利用率	%	全市	正	83.794	70.364	74.798	85	81	−4	环境年报 2013	☹
15	第三产业劳动生产率	万元/人	全市	正	36.869	47.970	52.797	20	15	−5	区域经济;城市	☹
16	第三产业增加值比重	%	全市	正	40.668	54.380	53.400	11	11	0	城市	
17	第三产业就业人员比重	%	全市	正	46.216	48.991	51.404	39	41	2	区域经济	☺
18	人均水资源量	立方米/人	全市	正	1 279.561	370.115	423.437	68	63	−5	城市	☹
19	单位土地面积二氧化碳排放量			逆	NA	NA	NA	NA	NA			
20	人均二氧化碳排放量			逆	NA	NA	NA	NA	NA			
21	单位土地面积二氧化硫排放量	吨/平方公里	全市	逆	8.808	17.066	18.481	91	90	−1	环境年报 2013;城市	☹
22	人均二氧化硫排放量	吨/万人	全市	逆	239.279	175.429	190.987	56	59	3	环境年报 2013;城市	☺

续表

序号	指标名称	单位	口径	指标属性	2013年测评均值	2013年南京数值	2012年南京数值	2013年南京排名	2012年南京排名	排名变化	2013年数据来源	进退脸谱
23	单位土地面积化学需氧量排放量	吨/平方公里	全市	逆	5.288	12.788	13.508	94	94	0	环境年报2013；城市	
24	人均化学需氧量排放量	吨/万人	全市	逆	93.889	131.449	139.590	85	87	2	环境年报2013；城市	☺
25	单位土地面积氮氧化物排放量	吨/平方公里	全市	逆	7.931	16.760	18.669	88	88	0	环境年报2013；城市	
26	人均氮氧化物排放量	吨/万人	全市	逆	187.502	172.285	192.924	61	64	3	环境年报2013；城市	☺
27	单位土地面积氨氮排放量	吨/平方公里	全市	逆	0.847	2.220	2.354	95	94	−1	环境年报2013；城市	☹
28	人均氨氮排放量	吨/万人	全市	逆	15.681	22.815	24.322	89	90	1	环境年报2013；城市	☺
29	空气质量达到二级以上天数占全年比重	%	市辖区	正	87.747	86.580	86.580	71	90	19	环保部数据	☺
30	首要污染物可吸入颗粒物天数占全年比重	%	市辖区	逆	76.540	88.767	88.767	69	87	18	环保部数据	☺
31	可吸入细颗粒物浓度（PM2.5）年均值		市辖区	正	NA	NA	NA	NA	NA			
32	环境保护支出占财政支出比重	%	全市	正	3.115	3.546	2.054	26	75	49	统计；城市	☺
33	城市环境基础设施建设投资占全市固定资产投资比重	%	全市	正	1.180	2.859	0.012	5	24	19	区域经济；环境年报2013	☺
34	科教文卫支出占财政支出比重	%	全市	正	29.116	28.480	29.390	59	61	2	统计；区域经济；城市	☺
35	人均绿地面积	平方米	市辖区	正	27.611	134.390	129.584	3	3	0	城市	
36	建成区绿化覆盖率	%	市辖区	正	41.051	44.060	44.020	14	15	1	城市建设	☺
37	用水普及率	%	市辖区	正	98.575	99.980	100.000	52	1	−51	城市建设	☹
38	城市生活污水处理率	%	市辖区	正	89.873	94.220	94.600	30	25	−5	城市建设	☹
39	生活垃圾无害化处理率	%	市辖区	正	95.620	90.830	90.420	80	79	−1	城市建设	☹
40	万人拥有公交车辆	辆	市辖区	正	11.396	10.800	11.280	42	34	−8	城市	☹
41	工业二氧化硫去除率	%	全市	正	64.962	78.258	87.754	14	3	−11	环境年报2013	☹
42	工业废水化学需氧量去除率	%	全市	正	82.207	87.930	87.460	35	44	9	环境年报2013	☺
43	工业氮氧化物去除率	%	全市	正	20.860	34.911	26.506	15	7	−8	环境年报2013	☹
44	工业废水氨氮去除率	%	全市	正	73.701	90.863	91.125	17	11	−6	环境年报2013	☹

年鉴说明：区域经济——《中国区域经济统计年鉴2014》；城市——《中国城市统计年鉴2014》；统计——《中国统计年鉴2014》；城市建设——《中国城市建设统计年鉴2013》；环境年报2013——《中国环境统计年报2013》；环境年鉴——《中国环境统计年鉴2014》；环保部数据——环境保护部数据中心。

苏州绿色发展"体检"表

序号	指标名称	单位	口径	指标属性	2013年测评均值	2013年苏州数值	2012年苏州数值	2013年苏州排名	2012年苏州排名	排名变化	2013年数据来源	进退脸谱
1	人均地区生产总值	元/人	全市	正	61 184.460	123 209.00	114 029.000	5	6	1	区域经济	☺
2	单位地区生产总值能耗	吨/万元	全市	逆	0.884	0.503	0.531	33	33	0	区域经济;城市	
3	人均城镇生活消费用电	千瓦时/人	全市	逆	450.539	801.927	707.199	89	87	-2	城市	☹
4	单位地区生产总值二氧化碳排放量			逆	NA	NA	NA	NA	NA			
5	单位地区生产总值二氧化硫排放量	吨/亿元	全市	逆	52.172	16.002	19.490	20	20	0	区域经济;环境年报2013	
6	单位地区生产总值化学需氧量排放量	吨/亿元	全市	逆	21.921	6.151	7.553	6	8	2	区域经济;环境年报2013	☺
7	单位地区生产总值氮氧化物排放量	吨/亿元	全市	逆	39.820	17.513	22.368	28	30	2	区域经济;环境年报2013	☺
8	单位地区生产总值氨氮排放量	吨/亿元	全市	逆	3.390	1.277	1.503	10	11	1	区域经济;环境年报2013	☺
9	第一产业劳动生产率	万元/人	全市	正	1 051.745	4 290.000	1 696.350	4	13	9	区域经济;城市	☺
10	第二产业劳动生产率	万元/人	全市	正	41.476	43.985	68.960	42	13	-29	区域经济;城市	☹
11	单位工业增加值水耗	万吨/万元	全市	逆	190.186	150.507	156.033	50	48	-2	区域经济;环境年报2013	☹
12	单位工业增加值能耗		全市	逆	NA	NA	NA	NA	NA			
13	工业固体废物综合利用率	%	全市	正	81.712	97.900	94.700	21	39	18	环境年报2013	☺
14	工业用水重复利用率	%	全市	正	83.794	89.472	89.011	48	50	2	环境年报2013	☺
15	第三产业劳动生产率	万元/人	全市	正	36.869	103.058	136.405	1	1	0	区域经济;城市	
16	第三产业增加值比重	%	全市	正	40.668	45.730	44.240	29	30	1	城市	☺
17	第三产业就业人员比重	%	全市	正	46.216	25.774	29.839	95	95	0	区域经济	
18	人均水资源量	立方米/人	全市	正	1 279.561	314.705	454.095	74	60	-14	城市	☹
19	单位土地面积二氧化碳排放量			逆	NA	NA	NA	NA	NA			
20	人均二氧化碳排放量			逆	NA	NA	NA	NA	NA			
21	单位土地面积二氧化硫排放量	吨/平方公里	全市	逆	8.808	19.528	21.701	96	96	0	环境年报2013;城市	
22	人均二氧化硫排放量	吨/万人	全市	逆	239.279	254.696	285.537	78	80	2	环境年报2013;城市	☺

续表

序号	指标名称	单位	口径	指标属性	2013年测评均值	2013年苏州数值	2012年苏州数值	2013年苏州排名	2012年苏州排名	排名变化	2013年数据来源	进退脸谱
23	单位土地面积化学需氧量排放量	吨/平方公里	全市	逆	5.288	7.507	8.410	84	86	2	环境年报2013；城市	☺
24	人均化学需氧量排放量	吨/万人	全市	逆	93.889	97.906	110.652	59	68	9	环境年报2013；城市	☺
25	单位土地面积氮氧化物排放量	吨/平方公里	全市	逆	7.931	21.372	24.906	94	97	3	环境年报2013；城市	☺
26	人均氮氧化物排放量	吨/万人	全市	逆	187.502	278.742	327.703	82	84	2	环境年报2013；城市	☺
27	单位土地面积氨氮排放量	吨/平方公里	全市	逆	0.847	1.558	1.674	90	92	2	环境年报2013；城市	☺
28	人均氨氮排放量	吨/万人	全市	逆	15.681	20.324	22.026	83	85	2	环境年报2013；城市	☺
29	空气质量达到二级以上天数占全年比重	%	市辖区	正	87.747	92.600	92.600	34	54	20	环保部数据	☺
30	首要污染物可吸入颗粒物天数占全年比重	%	市辖区	逆	76.540	76.164	76.164	39	53	14	环保部数据	☺
31	可吸入细颗粒物浓度（PM2.5）年均值		市辖区	正	NA	NA	NA	NA	NA			
32	环境保护支出占财政支出比重	%	全市	正	3.115	3.734	3.754	23	23	0	统计；城市	
33	城市环境基础设施建设投资占全市固定资产投资比重	%	全市	正	1.180	0.568	0.004	72	73	1	区域经济；环境年报2013	☺
34	科教文卫支出占财政支出比重	%	全市	正	29.116	29.703	29.414	49	60	11	统计；区域经济；城市	☺
35	人均绿地面积	平方米	市辖区	正	27.611	32.752	32.404	21	18	−3	城市	☹
36	建成区绿化覆盖率	%	市辖区	正	41.051	42.060	41.890	38	38	0	城市建设	
37	用水普及率	%	市辖区	正	98.575	100.000	100.000	1	1	0	城市建设	
38	城市生活污水处理率	%	市辖区	正	89.873	95.490	91.850	16	40	24	城市建设	☺
39	生活垃圾无害化处理率	%	市辖区	正	95.620	100.000	100.000	1	1	0	城市建设	
40	万人拥有公交车辆	辆	市辖区	正	11.396	13.500	13.340	27	25	−2	城市	☹
41	工业二氧化硫去除率	%	全市	正	64.962	72.505	68.542	38	37	−1	环境年报2013	☹
42	工业废水化学需氧量去除率	%	全市	正	82.207	88.213	89.691	33	29	−4	环境年报2013	☹
43	工业氮氧化物去除率	%	全市	正	20.860	30.651	16.929	17	15	−2	环境年报2013	☹
44	工业废水氨氮去除率	%	全市	正	73.701	75.162	75.608	54	50	−4	环境年报2013	☹

年鉴说明：区域经济——《中国区域经济统计年鉴2014》；城市——《中国城市统计年鉴2014》；统计——《中国统计年鉴2014》；城市建设——《中国城市建设统计年鉴2013》；环境年报2013——《中国环境统计年报2013》；环境年鉴——《中国环境统计年鉴2014》；环保部数据——环境保护部数据中心。

杭州绿色发展"体检"表

序号	指标名称	单位	口径	指标属性	2013 年测评均值	2013 年杭州数值	2012 年杭州数值	2013 年杭州排名	2012 年杭州排名	排名变化	2013 年数据来源	进退脸谱
1	人均地区生产总值	元/人	全市	正	61 184.460	94 566.000	111 758.000	12	7	−5	区域经济	☹
2	单位地区生产总值能耗	吨/万元	全市	逆	0.884	0.298	0.314	14	14	0	区域经济；城市	
3	人均城镇生活消费用电	千瓦时/人	全市	逆	450.539	1 016.535	911.314	92	93	1	城市	☺
4	单位地区生产总值二氧化碳排放量			逆	NA	NA	NA	NA	NA			
5	单位地区生产总值二氧化硫排放量	吨/亿元	全市	逆	52.172	12.058	13.677	12	11	−1	区域经济；环境年报 2013	☹
6	单位地区生产总值化学需氧量排放量	吨/亿元	全市	逆	21.921	10.445	11.816	24	23	−1	区域经济；环境年报 2013	☹
7	单位地区生产总值氮氧化物排放量	吨/亿元	全市	逆	39.820	9.823	11.887	11	10	−1	区域经济；环境年报 2013	☹
8	单位地区生产总值氨氮排放量	吨/亿元	全市	逆	3.390	1.376	1.576	12	12	0	区域经济；环境年报 2013	
9	第一产业劳动生产率	万元/人	全市	正	1 051.745	1 769.333	1 759.380	21	11	−10	区域经济；城市	☹
10	第二产业劳动生产率	万元/人	全市	正	41.476	23.748	23.824	88	88	0	区域经济；城市	
11	单位工业增加值水耗	万吨/万元	全市	逆	190.186	118.146	116.363	40	42	2	区域经济；环境年报 2013	☺
12	单位工业增加值能耗		全市	逆	NA	NA	NA	NA	NA			
13	工业固体废物综合利用率	%	全市	正	81.712	94.000	91.770	42	49	7	环境年报 2013	☺
14	工业用水重复利用率	%	全市	正	83.794	83.761	80.459	70	71	1	环境年报 2013	☺
15	第三产业劳动生产率	万元/人	全市	正	36.869	34.533	32.313	43	47	4	区域经济；城市	☺
16	第三产业增加值比重	%	全市	正	40.668	52.930	50.940	13	14	1	城市	☺
17	第三产业就业人员比重	%	全市	正	46.216	45.654	44.966	53	59	6	区域经济	☺
18	人均水资源量	立方米/人	全市	正	1 279.561	2 006.167	3 169.480	19	8	−11	城市	☹
19	单位土地面积二氧化碳排放量			逆	NA	NA	NA	NA	NA			
20	人均二氧化碳排放量			逆	NA	NA	NA	NA	NA			
21	单位土地面积二氧化硫排放量	吨/平方公里	全市	逆	8.808	4.980	5.231	31	29	−2	环境年报 2013；城市	☹
22	人均二氧化硫排放量	吨/万人	全市	逆	239.279	117.473	124.350	33	32	−1	环境年报 2013；城市	☹

序号	指标名称	单 位	口径	指标属性	2013年测评均值	2013年杭州数值	2012年杭州数值	2013年杭州排名	2012年杭州排名	排名变化	2013年数据来源	进退脸谱
23	单位土地面积化学需氧量排放量	吨/平方公里	全市	逆	5.288	4.314	4.519	60	60	0	环境年报2013；城市	
24	人均化学需氧量排放量	吨/万人	全市	逆	93.889	101.759	107.432	64	63	-1	环境年报2013；城市	☹
25	单位土地面积氮氧化物排放量	吨/平方公里	全市	逆	7.931	4.057	4.546	37	36	-1	环境年报2013；城市	☹
26	人均氮氧化物排放量	吨/万人	全市	逆	187.502	95.701	108.079	34	35	1	环境年报2013；城市	☺
27	单位土地面积氨氮排放量	吨/平方公里	全市	逆	0.847	0.568	0.603	51	52	1	环境年报2013；城市	☺
28	人均氨氮排放量	吨/万人	全市	逆	15.681	13.407	14.333	58	58	0	环境年报2013；城市	
29	空气质量达到二级以上天数占全年比重	％	市辖区	正	87.747	91.780	91.780	39	60	21	环保部数据	☺
30	首要污染物可吸入颗粒物天数占全年比重	％	市辖区	逆	76.540	78.630	78.630	46	61	15	环保部数据	☺
31	可吸入细颗粒物浓度（PM2.5）年均值		市辖区	正	NA	NA	NA	NA	NA			
32	环境保护支出占财政支出比重	％	全市	正	3.115	2.307	2.054	62	74	12	统计；城市	☺
33	城市环境基础设施建设投资占全市固定资产投资比重	％	全市	正	1.180	0.506	0.004	76	75	-1	区域经济；环境年报2013	☹
34	科教文卫支出占财政支出比重	％	全市	正	29.116	34.265	33.560	16	26	10	统计；区域经济；城市	☺
35	人均绿地面积	平方米	市辖区	正	27.611	24.262	23.846	28	26	-2	城市	☹
36	建成区绿化覆盖率	％	市辖区	正	41.051	40.230	40.070	60	60	0	城市建设	
37	用水普及率	％	市辖区	正	98.575	100.000	100.000	1	1	0	城市建设	
38	城市生活污水处理率	％	市辖区	正	89.873	95.500	95.490	15	19	4	城市建设	☺
39	生活垃圾无害化处理率	％	市辖区	正	95.620	100.000	100.000	1	1	0	城市建设	
40	万人拥有公交车辆	辆	市辖区	正	11.396	18.300	16.730	10	14	4	城市	☺
41	工业二氧化硫去除率	％	全市	正	64.962	52.035	46.802	87	89	2	环境年报2013	☺
42	工业废水化学需氧量去除率	％	全市	正	82.207	96.693	96.458	2	1	-1	环境年报2013	☹
43	工业氮氧化物去除率	％	全市	正	20.860	25.556	1.316	26	71	45	环境年报2013	☺
44	工业废水氨氮去除率	％	全市	正	73.701	83.329	84.467	38	30	-8	环境年报2013	☹

年鉴说明：区域经济——《中国区域经济统计年鉴2014》；城市——《中国城市统计年鉴2014》；统计——《中国统计年鉴2014》；城市建设——《中国城市建设统计年鉴2013》；环境年报2013——《中国环境统计年报2013》；环境年鉴——《中国环境统计年鉴2014》；环保部数据——环境保护部数据中心。

宁波绿色发展"体检"表

序号	指标名称	单位	口径	指标属性	2013年测评均值	2013年宁波数值	2012年宁波数值	2013年宁波排名	2012年宁波排名	排名变化	2013年数据来源	进退脸谱
1	人均地区生产总值	元/人	全市	正	61 184.460	93 176.000	114 065.000	14	5	−9	区域经济	☹
2	单位地区生产总值能耗	吨/万元	全市	逆	0.884	0.432	0.442	27	28	1	区域经济;城市	☺
3	人均城镇生活消费用电	千瓦时/人	全市	逆	450.539	553.441	514.604	74	72	−2	城市	☹
4	单位地区生产总值二氧化碳排放量			逆	NA	NA	NA	NA	NA			
5	单位地区生产总值二氧化硫排放量	吨/亿元	全市	逆	52.172	24.803	28.787	37	37	0	区域经济;环境年报2013	
6	单位地区生产总值化学需氧量排放量	吨/亿元	全市	逆	21.921	8.409	9.874	15	16	1	区域经济;环境年报2013	☺
7	单位地区生产总值氮氧化物排放量	吨/亿元	全市	逆	39.820	38.729	46.404	59	61	2	区域经济;环境年报2013	☺
8	单位地区生产总值氨氮排放量	吨/亿元	全市	逆	3.390	1.949	2.176	24	21	−3	区域经济;环境年报2013	☹
9	第一产业劳动生产率	万元/人	全市	正	1 051.745	4 606.667	2 983.560	3	3	0	区域经济;城市	
10	第二产业劳动生产率	万元/人	全市	正	41.476	32.669	29.895	68	78	10	区域经济;城市	☺
11	单位工业增加值水耗	万吨/万元	全市	逆	190.186	396.605	386.783	89	82	−7	区域经济;环境年报2013	☹
12	单位工业增加值能耗		全市	逆	NA	NA	NA	NA	NA			
13	工业固体废物综合利用率	%	全市	正	81.712	90.060	91.590	59	51	−8	环境年报2013	☹
14	工业用水重复利用率	%	全市	正	83.794	46.362	51.446	95	93	−2	环境年报2013	☹
15	第三产业劳动生产率	万元/人	全市	正	36.869	53.240	50.376	15	18	3	区域经济;城市	☺
16	第三产业增加值比重	%	全市	正	40.668	43.640	42.490	35	34	−1	城市	☹
17	第三产业就业人员比重	%	全市	正	46.216	34.573	32.982	86	92	6	区域经济	☺
18	人均水资源量	立方米/人	全市	正	1 279.561	1 323.045	2 117.450	32	18	−14	城市	☹
19	单位土地面积二氧化碳排放量			逆	NA	NA	NA	NA	NA			
20	人均二氧化碳排放量			逆	NA	NA	NA	NA	NA			
21	单位土地面积二氧化硫排放量	吨/平方公里	全市	逆	8.808	13.932	14.959	82	84	2	环境年报2013;城市	☺
22	人均二氧化硫排放量	吨/万人	全市	逆	239.279	236.243	254.433	73	74	1	环境年报2013;城市	☺

序号	指标名称	单 位	口 径	指标属性	2013年测评均值	2013年宁波数值	2012年宁波数值	2013年宁波排名	2012年宁波排名	排名变化	2013年数据来源	进退脸谱
23	单位土地面积化学需氧量排放量	吨/平方公里	全市	逆	5.288	4.723	5.131	64	65	1	环境年报2013；城市	☺
24	人均化学需氧量排放量	吨/万人	全市	逆	93.889	80.090	87.267	42	45	3	环境年报2013；城市	☺
25	单位土地面积氮氧化物排放量	吨/平方公里	全市	逆	7.931	21.755	24.113	96	95	−1	环境年报2013；城市	☹
26	人均氮氧化物排放量	吨/万人	全市	逆	187.502	368.881	410.140	88	88	0	环境年报2013；城市	
27	单位土地面积氨氮排放量	吨/平方公里	全市	逆	0.847	1.095	1.131	81	81	0	环境年报2013；城市	
28	人均氨氮排放量	吨/万人	全市	逆	15.681	18.565	19.234	78	78	0	环境年报2013；城市	
29	空气质量达到二级以上天数占全年比重	%	市辖区	正	87.747	93.970	93.970	25	41	16	环保部数据	☺
30	首要污染物可吸入颗粒物天数占全年比重	%	市辖区	逆	76.540	69.589	69.589	34	40	6	环保部数据	☺
31	可吸入细颗粒物浓度（PM2.5）年均值		市辖区	正	NA	NA	NA	NA	NA			
32	环境保护支出占财政支出比重	%	全市	正	3.115	1.575	1.385	88	95	7	统计；城市	☺
33	城市环境基础设施建设投资占全市固定资产投资比重	%	全市	正	1.180	0.597	0.002	67	89	22	区域经济；环境年报2013	☺
34	科教文卫支出占财政支出比重	%	全市	正	29.116	27.894	29.364	62	62	0	统计；区域经济；城市	
35	人均绿地面积	平方米	市辖区	正	27.611	18.837	18.522	42	37	−5	城市	☹
36	建成区绿化覆盖率	%	市辖区	正	41.051	38.280	38.230	82	78	−4	城市建设	☹
37	用水普及率	%	市辖区	正	98.575	100.000	100.000	1	1	0	城市建设	
38	城市生活污水处理率	%	市辖区	正	89.873	90.320	88.140	57	64	7	城市建设	☺
39	生活垃圾无害化处理率	%	市辖区	正	95.620	100.000	100.000	1	1	0	城市建设	
40	万人拥有公交车辆	辆	市辖区	正	11.396	19.570	17.890	5	8	3	城市	☺
41	工业二氧化硫去除率	%	全市	正	64.962	76.667	85.448	16	6	−10	环境年报2013	☹
42	工业废水化学需氧量去除率	%	全市	正	82.207	91.577	92.220	19	18	−1	环境年报2013	☹
43	工业氮氧化物去除率	%	全市	正	20.860	26.552	13.553	25	20	−5	环境年报2013	☹
44	工业废水氨氮去除率	%	全市	正	73.701	97.024	96.688	9	5	−4	环境年报2013	☹

年鉴说明：区域经济——《中国区域经济统计年鉴 2014》；城市——《中国城市统计年鉴 2014》；统计——《中国统计年鉴 2014》；城市建设——《中国城市建设统计年鉴 2013》；环境年报 2013——《中国环境统计年报 2013》；环境年鉴——《中国环境统计年鉴 2014》；环保部数据——环境保护部数据中心。

合肥绿色发展"体检"表

序号	指标名称	单位	口径	指标属性	2013年测评均值	2013年合肥数值	2012年合肥数值	2013年合肥排名	2012年合肥排名	排名变化	2013年数据来源	进退脸谱
1	人均地区生产总值	元/人	全市	正	61 184.460	61 555.000	55 182.000	43	47	4	区域经济	☺
2	单位地区生产总值能耗	吨/万元	全市	逆	0.884	0.290	0.294	13	12	−1	区域经济;城市	☹
3	人均城镇生活消费用电	千瓦时/人	全市	逆	450.539	423.172	367.271	63	64	1	城市	☺
4	单位地区生产总值二氧化碳排放量			逆	NA	NA	NA	NA	NA			
5	单位地区生产总值二氧化硫排放量	吨/亿元	全市	逆	52.172	15.730	19.064	17	17	0	区域经济;环境年报2013	
6	单位地区生产总值化学需氧量排放量	吨/亿元	全市	逆	21.921	19.587	22.840	51	51	0	区域经济;环境年报2013	
7	单位地区生产总值氮氧化物排放量	吨/亿元	全市	逆	39.820	24.961	31.400	45	48	3	区域经济;环境年报2013	☺
8	单位地区生产总值氨氮排放量	吨/亿元	全市	逆	3.390	2.395	2.918	39	41	2	区域经济;环境年报2013	☺
9	第一产业劳动生产率	万元/人	全市	正	1 051.745	2 060.000	1 527.000	16	14	−2	区域经济;城市	☹
10	第二产业劳动生产率	万元/人	全市	正	41.476	33.745	40.068	65	55	−10	区域经济;城市	☹
11	单位工业增加值水耗	万吨/万元	全市	逆	190.186	152.651	171.586	52	53	1	区域经济;环境年报2013	☺
12	单位工业增加值能耗		全市	逆	NA	NA	NA	NA	NA			
13	工业固体废物综合利用率	%	全市	正	81.712	93.270	93.950	47	40	−7	环境年报2013	☹
14	工业用水重复利用率	%	全市	正	83.794	94.308	93.910	21	23	2	环境年报2013	☺
15	第三产业劳动生产率	万元/人	全市	正	36.869	34.527	33.290	44	42	−2	区域经济;城市	☹
16	第三产业增加值比重	%	全市	正	40.668	39.420	39.170	58	55	−3	城市	☹
17	第三产业就业人员比重	%	全市	正	46.216	38.567	44.103	78	61	−17	区域经济	☹
18	人均水资源量	立方米/人	全市	正	1 279.561	414.065	437.526	67	62	−5	城市	☹
19	单位土地面积二氧化碳排放量			逆	NA	NA	NA	NA	NA			
20	人均二氧化碳排放量			逆	NA	NA	NA	NA	NA			
21	单位土地面积二氧化硫排放量	吨/平方公里	全市	逆	8.808	3.861	4.203	21	23	2	环境年报2013;城市	☺
22	人均二氧化硫排放量	吨/万人	全市	逆	239.279	62.156	67.820	10	9	−1	环境年报2013;城市	☹

续表

序号	指标名称	单位	口径	指标属性	2013年测评均值	2013年合肥数值	2012年合肥数值	2013年合肥排名	2012年合肥排名	排名变化	2013年数据来源	进退脸谱
23	单位土地面积化学需氧量排放量	吨/平方公里	全市	逆	5.288	4.808	5.035	66	63	−3	环境年报2013；城市	☹
24	人均化学需氧量排放量	吨/万人	全市	逆	93.889	77.396	81.255	39	36	−3	环境年报2013；城市	☹
25	单位土地面积氮氧化物排放量	吨/平方公里	全市	逆	7.931	6.128	6.922	50	53	3	环境年报2013；城市	☺
26	人均氮氧化物排放量	吨/万人	全市	逆	187.502	98.636	111.704	35	37	2	环境年报2013；城市	☺
27	单位土地面积氨氮排放量	吨/平方公里	全市	逆	0.847	0.588	0.643	53	59	6	环境年报2013；城市	☺
28	人均氨氮排放量	吨/万人	全市	逆	15.681	9.464	10.382	22	25	3	环境年报2013；城市	☺
29	空气质量达到二级以上天数占全年比重	%	市辖区	正	87.747	90.410	90.410	45	66	21	环保部数据	☺
30	首要污染物可吸入颗粒物天数占全年比重	%	市辖区	逆	76.540	87.397	87.397	67	84	17	环保部数据	☺
31	可吸入细颗粒物浓度（PM2.5）年均值		市辖区	正	NA	NA	NA	NA	NA			
32	环境保护支出占财政支出比重	%	全市	正	3.115	4.038	3.420	18	32	14	统计；城市	☺
33	城市环境基础设施建设投资占全市固定资产投资比重	%	全市	正	1.180	0.825	0.004	57	69	12	区域经济；环境年报2013	☺
34	科教文卫支出占财政支出比重	%	全市	正	29.116	27.626	28.068	64	70	6	统计；区域经济；城市	☺
35	人均绿地面积	平方米	市辖区	正	27.611	22.264	18.530	32	36	4	城市	☺
36	建成区绿化覆盖率	%	市辖区	正	41.051	41.880	39.920	40	62	22	城市建设	☺
37	用水普及率	%	市辖区	正	98.575	99.780	99.760	55	53	−2	城市建设	☹
38	城市生活污水处理率	%	市辖区	正	89.873	98.800	98.700	4	7	3	城市建设	☺
39	生活垃圾无害化处理率	%	市辖区	正	95.620	100.000	100.000	1	1	0	城市建设	
40	万人拥有公交车辆	辆	市辖区	正	11.396	16.010	16.670	18	15	−3	城市	☹
41	工业二氧化硫去除率	%	全市	正	64.962	66.274	53.498	55	79	24	环境年报2013	☺
42	工业废水化学需氧量去除率	%	全市	正	82.207	88.999	88.938	29	32	3	环境年报2013	☺
43	工业氮氧化物去除率	%	全市	正	20.860	28.571	8.140	20	36	16	环境年报2013	☺
44	工业废水氨氮去除率	%	全市	正	73.701	91.099	89.602	16	15	−1	环境年报2013	☹

年鉴说明：区域经济——《中国区域经济统计年鉴2014》；城市——《中国城市统计年鉴2014》；统计——《中国统计年鉴2014》；城市建设——《中国城市建设统计年鉴2013》；环境年报2013——《中国环境统计年报2013》；环境年鉴——《中国环境统计年鉴2014》；环保部数据——环境保护部数据中心。

福州绿色发展"体检"表

序号	指标名称	单 位	口 径	指标属性	2013 年测评均值	2013 年福州数值	2012 年福州数值	2013 年福州排名	2012 年福州排名	排名变化	2013 年数据来源	进退脸谱
1	人均地区生产总值	元/人	全市	正	61 184.460	64 045.000	58 202.000	37	39	2	区域经济	☺
2	单位地区生产总值能耗	吨/万元	全市	逆	0.884	0.569	0.585	39	35	−4	区域经济；城市	☹
3	人均城镇生活消费用电	千瓦时/人	全市	逆	450.539	556.497	526.897	75	75	0	城市	
4	单位地区生产总值二氧化碳排放量			逆	NA	NA	NA	NA	NA			
5	单位地区生产总值二氧化硫排放量	吨/亿元	全市	逆	52.172	19.674	21.988	29	28	−1	区域经济；环境年报2013	☹
6	单位地区生产总值化学需氧量排放量	吨/亿元	全市	逆	21.921	18.535	20.478	50	47	−3	区域经济；环境年报2013	☹
7	单位地区生产总值氮氧化物排放量	吨/亿元	全市	逆	39.820	18.363	24.730	30	35	5	区域经济；环境年报2013	☺
8	单位地区生产总值氨氮排放量	吨/亿元	全市	逆	3.390	2.523	2.771	41	37	−4	区域经济；环境年报2013	☹
9	第一产业劳动生产率	万元/人	全市	正	1 051.745	1 915.714	835.750	18	33	15	区域经济；城市	☺
10	第二产业劳动生产率	万元/人	全市	正	41.476	24.355	22.254	87	90	3	区域经济；城市	☺
11	单位工业增加值水耗	万吨/万元	全市	逆	190.186	28.520	35.617	10	11	1	区域经济；环境年报2013	☺
12	单位工业增加值能耗		全市	逆	NA	NA	NA	NA	NA			
13	工业固体废物综合利用率	%	全市	正	81.712	94.320	90.000	40	56	16	环境年报2013	☺
14	工业用水重复利用率	%	全市	正	83.794	79.793	74.270	77	82	5	环境年报2013	☺
15	第三产业劳动生产率	万元/人	全市	正	36.869	38.665	38.890	36	34	−2	区域经济；城市	☹
16	第三产业增加值比重	%	全市	正	40.668	45.800	45.840	28	25	−3	城市	☹
17	第三产业就业人员比重	%	全市	正	46.216	41.464	35.934	71	85	14	区域经济	☺
18	人均水资源量	立方米/人	全市	正	1 279.561	1 341.166	1 917.680	30	24	−6	城市	☹
19	单位土地面积二氧化碳排放量			逆	NA	NA	NA	NA	NA			
20	人均二氧化碳排放量			逆	NA	NA	NA	NA	NA			
21	单位土地面积二氧化硫排放量	吨/平方公里	全市	逆	8.808	5.918	5.932	41	37	−4	环境年报2013；城市	☹
22	人均二氧化硫排放量	吨/万人	全市	逆	239.279	117.977	118.816	34	31	−3	环境年报2013；城市	☹

序号	指标名称	单位	口径	指标属性	2013年测评均值	2013年福州数值	2012年福州数值	2013年福州排名	2012年福州排名	排名变化	2013年数据来源	进退脸谱
23	单位土地面积化学需氧量排放量	吨/平方公里	全市	逆	5.288	5.575	5.524	73	72	−1	环境年报2013；城市	☹
24	人均化学需氧量排放量	吨/万人	全市	逆	93.889	111.145	110.656	70	69	−1	环境年报2013；城市	☹
25	单位土地面积氮氧化物排放量	吨/平方公里	全市	逆	7.931	5.523	6.671	47	52	5	环境年报2013；城市	☺
26	人均氮氧化物排放量	吨/万人	全市	逆	187.502	110.114	133.633	40	47	7	环境年报2013；城市	☺
27	单位土地面积氨氮排放量	吨/平方公里	全市	逆	0.847	0.759	0.748	69	65	−4	环境年报2013；城市	☹
28	人均氨氮排放量	吨/万人	全市	逆	15.681	15.127	14.975	63	60	−3	环境年报2013；城市	☹
29	空气质量达到二级以上天数占全年比重	％	市辖区	正	87.747	99.450	99.450	8	10	2	环保部数据	☺
30	首要污染物可吸入颗粒物天数占全年比重	％	市辖区	逆	76.540	56.986	56.986	16	18	2	环保部数据	☺
31	可吸入细颗粒物浓度（PM2.5）年均值		市辖区	正	NA	NA	NA	NA	NA			
32	环境保护支出占财政支出比重	％	全市	正	3.115	1.400	1.603	94	89	−5	统计；城市	☹
33	城市环境基础设施建设投资占全市固定资产投资比重	％	全市	正	1.180	0.739	0.006	63	51	−12	区域经济；环境年报2013	☹
34	科教文卫支出占财政支出比重	％	全市	正	29.116	30.869	34.309	34	21	−13	统计；区域经济；城市	☹
35	人均绿地面积	平方米	市辖区	正	27.611	14.876	13.676	55	60	5	城市	☺
36	建成区绿化覆盖率	％	市辖区	正	41.051	42.700	40.600	29	52	23	城市建设	☺
37	用水普及率	％	市辖区	正	98.575	99.990	99.370	50	62	12	城市建设	☺
38	城市生活污水处理率	％	市辖区	正	89.873	86.370	84.700	80	79	−1	城市建设	☹
39	生活垃圾无害化处理率	％	市辖区	正	95.620	98.970	98.230	58	56	−2	城市建设	☹
40	万人拥有公交车辆	辆	市辖区	正	11.396	22.130	18.130	3	5	2	城市	☺
41	工业二氧化硫去除率	％	全市	正	64.962	68.315	65.971	48	46	−2	环境年报2013	☹
42	工业废水化学需氧量去除率	％	全市	正	82.207	93.825	93.646	14	13	−1	环境年报2013	☺
43	工业氮氧化物去除率	％	全市	正	20.860	39.496	22.321	10	10	0	环境年报2013	
44	工业废水氨氮去除率	％	全市	正	73.701	84.113	78.100	34	47	13	环境年报2013	☹

年鉴说明：区域经济——《中国区域经济统计年鉴2014》；城市——《中国城市统计年鉴2014》；统计——《中国统计年鉴2014》；城市建设——《中国城市建设统计年鉴2013》；环境年报2013——《中国环境统计年报2013》；环境年鉴——《中国环境统计年鉴2014》；环保部数据——环境保护部数据中心。

厦门绿色发展"体检"表

序号	指标名称	单 位	口 径	指标属性	2013 年测评均值	2013 年厦门数值	2012 年厦门数值	2013 年厦门排名	2012 年厦门排名	排名变化	2013 年数据来源	进退脸谱
1	人均地区生产总值	元/人	全市	正	61 184.460	81 572.000	77 340.000	22	23	1	区域经济	☺
2	单位地区生产总值能耗	吨/万元	全市	逆	0.884	0.525	0.536	36	34	−2	区域经济；城市	☹
3	人均城镇生活消费用电	千瓦时/人	全市	逆	450.539	2 049.330	2 007.190	99	99	0	城市	
4	单位地区生产总值二氧化碳排放量			逆	NA	NA	NA	NA	NA			
5	单位地区生产总值二氧化硫排放量	吨/亿元	全市	逆	52.172	7.206	7.783	6	6	0	区域经济；环境年报2013	
6	单位地区生产总值化学需氧量排放量	吨/亿元	全市	逆	21.921	10.335	12.451	22	25	3	区域经济；环境年报2013	☺
7	单位地区生产总值氮氧化物排放量	吨/亿元	全市	逆	39.820	4.547	5.396	5	5	0	区域经济；环境年报2013	
8	单位地区生产总值氨氮排放量	吨/亿元	全市	逆	3.390	2.158	2.605	32	34	2	区域经济；环境年报2013	☺
9	第一产业劳动生产率	万元/人	全市	正	1 051.745	115.556	107.660	88	89	1	区域经济；城市	☺
10	第二产业劳动生产率	万元/人	全市	正	41.476	16.624	16.871	99	99	0	区域经济；城市	
11	单位工业增加值水耗	万吨/万元	全市	逆	190.186	70.191	69.225	20	21	1	区域经济；环境年报2013	☺
12	单位工业增加值能耗		全市	逆	NA	NA	NA	NA	NA			
13	工业固体废物综合利用率	%	全市	正	81.712	94.180	95.980	41	28	−13	环境年报2013	☹
14	工业用水重复利用率	%	全市	正	83.794	92.637	91.960	35	35	0	环境年报2013	
15	第三产业劳动生产率	万元/人	全市	正	36.869	41.398	42.952	31	28	−3	区域经济；城市	☹
16	第三产业增加值比重	%	全市	正	40.668	51.600	50.330	15	15	0	城市	
17	第三产业就业人员比重	%	全市	正	46.216	30.800	29.750	91	96	5	区域经济	☺
18	人均水资源量	立方米/人	全市	正	1 279.561	685.663	687.974	47	44	−3	城市	☹
19	单位土地面积二氧化碳排放量			逆	NA	NA	NA	NA	NA			
20	人均二氧化碳排放量			逆	NA	NA	NA	NA	NA			
21	单位土地面积二氧化硫排放量	吨/平方公里	全市	逆	8.808	12.243	12.086	78	73	−5	环境年报2013；城市	☹
22	人均二氧化硫排放量	吨/万人	全市	逆	239.279	99.319	101.074	25	24	−1	环境年报2013；城市	☹

续表

序号	指标名称	单位	口径	指标属性	2013年测评均值	2013年厦门数值	2012年厦门数值	2013年厦门排名	2012年厦门排名	排名变化	2013年数据来源	进退脸谱
23	单位土地面积化学需氧量排放量	吨/平方公里	全市	逆	5.288	17.559	19.336	97	97	0	环境年报2013；城市	
24	人均化学需氧量排放量	吨/万人	全市	逆	93.889	142.445	161.702	91	94	3	环境年报2013；城市	☺
25	单位土地面积氮氧化物排放量	吨/平方公里	全市	逆	7.931	7.725	8.380	65	64	−1	环境年报2013；城市	☹
26	人均氮氧化物排放量	吨/万人	全市	逆	187.502	62.671	70.074	17	18	1	环境年报2013；城市	☺
27	单位土地面积氨氮排放量	吨/平方公里	全市	逆	0.847	3.667	4.045	97	97	0	环境年报2013；城市	
28	人均氨氮排放量	吨/万人	全市	逆	15.681	29.747	33.829	93	94	1	环境年报2013；城市	☺
29	空气质量达到二级以上天数占全年比重	%	市辖区	正	87.747	100.000	100.000	1	1	0	环保部数据	
30	首要污染物可吸入颗粒物天数占全年比重	%	市辖区	逆	76.540	50.959	50.959	12	12	0	环保部数据	
31	可吸入细颗粒物浓度(PM2.5)年均值		市辖区	正	NA	NA	NA	NA	NA			
32	环境保护支出占财政支出比重	%	全市	正	3.115	2.164	2.243	72	71	−1	统计；城市	☹
33	城市环境基础设施建设投资占全市固定资产投资比重	%	全市	正	1.180	1.550	0.011	25	27	2	区域经济；环境年报2013	☺
34	科教文卫支出占财政支出比重	%	全市	正	29.116	25.381	24.878	77	89	12	统计；区域经济；城市	☺
35	人均绿地面积	平方米	市辖区	正	27.611	90.722	90.064	6	6	0	城市	
36	建成区绿化覆盖率	%	市辖区	正	41.051	41.840	41.760	41	39	−2	城市建设	☹
37	用水普及率	%	市辖区	正	98.575	100.000	100.000	1	1	0	城市建设	
38	城市生活污水处理率	%	市辖区	正	89.873	91.620	90.700	45	47	2	城市建设	☺
39	生活垃圾无害化处理率	%	市辖区	正	95.620	99.200	99.000	57	54	−3	城市建设	☹
40	万人拥有公交车辆	辆	市辖区	正	11.396	19.720	20.390	4	2	−2	城市	☹
41	工业二氧化硫去除率	%	全市	正	64.962	65.237	62.948	60	53	−7	环境年报2013	☹
42	工业废水化学需氧量去除率	%	全市	正	82.207	94.254	94.595	9	8	−1	环境年报2013	☹
43	工业氮氧化物去除率	%	全市	正	20.860	55.556	48.000	4	2	−2	环境年报2013	☹
44	工业废水氨氮去除率	%	全市	正	73.701	84.013	64.168	35	69	34	环境年报2013	☺

年鉴说明：区域经济——《中国区域经济统计年鉴2014》；城市——《中国城市统计年鉴2014》；统计——《中国统计年鉴2014》；城市建设——《中国城市建设统计年鉴2013》；环境年报2013——《中国环境统计年报2013》；环境年鉴——《中国环境统计年鉴2014》；环保部数据——环境保护部数据中心。

南昌绿色发展"体检"表

序号	指标名称	单位	口径	指标属性	2013年测评均值	2013年南昌数值	2012年南昌数值	2013年南昌排名	2012年南昌排名	排名变化	2013年数据来源	进退脸谱
1	人均地区生产总值	元/人	全市	正	61 184.460	64 678.000	58 715.000	36	36	0	区域经济	
2	单位地区生产总值能耗	吨/万元	全市	逆	0.884	0.450	0.643	29	40	11	区域经济；城市	☺
3	人均城镇生活消费用电	千瓦时/人	全市	逆	450.539	615.961	362.818	80	63	-17	城市	☹
4	单位地区生产总值二氧化碳排放量			逆	NA	NA	NA	NA	NA			
5	单位地区生产总值二氧化硫排放量	吨/亿元	全市	逆	52.172	14.822	17.515	14	15	1	区域经济；环境年报2013	☺
6	单位地区生产总值化学需氧量排放量	吨/亿元	全市	逆	21.921	17.673	20.779	47	48	1	区域经济；环境年报2013	☺
7	单位地区生产总值氮氧化物排放量	吨/亿元	全市	逆	39.820	6.824	9.937	8	9	1	区域经济；环境年报2013	☺
8	单位地区生产总值氨氮排放量	吨/亿元	全市	逆	3.390	2.741	3.098	47	48	1	区域经济；环境年报2013	☺
9	第一产业劳动生产率	万元/人	全市	正	1 051.745	195.280	144.304	81	82	1	区域经济；城市	☺
10	第二产业劳动生产率	万元/人	全市	正	41.476	28.959	32.077	78	72	-6	区域经济；城市	☹
11	单位工业增加值水耗	万吨/万元	全市	逆	190.186	50.620	52.067	16	17	1	区域经济；环境年报2013	☺
12	单位工业增加值能耗		全市	逆	NA	NA	NA	NA	NA			
13	工业固体废物综合利用率	%	全市	正	81.712	97.800	98.700	22	12	-10	环境年报2013	☹
14	工业用水重复利用率	%	全市	正	83.794	79.871	76.247	76	75	-1	环境年报2013	☹
15	第三产业劳动生产率	万元/人	全市	正	36.869	30.744	28.981	54	57	3	区域经济；城市	☺
16	第三产业增加值比重	%	全市	正	40.668	39.820	38.650	57	56	-1	城市	☹
17	第三产业就业人员比重	%	全市	正	46.216	38.008	42.560	79	67	-12	区域经济	☹
18	人均水资源量	立方米/人	全市	正	1 279.561	642.043	947.750	49	38	-11	城市	☹
19	单位土地面积二氧化碳排放量			逆	NA	NA	NA	NA	NA			
20	人均二氧化碳排放量			逆	NA	NA	NA	NA	NA			
21	单位土地面积二氧化硫排放量	吨/平方公里	全市	逆	8.808	5.593	5.970	38	39	1	环境年报2013；城市	☺
22	人均二氧化硫排放量	吨/万人	全市	逆	239.279	81.330	86.475	18	17	-1	环境年报2013；城市	☹

续表

序号	指标名称	单 位	口径	指标属性	2013 年测评均值	2013 年南昌数值	2012 年南昌数值	2013 年南昌排名	2012 年南昌排名	排名变化	2013 年数据来源	进退脸谱
23	单位土地面积化学需氧量排放量	吨/平方公里	全市	逆	5.288	6.668	7.083	83	83	0	环境年报2013；城市	
24	人均化学需氧量排放量	吨/万人	全市	逆	93.889	96.970	102.593	55	57	2	环境年报2013；城市	☺
25	单位土地面积氮氧化物排放量	吨/平方公里	全市	逆	7.931	2.575	3.387	20	28	8	环境年报2013；城市	☺
26	人均氮氧化物排放量	吨/万人	全市	逆	187.502	37.442	49.061	6	7	1	环境年报2013；城市	☺
27	单位土地面积氨氮排放量	吨/平方公里	全市	逆	0.847	1.034	1.056	80	80	0	环境年报2013；城市	
28	人均氨氮排放量	吨/万人	全市	逆	15.681	15.041	15.297	62	63	1	环境年报2013；城市	☺
29	空气质量达到二级以上天数占全年比重	％	市辖区	正	87.747	90.140	90.140	47	68	21	环保部数据	☺
30	首要污染物可吸入颗粒物天数占全年比重	％	市辖区	逆	76.540	76.986	76.986	42	56	14	环保部数据	☺
31	可吸入细颗粒物浓度(PM2.5)年均值		市辖区	正	NA	NA	NA	NA	NA			
32	环境保护支出占财政支出比重	％	全市	正	3.115	1.064	1.323	99	97	−2	统计；城市	☹
33	城市环境基础设施建设投资占全市固定资产投资比重	％	全市	正	1.180	1.259	0.022	36	13	−23	区域经济；环境年报2013	☹
34	科教文卫支出占财政支出比重	％	全市	正	29.116	28.718	29.709	57	56	−1	统计；区域经济；城市	☹
35	人均绿地面积	平方米	市辖区	正	27.611	19.666	17.116	37	44	7	城市	☺
36	建成区绿化覆盖率	％	市辖区	正	41.051	42.410	43.000	32	22	−10	城市建设	☹
37	用水普及率	％	市辖区	正	98.575	98.850	98.900	68	66	−2	城市建设	☹
38	城市生活污水处理率	％	市辖区	正	89.873	90.970	89.660	52	57	5	城市建设	☺
39	生活垃圾无害化处理率	％	市辖区	正	95.620	99.990	100.000	50	1	−49	城市建设	☹
40	万人拥有公交车辆	辆	市辖区	正	11.396	15.390	16.880	19	13	−6	城市	☹
41	工业二氧化硫去除率	％	全市	正	64.962	54.716	50.602	84	84	0	环境年报2013	
42	工业废水化学需氧量去除率	％	全市	正	82.207	88.498	87.861	30	42	12	环境年报2013	☺
43	工业氮氧化物去除率	％	全市	正	20.860	29.630	0.000	19	77	58	环境年报2013	☺
44	工业废水氨氮去除率	％	全市	正	73.701	83.115	83.467	40	33	−7	环境年报2013	☹

年鉴说明：区域经济——《中国区域经济统计年鉴 2014》；城市——《中国城市统计年鉴 2014》；统计——《中国统计年鉴 2014》；城市建设——《中国城市建设统计年鉴 2013》；环境年报 2013——《中国环境统计年报 2013》；环境年鉴——《中国环境统计年鉴 2014》；环保部数据——环境保护部数据中心。

济南绿色发展"体检"表

序号	指标名称	单　位	口　径	指标属性	2013年测评均值	2013年济南数值	2012年济南数值	2013年济南排名	2012年济南排名	排名变化	2013年数据来源	进退脸谱
1	人均地区生产总值	元/人	全市	正	61 184.460	74 994.000	69 444.000	26	26	0	区域经济	
2	单位地区生产总值能耗	吨/万元	全市	逆	0.884	0.892	0.870	59	58	−1	区域经济；城市	☹
3	人均城镇生活消费用电	千瓦时/人	全市	逆	450.539	551.248	550.192	73	76	3	城市	☺
4	单位地区生产总值二氧化碳排放量			逆	NA	NA	NA	NA	NA			
5	单位地区生产总值二氧化硫排放量	吨/亿元	全市	逆	52.172	22.472	26.304	33	35	2	区域经济；环境年报2013	☺
6	单位地区生产总值化学需氧量排放量	吨/亿元	全市	逆	21.921	7.490	9.585	12	15	3	区域经济；环境年报2013	☺
7	单位地区生产总值氮氧化物排放量	吨/亿元	全市	逆	39.820	16.063	19.443	24	25	1	区域经济；环境年报2013	☺
8	单位地区生产总值氨氮排放量	吨/亿元	全市	逆	3.390	1.124	1.494	7	9	2	区域经济；环境年报2013	☺
9	第一产业劳动生产率	万元/人	全市	正	1 051.745	2 996.842	1 873.480	8	8	0	区域经济；城市	
10	第二产业劳动生产率	万元/人	全市	正	41.476	29.219	29.792	74	79	5	区域经济；城市	☺
11	单位工业增加值水耗	万吨/万元	全市	逆	190.186	156.906	162.989	53	49	−4	区域经济；环境年报2013	☹
12	单位工业增加值能耗		全市	逆	NA	NA	NA	NA	NA			
13	工业固体废物综合利用率	%	全市	正	81.712	98.720	99.830	13	2	−11	环境年报2013	☹
14	工业用水重复利用率	%	全市	正	83.794	95.431	95.184	13	14	1	环境年报2013	☺
15	第三产业劳动生产率	万元/人	全市	正	36.869	38.874	36.246	35	36	1	区域经济；城市	☺
16	第三产业增加值比重	%	全市	正	40.668	55.300	54.390	9	8	−1	城市	☹
17	第三产业就业人员比重	%	全市	正	46.216	51.614	51.163	33	43	10	区域经济	☺
18	人均水资源量	立方米/人	全市	正	1 279.561	346.041	288.735	71	79	8	城市	☺
19	单位土地面积二氧化碳排放量			逆	NA	NA	NA	NA	NA			
20	人均二氧化碳排放量			逆	NA	NA	NA	NA	NA			
21	单位土地面积二氧化硫排放量	吨/平方公里	全市	逆	8.808	13.111	14.002	79	82	3	环境年报2013；城市	☺
22	人均二氧化硫排放量	吨/万人	全市	逆	239.279	175.401	188.342	55	56	1	环境年报2013；城市	☺

续表

序号	指标名称	单 位	口 径	指标属性	2013 年测评均值	2013 年济南数值	2012 年济南数值	2013 年济南排名	2012 年济南排名	排名变化	2013 年数据来源	进退脸谱
23	单位土地面积化学需氧量排放量	吨/平方公里	全市	逆	5.288	4.370	5.102	62	64	2	环境年报2013；城市	☺
24	人均化学需氧量排放量	吨/万人	全市	逆	93.889	58.458	68.631	20	25	5	环境年报2013；城市	☺
25	单位土地面积氮氧化物排放量	吨/平方公里	全市	逆	7.931	9.371	10.350	73	74	1	环境年报2013；城市	☺
26	人均氮氧化物排放量	吨/万人	全市	逆	187.502	125.375	139.215	45	49	4	环境年报2013；城市	☺
27	单位土地面积氨氮排放量	吨/平方公里	全市	逆	0.847	0.656	0.795	62	69	7	环境年报2013；城市	☺
28	人均氨氮排放量	吨/万人	全市	逆	15.681	8.773	10.698	15	26	11	环境年报2013；城市	☺
29	空气质量达到二级以上天数占全年比重	%	市辖区	正	87.747	89.040	89.040	57	76	19	环保部数据	☺
30	首要污染物可吸入颗粒物天数占全年比重	%	市辖区	逆	76.540	92.877	92.877	79	95	16	环保部数据	☺
31	可吸入细颗粒物浓度(PM2.5)年均值		市辖区	正	NA	NA	NA	NA	NA			
32	环境保护支出占财政支出比重	%	全市	正	3.115	2.051	2.556	77	60	−17	统计；城市	☹
33	城市环境基础设施建设投资占全市固定资产投资比重	%	全市	正	1.180	1.722	0.012	17	23	6	区域经济；环境年报2013	☺
34	科教文卫支出占财政支出比重	%	全市	正	29.116	30.157	29.647	41	57	16	统计；区域经济；城市	☺
35	人均绿地面积	平方米	市辖区	正	27.611	21.037	20.314	35	34	−1	城市	☹
36	建成区绿化覆盖率	%	市辖区	正	41.051	39.000	38.000	74	81	7	城市建设	☺
37	用水普及率	%	市辖区	正	98.575	100.000	100.000	1	1	0	城市建设	☺
38	城市生活污水处理率	%	市辖区	正	89.873	98.790	97.290	5	9	4	城市建设	☺
39	生活垃圾无害化处理率	%	市辖区	正	95.620	94.820	91.980	72	76	4	城市建设	☺
40	万人拥有公交车辆	辆	市辖区	正	11.396	13.090	13.370	29	24	−5	城市	☹
41	工业二氧化硫去除率	%	全市	正	64.962	69.619	63.666	45	50	5	环境年报2013	☺
42	工业废水化学需氧量去除率	%	全市	正	82.207	93.291	93.193	15	16	1	环境年报2013	☺
43	工业氮氧化物去除率	%	全市	正	20.860	24.742	4.706	30	53	23	环境年报2013	☺
44	工业废水氨氮去除率	%	全市	正	73.701	97.342	97.434	6	4	−2	环境年报2013	☹

年鉴说明：区域经济——《中国区域经济统计年鉴2014》；城市——《中国城市统计年鉴2014》；统计——《中国统计年鉴2014》；城市建设——《中国城市建设统计年鉴2013》；环境年报2013——《中国环境统计年报2013》；环境年鉴——《中国环境统计年鉴2014》；环保部数据——环境保护部数据中心。

青岛绿色发展"体检"表

序号	指标名称	单位	口径	指标属性	2013年测评均值	2013年青岛数值	2012年青岛数值	2013年青岛排名	2012年青岛排名	排名变化	2013年数据来源	进退脸谱
1	人均地区生产总值	元/人	全市	正	61 184.460	89 797.000	82 680.000	18	19	1	区域经济	☺
2	单位地区生产总值能耗	吨/万元	全市	逆	0.884	0.232	0.264	8	8	0	区域经济;城市	
3	人均城镇生活消费用电	千瓦时/人	全市	逆	450.539	408.849	412.409	62	67	5	城市	☺
4	单位地区生产总值二氧化碳排放量			逆	NA	NA	NA	NA	NA			
5	单位地区生产总值二氧化硫排放量	吨/亿元	全市	逆	52.172	13.735	15.544	13	13	0	区域经济;环境年报2013	
6	单位地区生产总值化学需氧量排放量	吨/亿元	全市	逆	21.921	4.690	5.225	4	4	0	区域经济;环境年报2013	
7	单位地区生产总值氮氧化物排放量	吨/亿元	全市	逆	39.820	9.600	12.108	10	11	1	区域经济;环境年报2013	☺
8	单位地区生产总值氨氮排放量	吨/亿元	全市	逆	3.390	0.969	1.082	3	3	0	区域经济;环境年报2013	
9	第一产业劳动生产率	万元/人	全市	正	1 051.745	2 202.500	1 351.710	14	23	9	区域经济;城市	☺
10	第二产业劳动生产率	万元/人	全市	正	41.476	44.413	43.778	39	45	6	区域经济;城市	☺
11	单位工业增加值水耗	万吨/万元	全市	逆	190.186	43.607	49.979	13	16	3	区域经济;环境年报2013	☺
12	单位工业增加值能耗		全市	逆	NA	NA	NA	NA	NA			
13	工业固体废物综合利用率	%	全市	正	81.712	94.870	95.900	38	29	-9	环境年报2013	☹
14	工业用水重复利用率	%	全市	正	83.794	82.620	81.941	73	65	-8	环境年报2013	☹
15	第三产业劳动生产率	万元/人	全市	正	36.869	71.766	70.418	5	5	0	区域经济;城市	
16	第三产业增加值比重	%	全市	正	40.668	50.120	48.960	18	18	0	城市	
17	第三产业就业人员比重	%	全市	正	46.216	40.963	39.971	74	79	5	区域经济	☺
18	人均水资源量	立方米/人	全市	正	1 279.561	181.842	166.655	89	92	3	城市	☺
19	单位土地面积二氧化碳排放量			逆	NA	NA	NA	NA	NA			
20	人均二氧化碳排放量			逆	NA	NA	NA	NA	NA			
21	单位土地面积二氧化硫排放量	吨/平方公里	全市	逆	8.808	8.583	9.075	55	57	2	环境年报2013;城市	☺
22	人均二氧化硫排放量	吨/万人	全市	逆	239.279	125.498	129.715	35	35	0	环境年报2013;城市	

续表

序号	指标名称	单位	口径	指标属性	2013年测评均值	2013年青岛数值	2012年青岛数值	2013年青岛排名	2012年青岛排名	排名变化	2013年数据来源	进退脸谱
23	单位土地面积化学需氧量排放量	吨/平方公里	全市	逆	5.288	2.930	3.050	43	41	−2	环境年报2013；城市	☹
24	人均化学需氧量排放量	吨/万人	全市	逆	93.889	42.848	43.603	5	4	−1	环境年报2013；城市	☹
25	单位土地面积氮氧化物排放量	吨/平方公里	全市	逆	7.931	5.999	7.069	48	54	6	环境年报2013；城市	☺
26	人均氮氧化物排放量	吨/万人	全市	逆	187.502	87.718	101.043	30	30	0	环境年报2013；城市	
27	单位土地面积氨氮排放量	吨/平方公里	全市	逆	0.847	0.605	0.632	59	57	−2	环境年报2013；城市	☹
28	人均氨氮排放量	吨/万人	全市	逆	15.681	8.853	9.032	18	14	−4	环境年报2013；城市	☹
29	空气质量达到二级以上天数占全年比重	％	市辖区	正	87.747	93.700	93.700	29	48	19	环保部数据	☺
30	首要污染物可吸入颗粒物天数占全年比重	％	市辖区	逆	76.540	53.425	53.425	13	14	1	环保部数据	☺
31	可吸入细颗粒物浓度（PM2.5）年均值		市辖区	正	NA	NA	NA	NA	NA			
32	环境保护支出占财政支出比重	％	全市	正	3.115	6.338	2.503	7	63	56	统计；城市	☺
33	城市环境基础设施建设投资占全市固定资产投资比重	％	全市	正	1.180	1.092	0.016	44	18	−26	区域经济；环境年报2013	☹
34	科教文卫支出占财政支出比重	％	全市	正	29.116	25.211	27.293	78	79	1	统计；区域经济；城市	☺
35	人均绿地面积	平方米	市辖区	正	27.611	36.297	27.957	17	23	6	城市	☺
36	建成区绿化覆盖率	％	市辖区	正	41.051	44.710	44.700	12	12	0	城市建设	
37	用水普及率	％	市辖区	正	98.575	100.000	100.000	1	1	0	城市建设	
38	城市生活污水处理率	％	市辖区	正	89.873	94.380	91.340	29	43	14	城市建设	☺
39	生活垃圾无害化处理率	％	市辖区	正	95.620	100.000	100.000	1	1	0	城市建设	
40	万人拥有公交车辆	辆	市辖区	正	11.396	16.860	14.830	15	20	5	城市	☺
41	工业二氧化硫去除率	％	全市	正	64.962	73.736	73.025	33	25	−8	环境年报2013	☹
42	工业废水化学需氧量去除率	％	全市	正	82.207	90.303	91.204	22	22	0	环境年报2013	
43	工业氮氧化物去除率	％	全市	正	20.860	50.000	21.053	5	11	6	环境年报2013	☺
44	工业废水氨氮去除率	％	全市	正	73.701	82.115	86.585	44	24	−20	环境年报2013	☹

年鉴说明：区域经济——《中国区域经济统计年鉴2014》；城市——《中国城市统计年鉴2014》；统计——《中国统计年鉴2014》；城市建设——《中国城市建设统计年鉴2013》；环境年报2013——《中国环境统计年报2013》；环境年鉴——《中国环境统计年鉴2014》；环保部数据——环境保护部数据中心。

郑州绿色发展"体检"表

序号	指标名称	单 位	口 径	指标属性	2013年测评均值	2013年郑州数值	2012年郑州数值	2013年郑州排名	2012年郑州排名	排名变化	2013年数据来源	进退脸谱
1	人均地区生产总值	元/人	全市	正	61 184.460	68 073.000	62 054.000	32	32	0	区域经济	
2	单位地区生产总值能耗	吨/万元	全市	逆	0.884	0.513	0.530	35	32	—3	区域经济;城市	☹
3	人均城镇生活消费用电	千瓦时/人	全市	逆	450.539	599.761	525.372	79	74	—5	城市	☹
4	单位地区生产总值二氧化碳排放量			逆	NA	NA	NA	NA	NA			
5	单位地区生产总值二氧化硫排放量	吨/亿元	全市	逆	52.172	26.666	37.415	42	46	4	区域经济;环境年报2013	☺
6	单位地区生产总值化学需氧量排放量	吨/亿元	全市	逆	21.921	8.789	10.611	16	18	2	区域经济;环境年报2013	☺
7	单位地区生产总值氮氧化物排放量	吨/亿元	全市	逆	39.820	30.658	38.325	53	54	1	区域经济;环境年报2013	☺
8	单位地区生产总值氨氮排放量	吨/亿元	全市	逆	3.390	2.041	2.387	26	27	1	区域经济;环境年报2013	☺
9	第一产业劳动生产率	万元/人	全市	正	1 051.745	554.717	678.095	48	39	—9	区域经济;城市	☹
10	第二产业劳动生产率	万元/人	全市	正	41.476	33.793	37.807	64	60	—4	区域经济;城市	☹
11	单位工业增加值水耗	万吨/万元	全市	逆	190.186	79.680	119.388	23	44	21	区域经济;环境年报2013	☺
12	单位工业增加值能耗		全市	逆	NA	NA	NA	NA	NA			
13	工业固体废物综合利用率	%	全市	正	81.712	73.550	78.300	76	71	—5	环境年报2013	☹
14	工业用水重复利用率	%	全市	正	83.794	89.600	90.626	47	41	—6	环境年报2013	☹
15	第三产业劳动生产率	万元/人	全市	正	36.869	34.910	34.319	41	41	0	区域经济;城市	
16	第三产业增加值比重	%	全市	正	40.668	41.670	40.980	43	44	1	城市	☺
17	第三产业就业人员比重	%	全市	正	46.216	41.339	42.403	72	69	—3	区域经济	☹
18	人均水资源量	立方米/人	全市	正	1 279.561	188.214	183.894	87	91	4	城市	☺
19	单位土地面积二氧化碳排放量			逆	NA	NA	NA	NA	NA			
20	人均二氧化碳排放量			逆	NA	NA	NA	NA	NA			
21	单位土地面积二氧化硫排放量	吨/平方公里	全市	逆	8.808	15.861	20.231	87	94	7	环境年报2013;城市	☺
22	人均二氧化硫排放量	吨/万人	全市	逆	239.279	152.365	197.484	48	62	14	环境年报2013;城市	☺

续表

序号	指标名称	单位	口径	指标属性	2013年测评均值	2013年郑州数值	2012年郑州数值	2013年郑州排名	2012年郑州排名	排名变化	2013年数据来源	进退脸谱
23	单位土地面积化学需氧量排放量	吨/平方公里	全市	逆	5.288	5.228	5.738	69	74	5	环境年报2013；城市	☺
24	人均化学需氧量排放量	吨/万人	全市	逆	93.889	50.219	56.008	13	13	0	环境年报2013；城市	
25	单位土地面积氮氧化物排放量	吨/平方公里	全市	逆	7.931	18.235	20.723	91	90	—1	环境年报2013；城市	☹
26	人均氮氧化物排放量	吨/万人	全市	逆	187.502	175.177	202.288	63	69	6	环境年报2013；城市	☺
27	单位土地面积氨氮排放量	吨/平方公里	全市	逆	0.847	1.214	1.291	84	85	1	环境年报2013；城市	☺
28	人均氨氮排放量	吨/万人	全市	逆	15.681	11.661	12.598	39	45	6	环境年报2013；城市	☺
29	空气质量达到二级以上天数占全年比重	%	市辖区	正	87.747	87.670	87.670	65	84	19	环保部数据	☺
30	首要污染物可吸入颗粒物天数占全年比重	%	市辖区	逆	76.540	86.575	86.575	64	82	18	环保部数据	☺
31	可吸入细颗粒物浓度（PM2.5）年均值		市辖区	正	NA	NA	NA	NA	NA			
32	环境保护支出占财政支出比重	%	全市	正	3.115	3.145	2.008	36	78	42	统计；城市	☺
33	城市环境基础设施建设投资占全市固定资产投资比重	%	全市	正	1.180	0.760	0.005	61	60	—1	区域经济；环境年报2013	☹
34	科教文卫支出占财政支出比重	%	全市	正	29.116	27.372	27.999	68	71	3	统计；区域经济；城市	☺
35	人均绿地面积	平方米	市辖区	正	27.611	17.345	16.751	48	46	—2	城市	☹
36	建成区绿化覆盖率	%	市辖区	正	41.051	38.000	36.080	86	91	5	城市建设	☺
37	用水普及率	%	市辖区	正	98.575	100.000	100.000	1	1	0	城市建设	
38	城市生活污水处理率	%	市辖区	正	89.873	95.860	95.820	14	17	3	城市建设	☺
39	生活垃圾无害化处理率	%	市辖区	正	95.620	89.720	89.750	83	81	—2	城市建设	☹
40	万人拥有公交车辆	辆	市辖区	正	11.396	11.110	9.450	39	54	15	城市	☺
41	工业二氧化硫去除率	%	全市	正	64.962	65.544	52.120	58	81	23	环境年报2013	☺
42	工业废水化学需氧量去除率	%	全市	正	82.207	77.987	79.525	73	75	2	环境年报2013	☺
43	工业氮氧化物去除率	%	全市	正	20.860	20.710	18.182	47	13	—34	环境年报2013	☹
44	工业废水氨氮去除率	%	全市	正	73.701	66.560	59.337	67	75	8	环境年报2013	☺

年鉴说明：区域经济——《中国区域经济统计年鉴2014》；城市——《中国城市统计年鉴2014》；统计——《中国统计年鉴2014》；城市建设——《中国城市建设统计年鉴2013》；环境年报2013——《中国环境统计年报2013》；环境年鉴——《中国环境统计年鉴2014》；环保部数据——环境保护部数据中心。

武汉绿色发展"体检"表

序号	指标名称	单　位	口　径	指标属性	2013年测评均值	2013年武汉数值	2012年武汉数值	2013年武汉排名	2012年武汉排名	排名变化	2013年数据来源	进退脸谱
1	人均地区生产总值	元/人	全市	正	61 184.460	89 000.000	79 482.000	19	21	2	区域经济	☺
2	单位地区生产总值能耗	吨/万元	全市	逆	0.884	0.962	0.997	65	65	0	区域经济；城市	
3	人均城镇生活消费用电	千瓦时/人	全市	逆	450.539	825.243	768.491	91	90	-1	城市	☹
4	单位地区生产总值二氧化碳排放量			逆	NA	NA	NA	NA	NA			
5	单位地区生产总值二氧化硫排放量	吨/亿元	全市	逆	52.172	16.811	18.935	22	16	-6	区域经济；环境年报2013	☹
6	单位地区生产总值化学需氧量排放量	吨/亿元	全市	逆	21.921	17.126	20.185	44	45	1	区域经济；环境年报2013	☺
7	单位地区生产总值氮氧化物排放量	吨/亿元	全市	逆	39.820	15.850	19.225	23	23	0	区域经济；环境年报2013	
8	单位地区生产总值氨氮排放量	吨/亿元	全市	逆	3.390	2.300	2.633	35	35	0	区域经济；环境年报2013	
9	第一产业劳动生产率	万元/人	全市	正	1 051.745	871.169	762.557	37	34	-3	区域经济；城市	☹
10	第二产业劳动生产率	万元/人	全市	正	41.476	43.272	38.717	43	58	15	区域经济；城市	☺
11	单位工业增加值水耗	万吨/万元	全市	逆	190.186	214.660	243.055	65	62	-3	区域经济；环境年报2013	☹
12	单位工业增加值能耗		全市	逆	NA	NA	NA	NA	NA			
13	工业固体废物综合利用率	%	全市	正	81.712	95.000	95.050	37	37	0	环境年报2013	
14	工业用水重复利用率	%	全市	正	83.794	80.615	80.819	74	69	-5	环境年报2013	☹
15	第三产业劳动生产率	万元/人	全市	正	36.869	46.341	42.368	21	30	9	区域经济；城市	☺
16	第三产业增加值比重	%	全市	正	40.668	47.720	47.890	22	21	-1	城市	☹
17	第三产业就业人员比重	%	全市	正	46.216	48.293	47.198	43	52	9	区域经济	☺
18	人均水资源量	立方米/人	全市	正	1 279.561	499.209	581.201	54	50	-4	城市	☹
19	单位土地面积二氧化碳排放量			逆	NA	NA	NA	NA	NA			
20	人均二氧化碳排放量			逆	NA	NA	NA	NA	NA			
21	单位土地面积二氧化硫排放量	吨/平方公里	全市	逆	8.808	12.164	12.455	76	78	2	环境年报2013；城市	☺
22	人均二氧化硫排放量	吨/万人	全市	逆	239.279	125.709	128.310	36	33	-3	环境年报2013；城市	☹

续表

序号	指标名称	单位	口径	指标属性	2013年测评均值	2013年武汉数值	2012年武汉数值	2013年武汉排名	2012年武汉排名	排名变化	2013年数据来源	进退脸谱
23	单位土地面积化学需氧量排放量	吨/平方公里	全市	逆	5.288	12.392	13.278	93	93	0	环境年报2013；城市	
24	人均化学需氧量排放量	吨/万人	全市	逆	93.889	128.063	136.784	84	84	0	环境年报2013；城市	
25	单位土地面积氮氧化物排放量	吨/平方公里	全市	逆	7.931	11.469	12.646	79	78	−1	环境年报2013；城市	☹
26	人均氮氧化物排放量	吨/万人	全市	逆	187.502	118.525	130.280	42	45	3	环境年报2013；城市	☺
27	单位土地面积氨氮排放量	吨/平方公里	全市	逆	0.847	1.664	1.732	92	93	1	环境年报2013；城市	☺
28	人均氨氮排放量	吨/万人	全市	逆	15.681	17.198	17.842	73	73	0	环境年报2013；城市	
29	空气质量达到二级以上天数占全年比重	%	市辖区	正	87.747	87.950	87.950	63	82	19	环保部数据	☺
30	首要污染物可吸入颗粒物天数占全年比重	%	市辖区	逆	76.540	84.384	84.384	59	76	17	环保部数据	☺
31	可吸入细颗粒物浓度（PM2.5）年均值		市辖区	正	NA	NA	NA	NA	NA			
32	环境保护支出占财政支出比重	%	全市	正	3.115	1.746	1.794	82	85	3	统计；城市	☺
33	城市环境基础设施建设投资占全市固定资产投资比重	%	全市	正	1.180	1.314	0.025	34	9	−25	区域经济；环境年报2013	☹
34	科教文卫支出占财政支出比重	%	全市	正	29.116	23.104	25.432	90	86	−4	统计；区域经济；城市	☹
35	人均绿地面积	平方米	市辖区	正	27.611	21.773	20.786	34	33	−1	城市	☹
36	建成区绿化覆盖率	%	市辖区	正	41.051	38.210	38.190	83	79	−4	城市建设	☹
37	用水普及率	%	市辖区	正	98.575	100.000	100.000	1	1	0	城市建设	
38	城市生活污水处理率	%	市辖区	正	89.873	95.400	88.780	17	60	43	城市建设	☺
39	生活垃圾无害化处理率	%	市辖区	正	95.620	100.000	95.110	1	67	66	城市建设	☺
40	万人拥有公交车辆	辆	市辖区	正	11.396	14.820	14.380	21	21	0	城市	
41	工业二氧化硫去除率	%	全市	正	64.962	67.467	60.131	50	61	11	环境年报2013	☺
42	工业废水化学需氧量去除率	%	全市	正	82.207	84.745	87.871	53	41	−12	环境年报2013	☹
43	工业氮氧化物去除率	%	全市	正	20.860	15.044	5.357	66	49	−17	环境年报2013	☹
44	工业废水氨氮去除率	%	全市	正	73.701	59.497	62.089	80	73	−7	环境年报2013	☹

年鉴说明：区域经济——《中国区域经济统计年鉴2014》；城市——《中国城市统计年鉴2014》；统计——《中国统计年鉴2014》；城市建设——《中国城市建设统计年鉴2013》；环境年报2013——《中国环境统计年报2013》；环境年鉴——《中国环境统计年鉴2014》；环保部数据——环境保护部数据中心。

长沙绿色发展"体检"表

序号	指标名称	单　位	口　径	指标属性	2013年测评均值	2013年长沙数值	2012年长沙数值	2013年长沙排名	2012年长沙排名	排名变化	2013年数据来源	进退脸谱
1	人均地区生产总值	元/人	全市	正	61 184.460	99 570.000	89 903.000	10	12	2	区域经济	☺
2	单位地区生产总值能耗	吨/万元	全市	逆	0.884	0.119	0.130	3	3	0	区域经济；城市	
3	人均城镇生活消费用电	千瓦时/人	全市	逆	450.539	740.006	705.780	86	86	0	城市	
4	单位地区生产总值二氧化碳排放量			逆	NA	NA	NA	NA	NA			
5	单位地区生产总值二氧化硫排放量	吨/亿元	全市	逆	52.172	5.263	5.904	4	3	−1	区域经济；环境年报2013	☹
6	单位地区生产总值化学需氧量排放量	吨/亿元	全市	逆	21.921	16.419	18.821	37	37	0	区域经济；环境年报2013	
7	单位地区生产总值氮氧化物排放量	吨/亿元	全市	逆	39.820	3.612	5.297	3	4	1	区域经济；环境年报2013	☺
8	单位地区生产总值氨氮排放量	吨/亿元	全市	逆	3.390	2.037	2.313	25	23	−2	区域经济；环境年报2013	☹
9	第一产业劳动生产率	万元/人	全市	正	1 051.745	2 455.000	2 017.110	9	6	−3	区域经济；城市	☹
10	第二产业劳动生产率	万元/人	全市	正	41.476	65.783	61.411	9	21	12	区域经济；城市	☺
11	单位工业增加值水耗	万吨/万元	全市	逆	190.186	5.155	5.404	2	2	0	区域经济；环境年报2013	
12	单位工业增加值能耗		全市	逆	NA	NA	NA	NA	NA			
13	工业固体废物综合利用率	%	全市	正	81.712	85.670	91.480	65	52	−13	环境年报2013	☹
14	工业用水重复利用率	%	全市	正	83.794	41.576	37.727	97	95	−2	环境年报2013	☹
15	第三产业劳动生产率	万元/人	全市	正	36.869	43.415	39.401	27	33	6	区域经济；城市	☺
16	第三产业增加值比重	%	全市	正	40.668	40.700	39.610	50	51	1	城市	☺
17	第三产业就业人员比重	%	全市	正	46.216	52.613	52.854	28	33	5	区域经济	☺
18	人均水资源量	立方米/人	全市	正	1 279.561	1 311.773	1 841.790	33	25	−8	城市	☹
19	单位土地面积二氧化碳排放量			逆	NA	NA	NA	NA	NA			
20	人均二氧化碳排放量			逆	NA	NA	NA	NA	NA			
21	单位土地面积二氧化硫排放量	吨/平方公里	全市	逆	8.808	1.992	1.995	9	8	−1	环境年报2013；城市	☹
22	人均二氧化硫排放量	吨/万人	全市	逆	239.279	35.574	35.796	3	2	−1	环境年报2013；城市	☹

续表

序号	指标名称	单 位	口 径	指标属性	2013年测评均值	2013年长沙数值	2012年长沙数值	2013年长沙排名	2012年长沙排名	排名变化	2013年数据来源	进退脸谱
23	单位土地面积化学需氧量排放量	吨/平方公里	全市	逆	5.288	6.214	6.361	79	77	-2	环境年报2013；城市	☹
24	人均化学需氧量排放量	吨/万人	全市	逆	93.889	110.971	114.116	69	71	2	环境年报2013；城市	☺
25	单位土地面积氮氧化物排放量	吨/平方公里	全市	逆	7.931	1.367	1.790	8	12	4	环境年报2013；城市	☺
26	人均氮氧化物排放量	吨/万人	全市	逆	187.502	24.411	32.118	5	5	0	环境年报2013；城市	
27	单位土地面积氨氮排放量	吨/平方公里	全市	逆	0.847	0.771	0.782	70	67	-3	环境年报2013；城市	☹
28	人均氨氮排放量	吨/万人	全市	逆	15.681	13.770	14.022	59	57	-2	环境年报2013；城市	☹
29	空气质量达到二级以上天数占全年比重	%	市辖区	正	87.747	90.680	90.680	44	65	21	环保部数据	☺
30	首要污染物可吸入颗粒物天数占全年比重	%	市辖区	逆	76.540	81.096	81.096	51	67	16	环保部数据	☺
31	可吸入细颗粒物浓度（PM2.5）年均值		市辖区	正	NA	NA	NA	NA	NA			
32	环境保护支出占财政支出比重	%	全市	正	3.115	3.061	2.955	39	45	6	统计；城市	☺
33	城市环境基础设施建设投资占全市固定资产投资比重	%	全市	正	1.180	0.965	0.007	49	43	-6	区域经济；环境年报2013	☹
34	科教文卫支出占财政支出比重	%	全市	正	29.116	26.187	27.523	73	76	3	统计；区域经济；城市	☺
35	人均绿地面积	平方米	市辖区	正	27.611	14.525	14.110	58	58	0	城市	
36	建成区绿化覆盖率	%	市辖区	正	41.051	38.980	37.980	75	82	7	城市建设	☺
37	用水普及率	%	市辖区	正	98.575	100.000	99.980	1	46	45	城市建设	☺
38	城市生活污水处理率	%	市辖区	正	89.873	96.540	99.430	10	4	-6	城市建设	☹
39	生活垃圾无害化处理率	%	市辖区	正	95.620	100.000	100.000	1	1	0	城市建设	
40	万人拥有公交车辆	辆	市辖区	正	11.396	13.890	12.670	25	28	3	城市	☺
41	工业二氧化硫去除率	%	全市	正	64.962	55.890	62.127	81	57	-24	环境年报2013	☹
42	工业废水化学需氧量去除率	%	全市	正	82.207	69.273	61.948	91	96	5	环境年报2013	☺
43	工业氮氧化物去除率	%	全市	正	20.860	42.857	56.250	8	1	-7	环境年报2013	☹
44	工业废水氨氮去除率	%	全市	正	73.701	52.562	52.751	87	87	0	环境年报2013	

年鉴说明：区域经济——《中国区域经济统计年鉴2014》；城市——《中国城市统计年鉴2014》；统计——《中国统计年鉴2014》；城市建设——《中国城市建设统计年鉴2013》；环境年报2013——《中国环境统计年报2013》；环境年鉴——《中国环境统计年鉴2014》；环保部数据——环境保护部数据中心。

广州绿色发展"体检"表

序号	指标名称	单 位	口 径	指标属性	2013 年测评均值	2013 年广州数值	2012 年广州数值	2013 年广州排名	2012 年广州排名	排名变化	2013 年数据来源	进退脸谱
1	人均地区生产总值	元/人	全市	正	61 184.460	119 695.00	105 909.000	6	8	2	区域经济	☺
2	单位地区生产总值能耗	吨/万元	全市	逆	0.884	0.480	0.506	32	30	−2	区域经济;城市	☹
3	人均城镇生活消费用电	千瓦时/人	全市	逆	450.539	1 549.672	1 576.070	97	98	1	城市	☺
4	单位地区生产总值二氧化碳排放量			逆	NA	NA	NA	NA	NA			
5	单位地区生产总值二氧化硫排放量	吨/亿元	全市	逆	52.172	4.830	5.926	3	4	1	区域经济;环境年报2013	☺
6	单位地区生产总值化学需氧量排放量	吨/亿元	全市	逆	21.921	9.716	11.261	20	21	1	区域经济;环境年报2013	☺
7	单位地区生产总值氮氧化物排放量	吨/亿元	全市	逆	39.820	4.323	4.882	4	3	−1	区域经济;环境年报2013	☹
8	单位地区生产总值氨氮排放量	吨/亿元	全市	逆	3.390	1.421	1.671	13	13	0	区域经济;环境年报2013	
9	第一产业劳动生产率	万元/人	全市	正	1 051.745	953.750	712.533	36	38	2	区域经济;城市	☺
10	第二产业劳动生产率	万元/人	全市	正	41.476	37.679	32.443	54	71	17	区域经济;城市	☺
11	单位工业增加值水耗	万吨/万元	全市	逆	190.186	21.910	20.830	7	6	−1	区域经济;环境年报2013	☹
12	单位工业增加值能耗		全市	逆	NA	NA	NA	NA	NA			
13	工业固体废物综合利用率	%	全市	正	81.712	95.170	94.800	36	38	2	环境年报2013	☺
14	工业用水重复利用率	%	全市	正	83.794	67.382	62.291	89	90	1	环境年报2013	☺
15	第三产业劳动生产率	万元/人	全市	正	36.869	53.356	49.883	14	19	5	区域经济;城市	☺
16	第三产业增加值比重	%	全市	正	40.668	64.620	63.590	3	3	0	城市	
17	第三产业就业人员比重	%	全市	正	46.216	60.181	54.505	10	26	16	区域经济	☺
18	人均水资源量	立方米/人	全市	正	1 279.561	985.737	1 143.600	40	37	−3	城市	☹
19	单位土地面积二氧化碳排放量			逆	NA	NA	NA	NA	NA			
20	人均二氧化碳排放量			逆	NA	NA	NA	NA	NA			
21	单位土地面积二氧化硫排放量	吨/平方公里	全市	逆	8.808	8.608	9.465	56	60	4	环境年报2013;城市	☺
22	人均二氧化硫排放量	吨/万人	全市	逆	239.279	77.353	85.976	15	16	1	环境年报2013;城市	☺

续表

序号	指标名称	单位	口径	指标属性	2013年测评均值	2013年广州数值	2012年广州数值	2013年广州排名	2012年广州排名	排名变化	2013年数据来源	进退脸谱
23	单位土地面积化学需氧量排放量	吨/平方公里	全市	逆	5.288	17.318	17.986	96	95	−1	环境年报2013；城市	☹
24	人均化学需氧量排放量	吨/万人	全市	逆	93.889	155.615	163.374	98	97	−1	环境年报2013；城市	☹
25	单位土地面积氮氧化物排放量	吨/平方公里	全市	逆	7.931	7.705	7.797	63	58	−5	环境年报2013；城市	☹
26	人均氮氧化物排放量	吨/万人	全市	逆	187.502	69.232	70.825	23	19	−4	环境年报2013；城市	☹
27	单位土地面积氨氮排放量	吨/平方公里	全市	逆	0.847	2.533	2.669	96	95	−1	环境年报2013；城市	☹
28	人均氨氮排放量	吨/万人	全市	逆	15.681	22.762	24.245	88	89	1	环境年报2013；城市	☺
29	空气质量达到二级以上天数占全年比重	%	市辖区	正	87.747	98.360	98.360	12	16	4	环保部数据	☺
30	首要污染物可吸入颗粒物天数占全年比重	%	市辖区	逆	76.540	65.479	65.480	27	31	4	环保部数据	☺
31	可吸入细颗粒物浓度（PM2.5）年均值		市辖区	正	NA	NA	NA	NA	NA			
32	环境保护支出占财政支出比重	%	全市	正	3.115	1.233	1.431	97	94	−3	统计；城市	☹
33	城市环境基础设施建设投资占全市固定资产投资比重	%	全市	正	1.180	0.298	0.006	89	55	−34	区域经济；环境年报2013	☹
34	科教文卫支出占财政支出比重	%	全市	正	29.116	30.123	28.127	42	69	27	统计；区域经济；城市	☺
35	人均绿地面积	平方米	市辖区	正	27.611	158.883	159.511	2	2	0	城市	
36	建成区绿化覆盖率	%	市辖区	正	41.051	41.010	40.500	53	54	1	城市建设	☺
37	用水普及率	%	市辖区	正	98.575	99.710	99.700	57	55	−2	城市建设	☹
38	城市生活污水处理率	%	市辖区	正	89.873	91.380	82.730	48	85	37	城市建设	☺
39	生活垃圾无害化处理率	%	市辖区	正	95.620	87.050	80.380	91	94	3	城市建设	☺
40	万人拥有公交车辆	辆	市辖区	正	11.396	18.950	18.010	6	7	1	城市	☺
41	工业二氧化硫去除率	%	全市	正	64.962	85.832	84.475	7	7	0	环境年报2013	
42	工业废水化学需氧量去除率	%	全市	正	82.207	88.453	86.344	31	46	15	环境年报2013	☺
43	工业氮氧化物去除率	%	全市	正	20.860	46.729	41.667	7	4	−3	环境年报2013	☹
44	工业废水氨氮去除率	%	全市	正	73.701	79.896	59.009	48	76	28	环境年报2013	☺

　　年鉴说明：区域经济——《中国区域经济统计年鉴2014》；城市——《中国城市统计年鉴2014》；统计——《中国统计年鉴2014》；城市建设——《中国城市建设统计年鉴2013》；环境年报2013——《中国环境统计年报2013》；环境年鉴——《中国环境统计年鉴2014》；环保部数据——环境保护部数据中心。

深圳绿色发展"体检"表

序号	指标名称	单位	口径	指标属性	2013年测评均值	2013年深圳数值	2012年深圳数值	2013年深圳排名	2012年深圳排名	排名变化	2013年数据来源	进退脸谱
1	人均地区生产总值	元/人	全市	正	61 184.460	136 948.00	123 247.000	2	2	0	区域经济	
2	单位地区生产总值能耗	吨/万元	全市	逆	0.884	0.067	0.074	2	2	0	区域经济;城市	
3	人均城镇生活消费用电	千瓦时/人	全市	逆	450.539	3 475.062	3 754.520	100	100	0	城市	
4	单位地区生产总值二氧化碳排放量			逆	NA	NA	NA	NA	NA			
5	单位地区生产总值二氧化硫排放量	吨/亿元	全市	逆	52.172	0.683	0.926	1	1	0	区域经济;环境年报2013	
6	单位地区生产总值化学需氧量排放量	吨/亿元	全市	逆	21.921	6.747	7.322	10	6	−4	区域经济;环境年报2013	☹
7	单位地区生产总值氮氧化物排放量	吨/亿元	全市	逆	39.820	1.531	2.766	2	2	0	区域经济;环境年报2013	
8	单位地区生产总值氨氮排放量	吨/亿元	全市	逆	3.390	1.100	1.134	6	5	−1	区域经济;环境年报2013	☹
9	第一产业劳动生产率	万元/人	全市	正	1 051.745	69.333	37.059	92	97	5	区域经济;城市	☺
10	第二产业劳动生产率	万元/人	全市	正	41.476	28.402	40.226	80	54	−26	区域经济;城市	☹
11	单位工业增加值水耗	万吨/万元	全市	逆	190.186	3.837	4.382	1	1	0	区域经济;环境年报2013	
12	单位工业增加值能耗		全市	逆	NA	NA	NA	NA	NA			
13	工业固体废物综合利用率	%	全市	正	81.712	78.690	78.380	73	70	−3	环境年报2013	☹
14	工业用水重复利用率	%	全市	正	83.794	25.875	28.235	100	97	−3	环境年报2013	☹
15	第三产业劳动生产率	万元/人	全市	正	36.869	55.796	55.838	12	11	−1	区域经济;城市	☹
16	第三产业增加值比重	%	全市	正	40.668	56.540	55.650	7	7	0	城市	
17	第三产业就业人员比重	%	全市	正	46.216	34.925	47.895	85	48	−37	区域经济	☹
18	人均水资源量	立方米/人	全市	正	1 279.561	842.528	584.233	44	49	5	城市	☺
19	单位土地面积二氧化碳排放量			逆	NA	NA	NA	NA	NA			
20	人均二氧化碳排放量			逆	NA	NA	NA	NA	NA			
21	单位土地面积二氧化硫排放量	吨/平方公里	全市	逆	8.808	4.222	5.188	26	28	2	环境年报2013;城市	☺
22	人均二氧化硫排放量	吨/万人	全市	逆	239.279	28.188	37.203	2	3	1	环境年报2013;城市	☺

续表

序号	指标名称	单 位	口 径	指标属性	2013年测评均值	2013年深圳数值	2012年深圳数值	2013年深圳排名	2012年深圳排名	排名变化	2013年数据来源	进退脸谱
23	单位土地面积化学需氧量排放量	吨/平方公里	全市	逆	5.288	41.682	41.040	100	100	0	环境年报2013；城市	
24	人均化学需氧量排放量	吨/万人	全市	逆	93.889	278.301	294.284	100	99	−1	环境年报2013；城市	☹
25	单位土地面积氮氧化物排放量	吨/平方公里	全市	逆	7.931	9.457	15.505	75	83	8	环境年报2013；城市	☺
26	人均氮氧化物排放量	吨/万人	全市	逆	187.502	63.139	111.177	19	36	17	环境年报2013；城市	☺
27	单位土地面积氨氮排放量	吨/平方公里	全市	逆	0.847	6.797	6.355	100	99	−1	环境年报2013；城市	☹
28	人均氨氮排放量	吨/万人	全市	逆	15.681	45.382	45.572	99	99	0	环境年报2013；城市	
29	空气质量达到二级以上天数占全年比重	%	市辖区	正	87.747	99.730	99.730	6	7	1	环保部数据	☺
30	首要污染物可吸入颗粒物天数占全年比重	%	市辖区	逆	76.540	42.466	42.466	4	4	0	环保部数据	
31	可吸入细颗粒物浓度(PM2.5)年均值		市辖区	正	NA	NA	NA	NA	NA			
32	环境保护支出占财政支出比重	%	全市	正	3.115	8.397	6.871	3	2	−1	统计；城市	☹
33	城市环境基础设施建设投资占全市固定资产投资比重	%	全市	正	1.180	0.427	0.004	83	63	−20	区域经济；环境年报2013	☹
34	科教文卫支出占财政支出比重	%	全市	正	29.116	33.154	29.552	22	58	36	统计；区域经济；城市	☺
35	人均绿地面积	平方米	市辖区	正	27.611	323.293	346.947	1	1	0	城市	
36	建成区绿化覆盖率	%	市辖区	正	41.051	45.070	45.060	10	10	0	城市建设	
37	用水普及率	%	市辖区	正	98.575	100.000	100.000	1	1	0	城市建设	
38	城市生活污水处理率	%	市辖区	正	89.873	96.220	96.100	11	15	4	城市建设	☺
39	生活垃圾无害化处理率	%	市辖区	正	95.620	98.360	95.130	61	66	5	城市建设	☺
40	万人拥有公交车辆	辆	市辖区	正	11.396	98.530	103.770	1	1	0	城市	
41	工业二氧化硫去除率	%	全市	正	64.962	85.874	73.386	6	20	14	环境年报2013	☺
42	工业废水化学需氧量去除率	%	全市	正	82.207	77.348	83.734	77	55	−22	环境年报2013	☹
43	工业氮氧化物去除率	%	全市	正	20.860	35.714	11.765	14	25	11	环境年报2013	☺
44	工业废水氨氮去除率	%	全市	正	73.701	77.001	79.682	52	42	−10	环境年报2013	☹

年鉴说明：区域经济——《中国区域经济统计年鉴2014》；城市——《中国城市统计年鉴2014》；统计——《中国统计年鉴2014》；城市建设——《中国城市建设统计年鉴2013》；环境年报2013——《中国环境统计年报2013》；环境年鉴——《中国环境统计年鉴2014》；环保部数据——环境保护部数据中心。

珠海绿色发展"体检"表

序号	指标名称	单 位	口 径	指标属性	2013年测评均值	2013年珠海数值	2012年珠海数值	2013年珠海排名	2012年珠海排名	排名变化	2013年数据来源	进退脸谱
1	人均地区生产总值	元/人	全市	正	61 184.460	104 786.00	95 471.000	8	10	2	区域经济	☺
2	单位地区生产总值能耗	吨/万元	全市	逆	0.884	0.340	0.512	22	31	9	区域经济；城市	☺
3	人均城镇生活消费用电	千瓦时/人	全市	逆	450.539	1 565.409	1 520.890	98	97	-1	城市	☹
4	单位地区生产总值二氧化碳排放量			逆	NA	NA	NA	NA	NA			
5	单位地区生产总值二氧化硫排放量	吨/亿元	全市	逆	52.172	15.225	22.388	16	29	13	区域经济；环境年报2013	☺
6	单位地区生产总值化学需氧量排放量	吨/亿元	全市	逆	21.921	14.652	23.769	35	54	19	区域经济；环境年报2013	☺
7	单位地区生产总值氮氧化物排放量	吨/亿元	全市	逆	39.820	27.561	37.133	49	52	3	区域经济；环境年报2013	☺
8	单位地区生产总值氨氮排放量	吨/亿元	全市	逆	3.390	2.391	3.584	38	54	16	区域经济；环境年报2013	☺
9	第一产业劳动生产率	万元/人	全市	正	1 051.745	60.280	53.452	93	93	0	区域经济；城市	
10	第二产业劳动生产率	万元/人	全市	正	41.476	18.093	16.813	97	100	3	区域经济；城市	☺
11	单位工业增加值水耗	万吨/万元	全市	逆	190.186	67.425	60.975	19	19	0	区域经济；环境年报2013	
12	单位工业增加值能耗		全市	逆	NA	NA	NA	NA	NA			
13	工业固体废物综合利用率	%	全市	正	81.712	92.810	96.360	49	24	-25	环境年报2013	☹
14	工业用水重复利用率	%	全市	正	83.794	78.777	74.927	82	80	-2	环境年报2013	☹
15	第三产业劳动生产率	万元/人	全市	正	36.869	34.453	35.640	45	37	-8	区域经济；城市	☹
16	第三产业增加值比重	%	全市	正	40.668	46.330	45.780	26	26	0	城市	
17	第三产业就业人员比重	%	全市	正	46.216	33.302	30.379	88	94	6	区域经济	☺
18	人均水资源量	立方米/人	全市	正	1 279.561	1 966.543	1 712.140	20	28	8	城市	☺
19	单位土地面积二氧化碳排放量			逆	NA	NA	NA	NA	NA			
20	人均二氧化碳排放量			逆	NA	NA	NA	NA	NA			
21	单位土地面积二氧化硫排放量	吨/平方公里	全市	逆	8.808	13.676	17.634	81	88	7	环境年报2013；城市	☺
22	人均二氧化硫排放量	吨/万人	全市	逆	239.279	210.725	283.838	68	79	11	环境年报2013；城市	☺

续表

序号	指标名称	单位	口径	指标属性	2013年测评均值	2013年珠海数值	2012年珠海数值	2013年珠海排名	2012年珠海排名	排名变化	2013年数据来源	进退脸谱
23	单位土地面积化学需氧量排放量	吨/平方公里	全市	逆	5.288	13.160	18.722	95	96	1	环境年报2013；城市	☺
24	人均化学需氧量排放量	吨/万人	全市	逆	93.889	202.783	301.355	99	100	1	环境年报2013；城市	☺
25	单位土地面积氮氧化物排放量	吨/平方公里	全市	逆	7.931	24.755	29.248	98	99	1	环境年报2013；城市	☺
26	人均氮氧化物排放量	吨/万人	全市	逆	187.502	381.450	470.781	89	93	4	环境年报2013；城市	☺
27	单位土地面积氨氮排放量	吨/平方公里	全市	逆	0.847	2.148	2.823	94	96	2	环境年报2013；城市	☺
28	人均氨氮排放量	吨/万人	全市	逆	15.681	33.098	45.438	96	98	2	环境年报2013；城市	☺
29	空气质量达到二级以上天数占全年比重	%	市辖区	正	87.747	100.000	100.000	1	1	0	环保部数据	
30	首要污染物可吸入颗粒物天数占全年比重	%	市辖区	逆	76.540	35.342	35.343	3	3	0	环保部数据	
31	可吸入细颗粒物浓度（PM2.5）年均值		市辖区	正	NA	NA	NA	NA	NA			
32	环境保护支出占财政支出比重	%	全市	正	3.115	6.424	5.944	6	4	−2	统计；城市	☹
33	城市环境基础设施建设投资占全市固定资产投资比重	%	全市	正	1.180	0.433	0.009	82	33	−49	区域经济；环境年报2013	☹
34	科教文卫支出占财政支出比重	%	全市	正	29.116	30.053	29.992	44	53	9	统计；区域经济；城市	☺
35	人均绿地面积	平方米	市辖区	正	27.611	76.236	72.484	9	8	−1	城市	☹
36	建成区绿化覆盖率	%	市辖区	正	41.051	57.130	52.150	1	1	0	城市建设	
37	用水普及率	%	市辖区	正	98.575	99.660	99.690	59	57	−2	城市建设	☹
38	城市生活污水处理率	%	市辖区	正	89.873	88.520	86.550	70	71	1	城市建设	☺
39	生活垃圾无害化处理率	%	市辖区	正	95.620	100.000	100.000	1	1	0	城市建设	
40	万人拥有公交车辆	辆	市辖区	正	11.396	17.850	17.580	13	10	−3	城市	☹
41	工业二氧化硫去除率	%	全市	正	64.962	74.830	66.499	25	42	17	环境年报2013	☺
42	工业废水化学需氧量去除率	%	全市	正	82.207	80.127	79.980	69	71	2	环境年报2013	☺
43	工业氮氧化物去除率	%	全市	正	20.860	16.327	0.000	62	77	15	环境年报2013	☺
44	工业废水氨氮去除率	%	全市	正	73.701	73.159	58.698	58	77	19	环境年报2013	☺

年鉴说明：区域经济——《中国区域经济统计年鉴 2014》；城市——《中国城市统计年鉴 2014》；统计——《中国统计年鉴 2014》；城市建设——《中国城市建设统计年鉴 2013》；环境年报 2013——《中国环境统计年报 2013》；环境年鉴——《中国环境统计年鉴 2014》；环保部数据——环境保护部数据中心。

南宁绿色发展"体检"表

序号	指标名称	单　位	口　径	指标属性	2013年测评均值	2013年南宁数值	2012年南宁数值	2013年南宁排名	2012年南宁排名	排名变化	2013年数据来源	进退脸谱
1	人均地区生产总值	元/人	全市	正	61 184.460	38 994.000	37 016.000	80	77	−3	区域经济	☹
2	单位地区生产总值能耗	吨/万元	全市	逆	0.884	0.322	0.319	19	15	−4	区域经济；城市	☹
3	人均城镇生活消费用电	千瓦时/人	全市	逆	450.539	372.003	358.995	58	62	4	城市	☺
4	单位地区生产总值二氧化碳排放量			逆	NA	NA	NA	NA	NA			
5	单位地区生产总值二氧化硫排放量	吨/亿元	全市	逆	52.172	22.917	23.814	34	31	−3	区域经济；环境年报2013	☹
6	单位地区生产总值化学需氧量排放量	吨/亿元	全市	逆	21.921	47.266	52.248	92	92	0	区域经济；环境年报2013	
7	单位地区生产总值氮氧化物排放量	吨/亿元	全市	逆	39.820	19.777	19.429	33	24	−9	区域经济；环境年报2013	☹
8	单位地区生产总值氨氮排放量	吨/亿元	全市	逆	3.390	5.068	5.491	85	83	−2	区域经济；环境年报2013	☹
9	第一产业劳动生产率	万元/人	全市	正	1 051.745	230.197	201.850	75	74	−1	区域经济；城市	☹
10	第二产业劳动生产率	万元/人	全市	正	41.476	34.150	34.257	62	67	5	区域经济；城市	☺
11	单位工业增加值水耗	万吨/万元	全市	逆	190.186	243.117	170.780	68	52	−16	区域经济；环境年报2013	☹
12	单位工业增加值能耗		全市	逆	NA	NA	NA	NA	NA			
13	工业固体废物综合利用率	%	全市	正	81.712	94.640	91.200	39	54	15	环境年报2013	☺
14	工业用水重复利用率	%	全市	正	83.794	51.026	85.423	92	61	−31	环境年报2013	☹
15	第三产业劳动生产率	万元/人	全市	正	36.869	26.100	24.601	71	72	1	区域经济；城市	☺
16	第三产业增加值比重	%	全市	正	40.668	47.890	48.720	21	20	−1	城市	☹
17	第三产业就业人员比重	%	全市	正	46.216	58.653	61.885	14	7	−7	区域经济	☹
18	人均水资源量	立方米/人	全市	正	1 279.561	2 066.759	2 024.000	18	21	3	城市	☺
19	单位土地面积二氧化碳排放量			逆	NA	NA	NA	NA	NA			
20	人均二氧化碳排放量			逆	NA	NA	NA	NA	NA			
21	单位土地面积二氧化硫排放量	吨/平方公里	全市	逆	8.808	1.879	1.781	7	6	−1	环境年报2013；城市	☹
22	人均二氧化硫排放量	吨/万人	全市	逆	239.279	58.127	55.262	9	8	−1	环境年报2013；城市	☹

续表

序号	指标名称	单 位	口径	指标属性	2013年测评均值	2013年南宁数值	2012年南宁数值	2013年南宁排名	2012年南宁排名	排名变化	2013年数据来源	进退脸谱
23	单位土地面积化学需氧量排放量	吨/平方公里	全市	逆	5.288	3.875	3.907	53	51	-2	环境年报2013；城市	☹
24	人均化学需氧量排放量	吨/万人	全市	逆	93.889	119.886	121.244	79	76	-3	环境年报2013；城市	☹
25	单位土地面积氮氧化物排放量	吨/平方公里	全市	逆	7.931	1.621	1.453	11	8	-3	环境年报2013；城市	☹
26	人均氮氧化物排放量	吨/万人	全市	逆	187.502	50.164	45.085	11	6	-5	环境年报2013；城市	☹
27	单位土地面积氨氮排放量	吨/平方公里	全市	逆	0.847	0.415	0.411	36	34	-2	环境年报2013；城市	☹
28	人均氨氮排放量	吨/万人	全市	逆	15.681	12.854	12.743	51	48	-3	环境年报2013；城市	☹
29	空气质量达到二级以上天数占全年比重	%	市辖区	正	87.747	96.160	96.160	16	27	11	环保部数据	☺
30	首要污染物可吸入颗粒物天数占全年比重	%	市辖区	逆	76.540	59.178	59.178	18	20	2	环保部数据	☺
31	可吸入细颗粒物浓度（PM2.5）年均值		市辖区	正	NA	NA	NA	NA	NA			
32	环境保护支出占财政支出比重	%	全市	正	3.115	1.823	1.460	81	93	12	统计；城市	☺
33	城市环境基础设施建设投资占全市固定资产投资比重	%	全市	正	1.180	2.105	0.004	10	70	60	区域经济；环境年报2013	☺
34	科教文卫支出占财政支出比重	%	全市	正	29.116	28.253	29.816	60	54	-6	统计；区域经济；城市	☺
35	人均绿地面积	平方米	市辖区	正	27.611	56.122	57.027	10	9	-1	城市	☹
36	建成区绿化覆盖率	%	市辖区	正	41.051	42.100	42.000	37	33	-4	城市建设	☹
37	用水普及率	%	市辖区	正	98.575	96.810	95.380	84	86	2	城市建设	☺
38	城市生活污水处理率	%	市辖区	正	89.873	81.210	94.790	93	24	-69	城市建设	☹
39	生活垃圾无害化处理率	%	市辖区	正	95.620	100.000	100.000	1	1	0	城市建设	
40	万人拥有公交车辆	辆	市辖区	正	11.396	9.690	10.140	50	43	-7	城市	☹
41	工业二氧化硫去除率	%	全市	正	64.962	73.980	72.409	31	28	-3	环境年报2013	☹
42	工业废水化学需氧量去除率	%	全市	正	82.207	91.866	90.123	17	24	7	环境年报2013	☺
43	工业氮氧化物去除率	%	全市	正	20.860	25.532	11.429	27	28	1	环境年报2013	☺
44	工业废水氨氮去除率	%	全市	正	73.701	60.009	54.844	79	82	3	环境年报2013	☺

年鉴说明：区域经济——《中国区域经济统计年鉴2014》；城市——《中国城市统计年鉴2014》；统计——《中国统计年鉴2014》；城市建设——《中国城市建设统计年鉴2013》；环境年报2013——《中国环境统计年报2013》；环境年鉴——《中国环境统计年鉴2014》；环保部数据——环境保护部数据中心。

海口绿色发展"体检"表

序号	指标名称	单位	口径	指标属性	2013 年测评均值	2013 年海口数值	2012 年海口数值	2013 年海口排名	2012 年海口排名	排名变化	2013 年数据来源	进退脸谱
1	人均地区生产总值	元/人	全市	正	61 184.460	41 955.000	38 634.000	74	74	0	区域经济	
2	单位地区生产总值能耗	吨/万元	全市	逆	0.884	0.031	0.036	1	1	0	区域经济;城市	
3	人均城镇生活消费用电	千瓦时/人	全市	逆	450.539	557.408	514.815	76	73	−3	城市	☹
4	单位地区生产总值二氧化碳排放量			逆	NA	NA	NA	NA	NA			
5	单位地区生产总值二氧化硫排放量	吨/亿元	全市	逆	52.172	2.347	2.869	2	2	0	区域经济;环境年报2013	
6	单位地区生产总值化学需氧量排放量	吨/亿元	全市	逆	21.921	9.340	8.203	18	11	−7	区域经济;环境年报2013	☹
7	单位地区生产总值氮氧化物排放量	吨/亿元	全市	逆	39.820	0.022	0.046	1	1	0	区域经济;环境年报2013	
8	单位地区生产总值氨氮排放量	吨/亿元	全市	逆	3.390	4.995	4.998	82	77	−5	区域经济;环境年报2013	☹
9	第一产业劳动生产率	万元/人	全市	正	1 051.745	14.525	7.348	100	100	0	区域经济;城市	
10	第二产业劳动生产率	万元/人	全市	正	41.476	20.588	21.029	92	91	−1	区域经济;城市	☹
11	单位工业增加值水耗	万吨/万元	全市	逆	190.186	22.331	31.500	8	8	0	区域经济;环境年报2013	
12	单位工业增加值能耗		全市	逆	NA	NA	NA	NA	NA			
13	工业固体废物综合利用率	%	全市	正	81.712	93.760	89.000	44	59	15	环境年报2013	☺
14	工业用水重复利用率	%	全市	正	83.794	64.987	71.845	90	83	−7	环境年报2013	☹
15	第三产业劳动生产率	万元/人	全市	正	36.869	19.513	20.620	95	85	−10	区域经济;城市	☹
16	第三产业增加值比重	%	全市	正	40.668	69.590	68.540	2	2	0	城市	
17	第三产业就业人员比重	%	全市	正	46.216	76.203	61.072	2	9	7	区域经济	☺
18	人均水资源量	立方米/人	全市	正	1 279.561	1 730.296	134.778	21	97	76	城市	☺
19	单位土地面积二氧化碳排放量			逆	NA	NA	NA	NA	NA			
20	人均二氧化碳排放量			逆	NA	NA	NA	NA	NA			
21	单位土地面积二氧化硫排放量	吨/平方公里	全市	逆	8.808	0.785	0.873	3	3	0	环境年报2013;城市	
22	人均二氧化硫排放量	吨/万人	全市	逆	239.279	11.139	12.420	1	1	0	环境年报2013;城市	

序号	指标名称	单位	口径	指标属性	2013年测评均值	2013年海口数值	2012年海口数值	2013年海口排名	2012年海口排名	排名变化	2013年数据来源	进退脸谱
23	单位土地面积化学需氧量排放量	吨/平方公里	全市	逆	5.288	3.123	2.496	45	32	—13	环境年报2013；城市	☹
24	人均化学需氧量排放量	吨/万人	全市	逆	93.889	44.329	35.515	7	2	—5	环境年报2013；城市	☹
25	单位土地面积氮氧化物排放量	吨/平方公里	全市	逆	7.931	0.007	0.014	1	1	0	环境年报2013；城市	
26	人均氮氧化物排放量	吨/万人	全市	逆	187.502	0.105	0.198	1	1	0	环境年报2013；城市	
27	单位土地面积氨氮排放量	吨/平方公里	全市	逆	0.847	1.670	1.521	93	89	—4	环境年报2013；城市	☹
28	人均氨氮排放量	吨/万人	全市	逆	15.681	23.707	21.640	90	83	—7	环境年报2013；城市	☹
29	空气质量达到二级以上天数占全年比重	%	市辖区	正	87.747	100.000	100.000	1	1	0	环保部数据	
30	首要污染物可吸入颗粒物天数占全年比重	%	市辖区	逆	76.540	13.699	13.699	1	1	0	环保部数据	
31	可吸入细颗粒物浓度(PM2.5)年均值		市辖区	正	NA	NA	NA	NA	NA			
32	环境保护支出占财政支出比重	%	全市	正	3.115	2.106	2.583	75	58	—17	统计；城市	☹
33	城市环境基础设施建设投资占全市固定资产投资比重	%	全市	正	1.180	0.534	0.034	73	5	—68	区域经济；环境年报2013	☹
34	科教文卫支出占财政支出比重	%	全市	正	29.116	31.269	30.109	33	52	19	统计；区域经济；城市	☺
35	人均绿地面积	平方米	市辖区	正	27.611	28.768	28.765	24	22	—2	城市	☹
36	建成区绿化覆盖率	%	市辖区	正	41.051	42.500	42.000	30	33	3	城市建设	☺
37	用水普及率	%	市辖区	正	98.575	99.680	99.980	58	46	—12	城市建设	☹
38	城市生活污水处理率	%	市辖区	正	89.873	89.000	88.100	67	65	—2	城市建设	☹
39	生活垃圾无害化处理率	%	市辖区	正	95.620	100.000	100.000	1	1	0	城市建设	
40	万人拥有公交车辆	辆	市辖区	正	11.396	9.950	10.050	47	45	—2	城市	☹
41	工业二氧化硫去除率	%	全市	正	64.962	10.100	8.300	98	99	1	环境年报2013	☺
42	工业废水化学需氧量去除率	%	全市	正	82.207	64.692	67.120	95	91	—4	环境年报2013	☹
43	工业氮氧化物去除率	%	全市	正	20.860	20.860	0.000	38	77	39	环境年报2013	☺
44	工业废水氨氮去除率	%	全市	正	73.701	39.598	52.647	95	88	—7	环境年报2013	☹

年鉴说明：区域经济——《中国区域经济统计年鉴2014》；城市——《中国城市统计年鉴2014》；统计——《中国统计年鉴2014》；城市建设——《中国城市建设统计年鉴2013》；环境年报2013——《中国环境统计年报2013》；环境年鉴——《中国环境统计年鉴2014》；环保部数据——环境保护部数据中心。

重庆绿色发展"体检"表

序号	指标名称	单位	口径	指标属性	2013 年测评均值	2013 年重庆数值	2012 年重庆数值	2013 年重庆排名	2012 年重庆排名	排名变化	2013 年数据来源	进退脸谱
1	人均地区生产总值	元/人	全市	正	61 184.460	42 795.000	38 914.000	73	72	−1	区域经济	☹
2	单位地区生产总值能耗	吨/万元	全市	逆	0.884	1.086	1.146	71	72	1	区域经济;城市	☺
3	人均城镇生活消费用电	千瓦时/人	全市	逆	450.539	311.171	270.652	50	50	0	城市	
4	单位地区生产总值二氧化碳排放量			逆	NA	NA	NA	NA	NA			
5	单位地区生产总值二氧化硫排放量	吨/亿元	全市	逆	52.172	60.218	69.736	75	72	−3	区域经济;环境年报 2013	☹
6	单位地区生产总值化学需氧量排放量	吨/亿元	全市	逆	21.921	29.702	34.401	77	79	2	区域经济;环境年报 2013	☺
7	单位地区生产总值氮氧化物排放量	吨/亿元	全市	逆	39.820	27.762	34.140	50	50	0	区域经济;环境年报 2013	
8	单位地区生产总值氨氮排放量	吨/亿元	全市	逆	3.390	4.341	4.975	73	76	3	区域经济;环境年报 2013	☺
9	第一产业劳动生产率	万元/人	全市	正	1 051.745	26.830	622.523	98	41	−57	区域经济;城市	☹
10	第二产业劳动生产率	万元/人	全市	正	41.476	16.538	23.100	100	89	−11	区域经济;城市	☹
11	单位工业增加值水耗	万吨/万元	全市	逆	190.186	152.452	153.930	51	47	−4	区域经济;环境年报 2013	☹
12	单位工业增加值能耗		全市	逆	NA	NA	NA	NA	NA			
13	工业固体废物综合利用率	%	全市	正	81.712	84.000	81.650	68	65	−3	环境年报 2013	☹
14	工业用水重复利用率	%	全市	正	83.794	79.122	75.407	81	77	−4	环境年报 2013	☹
15	第三产业劳动生产率	万元/人	全市	正	36.869	11.274	15.208	100	99	−1	区域经济;城市	☹
16	第三产业增加值比重	%	全市	正	40.668	41.530	39.390	45	53	8	城市	☺
17	第三产业就业人员比重	%	全市	正	46.216	52.000	52.539	32	35	3	区域经济	☺
18	人均水资源量	立方米/人	全市	正	1 279.561	1 415.571	1 429.270	28	33	5	城市	☺
19	单位土地面积二氧化碳排放量			逆	NA	NA	NA	NA	NA			
20	人均二氧化碳排放量			逆	NA	NA	NA	NA	NA			
21	单位土地面积二氧化硫排放量	吨/平方公里	全市	逆	8.808	6.649	6.819	45	44	−1	环境年报 2013;城市	☹
22	人均二氧化硫排放量	吨/万人	全市	逆	239.279	163.441	169.266	54	50	−4	环境年报 2013;城市	☹

续表

序号	指标名称	单位	口径	指标属性	2013年测评均值	2013年重庆数值	2012年重庆数值	2013年重庆排名	2012年重庆排名	排名变化	2013年数据来源	进退脸谱
23	单位土地面积化学需氧量排放量	吨/平方公里	全市	逆	5.288	3.279	3.364	47	46	−1	环境年报2013；城市	☹
24	人均化学需氧量排放量	吨/万人	全市	逆	93.889	80.615	83.500	43	39	−4	环境年报2013；城市	☹
25	单位土地面积氮氧化物排放量	吨/平方公里	全市	逆	7.931	3.065	3.338	25	26	1	环境年报2013；城市	☺
26	人均氮氧化物排放量	吨/万人	全市	逆	187.502	75.349	82.865	24	23	−1	环境年报2013；城市	☹
27	单位土地面积氨氮排放量	吨/平方公里	全市	逆	0.847	0.479	0.486	41	40	−1	环境年报2013；城市	☹
28	人均氨氮排放量	吨/万人	全市	逆	15.681	11.781	12.076	40	40	0	环境年报2013；城市	
29	空气质量达到二级以上天数占全年比重	%	市辖区	正	87.747	92.880	92.880	33	52	19	环保部数据	☺
30	首要污染物可吸入颗粒物天数占全年比重	%	市辖区	逆	76.540	84.384	84.384	59	76	17	环保部数据	☺
31	可吸入细颗粒物浓度（PM2.5）年均值		市辖区	正	NA	NA	NA	NA	NA			
32	环境保护支出占财政支出比重	%	全市	正	3.115	3.741	4.224	22	16	−6	统计；城市	☹
33	城市环境基础设施建设投资占全市固定资产投资比重	%	全市	正	1.180	1.007	0.009	47	29	−18	区域经济；环境年报2013	☹
34	科教文卫支出占财政支出比重	%	全市	正	29.116	23.150	23.039	89	94	5	统计；区域经济；城市	☺
35	人均绿地面积	平方米	市辖区	正	27.611	14.361	14.133	59	56	−3	城市	☹
36	建成区绿化覆盖率	%	市辖区	正	41.051	41.660	42.940	44	23	−21	城市建设	☹
37	用水普及率	%	市辖区	正	98.575	96.250	93.840	87	90	3	城市建设	☺
38	城市生活污水处理率	%	市辖区	正	89.873	93.950	90.070	34	54	20	城市建设	☺
39	生活垃圾无害化处理率	%	市辖区	正	95.620	99.430	99.280	54	50	−4	城市建设	☹
40	万人拥有公交车辆	辆	市辖区	正	11.396	6.760	4.420	73	92	19	城市	☺
41	工业二氧化硫去除率	%	全市	正	64.962	64.810	60.328	61	60	−1	环境年报2013	☹
42	工业废水化学需氧量去除率	%	全市	正	82.207	84.250	82.934	56	61	5	环境年报2013	☺
43	工业氮氧化物去除率	%	全市	正	20.860	17.881	0.366	58	76	18	环境年报2013	☺
44	工业废水氨氮去除率	%	全市	正	73.701	86.514	89.101	28	17	−11	环境年报2013	☹

年鉴说明：区域经济——《中国区域经济统计年鉴2014》；城市——《中国城市统计年鉴2014》；统计——《中国统计年鉴2014》；城市建设——《中国城市建设统计年鉴2013》；环境年报2013——《中国环境统计年报2013》；环境年鉴——《中国环境统计年鉴2014》；环保部数据——环境保护部数据中心。

成都绿色发展"体检"表

序号	指标名称	单　位	口　径	指标属性	2013年测评均值	2013年成都数值	2012年成都数值	2013年成都排名	2012年成都排名	排名变化	2013年数据来源	进退脸谱
1	人均地区生产总值	元/人	全市	正	61 184.460	63 977.000	57 624.000	38	41	3	区域经济	☺
2	单位地区生产总值能耗	吨/万元	全市	逆	0.884	0.706	0.741	47	47	0	区域经济；城市	
3	人均城镇生活消费用电	千瓦时/人	全市	逆	450.539	436.965	421.126	66	68	2	城市	☺
4	单位地区生产总值二氧化碳排放量			逆	NA	NA	NA	NA	NA			
5	单位地区生产总值二氧化硫排放量	吨/亿元	全市	逆	52.172	8.620	10.196	7	7	0	区域经济；环境年报2013	
6	单位地区生产总值化学需氧量排放量	吨/亿元	全市	逆	21.921	17.400	20.286	45	46	1	区域经济；环境年报2013	☺
7	单位地区生产总值氮氧化物排放量	吨/亿元	全市	逆	39.820	6.982	9.820	9	8	−1	区域经济；环境年报2013	☹
8	单位地区生产总值氨氮排放量	吨/亿元	全市	逆	3.390	2.111	2.441	30	29	−1	区域经济；环境年报2013	☹
9	第一产业劳动生产率	万元/人	全市	正	1 051.745	234.684	1 698.050	74	12	−62	区域经济；城市	☹
10	第二产业劳动生产率	万元/人	全市	正	41.476	26.368	33.515	85	69	−16	区域经济；城市	☹
11	单位工业增加值水耗	万吨/万元	全市	逆	190.186	48.714	65.193	14	20	6	区域经济；环境年报2013	☺
12	单位工业增加值能耗		全市	逆	NA	NA	NA	NA	NA			
13	工业固体废物综合利用率	%	全市	正	81.712	99.000	98.650	9	13	4	环境年报2013	☺
14	工业用水重复利用率	%	全市	正	83.794	88.890	89.305	51	48	−3	环境年报2013	☹
15	第三产业劳动生产率	万元/人	全市	正	36.869	21.709	43.261	83	26	−57	区域经济；城市	☹
16	第三产业增加值比重	%	全市	正	40.668	50.220	49.460	17	17	0	城市	
17	第三产业就业人员比重	%	全市	正	46.216	61.279	45.721	8	54	46	区域经济	☺
18	人均水资源量	立方米/人	全市	正	1 279.561	701.960	701.960	46	43	−3	城市	☹
19	单位土地面积二氧化碳排放量			逆	NA	NA	NA	NA	NA			
20	人均二氧化碳排放量			逆	NA	NA	NA	NA	NA			
21	单位土地面积二氧化硫排放量	吨/平方公里	全市	逆	8.808	4.692	5.041	29	27	−2	环境年报2013；城市	☹
22	人均二氧化硫排放量	吨/万人	全市	逆	239.279	48.218	52.301	7	7	0	环境年报2013；城市	

续表

序号	指标名称	单 位	口 径	指标属性	2013年测评均值	2013年成都数值	2012年成都数值	2013年成都排名	2012年成都排名	排名变化	2013年数据来源	进退脸谱
23	单位土地面积化学需氧量排放量	吨/平方公里	全市	逆	5.288	9.471	10.030	90	90	0	环境年报2013；城市	
24	人均化学需氧量排放量	吨/万人	全市	逆	93.889	97.329	104.060	58	61	3	环境年报2013；城市	☺
25	单位土地面积氮氧化物排放量	吨/平方公里	全市	逆	7.931	3.800	4.855	33	40	7	环境年报2013；城市	☺
26	人均氮氧化物排放量	吨/万人	全市	逆	187.502	39.052	50.374	7	9	2	环境年报2013；城市	☺
27	单位土地面积氨氮排放量	吨/平方公里	全市	逆	0.847	1.149	1.207	83	82	-1	环境年报2013；城市	☹
28	人均氨氮排放量	吨/万人	全市	逆	15.681	11.811	12.521	41	44	3	环境年报2013；城市	☺
29	空气质量达到二级以上天数占全年比重	%	市辖区	正	87.747	80.270	80.270	83	97	14	环保部数据	☺
30	首要污染物可吸入颗粒物天数占全年比重	%	市辖区	逆	76.540	91.781	91.781	76	94	18	环保部数据	☺
31	可吸入细颗粒物浓度(PM2.5)年均值		市辖区	正	NA	NA	NA	NA	NA			
32	环境保护支出占财政支出比重	%	全市	正	3.115	1.411	1.579	93	91	-2	统计；城市	☹
33	城市环境基础设施建设投资占全市固定资产投资比重	%	全市	正	1.180	0.311	0.001	88	96	8	区域经济；环境年报2013	☺
34	科教文卫支出占财政支出比重	%	全市	正	29.116	26.036	26.706	74	83	9	统计；区域经济；城市	☺
35	人均绿地面积	平方米	市辖区	正	27.611	16.162	15.851	50	49	-1	城市	☹
36	建成区绿化覆盖率	%	市辖区	正	41.051	40.170	39.380	61	68	7	城市建设	☺
37	用水普及率	%	市辖区	正	98.575	98.330	98.260	75	72	-3	城市建设	☹
38	城市生活污水处理率	%	市辖区	正	89.873	89.010	92.150	66	38	-28	城市建设	☹
39	生活垃圾无害化处理率	%	市辖区	正	95.620	100.000	100.000	1	1	0	城市建设	
40	万人拥有公交车辆	辆	市辖区	正	11.396	18.010	17.850	12	9	-3	城市	☹
41	工业二氧化硫去除率	%	全市	正	64.962	55.138	53.500	83	78	-5	环境年报2013	☹
42	工业废水化学需氧量去除率	%	全市	正	82.207	87.345	79.926	37	72	35	环境年报2013	☺
43	工业氮氧化物去除率	%	全市	正	20.860	30.159	6.557	18	43	25	环境年报2013	☺
44	工业废水氨氮去除率	%	全市	正	73.701	95.289	81.004	10	39	29	环境年报2013	☺

年鉴说明：区域经济——《中国区域经济统计年鉴2014》；城市——《中国城市统计年鉴2014》；统计——《中国统计年鉴2014》；城市建设——《中国城市建设统计年鉴2013》；环境年报2013——《中国环境统计年报2013》；环境年鉴——《中国环境统计年鉴2014》；环保部数据——环境保护部数据中心。

贵阳绿色发展"体检"表

序号	指标名称	单位	口径	指标属性	2013 年测评均值	2013 年贵阳数值	2012 年贵阳数值	2013 年贵阳排名	2012 年贵阳排名	排名变化	2013 年数据来源	进退脸谱
1	人均地区生产总值	元/人	全市	正	61 184.460	46 479.000	38 673.000	66	73	7	区域经济	☺
2	单位地区生产总值能耗	吨/万元	全市	逆	0.884	1.412	0.936	80	61	−19	区域经济;城市	☹
3	人均城镇生活消费用电	千瓦时/人	全市	逆	450.539	1 129.931	1 025.410	94	94	0	城市	
4	单位地区生产总值二氧化碳排放量			逆	NA	NA	NA	NA	NA			
5	单位地区生产总值二氧化硫排放量	吨/亿元	全市	逆	52.172	65.963	71.257	80	74	−6	区域经济;环境年报2013	☹
6	单位地区生产总值化学需氧量排放量	吨/亿元	全市	逆	21.921	20.715	23.581	55	53	−2	区域经济;环境年报2013	☹
7	单位地区生产总值氮氧化物排放量	吨/亿元	全市	逆	39.820	19.742	17.901	32	20	−12	区域经济;环境年报2013	☹
8	单位地区生产总值氨氮排放量	吨/亿元	全市	逆	3.390	2.973	3.031	52	44	−8	区域经济;环境年报2013	☹
9	第一产业劳动生产率	万元/人	全市	正	1 051.745	428.947	390.703	56	49	−7	区域经济;城市	☹
10	第二产业劳动生产率	万元/人	全市	正	41.476	17.439	16.890	98	98	0	区域经济;城市	☹
11	单位工业增加值水耗	万吨/万元	全市	逆	190.186	276.473	258.957	74	65	−9	区域经济;环境年报2013	☹
12	单位工业增加值能耗		全市	逆	NA	NA	NA	NA	NA			
13	工业固体废物综合利用率	%	全市	正	81.712	60.750	59.100	82	83	1	环境年报2013	☺
14	工业用水重复利用率	%	全市	正	83.794	95.305	96.623	16	3	−13	环境年报2013	☹
15	第三产业劳动生产率	万元/人	全市	正	36.869	27.916	24.904	65	71	6	区域经济;城市	☺
16	第三产业增加值比重	%	全市	正	40.668	55.400	53.560	8	10	2	城市	☺
17	第三产业就业人员比重	%	全市	正	46.216	46.010	45.691	48	55	7	区域经济	☺
18	人均水资源量	立方米/人	全市	正	1 279.561	0.119	0.120	99	100	1	城市	☺
19	单位土地面积二氧化碳排放量			逆	NA	NA	NA	NA	NA			
20	人均二氧化碳排放量			逆	NA	NA	NA	NA	NA			
21	单位土地面积二氧化硫排放量	吨/平方公里	全市	逆	8.808	13.191	12.298	80	75	−5	环境年报2013;城市	☹
22	人均二氧化硫排放量	吨/万人	全市	逆	239.279	281.568	263.261	80	76	−4	环境年报2013;城市	☹

续表

序号	指标名称	单位	口径	指标属性	2013年测评均值	2013年贵阳数值	2012年贵阳数值	2013年贵阳排名	2012年贵阳排名	排名变化	2013年数据来源	进退脸谱
23	单位土地面积化学需氧量排放量	吨/平方公里	全市	逆	5.288	4.142	4.070	58	54	-4	环境年报2013；城市	☹
24	人均化学需氧量排放量	吨/万人	全市	逆	93.889	88.421	87.121	47	44	-3	环境年报2013；城市	☹
25	单位土地面积氮氧化物排放量	吨/平方公里	全市	逆	7.931	3.948	3.089	36	22	-14	环境年报2013；城市	☹
26	人均氮氧化物排放量	吨/万人	全市	逆	187.502	84.270	66.134	29	15	-14	环境年报2013；城市	☹
27	单位土地面积氨氮排放量	吨/平方公里	全市	逆	0.847	0.595	0.523	56	45	-11	环境年报2013；城市	☹
28	人均氨氮排放量	吨/万人	全市	逆	15.681	12.692	11.197	49	35	-14	环境年报2013；城市	☹
29	空气质量达到二级以上天数占全年比重	%	市辖区	正	87.747	95.890	95.890	19	29	10	环保部数据	☺
30	首要污染物可吸入颗粒物天数占全年比重	%	市辖区	逆	76.540	61.918	61.918	22	25	3	环保部数据	☺
31	可吸入细颗粒物浓度（PM2.5）年均值		市辖区	正	NA	NA	NA	NA	NA			
32	环境保护支出占财政支出比重	%	全市	正	3.115	3.152	3.657	34	26	-8	统计；城市	☹
33	城市环境基础设施建设投资占全市固定资产投资比重	%	全市	正	1.180	0.805	0.002	59	90	31	区域经济；环境年报2013	☺
34	科教文卫支出占财政支出比重	%	全市	正	29.116	28.878	27.153	55	80	25	统计；区域经济；城市	☺
35	人均绿地面积	平方米	市辖区	正	27.611	33.925	18.396	19	38	19	城市	☺
36	建成区绿化覆盖率	%	市辖区	正	41.051	43.500	40.470	18	55	37	城市建设	☺
37	用水普及率	%	市辖区	正	98.575	94.430	94.490	93	88	-5	城市建设	☹
38	城市生活污水处理率	%	市辖区	正	89.873	95.010	95.070	20	21	1	城市建设	☺
39	生活垃圾无害化处理率	%	市辖区	正	95.620	95.430	95.680	70	64	-6	城市建设	☹
40	万人拥有公交车辆	辆	市辖区	正	11.396	10.030	10.240	46	42	-4	城市	☹
41	工业二氧化硫去除率	%	全市	正	64.962	59.656	58.434	71	66	-5	环境年报2013	☹
42	工业废水化学需氧量去除率	%	全市	正	82.207	66.743	63.476	92	94	2	环境年报2013	☺
43	工业氮氧化物去除率	%	全市	正	20.860	18.919	11.539	54	27	-27	环境年报2013	☹
44	工业废水氨氮去除率	%	全市	正	73.701	83.301	81.578	39	36	-3	环境年报2013	☹

年鉴说明：区域经济——《中国区域经济统计年鉴2014》；城市——《中国城市统计年鉴2014》；统计——《中国统计年鉴2014》；城市建设——《中国城市建设统计年鉴2013》；环境年报2013——《中国环境统计年报2013》；环境年鉴——《中国环境统计年鉴2014》；环保部数据——环境保护部数据中心。

昆明绿色发展"体检"表

序号	指标名称	单 位	口 径	指标属性	2013年测评均值	2013年昆明数值	2012年昆明数值	2013年昆明排名	2012年昆明排名	排名变化	2013年数据来源	进退脸谱
1	人均地区生产总值	元/人	全市	正	61 184.460	52 094.000	46 256.000	54	55	1	区域经济	☺
2	单位地区生产总值能耗	吨/万元	全市	逆	0.884	0.679	0.701	43	42	-1	区域经济;城市	☹
3	人均城镇生活消费用电	千瓦时/人	全市	逆	450.539	449.978	856.889	67	91	24	城市	☺
4	单位地区生产总值二氧化碳排放量			逆	NA	NA	NA	NA	NA			
5	单位地区生产总值二氧化硫排放量	吨/亿元	全市	逆	52.172	37.730	47.198	52	54	2	区域经济;环境年报2013	☺
6	单位地区生产总值化学需氧量排放量	吨/亿元	全市	逆	21.921	4.571	4.219	3	2	-1	区域经济;环境年报2013	☹
7	单位地区生产总值氮氧化物排放量	吨/亿元	全市	逆	39.820	24.335	28.239	43	40	-3	区域经济;环境年报2013	☹
8	单位地区生产总值氨氮排放量	吨/亿元	全市	逆	3.390	1.697	2.024	19	18	-1	区域经济;环境年报2013	☹
9	第一产业劳动生产率	万元/人	全市	正	1 051.745	506.567	312.078	51	53	2	区域经济;城市	☺
10	第二产业劳动生产率	万元/人	全市	正	41.476	26.616	26.738	83	85	2	区域经济;城市	☺
11	单位工业增加值水耗	万吨/万元	全市	逆	190.186	179.196	234.916	60	60	0	区域经济;环境年报2013	
12	单位工业增加值能耗		全市	逆	NA	NA	NA	NA	NA			
13	工业固体废物综合利用率	%	全市	正	81.712	40.900	43.290	91	91	0	环境年报2013	
14	工业用水重复利用率	%	全市	正	83.794	92.913	92.600	32	32	0	环境年报2013	
15	第三产业劳动生产率	万元/人	全市	正	36.869	24.251	23.306	75	76	1	区域经济;城市	☺
16	第三产业增加值比重	%	全市	正	40.668	50.030	48.930	19	19	0	城市	
17	第三产业就业人员比重	%	全市	正	46.216	55.163	54.405	21	27	6	区域经济	☺
18	人均水资源量	立方米/人	全市	正	1 279.561	10 750.321	420.375	1	64	63	城市	☺
19	单位土地面积二氧化碳排放量			逆	NA	NA	NA	NA	NA			
20	人均二氧化碳排放量			逆	NA	NA	NA	NA	NA			
21	单位土地面积二氧化硫排放量	吨/平方公里	全市	逆	8.808	5.089	5.644	32	35	3	环境年报2013;城市	☺
22	人均二氧化硫排放量	吨/万人	全市	逆	239.279	196.170	218.071	62	66	4	环境年报2013;城市	☺

续表

序号	指标名称	单位	口径	指标属性	2013年测评均值	2013年昆明数值	2012年昆明数值	2013年昆明排名	2012年昆明排名	排名变化	2013年数据来源	进退脸谱
23	单位土地面积化学需氧量排放量	吨/平方公里	全市	逆	5.288	0.617	0.505	4	3	-1	环境年报2013；城市	☹
24	人均化学需氧量排放量	吨/万人	全市	逆	93.889	23.766	19.495	1	1	0	环境年报2013；城市	
25	单位土地面积氮氧化物排放量	吨/平方公里	全市	逆	7.931	3.282	3.377	29	27	-2	环境年报2013；城市	☹
26	人均氮氧化物排放量	吨/万人	全市	逆	187.502	126.527	130.473	46	46	0	环境年报2013；城市	
27	单位土地面积氨氮排放量	吨/平方公里	全市	逆	0.847	0.229	0.242	11	12	1	环境年报2013；城市	☺
28	人均氨氮排放量	吨/万人	全市	逆	15.681	8.822	9.352	17	18	1	环境年报2013；城市	☺
29	空气质量达到二级以上天数占全年比重	%	市辖区	正	87.747	99.730	99.730	6	7	1	环保部数据	☺
30	首要污染物可吸入颗粒物天数占全年比重	%	市辖区	逆	76.540	65.205	65.206	26	30	4	环保部数据	☺
31	可吸入细颗粒物浓度（PM2.5）年均值		市辖区	正	NA	NA	NA	NA	NA			
32	环境保护支出占财政支出比重	%	全市	正	3.115	5.261	5.667	11	7	-4	统计；城市	☹
33	城市环境基础设施建设投资占全市固定资产投资比重	%	全市	正	1.180	0.150	0.004	99	71	-28	区域经济；环境年报2013	☹
34	科教文卫支出占财政支出比重	%	全市	正	29.116	25.211	25.577	79	85	6	统计；区域经济；城市	☺
35	人均绿地面积	平方米	市辖区	正	27.611	26.357	23.858	26	25	-1	城市	☹
36	建成区绿化覆盖率	%	市辖区	正	41.051	39.400	44.470	70	14	-56	城市建设	☹
37	用水普及率	%	市辖区	正	98.575	99.110	93.370	63	91	28	城市建设	☺
38	城市生活污水处理率	%	市辖区	正	89.873	98.000	99.060	7	6	-1	城市建设	☹
39	生活垃圾无害化处理率	%	市辖区	正	95.620	89.000	84.590	84	90	6	城市建设	☺
40	万人拥有公交车辆	辆	市辖区	正	11.396	17.760	17.170	14	11	-3	城市	☹
41	工业二氧化硫去除率	%	全市	正	64.962	77.704	65.569	15	47	32	环境年报2013	☺
42	工业废水化学需氧量去除率	%	全市	正	82.207	81.614	83.929	65	54	-11	环境年报2013	☹
43	工业氮氧化物去除率	%	全市	正	20.860	2.857	0.000	95	77	-18	环境年报2013	☹
44	工业废水氨氮去除率	%	全市	正	73.701	83.806	84.341	36	31	-5	环境年报2013	☹

年鉴说明：区域经济——《中国区域经济统计年鉴2014》；城市——《中国城市统计年鉴2014》；统计——《中国统计年鉴2014》；城市建设——《中国城市建设统计年鉴2013》；环境年报2013——《中国环境统计年报2013》；环境年鉴——《中国环境统计年鉴2014》；环保部数据——环境保护数据中心。

西安绿色发展"体检"表

序号	指标名称	单位	口径	指标属性	2013年测评均值	2013年西安数值	2012年西安数值	2013年西安排名	2012年西安排名	排名变化	2013年数据来源	进退脸谱
1	人均地区生产总值	元/人	全市	正	61 184.460	56 988.000	51 166.000	49	51	2	区域经济	☺
2	单位地区生产总值能耗	吨/万元	全市	逆	0.884	0.182	0.158	5	5	0	区域经济；城市	
3	人均城镇生活消费用电	千瓦时/人	全市	逆	450.539	812.206	660.285	90	83	−7	城市	☹
4	单位地区生产总值二氧化碳排放量			逆	NA	NA	NA	NA	NA			
5	单位地区生产总值二氧化硫排放量	吨/亿元	全市	逆	52.172	25.094	32.649	39	41	2	区域经济；环境年报2013	☺
6	单位地区生产总值化学需氧量排放量	吨/亿元	全市	逆	21.921	23.967	27.327	63	62	−1	区域经济；环境年报2013	☹
7	单位地区生产总值氮氧化物排放量	吨/亿元	全市	逆	39.820	13.030	16.823	17	18	1	区域经济；环境年报2013	☺
8	单位地区生产总值氨氮排放量	吨/亿元	全市	逆	3.390	3.490	3.858	62	59	−3	区域经济；环境年报2013	☹
9	第一产业劳动生产率	万元/人	全市	正	1 051.745	691.429	535.863	43	45	2	区域经济；城市	☺
10	第二产业劳动生产率	万元/人	全市	正	41.476	27.155	27.553	82	84	2	区域经济；城市	☺
11	单位工业增加值水耗	万吨/万元	全市	逆	190.186	33.452	43.560	11	13	2	区域经济；环境年报2013	☺
12	单位工业增加值能耗		全市	逆	NA	NA	NA	NA	NA			
13	工业固体废物综合利用率	%	全市	正	81.712	95.430	95.900	34	29	−5	环境年报2013	☹
14	工业用水重复利用率	%	全市	正	83.794	70.280	68.289	86	88	2	环境年报2013	☺
15	第三产业劳动生产率	万元/人	全市	正	36.869	24.576	25.067	74	70	−4	区域经济；城市	☹
16	第三产业增加值比重	%	全市	正	40.668	52.180	52.420	14	13	−1	城市	☹
17	第三产业就业人员比重	%	全市	正	46.216	57.842	55.945	17	23	6	区域经济	☺
18	人均水资源量	立方米/人	全市	正	1 279.561	235.434	387.202	81	67	−14	城市	☹
19	单位土地面积二氧化碳排放量			逆	NA	NA	NA	NA	NA			
20	人均二氧化碳排放量			逆	NA	NA	NA	NA	NA			
21	单位土地面积二氧化硫排放量	吨/平方公里	全市	逆	8.808	8.764	10.253	58	66	8	环境年报2013；城市	☺
22	人均二氧化硫排放量	吨/万人	全市	逆	239.279	110.412	130.537	29	36	7	环境年报2013；城市	☺

续表

序号	指标名称	单 位	口径	指标属性	2013年测评均值	2013年西安数值	2012年西安数值	2013年西安排名	2012年西安排名	排名变化	2013年数据来源	进退脸谱
23	单位土地面积化学需氧量排放量	吨/平方公里	全市	逆	5.288	8.371	8.582	88	88	0	环境年报2013；城市	
24	人均化学需氧量排放量	吨/万人	全市	逆	93.889	105.453	109.260	67	66	-1	环境年报2013；城市	☹
25	单位土地面积氮氧化物排放量	吨/平方公里	全市	逆	7.931	4.551	5.283	39	44	5	环境年报2013；城市	☺
26	人均氮氧化物排放量	吨/万人	全市	逆	187.502	57.331	67.264	12	16	4	环境年报2013；城市	☺
27	单位土地面积氨氮排放量	吨/平方公里	全市	逆	0.847	1.219	1.212	85	84	-1	环境年报2013；城市	☹
28	人均氨氮排放量	吨/万人	全市	逆	15.681	15.356	15.425	68	64	-4	环境年报2013；城市	☹
29	空气质量达到二级以上天数占全年比重	%	市辖区	正	87.747	83.840	83.840	78	94	16	环保部数据	☺
30	首要污染物可吸入颗粒物天数占全年比重	%	市辖区	逆	76.540	93.973	93.973	83	97	14	环保部数据	☺
31	可吸入细颗粒物浓度（PM2.5）年均值		市辖区	正	NA	NA	NA	NA	NA			
32	环境保护支出占财政支出比重	%	全市	正	3.115	2.536	2.367	54	68	14	统计；城市	☺
33	城市环境基础设施建设投资占全市固定资产投资比重	%	全市	正	1.180	0.580	0.006	70	54	-16	区域经济；环境年报2013	☹
34	科教文卫支出占财政支出比重	%	全市	正	29.116	26.391	28.370	72	67	-5	统计；区域经济；城市	☹
35	人均绿地面积	平方米	市辖区	正	27.611	19.633	17.118	39	43	4	城市	☺
36	建成区绿化覆盖率	%	市辖区	正	41.051	42.200	42.000	35	33	-2	城市建设	☹
37	用水普及率	%	市辖区	正	98.575	100.000	100.000	1	1	0	城市建设	
38	城市生活污水处理率	%	市辖区	正	89.873	91.500	90.100	46	53	7	城市建设	☺
39	生活垃圾无害化处理率	%	市辖区	正	95.620	99.860	94.720	53	69	16	城市建设	☺
40	万人拥有公交车辆	辆	市辖区	正	11.396	14.000	13.430	24	23	-1	城市	☹
41	工业二氧化硫去除率	%	全市	正	64.962	57.736	51.987	75	83	8	环境年报2013	☺
42	工业废水化学需氧量去除率	%	全市	正	82.207	75.763	78.005	80	79	-1	环境年报2013	☹
43	工业氮氧化物去除率	%	全市	正	20.860	23.913	10.638	31	30	-1	环境年报2013	☹
44	工业废水氨氮去除率	%	全市	正	73.701	72.756	74.919	60	52	-8	环境年报2013	☹

年鉴说明：区域经济——《中国区域经济统计年鉴2014》；城市——《中国城市统计年鉴2014》；统计——《中国统计年鉴2014》；城市建设——《中国城市建设统计年鉴2013》；环境年报2013——《中国环境统计年报2013》；环境年鉴——《中国环境统计年鉴2014》；环保部数据——环境保护部数据中心。

兰州绿色发展"体检"表

序号	指标名称	单位	口径	指标属性	2013年测评均值	2013年兰州数值	2012年兰州数值	2013年兰州排名	2012年兰州排名	排名变化	2013年数据来源	进退脸谱
1	人均地区生产总值	元/人	全市	正	61 184.460	48 852.000	43 175.000	60	66	6	区域经济	☺
2	单位地区生产总值能耗	吨/万元	全市	逆	0.884	1.118	1.846	74	92	18	区域经济;城市	☺
3	人均城镇生活消费用电	千瓦时/人	全市	逆	450.539	376.333	368.843	59	65	6	城市	☺
4	单位地区生产总值二氧化碳排放量			逆	NA	NA	NA	NA	NA			
5	单位地区生产总值二氧化硫排放量	吨/亿元	全市	逆	52.172	54.060	63.109	68	68	0	区域经济;环境年报2013	
6	单位地区生产总值化学需氧量排放量	吨/亿元	全市	逆	21.921	25.312	32.506	69	75	6	区域经济;环境年报2013	☺
7	单位地区生产总值氮氧化物排放量	吨/亿元	全市	逆	39.820	55.683	66.709	83	85	2	区域经济;环境年报2013	☺
8	单位地区生产总值氨氮排放量	吨/亿元	全市	逆	3.390	5.232	6.238	88	89	1	区域经济;环境年报2013	☺
9	第一产业劳动生产率	万元/人	全市	正	1 051.745	310.323	262.059	65	62	−3	区域经济;城市	☹
10	第二产业劳动生产率	万元/人	全市	正	41.476	29.140	29.663	75	81	6	区域经济;城市	☺
11	单位工业增加值水耗	万吨/万元	全市	逆	190.186	166.402	114.294	56	40	−16	区域经济;环境年报2013	☹
12	单位工业增加值能耗		全市	逆	NA	NA	NA	NA	NA			
13	工业固体废物综合利用率	%	全市	正	81.712	97.400	99.000	27	9	−18	环境年报2013	☹
14	工业用水重复利用率	%	全市	正	83.794	87.832	68.399	55	87	32	环境年报2013	☺
15	第三产业劳动生产率	万元/人	全市	正	36.869	28.906	27.718	60	62	2	区域经济;城市	☺
16	第三产业增加值比重	%	全市	正	40.668	51.050	49.530	16	16	0	城市	
17	第三产业就业人员比重	%	全市	正	46.216	53.198	52.525	27	36	9	区域经济	☺
18	人均水资源量	立方米/人	全市	正	1 279.561	9 960.498	10 185.500	2	1	−1	城市	☹
19	单位土地面积二氧化碳排放量			逆	NA	NA	NA	NA	NA			
20	人均二氧化碳排放量			逆	NA	NA	NA	NA	NA			
21	单位土地面积二氧化硫排放量	吨/平方公里	全市	逆	8.808	6.080	6.259	42	41	−1	环境年报2013;城市	☹
22	人均二氧化硫排放量	吨/万人	全市	逆	239.279	247.468	254.045	76	73	−3	环境年报2013;城市	☹

续表

序号	指标名称	单位	口径	指标属性	2013年测评均值	2013年兰州数值	2012年兰州数值	2013年兰州排名	2012年兰州排名	排名变化	2013年数据来源	进退脸谱
23	单位土地面积化学需氧量排放量	吨/平方公里	全市	逆	5.288	2.847	3.224	41	44	3	环境年报2013；城市	☺
24	人均化学需氧量排放量	吨/万人	全市	逆	93.889	115.870	130.852	75	81	6	环境年报2013；城市	☺
25	单位土地面积氮氧化物排放量	吨/平方公里	全市	逆	7.931	6.262	6.616	51	51	0	环境年报2013；城市	
26	人均氮氧化物排放量	吨/万人	全市	逆	187.502	254.899	268.536	79	78	−1	环境年报2013；城市	☹
27	单位土地面积氨氮排放量	吨/平方公里	全市	逆	0.847	0.588	0.619	54	56	2	环境年报2013；城市	☺
28	人均氨氮排放量	吨/万人	全市	逆	15.681	23.951	25.111	91	91	0	环境年报2013；城市	
29	空气质量达到二级以上天数占全年比重	%	市辖区	正	87.747	73.970	73.970	91	100	9	环保部数据	☺
30	首要污染物可吸入颗粒物天数占全年比重	%	市辖区	逆	76.540	94.795	94.794	84	99	15	环保部数据	☺
31	可吸入细颗粒物浓度（PM2.5）年均值		市辖区	正	NA	NA	NA	NA	NA			
32	环境保护支出占财政支出比重	%	全市	正	3.115	3.404	3.881	27	19	−8	统计；城市	☹
33	城市环境基础设施建设投资占全市固定资产投资比重	%	全市	正	1.180	1.718	0.018	18	15	−3	区域经济；环境年报2013	☹
34	科教文卫支出占财政支出比重	%	全市	正	29.116	29.838	31.966	47	36	−11	统计；区域经济；城市	☹
35	人均绿地面积	平方米	市辖区	正	27.611	18.787	16.498	43	47	4	城市	☺
36	建成区绿化覆盖率	%	市辖区	正	41.051	34.520	30.010	97	100	3	城市建设	☺
37	用水普及率	%	市辖区	正	98.575	95.070	93.930	91	89	−2	城市建设	☹
38	城市生活污水处理率	%	市辖区	正	89.873	76.650	67.730	95	98	3	城市建设	☺
39	生活垃圾无害化处理率	%	市辖区	正	95.620	95.620	0.000	69	99	30	城市建设	☺
40	万人拥有公交车辆	辆	市辖区	正	11.396	10.910	13.050	40	26	−14	城市	☹
41	工业二氧化硫去除率	%	全市	正	64.962	57.055	55.601	79	72	−7	环境年报2013	☹
42	工业废水化学需氧量去除率	%	全市	正	82.207	86.631	79.854	45	73	28	环境年报2013	☺
43	工业氮氧化物去除率	%	全市	正	20.860	11.111	12.500	76	22	−54	环境年报2013	☹
44	工业废水氨氮去除率	%	全市	正	73.701	72.557	50.151	61	91	30	环境年报2013	☺

年鉴说明：区域经济——《中国区域经济统计年鉴2014》；城市——《中国城市统计年鉴2014》；统计——《中国统计年鉴2014》；城市建设——《中国城市建设统计年鉴2013》；环境年报2013——《中国环境统计年报2013》；环境年鉴——《中国环境统计年鉴2014》；环保部数据——环境保护部数据中心。

西宁绿色发展"体检"表

序号	指标名称	单位	口径	指标属性	2013 年测评均值	2013 年西宁数值	2012 年西宁数值	2013 年西宁排名	2012 年西宁排名	排名变化	2013 年数据来源	进退脸谱
1	人均地区生产总值	元/人	全市	正	61 184.460	43 346.000	38 034.000	71	75	4	区域经济	☺
2	单位地区生产总值能耗	吨/万元	全市	逆	0.884	2.617	1.605	98	86	−12	区域经济;城市	☹
3	人均城镇生活消费用电	千瓦时/人	全市	逆	450.539	435.314	474.558	65	71	6	城市	☺
4	单位地区生产总值二氧化碳排放量			逆	NA	NA	NA	NA	NA			
5	单位地区生产总值二氧化硫排放量	吨/亿元	全市	逆	52.172	108.612	122.820	89	89	0	区域经济;环境年报2013	
6	单位地区生产总值化学需氧量排放量	吨/亿元	全市	逆	21.921	44.139	50.276	89	90	1	区域经济;环境年报2013	☺
7	单位地区生产总值氮氧化物排放量	吨/亿元	全市	逆	39.820	74.847	79.039	92	89	−3	区域经济;环境年报2013	☹
8	单位地区生产总值氨氮排放量	吨/亿元	全市	逆	3.390	5.622	6.529	91	91	0	区域经济;环境年报2013	
9	第一产业劳动生产率	万元/人	全市	正	1 051.745	267.407	207.800	70	71	1	区域经济;城市	☺
10	第二产业劳动生产率	万元/人	全市	正	41.476	32.939	28.811	67	82	15	区域经济;城市	☺
11	单位工业增加值水耗	万吨/万元	全市	逆	190.186	261.213	373.425	70	80	10	区域经济;环境年报2013	☺
12	单位工业增加值能耗		全市	逆	NA	NA	NA	NA	NA			
13	工业固体废物综合利用率	%	全市	正	81.712	97.580	97.630	26	18	−8	环境年报2013	☹
14	工业用水重复利用率	%	全市	正	83.794	92.440	92.753	37	28	−9	环境年报2013	☹
15	第三产业劳动生产率	万元/人	全市	正	36.869	22.450	20.838	80	84	4	区域经济;城市	☺
16	第三产业增加值比重	%	全市	正	40.668	43.730	44.700	34	28	−6	城市	☹
17	第三产业就业人员比重	%	全市	正	46.216	56.375	53.011	19	32	13	区域经济	☺
18	人均水资源量	立方米/人	全市	正	1 279.561	465.899	770.667	55	42	−13	城市	☹
19	单位土地面积二氧化碳排放量			逆	NA	NA	NA	NA	NA			
20	人均二氧化碳排放量			逆	NA	NA	NA	NA	NA			
21	单位土地面积二氧化硫排放量	吨/平方公里	全市	逆	8.808	10.324	10.210	69	65	−4	环境年报2013;城市	☹
22	人均二氧化硫排放量	吨/万人	全市	逆	239.279	349.725	395.467	86	86	0	环境年报2013;城市	

续表

序号	指标名称	单位	口径	指标属性	2013年测评均值	2013年西宁数值	2012年西宁数值	2013年西宁排名	2012年西宁排名	排名变化	2013年数据来源	进退脸谱
23	单位土地面积化学需氧量排放量	吨/平方公里	全市	逆	5.288	4.196	4.180	59	57	-2	环境年报2013；城市	☹
24	人均化学需氧量排放量	吨/万人	全市	逆	93.889	142.124	161.884	90	95	5	环境年报2013；城市	☺
25	单位土地面积氮氧化物排放量	吨/平方公里	全市	逆	7.931	7.115	6.571	58	50	-8	环境年报2013；城市	☹
26	人均氮氧化物排放量	吨/万人	全市	逆	187.502	241.005	254.497	77	77	0	环境年报2013；城市	
27	单位土地面积氨氮排放量	吨/平方公里	全市	逆	0.847	0.534	0.543	48	47	-1	环境年报2013；城市	☹
28	人均氨氮排放量	吨/万人	全市	逆	15.681	18.101	21.023	76	81	5	环境年报2013；城市	☺
29	空气质量达到二级以上天数占全年比重	%	市辖区	正	87.747	86.580	86.580	71	90	19	环保部数据	☺
30	首要污染物可吸入颗粒物天数占全年比重	%	市辖区	逆	76.540	88.493	88.493	68	86	18	环保部数据	☺
31	可吸入细颗粒物浓度（PM2.5）年均值		市辖区	正	NA	NA	NA	NA	NA			
32	环境保护支出占财政支出比重	%	全市	正	3.115	10.325	4.180	1	17	16	统计；城市	☺
33	城市环境基础设施建设投资占全市固定资产投资比重	%	全市	正	1.180	0.439	0.005	81	56	-25	区域经济；环境年报2013	☹
34	科教文卫支出占财政支出比重	%	全市	正	29.116	24.565	32.381	84	34	-50	统计；区域经济；城市	☹
35	人均绿地面积	平方米	市辖区	正	27.611	14.194	13.896	61	59	-2	城市	☹
36	建成区绿化覆盖率	%	市辖区	正	41.051	37.760	37.490	89	86	-3	城市建设	☹
37	用水普及率	%	市辖区	正	98.575	99.990	99.990	50	45	-5	城市建设	☹
38	城市生活污水处理率	%	市辖区	正	89.873	71.400	71.180	99	97	-2	城市建设	☹
39	生活垃圾无害化处理率	%	市辖区	正	95.620	83.450	92.520	94	74	-20	城市建设	☹
40	万人拥有公交车辆	辆	市辖区	正	11.396	15.210	20.350	20	3	-17	城市	☹
41	工业二氧化硫去除率	%	全市	正	64.962	49.050	46.710	90	90	0	环境年报2013	
42	工业废水化学需氧量去除率	%	全市	正	82.207	38.229	35.024	99	99	0	环境年报2013	
43	工业氮氧化物去除率	%	全市	正	20.860	1.852	0.000	97	77	-20	环境年报2013	☹
44	工业废水氨氮去除率	%	全市	正	73.701	38.609	44.613	96	96	0	环境年报2013	

　　年鉴说明：区域经济——《中国区域经济统计年鉴2014》；城市——《中国城市统计年鉴2014》；统计——《中国统计年鉴2014》；城市建设——《中国城市建设统计年鉴2013》；环境年报2013——《中国环境统计年报2013》；环境年鉴——《中国环境统计年鉴2014》；环保部数据——环境保护部数据中心。

银川绿色发展"体检"表

序号	指标名称	单位	口径	指标属性	2013 年测评均值	2013 年银川数值	2012 年银川数值	2013 年银川排名	2012 年银川排名	排名变化	2013 年数据来源	进退脸谱
1	人均地区生产总值	元/人	全市	正	61 184.460	62 437.000	56 528.000	41	43	2	区域经济	☺
2	单位地区生产总值能耗	吨/万元	全市	逆	0.884	1.890	2.057	92	96	4	区域经济;城市	☺
3	人均城镇生活消费用电	千瓦时/人	全市	逆	450.539	311.819	311.819	51	57	6	城市	☺
4	单位地区生产总值二氧化碳排放量			逆	NA	NA	NA	NA	NA			
5	单位地区生产总值二氧化硫排放量	吨/亿元	全市	逆	52.172	129.075	161.224	93	94	1	区域经济;环境年报2013	☺
6	单位地区生产总值化学需氧量排放量	吨/亿元	全市	逆	21.921	25.998	30.535	71	71	0	区域经济;环境年报2013	
7	单位地区生产总值氮氧化物排放量	吨/亿元	全市	逆	39.820	112.189	110.350	95	95	0	区域经济;环境年报2013	
8	单位地区生产总值氨氮排放量	吨/亿元	全市	逆	3.390	7.053	8.411	96	96	0	区域经济;环境年报2013	
9	第一产业劳动生产率	万元/人	全市	正	1 051.745	51.060	43.922	95	95	0	区域经济;城市	
10	第二产业劳动生产率	万元/人	全市	正	41.476	48.408	44.014	29	44	15	区域经济;城市	☺
11	单位工业增加值水耗	万吨/万元	全市	逆	190.186	308.492	310.602	76	71	−5	区域经济;环境年报2013	☹
12	单位工业增加值能耗		全市	逆	NA	NA	NA	NA	NA			
13	工业固体废物综合利用率	%	全市	正	81.712	84.780	81.180	67	66	−1	环境年报2013	☹
14	工业用水重复利用率	%	全市	正	83.794	91.174	90.788	41	40	−1	环境年报2013	☹
15	第三产业劳动生产率	万元/人	全市	正	36.869	28.737	27.977	61	60	−1	区域经济;城市	☹
16	第三产业增加值比重	%	全市	正	40.668	42.280	41.790	39	37	−2	城市	☹
17	第三产业就业人员比重	%	全市	正	46.216	55.565	55.088	20	24	4	区域经济	☺
18	人均水资源量	立方米/人	全市	正	1 279.561	73.808	123.922	98	98	0	城市	
19	单位土地面积二氧化碳排放量			逆	NA	NA	NA	NA	NA			
20	人均二氧化碳排放量			逆	NA	NA	NA	NA	NA			
21	单位土地面积二氧化硫排放量	吨/平方公里	全市	逆	8.808	10.866	12.339	70	76	6	环境年报2013;城市	☺
22	人均二氧化硫排放量	吨/万人	全市	逆	239.279	577.198	676.114	94	94	0	环境年报2013;城市	

续表

序号	指标名称	单 位	口 径	指标属性	2013年测评均值	2013年银川数值	2012年银川数值	2013年银川排名	2012年银川排名	排名变化	2013年数据来源	进退脸谱
23	单位土地面积化学需氧量排放量	吨/平方公里	全市	逆	5.288	2.189	2.337	29	29	0	环境年报2013；城市	
24	人均化学需氧量排放量	吨/万人	全市	逆	93.889	116.260	128.055	76	80	4	环境年报2013；城市	☺
25	单位土地面积氮氧化物排放量	吨/平方公里	全市	逆	7.931	9.445	8.445	74	66	−8	环境年报2013；城市	☹
26	人均氮氧化物排放量	吨/万人	全市	逆	187.502	501.689	462.769	95	92	−3	环境年报2013；城市	☹
27	单位土地面积氨氮排放量	吨/平方公里	全市	逆	0.847	0.594	0.644	55	60	5	环境年报2013；城市	☺
28	人均氨氮排放量	吨/万人	全市	逆	15.681	31.541	35.271	95	96	1	环境年报2013；城市	☺
29	空气质量达到二级以上天数占全年比重	%	市辖区	正	87.747	90.140	90.140	47	68	21	环保部数据	☺
30	首要污染物可吸入颗粒物天数占全年比重	%	市辖区	逆	76.540	82.192	82.192	53	70	17	环保部数据	☺
31	可吸入细颗粒物浓度（PM2.5）年均值		市辖区	正	NA	NA	NA	NA	NA			
32	环境保护支出占财政支出比重	%	全市	正	3.115	2.343	3.027	61	41	−20	统计；城市	☹
33	城市环境基础设施建设投资占全市固定资产投资比重	%	全市	正	1.180	0.588	0.004	68	64	−4	区域经济；环境年报2013	☹
34	科教文卫支出占财政支出比重	%	全市	正	29.116	19.023	17.621	95	100	5	统计；区域经济；城市	☺
35	人均绿地面积	平方米	市辖区	正	27.611	43.632	34.341	12	17	5	城市	☺
36	建成区绿化覆盖率	%	市辖区	正	41.051	41.060	41.680	52	42	−10	城市建设	☹
37	用水普及率	%	市辖区	正	98.575	98.940	92.080	67	95	28	城市建设	☺
38	城市生活污水处理率	%	市辖区	正	89.873	99.400	100.000	3	1	−2	城市建设	☹
39	生活垃圾无害化处理率	%	市辖区	正	95.620	87.560	92.710	88	73	−15	城市建设	☹
40	万人拥有公交车辆	辆	市辖区	正	11.396	18.790	16.110	8	17	9	城市	☺
41	工业二氧化硫去除率	%	全市	正	64.962	73.684	70.789	34	31	−3	环境年报2013	☹
42	工业废水化学需氧量去除率	%	全市	正	82.207	84.855	91.460	52	21	−31	环境年报2013	☹
43	工业氮氧化物去除率	%	全市	正	20.860	7.692	15.730	83	18	−65	环境年报2013	☹
44	工业废水氨氮去除率	%	全市	正	73.701	94.556	95.497	11	6	−5	环境年报2013	☹

年鉴说明：区域经济——《中国区域经济统计年鉴2014》；城市——《中国城市统计年鉴2014》；统计——《中国统计年鉴2014》；城市建设——《中国城市建设统计年鉴2013》；环境年报2013——《中国环境统计年报2013》；环境年鉴——《中国环境统计年鉴2014》；环保部数据——环境保护部数据中心。

乌鲁木齐绿色发展"体检"表

序号	指标名称	单 位	口 径	指标属性	2013 年测评均值	2013 年乌鲁木齐数值	2012 年乌鲁木齐数值	2013 年乌鲁木齐排名	2012 年乌鲁木齐排名	排名变化	2013 年数据来源	进退脸谱
1	人均地区生产总值	元/人	全市	正	61 184.460	64 695.000	59 576.000	35	35	0	区域经济	
2	单位地区生产总值能耗	吨/万元	全市	逆	0.884	1.029	1.217	68	75	7	区域经济;城市	☺
3	人均城镇生活消费用电	千瓦时/人	全市	逆	450.539	575.269	552.693	77	77	0	城市	
4	单位地区生产总值二氧化碳排放量			逆	NA	NA	NA	NA	NA			
5	单位地区生产总值二氧化硫排放量	吨/亿元	全市	逆	52.172	47.496	78.553	63	79	16	区域经济;环境年报2013	☺
6	单位地区生产总值化学需氧量排放量	吨/亿元	全市	逆	21.921	11.541	14.119	28	29	1	区域经济;环境年报2013	☺
7	单位地区生产总值氮氧化物排放量	吨/亿元	全市	逆	39.820	67.760	77.904	90	88	—2	区域经济;环境年报2013	☹
8	单位地区生产总值氨氮排放量	吨/亿元	全市	逆	3.390	3.099	3.845	54	57	3	区域经济;环境年报2013	☺
9	第一产业劳动生产率	万元/人	全市	正	1 051.745	24.579	22.642	99	99	0	区域经济;城市	
10	第二产业劳动生产率	万元/人	全市	正	41.476	36.815	35.285	56	65	9	区域经济;城市	☺
11	单位工业增加值水耗	万吨/万元	全市	逆	190.186	451.160	526.018	95	94	—1	区域经济;环境年报2013	☹
12	单位工业增加值能耗		全市	逆	NA	NA	NA	NA	NA			
13	工业固体废物综合利用率	%	全市	正	81.712	87.640	88.950	63	60	—3	环境年报2013	☹
14	工业用水重复利用率	%	全市	正	83.794	94.488	93.319	20	27	7	环境年报2013	☺
15	第三产业劳动生产率	万元/人	全市	正	36.869	31.465	30.733	51	51	0	区域经济;城市	
16	第三产业增加值比重	%	全市	正	40.668	59.080	57.390	6	6	0	城市	
17	第三产业就业人员比重	%	全市	正	46.216	64.010	60.790	5	10	5	区域经济	☺
18	人均水资源量	立方米/人	全市	正	1 279.561	433.948	384.239	61	68	7	城市	☺
19	单位土地面积二氧化碳排放量			逆	NA	NA	NA	NA	NA			
20	人均二氧化碳排放量			逆	NA	NA	NA	NA	NA			
21	单位土地面积二氧化硫排放量	吨/平方公里	全市	逆	8.808	5.868	8.439	40	51	11	环境年报2013;城市	☺
22	人均二氧化硫排放量	吨/万人	全市	逆	239.279	310.703	458.817	83	91	8	环境年报2013;城市	☺

续表

序号	指标名称	单位	口径	指标属性	2013年测评均值	2013年乌鲁木齐数值	2012年乌鲁木齐数值	2013年乌鲁木齐排名	2012年乌鲁木齐排名	排名变化	2013年数据来源	进退脸谱
23	单位土地面积化学需氧量排放量	吨/平方公里	全市	逆	5.288	1.426	1.517	11	11	0	环境年报2013；城市	
24	人均化学需氧量排放量	吨/万人	全市	逆	93.889	75.497	82.467	37	38	1	环境年报2013；城市	☺
25	单位土地面积氮氧化物排放量	吨/平方公里	全市	逆	7.931	8.371	8.369	70	63	-7	环境年报2013；城市	☹
26	人均氮氧化物排放量	吨/万人	全市	逆	187.502	443.260	455.032	92	91	-1	环境年报2013；城市	☹
27	单位土地面积氨氮排放量	吨/平方公里	全市	逆	0.847	0.383	0.413	33	35	2	环境年报2013；城市	☺
28	人均氨氮排放量	吨/万人	全市	逆	15.681	20.275	22.456	82	86	4	环境年报2013；城市	☺
29	空气质量达到二级以上天数占全年比重	%	市辖区	正	87.747	79.730	79.730	84	98	14	环保部数据	☺
30	首要污染物可吸入颗粒物天数占全年比重	%	市辖区	逆	76.540	89.315	89.315	70	89	19	环保部数据	☺
31	可吸入细颗粒物浓度（PM2.5）年均值		市辖区	正	NA	NA	NA	NA	NA			
32	环境保护支出占财政支出比重	%	全市	正	3.115	5.677	5.807	8	6	-2	统计；城市	☹
33	城市环境基础设施建设投资占全市固定资产投资比重	%	全市	正	1.180	8.855	0.091	1	1	0	区域经济；环境年报2013	
34	科教文卫支出占财政支出比重	%	全市	正	29.116	23.765	23.761	87	93	6	统计；区域经济；城市	☺
35	人均绿地面积	平方米	市辖区	正	27.611	93.994	92.161	5	4	-1	城市	☹
36	建成区绿化覆盖率	%	市辖区	正	41.051	37.930	37.000	87	89	2	城市建设	☺
37	用水普及率	%	市辖区	正	98.575	99.950	99.950	53	49	-4	城市建设	☹
38	城市生活污水处理率	%	市辖区	正	89.873	84.810	84.750	83	78	-5	城市建设	☹
39	生活垃圾无害化处理率	%	市辖区	正	95.620	91.490	91.430	78	77	-1	城市建设	☹
40	万人拥有公交车辆	辆	市辖区	正	11.396	16.160	15.540	17	18	1	城市	☺
41	工业二氧化硫去除率	%	全市	正	64.962	66.719	54.249	52	75	23	环境年报2013	☺
42	工业废水化学需氧量去除率	%	全市	正	82.207	88.207	87.240	34	45	11	环境年报2013	☺
43	工业氮氧化物去除率	%	全市	正	20.860	20.860	0.000	38	77	39	环境年报2013	☺
44	工业废水氨氮去除率	%	全市	正	73.701	98.251	98.418	3	1	-2	环境年报2013	☹

年鉴说明：区域经济——《中国区域经济统计年鉴2014》；城市——《中国城市统计年鉴2014》；统计——《中国统计年鉴2014》；城市建设——《中国城市建设统计年鉴2013》；环境年报2013——《中国环境统计年报2013》；环境年鉴——《中国环境统计年鉴2014》；环保部数据——环境保护部数据中心。

克拉玛依绿色发展"体检"表

序号	指标名称	单　位	口　径	指标属性	2013 年测评均值	2013 年克拉玛依数值	2012 年克拉玛依数值	2013 年克拉玛依排名	2012 年克拉玛依排名	排名变化	2013 年数据来源	进退脸谱
1	人均地区生产总值	元/人	全市	正	61 184.460	149 127.00	135 018.000	1	1	0	区域经济	
2	单位地区生产总值能耗	吨/万元	全市	逆	0.884	2.034	1.98	97	93	−4	区域经济;城市	☹
3	人均城镇生活消费用电	千瓦时/人	全市	逆	450.539	687.751	661.33	83	84	1	城市	☺
4	单位地区生产总值二氧化碳排放量			逆	NA	NA	NA	NA	NA			
5	单位地区生产总值二氧化硫排放量	吨/亿元	全市	逆	52.172	59.315	73.889	74	77	3	区域经济;环境年报2013	☺
6	单位地区生产总值化学需氧量排放量	吨/亿元	全市	逆	21.921	3.902	4.191	1	1	0	区域经济;环境年报2013	
7	单位地区生产总值氮氧化物排放量	吨/亿元	全市	逆	39.820	53.056	52.076	78	68	−10	区域经济;环境年报2013	☹
8	单位地区生产总值氨氮排放量	吨/亿元	全市	逆	3.390	0.249	0.273	1	1	0	区域经济;环境年报2013	
9	第一产业劳动生产率	万元/人	全市	正	1 051.745	1 051.745	264.000	34	61	27	区域经济;城市	☺
10	第二产业劳动生产率	万元/人	全市	正	41.476	54.883	53.394	24	31	7	区域经济;城市	☺
11	单位工业增加值水耗	万吨/万元	全市	逆	190.186	329.651	343.557	80	76	−4	区域经济;环境年报2013	☹
12	单位工业增加值能耗		全市	逆	NA	NA	NA	NA	NA			
13	工业固体废物综合利用率	％	全市	正	81.712	90.270	99.520	58	8	−50	环境年报2013	☹
14	工业用水重复利用率	％	全市	正	83.794	97.326	96.055	2	4	2	环境年报2013	☺
15	第三产业劳动生产率	万元/人	全市	正	36.869	23.899	21.091	77	83	6	区域经济;城市	☺
16	第三产业增加值比重	％	全市	正	40.668	22.490	11.470	97	100	3	城市	☺
17	第三产业就业人员比重	％	全市	正	46.216	27.820	23.030	94	97	3	区域经济	☺
18	人均水资源量	立方米/人	全市	正	1 279.561	447.090	297.082	57	77	20	城市	☺
19	单位土地面积二氧化碳排放量			逆	NA	NA	NA	NA	NA			
20	人均二氧化碳排放量			逆	NA	NA	NA	NA	NA			
21	单位土地面积二氧化硫排放量	吨/平方公里	全市	逆	8.808	5.357	6.249	37	40	3	环境年报2013;城市	☺
22	人均二氧化硫排放量	吨/万人	全市	逆	239.279	1 096.190	1 281.990	98	98	0	环境年报2013;城市	

续表

序号	指标名称	单位	口径	指标属性	2013年测评均值	2013年克拉玛依数值	2012年克拉玛依数值	2013年克拉玛依排名	2012年克拉玛依排名	排名变化	2013年数据来源	进退脸谱
23	单位土地面积化学需氧量排放量	吨/平方公里	全市	逆	5.288	0.352	0.354	2	2	0	环境年报2013；城市	
24	人均化学需氧量排放量	吨/万人	全市	逆	93.889	72.111	72.706	33	28	−5	环境年报2013；城市	☹
25	单位土地面积氮氧化物排放量	吨/平方公里	全市	逆	7.931	4.792	4.404	42	35	−7	环境年报2013；城市	☹
26	人均氮氧化物排放量	吨/万人	全市	逆	187.502	980.529	903.528	99	99	0	环境年报2013；城市	
27	单位土地面积氨氮排放量	吨/平方公里	全市	逆	0.847	0.022	0.023	1	1	0	环境年报2013；城市	
28	人均氨氮排放量	吨/万人	全市	逆	15.681	4.598	4.743	1	1	0	环境年报2013；城市	
29	空气质量达到二级以上天数占全年比重	%	市辖区	正	87.747	95.970	98.360	18	16	−2	环保部数据	☹
30	首要污染物可吸入颗粒物天数占全年比重	%	市辖区	逆	76.540	67.945	67.945	30	36	6	环保部数据	☺
31	可吸入细颗粒物浓度(PM2.5)年均值		市辖区	正	NA	NA	NA	NA	NA			
32	环境保护支出占财政支出比重	%	全市	正	3.115	2.815	3.526	44	28	−16	统计；城市	☹
33	城市环境基础设施建设投资占全市固定资产投资比重	%	全市	正	1.180	2.128	0.024	9	10	1	区域经济；环境年报2013	☺
34	科教文卫支出占财政支出比重	%	全市	正	29.116	37.984	38.802	7	6	−1	统计；区域经济；城市	☹
35	人均绿地面积	平方米	市辖区	正	27.611	109.974	91.300	4	5	1	城市	☺
36	建成区绿化覆盖率	%	市辖区	正	41.051	42.930	42.920	25	24	−1	城市建设	☹
37	用水普及率	%	市辖区	正	98.575	100.000	100.000	1	1	0	城市建设	
38	城市生活污水处理率	%	市辖区	正	89.873	93.870	92.470	35	36	1	城市建设	☺
39	生活垃圾无害化处理率	%	市辖区	正	95.620	98.950	98.640	59	55	−4	城市建设	☹
40	万人拥有公交车辆	辆	市辖区	正	11.396	13.530	12.510	26	30	4	城市	☺
41	工业二氧化硫去除率	%	全市	正	64.962	75.172	88.487	22	2	−20	环境年报2013	☹
42	工业废水化学需氧量去除率	%	全市	正	82.207	99.056	89.569	1	31	30	环境年报2013	☺
43	工业氮氧化物去除率	%	全市	正	20.860	20.860	0.000	38	77	39	环境年报2013	☺
44	工业废水氨氮去除率	%	全市	正	73.701	99.834	78.416	1	46	45	环境年报2013	☺

年鉴说明：区域经济——《中国区域经济统计年鉴2014》；城市——《中国城市统计年鉴2014》；统计——《中国统计年鉴2014》；城市建设——《中国城市建设统计年鉴2013》；环境年报2013——《中国环境统计年报2013》；环境年鉴——《中国环境统计年鉴2014》；环保部数据——环境保护部数据中心。

附 录

附录一

包含可吸入细颗粒物浓度(PM2.5)的 47 个城市绿色发展指数

表附录 1-1　　　　　　　　47 个城市的可吸入细颗粒物浓度(PM2.5)年均值

城　市	PM2.5 年均值	城　市	PM2.5 年均值	城　市	PM2.5 年均值
海　口	27	青　岛	67	南　京	78
福　州	36	兰　州	67	太　原	81
厦　门	36	南　昌	69	哈尔滨	81
珠　海	38	苏　州	70	长　沙	83
深　圳	40	扬　州	70	合　肥	88
昆　明	42	杭　州	70	乌鲁木齐	88
银　川	51	重　庆	70	北　京	89
大　连	52	西　宁	70	武　汉	94
广　州	53	绍　兴	71	天　津	96
贵　阳	53	常　州	72	成　都	96
宁　波	54	南　通	72	西　安	105
呼和浩特	57	长　春	73	郑　州	108
南　宁	57	湖　州	74	济　南	110
温　州	58	无　锡	75	唐　山	115
上　海	62	徐　州	77	石家庄	154
秦皇岛	65	沈　阳	78		

数据来源：《中国环境统计年报 2013》。

　　中国城市绿色发展指数自构建以来，在指标体系中便包含可吸入细颗粒物浓度(PM2.5)这一指标。但由于一直以来该指标数据尚无权威结果，课题组在进行测算时均以"无数列表"处理，即该指标在指标体系中占有一定的权重，但不参与测算。

　　随着党和政府对大气污染防治的高度重视及我国环保监测制度的进一步完善，环境保护部逐步、有序要求各城市对 PM2.5 进行监测和信息公开。自 2013 年起，环境保护部首先要求直辖市、省会城市及国家环境保护模范城市开展对 PM2.5 的监测和信息公开，这些城市在 2015 年参与测度的 100 个城市中有 47 个(见表附录 1-1)，因此本年度我们测度了 47 个城市包含 PM2.5 指标的绿色发展指数(见表附录 1-2)。

在下一步的研究中，随着对 PM2.5 监测和信息公开的健全与完善，我们将努力把该指标数据纳入指标体系进行测算，以进一步提高中国绿色发展指数的科学性与客观性。

表附录 1-2　　　　　包含可吸入细颗粒物浓度(PM2.5)的 47 个城市绿色发展指数

地　区	绿色发展指数		一级指标					
			经济增长绿化度		资源环境承载潜力		政府政策支持度	
	指数值	排　名	指数值	排　名	指数值	排　名	指数值	排　名
海　口	0.837	1	0.276	1	0.796	1	−0.235	46
深　圳	0.817	2	0.257	2	0.063	9	0.496	1
昆　明	0.399	3	−0.062	33	0.470	2	−0.009	26
青　岛	0.396	4	0.143	4	0.093	7	0.161	3
无　锡	0.385	5	0.235	3	0.032	12	0.118	8
广　州	0.194	6	0.085	10	−0.027	25	0.136	5
北　京	0.157	7	0.129	6	−0.101	41	0.129	6
石家庄	0.142	8	0.088	9	−0.007	20	0.060	17
常　州	0.138	9	0.107	7	−0.034	26	0.064	14
唐　山	0.133	10	0.084	11	0.017	16	0.032	20
苏　州	0.111	11	0.137	5	−0.096	40	0.070	13
珠　海	0.098	12	−0.088	40	0.046	11	0.139	4
福　州	0.087	13	−0.061	32	0.094	6	0.054	18
济　南	0.081	14	0.064	13	−0.064	31	0.081	12
厦　门	0.079	15	−0.063	34	0.030	13	0.112	10
秦皇岛	0.057	16	−0.101	42	0.131	3	0.027	22
杭　州	0.047	17	0.001	19	−0.015	21	0.061	16
长　沙	0.026	18	0.093	8	0.004	18	−0.070	34
呼和浩特	0.021	19	0.032	14	0.107	5	−0.118	40
合　肥	0.020	20	−0.047	31	−0.016	22	0.083	11
乌鲁木齐	0.016	21	−0.026	24	−0.080	33	0.122	7
温　州	0.006	22	−0.038	29	−0.020	23	0.063	15
湖　州	0.000	23	−0.024	22	−0.088	35	0.112	9
宁　波	−0.014	24	−0.019	20	−0.022	24	0.027	21
南　京	−0.026	25	−0.030	25	−0.171	47	0.175	2
太　原	−0.062	26	−0.105	43	0.051	10	−0.008	25
南　通	−0.084	27	−0.069	35	−0.055	28	0.040	19
徐　州	−0.084	28	−0.026	23	−0.085	34	0.026	23
南　宁	−0.102	29	−0.127	45	0.121	4	−0.096	37
大　连	−0.108	30	0.002	18	0.025	14	−0.134	41
上　海	−0.109	31	0.012	17	−0.092	38	−0.029	28
哈尔滨	−0.113	32	−0.035	28	0.014	17	−0.092	36
扬　州	−0.114	33	−0.021	21	−0.070	32	−0.023	27

地　区	绿色发展指数		一级指标					
			经济增长绿化度		资源环境承载潜力		政府政策支持度	
	指数值	排　名	指数值	排　名	指数值	排　名	指数值	排　名
长　春	−0.114	34	0.027	16	0.064	8	−0.205	44
绍　兴	−0.139	35	−0.040	30	−0.094	39	−0.005	24
沈　阳	−0.155	36	0.065	12	−0.037	27	−0.182	43
银　川	−0.182	37	−0.074	38	−0.060	30	−0.049	30
天　津	−0.184	38	0.029	15	−0.163	45	−0.050	31
南　昌	−0.192	39	−0.100	41	−0.055	29	−0.037	29
郑　州	−0.222	40	−0.073	36	−0.091	37	−0.059	32
成　都	−0.226	41	−0.033	27	−0.124	43	−0.070	33
贵　阳	−0.267	42	−0.153	46	0.024	15	−0.139	42
重　庆	−0.271	43	−0.159	47	−0.004	19	−0.108	39
武　汉	−0.278	44	−0.031	26	−0.145	44	−0.102	38
西　安	−0.309	45	−0.073	37	−0.165	46	−0.071	35
兰　州	−0.396	46	−0.081	39	−0.090	36	−0.224	45
西　宁	−0.493	47	−0.108	44	−0.111	42	−0.274	47

注：1. 本表根据中国城市绿色发展指数体系，依据各指标 2013 年数据测算而得。2. 本表城市按绿色发展指数的指数值从高到低排序。3. 以上数据及排名根据《中国城市统计年鉴 2014》《中国环境统计年报 2013》《中国城市建设统计年鉴 2013》《中国区域经济统计年鉴 2014》等测算。

附录二

城市绿色发展公众满意度
调查方案及组织实施情况①

>>一、关于公众满意度调查问卷的说明<<

2015 年城市绿色发展公众满意度调查仍然主要了解居民对所居住城市的环境、基础设施和政府绿色行动的各项评价。其中，城市环境评价包括城市街道卫生、城市饮用水、河流湖泊受污染程度、空气质量和近三年城市环境变化五项指标；城市基础设施评价包括城市绿化情况、公共休闲娱乐场所的数量和分布、生活垃圾处理、公共交通便利程度和交通畅通情况五项指标；政府绿色行动评价包括垃圾分类设施的配置情况、日常食品放心程度、企业排污治理成效、环境污染突发事件处理效果、环境投诉知晓度和政府环保工作重视程度六项指标（详见调查问卷）。这三个部分的问题与 2014 年、2013 年完全对应和一致。

>>二、抽样及调查方法说明<<

此次调查采用电话调查方式即利用计算机辅助电话（CATI）②系统进行调查，采用电话号码随机抽样方法抽取调查对象。调查对象为城市年满 18 周岁并且在该城市居住满半年及以上的城区居民。调查范围仍为全国 38 个重点城市，其中东部地区有 16 个城市，分别是北京、天津、石家庄、上海、南京、苏州、杭州、宁波、福州、厦门、济南、青岛、广州、深圳、珠海和海口；中部地区有 6 个城市，分别是太原、合肥、南昌、郑州、武汉和长沙；西部地区有 12 个城市，分别是呼和浩特、南宁、重庆、成都、贵阳、昆明、西安、兰州、西宁、银川、乌鲁木齐和克拉玛依；东北地区有 4 个城市，分别是沈阳、大连、长春和哈尔滨。调查设计样本量为每个直辖市 1 000 个，其他城市均为 700 个，共计 27 800 个样本。

---

① 国家统计局中国经济景气监测中心的常炜、宋倩和贾德刚参与了调查组织实施工作，常炜还负责了数据处理等工作。

② CATI（Computer Assisted Telephone Interviewing）系统是计算机辅助电话调查系统的简称。CATI 系统作为一种先进的计算机辅助调查工具已经被广泛应用于众多研究工作中。CATI 系统通常的工作形式是：访问员坐在计算机前，面对屏幕上的问卷，向电话对面的受访者读出问题，并将受访者回答的结果通过鼠标或键盘记录到计算机中去；督导在另一台计算机前借助局域网和电话交换机的辅助对整个访问工作进行现场监控。通过该系统，调查者可以更短的时间、更少的费用，得到更加优质的访问数据，导出的数据能够被各种统计软件直接使用。

>>三、调查样本情况说明<<

调查结果显示，本次调查实际共完成有效样本量为 27 986 个，各城市样本量均达到或略超过设计值。调查样本的构成为：分居住年限看，近九成(89.9％)受访者在本城市居住超过三年，居住一至三年和半年到一年的分别占 7.1％和 3.0％(见图附录 2-1)。分年龄看，受访者年龄多在 18～40 岁之间，占 50.7％；41～60 岁和 61 岁及以上的分别占 25.7％和 23.6％。分性别看，受访者中女性略多于男性，男性和女性分别占 44.9％和 55.1％。分教育程度看，近六成(57.8％)受访者的教育程度为大专及以上学历，高中、中专学历占 25.3％，初中及以下占 16.9％。分收入水平看，受访者家庭的平均月收入①在 3 000～7 000 元之间的占 43.8％，3 000 元以下的占 18.6％，7 000～12 000 元之间的占 18.5％，12 000 元以上的占 14.8％，仅有 4.3％拒绝回答收入。调查样本分布合理，对不同地区和群体的城市居民有较好的代表性。

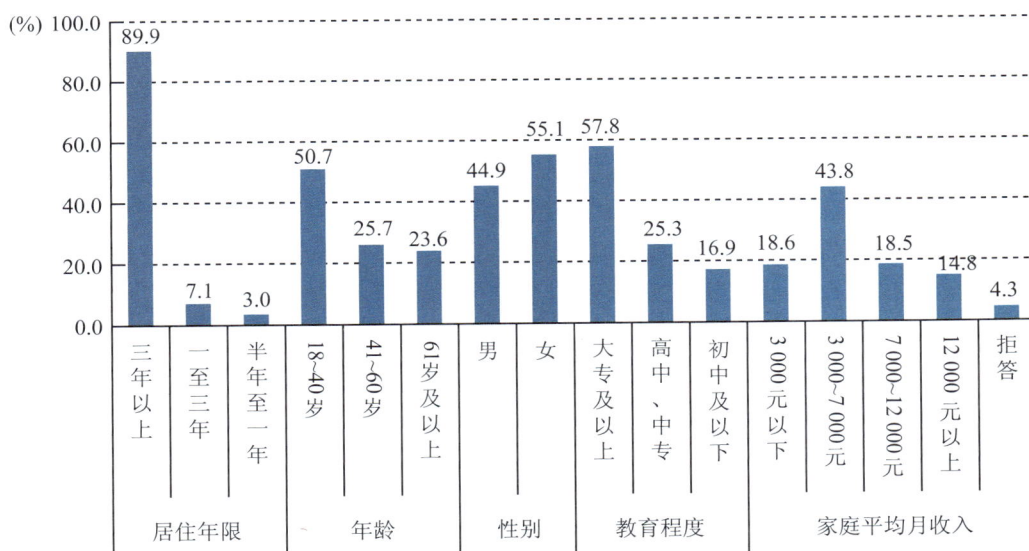

图附录 2-1　调查样本结构

>>四、关于公众满意度测算方法的说明<<

2015 年满意度的测算方法与 2014 年保持一致，参与计算的指标也完全对应和一致。具体方法如下。

第一，测算问卷中每个问题的得分：对于问卷答案分三级的问题，从"好(干净、满意)"到"不好(不干净、不满意)"分别赋值为 1、0、－1。每个问题的得分的计算方法为：令 $X_1 = 1$，$X_2 = 0$，$X_3 = -1$，则每个问题的得分 Q_j 计算公式为：

$$Q_j = (N_1 \cdot X_1 + N_2 \cdot X_2 + N_3 \cdot X_3)/N$$

式中，N_i 为选择 X_i 的人数，N 为答题总人数；X_i 为各选项的赋值。

问卷答案分三级以上的回答以及对城市总体评价的回答，不计入满意度测算，如 Q_5、Q_{12} 和 Q_{19} 等，仅作为深入分析研究的参考指标。

---

① 包括所有家庭成员的薪水和其他收入。

第二，问卷调查中城市环境满意度、基础设施满意度及政府绿色行动满意度这三大部分的评分方法是：城市环境、城市基础设施和政府绿色行动指数的满意度，分别等于问卷相应部分的问题得分的算术平均数。即：

$$城市环境满意度 = (Q_1 + Q_2 + Q_3 + Q_4 + Q_6)/5$$

$$城市基础设施满意度 = (Q_7 + Q_8 + Q_9 + Q_{10} + Q_{11})/5$$

$$政府绿色行动满意度 = (Q_{13} + Q_{14} + Q_{15} + Q_{16} + Q_{17} + Q_{18})/6$$

第三，城市绿色发展综合满意度等于以上三项构成指数满意度的算术平均数，其得分在 −1～1 之间，0 为临界值。得分为正表示"满意"，越趋近于 1 满意程度越高；反之表示"不满意"，越趋近于 −1 满意程度越低。

>>五、关于调查的组织与实施<<

本次调查由国家统计局中国经济景气监测中心统一组织，分别由其下属的社情民意调查处以及河南省的统计机构和重庆立信市场研究有限公司负责具体实施。景气中心在组织全国性专项调查方面具有显著的优势和丰富的实践经验，特别是在全国 30 个省（区、市）级统计机构建立了电话访问中心，形成了覆盖全国的电话调查网络系统。多年来，景气中心承担了大量来自于党政机关、有关部委的委托调查项目，在调查组织实施中，坚持科学制定调查方案，规范组织实施流程，严格控制调查质量，确保调查数据的准确和客观，得到了委托单位的广泛好评。

此次调查中，景气中心制定了详细的调查执行方案，严格规定了执行单位进行访问员培训、问卷调查、问卷复核、数据上报和质量检查的标准。为保证调查数据质量，执行过程中特别加强了对访问员的培训以及调查录音的核查。调查完成后，执行机构在提交调查数据的同时还提交了每份调查样本的录音，使每个调查结果都可追溯、可核查。为保证调查的客观和公正，景气中心将 38 个城市的调查任务分配给三个调查机构，并采取回避的原则：一是调查机构仅知道其负责调查的城市及样本量，并不了解其他城市由谁来执行。二是调查机构不负责其所在城市的调查任务，北京市的调查任务由重庆立信公司完成，郑州市和重庆市的调查任务由景气中心社情民意调查处完成等，保证了调查的独立性和权威性。

>>六、城市绿色发展公众满意度调查问卷<<

2015 年城市绿色发展公众满意度调查问卷

甄别信息

A1　请问您的年龄是？

　　①18 岁以下（停止访问，其他选项继续）　　　　②18～40 岁

　　③41～60 岁　　　　④61 岁及以上

A2　请问您的居住地是城市吗？

　　①是（继续访问）　　　　②否（停止访问）

A3　请问您在所在城市的居住年限是？

　　①半年以下（停止访问，其他选项继续）　　　　②半年至一年

　　③一至三年　　　　④三年以上

第一部分：城市环境评价

Q1　您感觉城市街道卫生环境怎么样？

　　　①干净　　　　　　　②一般　　　　　　　③不干净

Q2　您对您所在城市饮用水质量是否满意？

　　　①满意　　　　　　　②一般　　　　　　　③不满意

Q3　您认为您所在城市的河流、湖泊受污染的程度是？

　　　①没有污染　　　　　②有点污染　　　　　③严重污染　　　　　④不清楚或不关注

Q4　您认为您所在城市的空气质量怎么样？

　　　①好　　　　　　　　②一般　　　　　　　③不好

Q5　您所在城市下列哪些方面的污染最严重（最多选三项）？

　　　①机动车尾气　　　　②饮食业油烟污染　　③工厂排污　　　　　④生活垃圾

　　　⑤农业污染　　　　　⑥电磁辐射污染　　　⑦塑料袋或塑料餐盒污染

　　　⑧噪音污染（交通噪音、建筑施工、娱乐场所噪音等）

Q6　您认为近三年城市环境有什么变化？

　　　①变好了　　　　　　②没变化　　　　　　③变差了

第二部分：城市基础设施评价

Q7　您所在城市的绿化情况怎么样？

　　　①好　　　　　　　　②一般　　　　　　　③不好

Q8　您对城市公园、广场等公共休闲娱乐场所的数量和分布是否满意？

　　　①满意　　　　　　　②一般　　　　　　　③不满意

　　　Q8.1　不满意的最主要原因是？

　　　　　　①数量太少　　②分布不合理　　③其他，请注明_____

Q9　您对您周边的生活垃圾处理情况是否满意？

　　　①满意　　　　　　　②一般　　　　　　　③不满意

Q10　您认为所在城市的公共交通便利程度如何？

　　　①方便　　　　　　　②一般　　　　　　　③不方便

Q11　您所在城市的交通畅通情况如何？

　　　①畅通　　　　　　　②一般　　　　　　　③拥堵

Q12　您日常出行主要采用的交通方式是？

　　　①自驾（汽车或摩托车）　　②公共交通（公交或地铁）　　③出租车

　　　④自行车、电动车或步行　　⑤其他

第三部分：政府的绿色行动

Q13　您对所在城市的垃圾分类设施的配置情况是否满意？

　　　①满意　　　　　　　②一般　　　　　　　③不满意

Q14　您对日常所食用的食品是否放心？

　　　①放心　　　　　　　②一般　　　　　　　③不放心

Q15　您认为所在城市企业排污治理的成效怎么样？

　　　①成效很大　　　　　②一般　　　　　　　③成效很小　　　　　④不清楚或不关注

Q16　您对所在城市环境污染突发事件处理效果是否满意？

　　　①满意　　　　　　　②一般　　　　　　　③不满意　　　　　　④不清楚或不关注

Q17　您是否了解环境投诉方式(网站或电话等)?

　　　①完全了解　　　　　②听过,但不记得了　　　③完全不知道(跳问 Q18)

　　Q17.1　您是否进行过环境投诉?

　　　　　　①是　　　　②否(跳问 Q18)

　　Q17.2　您对投诉处理结果是否满意?

　　　　　　①满意　　　②一般　　　③不满意

Q18　您觉得所在城市政府是否重视城市环保工作?

　　　①重视　　　　　　②一般　　　　　　　③不重视

第四部分:总体判断

Q19　总体而言,您对居住在这个城市是否满意?

　　　①满意　　　　　　②一般　　　　　　　③不满意

受访者基本信息

城市(访问员填写,无须询问受访者):_____

A4　受访者性别(访问员填写,无须询问受访者):①男　　②女

A5　请问您的教育程度是?

　　　①大专及以上　　　②高中、中专　　　③初中及以下

A6　请问您家庭的平均月收入是(包括所有家庭成员的薪水和其他收入)?

　　　①3 000 元以下　　②3 000~7 000 元　　②7 000~12 000 元　　④12 000 元以上

　　　⑤拒答

附录三

省区绿色发展指数测算指标解释及数据来源

1. 人均地区生产总值

国内生产总值（GDP）是指按市场价格计算的一个国家（或地区）所有常住单位在一定时期内生产活动的最终成果。对于一个地区来说，称为地区生产总值或地区 GDP。计算公式为：

$$人均地区生产总值 = \frac{地区生产总值}{(上年年末总人口数 + 当年年末总人口数)/2}$$

资料来源：国家统计局：《中国统计年鉴 2011—2014》，北京，中国统计出版社，2011—2014。

2. 单位地区生产总值能耗

能源消费总量是指一定时期内全国（地区）各行业和居民生活消费的各种能源的核算能源消费总量指标。能源消费总量分为三部分，即终端能源消费量、能源加工转换损失量和损失量。

单位地区生产总值能耗是指一定时期内该地区能源消费总量与地区生产总值的比值，反映的是该地区每增加一单位地区生产总值所带来的能源使用的增加量。计算公式为：

$$单位地区生产总值能耗 = \frac{能源消费总量}{地区生产总值}$$

资料来源：国家统计局：《中国统计年鉴 2014》，北京，中国统计出版社，2014。

3. 非化石能源消费量占能源消费量的比重

非化石能源是指除煤炭、石油和天然气之外的其他能源。

非化石能源消费量占能源消费量的比重是指非化石能源消费量在能源消费总量中的百分比。计算公式为：

$$非化石能源消费量占能源消费量的比重 = \frac{非化石能源消费总量}{能源消费总量} \times 100\%$$

资料来源：无数列表。

4. 单位地区生产总值二氧化碳排放量

单位地区生产总值二氧化碳排放量是指一定时期内某地区二氧化碳排放量与地区生产总值的比值。计算公式为：

$$单位地区生产总值二氧化碳碳排放 = \frac{二氧化碳排放量}{地区生产总值}$$

资料来源：无数列表。

5. 单位地区生产总值二氧化硫排放量

二氧化硫排放量分为工业二氧化硫排放量和生活及其他二氧化硫排放量，其中工业二氧化硫排放量是指报告期内企业在燃料燃烧和生产工艺过程中排入大气的二氧化硫总量，计算公式为：

$$\text{工业氧化硫排放量} = \text{燃料燃烧过程中氧化硫排放量} + \text{生产工艺过程中氧化硫排放量}$$

生活及其他二氧化硫排放量是以生活及其他煤炭消费量和其含硫量为基础，根据以下公式计算：

$$\text{生活及其他氧化硫排放量} = \text{生活及其他煤炭消费量} \times \text{含硫量} \times 0.8 \times 2$$

单位地区生产总值二氧化硫排放量是指一定时期内某地区二氧化硫排放量与地区生产总值的比值。计算公式为：

$$\text{单位地区生产总值二氧化硫排放量} = \frac{\text{二氧化硫排放量}}{\text{地区生产总值}}$$

资料来源：国家统计局：《中国统计年鉴 2011—2014》，北京，中国统计出版社，2011—2014。

6. 单位地区生产总值化学需氧量排放量

化学需氧量（COD）是指用化学氧化剂氧化水中有机污染物时所需的氧量。COD 值越高，表示水中有机污染物污染越重。化学需氧量排放量主要来自工业废水和生活污水。其中，生活污水中化学需氧量（COD）排放量是指城镇居民每年排放的生活污水中的 COD 的量。用人均系数法测算。测算公式为：

$$\text{城镇生活污水中 COD 排放量} = \text{城镇生活污水中 COD 产生系数} \times \text{市镇非农业人口} \times 365$$

单位地区生产总值化学需氧量排放量是指一定时期内该地区化学需氧量排放量与地区生产总值的比值。计算公式为：

$$\text{单位地区生产总值化学需氧量排放量} = \frac{\text{化学需氧量排放量}}{\text{地区生产总值}}$$

资料来源：国家统计局：《中国统计年鉴 2011—2014》，北京，中国统计出版社，2011—2014。

7. 单位地区生产总值氮氧化物排放量

单位地区生产总值氮氧化物排放量是指一定时期内该地区氮氧化物排放量与地区生产总值的比值。计算公式为：

$$\text{单位地区生产总值氮氧化物排放量} = \frac{\text{氮氧化物排放量}}{\text{地区生产总值}}$$

资料来源：国家统计局：《中国统计年鉴 2011—2014》，北京，中国统计出版社，2011—2014；环境保护部：《中国环境统计年报 2013》，北京，中国环境科学出版社，2014。

8. 单位地区生产总值氨氮排放量

单位地区生产总值氨氮排放量是指一定时期内该地区氨氮排放量与地区生产总值的比值。计算公式为：

$$\text{单位地区生产总值氮氧化物排放量} = \frac{\text{氨氮排放量}}{\text{地区生产总值}}$$

资料来源：国家统计局：《中国统计年鉴 2011—2014》，北京，中国统计出版社，2011—2014；环境保护部：《中国环境统计年报 2013》，北京，中国环境科学出版社，2014。

9. 人均城镇生活消费用电

计算公式为：

$$\text{人均城镇生活消费用电} = \frac{\text{城镇生活消费用电}}{\text{城市年平均人口}}$$

资料来源：国家统计局：《中国城市统计年鉴 2014》，北京，中国统计出版社，2014。

10. 第一产业劳动生产率

第一产业劳动生产率是指一定时期内第一产业增加值与第一产业年平均就业人员数的比值。计算公式为：

$$第一产业劳动生产率 = \frac{第一产业增加值}{(上年年末第一产业就业人员数 + 当年年末第一产业就业人员数)/2}$$

资料来源：国家统计局：《中国统计年鉴 2014》，北京，中国统计出版社，2014；国家统计局：《中国城市统计年鉴 2011—2014》，北京，中国统计出版社，2011—2014。

11. 土地产出率

土地产出率是指一定时期内该地区种植业产值与农作物播种面积的比值。计算公式为：

$$土地产出率 = \frac{农业总产值}{农作物播种面积}$$

资料来源：国家统计局：《中国统计年鉴 2014》，北京，中国统计出版社，2014。

12. 节水灌溉面积占有效灌溉面积的比重

有效灌溉面积指具有一定的水源，地块比较平整，灌溉工程或设备已经配套，在一般年景下，当年能够进行正常灌溉的耕地面积。在一般情况下，有效灌溉面积应等于灌溉工程或设备已经配备，能够进行正常灌溉的水田和水浇地面积之和。它是反映我国耕地抗旱能力的一个重要指标。

节水灌溉面积占有效灌溉面积的比重计算公式为：

$$节水灌溉面积占有效灌溉面积的比重 = \frac{节水灌溉面积}{有效灌溉面积} \times 100\%$$

资料来源：国家统计局：《中国统计年鉴 2014》，北京，中国统计出版社，2014；水利部：《中国水利统计年鉴 2014》，北京，中国水利水电出版社，2014。

13. 有效灌溉面积占耕地面积比重

有效灌溉面积是指具有一定的水源，地块比较平整，灌溉工程或设备已经配套，在一般年景下，当年能够进行正常灌溉的耕地面积。在一般情况下，有效灌溉面积应等于灌溉工程或设备已经配备，能够进行正常灌溉的水田和水浇地面积之和。它是反映我国耕地抗旱能力的一个重要指标。

耕地面积是指经过开垦用以种植农作物并经常进行耕耘的土地面积，包括种有作物的土地面积、休闲地、新开荒地和抛荒未满三年的土地面积。

有效灌溉面积占耕地面积比重计算的公式为：

$$有效灌溉面积占耕地面积比重 = \frac{有效灌溉面积}{耕地面积}$$

资料来源：国家统计局：《中国统计年鉴 2014》，北京，中国统计出版社，2014。

14. 第二产业劳动生产率

第二产业劳动生产率是指一定时期内第二产业增加值与第二产业年平均就业人员数的比值。计算公式为：

$$第二产业劳动生产率 = \frac{第二产业增加值}{(上年年末第二产业就业人员数 + 当年年末第二产业就业人员数)/2}$$

资料来源：国家统计局：《中国城市统计年鉴 2011—2014》，北京，中国统计出版社，2011—2014。

15. 单位工业增加值水耗

工业增加值是指工业企业在报告期内以货币表现的工业生产活动的最终成果。

工业用水量是指工矿企业在生产过程中用于制造、加工、冷却、空调、净化、洗涤等方面的用水，按新水取用量计，不包括企业内部的重复利用水量。

单位工业增加值水耗是指一定时期内工业用水量与工业增加值的比值。计算公式为：

$$单位工业增加值水耗 = \frac{工业用水量}{工业增加值}$$

资料来源：国家统计局：《中国统计年鉴 2014》，北京，中国统计出版社，2014；国家统计局：《中国区域经济统计年鉴 2005—2014》，北京，中国统计出版社，2005—2014。

16. 规模以上单位工业增加值能耗

规模以上单位工业增加值能耗指的是规模以上工业企业能源使用量与规模以上工业增加值的比值。计算公式为：

$$规模以上单位工业增加值能耗 = \frac{规模以上工业企业能源使用量}{规模以上工业增加值}$$

资料来源：无数列表。

17. 工业固体废物综合利用率

工业固体废物综合利用率是指工业固体废物综合利用量占工业固体废物产生量（包括综合利用往年贮存量）的百分率。计算公式为：

$$工业固体废物综合利用率 = \frac{工业固体废物综合利用量}{工业固体废物产生量 + 综合利用往年贮存量} \times 100\%$$

其中，工业固体废物产生量是指报告期内企业在生产过程中产生的固体状、半固体状和高浓度液体状废弃物的总量，包括危险废物、冶炼废渣、粉煤灰、炉渣、煤矸石、尾矿、放射性废物和其他废物等；不包括矿山开采的剥离废石和掘进废石（煤矸石和呈酸性或碱性的废石除外）。酸性或碱性废石指采掘的废石其流经水、雨淋水的 pH 值小于 4 或 pH 值大于 10.5 者。工业固体废物综合利用量是指报告期内企业通过回收、加工、循环、交换等方式，从固体废物中提取或者使其转化为可以利用的资源、能源和其他原材料的固体废物量（包括当年利用往年的工业固体废物贮存量），如用作农业肥料、生产建筑材料、筑路等。综合利用量由原产生固体废物的单位统计。

资料来源：国家统计局、环境保护部：《中国环境统计年鉴 2014》，北京，中国统计出版社，2014。

18. 工业用水重复利用率

工业用水重复利用率是指在一定时期内，生产过程中使用的重复利用水量与总用水量之比。计算公式为：

$$工业用水重复利用率 = \frac{重复利用水量}{生产中取用的新水量 + 重复利用水量} \times 100\%$$

资料来源：国家统计局、环境保护部：《中国环境统计年鉴 2014》，北京，中国统计出版社，2014。

19. 六大高载能行业产值占工业总产值比重

六大高载能行业产值占工业总产值比重是指规模以上工业中六大高载能行业产值占全部工业总产值的百分比。

工业总产值是指以货币形式表现的，工业企业在一定时期内生产的工业最终产品或提供工业性劳务活动的总价值量。它反映一定时间内工业生产的总规模和总水平。

六大高载能行业产值是指一定时期内石油加工、炼焦及核燃料加工业总产值，化学原料及化学制品制造业总产值，非金属矿物制品业总产值，黑色金属冶炼及压延加工业总产值，有色金属冶炼及压延加工业总产值，电力热力的生产和供应业总产值之和。

六大高载能行业产值占工业总产值比重计算公式为：

$$六大高载能行业产值占工业总产值比重 = \frac{六大高载能行业产值}{工业总产值}$$

资料来源：国家统计局：《中国工业统计年鉴2014》，北京，中国统计出版社，2014。

20．第三产业劳动生产率

第三产业劳动生产率是指一定时期内第三产业增加值与第三产业年平均就业人员数的比值。计算公式为：

$$第三产业劳动生产率 = \frac{第三产业增加值}{(上年年末第三产业就业人员数 + 当年年末第三产业就业人员数)/2}$$

资料来源：国家统计局：《中国城市统计年鉴2011—2014》，北京，中国统计出版社，2011—2014。

21．第三产业增加值比重

第三产业增加值比重是指报告期内第三产业增加值占地区生产总值的百分比。计算公式为：

$$第三产业增加值比重 = \frac{第三产业增加值}{地区生产总值} \times 100\%$$

资料来源：国家统计局：《中国统计年鉴2014》，北京，中国统计出版社，2014。

22．第三产业就业人员比重

第三产业就业人员比重是指报告期内第三产业就业人员占全部产业就业人员的百分比。计算公式为：

$$第三产业就业人员比重 = \frac{第三产业就业人员}{全部产业就业人员} \times 100\%$$

资料来源：国家统计局：《中国统计年鉴2014》，北京，中国统计出版社，2014。

23．人均水资源量

水资源总量是指评价区内降水形成的地表和地下产水总量，即地表产流量与降水入渗补给地下水量之和，不包括过境水量。

人均水资源量是指一定时期内一个地区个人平均拥有的地表和地下产水总量。计算公式为：

$$人均水资源量 = \frac{该地区的水资源总量}{该地区总人数}$$

资料来源：国家统计局：《中国统计年鉴2014》，北京，中国统计出版社，2014。

24．人均森林面积

森林面积是指由乔木树种构成，郁闭度0.2以上（含0.2）的林地或冠幅宽度10米以上的林带的面积，即有林地面积。森林面积包括天然起源和人工起源的针叶林面积、阔叶林面积、针阔混交林面积和竹林面积，不包括灌木林地面积和疏林地面积。

人均森林面积是指一定时期内一个地区个人平均拥有的有林地面积。计算公式为：

$$人均森林面积 = \frac{该地区森林面积}{该地区总人数}$$

资料来源：国家统计局：《中国统计年鉴2014》，北京，中国统计出版社，2014。

25．森林覆盖率

森林覆盖率指一个国家或地区森林面积占土地面积的百分比。在计算森林覆盖率时，森林面积包括郁闭度0.20以上的乔木林地面积和竹林地面积、国家特别规定的灌木林地面积、农田林网以及四旁（村旁、路旁、水旁、宅旁）林木的覆盖面积。森林覆盖率表明一个国家或地区森林资源的丰富程度和生态平衡状况，是反映林业生产发展水平的主要指标。

$$森林覆盖率 = \frac{森林面积}{土地总面积} \times 100\% + \frac{灌木林地面积}{土地总面积} \times 100\% +$$

$$\frac{林网树占地面积}{土地总面积} \times 100\% + \frac{四旁树占地面积}{土地总面积} \times 100\%$$

资料来源：国家统计局：《中国统计年鉴 2014》，北京，中国统计出版社，2014。

26. 自然保护区面积占辖区面积比重

自然保护区是指对有代表性的自然生态系统、珍稀濒危野生动植物物种的天然分布区、水源涵养区、有特殊意义的自然历史遗迹等保护对象所在的陆地、陆地水体或海域，依法划出一定面积进行特殊保护和管理的区域。以县及县以上各级人民政府正式批准建立的自然保护区为准（包括"六五"以前由部门或"革委会"批准且现仍存在的自然保护区）。风景名胜区、文物保护区不计在内。

自然保护区面积占辖区面积比重的计算公式为：

$$自然保护区面积占辖区面积比重 = \frac{自然保护区面积}{辖区面积} \times 100\%$$

资料来源：国家统计局：《中国统计年鉴 2014》，北京，中国统计出版社，2014。

27. 湿地面积占国土面积的比重

湿地是指天然或人工、长久或暂时性的沼泽地、泥炭地或水域地带，包括静止或流动、淡水、半咸水、咸水体，低潮时水深不超过 6 米的水域以及海岸地带地区的珊瑚滩和海草床、滩涂、红树林、河口、河流、淡水沼泽、沼泽森林、湖泊、盐沼及盐湖。

湿地面积占国土面积比重计算公式为：

$$湿地面积占国土面积比重 = \frac{湿地面积}{国土面积} \times 100\%$$

资料来源：国家统计局：《中国统计年鉴 2014》，北京，中国统计出版社，2014。

28. 人均活立木总蓄积量

活立木总蓄积量是指一定范围内土地上全部树木蓄积的总量，包括森林蓄积、疏林蓄积、散生木蓄积和四旁树蓄积。计算公式为：

$$人均活立木总蓄积量 = \frac{活立木总蓄积量}{年末总人口}$$

资料来源：国家统计局：《中国统计年鉴 2014》，北京，中国统计出版社，2014。

29. 单位土地面积二氧化碳排放量

土地调查面积是指行政区域内的土地调查总面积，包括农用地、建设用地和未利用地。

单位土地面积二氧化碳排放量的计算公式为：

$$单位土地面积二氧化碳排放量 = \frac{二氧化碳排放量}{土地调查面积}$$

资料来源：无数列表。

30. 人均二氧化碳排放量

人均二氧化碳排放量的计算公式为：

$$人均二氧化碳排放量 = \frac{二氧化碳排放量}{年平均人口}$$

资料来源：无数列表。

31. 单位土地面积二氧化硫排放量

单位土地面积二氧化硫排放量的计算公式为：

$$单位土地面积二氧化硫排放量＝\frac{二氧化硫排放量}{土地调查面积－沙漠及戈壁总面积}$$

资料来源：国家统计局：《中国统计年鉴2014》，北京，中国统计出版社，2014；吴正：《中国沙漠及其治理》，北京，科学出版社，2009。

32．人均二氧化硫排放量

人均二氧化硫排放量的计算公式为：

$$人均二氧化硫排放量＝\frac{当年二氧硫排放量}{（上年年末总人口数＋当年年末总人口数）/2}$$

资料来源：国家统计局：《中国统计年鉴2011—2014》，北京，中国统计出版社，2011—2014。

33．单位土地面积化学需氧量排放量

单位土地面积化学需氧量排放量的计算公式为：

$$单位土地面积化学需氧量排放量＝\frac{化学需氧量排放量}{土地调查面积－沙漠及戈壁总面积}$$

资料来源：国家统计局：《中国统计年鉴2014》，北京，中国统计出版社，2014；吴正：《中国沙漠及其治理》，北京，科学出版社，2009。

34．人均化学需氧量排放量

人均化学需氧量排放量的计算公式为：

$$人均化学需氧量排放量＝\frac{当年化学需氧量排放量}{（上年年末总人口数＋当年年末总人口数）/2}$$

资料来源：国家统计局：《中国统计年鉴2011—2014》，北京，中国统计出版社，2011—2014。

35．单位土地面积氮氧化物排放量

单位土地面积氮氧化物排放量的计算公式为：

$$单位土地面积氮氧化物排放量＝\frac{氮氧化物排放量}{土地调查面积－沙漠及戈壁总面积}$$

资料来源：环境保护部：《中国环境统计年报2013》，北京，中国环境科学出版社，2014；国家统计局：《中国统计年鉴2014》，北京，中国统计出版社，2014；吴正：《中国沙漠及其治理》，北京，科学出版社，2009。

36．人均氮氧化物排放量

人均氮氧化物排放量的计算公式为：

$$人均氮氧化物排放量＝\frac{当年氮氧化物排放量}{（上年年末总人口数＋当年年末总人口数）/2}$$

资料来源：环境保护部：《中国环境统计年报2013》，北京，中国环境科学出版社，2014；国家统计局：《中国统计年鉴2011—2014》，北京，中国统计出版社，2011—2014。

37．单位土地面积氨氮排放量

单位土地面积氨氮排放量的计算公式为：

$$单位土地面积氨氮排放量＝\frac{氨氮排放量}{土地调查面积－沙漠及戈壁总面积}$$

资料来源：环境保护部：《中国环境统计年报2013》，北京，中国环境科学出版社，2014；国家统计局：《中国统计年鉴2014》，北京，中国统计出版社，2014；吴正：《中国沙漠及其治理》，北京，科学出版社，2009。

38．人均氨氮排放量

人均氨氮排放量的计算公式为：

$$人均氨氮排放量 = \frac{当年氨氮排放量}{(上年年末总人口数 - 当年年末总人口数)/2}$$

资料来源：环境保护部：《中国环境统计年报 2013》，北京，中国环境科学出版社，2014；国家统计局：《中国统计年鉴 2011—2014》，北京，中国统计出版社，2011—2014。

39. 单位耕地面积化肥施用量

农用化肥施用量指本年内实际用于农业生产的化肥数量，包括氮肥、磷肥、钾肥和复合肥。化肥施用量要求按折纯量计算数量。折纯量是指把氮肥、磷肥、钾肥分别按含氮、含五氧化二磷、含氧化钾的百分之百成分进行折算后的数量。复合肥按其所含主要成分折算。计算公式为：

$$折纯量 = 实物量 \times 某种化肥有效成分含量的百分比$$

耕地面积指经过开垦用以种植农作物并经常进行耕耘的土地面积。包括种有作物的土地面积、休闲地、新开荒地和抛荒未满三年的土地面积。单位耕地面积化肥施用量的计算公式为：

$$单位耕地面积化肥施用量 = \frac{化肥施用量}{耕地面积}$$

资料来源：国家统计局：《中国统计年鉴 2014》，北京，中国统计出版社，2014。

40. 单位耕地面积农药使用量

单位耕地面积农药使用量是指在一定时期内单位耕地面积上的农药使用量。计算公式为：

$$单位耕地面积农药使用量 = \frac{农药使用量}{耕地面积}$$

资料来源：国家统计局、环境保护部：《中国环境统计年鉴 2014》，北京，中国统计出版社，2014；国家统计局：《中国统计年鉴 2014》，北京，中国统计出版社，2014。

41. 人均公路交通氮氧化物排放量

计算公式为：

$$人均公路交通氮氧化物排放量 = \frac{公路机动车氮氧化物排放量}{(上年年末总人口数 + 当年年末总人口数)/2}$$

资料来源：国家统计局：《中国统计年鉴 2011—2014》，北京，中国统计出版社，2011—2014；环境保护部：《中国环境统计年报 2013》，北京，中国环境科学出版社，2014。

42. 环境保护支出占财政支出比重

环境保护支出是指政府环境保护支出，包括环境保护管理事务支出、环境监测与监察支出、污染治理支出、自然生态保护支出、天然林保护工程支出、退耕还林支出、风沙荒漠治理支出、退牧还草支出、已垦草原退耕还草、能源节约利用、污染减排、可再生能源和资源综合利用等支出。

环境保护支出占财政支出比重是指环境保护支出占财政支出的百分比。计算公式为：

$$环境保护支出占财政支出比重 = \frac{环境保护支出}{财政支出} \times 100\%$$

资料来源：国家统计局：《中国统计年鉴 2014》，北京，中国统计出版社，2014。

43. 环境污染治理投资占地区生产总值比重

环境污染治理投资是指在工业污染源治理和城市环境基础设施建设的资金投入中，用于形成固定资产的资金。包括工业污染源治理投资和"三同时"项目环保投资，以及城市环境基础设施建设所投入的资金。

环境污染治理投资占地区生产总值比重是指环境污染治理投资与地区生产总值的比值。计算公式为：

$$环境污染治理投资占地区生产总值比重 = \frac{环境污染治理投资}{地区生产总值} \times 100\%$$

资料来源：国家统计局、环境保护部：《中国环境统计年鉴 2014》，北京，中国统计出版社，2014；国家统计局：《中国统计年鉴 2014》，北京，中国统计出版社，2014。

44. 农村人均改水、改厕的政府投资

农村人口是指居住和生活在县城（不含）以下的乡镇、村的人口。

计算公式为：

$$农村人均改水、改厕的政府投资 = \frac{农村改水投资 + 农村改厕投资}{(上年年末乡村总人口数 + 当年年末乡村总人口数)/2}$$

资料来源：国家统计局、环境保护部：《中国环境统计年鉴 2014》，北京，中国统计出版社，2014。

45. 单位耕地面积退耕还林投资完成额

单位耕地面积退耕还林投资完成额的计算公式为：

$$单位耕地面积退耕还林投资完成额 = \frac{林业投资完成额}{耕地面积}$$

资料来源：国家统计局、环境保护部：《中国环境统计年鉴 2014》，北京，中国统计出版社，2014；国家统计局：《中国统计年鉴 2014》，北京，中国统计出版社，2014。

46. 科教文卫支出占财政支出比重

科学技术支出是指用于科学技术方面的支出，包括科学技术管理事务、基础研究、应用研究、技术研究与开发、科技条件与服务、社会科学、科学技术普及、科技交流与合作等。

教育支出是指政府教育事务支出，包括教育行政管理、学前教育、小学教育、初中教育、普通高中教育、普通高等教育、初等职业教育、中专教育、技校教育、职业高中教育、高等职业教育、广播电视教育、留学生教育、特殊教育、干部继续教育、教育机关服务等。

文化教育与传媒支出是指政府在文化、文物、体育、广播影视、新闻出版等方面的支出。

医疗卫生支出是指政府医疗卫生方面的支出，包括医疗卫生管理事务支出、医疗服务支出、医疗保障支出、疾病预防控制支出、卫生监督支出、妇幼保健支出、农村卫生支出等。

科教文卫支出占财政支出比重的计算公式为：

科教文卫支出占财政支出比重

$$= \frac{(科学技术支出 + 教育支出 + 文化体育与传媒支出 + 医疗卫生支出)}{地方财政一般预算内支出} \times 100\%$$

资料来源：国家统计局：《中国统计年鉴 2014》，北京，中国统计出版社，2014。

47. 城市人均绿地面积

绿地面积是指报告期末用作绿化的各种绿地面积。包括公园绿地、单位附属绿地、居住区绿地、生产绿地、防护绿地和风景林地的总面积。计算公式为：

$$城市人均绿地面积 = \frac{城市绿地面积}{城市年平均人口}$$

资料来源：国家统计局：《中国统计年鉴 2014》，北京，中国统计出版社，2014；国家统计局：《中国城市统计年鉴 2014》，北京，中国统计出版社，2014。

48. 城市用水普及率

城市用水普及率是指城市用水人口数与城市人口总数的比率。计算公式为：

$$城市用水普及率 = \frac{城市用水人口数}{城市人口总数} \times 100\%$$

资料来源：国家统计局：《中国统计年鉴 2014》，北京，中国统计出版社，2014。

49. 城市污水处理率

城市污水处理率是指城市污水处理量占城市污水排放量的比重。计算公式为：

$$城市污水处理率 = \frac{城市污水处理量}{城市污水排放量} \times 100\%$$

资料来源：国家统计局、环境保护部：《中国环境统计年鉴 2014》，北京，中国统计出版社，2014。

50. 城市生活垃圾无害化处理率

城市生活垃圾无害化处理率是指报告期生活垃圾无害化处理量与生活垃圾产生量比率。在统计上，由于生活垃圾产生量不易取得，可用清运量代替。计算公式为：

$$城市生活垃圾无害化处理率 = \frac{城市生活垃圾无害化处理量}{城市生活垃圾产生量} \times 100\%$$

资料来源：国家统计局：《中国统计年鉴 2014》，北京，中国统计出版社，2014。

51. 城市每万人拥有公交车辆

城市每万人拥有公交车辆是指报告期内城市每万人拥有的不同类型的运营车辆按统一的标准折算成的营运车辆数。计算公式为：

$$每万人拥有公共交通车辆 = \frac{公共交通运营车辆数}{城市人口总数} \times 100\%$$

资料来源：国家统计局：《中国城市统计年鉴 2014》，北京，中国统计出版社，2014。

52. 人均城市公共交通运营线路网长度

人均城市公共交通运营线路网长度是指每人拥有的城市公共交通运营线路网长度。计算公式为：

$$人均城市公共交通运营线路网长度 = \frac{城市公共交通运营线路网长度}{城市年平均人口}$$

资料来源：国家统计局：《中国统计年鉴 2014》，北京，中国统计出版社，2014；国家统计局：《中国城市统计年鉴 2014》，北京，中国统计出版社，2014。

53. 农村累计已改水受益人口占农村总人口比重

农村累计已改水受益人口指各种改水形式的受益人口。农村人口指居住和生活在县城（不含）以下的乡镇、村的人口。

$$农村累计已改水受益人口占农村总人口比重 = \frac{农村累计已改水受益人口}{农村总人口}$$

资料来源：国家统计局、环境保护部：《中国环境统计年鉴 2014》，北京，中国统计出版社，2014。

54. 建成区绿化覆盖率

建成区绿化覆盖率是指城市建成区绿地面积占建成区面积的百分比。

建成区绿地面积是指报告期末建成区用作园林和绿化的各种绿地面积，包括公园绿地、生产绿地、防护绿地、附属绿地和其他绿地的面积。

资料来源：国家统计局：《中国统计年鉴 2014》，北京，中国统计出版社，2014。

55. 人均当年新增造林面积

造林是指在宜林荒山荒地、宜林沙荒地、无立木林地、疏林地和退耕地等其他宜林地上通过人工措施形成或恢复森林、林木、灌木林的过程。人均当年新增造林面积的计算公式为：

$$人均当年新增造林面积 = \frac{当年造林总面积}{(上年年末总人口数 + 当年年末总人口数)/2}$$

资料来源：国家统计局：《中国统计年鉴 2011—2014》，北京，中国统计出版社，2011—2014。

56. 工业二氧化硫去除率

工业二氧化硫排放量是指报告期内企业在燃料燃烧和生产工艺过程中排入大气的二氧化硫总量。工业二氧化硫去除量是指燃料燃烧和生产工艺废气经过各种废气治理设施处理后，去除的二氧化硫量。

工业二氧化硫去除率是指工业二氧化硫去除量占工业二氧化硫排放量和工业二氧化硫去除量总和的比重。计算公式为：

$$工业二氧化硫去除率 = \frac{工业二氧化硫去除量}{(工业二氧化硫去除量 + 工业二氧化硫排放量)} \times 100\%$$

资料来源：环境保护部：《中国环境统计年报2013》，北京，中国环境科学出版社，2014；国家统计局、环境保护部：《中国环境统计年鉴2014》，北京，中国统计出版社，2014。

57. 工业废水化学需氧量去除率

工业废水化学需氧量去除率是指工业废水化学需氧量去除量占工业废水化学需氧量排放量和工业废水化学需氧量去除量总和的比重。计算公式为：

$$工业废水化学需氧量去除率 = \frac{工业废水化学需氧量去除量}{(工业废水化学需氧量去除量 + 工业废水化学需氧量排放量)} \times 100\%$$

资料来源：环境保护部：《中国环境统计年报2013》，北京，中国环境科学出版社，2014；国家统计局、环境保护部：《中国环境统计年鉴2014》，北京，中国统计出版社，2014。

58. 工业氮氧化物去除率

工业氮氧化物排放量是指工业生产过程中排入大气的氮氧化物量。工业氮氧化物去除量是指工业生产过程中的废气经过各种废气治理设施处理后，去除的氮氧化物量。

工业氮氧化物去除率是指工业氮氧化物去除量占工业氮氧化物排放量和工业氮氧化物去除量总和的比重。计算公式为：

$$工业氮氧化物去除率 = \frac{工业氮氧化物去除量}{(工业氮氧化物去除量 + 工业氮氧化物排放量)} \times 100\%$$

资料来源：环境保护部：《中国环境统计年报2013》，北京，中国环境科学出版社，2014。

59. 工业废水氨氮去除率

工业废水氨氮去除率是指工业废水氨氮去除量占工业废水氨氮排放量和工业废水氨氮去除量总和的比重。计算公式为：

$$工业废水氨氮去除率 = \frac{工业废水氨氮去除量}{(工业废水氨氮去除量 + 工业废水氨氮排放量)} \times 100\%$$

资料来源：环境保护部：《中国环境统计年报2013》，北京，中国环境科学出版社，2014；国家统计局、环境保护部：《中国环境统计年鉴2014》，北京，中国统计出版社，2014。

60. 突发环境事件次数

环境突发事件指由于违反环境保护法规的经济、社会活动与行为，以及意外因素的影响或不可抗拒的自然灾害等原因，致使环境受到污染，国家重点保护的野生动植物、自然保护区受到破坏，人体健康受到危害，社会经济和人民财产受到损失，造成不良社会影响的突发性事件。

资料来源：国家统计局：《中国统计年鉴2014》，北京，中国统计出版社，2014。

附录四

城市绿色发展指数测算指标解释及数据来源

1. 人均地区生产总值

地区生产总值(GDP)是指按市场价格计算的一个国家(或地区)所有常住单位在一定时期内生产活动的最终成果。

$$人均地区生产总值 = \frac{地区生产总值}{年平均人口}$$

资料来源：国家统计局：《中国区域经济统计年鉴 2014》，北京，中国统计出版社，2014。

2. 单位地区生产总值能耗

能源消费总量是指一定时期内一个国家或地区各行业和居民生活消耗的各种能源的总和。单位地区生产总值能耗是指一定时期内该地区每生产一个单位的地区生产总值所消耗的能源。计算公式为：

$$单位地区生产总值能耗 = \frac{能源消费总量}{地区生产总值}$$

资料来源：国家统计局：《中国区域经济统计年鉴 2014》，北京，中国统计出版社，2014；国家统计局：《中国城市统计年鉴 2014》，北京，中国统计出版社，2014。

3. 人均城镇生活消费用电

人均城镇生活消费用电是指一定时期内某地区城镇居民生活消费用电量与年平均人口的比值。计算公式为：

$$人均城镇生活消费用电 = \frac{城镇生活消费用电量}{年平均人口}$$

资料来源：国家统计局：《中国城市统计年鉴 2014》，北京，中国统计出版社，2014。

4. 单位地区生产总值二氧化碳排放量

单位地区生产总值二氧化碳排放量是指一定时期内某地区二氧化碳排放量与地区生产总值的比值。计算公式为：

$$单位地区生产总值二氧化碳排放量 = \frac{二氧化碳排放量}{地区生产总值}$$

资料来源：无数列表。

5. 单位地区生产总值二氧化硫排放量

二氧化硫排放量分为工业二氧化硫排放量和生活二氧化硫排放量，其中工业二氧化硫排放量是指报告期内企业在燃料燃烧和生产工艺过程中排入大气的二氧化硫总量，计算公式为：

$$\text{工业二氧化硫排放量} = \text{燃料燃烧过程中二氧化硫排放量} + \text{生产工艺过程中二氧化硫排放量}$$

生活及其他二氧化硫排放量是以生活及其他煤炭消费量和其含硫量为基础，根据以下公式计算：

$$\text{生活及其他排放量} = \text{生活及其他煤炭排放量} \times \text{含硫量} \times 0.8 \times 2$$

单位地区生产总值二氧化硫排放量是指一定时期内某地区二氧化硫排放量与地区生产总值的比值。计算公式为：

$$\text{单位地区生产总值二氧化硫排放量} = \frac{\text{二氧化硫排放量}}{\text{地区生产总值}}$$

资料来源：国家统计局：《中国区域经济统计年鉴 2014》，北京，中国统计出版社，2014；环境保护部：《中国环境统计年报 2013》，北京，中国环境科学出版社，2014。

6. 单位地区生产总值化学需氧量排放量

化学需氧量（COD）是指用化学氧化剂氧化水中有机污染物时所需的氧量。COD 值越高，表示水中有机污染物污染越重。化学需氧量排放量主要来自工业废水和生活污水。其中，生活污水中化学需氧量（COD）排放量是指城镇居民每年排放的生活污水中的 COD 的量。用人均系数法测算。测算公式为：

$$\text{城镇生活污水中COD排放量} = \text{城镇生活污水中COD产生系数} \times \text{市镇非农业人口} \times 365$$

单位地区生产总值化学需氧量排放量是指一定时期内该地区化学需氧量排放量与地区生产总值的比值。

$$\text{单位地区生产总值化学需氧量排放量} = \frac{\text{化学需氧量排放量}}{\text{地区生产总值}}$$

资料来源：国家统计局：《中国区域经济统计年鉴 2014》，北京，中国统计出版社，2014；环境保护部：《中国环境统计年报 2013》，北京，中国环境科学出版社，2014。

7. 单位地区生产总值氮氧化物排放量

氮氧化物排放量是指报告期内排入大气的氮氧化物量。

单位地区生产总值氮氧化物排放量是指一定时期内该地区氮氧化物排放量与地区生产总值的比值。计算公式为：

$$\text{单位地区生产总值氮氧化物排放量} = \frac{\text{氮氧化物排放量}}{\text{地区生产总值}}$$

资料来源：国家统计局：《中国区域经济统计年鉴 2014》，北京，中国统计出版社，2014；环境保护部：《中国环境统计年报 2013》，北京，中国环境科学出版社，2014。

8. 单位地区生产总值氨氮排放量

氨氮排放量是指报告期内企业排出的工业废水和城镇生活污水中所含氨氮的纯重量。

单位地区生产总值氨氮排放量是指一定时期内该地区氨氮排放量与地区生产总值的比值。计算公式为：

$$\text{单位地区生产总值氨氮排放量} = \frac{\text{氨氮排放量}}{\text{地区生产总值}}$$

资料来源：国家统计局：《中国区域经济统计年鉴 2014》，北京，中国统计出版社，2014；环境保护部：《中国环境统计年报 2013》，北京，中国环境科学出版社，2014。

9. 第一产业劳动生产率

第一产业劳动生产率是指一定时期内第一产业增加值与第一产业年平均就业人员数的比值。计算公式为：

$$第一产业劳动生产率 = \frac{第一产业增加值}{(上年年末第一产业就业人员数 + 当年年末第一产业就业人员数)/2}$$

资料来源：国家统计局：《中国城市统计年鉴 2014》，北京，中国统计出版社，2014；国家统计局：《中国城市统计年鉴 2013》，北京，中国统计出版社，2013；国家统计局：《中国区域经济统计年鉴 2014》，北京，中国统计出版社，2014。

10. 第二产业劳动生产率

第二产业劳动生产率是指一定时期内第二产业增加值与第二产业年平均就业人员数的比值。计算公式为：

$$第二产业劳动生产率 = \frac{第二产业增加值}{(上年年末第二产业就业人员数 + 当年年末第二产业就业人员数)/2}$$

资料来源：国家统计局：《中国城市统计年鉴 2013—2014》，北京，中国统计出版社，2013—2014；国家统计局：《中国区域经济统计年鉴 2014》，北京，中国统计出版社，2014。

11. 单位工业增加值水耗

单位工业增加值水耗是指一定时期内，一个国家或地区每生产一个单位的工业增加值所消耗的水量。其中，工业增加值是指工业企业在报告期内以货币表现的工业生产活动的最终成果。工业用水量是指报告期内企业厂区内用于生产和生活的水量，它等于新鲜用水量与重复用水量之和。计算公式为：

$$单位工业增加值水耗 = \frac{工业用水量}{工业增加值}$$

资料来源：国家统计局：《中国区域经济统计年鉴 2014》，北京，中国统计出版社，2014；环境保护部：《中国环境统计年报 2013》，北京，中国环境科学出版社，2014。

12. 单位工业增加值能耗

单位工业增加值能耗是指一定时期内，一个国家或地区每生产一个单位的工业增加值所消耗的能源。计算公式为：

$$单位工业增加值能耗 = \frac{工业能源消费量}{工业增加值}$$

资料来源：国家统计局：《中国区域经济统计年鉴 2014》，北京，中国统计出版社，2014；国家统计局：《中国统计年鉴 2014》，北京，中国统计出版社，2014。

13. 工业固体废物综合利用率

工业固体废物综合利用率是指工业固体废物综合利用量占工业固体废物产生量（包括综合利用往年贮存量）的百分率。计算公式为：

$$工业固体废物综合利用率 = \frac{工业固体废物综合利用量}{工业固体废物产生量 + 综合利用往年贮存量} \times 100\%$$

其中，工业固体废物产生量是指报告期内企业在生产过程中产生的固体状、半固体状和高浓度液体状废弃物的总量，包括危险废物、冶炼废渣、粉煤灰、炉渣、煤矸石、尾矿、放射性废物和其他废物等；不包括矿山开采的剥离废石和掘进废石（煤矸石和呈酸性或碱性的废石除外）。酸性或碱性废石指采掘的废石其流经水、雨淋水的 pH 值小于 4 或 pH 值大于 10.5 者。工业固体废物综合利用量是指报告期内企业通过回收、加工、循环、交换等方式，从固体废物中提取或者使其转化为可以利用的资源、能源和其他原材料的固体废物量（包括当年利用往年的工业固体废物贮存量），如用作农业肥料、生产建筑材料、筑路等。综合利用量由原产生固体废物的单位统计。

资料来源：环境保护部：《中国环境统计年报 2013》，北京，中国环境科学出版社，2014。

14. 工业用水重复利用率

工业用水量指报告期内企业厂区内用于生产和生活的水量，它等于新鲜用水量与重复用水量之和。其中，新鲜用水量指报告期内企业厂区用于生产和生活的新鲜水量（生活用水单独计量且生活污水不与生活废水混排的除外），它等于企业从城市自来水取用的水量和企业自备水用量之和。重复用水量指报告期内企业用水中重复再利用的水量，包括循环使用、一水多用和窜级使用的水量（含经处理后回用量）。

工业用水重复利用率是指在一定时期内，生产过程中使用的重复用水量与工业用水量之比。计算公式为：

$$工业用水重复利用率 = \frac{重复用水量}{新鲜用水量 + 重复用水量} \times 100\%$$

资料来源：环境保护部：《中国环境统计年报 2013》，北京，中国环境科学出版社，2014。

15. 第三产业劳动生产率

第三产业劳动生产率是指一定时期内某地区第三产业增加值与第三产业年平均就业人员数的比值。计算公式为：

$$第三产业劳动生产率 = \frac{第三产业增加值}{（上年年末第三产业就业人员数 + 当年年末第三产业就业人员数）/2}$$

资料来源：国家统计局：《中国城市统计年鉴 2013—2014》，北京，中国统计出版社，2013—2014；国家统计局：《中国区域经济统计年鉴 2014》，北京，中国统计出版社，2014。

16. 第三产业增加值比重

第三产业增加值比重是指报告期内某地区第三产业增加值占地区生产总值的百分比。计算公式为：

$$第三产业增加值比重 = \frac{第三产业增加值}{地区生产总值} \times 100\%$$

资料来源：国家统计局：《中国城市统计年鉴 2014》，北京，中国统计出版社，2014。

17. 第三产业就业人员比重

第三产业就业人员比重是指报告期内第三产业就业人员占全部产业就业人员的百分比。

资料来源：国家统计局：《中国城市统计年鉴 2013—2014》，北京，中国统计出版社，2013—2014。

18. 人均水资源量

人均水资源量是指一定时期内一个地区个人平均拥有的水资源总量。其中，一定区域区的水资源总量是指当地降水形成的地表和地下产水量，即地表径流量与降水入渗补给量之和，不包括过境水量。

$$人均水资源量 = \frac{该地区的水资源总量}{该地区总人数} \times 100\%$$

资料来源：环境保护部：《中国环境统计年报 2013》，北京，中国环境科学出版社，2014；国家统计局：《中国城市统计年鉴 2014》，北京，中国统计出版社，2014。

19. 单位土地面积二氧化碳排放量

单位土地面积二氧化碳排放量的计算公式为：

$$单位土地面积二氧化碳排放量 = \frac{二氧化碳排放量}{行政区域土地面积}$$

资料来源：无数列表。

20. 人均二氧化碳排放量

人均二氧化碳排放量的计算公式为：

$$人均二氧化碳排放量 = \frac{二氧化碳排放量}{年平均人口}$$

资料来源：无数列表。

21. 单位土地面积二氧化硫排放量

行政区域土地面积是指该行政区划内的全部土地面积（包括水面面积）。计算土地面积是以行政区划分为准。

单位土地面积二氧化硫排放量的计算公式为：

$$单位土地面积二氧化硫排放量 = \frac{二氧化硫排放量}{行政区域土地面积}$$

资料来源：环境保护部：《中国环境统计年报 2013》，北京，中国环境科学出版社，2014；国家统计局：《中国城市统计年鉴 2014》，北京，中国统计出版社，2014。

22. 人均二氧化硫排放量

人均二氧化硫排放量的计算公式为：

$$人均二氧化硫排放量 = \frac{二氧化硫排放量}{行政区域土地面积}$$

资料来源：环境保护部：《中国环境统计年报 2013》，北京，中国环境科学出版社，2014；国家统计局：《中国城市统计年鉴 2014》，北京，中国统计出版社，2014。

23. 单位土地面积化学需氧量排放量

单位土地面积化学需氧量排放量的计算公式为：

$$单位土地面积化学需氧量排放量 = \frac{化学需氧量排放量}{行政区域土地面积}$$

资料来源：环境保护部：《中国环境统计年报 2013》，北京，中国环境科学出版社，2014；国家统计局：《中国城市统计年鉴 2014》，北京，中国统计出版社，2014。

24. 人均化学需氧量排放量

人均化学需氧量排放量的计算公式为：

$$人均化学需氧量排放量 = \frac{化学需氧量排放量}{年平均人口}$$

资料来源：环境保护部：《中国环境统计年报 2013》，北京，中国环境科学出版社，2014；国家统计局：《中国城市统计年鉴 2014》，北京，中国统计出版社，2014。

25. 单位土地面积氮氧化物排放量

单位土地面积氮氧化物排放量的计算公式为：

$$单位土地面积氮氧化物排放量 = \frac{氮氧化物排放量}{行政区域土地面积}$$

资料来源：环境保护部：《中国环境统计年报 2013》，北京，中国环境科学出版社，2014；国家统计局：《中国城市统计年鉴 2014》，北京，中国统计出版社，2014。

26. 人均氮氧化物排放量

人均氮氧化物排放量的计算公式为：

$$人均氮氧化物排放量 = \frac{氮氧化物排放量}{年平均人口}$$

资料来源：环境保护部：《中国环境统计年报 2013》，北京，中国环境科学出版社，2014；国家统计局：《中国城市统计年鉴 2014》，北京，中国统计出版社，2014。

27. 单位土地面积氨氮排放量

单位土地面积氨氮排放量的计算公式为：

$$单位土地面积氨氮排放量 = \frac{氨氮排放量}{行政区域土地面积}$$

资料来源：环境保护部：《中国环境统计年报 2013》，北京，中国环境科学出版社，2014；国家统计局：《中国城市统计年鉴 2014》，北京，中国统计出版社，2014。

28. 人均氨氮排放量

人均氨氮排放量的计算公式为：

$$人均氨氮排放量 = \frac{氨氮排放量}{年平均人口}$$

资料来源：环境保护部：《中国环境统计年报 2013》，北京，中国环境科学出版社，2014；国家统计局：《中国城市统计年鉴 2014》，北京，中国统计出版社，2014。

29. 空气质量达到二级以上天数占全年比重

空气污染指数是根据环境空气质量标准和各项污染物对人体健康和生态环境的影响来确定污染指数的分级及相应的污染物浓度值。我国目前采用的空气污染指数（API）分为五个等级，API 值小于等于 50，说明空气质量为优，相当于国家空气质量一级标准，符合自然保护区、风景名胜区和其他需要特殊保护地区的空气质量要求；API 值大于 50 且小于等于 100，表明空气质量良好，相当于达到国家质量二级标准；API 值大于 100 且小于等于 200，表明空气质量为轻度污染，相当于国家空气质量三级标准；API 值大于 200 表明空气质量差，称为中度污染，为国家空气质量四级标准；API 大于 300 表明空气质量极差，已严重污染。

空气质量达到二级以上天数占全年比重是指该行政区域内空气污染指数达到二级以上天数与全年总天数的比值。

资料来源：环境保护部：数据中心，http://datacenter.mep.gov.cn/。

30. 首要污染物可吸入颗粒物天数占全年比重

首要污染物是指污染最重的污染物，目前在测的三大污染物为二氧化硫、二氧化氮和可吸入颗粒物。可吸入颗粒物是指粒径在 0.1～100 微米，不易在重力作用下沉降到地面，能在空气中长期飘浮的颗粒物。

首要污染物可吸入颗粒物天数占全年比例是指该行政区域内首要污染物为可吸入颗粒物的天数与全年总天数的比值。

资料来源：环境保护部：数据中心，http://datacenter.mep.gov.cn/。

31. 可吸入细颗粒物浓度（PM2.5）年均值

细颗粒物（PM2.5）是指环境空气中空气动力学当量直径小于等于 2.5 微米的颗粒物。

可吸入细颗粒物浓度（PM2.5）年均值指一个日历年内各日可吸入细颗粒物浓度（PM2.5）平均浓度的算术平均值。

资料来源：国家统计局、环境保护部：《中国环境统计年鉴 2014》，北京，中国环境科学出版社，2014。

32. 环境保护支出占财政支出比重

环境保护支出是指政府环境保护支出，包括环境保护管理事务支出、环境监测与监察支出、污染治理支出、自然生态保护支出、天然林保护工程支出、退耕还林支出、风沙荒漠治理支出、退牧还草支出、已垦草原退耕还草、能源节约利用、污染减排、可再生能源和资源综合利用等支出。

环境保护支出占财政支出比重是指环境保护支出占财政支出的百分比。计算公式为：

$$环境保护支出占财政支出比重 = \frac{环境保护支出}{地方财政一般预算内支出} \times 100\%$$

资料来源：国家统计局：《中国城市统计年鉴 2014》，北京，中国统计出版社，2014。

33. 城市环境基础设施建设投资占全市固定资产投资比重

城市环境基础设施建设投资指用于城市燃气、集中供热、排水、园林绿化、市容环境卫生等环境基础设施建设的投资完成总额。

固定资产投资包含原口径的城镇固定资产投资加上农村企事业组织项目投资，该口径自 2011 年起开始使用。城镇固定资产投资指城镇各种登记注册类型的企业、事业、行政单位及个体户进行的计划总投资 50 万元及 50 万元以上的建设项目投资；农村企事业组织项目投资指发生在农村区域范围内的非农户固定资产投资项目完成的投资。

城市环境基础设施建设投资占全市固定资产投资比重的计算公式为：

$$城市环境基础设施建设投资占全市固定资产投资比重 = \frac{城市环境基础设施建设投资}{全市固定资产投资} \times 100\%$$

资料来源：住房和城乡建设部：《中国城市建设统计年鉴 2013》，北京，中国计划出版社，2014；国家统计局：《中国城市统计年鉴 2014》，北京，中国统计出版社，2014。

34. 科教文卫支出占财政支出比重

科学技术支出是指用于科学技术方面的支出，包括科学技术管理事务、基础研究、应用研究、技术研究与开发、科技条件与服务、社会科学、科学技术普及、科技交流与合作等。

教育支出是指政府教育事务支出，包括教育行政管理、学前教育、小学教育、初中教育、普通高中教育、普通高等教育、初等职业教育、中专教育、技校教育、职业高中教育、高等职业教育、广播电视教育、留学生教育、特殊教育、干部继续教育、教育机关服务等。

文化教育与传媒支出是指政府在文化、文物、体育、广播影视、新闻出版等方面的支出。

医疗卫生支出是指政府医疗卫生方面的支出，包括医疗卫生管理事务支出、医疗服务支出、医疗保障支出、疾病预防控制支出、卫生监督支出、妇幼保健支出、农村卫生支出等。

科教文卫支出占财政支出比重的计算公式为：

科教文卫支出占财政支出比重

$$= \frac{（科学技术支出 + 教育支出 + 文化体育与传媒支出 + 医疗卫生支出）}{地方财政一般预算内支出} \times 100\%$$

资料来源：国家统计局：《中国统计年鉴 2014》，北京，中国统计出版社，2014；国家统计局：《中国区域经济统计年鉴 2014》，北京，中国统计出版社，2014；国家统计局：《中国城市统计年鉴 2014》，北京，中国统计出版社，2014。

35. 人均绿地面积

绿地面积是指报告期末用作绿化的各种绿地面积。包括公园绿地、单位附属绿地、居住区绿地、生产绿地、防护绿地和风景林地的总面积。计算公式为：

$$人均绿地面积 = \frac{绿地面积}{市辖区常住人口}$$

资料来源：国家统计局：《中国城市统计年鉴 2014》，北京，中国统计出版社，2014。

36. 建成区绿化覆盖率

建成区绿化覆盖率指报告期末建成区内绿化覆盖面积与区域面积的比率。计算公式为：

$$建成区绿化覆盖率 = \frac{建成区绿化覆盖面积}{建成区面积} \times 100\%$$

资料来源：住房和城乡建设部：《中国城市建设统计年鉴 2013》，北京，中国计划出版社，2014。

37. 用水普及率

用水普及率是指城市用水人口数与城市人口总数的比率。计算公式为：

$$用水普及率 = \frac{城市用水人口数}{城市人口总数} \times 100\%$$

资料来源：住房和城乡建设部：《中国城市建设统计年鉴2013》，北京，中国计划出版社，2014。

38. 城市生活污水处理率

城市污水处理率是指报告期内城镇生活污水处理量占城镇生活污水产生量的百分率。计算公式为：

$$城市生活污水处理率 = \frac{城市生活污水处理量}{城市生活污水产生量} \times 100\%$$

资料来源：住房和城乡建设部：《中国城市建设统计年鉴2013》，北京，中国计划出版社，2014。

39. 生活垃圾无害化处理率

生活垃圾无害化处理率是指报告期生活垃圾无害化处理量与生活垃圾产生量比率。在统计上，由于生活垃圾产生量不易取得，可用清运量代替。计算公式为：

$$\begin{matrix}生活垃圾无\\害化处理率\end{matrix} = \frac{生活垃圾无害化处理量}{生活垃圾产生量} \times 100\%$$

资料来源：住房和城乡建设部：《中国城市建设统计年鉴2013》，北京，中国计划出版社，2014。

40. 每万人拥有公共汽车

每万人拥有公共汽车是指报告期末市辖区内每万人平均拥有的不同类型的运营车辆数。计算公式为：

$$每万人拥有公共汽车 = \frac{公共交通运营车辆数}{市辖区常住人口数}$$

资料来源：国家统计局：《中国城市统计年鉴2014》，北京，中国统计出版社，2014。

41. 工业二氧化硫去除率

二氧化硫排放量是指报告期内企业在燃料燃烧和生产工艺过程中排入大气的二氧化硫总量。

二氧化硫去除量是指燃料燃烧和生产工艺废气经过各种废气治理设施处理后去除的二氧化硫总量。

工业二氧化硫去除率是指工业二氧化硫去除量占工业二氧化硫排放量和工业二氧化硫去除量总和的比重。计算公式为：

$$工业二氧化硫去除率 = \frac{工业二氧化硫去除量}{(工业二氧化硫去除量 + 工业二氧化硫排放量)} \times 100\%$$

资料来源：环境保护部：《中国环境统计年报2013》，北京，中国环境科学出版社，2014。

42. 工业废水化学需氧量去除率

工业废水中化学需氧量去除量是指报告期内企业生产过程中排出的废水，经过各种水治理设施处理后，除去废水中所含化学需氧量的纯重量。

工业废水中化学需氧量排放量是指报告期内企业排出的工业废水中所含污染物本身的纯重量。

工业废水化学需氧量去除率是指工业废水中化学需氧量去除量占工业废水中化学需氧量排放量和工业废水中化学需氧量去除量总和的比重。计算公式为：

$$工业废水化学需氧量去除率$$
$$= \frac{工业废水中化学需氧量去除量}{(工业废水中化学需氧量去除量 + 工业废水中化学需氧量排放量)} \times 100\%$$

资料来源：环境保护部：《中国环境统计年报2013》，北京，中国环境科学出版社，2014。

43. 工业氮氧化物去除率

氮氧化物排放量是指报告期内企业排入大气的氮氧化物量。

氮氧化物去除量是指报告期内企业利用各种废气治理设施去除的氮氧化物量。

工业氮氧化物去除率是指工业氮氧化物去除量占工业氮氧化物排放量和工业氮氧化物去除量总和的比重。计算公式为：

$$工业氮氧化物去除率 = \frac{工业氮氧化物去除量}{(工业氮氧化物去除量 + 工业氮氧化物排放量)} \times 100\%$$

资料来源：环境保护部：《中国环境统计年报 2013》，北京，中国环境科学出版社，2014。

44. 工业废水氨氮去除率

工业废水中氨氮去除量是指报告期内企业生产过程中排出的废水，经过各种水治理设施处理后，除去废水中所含氨氮本身的纯重量。

工业废水中氨氮排放量是指报告期内企业排出的工业废水中所含氨氮本身的纯重量。

工业废水氨氮去除率是指工业废水氨氮去除量占工业废水氨氮排放量和工业废水氨氮去除量总和的比重。计算公式为：

$$工业废水氨氮去除率 = \frac{工业废水中氨氮去除量}{(工业废水中氨氮去除量 + 工业废水中氨氮排放量)} \times 100\%$$

资料来源：环境保护部：《中国环境统计年报 2013》，北京，中国环境科学出版社，2014。

参考文献

1. A. Charnes，W. W. Cooper，B. Golany，L. Seiford，J. Stutz. Foundations of Data Envelopment Analysis for Pareto-Koopmans Efficient Empirical Production Functions[J]. Journal of Econometrics，1985，30(1-2).

2. A. Charnes，W. W. Cooper，E. Rhodes. Measuring the Efficiency of Decision Making Units[J]. European Journal of Operational Research，1978，2.

3. A. Charnes，W. W. Cooper，Q. L. Wei. Cone Ratio Data Envelopment Analysis and Multi-objective Programming [J]. International Journal of Systems Science，1989，20(7).

4. ADB & IGES. Towards Resource-Efficient Economies in Asia and the Pacific. Asian Development Bank & Institute for Global Environmental Strategies，2008.

5. H. Fukuyama，W. L. Weber. A Directional Slacks-based Measure of Technical Inefficiency [J]. Socio-Economic Planning Sciences，2009，43(4).

6. International Resource Panel. Decoupling Natural Resources Use and Environmental Impacts from Economic Growth，2011.

7. J. X. Zhang，N. Cai. Study on the Green Transformation of China's Industry[J]. Contemporary Asian Economy Research，2014，5(1).

8. K. Tone. A Slacks Based Measure of Efficiency in Data Envelopment Analysis[J]. European Journal of Operational Research，2001，130.

9. OECD. Extended Producer Responsibility—A Guidance Manual for Governments，OECD，Paris，2001.

10. R. D. Banker，A. Charnes，W. W. Cooper. Some Models for Estimating Technical and Scale Inefficiencies in Data Envelopment Analysis[J]. Management Science，1984，30(9).

11. R. Fare，S. Grosskopf，C. A. Knox Lovell，S. Yaisawarng. Derivation of Shadow Prices for Undesirable Outputs：A Distance Function Approach[J]. The Review of Economics and Statistics，1993，75(2).

12. UNDESA. National Sustainable Development Strategies—The Global Picture，Unpublished Briefing Note，United Nations Department of Economic and Social Affairs，2012.

13. UNEP. Planning For Change—Guidelines for National Programmes on Sustainable Consumption and Production，2008.

14. UNIDO. A Greener Footprint for Industry：Opportunities and Challenges of Sustainable Industrial Development. Vienna，2010.

15. UNIDO. Energy and Climate Change：Greening the Industrial Agenda. Vienna，2009.

16. UNIDO. Enterprise Benefits from Resource Efficient and Cleaner Production：Successes from Kenya/ Peru/ Sri Lanka，2011.

17. UNIDO. Industrial Policy for Prosperity：UNIDO's Strategic Support，2011.

18. UNIDO. Joint UNIDO-UNEP Programme on Resource Efficient and Cleaner Production in

Developing and Transition Countries，2010.

19. UNIDO. UNIDO Green Industry：Policies for Supporting Green Industry. Vienna，May 2011.

20. UNIDO. Policy Framework for Supporting the Greening of Industries，April 2011.

21. UNIDO & UNEP. Enterprise-Level Indicators for Resource Productivity and Pollution Intensity：A Primer for Small and Medium-Sized Enterprises，2011.

22. UNIDO & UNEP. Good Organization，Management and Governance Practices：A Primer for Providers of Services in Resource Efficient and Cleaner Production(RECP)，April 2010.

23. UNIDO & UNEP. Taking Stock and Moving Forward：The UNIDO-UNEP National Cleaner Production Centres. Austria，April 2010.

24. Y. H. Chung，R. Färe，S. Grosskopf. Productivity and Undesirable Outputs：A Directional Distance Function Approach[J]. Journal of Environmental Management，1997，51.

25. 北京师范大学科学发展观与经济可持续发展研究基地，等. 2010 中国绿色发展指数年度报告——省际比较. 北京：北京师范大学出版社，2010.

26. 北京师范大学科学发展观与经济可持续发展研究基地，等. 2011 中国绿色发展指数报告——区域比较. 北京：北京师范大学出版社，2011.

27. 北京师范大学科学发展观与经济可持续发展研究基地，等. 2012 中国绿色发展指数报告——区域比较. 北京：北京师范大学出版社，2012.

28. 北京师范大学科学发展观与经济可持续发展研究基地，等. 2013 中国绿色发展指数报告——区域比较. 北京：北京师范大学出版社，2013.

29. 北京师范大学科学发展观与经济可持续发展研究基地，等. 2013 中国绿色发展指数报告——区域比较. 北京：北京师范大学出版社，2014.

30. 北京师范大学经济与资源管理研究院，西南财经大学发展研究院，2014 人类绿色发展报告. 北京：北京师范大学出版社，2014.

31. 蔡昉，都阳，王美艳. 经济发展方式转变与节能减排内在动力. 经济研究，2008(6).

32. 曹荣湘. 全球大变暖：气候经济、政治与伦理. 北京：社会科学文献出版社，2010.

33. 国家统计局城市社会经济调查司. 中国城市统计年鉴 2014. 北京：中国统计出版社，2014.

34. 国家统计局工业统计司. 2014 中国工业统计年鉴. 北京：中国统计出版社，2014.

35. 国家统计局国民经济综合统计司. 中国区域经济统计年鉴 2014. 北京：中国统计出版社，2014.

36. 国家统计局国民经济综合统计司. 新中国六十年统计资料汇编. 北京：中国统计出版社，2009.

37. 国家统计局，环境保护部. 中国环境统计年鉴 2008—2014. 北京：中国统计出版社，2009—2014.

38. 国家统计局. 中国统计年鉴 2009—2014. 北京：中国统计出版社，2009—2014.

39. 李建平，李闽榕，王金南. 中国省域环境竞争力发展报告 2009—2010. 北京：社会科学文献出版社，2011.

40. 李晓西，林卫斌，等. "五指合拳"——应对世界新变化的中国能源战略. 北京：人民出版社，2013.

41. 李晓西. "绿色化"突出了绿色发展的三个新特征. 光明日报，2015-05-20.

42. 马胜杰，姚晓艳. 中国循环经济综合评价研究. 北京：中国经济出版社，2009.

43. 邱寿丰. 探索循环经济规划之道：循环经济规划的生态效率方法及应用. 上海：同济大学出版社，2009.

44. 司建楠. 加快推进工业转型　着力提质增效升级，中国工业报，2014-01-21.

45. 环境保护部. 2015 年上半年全国环境质量状况. http://www.mep.gov.cn/gkml/hbb/qt/201507/t20150727_307193.htm，2015-7-27.

46. 环保部，国土资源部. 全国土壤污染状况调查公报，2014-04-17.

47. 中国电子信息产业发展研究院. 2015 年中国工业节能减排发展形势预测分析. http://www.chinapower.com.cn/newsarticle/1232/new1232524.asp，2015-04-14.

48. 首都科技发展战略研究院. 2012 首都科技创新发展报告. 北京：科学出版社，2012.

49. 首都科技发展战略研究院. 2013 首都科技创新发展报告. 北京：科学出版社，2013.

50. 首都科技发展战略研究院. 2014 首都科技创新发展报告. 北京：科学出版社，2014.

51. 田红娜. 中国资源型城市创新体系营建. 北京：经济科学出版社，2009.

52. 唐宇红. 联合国环境规划署（UNEP）的角色演进. 环境科学与管理，2008(5).

53. 王金南，等. 绿色国民经济核算. 北京：中国环境科学出版社，2009.

54. 王秋艳. 中国绿色发展报告. 北京：中国时代经济出版社，2009.

55. 吴正. 中国沙漠及其治理. 北京：科学出版社，2009.

56. 杨东平. 中国环境发展报告 2010. 北京：社会科学文献出版社，2010.

57. 严耕. 中国省域生态文明建设评价报告 ECI 2011. 北京：社会科学文献出版社，2011.

58. 姚伊乐，李军. 提高森林生态补偿标准. 中国环境报，2014-03-11.

59. 曾少军. 碳减排：中国经验：基于清洁发展机制的考察. 北京：社会科学文献出版社，2010.

60. 张高丽. 大力推进生态文明　努力建设美丽中国. 求是，2013(24).

61. 张坤民，潘家华，崔大鹏. 低碳经济论. 北京：中国环境科学出版社，2008.

62. 张录强. 广义循环经济的生态学基础——自然科学与社会科学的整合. 北京：人民出版社，2007.

63. 张庆丰，罗伯特·克鲁克斯. 迈向环境可持续的未来：中华人民共和国国家环境分析. 北京：中国财政经济出版社，2012.

64. 张世钢. 联合国环境规划署的前世今生. 世界环境，2012(5).

65. 赵峥. 中国城镇化与金融支持. 北京：商务印书馆，2011.

66. 赵峥，倪鹏飞. 我国城镇化可持续发展：失衡问题与均衡路径. 学习与实践，2012(8).

67. 中华人民共和国环境保护部. 中国环境统计年报 2012. 北京：中国环境科学出版社，2013.

68. 中华人民共和国水利部. 中国水利统计年鉴 2014. 北京：中国水利水电出版社，2014.

69. 中国科学院可持续发展战略研究组. 2012 中国可持续发展战略报告——全球视野下的中国可持续发展. 北京：科学出版社，2012.

70. 中国社会科学院《城镇化质量评估与提升路径研究》创新项目组. 中国城镇化质量综合评价报告，2013.

71. 中国科学院可持续发展战略研究组. 2013 中国可持续发展战略报告：未来 10 年的生态文明之路. 北京：科学出版社，2013.

72. 周鲁宏. 联合国环境规划署（UNEP）行动研究. 环境科学与管理，2012(9).

73. 住房和城乡建设部. 中国城市建设统计年鉴 2012. 北京：中国城市建设出版社，2013.

74. 朱小静，等. 哥斯达黎加森林生态服务补偿机制演进及启示. 世界林业研究，2012(12).

各章主要执笔人

部 分	章 数	撰 稿 人
总 论		关成华、李晓西、潘建成
第一篇	第一章	施发启、胡可征、周静
	第二章	江明清、张橦、温梦琪
	第三章	赵军利、丰晓旭
第二篇	第四章	王有捐、岳鸿飞
	第五章	毛玉如、王赫楠、王琪
	第六章	陈小龙、石翊龙
第三篇	第七章	潘建成、赵军利、贾德刚
第四篇	报告一	林永生、王颖、王赫楠
	报告二	林卫斌、谢丽娜、尹金锐、罗时超
	报告三	王颖、林永生
	报告四	白瑞雪、程艳敏
	报告五	韩晶、陈超凡、张新闻、王嘉实
	报告六	刘一萌、张江雪、岳鸿飞、胡可征
	报告七	赵峥、宋涛、刘杨
	报告八	范丽娜、程蒙
	报告九	郑艳婷、王颖、黎亚萌、王韶菲
	报告十	宋涛、刘华辰、王赫楠
	报告十一	荣婷婷、蒋李、朱兆一、王赫楠
	报告十二	王诺、刘书真、程蒙
	报告十三	张江雪、刘一萌、胡可征、岳鸿飞、何敬雷
第五篇	专家论坛	隆国强、侯万军、汤敏、李晓西、范恒山、王辉耀、夏光、杨朝飞、宋小智、葛察忠、李明杰、宋洪远、张庆安、胡长顺、王逸舟、马中、郑维伟、董锁成、诸大建、董战峰、夏先良、刘江永、陈迎、陈诗一、朱莉、王丽、赵晋灵、张联升、葛岳静、刘学敏、张力小、冷罗生、毛显强、赵春明、林永生、王洛忠
第六篇	省际绿色发展"体检"表	施发启、江明清、石翊龙、胡可征、王赫楠、王琪
	城市绿色发展"体检"表	王有捐、陈小龙、岳鸿飞、丰晓旭、张橦、温梦琪、周静
附 录	附录一	毛玉如、蔡宁
	附录二	潘建成、赵军利、贾德刚
	附录三	施发启、江明清
	附录四	陈小龙、毛玉如、张丽萍

后　记

　　《2015中国绿色发展指数报告——区域比较》终于编写完成，即将出版。编撰过程，得到了北京师范大学、西南财经大学和国家统计局中国经济景气监测中心三家单位的联合大力支持。在此，首先要特别感谢国家统计局王保安局长、北京师范大学刘川生书记、董奇校长，西南财经大学赵德武书记、张宗益校长，给予鼓励和信任，并为本书作序。

　　厉以宁、张卓元、魏礼群、辜胜阻、陈锡文、潘岳、徐庆华、卢迈等26位国内相关领域资深专家，参与了专业评审，提出了宝贵意见。隆国强、侯万军、汤敏、范恒山、王辉耀、夏光、杨朝飞等36位教授和专家，为"专家论坛：环保在'一带一路'战略中的定位与作用"建言献策，提供了很有价值的观点。潘建成、王有捐、施发启、赵军利、江明清、陈小龙、毛玉如、贾德刚等业内专家，参与了指标审核、各章定稿，以及数据的提供和处理等工作。对以上专家、学者的热情支持和辛勤付出，表示由衷的敬意和诚挚的感谢。

　　为了实地考察企业在"绿色化"战略中的主体作用，北京师范大学经济与资源管理研究院的师生先后深入北京、天津、山东、浙江、湖南等地的13家企业，认真调研企业在污染治理、技术创新、转型升级等方面的经验，并撰写成调研报告。同时，全院师生明确分工、密切协作，圆满完成了课题的协调、组织和保障等工作。研究生团队全程参与课题研究、专家联络、审稿校稿等事务，表现出良好的学术素养和工作能力。参与本课题的老师有：韩晶、林永生、王诺、林卫斌、郑艳婷、张江雪、赵峥、刘一萌、白瑞雪、范丽娜、王颖、荣婷婷、宋涛、刘华辰、王颖、晏凌、朱春辉等，博士和硕士研究生有：刘杨、朱兆一、陈超凡、岳鸿飞、石翊龙、蔡宁、丰晓旭、岳鸿飞、张橦、刘杨、谢丽娜、刘书真、胡可征、王赫楠、尹金锐、罗时超、张新闻、黎亚萌、王嘉实、程蒙、程艳敏、王韶菲、胡可征、周静、王琪、温梦琪、马帅、马新如等。西南财经大学刘金石老师，协助修改和完善了报告。在此，对辛勤工作的老师和同学们，以及支持配合我们实地调研的企业，一并表示感谢。

　　本报告的出版，得到了北京师范大学出版集团的积极支持。董事长杨耕教授、总编辑叶子老师、副总编辑李艳辉老师，编辑马洪立、戴轶等老师高度重视，悉心安排出版与推广事宜。对此，我非常感动，致敬并感谢。

　　中国实现绿色发展是一个长期的过程，需要社会各界共同努力、坚持不懈。我们开展这项研究，希望能够有助于这一目标早日实现。囿于主客观条件，本报告还有诸多不足之处，亟待改进与完善。期待各界人士能够予以关注、参与探讨，共同推进我国绿色发展指数研究，为实现可持续发展、建设美丽中国做出积极贡献！

2015年8月25日